大学入学
共通テスト

SAPIX YOZEMI GROUP

畠山の
スッキリわかる

倫理、政治・経済
完成講義

代々木ゼミナール講師
畠山 創

代々木ライブラリー

GUIDANCE

倫政を学ぶ皆さんへ

「全員必修！ 完成講義ガイダンス」

●本格的な「倫政」専用のこの一冊とともに合格を君に‼
⇒「出題内容　一発表示‼」，予備校の空間を完全再現！

　まず講義に入る前に，必ずこのガイダンスを読んでください。

　いよいよ2021年1月から大学入学共通テスト（以下，共通テスト）が始まります。共通テストについては不安な人も多いと思いますが，**基本的には教科書を逸脱することはなく，センター試験と出題形式が大きく異なることもありません**。ただし，2018年に実施された試行調査から，「すべてを選ぶ問題」，「複数正解がある問題」，「資料問題や思考問題の増加」などが新傾向として考えられますが，あくまでも**出題形式が少し異なるだけ**で，**変化を意識することよりも，教科書の基本事項を正しく理解すること**が重要です。

　僕は代々木ゼミナールで「倫政」を，サテラインの映像授業で担当していますが，受験生の多くは「倫理」と「政経」の2冊の参考書や問題集を買い，**重複部分も含めてムダに膨大な勉強時間を割いています**。すると「分量の多さ」にお手上げとなり，点数を伸びないのです。そこで本書は「完成」と銘打ち，**この一冊で「倫政」をスッキリ完璧に理解できる**，ピカイチの参考書に仕上げました（足かけ3年半かかっています）。

　本書では，倫理や政経特有の「イデア」や「金融収支」などの日常聞きなれない用語について，初学者でも十分意味が理解できるように丁寧に解説していきます。具体例や図解を多く取り入れ，そして試験にでる知識を**「出題内容　一発表示‼」**という板書風にして**イメージ豊かに脳裏に焼き付けます**。また講義では，文体を口語調にし，**問題でリード文に下線がきたり，空欄補充で狙われやすい用語などを赤字に，正誤ポイントをゴシック体で強調する**などしてより臨場感を演出し，僕の**代々木ゼミナールの講義空間を完全再現**しました。読み進めるうちに「倫政」の面白さにのめり込んでいくこと請け合いです。

●倫理は用語の「概念」をイメージ出来るかが勝負‼
⇒「スッキリわかる‼　思想イメージ」で完全理解！

　倫理では，初めて目にする用語を教科書や用語集の文章だけで理解することは至難の業です。そこでこの完成講義では，**「スッキリわかる‼　思想イメージ」**というオリジナルの図解をふんだんに用いながら，分かりやすく講義していきます。また，出題頻度の高い

人物には，そのプロフィールも一発で理解できるように「**人物スコープ**」を付けてあります。また，講義に登場する人物にも出生年や出身地などを極力入れてありますので，いつの時代にどこに生きた人物かがすぐに分かります。こうして背景知識をふんだんに盛り込むことで，無味乾燥な倫理の用語が，立体的に理解できるでしょう。

●政経は用語の「理論」を「現象（具体例）」で説明できるかが勝負 !!

例えば「法の支配」と「法治主義」いう用語。どちらも法によって統治することを意味しますが，実は微妙な違いがあります。この完成講義では，こうした間違えやすいポイントを「**対比**」して説明します。そして多くの**具体例**を挙げて説明します。自分でもこの具体例をどんどん創造して読み進めましょう。また「円高」や「円安」などの理論分野では，**豊富な図解や実際の資料・データ**を多く盛り込みました。こうして，まるでテレビを見ているような感覚でこの本を読み進めていけることでしょう。楽しみにしていてください。

●何が得点力に結びつくか？⇒「ズバリ！ 問題を解くこと！」

実はこの部分が一番大切です。参考書を読んでいきなり過去問（赤本など）を解くことは困難です。なぜなら過去問は様々な範囲が混ざっているため，自分が学習した範囲を効率的に定着できないのです。

そこで，**本書の姉妹編として過去問とオリジナル問題を項目別に並べ，詳しい解説を付けた『畠山のスッキリ解ける倫理，政治・経済完成問題集』（以下，『完成問題集』）を用意しました**。本書では，逐一『完成問題集』のどの部分を復習すればよいか一目で分かるようにしてあります。**章ごとに講義を読み終えたら，必ずこの「完成問題集」を解いて知識を問題の中で定着させてくたさい**。そしてこの問題集を最低2回繰り返し，本番前にもう一度（合計3回）繰り返してください。共通テストは基本的に教科書を逸脱することはありません。同じ問題を繰り返すことで，9割以上の得点を目指してください。

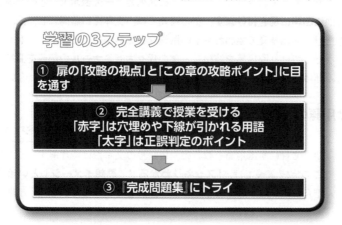

学習の3ステップ

① 扉の「攻略の視点」と「この章の攻略ポイント」に目を通す

② 完全講義で授業を受ける
「赤字」は穴埋めや下線が引かれる用語
「太字」は正誤判定のポイント

③ 『完成問題集』にトライ

●なぜ倫政を学ぶのか？⇒「よりよい人生を創造するため！」

　僕らは多くの人間や，政治・経済と関わり，社会の中で生きています。つまり倫政のそのものが社会を映し出している鏡なのです。倫政を学べば学ぶほど，人間・社会の深層が理解できます。理解できれば目の前に広がっている何気ないことも面白いはずです。

　例えば病気になった時，倫理であれば「生老病死」からは逃れられないとブッダは説いたことを思い出すでしょう。政経であれば，社会保険によって医療を受けられることを思い出すでしょう。こうした何気ない日常が，色鮮やかなものに変化するはずです。そして**様々な問題が立ちはだかった時，倫政で学んだ知識が，冷静に解決策をくれる**はずです。

　人は学べば学ぶほど「問題」に気が付きます。そしてその「問題」を解決しようとします。この作業の繰り返しが，よりよい人生の創造なのではないでしょうか。この完成講義を読み終え，受験に勝った時，君は合格以上に大切なものを手にしているはずです。

　「哲学者とはなにか。つねに尋常でない事物を経験し，見聞し，猜疑し，希望し，夢見る人間だ。」ニーチェ『善悪の彼岸』

それでは始めましょう。素敵に倫政の物語を!!

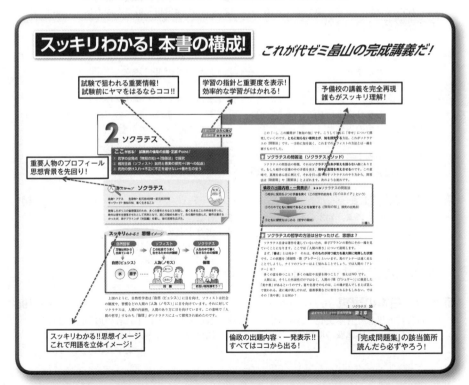

CONTENTS

倫理　編

政治・経済　編

倫理編

第1章

青年期の課題

攻略の視点

はじめに，倫理を学習するに当って，「倫理って何？」という入り口を丁寧に講義します。

また，第2節の「青年期の課題」は，基本的な用語を具体例とともに理解しておけば，完答も望める分野です。ケアレスミスのないように，必ず問題編で演習を繰り返して定着をはかりましょう。

この章の攻略ポイント

❶ アイデンティティとモラトリアムの意義
❷ 欲求と適応，「マズローの欲求の五段階説」
❸ フロイトの「防衛機制」，「無意識とエス」
❹ ユングの「個人的無意識」と「集合的無意識」
❺ ルソーの「第二の誕生」と，
　アリエスの「子どもの誕生」の区別

1 人間と倫理（ガイダンスを兼ねて）

ここが出る！ 試験前の倫政の出題・正誤 Point！
① 倫理とは「人間がいかに生きるべきか」，「人間がいかにあるべきか」を問うもの
② 生きる意味の理解

倫理って何者？ ユウスケって何者？

いい質問です。そう思いますよね。これが見えないから「倫理」に手が付きにくい。まずは，**倫理のガイダンスも兼ねて読みすすめてください。きっと「倫理」の土台ができるはずです**（始めに必ず読むこと）。

最初にこの倫理という科目の内容について触れておきます。意外と「心理学」とか，「哲学」とか「宗教」とか……，いろんな学問が詰まっているので，その中身が把握しにくいでしょう。まずはそこからほぐしていきましょう。

この科目は**「人間がいかに生きるべきか」，「人間がいかにあるべきか」を探していく学問**です。少し堅くなりましたね。ではここで考えてみましょう。

いまここに「ユウスケ」という一人の人間がいる。「ユウスケ」について説明して欲しい。

するとこんな感じで答えが返ってくる。

進学校に通う，身長が178センチ，体重が65キロ，サッカー部のキャプテン。

たしかにこの説明は「ユウスケ」の**外見**を**「あるがままに」**記述したものでしょう。このように**「あるがままの姿」を見ていく視点**を**「科学」**といいます。

では，ここで次のケースを考えてみましょう。

ユウスケが遅刻しそうな時に，目の前で人が倒れた。ユウスケは助けるべきか？また，それが試験会場に向かう途中だったら，ユウスケは助けるべきか？

こうなると，学歴や身長とかの外見ではなく，**人間の内面性に目を向けていく必要が出はじめる。**この問への説明は，「ユウスケ」の「あるべき姿」を考える必要があります。このように**「あるべき姿」を見ていく視点**を**「哲学」**といいます。

私たちは，普段から何気なく，この「科学」や「哲学」を用いて考えていること

になりますね。

　この「倫理」という科目では，人間の内面性にも焦点を当てながら，「人間がいかに生きるべきか」，「人間がいかにあるべきか」を考えるのです。

　しかし，何の根拠もなしに「人間のあり方」を考えることは難しい。**だから，様々な哲学者や宗教などを拠り所にしながら求めていく**わけです。従って高校の「倫理」は，大学でいう「倫理学」よりも幅が広い。分野的には，哲学，宗教学，心理学，社会学などが混ざり合ったものです。つねに，**人間が「いかに生きるべきか」，「いかにあるべきか」を，各テーマごとにどう捉えているのかを明確**にして勉強していきましょう。ちなみにこの参考書では，思想のイメージを図解として示し，最高にわかりやすさを追求しました。また，この参考書を**一気に読み切るのではなく，一章ごとに問題集を解き，理解を深めながら読み進めてください。**

　共通テストで扱われる内容は，教科書に原則掲載があるものです（この参考書も極力そうしています）。ですから，まずこの参考書とともに，多くの過去問を解いてください。

💡 人間とは何か？　➡　実は大切な問題

　これまた深い問題です。一番身近な「人間」や「自分」というものと向き合うことは少ないのかもしれません。ここで，主な人間観について触れておきましょう。

人間像	命名した人物	Point
ホモ＝サピエンス（英知人）	1707~78 リンネ	知性人とも。理性を持つ生き物
ホモ＝ファーベル（工作人）	1859~1941・仏 ベルクソン	道具を用いてモノを作り出す生き物
ホモ＝ルーデンス（遊戯人）	1872~1945・蘭 ホイジンガ	遊ぶことから文化をつくり出す生き物
ホモ＝シンボリクス	1874~1945・独 カッシーラー	記号や言語などの「シンボル（象徴）」を操る生き物

　特に，**ホモ＝サピエンス（英知人）**はスウェーデン人である**リンネ**が名付けました。これはこの後に勉強する古代ギリシャ的人間像で，**理性（ロゴス）**を用いて考える動物であることを意味します。ここでいうロゴスは，**「宇宙・世界を支配する法則」**と考えてください。先ほどの「ユウスケ」が取るべき行動も，みんなの頭の中で考えたわけです。倫理ではこの「思索」の部分が人間のあり方としてとても重要視されます。この他にも，「**ホモ＝レリギオース**（宗教人，宗教という文化を持つ生き物）」，「**ホモ＝エコノミクス**（経済人，欲望を合理的に満たすため経済活動を行う生き物）」，「**ホモ＝ロークエンス**（言葉を操る・話す生き物）」などが挙げられます。

💡 生きることの意味

　人間を考える時，先ほどのようにその特徴を観ることも大切です。一方で「なぜ生きるのか？」を考える時には，また別の角度から考えなくてはなりません。

　かつて，アウシュビッツ収容所に収容され，奇跡的に生還した**フランクル**は，無意味に人間が殺されたり，飢えに苦しみ続けたり，拷問の不安にさらされたりする，極限的な体験の中で，それでも生き残ったユダヤ人の姿に共通するものを，**『夜と霧』**の中で描きます。それは，「**生きる意味**」を見出そうとする意思です（「**意味への意志**」）。例え小さな望みでもいいから，絶望しないことの大切さを描いた著作です。また，元々精神科医だったフランクルは，多くの人々の精神治療に当り，生きる意味を捉えることによって，神経症を癒やそうとする「**ロゴセ（テ）ラピー理論**」を提唱しました。

　レヴィナスもまた，ナチスの収容所から奇跡的に生還しました。しかし，ほとんどの知り合いを亡くしていたのです。レヴィナスは，生きることの無意味さに苛ま

れていきます。**全てが失われても「ただある不気味な世界」を「イリア」**とレヴィナスは言います。このイリアの中での救いは，自己とは異なる他者との出会いであるとします。死んでいった人々，今生きている人々，これから生まれてくる人々，こうした**自己と区別された他者の「顔（ヴィザージュ）」と出会うことで，イリアから解放される**と説いています。レヴィナスにとって倫理とは，**「自らと異なる他者を理解する」**ことに他なりません。すると，「死んでいった人々の分まで生きる」ことに気がついたのです。

さらに，神谷美恵子（主著『生きがいについて』）は，**ハンセン病療養所で精神科医として患者と接した体験**から「**生きがい**」の重要性を説きます。神経症に悩んだ患者が気象観測の仕事に接するうちに，だんだんと神経症がよくなっていくのです。神谷美恵子は**「生きがい」**とは，**「使命感」**であるとします。つまり，自らが果たすべき使命感こそ，「生きがい」に他ならないと言います。

この３人に共通するものは何でしょう。それは，**苛酷な状況下にあった**点。そして，自分と世界を結びつけ，**他者や世界と共に生きていることの大切さ**を説いた点ではないでしょうか。大学に入ったら，是非著作を読んでみてください。

長身でハンサムなユウスケであることよりも，誰かのために必死で生きるユウスケである方が，よっぽど人間っぽい。そう思うのは僕だけですか？

（人）物スコープ　**レヴィナス**

出身▶フランス　　**生没年**▶1906～1995
キーワード▶他者の顔と倫理　　**主著**▶『**全体性と無限**』

ロシア帝国（現リトアニア）に生まれ，後にフランスに帰化した。思想家・ユダヤ教研究者。オーストリアの思想家フッサールの紹介などで評価を上げ，やがて独自の実存哲学を展開。主な著書に『実存から実存者へ』など。

💡 若者文化（ユースカルチャー）とは？

ここは，軽く読む程度でいいでしょう。

若者文化は，社会の支配的・既成的な大人文化に対する，「**カウンターカルチャー（対抗文化）**」と捉えられます。また，大人の文化とは一つ下に位置する「**サブカルチャー**」とも表現されます

この「若者文化」は，大人たちへと波及する現象も見られています。また，否定的な側面ばかりではなく，**既成文化を革新する力**も持っています。今や若者で流行った Twitter は，行政機関も使うほどです。しかし，**一方で商業利用されやすく，可変的**だとの指摘もあります。

ちょっとまとめてみましょう。

倫政の出題内容・一発表示！　▶▶▶若者文化の特質

1 既成の文化・価値からの「**逸脱性**」とそれに対する「**反抗性**」
2 風俗的流行であり，極めて可変的
3 商業主義の対象となりやすい
4 同時代的，あるいは将来的に**既成文化を革新する可能性**もある
5 若者の帰属意識を高め，不安定な心理状態を解消する

特に**5**が大切です。個々人別々の形に形成されるのではなく，**若者同士での同調心理が働いている**ことも指摘されています。確かに茶髪も，友人の間で一人だけでは勇気が要りますよね。

ちょっとひと休み　広がる世界

　これから倫理を勉強する際は，それぞれの思想家が「人間のあるべき姿」をどのように捉えているのかに注意していこう。思想家を面白おかしく茶化す必要は無い。時代とともに葛藤した彼らを「先生」として，じっくりその思想を感じてみよう。思いもしない世界の見方が，朝焼けのように広がるはずだ。

2 青年期の特徴と発達課題

ここが出る! 試験前の倫政の出題・正誤 Point!

① 人名と用語を一致させる
② 特にエリクソンの「アイデンティティ」の理解
③ 「モラトリアム」と「モラトリアム人間」の区別

青年期って? ➡ 個人差がある

さて, 前節では人間全般について勉強しました。ここからは「**青年期**」という特定の時期の人間像について探っていきます。

「青年期」という言葉は, **具体的な期間を指すものではありませんが, 一般に12歳頃から23歳頃といわれています**。ちょうど今, みなさんが生きている時期ですね。この時期にどんな心理的な変化があるのかをみていきます。

この時期には, **性による体つきの変化である「第二次性徴」**がみられ, 親・大人からの独立を心理的に意識したりします。当然, 自分の「**自我**」(**自分とは何か**)について考えだし, 大人と衝突する「**第二次反抗**」も経験(単に言葉で拒否を示す3〜4歳頃の第一次反抗とは異なる)することもあります。

また, この時期には部活動に参加したり, 時には塾に通ったり, バイトをしたり, 学校の教室以外の様々な社会集団に属することになります。すると**自分の心理的な立ち位置が安定せず,「子ども」と「大人」の境界が不安定**になります。ドイツの心理学者である_{1890～1947}**レヴィン**は, こうした青年を「**マージナルマン（境界人）**」とよびました。

こうして青年期には, 生きるために「**自我**」(**自分とは何か**)について考えはじめます。昨日の晩

スッキリわかる!! **思想**イメージ

自分って？

サッカー部

高校の生徒

大人の準備

バイト

＜不安定な立ち位置＞

必ずやろう! ▶▶▶ 完成問題集 第1章

眠れなかった君はそのせいかもしれません。社会契約説（政経分野で登場）でおなじみのフランスの思想家である**ルソー**は，『**エミール**』の中で，こう述べています。

> 「人間は二度生まれる。一度目は生存するために，二度目は生きるために。一度は人類の一員として，二度目は性を持った人間として。」

この部分は一般に「**第二の誕生**」といわれます。一度目は人類としての誕生，二度目は**自我と性をもった人間としての誕生です**。

こうして青年期では，自分とは何かを問い続け，その答を精神的に模索する。そして，**未来に向かう自分自身の可能性を見出す時期**といえます。

特に試験では，青年期の特徴を心理学者名とともに押えておきましょう。講義では重要度の高い事項を挙げましたが，青年期の特徴と，それ以外の時期の特徴をハッキリと区別させておきましょう。また，以下に注意してください。

1. すべての社会に青年期があるとは**限らない**。
2. **未開の社会**では，子どもから大人への移行期間が短いため，**青年期が存在しない**，または**短い**ことがある。（マーガレット・ミード『サモアの思春期』）。
3. 近代以降は，高度な専門知識を得るための**教育制度の確立**により，生き方が多様化し，**青年期が延長**される傾向がある。

ちなみに，フランスの歴史学者である**アリエス**によれば，「**子どもの誕生**」は，**近代以降である**としています。それ以前は，徒弟制度によって7歳頃までに弟子入りして仕事を学び「**小さな大人**」として扱われていました。つまり，大人の準備としての「子ども」の期間に価値を認めるのは，近代以降であるとしています。日本でも，「元服」などのような社会的な「**通過儀礼（イニシエーション）**」を経ると，すぐに大人として扱われていました。

実に，「子ども」と「大人」の区別が，**歴史的に相対性をもつ**ことが分かります。

💡 青年期の発達課題　➡どんなことが大事？

青年期が長くなれば，当然その中で大人の準備をしていかなければなりません。一体青年期にはどんなことが期待されているのでしょうか？

例えば，ある程度の年齢になれば親離れができているべきだし（**ホリングワース**

は，青年期のこの発達課題を「**心理的離乳**」とよんだ），自分が経済的に自立する方向も考えないといけない。このように，人間が**成長していく段階において，達成されることが期待されていることを「発達課題」とよびます**。特に，アメリカの心理学者である**ハヴィガースト**（1900～91）は，乳児期から老年期まで6つに**発達段階（ライフサイクル）**を分け，3番目の青年期の**発達課題**に次のように挙げています。

- ・同年齢の男女との洗練された関係
- ・男女の身体の成長と構造の理解
- ・親からの心理的な独立・経済的な自立についての自信
- ・職業選択の準備・結婚と家庭生活の準備
- ・市民としての知識と資質の育成
- ・社会的に責任ある行動
- ・自己の価値観や世界観の形成

　このままでは覚えにくいので少しかみ砕きます。上から2つは「性役割の認識」，次の2つは「大人としての独立準備」，次の2つは「市民・社会的行動」，最後は「自我の形成」と大枠で捉えると，これまで勉強してきた内容といくらか重なってきますよね。つまり，青年期の発達課題のポイントは，「性」，「独立」，「社会性」，「自我」を，**未来の可能性**に向けて学び獲得しようと努力すること，といってもいいでしょう。

💡 アイデンティティって？

　発達課題については，アメリカの心理学者である**エリクソン**（1902～94）に関する事項も出題されます。エリクソンは，アイデンティティを確立することをその発達課題としました。

　アイデンティティ（identity，自我同一性）とは，「**自分が自分であると確信すること**」をいいます。この「確信」は大きく2つからなります。一つは**自己が主体的に自己を選び取る**という「**主体的側面**」。もう一つは，**共同体の中での役割を果たすことで生まれる責任感や連帯感を通して形成される**「**社会的側面**」です。

　ここで再びユウスケに登場してもらいます。ユウスケは，「サッカー部」で「キャプテン」を務めている。しかし，ユウスケ自身が納得して引き受けたのでないとしたら，ユウスケは，「サッカー部」で「キャプテン」としての「確信」が持てるでしょうか？

自分　＝　他者

サッカー部の
キャプテンだ
「自分で選んだし」

サッカー部の
キャプテンだ

両者の一致が「自己としての確信」へ!!

　逆にユウスケが「サッカー部」で「キャプテン」であると思っていても，周囲は誰もそうは承認していない。このような状態でユウスケは，「サッカー部」で「キャプテン」としての「確信」が持てるでしょうか？

　このように，「自分が自分であると確信する」ためには，**「ユウスケが選ぶこと」**と，**「社会がユウスケを選ぶこと」が一致**していなければなりません。この，自身の**主体的確信**と，**社会的な承認が一致**して，「アイデンティティ（自我同一性）」が確立されることになります。「自分が自分であると確信する」ためには，**他者・社会を必要**とします。

　逆に，**一人で部屋に閉じこもり，自分の世界にばかり浸って社会との関わりを拒絶してしまえば，アイデンティティは確立されず**，逆に自分が何者であるのかを見失う，**「アイデンティティの拡散（危機）」**に陥ってしまいます。

💡 アイデンティティをどう確立するか？

　アイデンティティを確立するため，ユウスケはサッカー部の中でキャプテンを演じる必要があります。エリクソンは，青年期にはアイデンティティを確立するため，**結婚や職業などの義務・責任に拘束されず，様々な「役割実験」を行なうことが大切になる**と言います。その「役割実験」を行なうために，**大人としての義務・責任を猶予される期間を「モラトリアム（元々は経済用語。銀行が一時的に負債の支払いを猶予すること）」**とよび，**青年期はその期間**でもあるとしました。

　しかし，現代において，このモラトリアムにいつまでも浸りたがる青年の傾向も指摘されています。こうして**大人になることを拒絶し，自分自身の内側へと閉じこ**

もってしまう。こうした青年を，小此木啓吾（おこのぎけいご 1930～2003）は「モラトリアム人間」とよびました。くれぐれもエリクソンの積極的な意味での「モラトリアム」と，小此木啓吾の消極的意味での「モラトリアム人間」は区別してください。

　次にエリクソンの8つのライフサイクルと主な発達課題などを挙げておきます。試験前などに軽く目を通してください。

ここで差をつける！　　エリクソンの8つのライフサイクル

発達段階	徳目※	発達課題	重要な関係	（陥りやすい）危機
Ⅰ. 乳児期 0～2歳ごろ	希望	基本的信頼	家族への信頼	周囲への不信
Ⅱ. 幼児期 2～4歳ごろ	意志	自律性	自分で行動	恥や疑惑
Ⅲ. 児童期 5～7歳ごろ	目的	自主性	積極的行動	罪悪感
Ⅳ. 学童期 8～12歳ごろ	適格	勤勉性（生産性）	承認・達成感	劣等感
Ⅴ. 青年期 13～22歳ごろ	忠誠	アイデンティティの確立	自分が自分である事への一貫した「確信」	アイデンティティの拡散
Ⅵ. 前成人期 23～34歳ごろ	愛	親密性	周囲との関係の確立	孤立
Ⅶ. 成人期 35～60歳ごろ	世話	世代性・生殖性	次世代の育成	停滞
Ⅷ. 老年期 61歳ごろ～	英知	自我統合性	人生の肯定と人格の円熟	絶望

※徳目（基本的徳目）は，発達課題を支える基本的強さを示す。なお，ハヴィガーストは発達段階を6つに分けて発達課題を分析した。

　また，以下の言葉は現代の青年を表す重要なキーワードです。こちらも頭に入れておきましょう。

ここで差をつける！　　現代の青年を表すキーワード

- ステューデント・アパシー…大学入学後の無気力・無感動・無関心など
- ピーターパン・シンドローム…大人になることを回避する男性の特徴
- シンデレラ・コンプレックス…理想的な男性に依存しようとする女性の特徴
- 青い鳥症候群…定職に就かず，職を転々とする若者の特徴
- 永遠の少年…少年のような豊かな感性を持ち続けるが，現実社会に対応できない若者
- パラサイト・シングル…修学期間後も親元で生活する若者
- NEET…通学せず，就職せず，職業訓練も受けていない若者
- フリーター…定職に就かず，臨時のアルバイトで収入を得ている若者

3 欲求と適応

ここが出る！ 試験前の倫政の出題・正誤 Point！

① マズローの欲求の5段階の順番
② フロイトの防衛機制と具体例
③ フロイトの心の3つの構造と，ユングの集合的無意識

💡 欲求って？ ➡ 青年期に限ったことではない

　この節では，青年期に特有とは限らない人間全般に当てはまる心理メカニズムを扱います。

　欲求とは，人間の**心理的なバランスを保とうとする心身の働き**で，例えば，「喉が渇く→水が飲みたい」，となりますよね。人間の欲求は大きく二つに分かれます。

倫政の出題内容・一発表示！ ▶▶▶欲求の分類

「**一次的欲求**」⇒睡眠，飲食，排泄などの人間の生命維持機能⇒「**生理的欲求**」
「**二次的欲求**」⇒愛情・価値などを求める⇒「**精神的欲求**」

　アメリカの心理学者である**マズロー**（1908～70）は，「**生理的欲求**」が満たされることで，その上にある高次な「**精神的欲求**」が満たされると考えました。またそれをふまえて心理的発達を5つに分けました。有名なマズローの「**欲求の5段階説**」です。

マズロー欲求5段階説

自己実現の欲求	自己実現の欲求⇒自分の可能性を見つけたい（創造力，倫理観，自発性，問題解決など）
承認・自尊心の欲求	承認・自尊心の欲求⇒周囲から認められたい（自尊心，他者からの尊重など）
所属と愛情の欲求	所属と愛情の欲求⇒受け入れてほしい（友情・家族・パートナーとの位置的関係など）
身体の安全の欲求	身体の安全の欲求⇒健康・安全で暮らしたい（身体の健康や，雇用・財産，道徳的秩序，健康など）
生理的欲求	生理的欲求⇒自分の生命を維持したい（生命維持に関わる，食欲・睡眠欲・性欲など）

特にマズローは最後の「**自己実現の欲求**」を高次な欲求としました。

💡 適応って？

　こうした欲求は常に満たされるわけではありません。従って私たちは，周囲と自分の欲求を調和させる必要があります。例えば，電車で喉が渇いたら，「次の駅で降りて水を買おう」といった具合です。こうして**欲求を環境と調和させて満足することを「適応」**といいます。

　しかし，いつでも欲求を満たして適応できるわけではありません。例えば，「水もコーラも飲みたくなった。どっちにしようかなー」とか，「浪人はしたくないけど，勉強もしたくない」，「ダイエットしたいが，糖質制限はイヤ」など，背反する欲求がぶつかり合い，板挟みになることもあります。

　このように，**複数の欲求の間で板挟みに陥り苦しんでいる心理状態を「コンフリクト（葛藤）」**といいます。こうして様々な葛藤に対して，うまく適応できないと**「フラストレーション（欲求不満）」**が生じます。コンフリクト（葛藤）には，以下のような種類があります。

> ●**接近−接近型**…「〜もしたい」し，「〜もしたい」
> ●**回避−回避型**…「〜もしたくない」し，「〜もしたくない」
> ●**接近−回避型**…「〜はしたい」が「〜はしたくない」

接近一接近型	回避一回避型	接近一回避型
	浪人中	成功！
水　コーラ		✕
欲しいものが2つある	**浪人したくないし勉強もしたくない**	**ダイエットしたいが糖質制限はしたくない**

特に具体例と共に押さえてください。

💡 どうやってフラストレーションを解消するのか？

　おもに人間は次のように解決を図ります。

　まずは**「合理的解決」**です。これは**「意識的」**に筋道を立てて，冷静に欲求をコ

ントロールします。例えば，「安い方がいいから，とりあえず水にしておこう」とか，「一昨日もラーメンを食べたから，やめておこう」などです。次の「**攻撃・近道反応**」は，自分の**欲望をさらけ出し**，**衝動的に解決**してしまうことです。例えば，「水とコーラを両方買う」とか，「後先を考えずラーメンを食べる」とか，手持ち金がない場合でも，「コーラを盗んで手に入れる」などです。一歩間違うと犯罪となってしまいます。怖いですね。

　大切なのは，**双方ともに「意識的」な領域で行なわれている**ことです。

　そして，「**防衛機制**」は意識的ではなく，「**無意識に働く心の防衛メカニズム**」です。オーストリアの精神分析学の創始者，**フロイト**（1856～1939）によって指摘されました。特に防衛機制の中には「**合理化**」というものがでてきます。「**合理的解決**」と**区別**しましょう。

💡 **フロイトの防衛機制** ➡ 無意識に心が傷つかないように以下のような防衛機制をとる。

★は頻出

種類	内容
抑圧	その経験を無意識に押さえつける ex）過酷な過去の記憶が無い（失われた時）
反動形成★	その欲求と逆の行動をとる　ex）好きな子をいじめる
合理化★	もっともらしい理由をつける ex）どうせあの葡萄はすっぱいさ（狐とすっぱい葡萄），他人のせいにする
代償（補償）	別の似た欲求で満足する　ex）水泳できないからサッカーしよう
昇華★	本能的な欲求（性欲）を社会的・文化的価値あるものに置き換える。ex）失恋の悩み→美術部で活躍する
逃避	その状況から無意識に逃避する　ex）学校にいきたくない→おなかが痛い
退行	前の発達段階に戻ってしまう　ex）甘え言葉になる，古いアルバムに見入る
投射（投影）	自分の認めがたい感情を，相手が持っていると思い込む ex）自分が嫌いな相手に対して「きっとあいつは俺を嫌っているに違いない」と思い込むことなど
同一視★	他人のすぐれた部分を自分のものと思い込む ex）アニメなどのヒーローに憧れ，「自分がヒーローになった」と空想することなど

　特に「同一視」は，自分に勝った相手が次の試合でも勝つことを願う心理とよく似ています。また，失恋をばねに陸上の長距離で県大会入賞などは，「昇華」に当る例です。**具体例とともに出題されることを意識して**，問題に取り組んでください。

人物スコープ　フロイト

出身▶オーストリア　**生没年**▶1856〜1939
キーワード▶防衛機制　**主著**▶『夢判断』，『精神分析学入門』

ウイーンで活躍した精神科医。患者の夢の中から無意識を探ることで，神経症の改善を図ろうとした。精神分析学の祖。

フロイトの「心」の構造　➡ 「エス」と「スーパーエゴ」とは？

　もう少し心理学の分野に入ってみましょう。先ほど勉強した**フロイトは，ノイローゼ（神経症）の原因を深層心理によって解明**しようとしました。これを「精神分析学」といいます。

　例えば，とがったモノが怖い先端恐怖症，手の皮がはげるまで手を洗う潔癖症などの神経症の原因は，それまで「脳疾患」と見なされ，外科的に処理されたりしてきました。

　しかし，すべての自分の行動を理性で支配できるのなら，眠れと理性が命令すれば眠れるはずです。しかし眠りたくても眠れない「不眠症」は現に存在しています。フロイトはこの点から，**デカルト**（112ページ参照）**の理性中心のアプローチに疑問**を持ち始めます。

　フロイトは神経症患者の内部の深層心理をみる際に，その患者の「**無意識**」に注目しました。そしてその**無意識は「夢」に現れると考え，夢を分析**するようになります。すると，その夢の中に性的象徴が現れていることに気が付きました。そして，**神経症は何らかの「性の抑圧」が原因ではないか**，と考え出したのです。

フロイトのいう心の構造

意識の領域

スーパーエゴ
超自我

エゴ
自我

エゴが調整

エス・イド
人間の本能と欲望

人間の本性⇒**リビドー**・性的欲動

無意識の領域

　こうしてフロイトは，３つの心の構造を把握しました。

> ①**エス（イド）・無意識的自我**（性衝動・リビドーに支配され，あらゆる
>   快楽を求める）
> ②**スーパーエゴ・超自我**（自我の検閲者，社会的適応をはかる）
> ③**エゴ・自我**（エスとスーパーエゴの調整を行う）

　まず①の「**エス**（英語では id）」は人間の無意識で，**性衝動である快楽原則「リビドー」に従って動く**。これは「**生きることへの衝動**」であり，フロイトは「**エロース**（37ページのプラトンの用法と区別）」ともよんでいる（ちなみに，死への衝動を「**タナトス**」という）。これを常に監視するのがスーパーエゴです。

　②の**スーパーエゴ**は，両親のしつけや学校教育を受けることで形成されます。いつも快楽に支配されるばかりでは，人間は遊びほうけてしまいます。従って，**エスを厳しく監視する**のです。しかし，すべてガチガチに快楽を規制すれば，神経症にもなりかねません。

　そこでこの**エスとスーパーエゴを調整する役割**を担うのが③の**エゴ**になります。エゴはエスとスーパーエゴが極端な働きをしないように，**現実原則に則ってバランスを取ろう**とします。このエゴの働きの一つに防衛機制があります。

人物スコープ　ユング

出身▶スイス　　**生没年**▶1875〜1961
キーワード▶集合的無意識と原型　　**主著**▶『心理学と錬金術』

スイスの心理学者。古来の神話などに共通点があることから，人類共通の無意識である「集合的無意識」についての研究を行なった。個別的無意識と集合的無意識の双方から心を解明する分析心理学を創始した。

人類に共通する無意識がある？

　フロイトは**個人の無意識**，いわゆる「**個別的無意識**」を研究していました。しかし，フロイトの弟子である**ユング**は，**人類に共通する**「**集合的無意識**」も研究したのです。

ユングによれば，人間の無意識には**個人の「経験」によってつくられる「個別的無意識（常に抑圧されている）」**と，個人の経験によらず人類に共通する「**集合的（普遍的）無意識**」があると言います。そして，この集合的無意識にもとづく**人類共通のイメージである「元型（アーキタイプス）」**があり，これらは，古今東西に共通しているとユングは考えました。ちょっとその一例をのぞいてみましょう。

倫政の出題内容・一発表示！ ▶▶▶「元型」の具体例

1 母に対する共通したイメージ（感情的で慈しみ深いなど）
→「**グレートマザー（太母）**」
2 父に対する共通したイメージ（威厳的で包容力があるなど）
→「**グレートワイズマン（老賢者）**」

💡 性格（人格，パーソナリティ）って？

ここでは「**アイデンティティ**」と区別して勉強してください。

エリクソンの説いたアイデンティティは，青年期に確立することが望まれる「**一貫した自己の確信**」でした。一方で「**人格（以下，パーソナリティ）**」は，その**人間の行動や考え方の全体的・統一的特徴**を指し，例えば，「明るい」とか「物静か」などのその人の特徴です。パーソナリティはラテン語の「**ペルソナ（仮面）**」が語源で，「**演者が果たす役割**」という意味から派生しています。

パーソナリティは，次の「**能力**」，「**気質**」，「**性格**」3つからなります。

特に，「性格」に関しては，広い意味でパーソナリティと同じ意味で使われます。このパーソナリティの形成は，**先天的要因（遺伝的要素など，生来のもの）**の他に，**教育環境や対人関係などの後天的要因**も影響します。

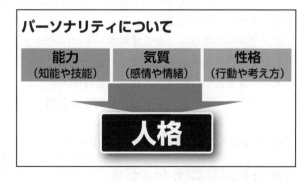

パーソナリティについて

能力 （知能や技能）	気質 （感情や情緒）	性格 （行動や考え方）

人格

💡 パーソナリティを分析した人たち

ここから先は試験前に軽く目を通す程度でいいです。

①気質と体型による分類……クレッチマー

1888〜1964・独

気質	体型	特徴
分裂気質	細長型	**非社交的**。集中力・持続力に富む。敏感と鈍感の両側面を持つ。
そううつ気質	肥満型	**社交的**。融通がきく。陽気な時期と気分の沈む時期が交互にくる。
粘着気質	筋骨型	**てんかん気質**ともいう。几帳面で実直，忍耐強い。

②関心の動きの方向による分類……ユング

- **外向的**…外部の客観的なものに関心が傾くタイプ。**感情の表現が自由で活発**。物事にこだわらず，決断と実行力が旺盛。
- **内向的**…関心が自己の内面に集中するタイプ。**内気で繊細。考え深く理論的な分析に長じている**。やり始めたことは最後まで行なう。

③シュプランガーによる「生の諸形式」

1882〜1963・独

⇒人生はその追求する価値によって方向づけられる。

⇒**理論的・経済的・審美的・社会的（社交的）・権力的・宗教的**という **6つ**の類型に分けた。

💡 最後にオルポートのいう「成熟した人間」とは？

　よくこれは，**ハヴィガーストの青年期の発達課題**と取り違えます。成熟した人間像は，青年期に限って達成されるものではなく，**生涯を通して求め続ける**ものです。

　アメリカの心理学者である**オルポート**は，それまでの精神分析学が，人間の心理をまるで自然科学を取り扱うように研究することに嫌気がさしました。オルポートは人間に寄り添いながら，人間の人格に中心をおいた研究を行ないました。

1897〜1967

　以下が，オルポートの **6つ**の「**成熟した人間**」です。

（★は試験前に確認）

①社会的領域への自己意識の拡大	自己中心的な狭い世界だけではなく，幅広い人間関係・社会活動により自己を広げる
②他者との温かい人間関係の確立	他人と自分を同じ一人の人間として認め合い，支配したりせず，思いやりのある関係を作る
③情緒安定と自己受容★	自分で感情や情動を適切にコントロールできる

④現実の認知・問題解決の技能	感情を入れず現実を認知し，諸問題を合理的に解決する技能を持つ
⑤自己の客観視とユーモア★	自己を客観化し，ユーモアを楽しむ余裕を持つ
⑥人生を統一する人生哲学★	人生における目標を立て，それを軸に統一した人生観を形成する

●その他，確認したい人物

人物	キーワード ＆ POINT
^{1896〜1980} **ピアジェ** （スイスの児童心理学者）	「**脱中心化**」 **子どもは「小さな大人」ではなく**，独自の世界観があり，これを尊重すべき。子供は最初，**自己中心的に世界を見るが，やがて成長し自己中心性を脱却**する。
^{1878〜1965・墺} **ブーバー** （ユダヤ人の宗教学者）	「〈**われ―汝**〉」 **われは常に他者との関係にある**。互いの人間が互いの人格を認め合うことが本来の「われ」である。
^{1892〜1949} **サリヴァン** （アメリカの心理学者）	「愛とは他人の幸福が本人の幸福と同様に重要になるような人間関係である」 **対人関係を通じた自我の成長**を説く。

　ブーバーはユダヤ人の宗教学者です。ユダヤ教など西洋の一神教（後に勉強しますが）には，「神と人間」のような，明確な二項対立があります。人間観にも「自己と他者」との独立性を重視するのが一般的です。しかし，**ブーバーはその「独立性」からさらに踏み込んで「関係性」を重視しています。**

　人間が「他者と世界と関わる」生き物であることが理解できたと思います。

ちょっとひと休み　どう生きるか？

　近年，吉野源三郎の『君たちはどう生きるか』が注目を集めている。「コペル君」が「叔父さん」との対話の中で成長し，世の中を「自分中心」ではなく，「世界との関係性」の中で捉え直していく物語だ。叔父さんはそれを天動説から地動説への視点の変化にたとえる。

　今，君たちはまさにいろいろな物事に出会い，自分中心に眺めていた世界から飛びだそうとしている。部活・文化祭・受験…，友人・恋人・先生…，世界は無数の事物・人々と関係して成り立ち，そうした相手や世界のことに目を瞑って生きることは出来ないと，うすうす気がつき，そして精神的に葛藤・吟味し思考しながら成長し続けている。

　人は決して一人では生きていけず，そして葛藤・吟味という思考なしには成長もしない。人はこの世界の中で様々な事物と関わり考え生きていく。実は「人々・社会との関わり合い，生き方を吟味する」というテーマが，まさに「倫理」という物語なのだ。いつしか，受験を超えた「倫理」という物語が，君の中ではじまる。

第 **2** 章

源流思想
(古代ギリシア・イスラーム・インド・中国)

攻略の視点

　いよいよ，源流思想に入ります。ここでは思想全体の理解（ソクラテス，イエス，ブッダ，孔子の愛の違いなど）が求められる一方，著作を遺していない思想家ついては（ソクラテス，イエス，ブッダ，孔子など），特に思想を深く学びましょう。攻略ポイントは，いかに「思想間の関係性」や「対比」を把握するかにあります。「スッキリわかる思想イメージ」をふんだんに取り込みましたので，思想の関係性の理解に役立ててください。

この章の攻略ポイント

❶ アルケーについて「特に，タレス，ピタゴラス，ヘラクレイトス，デモクリトス」
❷ ソクラテスの「無知の知」と「問答法」
❸ プラトンの「イデア論」とアリストテレスの「四原因説」の対比
❹ 「ストア派」と「エピクロス派」の対比
❺ イエスの「愛の神」と「信仰の内面化」の理解
❻ ブッダの「無我と縁起」の理解と，部派仏教の対比
❼ イスラームの「六信五行」
❽ 中国思想は「儒家と道家」の対比，「孟子と荀子」，「朱子学と陽明学」を対比的に理解

1 哲学の始まりと自然哲学

学習の指針 ひろく深く
重要度 ★★★★

ここが出る！ 試験前の倫政の出題・正誤 Point！

① タレス，ピタゴラス，ヘラクレイトス，デモクリトスの「アルケー」
② 哲学の始まり⇒「神話（ミュトス）」から「理性（ロゴス）」への思考シフト
③ ソフィストの相対主義⇒「人間が万物の尺度」

💡 哲学って？　➡ あるべき姿や本質を探求すること

いよいよ「倫理」の核心部分に入っていきましょう。「哲学」については，第1章で**「あるべき姿」を見ていく視点**だと説明しました。この他にも，「**世界のあり方**」や「**世界の意味や目的**」などを，**根本から探究する学問**とも捉えられます。

この意味で，「**あるがままの姿**」を見ていく「**科学**」**と対比**されることがあります。例えば，駅のホームで人が倒れているとしましょう。

科学		哲学
50歳代の男性が倒れている	捉え方	その人を助けるべきか
あるがままの姿	視　点	**あるべき姿**
事実判断	判　断	価値判断

こうして，**哲学の営みには「価値判断」がついて回ります。**

また，この哲学が「教育のあり方」を探究すれば「**教育哲学**」，「政治のあり方」を探究すれば「**政治哲学**」，そして「**人間のあり方**」を探究すれば「**倫理学（人間哲学）**」となるわけです。

ここで大切なことは，**哲学が「行為」である**ということです。古代ギリシャで「**知恵（sophia）を愛すること（philos）**」という行為，これを明治時代に西周が「哲学」と翻訳したのです。

_{にしあまね}
_{1829～97}

また**カント**（120ページ参照）は，『**純粋理性批判**』の中で，「**人は哲学を学ぶのではなく，哲学することを学ぶのである**」として，哲学が物事について思索を続ける「行為」であるとしています。

今，「大学に行くべきか」，「部活を続けるべきか」，「告白するべきか」…。これらについて思索を続けている限り，「哲学」をしているのです。それでは，いつ頃からこの「哲学」は芽生えたのでしょうか。

💡 自然哲学って？ ➡ 自分の頭で世界を考える

　紀元前6世紀頃の古代ギリシアでは，農作業などの労働は奴隷が行なっていました。一方で自由民は，飲んで，食べて，寝ていればいい。要するに「ヒマ」だったわけです。これを「閑暇（スコレー）」といい，後の「School（学校）」という言葉へと派生します。すると，どうなると思います？　そう，だんだんと世界のあり方や，真実，善いこと，美しいことなどの，本質について語りはじめるんですね。

　それまでの世界の説明は基本的に「神話（ミュトス）」が中心です。ざっくりいえば，失恋の原因，自分の誕生，星が輝くこと，**すべてを神で説明**しているのです。ちなみに，代表的な神話に，**ホメロス**の『**イリアス**』，『**オデュッセイア**』，**ヘシオド**スの『**仕事と日々**』，『**神統記**』などがあります。人々はこうした神話に満足しなくなり，そして自分自身の頭を使って世界を筋道立てて説明し始めたのです。このような能力を「理性（ロゴス）」といいます。

　例えば，「月は自分で光っている」と誰かに教えられたとしましょう。しかし，自分でいろいろ考えた結果，「太陽が月を照らしている」ことに気づいたとします。この時まさしく「理性」を使って世界を説明し始めたことになるのです。

　この「**神話**」から「**理性**」への思考形式の転換が哲学の始まりです。そして人々はまず，「**世界は何から出来ているのか？**」という「**万物の根源（アルケー）**」を探し始めたのです。

💡 自然哲学の登場 ➡ 世界は何からできている

人物スコープ　**タレス**

出身▶イオニア地方ミレトス　　**生没年**▶紀元前624頃～紀元前546頃
キーワード▶万物の根源は「水」

日食を予言するなど，自然哲学を創始した人物。ギリシャ七賢人（タレス，ソロン，キロン，ピッタコス，ビアス，ペリアンドロス，クレオブロス）の一人。

　自然哲学者は，「**世界の始まり**」に目を向けた人々です。後に**アリストテレス**は，自らの哲学と区別するため，批判的に「自然哲学」と命名しました。この自然哲学の特徴は，「**万物の根源（アルケー）**」を考える点にあります。以下の4人が重要です。

(1) タレス

タレスは，**水がなければ生物が生きられない**こと，植物の種子は水を含み発芽することと，水は液体，固体，気体に変化することなどから，**水**をアルケーだと考えました。

(2) ピタゴラス

ピタゴラスは「**数**」が宇宙の調和（ハルモニア）を作り上げていると考えました。例えば，**音階なども「数の調和」によって作り出されます。**こうして数学や音楽を手段としながら，魂の**浄化（カタルシス）**目指しました。後に南イタリアで「**ピタゴラス教団」を設立**しています。

(3) ヘラクレイトス

ヘラクレイトスは，「**万物は流転する**」とし，**世界を「変化・生成するもの」**と捉えました。少し仏教的です。つまり「何かから出来ている」のではなく，「絶えず動き続けている」と考えたのです。確かにこの瞬間も，僕は原稿を書いているし，君はこの本を読んでいる。常に同じ状態であることはありません。そして，**この「変化・生成」の象徴として「火」**を挙げました。ヘラクレイトスは「**二度，同じ川に入ることは出来ない**」と述べています。なかなかユニークな発想です。

(4) デモクリトス

デモクリトスは，アルケーを「**これ以上分割できないもの**」と定義し，その物質の最小単位を「**アトム（原子）**」としました。非常に近代科学と近い発想です。こうした様々な**アトムが，空虚な空間（ケノン）の中で離合集散することで，世界が成り立っている**と考えました。つまり「**唯物論」の立場を明確に示した**ともいえます。また後の**エピクロス**派は，デモクリトスの思想を継承し，「**人間が死ぬということは，アトムに返るだけだ**」として死の恐怖を克服しようとしました。

● 様々な自然哲学者たち

★は頻出

人物	アルケーについて
タレス★	「水」，日食も予言
前6世紀頃 ピタゴラス★	「数」 　音階や現象界の調和（ハルモニア）が数の比に基づいている ⇒厳格な禁欲生活を送る「ピタゴラス教団」をつくるものの， 後に弾圧される
前540頃～? ヘラクレイトス★	⇒変化・生成の象徴としての「火」 ⇒「万物は流転する」
前460頃～前370頃 デモクリトス★	分割できない「アトム（原子）」が「ケノン」という空間の中 で集合離散 ⇒「死」は人間が原子へと回帰するだけのものと考える 　後にエピクロス派の開祖であるエピクロスも影響を受けた
前610頃～前546頃 アナクシマンドロス	無限，（特定の性質を持たない「アペイロン」）
?～前525頃 アナクシメネス	「空気」
前493頃～前433 エンペドクレス	火，水，空気，土の四元素が愛（結合原理）と，憎しみ（離反 原理）で変化する

💡 ソフィストの登場　➡　バラバラな基準

　こうして理性的な思索を続けていた古代ギリシャ人の政治はどうだったのでしょう。

　アテネでは直接民主制による民主政治が実現し，自由民が討論を行なうことで政治を動かしていました。すると，「いかに相手を説得するか」という「弁論術」に長けた人間が，政治の主導権を握っていくのです。裁判も陪審制で，陪審員を説得できれば無罪になるわけです。すると，人々はお金を払ってでも「弁論術」を身につけようとします。

　こうして人々は，「ソフィスト」とよばれる**様々な教養をもつ知識人に教養を習います。ソフィストは詭弁を教える職業教師との悪名もあったことは事実**ですが，**多くの人々に知識を啓蒙した**ことが，近年再評価されています。

　代表的人物に前490頃～前410頃**プロタゴラス**がいます。彼の中心的思想に「**人間は（が）万物の尺度である**」というものがあります。ちょっと考えてみましょう。

　90度のラーメンのスープ。あなたは熱いと思います？　ぬるいと思います？

1　哲学の始まりと自然哲学　**31**

必ずやろう！　▶▶▶　完成問題集　**第2章**

実はその人の感覚しだいです。真夏の暑い日に急に飲めば熱いでしょうが、キンキンに冷えた氷水を飲んだ後なら、ぬるめに感じるでしょう。つまり、**物事の判断の基準は、各個人それぞれにあることになります。**この立場を「**相対主義**」といいます。

　この他にも、「**真理を知ることができない（不可知論・懐疑論）**」を唱えたゴルギアスや、「**強者の利益が正義だ（つまり強い者にとって都合のいいことが正義）**」とする**カリクレス**なども有名です。こうなると窃盗や放火も、何だって許されてしまいます。それどころか「殺人」でさえも、その人の必要性から許されることになりかねません。こうした相対主義を弄ぶソフィストの風潮に警鐘を鳴らした人物がいました。そう、かの**ソクラテス**です。

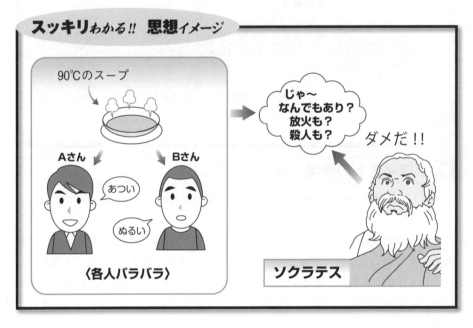

2 ソクラテス

ここが出る！　試験前の倫政の出題・正誤 Point！

① 哲学の出発点「無知の知」⇒「問答法」で探究
② 相対主義（ソフィスト）批判と善美の探究⇒「魂への配慮」
③ 死刑の受け入れ⇒不正に不正を返せない⇒善き生の全う

人物スコープ　ソクラテス

出身▶ アテネ　　**生没年▶** 紀元前469頃～紀元前399頃
キーワード▶ 無知の知，善く生きること

堕落したポリスの倫理復活のため，多くの青年たちなどと対話し，善く生きることの吟味を行った。晩年は青年を堕落させたとして死刑となり，逃亡の勧めも断って，自ら毒杯を飲んだ。著作は遺さなかったが，弟子プラトンが『対話篇』を著し，ソクラテスの思想を広げた。

スッキリわかる!!　思想イメージ

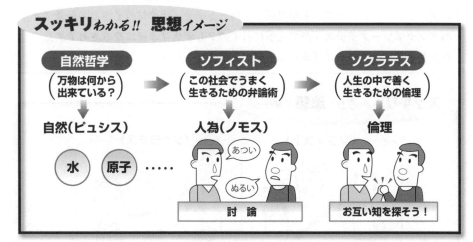

自然哲学	ソフィスト	ソクラテス
万物は何から出来ている？	この社会でうまく生きるための弁論術	人生の中で善く生きるための倫理
自然（ピュシス）	人為（ノモス）	倫理
水　原子 ‥‥	あつい／ぬるい　討論	お互い知を探そう！

　上図のように，自然哲学者は「**自然（ピュシス）**」に目を向け，ソフィストは社会の制度や，習慣などの人間の「**人為（ノモス）**」に目を向けています。それに対してソクラテスは，人間の内面性，人間のあり方に目を向けています。この意味で「人間の哲学」すなわち「**倫理**」がソクラテスによって探究され始めたのです。

必ずやろう！　▶▶▶　完成問題集　**第2章**

💡 ソクラテスに勝る賢者はいない？

　ある日のこと，ソフィストの詭弁と闘っていたソクラテスは，「**ソクラテスに勝る賢者はいない**」とする神のお告げがあったことを知ります。ソクラテスの友人がデルフォイという町にあるアポロン神殿で，このお告げ（神託）を受けたのです（**デルフォイの神託**）。

　ソクラテスはお告げの意味を探すべく，アテネの賢者を訪ねては善や美について質問しました。すると「**彼らは何も分かっていない**」し，それに気づいていないと，だんだんと分かり始めるのです。逆にいえば，**ソクラテスだけが善や美について**「**何も分かっていない自覚**」があったのです。だからこそ質問できたのであり，神はこの「何も知らないことを知っている」点でソクラテスを賢いとした，ソクラテスはそう考えました。この「**知らないという自覚**」を「**無知の知（無知の自覚）**」といい，**哲学の出発点となるのです。**

　僕は授業中によく「ハタケヤマソークラテス」などと言いながら，学生にソクラテスのつもりで問いかけます。結構真面目ですよ。学生も真面目に答えてくれます。

ハタケヤマソークラテス「今，何してるの？」，学生「受験勉強です」。

ハタケヤマソークラテス「受験勉強って何？」，学生「大学に行くための勉強です」。

ハタケヤマソークラテス「何で大学に行くの？」，学生「幸せになるためです」。

ハタケヤマソークラテス「幸せって何？」，学生「…」。

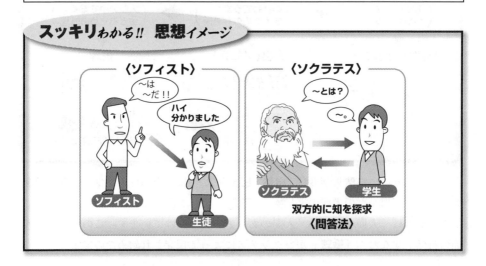

スッキリわかる!! 思想イメージ

〈ソフィスト〉　　　〈ソクラテス〉

〜は〜だ!!

ハイ分かりました

〜とは？

〜。

ソフィスト　　　生徒

ソクラテス　　　学生

双方的に知を探求
〈問答法〉

この「…」。この瞬間が「無知の知」です。こうしてともに「幸せ」について探究していくのです。**ともに知らない者同士が，知を探究する**方法。これがソクラテスの「**問答法**」です。一方的に知を説く，これまでのソフィストの方法とは一線を画すものでした。

💡 ソクラテスの問答法（ソクラテスメソッド）

ソクラテスの問答法の特徴，それは**ソクラテス自身が答えを語らない点**にあります。むしろ相手の言葉の中の矛盾を突き，**相手に真理を考えさせる**のです。この意味で，真理を赤ん坊に例えて，それを引っ張り出すソクラテスのやり方から，問答法は「**助産術**」や「**産婆法**」とよばれます。次のような流れです。

倫政の出題内容・一発表示！ ▶▶▶ソクラテスの問答法

①相手に質問をぶつけ矛盾を突く（この哲学的皮肉を「**エイロネイア**」という）

⬇

②その中で**ともに無知であることを自覚する**（「**無知の知**」，探究の出発点）

⬇

③**ともに探究をはじめる**（哲学の開始）

💡 ソクラテスの哲学の方法は分かったけど，思想は？

ソクラテス自身は著作を遺していないため，弟子**プラトン**の著作にその一端を見ていくことになります。ここでは「人間の善さ」について説明します。

まず，「**善さ**」とは何か？　それは，**そのものが持つ能力を最大限に発揮した状態**です。この状態を「**卓越性・徳（アレテー）**」といいます。馬のアレテーは速く走ることでしょうし，ナイフのアレテーはよく切れることでしょう。では人間の「アレテー」は？

多くの富を持つこと？　多くの地位や名誉を持つこと？　答えは **NO** です。

人間には，そうした外面性だけではなく，人間の「**魂（プシュケー）**」に根差した「美や善」があるというのです。富や名誉そのものは，この魂が歪んでしまえば歪んで使われる。逆に魂が美しければ，慈善事業などに寄付されるかもしれない。ではその「美や善」とは何か？

必ずやろう！　▶▶▶　完成問題集　**第2章**

まさしくソクラテスは，この**魂における善や美を探究し続けることこそ**，人間の**アレテー**と考えたのです。これを「**魂への配慮**」といいます。

　結局「善や美」を明確に定義していないことが腑に落ちない人もいるかもしれません。しかし，ソクラテスの思想の大切さは，答えを断定することではなく，**その答えを探究することにある**のです。魂を善くすることと，知を求め続けることは同じであるとすることを「**知徳合一**」といいます。安直に答えを出すのではなく，ある物事を真剣に吟味すること。吟味なき人生は無価値だという信念がソクラテスにはありました。

💡 死刑判決

　ソクラテスの行動は為政者にとって脅威となり，青年たちを堕落させたとしてソクラテスは**宗教裁判にかけられます**。そのソクラテスは陪審員に対してこう言い放ちます。

> 「きみたちは，評判や地位のことは気にしても思慮や真実のことは気にかけず，魂（いのち）をできるだけすぐれたものにするということに気もつかわず心配もしていないとは」（『**ソクラテスの弁明**』）

　こうして，陪審員の反感を買って死刑となります。ただし，他の国に逃亡すれば死刑は免れることができました。そこで友人が牢屋を開ける手立てをしてくれます。それでもソクラテスは「**不正に対して不正は返せない**」，「**悪法でも法だ**」などと言い遺し，弟子の目の前で毒杯を仰いで死んでいったのでした。

　ソクラテス自身による「魂への配慮」が，善く生きる選択を「死刑を受け入れること」としたのです。このソクラテスの死を目の当たりにした弟子たちが，ソクラテスの思想を世に広げていきます。思想の形成には，こうした師弟関係が強くかかわることが多いのです。

　ある哲学者を面白おかしくおちゃらかすことは簡単です。しかし，彼らが生きた時代や生き様を想像する時，真剣にその思想と向き合いたくなるはずです。その瞬間に「哲学」が始まっています。

3 プラトン

ここが出る! 試験前の倫政の出題・正誤 Point!

① イデア論から見えてくる⇒二元論的世界観
② イデアを求めようとする魂の働き⇒エロース
③ 理想国家は哲人政治のもと⇒各々階級が徳を発揮すること!

人物スコープ プラトン

出身▶アテネ　　**生没年**▶紀元前427〜紀元前347
キーワード▶イデア, 哲人政治　　**主著**▶『パイドン』, 『国家』, 『饗宴』など

ソクラテスの弟子であると同時にアリストテレスの師である哲学者。ソクラテスを語り手とする「対話」の形式で多くの著作を遺し, 学園アカデメイアで問答法により多くの弟子を育成した。

💡 善とは? 美とは? ➡「イデア論」

　確かにソクラテスは善や美を探究しようとはしましたが, ハッキリとした輪郭を与えたわけではありません。この問題は弟子プラトンによって受け継がれ, 輪郭がはっきりとしてきます。それが「**イデア論**」です。

　いきなり「イデア論」ではびっくりするので, まずはノートに三角形を3つ描いてみてください。これらを比較すると全部違う形をしています。確かに三角形は内角の和が180度, 3つの直線で囲まれた図形です。しかしよく考えてみましょう。直線? その三角形の絵の直線は歪んでいませんか? また, 幾何学的に考えると, そもそも直線は点の集合で, 点は面積を持たない。すると直線は目に見えるものなのでしょうか? 少しウンチクめいて聞こえるかもしれませんが, それでも見えるということは, 何か別の説明が必要になりそうです。

　まず, プラトンは世界を2つに分けてとらえます。これを「**二元論的世界観**」といいます。具体的には, **今ここに肉体がある不完全な「現象界」**と, **真の実在・原型が存在する完全な世界である「イデア界（叡智界）」**。この**イデア**とは, もともとギリシア語のエイドー（見る）という言葉の派生で, **真の姿・形, 原型**を意味します。つまり三角形には, 三角形のイデアがあることになります。

必ずやろう! ▶▶▶ 完成問題集 **第2章**

私たちの**魂は生まれる前**，**このイデア界で三角形のイデアを目撃**していました。だから，現象界の魂は三角形的な図を見ると，たとえそれが真三角形でなくても，三角形だと認識するとプラトンは考えました。ようするに，**過去に見たことがあるイデアの断片が**，**描かれた三角形に分有されている**ため，その分有されたイデアの断片と，真のイデアを重ね合わせて三角形だと判断するのです。

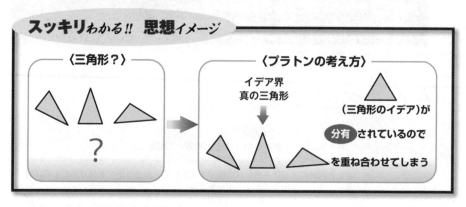

　このイデアは，現象界で見たり，聞いたり，触ったりして**五感で知覚することはできません**。あくまでも現象界の「三角形的なもの」を知覚して，それを手掛かりに**理性**によって把握できるもの，つまり頭の中で思い起こして（**想起・アナムネーシス**）把握されます。こう考えていくと，**現象界に見えるものはすべてが仮の姿で**あることになります。

　「桜が散る」，「卒業式で涙して歌っている」，「高校生が電車で老人に席を譲る」，これらはすべて美しい瞬間ですが，すべて違う現象です。しかし私たちはその背後に「共通した美」そのものを見ています。しかし，この背後にある「共通した美」を取り出すことはできません。そう，これらイデアは頭の中にイメージされるものです。ではなぜイメージできるのでしょう。それが「**私たちの魂は生まれる前**，**このイデア界で美のイデアを目撃していたから**」，というのがプラトンの説明です。

　プラトンはイデアに序列をつけています。具体的には，最高のイデアは「**善のイデア**」，そこから「**美のイデア**」や「**真のイデア**」が派生している（3つのイデア）と考えています。

　例えば先ほどの，「高校生が電車で老人に席を譲る瞬間」は，美しいことであると同時に，善いことでもあります。このようにイデアの究極に善のイデアを置き，世界にある「善さ」について，ソクラテスよりもハッキリとした輪郭を与えました。

こうして現象界に生きる私たちの魂は、イデア界に存在していた時に見たイデアに憧れを抱きます。言い換えれば、不完全な現象界にある魂は完全なイデア界にあるイデアを求めてしまう。

このように、**完全なイデアを求める魂の働きを**「**エロース**」といい、「イデアへと向かう上昇愛」と表現したりします（フロイトの性衝動としてのエロースと区別）。

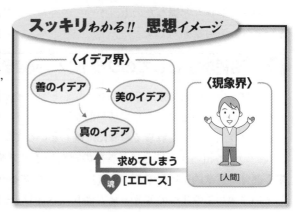

スッキリわかる!! 思想イメージ

〈イデア界〉

善のイデア → 美のイデア

真のイデア

求めてしまう

魂[エロース]

〈現象界〉

[人間]

●**イデア論のポイント**

①人間の魂は、生まれる前「**イデア界**」に存在し、生まれる前に **イデアを目撃**していた。

②現象界で肉体と結合した魂は、**イデアを愛い慕う**（エロース）

③イデアは、**永遠不滅・不変の原形、真の実在**である

💡 洞窟の比喩？

さらにプラトンは、洞窟の比喩を用いながら、イデア（善のイデア）を太陽になぞらえて説明します。この図のように、現象界にいる私たちの魂は、肉体という牢獄に縛られて、本当の姿（イデア）を見ることができません。

肉体に縛られた私たちの魂は、囚人のように、洞窟の奥に映し出された三角形の幻影を、本当の姿をした三角形だと思い込んでいます。しかし、私たちは、イデアを求める「エロース」によって、肉体にとらわれずに物事の本当の姿（イデア）を求めていくのだと言うのです。

言い換えれば、**肉体と結合する前の状態、イデア界にあった状態の魂が望ましい。**ソクラテスが「**哲学は死の訓練**（プラトン

〈肉体という牢獄〉

幻影　囚人　縛体

必ずやろう！ ▶▶▶ 完成問題集 **第2章**

著『パイドン』)」と述べたのも，かつての純粋な肉体と結合する前の魂に戻ろう，
というメッセージからです。

💡 政治哲学者としてのプラトン　➡哲学者を政治家に!!

　実はプラトンは政治家志望でした。しかしソクラテスの死を契機に哲学の道を歩
んだといわれています。そして理想的な国家・政治のあり方を描き出します。

　まずプラトンは，**これまで曖昧に「魂」といっていた働きを3つに分けます。**

　人間の頭に相当する部分に，**善悪の判断やイデアを認識する「理性」**，胸に相当
する部分に意欲的に行動する**「意志」**，腹に相当する部分に本能的な**「欲望」**が位置
しています。この3つの部分の最も優れた状態は，それぞれの卓越性（アレテー・

徳）としての，「知恵」，
「勇気」，「節制」を発揮し
た状態としました。そして，
この3つの徳（「知恵」，
「勇気」，「節制」）が各々発
揮され，魂全体として調和
した状態を「正義」として，
「知恵」，「勇気」，「節制」，
「正義」を「四元徳（しげんとく）」とし
たのです。

　そして，**国家も頭・胸・
腹に相当する，「政治家」，
「軍人」，「生産者（庶民）」
の各階級がそれぞれの徳を**

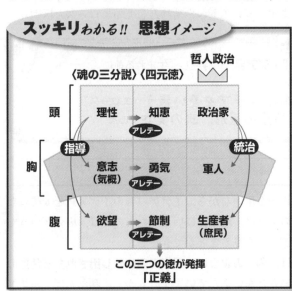

スッキリわかる!! 思想イメージ

〈魂の三分説〉〈四元徳〉　哲人政治

頭　理性 → 知恵（アレテー）　政治家

胸　意志（気概）→ 勇気（アレテー）　軍人

腹　欲望 → 節制（アレテー）　生産者（庶民）

指導　統治

この三つの徳が発揮
「正義」

発揮して理想国家が完成します。そこで大切なのは，「軍人」，「生産者（庶民）」は，
「政治家」に指導されるということです。すなわち，この政治家が「理性」に基づ
く指導者である必要があります。従って，知恵のある哲学者が政治家になることが
最も望ましい。プラトンはこうして**「哲人政治」**を理想として描いたのです。

　この政治体制は，当時の民主制とは趣を異にするものです。当時のアテネは直接
民主制であり，その反面，衆愚政治に陥っていました。その弊害を見て，一人の理
性ある君主をプラトンは求めたのでしょう。なお，私たちが生きる現代でも**「理
性」に導かれる政治**が求められています。

4 アリストテレス

ここが出る！ 試験前の倫政の出題・正誤 Point！

① プラトンは「外」に，アリストテレスは「内」に本質を探していく
② 質料と形相⇒可能態から現実態へと成長することが「運動」
③ 中庸の意味，部分的正義の理解

人物スコープ アリストテレス

出身▶マケドニア地方のスタゲイロス　**生没年▶**紀元前384〜紀元前322
キーワード▶エイドス，中庸　**主著▶**『ニコマコス倫理学』，『形而上学』，『政治学』

プラトンの学園**アカデメイア**に学ぶ。様々な学問の基礎を確立し，「**万学の祖**」とよばれる。アテネ郊外に**リュケイオン**を開いた。

💡 プラトンとは異なる世界の見方？ ➡ 外ではなく内を見る

　プラトンの説明で，**イデアは「エイドー」（見る）に由来する単語**だと説明しました。これから出てくる「**エイドス**」もこのエイドーの派生で，「形・形相」を示します。ただし，プラトンの「イデア論」による個物や形の認識と，アリストテレスの「エイドス論」による個物や形の認識は，趣が異なります。

　それは，**プラトンのイデア論**のように，現象界の「**外側**」に真のイデアをおいて個物を理解するのではなく，**個物の「内側」にある，その本質・役割などの「形相」を探っていく**ことで個物を理解します。

　例えば，「お皿」について考えてみましょう。アリスト

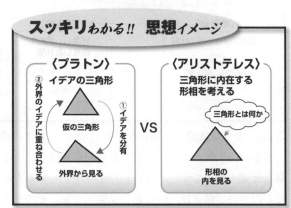

スッキリわかる!! 思想イメージ

〈プラトン〉
イデアの三角形
仮の三角形
外界から見る
② 外界のイデアに重ね合わせる
① イデアを分有

VS

〈アリストテレス〉
三角形に内在する形相を考える
三角形とは何か
形相の内を見る

必ずやろう！ ▶▶▶ 完成問題集 **第2章**

存在するものにはすべて4つの原因がある

目的因
用途

形相因
設計図

作用因
職人

→ お皿 ←

質料因
土などの材料

テレス は，お皿という個物の中に4つの原因を探していきます。有名な「**四原因説**」です。まずお皿の原料である「土」が「**質料（ヒュレー）因**」，お皿の設計図にあたるものが「**形相（エイドス）因**」，お皿をつくる職人の作業が「**作用因**」，そして「モノを盛りつける」という目的が「**目的因**」となります。すべての個物にはこの4つの原因が内在し，とりわけアリストテレスは，物事に内在する「**目的（テロス）**」を重視しました。この場合だと「**モノを盛りつけること**」にお皿の本質があります。

　このように，別世界にイデアをおいて物事を説明するプラトンに対して，現実の世界の中で，個物に内在する四原因を見るという方法は，アリストテレスが現実的哲学者であるといわれるゆえんです。また**アリストテレスは，個々に内在する本質を直観することを「テオリア（観想）」とよび**，こうして本質を探る行為こそが幸福な生活であるとしています。

💡 どうして世界は運動するのか？

　この運動に関して，アリストテレスは極めてシンプルに説明します。すなわち，

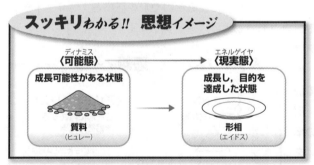

スッキリわかる!! 思想イメージ

ディナミス
〈可能態〉

エネルゲイア
〈現実態〉

成長可能性がある状態

**成長し，目的を
達成した状態**

質料
（ヒュレー）

形相
（エイドス）

質料（ヒュレー）が形相（エイドス）を獲得することが，運動の根本であると考えたのです。上の例でいえば「土」が「お皿」へと移行することが運動です。ここでアリストテレスは「**可能態（デュナミス）**」と「**現実態（エネルゲイア）**」という2つの状態を説明します。

　つまり，上図のように，質料が形相を獲得し，土からお皿へと成長することを運動だと考えたのです。もう少し分かりやすくするために，次ページのイメージを見てください。例えば，いま君は受験生です。その後大学に合格すれば大学生になる。

やがて大学生は就活し，企業に勤める。このように**可能態から現実態へと成長を目指して運動**するのです。さらに，この大学生は受験生から見れば目指す「現実態」です。しかし，就職後から見た場合はどうでしょう。大学生であった頃の自分は「可能態」といえます。

スッキリ**わかる!! 思想**イメージ

可能態　　成長　　現実態

受験生の自分　　大学生の自分　　就職した自分
可能態　　成長　　現実態

このように，個物，例えば図の大学生は，**成長した結果である「現実態」であるともいえるし，この先就職するという成長を目指す「可能態」でもあるといえる**わけです。つまり，**個物には「可能態」と「現実態」の双方が内在し，「相対性」を持つ**のです。

💡 ではなぜ人は成長しようとするのか？　「SEKAI NO OWARI」？

ではなぜ可能態は現実態を目指すのでしょう？　先ほどの例でいえば，就職後に結婚し，子どもを育て，老後は地域社会に貢献する，という具合に人は成長します。そして死を迎える。アリストテレスはこの一連の運動を，**市民がポリス（社会）の中で「より善い社会」，「善き市民」，つまり「善を目指しているからだ」**と考えるのです。フルート奏者が善き音楽を奏でる，アス

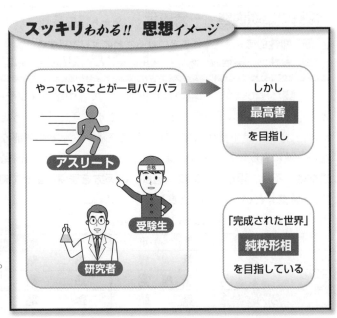

スッキリ**わかる!! 思想**イメージ

やっていることが一見バラバラ

アスリート
受験生　合格
研究者

しかし
最高善を目指し

「完成された世界」
純粋形相を目指している

必ずやろう！ ▶▶▶ 完成問題集　**第2章**

リートが新記録を作る，医学者が新しい治療方法を発見するなど，**これらはすべて「完成された世界の形（純粋形相）」を目指す運動であり，「最高善」という，世界が最終的に行き着く善のあり方を目指して動いている**，と考えます。

確かに，一人一人が運動していることは各個人でバラバラです。しかしその先には，少しでも「善くしよう」という目的があるはずです。悪くなろうと思って今日を生きる人はいません。こうして，「完成された世界」を目的にして動くという「**目的論的世界観**」をアリストテレスは展開しました。つまり，**自然哲学のように「世界の始まり」を見ようとしたのではなく，世界の完成，すなわち「世界の終わり」，「世界の目的・テロス」を探究**したのです。

ちなみに「完成された世界の形」を「**純粋形相**」といいますが，**これは「不動の一者（神）」が想定したとアリストテレスは考えています。この部分は中世キリスト教に影響を与えました。**

💡 人間のあり方をアリストテレスはどう考えたのか？ ➡ 「中庸」とは？

ここからは，アリストテレスの人間のあり方「倫理学」について勉強します。元々現実主義ですからすごくシンプルです。まず人間の**徳**（最も優れた能力を発揮した状態，**アレテー**）は2つあるといいます。

倫政の出題内容・一発表示！ ▶▶▶**徳の種類**

1 知性的徳…思慮や知恵をつけることにより実現する
2 習性的（倫理的）徳…1.を用いることで成り立つ「中庸」

特に**1**だけではなく，**2**の日常生活の中で「**中庸（メソテース）**」を実現することも挙げています。「中庸」とは，ざっくり言うと「ちょうどいい状態」です。例えば，「恐怖」は不足すれば，崖から飛び降りるなどの無謀な行動に出るかもしれない。逆に過度にありすぎれば，家から出ることさえも出来ないくらい臆病になる。**恐怖は，不足（過小）と過度（過多）の両方を思慮によって避ける生活を送ることで，「勇気」という中庸な状態となります。**この「中庸」は，ほとんどのケースに当てはまる大事な考え方かもしれません。

	不　足	中　庸	過　度
恐　怖	無　謀	勇　気	臆　病
快　楽	無感覚	節　制	放　縦
恥	無　恥	羞　恥	内　気

ところで,「ヤマアラシのジレンマ」という用語が教科書にあります（一般的に青年期の部分）。これは，ヤマアラシのカップルが互いに温め合おうとすると，距離が遠すぎると寒く，近すぎると自分のとげで相手を刺してしまう。そこで**経験を繰り返し「ちょうどいい距離」を保った**,というものです。これはすこし「中庸」に似ています。

また，この中庸は**「数字の中間的なもの」ではありません**。例えば，あるプロ野球選手はご飯を10杯食べ，予備校講師の僕は1杯食べた。しかし，その中間の「5杯」が中庸ではない。なぜなら，プロ野球選手と予備校講師とでは，食べる必要量が全然違うからです。

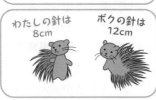

わたしの針は 8cm　ボクの針は 12cm

傷付けずにあたためあえる距離

そこで「なぜ食事をするか？」と目的を考えてみるのです。すると，「健康に生きるために」であり，**適切な量が思慮の結果分かります**。まさしく**「善く生きるために必要な量」が中庸**だ，ということになります。

💡 では社会のあり方は？

ここもかなり現実的です。アリストテレスは,「**人間はポリス的動物**」であると言っています。この「ポリス的」というのは，**ポリスを離れては生きていけない**という意味です。人間誰もが社会生活を送る上で必要になる**共同体の秩序原理**が,「**友愛（フィリア）**」です。これはポリスの市民同士の間で成り立つ永続的な愛で，**友愛なしでは正義も実現しない**とアリストテレスは考えています。20世紀に入ると，このアリストテレスのポリスの友愛の考え方は，**同じ共同体に属する人間同士の絆を重視する「コミュニタリアニズム**（共同体主義193ページ参照）」に影響します。

次に，アリストテレスの正義について考えましょう。友愛をもとに，正義は次のように説明されます。

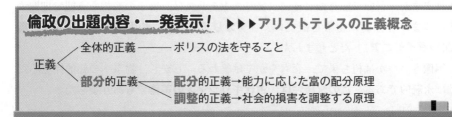

倫政の出題内容・一発表示！ ▶▶▶アリストテレスの正義概念

正義
- 全体的正義 —— ポリスの法を守ること
- 部分的正義 ——
  - 配分的正義→能力に応じた富の配分原理
  - 調整的正義→社会的損害を調整する原理

必ずやろう！ ▶▶▶ 完成問題集 **第2章**

ここで大切なのは，時や場所を越えて普遍的に適用する「全体的正義」よりも，個別に公正を実現していく「部分的正義」の存在です。部分的正義は置かれている場で変化する公正さです。「**配分的正義**」は**実力に応じて名誉や財貨を配分**する正義です。そして「**調整的正義**」は，**社会に与えた損害を刑罰などで是正する正義です。**例えば，殺人を犯した人間が罰金1万円で済まされるような社会は公正とはいえず，それ相応の刑罰を受けねばなりません。アリストテレスにとって刑罰とは，**社会に与えた損害を上回る損害を与えること**であり，これを**応報刑罰**の考え方といいます。

また，アリストテレスの政治形態は，プラトンの哲人政治とは異なります。具体的には，支配者が一人の場合，少数の場合，多数の場合について，良い状態（純粋形態）と悪い状態（堕落形態）を分析しました。さすがは現実主義者ですね。

	統治者が一人	統治者が少数	統治者が多数
純粋形態	君主制	貴族制	共和制
腐敗形態	僭主制	寡頭制	衆愚制（民主制）

アリストテレスは，プラトン同様に衆愚政治に陥った民主制には懐疑的でありました。だからこそ，人々が善き市民に目覚め，**共和制**を実現することを主張しました。

💡 理想的な生き方　➡「観想」とは？

最後に，アリストテレスは人間の生活を3パターンに分けました。

倫政の出題内容・一発表示！　▶▶▶アリストテレスの理想的生活

1 政治的生活→「名誉」を求める→×
2 享楽的生活→「快楽」を求める→×
3 観想的生活→「観想※」する→幸福へ
※物事の形相を理性的直観で把握すること
★**1** **2**は外的要件に左右されており，真に「自己的」でないとされる

「ポリス的動物」という言葉が有名なので，「政治的生活」を理想にしたと勘違いされますが，冒頭で触れたように，アリストテレスは，物事の形相を直観で把握する，つまり理性的に物事を観ていく「**テオリア（観想）的生活**」を，最も「**幸福（エウダイモニア）**」だとしました。

銅像もいつかは朽ち果て，恋もやがては終わる。しかし，物事への知的探究心だけは永続的である。**この永続性は，古代ギリシャ人の美徳**でもありました。

5 ヘレニズムの思想と 新プラトン主義

ここが出る！ 試験前の倫政の出題・正誤 Point！

① エピクロス派⇒「隠れて生きる」⇒「アタラクシア」
② ストア派⇒「自然に従って生きる」⇒「アパテイア」
③ 新プラトン主義⇒超越的な一者「ト・ヘン」〜 by. プロティノス

💡 ポリスからコスモポリスへ

　紀元前334年からのアレクサンドロス王の大遠征により，**東西の文化が融合した，いわゆる「ヘレニズム時代」**が始まります。その特徴として，ポリス（都市国家）は衰退し，世界国家（**コスモポリス**）的価値観と東西文化が融合した「**コスモポリタリズム**」とよばれる独特の文化・思想が生まれます。主として**エピクロス派**と**ストア派**を理解してください。

　ポリス時代は，ギリシア語を話さない人間を「**バルバロイ**」などと軽蔑していました。かのアリストテレスも，**ポリス内の市民同志の友愛を特に重視**していました。しかし，アレクサンドロス王の大遠征により東西の文化が融合すると一変，世界市民主義（**コスモポリタリズム**）という**平等な人間観が登場**しました。**アリストテレスはアレクサンドロスの家庭教師でした**。つまり，**先生の理想とは真逆の世界を構築**してしまったわけです。

　一方，ポリスが衰退すると，国家や社会のあり方ではなく，「**個人の幸福のあり方**」に目を向けるようになり始めたのです。この「**平等性**」と「**個人性**」が，ヘレニズム時代の大きな思想のポイントです。

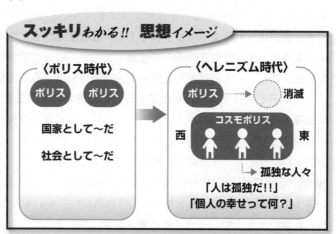

スッキリわかる!! 思想イメージ

〈ポリス時代〉
ポリス　ポリス
国家として〜だ
社会として〜だ

〈ヘレニズム時代〉
ポリス ┈┈▶ 消滅
コスモポリス
西　　　　　東
┈▶ 孤独な人々
「人は孤独だ!!」
「個人の幸せって何？」

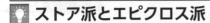

ストア派とエピクロス派

●ヘレニズム思想の特長

1 **個人主義**的態度
2 **個人の精神的快楽や安定の追求**
3 **世界国家的思想**と「孤独と不安」
4 社会生活からの隠遁→特に**エピクロス派**
5 広大な世界と宇宙との呼応→特に**ストア派**

エピクロス派		ストア派
エピクロス	開祖	**ゼノン**
社会から退いて **「隠れて生きよ」** ⇒エピクロスの園での生活	生活	宇宙法則としての理性を重視 **「自然に（理性に）従って生きよ」**
「アタラクシア」 ⇒煩わされない ⇒動揺・不安のない	境地	**「アパテイア」** ⇒情念の消去
「**（精神的）快楽**」主義	主義	「**禁欲**」主義

このように，エピクロス派とストア派は，明確に対比して押さえやすい思想です。

●利害から遠ざかれば幸せ⇒エピクロス

エピクロス（前342頃～前271）は，様々な**利害関係が人間の心に不安や動揺を生む原因**だと考えました。個人が幸せになるためには，**永続的な快楽**を得なくてはなりません。これがエピクロスの**精神的な意味での「快楽主義」**です。現在では「エピキュリアン（快楽主義者）」として飽食家などを意味しますが，もっと高尚な意味での快楽主義です。

具体的には，**利害をシャットアウトし，社会生活から遠ざかって，同じ理想を求める人々と「エピクロスの園」で生活**しました。ここには**女性や奴隷も含まれていました**。こうした生活態度を「**隠れて生きる（利害から遠ざかる）**」といいます。

また，**デモクリトスの原子論を受け継いだ唯物論者のエピクロス**は，「**死ねば肉体は原子に返っている。つまり死んだことに私たちは気が付かない，だから死を怖がらなくていい**」，と人々に説き，死の恐怖を克服しようとしました。こうした**精神的に煩いがなく，不安のない状態**を「**アタラクシア**」といいます。

●情念を捨てれば幸せ⇒ゼノン

ストア派は，現在の「ストイック」の語源になっているように，「**禁欲主義**」に思想の特徴があります。開祖である**ゼノン**（前335～前263）が，ストア・ポイキレ（彩色柱廊）で講義

を行っていたことから「ストア派」とよばれるようになりました。ゼノンは，人間には**宇宙の理性の種子が宿っていると考え，この「宇宙の理性に従って生きる（自然に従って生きる）こと」**を説きました。

具体的には，自身の「**情念（パトス）**」を捨て，理性のみに従って生きる。情念を押し殺すのは容易ではありませんが，人間の不幸は「情念」から生じるのも事実です。ギリシャ語の「ア・a」には否定するという意味があり，**情念を否定して不動心を貫く，この境地を「アパテイア」**といます。そしてゼノンは，人間は**理性の種子を持っている限り平等である，**という平等観も説いています。

広大な宇宙の中で人間存在を平等に捉え，理性を重要視する，こうしたストア派の生き方は，古代ローマの哲学者**セネカ**（主著『人生の短さについて』）や，ローマの五賢帝の一人である，**マルクス・アウレリウス**（主著『**自省録**』）に強い影響を与えました。

マルクス・アウレリウスは『自省録』のなかで「神と同じ法の下にある生き物のなすべき事柄から外れていなければ，それ以上何を望み，何を求めることができるだろうか」と述べ，いかなる時も**神の摂理を信じ，神から与えられた運命を生きることの大切さ**を説いています。

💡 新プラトン主義って？

ここは，新傾向対策として，軽く触れておきましょう。

この思想は，プラトン，アリストテレス，ストア派の思想に，独自の神秘的要素を加えて展開されました。3〜6世紀にかけて栄えたもので，**プロティノス**によって完成されました。特徴は，世界を生み出す超越的な一者「**ト・ヘン**」をおく点にあります。このト・ヘンは初めに「**知性（ヌース）**」，次に「霊魂」，最後に「物質」を生み出したとします。そしてこの「物質」が「知性」へと逆戻りすることを，魂の浄化としたのです。

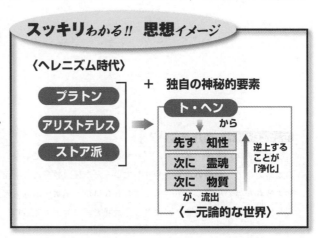

スッキリわかる!! 思想イメージ

〈ヘレニズム時代〉

プラトン
アリストテレス
ストア派

＋ **独自の神秘的要素**

ト・ヘン
から
先ず　知性
次に　霊魂
次に　物質
が，流出
〈一元論的な世界〉

逆上することが「浄化」

いずれにしても，**物質に知性が優越するという点は，共通している**といえます。

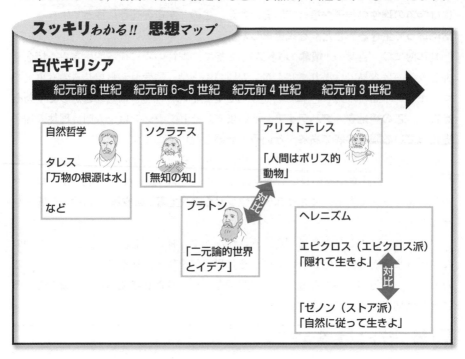

スッキリ*わかる!!* **思想**マップ

古代ギリシア

紀元前6世紀　紀元前6～5世紀　紀元前4世紀　紀元前3世紀

自然哲学

タレス
「万物の根源は水」

など

ソクラテス

「無知の知」

プラトン

「二元論的世界
とイデア」

アリストテレス

「人間はポリス的
動物」

ヘレニズム

エピクロス（エピクロス派）
「隠れて生きよ」

対比

ゼノン（ストア派）
「自然に従って生きよ」

対比

ちょっとひと休み　著作がない？

　ソクラテス，孔子，イエス，ブッダなどは著作を遺していない。彼らは人間同士の対話の中で，物事の本質を吟味していった。後に数多くの「用語」が作られ付け加えられたので小難しく感じるかもしれないが，思想の本筋を理解することで，彼らの思想の根源に触れることだろう。意味を常に考えて欲しい。

6 キリスト教思想とその展開① (ユダヤ教)

ここが出る! 試験前の倫政の出題・正誤 Point!

① ユダヤ教やキリスト教, イスラーム教は⇒「同一の神」を信じている
② ユダヤ教には⇒「選民思想」がある
③ ユダヤ教では⇒「怒りの神・裁きの神」が強調される

💡「多神教」と「一神教」

古代ギリシアでは, **ゼウスを頂点とした「オリンポス12神」を神**とする「**多神教**」が信じられていました。世界でもこの多神教はいたるところに存在します(インドの**ヒンドゥー教**や古代日本の**八百万神**など)。一方で, これから勉強するユダヤ教やキリスト教, イスラーム教などは, **世界を創造した(創造神), 唯一の神(唯一神)を信じ, 神が人間に与えた契約(神が自らの存在を示し, 人間に与えた宗教的真理)を履行するという「契約信仰」による「一神教」**が大きな特徴です。

大切なのは, ユダヤ教やキリスト教, イスラーム教がそれぞれ別の神を信じているのではなく, 表記は異なりますが, **概念上は「同一の神」を信じている点**です。

大きな違いは, 神の契約を授かった者(預言者)が各宗教で異なったり, イエスが神の子(預言者とは違う)とされたり, 宗教上の指導者が異なるなどの点です。

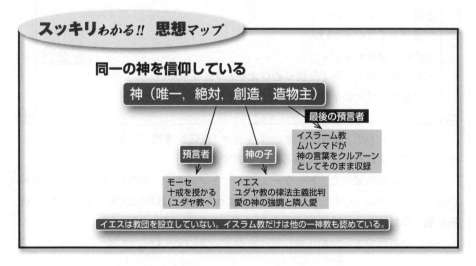

スッキリわかる!! 思想マップ

同一の神を信仰している

神(唯一, 絶対, 創造, 造物主)

最後の預言者

イスラーム教
ムハンマドが神の言葉をクルアーンとしてそのまま収録

預言者

モーセ
十戒を授かる
(ユダヤ教へ)

神の子

イエス
ユダヤ教の律法主義批判
愛の神の強調と隣人愛

イエスは教団を設立していない。イスラム教だけは他の一神教も認めている。

必ずやろう! ▶▶▶ 完成問題集 **第3章**

💡 ユダヤ教の成立

　古代ギリシアの末期には，「**ヘレニズム**」と呼ばれる理性中心の思想が確立して
いきました。一方で，古代**イスラエル人（ヘブライ人）は人間の無力さを自覚し，
神への契約信仰を重んじました。人間の無限の可能性よりも，「人間の無力さ」に
焦点をあてているのです。この思想の流れを，**以前に学んだ「**ヘレニズム**」に対し
て「ヘブライズム**」といいます。

　長い間，砂漠の民（遊牧民）であったイスラエル人が，圧政のエジプトから
_{前13世紀頃}
モーセに率いられて，今日の中東**パレスチナ地方（カナン）**に定住を始めたのが，
前13世紀頃です。この一連の流れを「**出エジプト**」といいます。この移住の途中，
シナイ山でモーセが「**十戒**」とよばれる神との契約を授かりました。後の**ユダヤ教**
の聖典である『**旧約聖書**』の一部（**キリスト教やイスラーム教でも，一部は聖典と
なっている**）です。

●『十戒』を見る！！

①あなたには，わたしのほかに，ほかの神々があってはならない。　┐
②あなたは，自分のために，偶像を造ってはならない。　　　　　　　│ **宗教的
③あなたは，あなたの神，主の御名を，みだりに唱えてはならない。　│ 戒　律**
④安息日を覚えて，これを聖なる日とせよ。　　　　　　　　　　　　┘

⑤あなたの父と母を敬え。　　　　　　　　　　　　　　　　　　　　┐
⑥殺してはならない。　　　　　　　　　　　　　　　　　　　　　　│
⑦姦淫してはならない。　　　　　　　　　　　　　　　　　　　　　│ **倫理的
⑧盗んではならない。　　　　　　　　　　　　　　　　　　　　　　│ 戒　律**
⑨あなたの隣人に対し，偽りの証言をしてはならない。　　　　　　　│
⑩あなたの隣人の家を欲しがってはならない。　　　　　　　　　　　┘

　特徴は，①〜④が「**宗教的戒律**」，⑤〜⑩が「**倫理的戒律（生活上の戒律）**」となっ
ている点で，**生活様式にまで踏み込んでます。**

　こうした宗教的戒律を「**トーラー**（律法）」といいます。厳密には，トーラーは神
が直接示した啓示（契約），そして**口伝によって伝えられた律法を「ミシュナ」，律
法学者（ラビ）によって注釈された律法を「タルムード**」といいます。この「**タル
ムード**」は解釈であるため，後に様々な解釈の違いを生むことになっていくのです。

やがてイスラエル人は国家を建設しました。しかし後に新バビロニアによって，別の土地に強制移住させられるという苦痛を強いられます（**バビロン捕囚**，前586～538年）。この二度の民族的苦難の中で，**イスラエル人には，自分達は神に選ばれたからこそ神は試練を与えるのだ，という「選民思想」**が芽生えていきました。

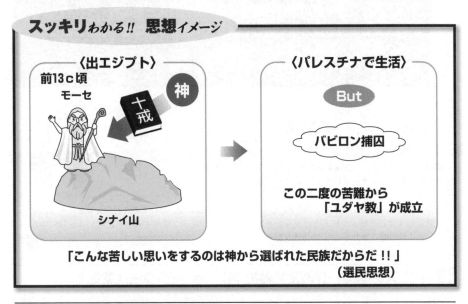

スッキリわかる!! 思想イメージ

〈出エジプト〉
前13c頃
モーセ
十戒
神
シナイ山

〈パレスチナで生活〉
But
バビロン捕囚
この二度の苦難から
「ユダヤ教」が成立

「こんな苦しい思いをするのは神から選ばれた民族だからだ!!」
（選民思想）

💡 ユダヤ教の思想の特徴　➡　自分たちは神に選ばれた

特に「**選民思想**」が強い点がそうです。また神については，「**怒りの神・裁きの神**」が強調されます。もともと神を示す「**ヤーウェ**」とは，「**有りて，在るもの**」という意味で，「**愛し，裁き，怒り，赦し（許し）」の神**という特徴があります。

また神は，契約を通して人と関わる，**感情を持つ「人格神」**でもあります。すると，神を裏切る人々が出てくると，神は怒り，裁くのです。その象徴があの「**ノアの方舟**」のエピソードです。神は裏切り者に怒り，世界を洪水に浸してしまうのです（終末思想）。このエピソードからも，ユダヤ教が「怒りの神・裁きの神」を強調している点がよく分かります。

一方で，**神を正しく信じれば，この世の終わりである「終末」に，この世を救う「救世主（ヘブライ語でメシア，ギリシア語でキリスト）」が現れる**，という救世主の待望論も信じられていました。後の**キリスト教**では，人々に「**罪の自覚と悔い改めによる愛・赦しの神**」を説く**イエス**を，この救世主と捉えていくことになります。

7 キリスト教思想とその展開②（イエスの思想と原始キリスト教）

ここが出る！ 試験前の倫政の出題・正誤 Point！

① イエスはユダヤ教の宗教改革者⇒律法の内面化と愛の神
② 隣人愛とは⇒敵味方無く困っている人に必要なものを差し出すこと
③ アウグスティヌス⇒プラトンの影響
④ トマス・アクィナス⇒アリストテレスの影響

人物スコープ　イエス

出身▶パレスチナ　　**生没年**▶紀元前7頃／前4頃〜30頃
キーワード▶神の愛（アガペー），律法の内面化

イエスは大工ヨセフと聖母マリアの子として生まれる。30歳の頃，ヨハネの洗礼を受ける。イエスは宣教活動をはじめ罪人や病人らと食をともにした。ユダヤ教の「律法主義」を批判し「信仰の内面化」と「神の愛（アガペー）」の思想を説く。

💡 イエスの登場（律法主義批判）　➡ 真の律法成就を!!

　当時のユダヤ教では，**パリサイ派**が人々に形式的な**律法主義**を説いていました（一方，儀式を重んじる司祭階級を**サドカイ派**という）。**イエス**は新しい教団を作ったわけではなく，**ユダヤ教のこうした形式主義を批判した**宗教改革者です。

　それでは律法，すなわち規則とは何のためにあるでしょうか？

　次のエピソードから考えましょう。**安息日**（律法では労働を休まなければならない日）に麦畑で働く弟子をパリサイ派が非難した際に，イエスはこう言いました。

> 「ダビデは自分たちが空腹だったときに何をしたか。供え物のパンを，皆とともに食べたではないか。…安息日のために人があるのではない。人のために安息日があるのだ。」（『マタイの福音書』）

　つまり，**律法は神が人間を「愛する」ために人間のために定めた**，という本質をついたのです。憲法も刑法も労働基準法も，法のために人があるのではなく，人の

ために法があるのです（この部分は，政経分野の法の支配と法治主義でも似ています）。

　大切なのは，**律法や儀式ではなく，神の本質である「愛」。これがイエスの中心思想である「神の愛（ギリシア語でアガペー，ラテン語でカリタス）」**です。

　また，次のエピソードからも考えてみましょう。

「姦淫した女が，広場でいよいよ石打の刑に晒（さら）されるとき，イエスが言った。
〔あなた方の中で罪のないものからまず彼女に石を投げよ。〕
すると石を投げるものはいなくなった。」（『ヨハネの福音書』）

　つまり，この世に罪を犯さない人などいない。罪深い点では皆同じだ。**だからこそその罪を悔い改めれば，神は赦してくださる**，というのです。ここにも愛に満ちた神，「愛の神」が見えます。人は誰もが他人を傷つけたり，規則を破ったりすることはあるでしょう。その時に「罰によって終わる」のではなく，「**自身が悔い改める，反省することで救われる**」，ということをイエスは説いているのです。

　こうしたイエスの律法に対する態度を，「**律法の内面化**」といいます。イエスは律法をなくすことではなく，真の意味で人々に守ることを説いたのです（**律法を廃するためではなく，律法を成就するために来た**）。

　つまり，これら二つのエピソードから分かる「**神の愛**」，「**律法の内面化**」こそ，イエスの思想の根本なのです。ちなみに，イエスが説いた最初の教えを「**山上の垂訓（さんじょうのすいくん）**」といいます。

　イエスもまた，ソクラテスと同じく著作を遺していません。弟子達の口伝によって伝えられていきました。イエスの教えは『**福音書**（ふくいんしょ）』として弟子達によってまとめられ，後のキリスト教の聖典である『**新約聖書**』へと継承されていきます。思想は，書き記すことに意味があるのではなく，伝えていくことに意味があるのかもしれません。

スッキリわかる!! 思想イメージ

〈ユダヤ教〉
[パリサイ派]
とにかく
律法を守れ!!

VS

〈イエス〉
人のために
律法はある
その本質は
神の愛だ!!

「ユダヤ教の宗教改革者　⇒　イエス!!」

💡 神の愛と黄金律

　「神の愛（アガペー，カリタス）」の本質は，神から「**人間（動植物とは区別）**」に降り注ぐ「**無差別・無償の愛**」です。すると，私たちの日常も，神の愛に応えることが必要になります。人間同士で**神の愛を実践していくことを**「**隣人愛**」といいます。そして，この行為こそがイエスが説いた信仰のあり方です。エピソードが大切ですので考えてみましょう。

> 「ある日，強盗に襲われたユダヤ人がいた。司祭も，司祭の雑務を担う人（レビ人）も，通りすぎていった。しかし，サマリア人（ユダヤ人と対立していた人）は，傷の手当てをし，宿に運び〔この人を介抱してください。もう少しお金が必要だったら，また帰りがけに私が払います〕と言った。イエスは問うた〔誰がこのユダヤ人の隣人であるか。〕」（『ルカの福音書』）

　当然，最後のサマリア人だと弟子は答えました。そこでイエスは，「あなたも同じようにしなさい」と説きます。ここでイエスの説く隣人愛の本質とは，「**身近な人（単に近隣の人）を愛すること**」ではありません。**民族に関係なく，困っている人に必要なものを差し出すことです。**今の世界では，移民を受け入れるべきかが論争になっています。イエスの隣人愛から考えた場合，何をすべきでしょうか。

💡 イエスの処刑と「原始キリスト教」　➡ イエスが復活

　後にイエスは為政者によって処刑されてしまいます。しかし，弟子達の中ではイエスの思想が生き続けます。ここで登場する思想がイエスの「**復活**」です。イエスの十字架の処刑の３日後，**イエスが復活したとする信仰が弟子達の中に広がったの**です。こうして，イエスが最後の晩餐をともにしたとされる12人（12使徒）の一人であるペテロや，パウロなどによって「**原始キリスト教**」が形成されていくことになります。**イエスがキリスト教の教団を直接つくったわけではありません。**

　特に**パウロ**は，イエスを信じる人々を**迫害している途中に回心した**という経歴を持つ人物です。その回心の中で「**自分が悪を欲していないにもかかわらず，悪を行なってしまう**」という，罪の意識に苛まれていきます。この悪を欲していない心と，悪を行なってしまう肉体を「**霊肉二元論**」として解釈しました。そしてこの**肉体を正しく統率するものを**「**聖霊**」としました。

また，パウロはイエスの死を，神の「人類への愛の究極のあらわれ」と解釈したのです。どういうことでしょう？

実は，『旧約聖書』の『創世記』の中には，「**アダムとイヴの楽園追放**」の物語が登場します。簡単に要約すると，

「神は7日で世界を創った。6日目にアダム（男）とイヴ（女）を自分に似せて創った。そして，禁断の果実に手を触れぬよういった。しかし二人は果実に手を付け，神に楽園を追放された（労働と死が与えられた）。」

というものです。

この考え方からすると，**人類全員が罪を背負っていることになり，罪深い存在と**いうことになります。そこでパウロは，神は人類の罪をイエスにすべて贖わせることで，罪を消し去った，つまり「贖罪」したと考えたのです。

ここには，**自分の息子であるイエスを，神自らが差し出すという究極の神の愛があらわれている**と考えました。また，人間にとって大切なのは，**形式上の儀式や寄進ではなく，神の救いを信じること**であるとする「**信仰義認説**」（後の宗教改革者である**ルター**などに影響，97ページ参照）を人々に説いていきます。パウロはその後，**地中海世界でキリスト教を伝道し**（**異邦人伝道**），その途中で殉教します。

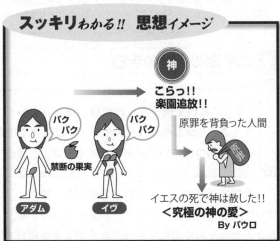

💡 キリスト教の拡大 ➡ ついに国教に !!

　キリスト教は拡大し，社会的弱者の罪人や病人などを救う精神的な存在になりました。そしてついに313年，ローマ帝国で公認され，後に国教化されていきます。

　しかし，大きくなりすぎた教団内で，**「何が正しい神の教えなのか」**をめぐって**論争・対立が始まった**のです。この時，「正統」な教えを確立する**「教父」**とよばれる指導者たちが活躍します。**教父たちを中心に，ギリシア哲学（新プラトン主義・49ページ参照）をベースにしながら，カトリック教団（初代教皇はペテロとされている）の正統な教義が形作られます。**そこでは神は唯一のものとなっています。

　一方でイエスの存在意義や，聖霊の位置づけなどが定義されていきました。325年の**ニケーア公会議**では，神が**「父」**，**「子（神の子・キリスト）」**，**「聖霊」**という３つの特性をもち，それらが同じだとする**「三位一体説」**が正統とされ，それ以外は異端とされたのです。ある種，宗教が政治性を帯びてきたともいえます。

　特に大きな影響を及ぼしたのが，**アウグスティヌス**です。

🔍 人物スコープ　アウグスティヌス

出身 ▶ 北アフリカ　　**生没年 ▶** 354〜430
キーワード ▶ 神の国　　**主著 ▶**『告白』『神の国』

キリスト教を国教としたローマ帝国の最大の教父，神学者。若い頃は遊びに夢中になったり，マニ教（古代ペルシャのゾロアスター教をベースにした善悪二元論を説く信仰）を信じたりしていた。後に回心。「地上の国」と「神の国」の二つの国の対立として世界史を捉えた『神の国』を著した。

💡 幼少期の自分の告白

　「盗みにおいて愉快だったのは，盗む「もの」ではなくて，盗む「こと」でした。しかしそれは一人でやっては愉快ではなかった。遊びや冗談から，他人を傷つけたい欲求が出てくるとは」（『告白』）

　これはアウグスティヌスの**『告白』**の一節です。若い頃悪いことばかりしていたアウグスティヌスは，こうした自分を省みながら，自分の中にある悪について分析しました。そして悪の本質は，**自分の人生を自分で決めようとする「自由意志」**で

あると考えたのです。それは，
先ほど触れた「アダムとイヴの
楽園追放の物語」にも見てとれ
ます。この**自由意志に支配され
た世界**を「**地上の国**」といいま
す。人間の意志では悪に支配さ
れてしまいます。そこで，原罪
を背負った人間は，**神の恵みで
ある「恩寵」を信じて生きてい
く**ことを説くのです。つまりア

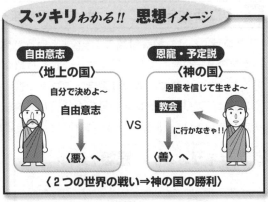

スッキリわかる!! **思想**イメージ

自由意志
〈地上の国〉
自分で決めよ〜
自由意志
↓
〈悪〉へ

VS

恩寵・予定説
〈神の国〉
恩寵を信じて生きよ〜
教会
に行かなきゃ!!
↓
〈善〉へ

〈2つの世界の戦い⇒神の国の勝利〉

ウグスティヌスは，人間はアダムとイヴ以来の原罪を継承していると捉えたのです。
またアウグスティヌスは，**「恩寵」は教会を媒介して人々に与えられる**と考えまし
た。この考えは，**後の教会権威を確立していくことになります**。そして，**救われる
者とそうでない者は，予め神の恩寵により予定**されている（**予定説**，後の**カル
ヴァン**にも影響，99ページ参照）。として，**徹底的に自由意志を否定**します。

　ちなみに，「教会」にはギリシア語でエクレシア（**呼び出す**）という意味があり，
神が恩寵を与えてくれる集合場所といったニュアンスです。こうした考え方は，先
にも触れましたが，後に教会権威を確立する結果となりました。

　つまり，アウグスティヌスは，この世界には**自分の自由意志が支配する「地上の
国（悪の世界）」**と，**神に支配された「神の国（善の世界）」**が存在し，この二つの
国が戦い合っている，それが世界の本質だと考えたのです。この「**二元論的世界
観**」には「**現象界（不完全な世界）**」と「**イデア界（完全な世界）**」を想定する，**プ
ラトン哲学の影響**がありました。また，プラトンの四元徳のさらに上に，「**信仰・
希望・愛**」という**三元徳**を位置づけました。

人物スコープ　トマス・アクィナス

出身▶イタリア　　**生没年**▶1225頃〜74
キーワード▶スコラ哲学　**主著**▶『神学大全』

中世カトリック教会の代表的神学者。キリスト教思想とアリストテレスを中心とした哲学を統合した
総合的な体系を構築。神学の初学者向けの入門書にして研究の集大成である『神学大全』を執筆した。

💡 スコラ哲学って？　➡ 学校の始まり

　「**スコラ**」とは，**教会付属**の「**学校**」という意味で（現在の School の語源），12〜13世紀のヨーロッパで拡大します。これから紹介する**トマス・アクィナス**は，13世紀イタリアの人物で，**スコラ哲学**（スコラで教えられた教義）を確立しました。ポイントは，**アリストテレス**の思想を活用して神を説明した点にあります。確かにアリストテレスは，「世界の完成（純粋形相）」を説明する際に，神を用いていました。

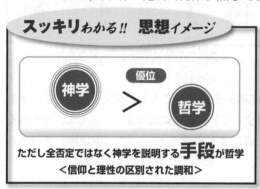

スッキリわかる!!　**思想**イメージ

神学　＞　哲学　優位

ただし全否定ではなく神学を説明する**手段**が哲学
＜信仰と理性の区別された調和＞

　注目すべきは，**その神学の「説き方」です**。それまでは信仰にもとづく神学と，自然主義的なアリストテレス哲学との折り合いが課題でした。しかし，**トマス・アクィナスは，「信仰の真理」と「哲学の真理」は区別**されるとした上で，**それまでの神学を哲学によって基礎付け**，「**神学を説明する手段として哲学がある（哲学は神学の侍女<ruby>じじょ</ruby>）**」として，**神学優位のもとに両者の調停**を果たしたのです。これを「信仰と理性の調和（**区別された調和**)」といいます。

倫政の出題内容・一発表示！　▶▶▶キリスト教などの系譜

ユダヤ教	・民族のみの救済，「**怒りの神**」と「**選民思想**」の強調 ・律法主義へと堕落，終末思想とメシア思想
イエス	・**律法主義への批判**，心のなかの信仰重視「**神の愛**」強調★ ・処刑後 3 日後に復活したとされる
原始キリスト教	・パウロによる「**十字架の死★**」の意味付け ・パウロの**信仰義認説**→ルターなどにも影響
中世	・アウグスティヌスは原罪の継続を主張→「**恩寵**」による救済を説く（教父哲学）★プラトンの影響あり ・トマス・アクィナスは「**神学を説明する手段**」として哲学を捉えた★アリストテレスの影響あり

8 イスラーム教 （イスラーム思想）

ここが出る！ 試験前の倫政の出題・正誤 Point！

① ムハンマド⇒神ではなく，最後にして最大の預言者（再来しない）
② 「ヒジュラ」⇒「聖遷」！ 「ジハード」⇒「聖戦」！
③ 神の前に皆兄弟（平等）⇒司祭はいない！ ムハンマドも人間！
④ ユダヤ教やキリスト教の聖典も一部として認めている

人物スコープ ムハンマド

出身▶アラビア半島のメッカ　　**生没年**▶570頃～632　　**キーワード**▶最後の預言者

幼い頃に両親を失い，25歳で結婚。40歳頃に神の啓示を受ける。神はモーセなどの預言者を通して啓示を示した後，最後の預言者としてムハンマドを遣わしたとする。アラブの伝統的な偶像崇拝信仰を否定したため，622年にメディナに家族とともに移住した（これを聖遷〔ヒジュラ〕という）。その後メッカ軍と戦い，630年にアラビア半島を統一し，632年に没した。

えっ？ イスラームは兄弟の宗教？

イスラームとは，もともと唯一神「**アッラー**」への「**絶対帰依**」という意味です。ただし，教義には違いはあるものの（キリスト教の**三位一体説の否定・神の子の否定**など），本質的には同じ唯一神を信じる宗教です。つまり**イスラーム教では，ユダヤ教やキリスト教の聖典も一部として認め，それらの宗教も兄弟の宗教**としています。

神が，天使ガブリエルを通じて**ムハンマド**に啓示した教えを記した聖典を『**クルアーン（コーラン）**』といいます。これとは別に**ムハンマドの言行録を『ハディース**』，社会における**イスラーム法を「シャリーア」**といいます。クルアーンやシャリーアなどには，**宗教から日常生活の規則**までが細かく記されています。

①開祖…**ムハンマド**　②神…**アッラー**　③聖典…『**クルアーン**』

④教義…「**六信五行**」

「**六信**」…**アッラー，天使，聖典，預言者，来世，天命**

「**五行**」…**1**　信仰告白（シャハーダ）⇒「アッラーのほかに神なし。ムハンマドは神の使徒なり」と聖句を唱える

2　礼拝（サラート）⇒1日5回**メッカ**の方向に礼拝する

3　断食（サウム）⇒断食月（ラマダーン）に断食する

4　喜捨（ザカート）⇒寄付の行為。貧しい人に現金などを渡す

5　巡礼（ハッジ）⇒**メッカ**へ巡礼する

　メッカで生まれたムハンマドは，40歳頃，洞窟で瞑想中に神の啓示を受けます。すでにユダヤ教やキリスト教と接していたムハンマドは，アラブに広がっていた「**偶像崇拝**」に疑問を持ち始めました。イスラーム教で特徴的なのは，「**偶像崇拝の禁止**」と，「**神の前での平等（ムハンマド自身も預言者であると同時に人間であり，司祭もいない）**」です。これは，それまでの部族の掟や信仰とは相容れないものでした。ムハンマドは**部族の掟で排除された人々の救い**を行ないます。しかし，支配階層から睨まれ，ついに**家族や信者らとともに，メッカから北方のメディナへと逃れたのです**（622年）。新しいことを行なおうとする人間には，常に迫害がつきものなのですね。これを「**聖遷（ヒジュラ）**」といいます。

　ムハンマドは，このメディナで，**信仰の共同体である「ウンマ」**を組織します。その後，信者らを率いてメッカ軍と戦い，ついに630年にメッカを奪還。アラビア半島を統一しました。この**宗教的戦い**を「**聖戦（ジハード）**」と呼びます。

―――**⚠ 間違えるな!! ⚠**―――

「**ヒジュラ**」⇒「**聖遷**」！　「**ジハード**」⇒「**聖戦**」！

　試験前は，上の「一発表示」に掲げた「**六信五行**」に注意しましょう。

　「**六信**」とは「信じるべき**6つの項目**」で，**アッラー（唯一神）**，**天使**（神の言葉を伝える役割を果たすなど），**聖典（完全なものとしてクルアーン，一部旧約聖書や新約聖書）**，**預言者（モーセやイエス，最後の預言者としてムハンマド）**，**来世（最後の審判の後に振り分けられる天国と地獄）**，**天命**（この世の一切が神の意志・定め）を指します。

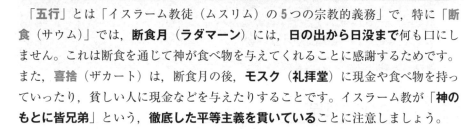

「**五行**」とは「イスラーム教徒（ムスリム）の5つの宗教的義務」で，特に「**断食（サウム）**」では，**断食月（ラダマーン）**には，**日の出から日没まで何も口にしません**。これは断食を通じて神が食べ物を与えてくれることに感謝するためです。また，**喜捨**（ザカート）は，断食月の後，**モスク（礼拝堂）**に現金や食べ物を持っていったり，貧しい人に現金などを与えたりすることです。イスラーム教が「**神のもとに皆兄弟**」という，**徹底した平等主義を貫いている**ことに注意しましょう。

💡 イスラーム文化の特徴 ➡ 神の下の平等

　ムハンマドの死後，ウンマでは，**宗教的指導者である**「**カリフ**」を中心にその勢力が拡大していきました。**カリフは指導者であって預言者ではない**（**最後の預言者はムハンマド**）ことに注意しましょう。ウンマでは，クルアーンを中心にイスラーム法「シャリーア」などの宗教的規律が日常生活を規定しています。こうしたことから「**聖俗一致（政教分離をとらない）**」という，イスラーム文化の独自の思想があります。またモスク（礼拝堂）や指導者はいても，決まった場所の教会や**司祭はいません**。ムスリムはどんな場所でも信仰を表現する自由をもっています。

　僕らはすぐに，「イスラーム」というと不寛容なイメージを浮かべがちです。しかし実際には，自由で寛容・平等な側面も数多く持ちます。**ステレオタイプ**（根拠の無い紋切り型のイメージ，268ページ参照）に陥らないように，気をつけましょう。

9 古代インド思想とバラモン教

ここが出る！ 試験前の倫政の出題・正誤 Point！

① 行為とともに生死を繰り返す⇒「輪廻」⇒古代インド人の恐怖！
② 輪廻からの解脱⇒宇宙と自分が同じ「梵我一如」! を悟る！
③ ジャイナ教⇒開祖はマハーヴィーラ，「不殺生」と苦行！

💡 古代インドの世界

　古代インド思想は，ものすごく面白いです。特に**自然を中心として信仰が形成（アニミズム・自然崇拝）**される点は，日本の古代にも似ています。

　紀元前15世紀頃，インダス川流域に侵入してきた**アーリア人は先住民族を征服し，現在のインドにも根強く残る「カースト制度」**とよばれる身分制度を形成していきました。

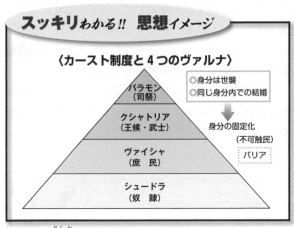

スッキリわかる!! 思想イメージ

〈カースト制度と4つのヴァルナ〉

　カースト制度は**4つの身分階層である「ヴァルナ」**からなり，それらに**血縁や職業などの「ジャーティ」**を加えて形成されていきます。こうした身分は世襲で，結婚も同じ階級同士でしか許されませんでした。また，**一夫一妻制をとっているこ**とも特徴です。

　特に**バラモン**は，後に講義する「輪廻（りんね）」からの解脱の方法を唯一知っていました。こうした一部の身分しか知らない儀式や方法が，人々から羨望の目でみられ，支配のトップに君臨していたのです。またカースト制に組み込まれていない，「パリア（不可触民，ダリットともよばれる）」があり，この制度を批判した一人に**ブッダ**がいます。20世紀のインド独立の父**ガンディー**（170ページ参照）も，これらの差別意識の撤廃運動を行ないました。

💡 バラモン教　➡　なぜお腹がすくのか？

　こうした中，大地や太陽などの自然を崇拝する多神教である**バラモン教**が形成されます。**バラモン教の聖典を『ヴェーダ（知識**という意味**）』**といい，これらに付属し，特に重要な内容が説かれている**『ウパニシャッド（秘教の意味）』**（前7世紀から前4世紀にかけて形成）があります。**この，『ウパニシャッド』**が，**バラモン教の中心的思想**だと理解しましょう。

　その内容が「**輪廻（サンサーラ，行為と共に生死を繰り返す）**」と，「**梵我一如**」という思想です。用語ばかりの羅列だと飽き飽きしてくるので，簡単な具体例で考えてみましょう。

　今，あなたはお腹がすいていますか？

　「はい」と答えたあなたは，朝ご飯ちゃんと食べましたか？

　では，今ご飯をちゃんと食べると，その後どうなりますか？

　そう，お腹が一杯になります。

　この考え方の基本が輪廻です。簡単にいうと，**過去の行為が今の自分のあり方を決めている，今の行為が未来の自分のあり方を決める，という「因果応報（自業自得）」の世界です。行為のことを「業（カルマ）」と言います。**

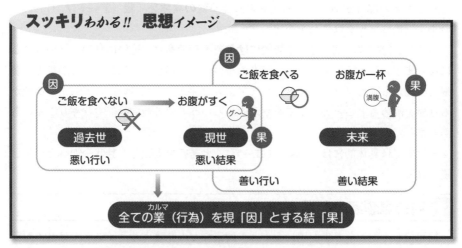

　これは，自分の生まれる前や死んだ後も同じです。今（現世）「人間である」ということは，あなたは「人間となる業」を過去（過去世）に行なったのです。逆に，「犬になる業」を今（現世）積めば，生まれ変わった時（来世）犬になります。

犬の生き方に憧れているならともかく，普通は人間として生まれ変わりたいです よね。**ならば必死に「善業」を積まなくてはなりません**。これは実に辛い。さらに，**今ある苦しみも死の苦しみも，三世（過去世・現世・来世）繰り返し輪廻していきます。ウパニシャッドでは，この輪廻からどうやったら解放される（解脱する）のか？** を説くのです。

💡 あなたはだれか？　わたしは宇宙である。

では，どうすれば輪廻から解脱する（解放される）のか？　それは「**梵我一如**」を悟ることです。

```
倫政の出題内容・一発表示！　▶▶▶梵我一如

    梵（ブラフマン）⇒宇宙の根本原理
                                梵我一如⇒解脱へ
    我（アートマン）⇒個人の本質・実体
```

古代インドでは，物事を滅びる部分と永遠に滅びない本質の２つに分けて考えていました。宇宙にも滅びる部分と永遠不変の部分があります。この**宇宙の永遠不変の原理を「梵（ブラフマン）」**といいます。また同じように人間にも，滅びる部分と永遠不変の部分がある。この**人間の永遠不変の実体を「我（アートマン）」**といいます（後にブッダはこれを否定）。

つまり，「**梵**」も「**我**」も，**本質的には永遠不変であり，違いはない**，ということになります。目の前にある小さな行為の一つ一つに悩むのではなく，この世界を普遍的原理から眺めよう，そうしたニュアンスで捉えてください。こうした「原理から世界を眺める」ことで，不安を解消するという人間の傾向は，古代ギリシャにもありました。

インドでは具体的には，「**瞑想（ヨーガ）**」と**苦行**を実践し，梵我一如へと至ると説かれました。

💡 自由思想家の登場

紀元前６〜紀元前５世紀頃になると，商業などの発達より，インドでは都市国家が形成されます。すると，経済的に豊かになった王侯・武士や商人達が台頭します。こうしてバラモンの力は弱体化し，新しい解脱のあり方を説く人々が現れます。この人達を「**自由思想家**」といい，ブッダもその一人です。また，後に**仏教の側から，**

「六師外道[1]」と呼ばれる（ブッダは含まない6人）人々もこの時期登場しました。

　六師外道の中で，**ジャイナ教**の開祖である「**ヴァルダマーナ**（尊称は**マハーヴィーラ・偉大なる英雄**）を特に押さえておきましょう。ジャイナ教の特徴は，

倫政の出題内容・一発表示！ ▶▶▶**ジャイナ教**
① 「**苦行**」の実践　⇒苦行に打ち勝った者を「**ジナ（勝者）**」という
② 「**不殺生**」の実践

の2点になります。

　この後に勉強するブッダと同時期を生きた人ですが，特に**苦行を重視する点**は，**中道（苦行と快楽を避ける）**を重視する**ブッダ**とは大きく違います。

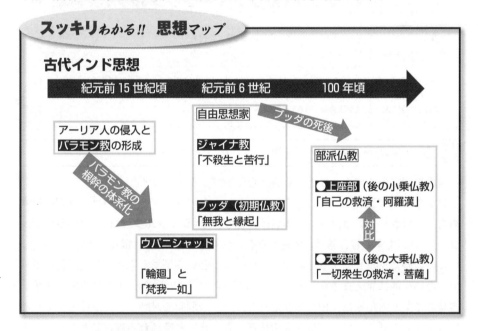

スッキリわかる!!　**思想マップ**

古代インド思想

紀元前15世紀頃　　紀元前6世紀　　100年頃

アーリア人の侵入と**バラモン教の形成**

バラモン教の根幹の体系化

自由思想家

ジャイナ教
「不殺生と苦行」

ブッダ（初期仏教）
「無我と縁起」

ブッダの死後

ウパニシャッド
「輪廻」と
「梵我一如」

部派仏教

●**上座部**（後の小乗仏教）
「自己の救済・阿羅漢」

対比

●**大衆部**（後の大乗仏教）
「一切衆生の救済・菩薩」

---

[1] アジタ・ケーサカンバリン（唯物論），パクダ・カッチャーヤナ（唯物論），プーラナ・カッサパ（道徳否定論），マッカリ・ゴーサーラ（運命論・宿命論・決定論），サンジャヤ・ベーラッティプッタ（不可知論・懐疑論），ニガンタ・ナータプッタ（ジャイナ開祖ヴァルダマーナのこと，不殺生と苦行主義）

10 ブッダの思想と仏教の展開

学習の指針 ▶ ひろく深く
重要度 ★★★★★

ここ が出る！ 試験前の倫政の出題・正誤 Point！

① ブッダは⇒「アートマン」を否定した！⇒「諸法無我」と「縁起」

② 四法印と四諦説は⇒そのまま出る！

③ 部派仏教は⇒「上座部」と「大衆部」の対比で必ず押さえよ！

人物スコープ ブッダ（ガウタマ＝シッダルタ）

出身▶インド　生没年▶紀元前463頃～紀元前383頃（諸説あり）
キーワード▶諸法無我，縁起

小国カピラ城の王子として生まれる。16歳で結婚したが人生に悩み，29歳の時に出家。35歳の時にブッダ（真理に目覚めた人・覚者）となる。カースト制度を批判し，諸法無我や縁起を説く。ブッダの教えは後に大乗仏教や上座部仏教へと展開。

💡 ブッダの出家 ➡「四門出遊」のエピソード

　自由思想家の中でも，ひときわ有名なのがブッダでしょう。

　ブッダは釈迦族の王子として生まれました。このブッダというのは，**真理に目覚めた人（覚者）という意味**で，本名は「**ガウタマ＝シッダルタ（ゴータマ＝シッダッタ）**」といいます。**世に言う「釈迦」です。**尊称は「**釈尊**」や「**世尊**」ともいいます。

　16歳の時にヤショーダラと結婚し，ラーフラという子をもうけました。何の不自由のない生活に見えますが，人生に悩んでいたブッダは，29歳の時に出家します。当時のインドの出家は，山に入り断食し，多くの危険と対峙して命がけで生活しなければなりません。ブッダは**5人の比丘（五比丘）と呼ばれる修行者**とともに，6年間の苦行に入ります。

　ブッダが出家したエピソードに，「**四門出遊**」があります。源流思想の分野は，ブッダも（ソクラテスもイエスも孔子も）そうであるように，著作を直接遺していない人物が多いため，**エピソードの意味を理解して，正答を導く必要があります。**ここでもエピソードを紹介します。

ブッダが王子だったころ，気晴らしに外に出かけたときのことです。城の東門を出ようとすると，よぼよぼの老人を見かけました。怖くなったブッダはお付の人に，「あれは何だ？」と問います。するとお付の人は「老人と申します。人は誰でも年をとり老人となるのです。」と答えました。ブッダは怖くなって城へ帰っていきました。別の日に南門からでは病人を，西門からでは死人を見ました。「いつか自分もあのようになる」とブッダは悩みました。ブッダは最後に北門に向かいました。そこで修行者に出会います。ブッダが「何のために修行をしているのか。」と問うと，修行者は「この世の苦を乗り越えるためだ。」と答えました。
「**この世の苦を乗り越えるため。これが私の生きる道では？**」
　こうしてブッダは出家を決意したのです。

　このエピソードは，「**生老病死の四苦**」へと展開されます。「**生きるがゆえに，老い・病・死**」がある。生きることはそれ自体が「**苦**」であるという考え方です。また，ブッダは**苦行の中に悟りを**

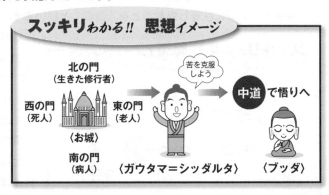

見出すことはありませんでした。悟る直前に，スジャータという女性が差し出したミルク粥を口にし，そしてゆっくりと眠りにつきました。目が覚めた時，菩提樹の下で悟りを開いたとされています。こうしてブッダは，**苦行でも，快楽でも悟ることはできず，中道において悟ることができる**ことを説いたのです。ちなみにブッダが（迷いながらも）最初に説いた教えを「**初転法輪**」といいます。

💡 ブッダの根本思想　➡　諸法無我と縁起を理解せよ!!

　ブッダの中心思想は，極めて抽象的で分かりにくいので，「**諸法無我**」と「**縁起**」から授業をします。出来るだけ正確な具体例を用いて説明しますので。みなさんも教室にいるつもりで読んでください。

あなたは今何に苦しんでいますか？　受験勉強？　失恋？　親との喧嘩？

　まずブッダは次のように説きます。

①この世のすべては苦である（一切皆苦）

②すべてのものに実体はない（諸法無我）

⇒すべてのものは，関係性で成り立っている（縁起）

⇒にもかかわらず，物事に執着すること（煩悩）から，苦が生まれる

⇒執着を断ち切ることで，平静な境地へといたる（涅槃寂静）

　まず失恋で考えましょう。あなたはまだ別れた相手に執着しています。しかし，彼女にも自分にも実体はありません。いつかは歳をとり，そして必ずこの世界から消えてしまいます（諸法無我）。それなのに執着しています。仏教では，**諸法無我を理解せず，物事に執着し悩むことを「煩悩」といいます**。また，自己所有物などに執着する「我執」や，3つの根本的煩悩である「**三毒（貪・むさぼり，瞋・怒り，癡・愚かさ）**」は深い苦悩を生み出します。ですから，その**煩悩を断ち切れば，苦しむことはなくなります**。単純に言えば，一切の苦しみは，実体のない物事への執着心から**起こる**というのです。

スッキリわかる!!　思想イメージ

死にたくないよ〜

まだ好きだよ〜

煩悩

（我執・三毒）

断つ

〈涅槃〉へ

ホッ

　こうした世界のありのままの真理である「**法（ダルマ）**」を知らない「**無明**」，つまりは無知によって人は苦しむのだと，ブッダは説きました。では，僕らは一体，何に執着しているとブッダは言うのでしょうか？

●五蘊

色…肉体を構成する要素

受…五感を用いて刺激を受け取る印象作用

想…表象作用

行…意志作用

識…判断や認識の作用

　それが「**五蘊**」と呼ばれる，**諸存在を構成する5つの要素**です。次の5つの肉体や感覚，心にイメージする表象作用などです。

　例えば，「彼女」という肉体（色）を見て（受），思い（想），恋文を書き（行），好

きだと認識する（識），このいっさいの働きが「五蘊」となっています。この五蘊は思うがままにならず煩悩となり，苦しめるのです（五蘊盛苦）。苦には，基本的な「四苦（生老病死）」に，「怨憎会苦（会いたくない者と会う苦しみ）」，「求不得苦（ほしいものが手に入らない苦しみ）」，「愛別離苦（愛しいものと離れる苦しみ）」，「五蘊盛苦（肉体や認識の５つの要素のよる苦しみ）」を加えた「八苦」があり，合わせて「四苦八苦」といいます。

💡 四法印と四諦説　➡ 世界の有様と涅槃への道

　ここまでは，資料問題や正誤判定を想定して，広く仏教を説明しました。ここからは，暗記的要素で正解できる，ブッダの思想をやや細かく説明します。

倫政の出題内容・一発表示！ ▶▶▶四法印

●この世の４つ命題

1	一切皆苦	→この世は**全てが苦である**
2	諸行無常	→この世の**全ての現象は一瞬の停滞もなく変化している**
3	諸法無我	→この世の**全ての物事には永遠不滅の根源的実体はない**
4	涅槃寂静	→この世で煩悩を吹き消せば**涅槃に入ることができる**

　まずブッダは，**この世の一切は苦しみであるという，「一切皆苦」をこの世の有様**とします。その上で，先ほど説明した通り，「アートマン」という個人の根源的実体**を否定した「諸法無我」を説きました。この部分は，ブッダとバラモン教の大きな違いです。すべては「関係性」と相互依存的に成り立っている。これを「縁起」と**いいました。僕は僕一人で教師ではありません。生徒と関係して教師になります。そして，家族と関係すれば長男ですし，お店と関係すればお客です。このように固定的実体はなく，**一瞬たりとも同じではありません。当然，日々死に向かい，老いていきます。これを「諸行無常」といいます。**先ほどこの世界で，仮の実体に執着することを「煩悩」といいました。そして，**煩悩を断てば，煩悩の消えた平安な境地「涅槃」に入ることを「涅槃寂静」といいます。**これら４つの命題を「四法印**（一切皆苦を除いて「三法印」ともいう）」**といいます。

　では，具体的に，どのように「涅槃」へと至るのでしょうか。その**実践過程を示**したものが「四諦説（４つの真理）」です。

●涅槃へといたる4つの段階，4つの真理

1 苦諦 →この世はすべて苦（四苦八苦）であると知る段階 （現実の認識）

2 集諦 →苦の原因は煩悩であると知る段階 （原因の認知）

3 滅諦 →煩悩を絶つことによって涅槃へ入れることを知る段階

（方法の認知）

4 道諦 →涅槃に至るには八正道を実践することを知る段階

（実践・目的の認知）

八正道

⇒正見【正しい見解】・正思【正しい思考】・正語【正しい言葉】・正業【正しい行為】・正命【正しい生活】・正精進【正しい努力】・正念【正しい記憶と自覚】・正定【正しい瞑想】

⇒これらには，**快楽と苦痛を避ける「中道」**の思想が根底にある。

このように，「**苦諦**」で現実を，「**集諦**」で原因を，「**滅諦**」で方法を，「**道諦**」で**正しい実践を行なうという流れ**です。特に「**八正道**」は，その根本に「快楽と苦行を避ける」という「**中道**」の思想があることを押さえておきましょう。

例えば，模試の成績を見る（苦諦），経済分野が苦手だと知る（集諦），経済を攻略する方法を知る（滅諦），適切に勉強する（道諦）と，日常生活の様々な問題を解決するスキルとしても，この考え方は役に立ちますね。

またブッダは，出家していない在家信者には「五戒」という5つの戒めを説いているので，紹介しておきます。ジャイナ教の「五戒」と区別してください。

ブッダの「五戒」	ジャイナ教の五戒
1. 不殺生戒…殺してはいけない	1. 不殺生…殺してはいけない
2. 不偸盗戒…盗んではいけない	2. 真実語…嘘をついてはいけない
3. 不邪淫戒…淫らなことをしてはいけない	3. 不盗…盗んではいけない
4. 不妄語戒…嘘をついてはいけない	4. 無所有…所有してはいけない
5. 不飲酒戒…酒を飲んではいけない	5. 不淫…淫らなことをしてはいけない

よく似ているので，ブッダの**5**と，ジャイナ教の**4**で区別しましょう。

💡 ブッダの「縁起の法」（仏教的な愛）

ブッダの中心思想は、「**諸法無我**」と「**縁起**」であると何度も説明してきました。世界には個別的実体はなく、すべて関係性、相互依存性（相対性）で成立する、という考えです。ここでブッダの言葉を紹介しましょう。

> 「これあれば、かれあり。これ生ずるがゆえにかれ生ず。これなければ、かれなし。これ滅するがゆえにかれ滅す」（『中部経典』）

つまり、「わたし（これ）」と「かれ（あなた）」が相互に関わり合って世界が生まれている、という縁起を示した部分です。仏教には、誰かの犠牲の上に自分の幸せを築くという生き方はありません。一切が幸せになることを目指します。**この縁起（観）に基づく普遍的な仏教の愛を「慈悲」と言います。**

倫政の出題内容・一発表示！ ▶▶▶慈悲

1 慈・マイトリー ⇒楽しみを与える
2 悲・カルナー ⇒苦しみを取り除く ｝ 一切衆生にむけられる与楽抜苦の心

特に**キリスト教の「アガペー」と異なり、人間のみならず、生きとし生けるものすべて（一切衆生）に向けられている**ことが分かります。ブッダは言います。

> 「**母親が我が子を守るように、生き物に対して慈しみの心を持ちなさい**」
> （『スッタニパータ』）

「慈（マイトリー）」とは、**楽しみを与えること、「悲（カルナー）」とは苦しみを取り除くこと**です。繰り返しますが、仏教には誰かの犠牲の上に自分の幸せを築くという生き方はありません。生け贄を差し出し、犠牲者をつくり、世界を安定させるのではなく、**すべての生あるものの幸せを願う**のです。こうしたブッダの考え方が分かれば、**ブッダがカースト制度を批判した**点も容易に理解できるはずです。

💡 後の仏教の展開

ブッダは80歳で死去しました。その後、弟子達によって彼の教えがまとめられ

「**原始仏教**（根本仏教）」が形成されていきます。特に『**スッタニパータ**』は，**最古の仏典**（『**法句経**』・ダンマパダと並ぶ）とされています[1]。「スッタ」とはパーリ語で「経」という意味で，また「ニパータ」とは，「集成」を意味し，『スッタニパータ』は，短編の経が集まったもの，というニュアンスです。**ブッダは自ら新しい教団をつくろうと行動したのではなく，ただ人々の悩みに寄り添い，その悩みに応えていくという形で教えを説いた**のです。後にイエスなどと同じように，その言行が弟子達によってまとめられ，世に言う「仏教」となっていきました。

しかし，ブッダの死後，教義の確認作業である「**結集**（仏典結集）」が行われる中で，**保守的な「上座部」**と**進歩的な「大衆部」**が対立し，紀元前1世紀ごろには，18の部派が成立します。これに「上座部」と「大衆部」を加えて，「**部派仏教**（小乗20部）」といい，「部派仏教」を問われた場合は，**主として「上座部」と，「大衆部」のこと**だと考えてください。この大衆部は，後の「**大乗仏教**」として拡大しています。

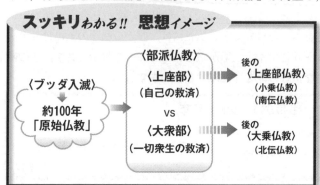

また「上座部」は，**小さな乗り物のように自己のみの救済を目指すにすぎないとして，大乗仏教の側から「小乗仏教」とよばれて批判されました**。上座部仏教は，ミャンマーやスリランカに伝播していくことから「**南伝仏教**」，大乗仏教は，チベットや中国，朝鮮，日本に伝播していくことから「**北伝仏教**」ともよばれます。

倫政の出題内容・一発表示！ ▶▶▶大衆部仏教と上座部仏教

部 派	救済の対象	修行者の理想	目的・実践	後の仏教の名
大衆部	一切衆生	菩薩……一切衆生の救済	利他行	大乗仏教・北伝仏教
上座部	出家信者	阿羅漢※苦行の実践	自身の解脱	小乗仏教・南伝仏教
※完成された者という意味				

---
[1] 中村元『ブッダの言葉』岩波文庫，解説部分を参照

このように、後の「大乗仏教」では、生きとし生けるものすべて（一切衆生）の救済を目指す修行者（求道者）のありかたを「菩薩」として、利他行（まず他の救済を目指す）ことを重視します。そして、すべて生きとし生けるものに、仏となる可能性があるという「一切衆生悉有仏性」を説きました。また、「六波羅蜜」とよばれる、求道者（悟りを求めて修行する者）が実践する6つの徳目があります。以下がそれです。

布施【ものや教えを与えること】、持戒【戒律を守ること】、忍辱【苦難を耐えること】、精進【悟りのために努力すること】、禅定【心を安定させること】、智慧【一切が空であることを知り迷いを離れること】

細かな用語を覚えるのではなく、ブッダが説いた「八正道」と区別しましょう。

この大乗仏教の確立に重要な役割を果たした人物に、「ナーガールジュナ（竜樹）」がいます。ナーガールジュナは、諸法無我と縁起を徹底化させた「空」という思想を説きました。ブッダと極めて思想がよく似ていますが、「空」という用語で区別しましょう。

この後4世紀頃になると、世界は物質によって成り立っているという「唯物論」を否定し、世界は自分の意識によって成立しているとする「唯識論（唯心論）」がアサンガ（無着）とヴァスバンドゥ（世親）の兄弟によって説かれます。

例えば、「星空」という物質世界があります。でも失恋した日に一人で見上げるのと、恋人とで見上げるのとでは見え方は違うはずです。世界が曇って見えるのは、世界が曇っているのではなく、僕らの心が曇っているのかもしれません。

ちなみに現代思想で勉強するマルクス（147ページ参照）は、唯識論を否定して唯物論を主張し、「宗教アヘン説（『ヘーゲル法批判序説』）」を唱えました。

倫政の出題内容・一発表示！　▶▶▶「空」の思想と唯識論

1 ナーガールジュナ（竜樹）『中論』
⇒「空」の思想⇒**すべては因果によって生まれ実体・我はない**とする思想
「色即是空」「空即是色」⇒般若心経（竜樹の思想）

2 アサンガ（無着）　『摂大乗論』など

3 ヴァスバンドゥ（世親）　無着の弟、『唯識二十論』
⇒「唯識論」⇒根源的な**「識」によって世界が生成する**とする思想

ここが出る！　試験前の倫政の出題・正誤Point！

① 孔子は⇒内面的道徳「仁」，仁が行為となった「礼」，そして「徳治主義」の理解
② 孟子は⇒「性善説」と「四端説」，荀子は⇒「性悪説」と「礼治主義」
③ 「孟子」と「墨子」の対立！　「荀子」の「法家」への影響！
④ 「朱子学（客観）」と「陽明学（主観）」を対比せよ！

💡 諸子百家って？

　これまでの勉強で，**混乱する時代に新しい思想が生まれ，人々の精神的救済を行なうという大きな流れ**を見てきました。古代中国も同じです。紀元前8世紀から紀元前3世紀頃，**春秋・戦国時代という社会的混乱期**を迎えます。

　古代中国には，「**天**」が自然や人間のあり方を決定づけるという信仰があり，「**天帝**」とよばれる人格神が，人々に「**天命**」とよばれる命令を下すとされていました。よく「天命が下った」など日常でも使いますね。日本の文化は中国の影響を大きく受けているため，この分野には日本語に用いられているものも多々ありますが，意味の取り違えに注意してください。こうして天帝の命を受けた者は，人々を統治する「**天子**」となり，君主として君臨します。そして，**不徳な君主が現れると，天命によって有徳な君主に改められる**という「**易姓革命**」（81ページ参照）も説かれました。またその後（戦国時代末期），道徳的命令を下す天命が人間の内に備わっているとする「**天人相関説**」が説かれ，**孟子の性善説などに影響**していきました。

　つまり，天を頂点とする上下秩序を重んじる封建的な思想が古代中国にはあったわけです。しかし，春秋・戦国時代（紀元前770年から紀元前221の秦の統一まで）に入ると，この封建秩序は，下克上（下の者が上の者に取って

スッキリわかる!! 思想イメージ

天　[天帝]…人格神
↓　天命
天子　[君主]　封建的秩序[上下重視]
↓　統治
人民

代わる）の中で揺らいでいきます。こうした社会的混乱の時期に「**諸子百家**」とよばれる学者や学派が形成されていきます。**諸子**とは「**諸々の先生**」，**百家とは**「**多くの学派**」のことで，**儒家**，**道家**，**墨家**，**法家**など多くの学派が形成されていきました。この諸子百家が自由に論争する様子を「**百家争鳴**」といいます。

　特に春秋・戦国時代の世にあって，平和主義を重んじ，「**兼愛（平等な愛）**」と「**非攻（侵略の禁止）**」を説いた前480年頃～前390頃「**墨子**」と，平等が下克上を生み戦乱に陥ったと考え，上下を区別した愛である「**別愛**」を説く孟子の論争は，なぜ人々の争いが起こるのか，どうすれば争わなくて済むのかを考える，重要な示唆を含んでいます。

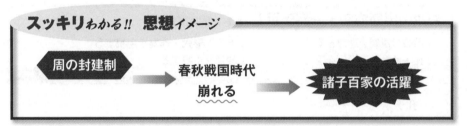

倫政の出題内容・一発表示！ ▶▶▶主な諸子百家

学派	代表的人物	思想の概要
儒家	孔子，孟子，荀子	封建秩序，教育，徳治主義の重視（後の儒教）
道家	老子，荘子	ありのままの自然の姿「道」の重視
墨家	墨子	平和，兼愛，非攻の重視
法家	韓非子，李斯	賞罰と刑罰の重視，「法治主義」
兵家	孫子	軍略・戦略・兵法の研究
名家	恵施，公孫竜	言語の分析や，弁論の研究
農家	許行	農業神（神農）の崇拝，農耕と平等の重視
縦横家	蘇秦，張儀	外交の研究
陰陽家	鄒衍	陰陽五行説（陰陽二気と木・火・土・金・水）による現象の説明

　主に**儒家**，**道家**，**墨家**，**法家**，そして宋時代の「**朱子学**」と，明時代の「**陽明学**」を横断的に区別できるようにしましょう。これらの学習には，関連用語を3～5つを穴埋形式にした暗記カードの活用などが効果的です。

💡 儒家（孔子，孟子，荀子を中心に） ➡ 上下を重視

　儒家は，**孔子**を開祖とする思想集団で，後に「**性善説**」を唱えた**孟子**，「**性悪説**」を唱えた**荀子**などが有名です。また，儒教の教えを学問的に探究することは「儒学」ともよばれます。12世紀頃から儒学は「**朱子学**」，「**陽明学**」として発展し，特に朱子学は，日本では江戸時代に幕府の官学となっています。

　儒学の教えの中心は，**封建秩序（上下秩序）を重んじた道徳**にあります。この意味で，戦国時代の下克上の中，周の封建秩序を理想としていました。

倫政の出題内容・一発表示！ ▶▶▶儒家の特徴

①周の封建制を理想とする　　　②上下・形式・作為を重視する
③孔子は鬼神の類いを遠ざけた　④教育を重視する

---

(1) 孔子

🔍人物スコープ　孔子

出身▶中国　　**生没年**▶紀元前551頃〜紀元前479
キーワード▶仁と礼，徳治主義

内面的規律ある「仁」と，その現れとしての「礼」を重視した。徳ある者が政治的指導者となり世を統治する徳治主義を説いた。著作は遺しておらず，多数の弟子がその思想をまとめ（『論語』など），儒教，儒学が形成された。

●仁と礼

　これは孔子の中心的思想になります。「**仁**」とは，人間の**内面的な道徳**，**また内面的な上下秩序**です。その内容は，欺かない純粋な心である「**忠**」と，思いやり「**恕**」が中心です。また，**親に仁を向けることを「孝」**，**兄弟や年長者に向けることを「悌」**といい，これら，「**忠恕**」と「**孝悌**」が「**仁**」の中心思想となります。

　また，この**仁が行為となって表れたもの**（法律・祭祀・制度・文物・礼儀・慣習など）を「**礼**」といいます。つまり，内面的道徳である仁が，外面的行為である礼となって表れるのです。このように，**自分の欲望に打ち克ち，礼に従って生きる**ことを「**克己復礼**」といいます。こうした仁と礼を，**身近な家族から確立し，社会へと拡大していくこと**を，孔子は理想としたのです。

また政治においても，**道徳的に優れた者が人々を感化する「徳治主義」を主張しました**。なお孔子は，**鬼神のような非現実的なもの**を退けています。

ところで，僕らはある事件が起こると，その当事者を責めて事件を終わらせてしまいがちです。孔子の思想に照らして考えると，その当事者には家族がいるし，また社会的つながりもあるはずです。

スッキリわかる!! 思想イメージ

礼
外に表れる
仁
内容「忠」と「恕」
対象「孝」と「悌」

家族や社会との関係を切り離して，「ある事件」を考えるのではなく，家族内の秩序関係や社会との関係の広がり方など，当事者をめぐる諸関係の影響も考える必要がありそうです。

倫政の出題内容・一発表示！ ▶▶▶孔子の思想

①仁「内面的道徳」，礼「仁が行為となって表れたもの」
⇒家族内での愛をあまねく社会に広げる
　上下ある区別された愛
②仁の根本…親子の間における「孝」，兄弟・年長者における「悌」
③仁の内容…嘘・偽りのない「忠」，思いやり「恕」
④政治のあり方…「徳治主義」（道徳ある君主が人々を道徳的に感化する）

---

(2) 孟子

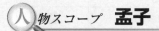

人物スコープ **孟子**

出身▶中国　　**生没年**▶紀元前372頃～紀元前289頃
キーワード▶性善説，四端説，王道政治

孔子の教えを継承し，性善説を提唱。道徳に基づく政治を促すため，「仁」と「義（正しい道理）」により人々の幸福を図る「王道」を政治の理想とした。

孔子も，ソクラテスやイエス，ブッダと同じく著作を遺しませんでした。彼ら同様，弟子達がその思想を伝承していきます。孔子の死後約100年，内面的な「仁」を重視し，「性善説」を説いたのが孟子です。

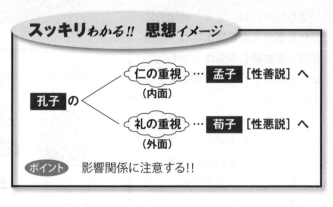

一方で次に学ぶ**荀子**は，外面的「礼」を重視し，「**性悪説**」を唱えていきます。ちなみに孔子は，性善説・性悪説のいずれの立場とも示していません。

●人間は生まれつき「善」?

では質問です。「今，井戸に落ちかけている子どもを見たら，あなたならどうしますか?」

まさか「無視する」という人はいないでしょう。そうです，「助けよう」とするのです。孟子はこうして，人間には生まれつき善を為す傾向が備わっているとしました。具体的には次の四つで，「**四端**」といい，これを育み拡大すると，「四徳」が実現します。

倫政の出題内容・一発表示!　▶▶▶「四端説」と「四徳」，「五倫」

四端	性質	四徳
惻隠の心	他人の不幸を見過ごすことが出来ない	仁
羞悪の心	自他の不善を恥じ憎む	義
辞譲の心	自ら謙って，他人に譲る	礼
是非の心	善・悪，正・不正を正しく判断する	智

五倫「5つの人間関係における5つのあり方」

父子	君臣	夫婦	長幼	朋友
親	義	別	序	信

先ほどの井戸に落ちかけた子どもを見過ごせない，というのは「**惻隠の心**」にあ

たります。こうして四徳が漲ってくると，道徳を毅然として貫こうとする「浩然の気」が湧いてきます。こうした道徳的な姿を「大丈夫」といいます。

> 「自らかえりみて直くんば，千万人といえども吾往かん」（『孟子』）

これは，自分の間違えは反省し，逆に正しい道を堂々と貫く。まさに浩然の気が示された文章です。この「正しい道を堂々と貫く」ことは，友人の間でも，教室や組織の中でも，本当に難しいことなのです。だからこそ，孟子のこの言葉は心にずっしりと響きます。

また，孟子は儒家であるので，人間関係の上下や秩序を律していきます。それが「五倫」と呼ばれる人間関係のあり方です。

●政治の理想「王道政治」?

孟子は，「王道」とよばれる政治のあり方を説きます。**王道とは，仁（他人への愛）と，「義（正しい道理）」によって，人民の幸福を図る政治**です。一方，一部の政治家が力によって支配する政治は「覇道」といい，これは退けました。そして政治が「覇道」に陥ると，冒頭に触れた「**易姓革命（天命によって王朝が交代する「禅譲」と，民衆が力によって王朝を打倒する「放伐」がある）**」を説きました。特に，「**放伐」を肯定した点**は，この後勉強する近代のロック（290ページ参照）にも似ています。

スッキリわかる!! 思想イメージ

易姓革命

政治が「覇道」に陥ると

禅譲 or 放伐

「王道」に戻る

人民が最も大切であり，君主は最も軽い者（人民に仕える者）であると考えた孟子は，次のように言います。

> 「恒産無ければ，恒心なし」（『孟子』）

つまり，人民は安定した職業がなければ，心も安定せず，悪事に走りがちである，

必ずやろう！ ▶▶▶ 完成問題集　第5章

というのです。**民衆が悪を犯さないためにも，まずは民衆の経済的安定を目指すべきだ**というのが孟子の教えです。今の社会にも通じる名言ですね。

(3) 荀子

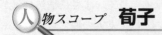 **人物スコープ 荀子**

出身▶中国　　**生没年▶**紀元前298頃～紀元前235頃
キーワード▶性悪説，礼治主義

孟子が性善説を主張したのに対し，荀子は性悪説を主張。人間の作為によって善は実現されるとした。社会規範である「礼」を重視する政治のあり方は，「礼治主義」と呼ばれ，後に厳罰（刑罰）を重視する法家の「法治主義」へと影響した。

●人間は「悪」？

性善説を唱えた孟子に対して，**荀子**は「人間は生まれつき他人を憎み，利己的である」として，**性悪説**を唱えました。従って，**社会規範である「礼」によって，人々を人為的に矯正する必要がある**というのです。

「人の性は悪にして，その善なる者は偽なり」（『荀子』）

これは，荀子の言葉ですが，「**偽善**」という意味ではないことに注意してください。この「**偽**」は，「人」の「為」，つまり人為である教育（教化）を意味しています。

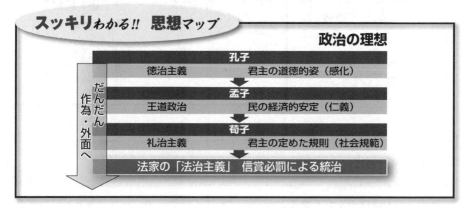

スッキリ**わかる!!** 思想マップ

政治の理想

	孔子	
	徳治主義	君主の道徳的姿（感化）
	孟子	
作為・外面へ だんだん	王道政治	民の経済的安定（仁義）
	荀子	
	礼治主義	君主の定めた規則（社会規範）
法家の「法治主義」	信賞必罰による統治	

人間は教育されることによって初めて善を為すことが出来る，という意味です。

また，「礼」とよばれる社会規範を重視する政治を「礼治主義」といい，後に法家（韓非子，李斯など）の，賞罰を厳正に行うこと（信賞必罰）で人民を統治する「法治主義」へ継承されていきました。**孔子の徳治主義は，内発的政治のあり方から，外圧的な政治のあり方にシフト**していきます。

(4) 朱子(朱熹)

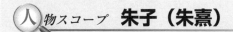 **人物スコープ 朱子（朱熹）**

出身▶中国　　**生没年**▶1130～1200
キーワード▶理気二元論，性即理

宋の時代の朱子学の大成者。世界を「理」と「気」によって説明し，気を取り去り，理を極めていく「格物致知」を説いた。人間が客観的な理に生きることを重要視し，朱子学は後の科挙に採用された。日本でも江戸時代に官学となっている。

●儒学の体系化と朱子学

孔子などの儒家の教えは，「**四書（『論語』，『孟子』，『大学』，『中庸』）」・「五経（『詩経』，『書経』，『易経』，『春秋』，『礼記』）」**としてまとめられて重要視され，**これらを学問的に研究する「儒学」が形成**されていきました。その代表が，宋時代の**朱子**が大成した「**朱子学**」や，明時代の**王陽明**が大成した「**陽明学**」です。

朱子は，**万物は宇宙の原理かつ，道徳的秩序である「理」**と，**気体状の運動物質である「気」**から成り立っているとする「**理気二元論**」を唱えました。そして人は常にこの「理」を窮めていく必要があるとします。ざっくり言えば，**気が理を邪魔するので，気を取り去り，理を研ぎ澄ましていくのです。**

生まれつき**人間の性には，「本然の性」として理が宿っていて**，これを「**性即理**」といいます。しかし，時として気に支配されている「**気質の性**」がこれを邪魔するのです。従って人間は人欲を捨て（**居敬**），物事の本質を窮めて（**窮理**）いく，**客観的な生き方**が必要とされるのです。このあり方を「**居敬窮理**」といい，その学問的実践を「**格物致知（事物の本質を窮めることで理にいたる）**」といいます。

つまり，人間が常に「**客観的**」に，そして理を意識していく，**禁欲主義的な生き方**を説いたのです。後に科挙（**官僚の採用試験**）に採用され，**日本でも江戸時代に官学となっています。**

（5）**王陽明**

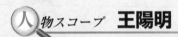 **王陽明**

出身▶中国　　**生没年**▶1472〜1528
キーワード▶理一元論，心即理

明時代の陽明学の大成者。世界をもっぱら「理」によって説明し，理をそのまま発揮していくことや，人間が実践的に生きることを重要視し，人間の主体性を発揮することを説いた。

●そのままでいいじゃん？

　一方で王陽明は，朱子学の客観的・抑制的な生き方ではなく，主観的・主体的生き方を説きます。

　人間のあり方を「理」を中心にして考え（理一元論），人間の心の働きの中には理が宿っていると考えました（心即理）。そして，**そのまま「理」を発揮していく**こと大切であると説いたのです。その場その場での具体的実践，ざっくり言えば，心を飾り立てない行為が，人間にとって大切であるとしたわけです。こうして生まれつき備わっている善悪を判断する「**良知**」をそのまま発揮していくことを「**致良知**」といいます。

> 「知は行いの始め，行は知の成れるなり」（『伝習録』）

　これは，王陽明の言葉です。知ることで行動が始まり，行動が知を完成する。つまり，行為・実践に表れるものが知で，**知の実践の重要性を「知行合一」として説いた**のです。

〈朱子学〉 〈陽明学〉

本然の性 ○
気質の性 ×
（性即理）

VS

理
のみ
（心即理）

Point 客観性を重視する「朱子学」と主体性を重視する「陽明学」を対比

倫政の出題内容・一発表示! ▶▶▶「朱子学」と「陽明学」

朱子学		陽明学
南宋の**朱子**（朱熹）	大成者	明代の**王陽明**
理気二元論	原 理	理一元論
心に本然の性に理が宿っている（**性即理**）が，気質の性に邪魔される	思 想	心の働きに理がある（**心即理**）ので心のままに，そのまま理を発揮
居敬窮理 居敬 …欲望を取り去る 窮理 …本質(知)を探究する ⇒その実践を「**格物致知**」という	行 為 対比	心の中にある理をそのまま発揮・実践して（**知行合一**），そのまま良知を発揮する「**致良知**」

「朱子学」と「陽明学」は対比的に理解すると，ばっちり点が取れます。

12 古代中国思想 ～道家を中心に～

ここが出る! 試験前の倫政の出題・正誤Point!

① 「道」とは⇒宇宙の根本原理，自然のありのままの原理，万物を生み出した原理
② 老子は⇒「無為自然」と「小国寡民」が理想
③ 荘子は⇒「万物斉同」と「真人」が理想

💡 道家（老子・荘子）　➡ 自然にまかせよう

---

(1) 老子

🔍人物スコープ　老子

出身▶中国　　**生没年**▶不詳（紀元前5～紀元前4世紀と推定）
キーワード▶道，無為自然，小国寡民

儒家の仁や義などの人為的徳を断ち，自然の「道」に即して生きることを説いた。自給自足の小規模共同体（小国寡民）で生きることを理想とした。

●無知でいいじゃん?

　これまで学習した儒家は，どちらかというとお堅い道徳や人為的な生き方を重視していました。一方で**道家（主として老子や荘子，老荘思想ともよばれる）**は，**自然のままに生きること**を説きました。そして，万物に恵みを与え，争うことなく低いところにとどまる「水」の本質に，最上の善を見いだしました（**上善は水の如し**）。そして，水のような生き方を理想とし，こうした自然のあり方を「**道**」といい，万物の根本原理としました。

　老子は，**道を知り，道に従って生きること**を「**無為自然**」といい，人為的に生きることをやめ，すべてを自然に委ねることを説いたのです。ここは細かい用語にこだわらず，大きく思想を捉えておくことが必要です。

1　無為自然

⇒道を知り，道に逆らわず，道と一体となって，不自然な人為をさけること

2　柔弱謙下（柔らかで弱々しく謙虚に生きる）

⇒水のように争わず，道に従って謙虚に生きる

「人生ずるや柔弱，死するや堅強。草木生ずるや柔脆，その死するや枯槁。故に堅強は死の徒。柔弱は生の徒」

3　小国寡民

⇒小国で文明の利器を使用せず，隣国と交流することなく，自給自足で暮らす

　特に儒家を逆説的に批判した，「大道廃れて仁義あり，知恵出でて大偽あり」という老子の言葉は有名です。道を忘れたから仁や義が説かれ始めた。知恵（人知）を付けたから嘘をつくようになった。人は自然（道）に帰るべきだ，というのです。個人的にはビートルズの「Let it be」が頭に流れます。そして「柔弱謙下」は，ススキを思い起こすとその意味が分かります。生きたススキは風になびき，自然に逆らわず，柔らかいものです。しかし，枯れたススキはどうでしょう。堅くなり，風に逆らい，ポキッと折れてしまう。**生きるということは自然に身を任せ争わないこと**です。一説には柔道の本来の勝ち方も，自分から投げるのではなく，相手に委ねることで相手の力を用いて勝つというのが理想であるそうです。ここにも「柔」という漢字が使われていますね。

　そして，人々が争わないためにも，**小国で文明の利器を使用せず，隣国と交流することなく，生命を重んじて，自給自足で暮らす**「小国寡民」が，理想的な社会であると老子は説いています。

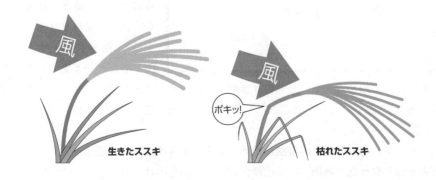

風　風

ポキッ！

生きたススキ　　枯れたススキ

(2) 荘子

人物スコープ 荘子

出身▶中国　　**生没年▶**不詳（前4世紀と推定）
キーワード▶万物斉同（ばんぶつせいどう），逍遙遊（しょうようゆう），真人（しんじん）

老子とともに道家の代表的人物で，二人の思想をあわせて老荘思想ともいう。この世界には差別対立のない万物斉同を説いた。世間から無価値とされるものの中にも，実は自然的価値があるとされる「無用の用」を説いた。

●自由に生きればいいじゃん？

荘子の思想は仏教に近いので，仏教分野との用語の区別に気をつけましょう。

老子の説いた，「道」と「無為自然」の教えは，荘子によってさらに深められていきました。荘子の中心的思想に「**万物斉同**（ばんぶつせいどう）」というものがあります。**この世界には，差別・対立はなく等しい**という考え方です。少し考えてみましょう。

次の紙Aは「大きい」ですか？　それとも「小さい」ですか？

そうです。紙Bと比べれば大きいですが，紙Cと比べれば「小さい」です。つ

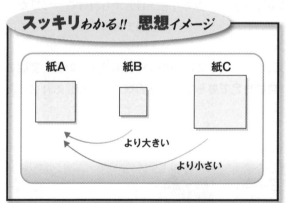

スッキリわかる!! 思想イメージ

紙A　　　紙B　　　　紙C

より大きい

より小さい

まり，紙Aは何かと比べることで「大きい」とか「小さい」とかの区別が生まれるわけで，**比較しなければ，「大きい」，「小さい」という概念はありません**。僕らが気にする偏差値も，誰かと比較をしなければ生まれません。このように世界には，大・小，優・劣などの差別・対立はな

いのです。しかし，人間の分別の知恵が「比較する」ことを始めます。これを「相対（相待）（そうたい）」といい，荘子はこの「相対（相待）」を超え，「万物斉同」に生きることを説いたのです。

こうして，**ありのままの自然の世界に自由に生きる**ことを「逍遙遊（しょうようゆう）」といい，**自然と一体となった「境地」を「心斎坐忘（しんさいざぼう）**（一切の心のけがれがなくなり，煩いから

離れること）」といいます。また，**自由に生きる**「**理想的姿**」を「真人（至人）」と
よびました。

　ちなみに，荘子の「蝶になった夢（胡蝶の夢）」というエピソードに，果たして
**自分は蝶になった夢を見ていたのか，それとも今の自分は蝶が見ている夢なのか，
はっきりとしない**という例え話があります。でもそれは，万物斉同の世界から見れ
ば，もはやどちらでもいいということです。

　大学に受かったら，ゆっくりと温泉に入り，空を見上げてください。少しは荘子
の世界が垣間見えるのかもしれません。ちなみに RADWIMPS の『37458』という
曲は，若干，荘子の思想が入っていると個人的に思っています。

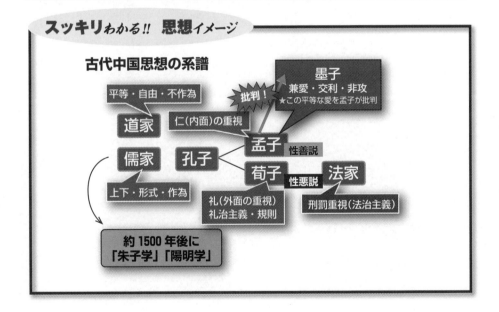

倫政の出題内容・一発表示！ ▶▶▶荘子の思想

1. 世界には差別対立はない「**万物斉同**」
2. 人知にとらわれず自由に生きる行為⇒「**逍遥遊**」
3. 自然と一体となった境地⇒「**心斎坐忘**」
4. この理想的な姿⇒「**真人**」

スッキリわかる!! 思想イメージ

古代中国思想の系譜

墨子
兼愛・交利・非攻
★この平等な愛を孟子が批判

批判！

平等・自由・不作為

道家

仁(内面)の重視

儒家　孔子　孟子　性善説

荀子　性悪説　法家

上下・形式・作為

礼(外面の重視)
礼治主義・規則

刑罰重視(法治主義)

約1500年後に
「朱子学」「陽明学」

第3章

西洋近代思想

攻略の視点

　この分野の攻略ポイントは,「思想間の関係性」や「対比」を把握することにあります。「スッキリわかる思想イメージ」を用いて,理解してください。特にベーコン,デカルト,カント,ヘーゲル,は思想間の繋がりが重要になります。また,デカルトとカントについては,個別に思想が深く問われることが多いため,用語の暗記ではなく,用語を具体例とともに理解できるようにしておきましょう。現代文などでなじみの多い人物や用語が多いので,意外とスッキリと攻略できるはずです。問題編での演習を必ず行なって,高得点を目指しましょう。

この章の攻略ポイント

❶ ルネサンスの「ダンテ,エラスムス,ピコ・デラ・ミランドラ,パスカル」は要注意
❷ 宗教改革の「ルターの聖書中心主義,カルヴァンの予定説」の理解
❸ 近代科学は「コペルニクス,ケプラー,ガリレイ,ニュートン」の用語を暗記
❹ ベーコンの帰納法と,デカルトの演繹法の対比的理解と具体例
❺ カントの「理論理性」の仕組みと,「道徳法則」の具体例の理解
❻ ヘーゲルの弁証法と「国家」,「人倫」の関係
❼ ベンサムの「量的功利主義」と,ミルの「質的功利主義」の対比的理解

1 西洋近代の始まり（ルネサンス）

学習の指針 **ひろく浅く**
重要度 ★★★☆☆

ここが出る！ 試験前の倫政の出題・正誤Point！
① ルネサンスは⇒イスラーム世界から影響を受けた
② 万能人（普遍人）の理解
③ 特に，ダンテ，ピコ・デラ・ミランドラ，エラスムス，マキャヴェリ

💡 西洋近代とルネサンス人文主義者

　ここまで，中世のローマカトリックの思想を勉強してきました。いよいよこれから西洋近代に入っていきます。特に「人物スコープ」で紹介されている人物は，重要度が高いので，**必ず「人物スコープ」も含めて読んでください。そして問題編で問題演習**を繰り返しましょう。

💡 教会権威の凋落

　11〜12世紀にかけてのヨーロッパ社会は，十字軍の遠征をきっかけに大きく様変わりしていきました。この遠征が失敗に終わると，宗教的権威は凋落し始め，新興市民階級が台頭してきました。また，**イスラーム世界との間で東方貿易が活発になり，そこから持ち込まれた多くの書物によって，ヨーロッパ社会の哲学や科学も影響を受けていく**ことになります。

　こうした中で，14世紀のイタリアを中心に「**ルネサンス（文芸復興）**」とよばれる運動が起こります。これは，**キリスト教以前の古代ギリシャやローマの自由な学問や芸術に立ち返り（文芸復興），教会権威の抑圧からの解放を求めた運動**です。その「**教会中心**」から，「**人間中心**」の思想は「**ヒューマニズム**」や「**人文主義**」といわれています。

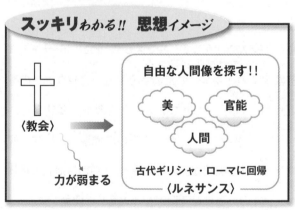

スッキリわかる!! **思想**イメージ

〈教会〉 ➡ 自由な人間像を探す!!

美　官能　人間

古代ギリシャ・ローマに回帰
〈ルネサンス〉

力が弱まる

💡 ルネサンス期の思想家

ダンテは，現実のありのままの人間を『**神曲**』の中で生き生きと描きました。**人間が罪に苦悩する中で，魂の救済を神に求めていく過程を三部作で描いています。**

皇帝や教皇，悪人が地獄に落とされる場面が描かれるなど，単に教会を賛美する内容ではありませんでした。また，クレオパトラなどの歴史上の人物も登場し，地獄で苦しんでいる様子や，さらにはダンテの師匠が人生に絶望して暴走し，同性愛者となり，灼熱の地面を裸足で歩くという罰を受ける様子など，その内容はとてもユニークな示唆に富んでいます。

そしてこの『神曲』は，神の言葉とされたラテン語ではなく，イタリアの地方方言である**トスカナ語という，庶民の言葉によって口語体で書き上げられました。**

さらに，ありのままの人間を描く中で，人間のありのままの感情と人間の解放を描く人々も現れます。例えば**ペトラルカ**は，叙情詩集『**カンツォニエーレ**』の中で，人妻ラウラに対する永遠の恋を音楽的な響きを生かして描いています。さらに，**ボッカチオ**は『**デカメロン（十日物語）**』の中で，ペストから逃れて暮らす10人の若い男女の，恋愛や偽善，だまし合いなど，人間性の解放を描いています。この中の「**3つの指輪**」の箇所では，**ユダヤ教，キリスト教，イスラーム教を対等に描く宗教的な寛容性**が示されています。

このように人文主義の特徴は，かしこまった教会権威には縛られず，ありのままの人間の美しさを，人間中心に描いていることにあります。

倫政の出題内容・一発表示！▶▶▶ルネサンス期の思想家①

人名	作品	キーワード・内容
ダンテ	『神曲』	自由な人間のあり方
ペトラルカ	『カンツォニエーレ』	近代的な恋愛観，永遠の恋
ボッカチオ	『デカメロン』	人間性の解放と宗教的寛容

💡 特に出題頻度の高い5人を，スッキリ講義

「レオナルド・ダ・ヴィンチ」，「ピコ・デラ・ミランドラ」，「トマス・モア」，「エラスムス」，「マキャヴェリ」，は，この分野での出題がとても多い人物です。

(1) 万能人？ ➡ レオナルド・ダ・ヴィンチ

　レオナルド・ダ・ヴィンチ（1452～1519・伊）は，『**モナリザ**』などの絵画だけでなく，物理学や建築，人体解剖など，様々な学芸に功績を挙げた人物です。ルネサンス期は一つの学問を究めるだけではなく，芸術や科学，政治など，多くの物事を考察していく人々が多いのが特徴です。スイスの歴史学者である**ブルクハルト**（1818～1897）は，こうしたルネサンス期の人間像を「**万能人（普遍人）**」とよびました。**ダビデ像**で有名な**ミケランジェロ**（1475～1564・伊）や，**合理的な建築物を生み出した，アルベルティ**（1404～72・伊）もその一人です。

　レオナルド・ダ・ヴィンチの有名な絵画に『**最後の晩餐**』があります。この絵は「**遠近法**」とよばれる，人間の視点を中心に置いた画法が用いられています。この遠近法は，**ボッティチェリ**（1445～1510・伊）の『**ヴィーナスの誕生**』などにも用いられています。ちなみに，ソクラテス，プラトン，アリストテレスをバランスよく描いた『**アテナイの学堂**』は，**ラファエロ**（1483～1520・伊）の作品です。

倫政の出題内容・一発表示！ ▶▶▶ ルネサンス期の思想家②

人名	作品
レオナルド・ダ・ヴィンチ	『最後の晩餐』
ミケランジェロ	『ダビデ像』，『最後の審判』
ボッティチェリ	『ヴィーナスの誕生』
ラファエロ	『アテナイの学堂』

(2) 自由意志の肯定？ ➡ ピコ・デラ・ミランドラ

　これまで自由意志は，アダムとイヴが神との約束に反し，禁断の果実に手を出す原因を作ったとして否定的に捉えられていました。これはアウグスティヌス（58ページ）などが展開しました。

　一方，**ピコ・デラ・ミランドラ**（1463～94・伊）は，「人間と動物を区別するために，神が人間に与えた唯一の能力」として，**自由意志を肯定的に捉えました**（著作『**人間の尊厳について**』）。

　例えば，神は鳥に空を飛ぶ能力を，魚に水中で泳ぐ能力を与えました。しかし，人間は自分の力だけでは空を飛ぶことも，水中を泳ぎ続けることはできません。す

ると，一体神は人間に，ど
んな固有の能力を与えたの
でしょうか？

それは，**生まれてから死
ぬまでの間，自分の人生の
あり方を自己決定できる**，
という能力です。ピコ・デ
ラ・ミランドラは，人間は
自由意志によって，「**禽獣
のようにも，神のよ
うにもなれる**」と説い

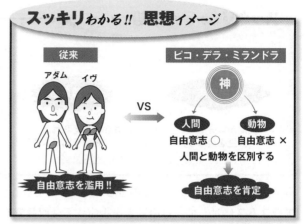

ています。この自由意志によって，後に人間は科学的進歩を遂げ，空を飛ぶ飛行機，
深海を潜水する潜水艦など，多くの可能性を思い描いて実現していきます。**自由意
志の肯定は，人間が世界のあらゆる可能性に目覚めるきっかけ**にもなりました。

(3) ユートピア？ ➡ トマス・モア

ユートピアとは，ギリシャ語の「ウー（ない）・トポス（場所）」と「エウ（善
い）・トポス（場所）」とを掛けた**トマス・モア**の造語で，どこにもない理想の世界
という意味です。トマス・モアは，当時の「**囲い込み運動（エンクロージャー）**」
について，農民が農地を追われると批判し，「**羊が人を食い殺す**」と表現して
います。そして**私有財産制を否定し，戦争の無い平等社会**を，著作『**ユートピア**』
の中で描きました。

なお，政経分野では，この「エンクロージャー」（第2次）について，農地を追わ
れた農民たちが都市労働者となり，近代資本主義のベースを作った出来事として出
題されます。倫政受験生は，こうした政経分野とのつながりも意識しながら学習し
ましょう。

(4) 教会を皮肉り批判？ ➡ エラスムス

オランダの**エラスムス**は，古典を研究し，当時ラテン語訳を付した『**校訂ギリ
シャ語新約聖書**』を出版するなど，古典研究のエキスパートでした。こうした中で，
エラスムスの目には，教会が堕落しきったものに映ったのです。エラスムスは『**愚
神礼讃**』の中で，**堕落しきった教会や僧侶の姿を皮肉たっぷりに風刺**しました。こ

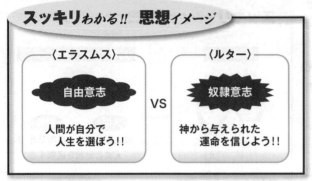

スッキリわかる!! 思想イメージ

〈エラスムス〉
自由意志

VS

〈ルター〉
奴隷意志

人間が自分で
人生を選ぼう!!

神から与えられた
運命を信じよう!!

れも内容がユニークで，敢えて痴愚の女神に世の中を語らせる，という形式で書かれています。文章の中に対比やアイロニーがふんだんに使われており，エラスムスの文才ぶりがうかがえます。

また，エラスムスは，自由意志をめぐってルターと論争していることでも有名です。**自由意志を強調するエラスムス**に対して，自由意志を否定する「**奴隷意志論」を展開したルター**（97ページ参照）を，対比的に押さえておきましょう。

---

(5) 道徳に縛られない強い君主？ ➡ **マキャヴェリ**

フィレンツェの役人であった**マキャヴェリ**（1469〜1527）は，国内で内紛が起き，近隣諸国の侵略におびえているイタリアの現実を直視しました。こうした**不安定な社会を統治するために必要となるのは強い君主**である，と考えたのです。マキャヴェリは，国内の安定的な統治と，外国から自国を防衛するためには，**有徳な君主ではなく，キツネのようにずる賢く，ライオンのように強権を振るい**（権謀術数），**強い決断力を持つ君主が必要**であると考えました（主著『君主論』）。

これは，**宗教的権威にさえ，君主や政治の決断が縛られる必要はない**，という意味で「**政教分離」の考え方を示した**といわれています。こうした**現実的な**マキャヴェリの**政治学を「マキャベリズム」**といいます。

倫政の出題内容・一発表示！ ▶▶▶ルネサンス期の思想家③

人名	作品	キーワード・内容
ピコ・デラ・ミランドラ	「人間の尊厳について」	自由意志の肯定
エラスムス	『愚神礼讃』	教会に対する皮肉を込めた批判
トマス・モア	『ユートピア』	「羊が人を食い殺す」
マキャヴェリ	『君主論』	道徳に縛られない決断力ある君主

2 宗教改革の思想

ここが出る! 試験前の倫政の出題・正誤 **Point**!

① ルターの聖書中心主義と職業召命観の関係
② カルヴァンの予定説と，救いの確証
③ 禁欲倫理が，近代資本主義の形成の一助⇒マックス・ウェーバーが分析

🔍 宗教改革の思想 ➡ 大切なのは信仰

　西洋近代の始まりを，「2つのR」と表現することがあります。一つは「Renaissance（ルネサンス）」，もう一つが，これから勉強する「Reformation（宗教改革）」です。積極的に教会と対峙し，本来のイエスの教えに立ち返ろうとする16世紀頃から始まる運動です。代表的な人物に**ルター**と**カルヴァン**がいます。この改革後のキリスト教を，カトリックに対して「**プロテスタント**」と呼びます。

スッキリわかる!! 思想イメージ

16c

教会権威
ローマカトリック ← VS ← 批判 改革 **プロテスタント**

後に両者は宗教戦争へ

(1) 宗教改革の立役者 ➡ **ルター★**

🔍人物スコープ **ルター**

出身▶ドイツ　**生没年**▶1483～1546
キーワード▶信仰義認説，聖書中心主義，万人司祭説　**主著**▶「キリスト者の自由」

22歳の時，落雷にあって死の恐怖を初めて体験。その後修道院に入り修行し，功績を積むことが必ずしも罪からの救済を意味しないと考えた。1517年に「95カ条の論題」を公表し，教会の贖宥状販売などに強く抗議した。

必ずやろう! ▶▶▶ 完成問題集 **第6章**

💡 ただ信仰だけが，神からの許しを得る行為 !!

1517年，**ルター**はヴィッテンベルク教会で，教会を批判する「**95カ条の論題**」を発表します。その中で，罪に対する罰を免除することができる「**贖宥状**（厳密には異なるが広くは**免罪符**）」や，司祭職の販売行為などを批判しました。当時司祭だけは，神から与えられた「**召命**」として扱われ，特権が数多く与えられていました。そして人々は司祭に言われるがまま，教会に足を運び，寄進を行うことを善行だと考えていました。しかしルターは，**教会に行くことや寄進をすること以上に，「神を信じること」が重要であるとするパウロの**信仰義認説（**57ページ参照**）**を支持し，主張しました**。信仰のみが神から義（神が罪を許すこと）とされる，という信仰の原点に立ち返ったのです。

例えば，ユウスケ（久々に登場）とミカは付き合っているとします。しかし心の中では，あまりミカのことを大切に思わず，メールやプレゼントを渡しています。果たしてユウスケは，ミカを愛しているといえるのでしょうか。逆にメールやプレゼントを渡すことのできない場所にいるユウスケは，それでもミカを愛している，と日々思いながら生きている場合はどうでしょうか。後者は，まさにユウスケのミカへの「愛」でしょう。

つまり，信仰や愛は，「**外見的な行為**」よりも「**内面的な想い**」が大切なのです。ルターは「**外見的信仰**」よりも「**内面的信仰**」を重視しました。

また，聖書にこそ正しい教えが記されているはずだ，との「**聖書中心主義**」をもとに，**ラテン語の聖書をドイツ語に翻訳**しました。こうして，すべての人が聖書を読むことが可能になったのです。

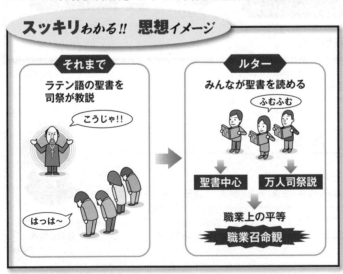

スッキリわかる!! 思想イメージ

それまで：ラテン語の聖書を司祭が教説／こうじゃ!!／はっは〜

ルター：みんなが聖書を読める／ふむふむ／聖書中心／万人司祭説／職業上の平等／職業召命観

💡 みんな司祭？　職業に区別はない‼

　ルターは，司祭のみを特別視することに疑問を感じていました。神の前にキリスト教を信じる者は平等ではないのか，と考えていたのです。すでに聖書を読むことが可能となった人々は，**独立した個人として，教会を介さずに神の教えを知る**ことができます。すると，教会は不要となります。これがルターの「**無教会主義**」です。またルターは，誰もが**聖書から神の教えを得られる**のだから，**司祭とその他の人々との間に何ら区別はない**として「**万人司祭説**」を唱えました。

　先ほども触れましたが，司祭だけは神様から選ばれた，言い換えれば「神から呼ばれている・思し召になっている職業（calling）」（**召命**）でした。一方で，その他の職業はアダムとイブの楽園追放以来背負った，**原罪に対する罰としての「労働」**です。しかし，もはや誰もが司祭になった以上，教員だろうが農民だろうが，**すべての人の職業が，神からの「召命」となります。こうした平等な職業観を「職業召命観」**といいます。

　ルターの教えの根本は，このキリスト者の平等に，自由を見ている点です。

倫政の出題内容・一発表示！　▶▶▶ルター

■ 「95カ条の論題」⇒「**贖宥状**」批判を展開
■ 聖書を**ドイツ語**に翻訳⇒「**聖書中心**主義」と「**無教会**主義」
■ 「**万人司祭説**」と「**職業召命観**」⇒**信仰上の人間の平等**を説く

---

(2) 予定説の徹底‼　➡　カルヴァン

🔍人物スコープ　**カルヴァン**

出身▶北フランス，後にスイスへ　　**生没年**▶1509～64
キーワード▶予定説の徹底　　**主著**▶『**キリスト教綱要**』

ルターの影響を受けてプロテスタントに改宗した後，厳しい弾圧を避けてスイスに亡命。そこで宗教改革を行い，聖書の教えに基づく厳格な神権政治を実現した。後に，20世紀に活躍したウェーバーは，カルヴィニズムが近代資本主義の精神の発生を支えたと分析した。

💡 現世での行いは，救いに関係ない？

　カルヴァンはルターの影響を受けながら，宗教改革を実践します。特に「**予定説**」の立場を徹底したことがよく出題されます。予定説とは，**救われる者とそうでない者とが神によってあらかじめ定められている**，といういわば運命論です。もともとはパウロの『**ローマ人への手紙**』を起源とし，アウグスティヌス（58ページ参照），**ルターによっても説かれました**。カルヴァンは特に，「**救われない者の予定**」を強く強調します（この意味で**二重予定説**ともいう）。これはどういうことでしょう？

　つまり，神が「救われない者」を決定している以上，この世で善いことをしても救いに全く影響しません。そしてさらに残酷なことに，その**救いの予定（自分が救われるのか，救われないのか）は，人間には分からない**のです。この時あなたならどう生きますか？

　受験生に身近な例で考えてみましょう。受験の合否はすでに決まっている。しかしその結果をあなたは知らない。この時，あなたは勉強するでしょうか？　もし「合格」の結果が分かっているならば，どちらにせよ受かるので勉強しないでしょう。しかし，結果がわからなければ，私たちは受かりたい，との思いから勉強をするはずです。

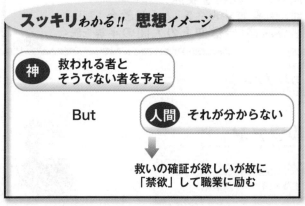

　これは，救いへの意識も同じです。救われるか否かがわからないからこそ，**救いの確証が欲しい**，そのために**禁欲して職業に励む**と，カルヴァンは説きました。また，**禁欲して職業に励んで得た利潤を，神からの恵みの証として受け取ることをカルヴァンは肯定**しました。この予定説に基づく**禁欲倫理**を「**カルヴィニズム**」といいます。

　20世紀に活躍した，**マックス・ウェーバー**（183ページ参照）は，禁欲的職業倫理が利潤の蓄積を促進し，資本を形成することで，近代資本主義を形成するきっかけになったと分析しています（『**プロテスタンティズムの倫理と資本主義の精神**』）。

倫政の出題内容・一発表示！ ▶▶▶カルヴァン

1 **現世での行い**は救いを左右しない⇒「**予定説**」
2 人々は**救いの確証**が欲しいがゆえに⇒**禁欲して職業に励む**
3 この**禁欲**主義が⇒近代資本主義の精神の発生を支えたと**マックス・ウェーバー**が分析

反宗教改革（対抗宗教改革）の思想とイエズス会

　こうして，プロテスタントが拡大してくると，カトリック側も内部で改革が起き，組織力を強化していきます。特にカスティーリャ（現スペイン）地方出身の**イグナティウス・デ・ロヨラ**（1491〜1556）が設立した「**イエズス会（ジェスイット）**」は，教皇を頂点とする厳格な規律を重んじ，海外への布教活動にも力を入れました。**中南米やアジアにも布教活動**を行い，多くの学校も作られていきました。1549年，日本にキリスト教を伝えた**フランシスコ・ザビエルは**（1506〜1552），**イエズス会に所属**していました。こうしてカトリックとプロテスタントの間では**宗教戦争が繰り広げられていく**ことになります。ちなみに，日本における明治期以降のキリスト教は，プロテスタント中心に受容されていきます。

ここで差をつける！　　　宗教改革の先駆者たち

　ウィクリフや**フス**は，本格的に宗教改革が始まる約100年前から，教会批判を行っていました。宗教改革の先駆者とされ，まさに命がけで教会を批判していた姿が思い浮かびます。重要度は低いので，試験前に軽く目を通しておくくらいでいいでしょう。

人物	内容
ウィクリフ（1330頃〜1384）	オックスフォード大学教授。教皇の権威を認めずに，聖書に従って生きることを主張。脳卒中でこの世を去る
フス（1369〜1415）	プラハ大学教授。**聖職者と世俗者の区別を否定**。焚刑（ふんけい）（大衆の面前で焼き殺される刑）にて処刑
サヴォナローラ（1452〜1498）	フィレンツェ共和国の政治家。聖書に基づく「神政政治」を行ったが，後に厳格な政治に大衆は反発，教皇とも対立したため焚刑にて処刑

3 近代科学の芽生えとモラリスト

ここが出る！ 試験前の倫政の出題・正誤 Point！

① 目的論的世界観から機械論的世界観への変遷
② モンテーニュの「ク・セ・ジュ」⇒傲慢さを排して真理を探究すること
③ パスカルの考える葦⇒有限性を持ちつつも無限に思考できること

💡 近代科学の始まり ➡ 地球が動いている

　近代以前の中世ヨーロッパでは，自然現象もキリスト教神学により説明されていました。例えば，代表的なものに「**天動説**」がありますが，これはアリストテレスや古代ローマの**プトレマイオス**（2世紀頃）が唱えた説で，後に神学と結びついたものです。これに対して，ポーランド出身の**コペルニクス**（1473～1543）は「**地動説（太陽中心説）**」を唱え，その後の科学に大きな影響を与えていきました。

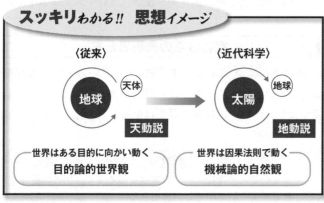

スッキリわかる!! 思想イメージ

〈従来〉　　　　　　　　〈近代科学〉

地球　天体　　　　　　太陽　地球

天動説　　　　　　　　　　　　地動説

世界はある目的に向かい動く
目的論的世界観

世界は因果法則で動く
機械論的自然観

　また，世界がある目的に向かって運動するという，**アリストテレス**などが唱えた「**目的論的世界観**」に代わって，世界は原因と結果という因果法則によって運動しているという，「**機械論的世界観**」が近代科学の世界観となっていきます。ここで，近代科学の特徴をまとめましょう。

● 近代科学の特徴

①世界から霊的要素を排除して**因果法則にもとづく**「機械論」で説明する
②「**仮説**」→「**証明**」→「**法則**」という過程で**実証を重視する**
③自然を人間のために利用→現代の環境破壊の論理になったとの指摘もある
④神を否定したのではなく，神の創った世界の完全性を探究しようとした

大切なのは④で，決して**神の存在を否定したわけではない**，ということです。むしろ神に接近しようとしていたのです。

「神はどのように世界を創造したのか」

このことを正確に捉えようとする立場が近代科学の立場です。その意味で，それまでの教会による説明と対立することはありましたが，神そのものを否定したわけではありません。ちなみに，**コペルニクスは司祭でしたし**，**地動説を支持して焚刑に処されたブルーノ**（1548～1600・伊）**は修道士**でした。

💡 代表的な近代科学者

今回は，先に出題内容を示します。これを見ながら講義を受けて下さい

倫政の出題内容・一発表示！

人物	用語
コペルニクス（1473～1543）	地球を中心とするそれまでの**天動説を否定し**，天体・太陽を中心とする「**地動説**」を唱えた
ケプラー（1571～1630・独）	惑星運行法則を真円軌道ではなく**楕円軌道**に修正した
ガリレイ（1564～1642・伊）	「自然は**数学的記号**で書かれている」として**数学的方法**に基づいて地動説を確認した 宗教裁判にかけられ有罪となり，地動説を放棄させられた **慣性の法則**や，**落体の法則**（自由落下の法則）を発見した
ニュートン（1642～1727・英）	**万有引力**の発見し，古典力学の完成者

コペルニクス（主著『天体の回転について』）が**地動説**を唱えたことを契機にして，**ケプラー**（ドイツ，主著『宇宙の調和』）は，天体観測によって惑星の運行法則を発見します。具体的には**惑星の軌道は太陽を中心として「楕円軌道」を描く**というものです。これは，コペルニクスの「円軌道」説に修正を加えるものでした。

また，**ガリレイ**（イタリア，主著『天文対話』）は，実験・観察で得たデータを数学的に記録して定式化することに努めました。ガリレイは「**自然の書物は，数学の言葉（数学的記号）で書かれている**」と表現したほどです。また，天体観測ではオリジナルの望遠鏡を作り，**地動説の証明**を行いました。さらに，振り子運動や，球体の落下運動の観察を行い，「**慣性の法則**」や，「**落体の法則**（自由落下の法則）」

を発見しました。

　ニュートン（イギリス，主著『**プリンキピア**』）は，言わずと知れた「**万有引力**[1]」を発見した人物です。ニュートンは，ガリレイの運動法則に触れた時「**なぜ回転している地球上にいる人間が，ふるい落とされずにいられるのか？**」という疑問を抱きました。そしてこの答えとして「万有引力」を発見しました。

　ニュートンは，**地球上に働く力の法則も，宇宙に働く力の法則も，同じ法則をもとに運動すると考えたのです。これは，地上と天上を二つに分割して世界を捉える，従来のキリスト教的世界観とは大きく異なるもの**でした。

　ちなみに，イギリスの歴史家である**バターフィールド**（1900～79）は，16世紀から17世紀にいたる近代科学の誕生を「**科学革命**」と表現しました。また，アメリカの科学史の研究者であった**クーン**（1922～96）は，このガリレイからニュートンへの自然観の転換を大きな「**パラダイム**（支配的な思考の枠組み，クーンの造語）」

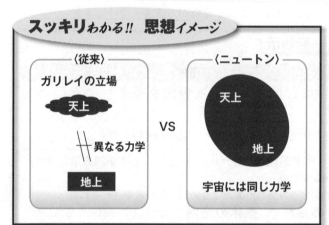

が転換した時代であったと捉えています。クーンは，こうした人間の思考の枠組みである「**パラダイム**」**が変わることによって，科学技術が変化していくという，新たな科学思想史を提唱**しました。

💡 モラリストの思想

　こうして16世紀から17世紀にかけて，宗教改革や近代科学のベースがつくり上げられていく中，カトリックとプロテスタントの間での宗教戦争が繰り返されていました。このような中で，**人間性の内面に目を向けて，生き方を探求しようとする**「**モラリスト**」とよばれる人々が登場します。

　フランスの**モンテーニュ**（1533～92）（主著『**随想録（エセー）**』）は，宗教戦争の中に，ある種の宗教的な狂乱・狂信を見出します。カトリックもプロテスタントも，自分たち

[1]　2つの物体の中心に働く引力は，距離の二乗に逆比例する。

の独断と独善に陥り、悲惨な戦争を繰り返していることを批判し、「**宗教的寛容**」を説きました。

またモンテーニュは、人間は自分の置かれている立場に執着し、独善的に物事を見ることで不幸になると考えました。

独善的に物事を断定すると傲慢になる。かといって、真理を知らないとしてしまえば絶望に陥る。**そこで、常に**懐疑**的に物事を探究していく必要性を説いた**のです。これを「**ク・セ・ジュ（私は何を知るか）**」と表現しました。こうして、絶望ではなく、傲慢でもなく、真理を探究しているという謙虚さと、柔軟な寛容性の必要を説きました。ある意味で、近代版のソクラテスといえます。

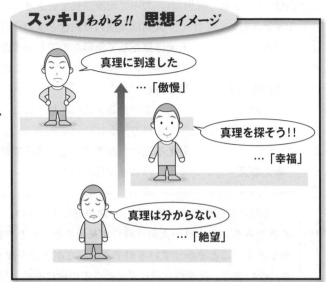

スッキリわかる!! 思想イメージ

真理に到達した …「傲慢」

真理を探そう!! …「幸福」

真理は分からない …「絶望」

---

(1) ミスター「考える葦」!! ➡ **パスカル**

人物スコープ　パスカル

出身▶フランス　　**生没年**▶1623〜62
キーワード▶考える葦　　**主著**▶『パンセ（瞑想録）』

数学・物理学・哲学など多彩な才能を発揮。特に水圧の原理である「パスカルの原理」は有名。人間の原罪を見つめて神の恩寵を信じる、イエズス会（カトリック）のジャンセニズムに帰依した。人間を偉大と卑小を揺れ動く「中間者」と捉えた。

パスカルは哲学だけでなく、数学や科学など多岐にわたってその才能を残した人物です。その一方、イエズス会（ジェスイット）に所属し、ジャンセニズムの立場をとる厳格なカトリック教徒でもありました。パスカルは、宗教戦争や、科学が進歩していく中で、人間の内面に目を向けます。こうした**パスカルの人間への内省的**

な意識は，『パンセ（瞑想録）』の中で展開されていきます。

　科学が進歩していく中で，人間は無限の可能性と進歩を模索します。しかし，よく考えてみてください。**人間は果たして無限なのでしょうか？**　いいえ違います。それは，「死」を避けて通ることができないからです。この意味で，宇宙から見れば，**一本の葦のように有限な存在**です。

　しかし，弱くて卑小な一本の葦である人間は，様々に「考える」能力を持ちます。自己の死や有限性，道徳的な生き方，愛について，さらには神について考えることが出来ます。こうして「**考えること**」ができるという点では，**人間は無限**です。これを「**考える葦**」といいます。パスカルは言います。

> 「人間は自然界の中で最も弱い一茎の葦にすぎない。しかしそれは考える葦である。…中略…人間は自らが死ぬこと，そして宇宙には勝ることができないことを知っているのである。だが宇宙のほうはというと何も知らないのだ。我々の尊厳は考えることの中にある」（『パンセ』）

　こうして人間は，**卑小でもあり，偉大でもあります。また有限でもあり，無限でもあります**。パスカルはこのような人間の姿を「**中間者**」と表現しました。

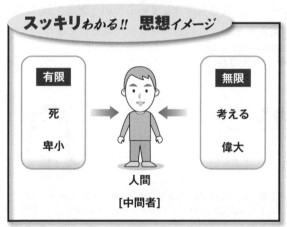

スッキリわかる!! 思想イメージ

有限		無限
死		考える
卑小		偉大

人間

[中間者]

　また，パスカルによれば，人間には推理と論証により物事を考え捉える「**幾何学的精神**」があります。一方で，心情に従って愛や信仰などを直感的に捉える「**繊細の精神**」も持っているとします。科学がメジャーになりつつあるこの時代に，もう一度人間の内面性に目を向けるという大切さを説いているといえます。

　実はパスカルは，デカルト（112ページ参照）が生きた時代と時期を同じくします。この点を意識して，この「３つの秩序」の講義を聞いてください。次の図を見てください。

このように人間は，**権力や快楽に耽る「身体の秩序」**，デカルトのように**学問に専念する「精神の秩序」**，そして**神の恩寵を信じて信仰に生きる「愛の秩序」**を示します。人間は，死が必ず訪れるというのに，なぜ生きているのかを考えると，不安で娯楽などによって現実逃避したくなります（**気晴らし**）。しかし，**神を信じる時，神とともに生きる時，人間の有限性を謙虚に見つめることが出来る**とパスカルは考えました。

例えば，東日本大震災以降，代ゼミの講義の中で明らかに学生たちの何かが変わったように僕は感じます。それはおそらく，あの震災を目にして「死」が身近にあることを理解したからなのでしょう。つまり，自らの有限性を無意識にでも自覚したからだと思います。授業の雰囲気や発言・行動に，以前よりも倫理性の高さを感じるのです。自らの有限性の自覚が，倫理的に生きることを深く要請するのではないか，最近そう感じています。

無限の可能性だけでなく，**有限性と共に生きることの大切さ，その先に信仰の大切さを，パスカルは見出した**といえます。

倫政の出題内容・一発表示！ ▶▶▶パスカル

1 **考える葦**⇒死を持つ**有限な存在が**，無限に**思考できること**
2 **中間者**⇒人間は，有限と無限の間を揺れ動く存在
3 合理的な「**幾何学的精神**」だけでなく⇒心の動きや芸術などを直観する「**繊細の精神**」も大切

---

4 大陸合理論とイギリス経験論 ～2つの科学の方法～

ここが出る! 試験前の倫政の出題・正誤 Point!

① ベーコンの帰納法の理解と4つのイドラの暗記
② デカルトの「我思う故に我有り」と「物心二元論」の理解
③ バークリー，ヒューム，スピノザ，ライプニッツはキーワードを暗記

💡 2つの科学の方法「経験」と「理性」はどっちが先にある?

　以前勉強したように，近代科学はガリレイの数学的方法に象徴される，**実験・観察**という「経験」と数学を結びつけて法則を探していく「**帰納法**」が主流でした。ガリレイと同時代のイギリスの**ベーコン**（1561～1626）も，この「帰納法」を用いた科学の方法の重要性を説きました。

　一方，フランスの**デカルト**（1596～1650）は，経験への疑いを持ち始め，**経験以前に存在する**（経験を支配する）「**理性**」から物事を捉えようとしました。ある**原理から特殊な事柄を認識し，法則を見出す科学的方法**を，「**演繹法**」といいます。広義の帰納法と対比すると，「法則」から事実を導く（そして新たな法則を導く），ということになります。

　この「経験」と「理性」どちらが先か? という，卵が先か，鶏が先かにも似た議論が，この後のヨーロッパで繰り広げられ，後にドイツの**カント**（1724～1804）（120ページ参照）が見事に調停していくことになります。

スッキリわかる!! 思想イメージ

〈帰納法〉

事実A　事実B

〈法則〉

事実C

〈演繹法〉

事実A　事実B

〈法則〉

類推

事実C

人物スコープ **ベーコン**

出身▶イギリス　**生没年**▶1561〜1626
キーワード▶帰納法，4つのイドラ，知は力なり
主著▶『**ノヴム＝オルガヌム（新機関）**』

イギリスの政治家・哲学者。スコラ哲学に失望し，新しい学問のあり方を模索。帰納法を用いた科学的方法を重視した。晩年，鶏の冷凍保存の実験中に風邪をひき，これが引き金となって65歳で死去した。

💡 人間は自然を支配できる？

　ベーコンは日常生活を豊かにすることが学問の本質だと考えていました。従って，**スコラ哲学で説かれる神学とは距離を置き**，新しい学問のあり方を『**ノヴム＝オルガヌム（新機関）**』に著わします。

　また，人間が自然法則を正しく理解することで，自然を支配して生活を豊かにできると考えました。これをベーコンは，「**自然は服従によって支配される**」と表現し，自然を正しく理解することは生活を豊かにする力だという意味で，「**知は力なり**」と表現しています。そして，自然法則を正しく理解する科学的方法を「帰納法」に求めていきます。

　帰納法を用いて「正しく自然を把握」するために，まずベーコンは，**イドラ**とよばれる誤った偏見や先入観を排除することを説きます。

4つのイドラの具体例

①種族のイドラ	②洞窟のイドラ	③市場のイドラ	④劇場のイドラ
太陽が動いてる	何だか気に食わない悪いやつに違いない	○× ?　××	○○は××なのです！　へぇ〜，○○は××なのか〜
天動説のような錯覚	個人的な偏見	ウワサによる誤伝達	権威ある人の発言を鵜呑みにする

前ページの図を見てください。具体的には，「**種族のイドラ**（人類共通の不完全な精神に由来。**錯覚や自然の擬人化など**）」，「**洞窟のイドラ**（個人の教育や環境に由来）」，「**市場のイドラ**（人間が交際する中で不適切に使用された言説を鵜呑みにすることで生まれる。噂など）」，「**劇場のイドラ**（伝統や権威を鵜呑みにすることで生まれる。学説を信じるなど）」の4つがあります。この4つのイドラは，狙われやすいので注意しましょう。

こうした，経験に基づく帰納法を重視する態度は，イギリスに拡大していくことから，「**イギリス経験論**」とよばれていきます。ベーコンは次のように言います。

> 「海の他に何も見えない時，陸地がないと判断するのは，決して優れた探検家ではない。」（『学問の進歩』）

倫政の出題内容・一発表示！ ▶▶▶ベーコン

1 帰納法⇒**経験的事実**から法則を探究
2 イドラ⇒人間がもつ偏見や先入観。「**種族**」，「**洞窟**」，「**市場**」，「**劇場**」の4つ
3 知は**力**なり⇒自然法則を知ることで，日常生活が豊かになる

💡 主なイギリス経験論者たち

さて，こうした「経験」を重視する潮流は，**ロック**，**バークリー**，**ヒューム**に受け継がれていきます。

<small>1632～1704・英　　1685～1753・英　　1711～76・英</small>

スッキリわかる!! 思想イメージ

100ｇだ　　おいしい

〈第一性質〉　　〈第二性質〉

100ｇ

社会契約説や権力分立論でもお馴染みの**ロック**（主著『**人間知性論（人間悟性論）**』）は，生まれながらに持ち合わせている知識（生得的知識）を否定し，**知識は経験によって刻印されるという立場**をとりました。これを「**タブラ・ラサ（白板）**」と表現しました。

また，ロックは人間の感

覚を２つに分けました。図にあるように，誰もが同じ感じ方をする「**第一性質（動き・形・重さ・数）**」と，各人によって異なる感じ方をする「**第二性質（味覚・視覚・触覚）**」です。例えば，梅干し100gは日本でも西洋でも同じです。しかし，梅干しの味は，日本人にとっては美味しいでしょうが，西洋人にとっては酸っぱいだけかもしれません。

なお，ロックは，国家による信仰への介入を少なくして信教の自由を保障することと，さらに宗教間の独善を排する**宗教的寛容を主張**しました。ただし，**無神論には理解を示しませんでした。**

バークリー（主著『**人知原理論**』）は，「存在（在る）」という問題に目を向けます。それでは質問です。果たして今，エッフェル塔は存在すると断言できますか？ もしかしたら取り壊されているかもしれません。このように「存在（在る）」ということには，不確実性がつきまといます。しかし，目の前で目撃（知覚）しているとすればどうでしょう。さきほどよりは確信が高まるはずです。バークリーは，このように，**存在するということは，見たり，聞いたり，触ったりする「知覚」に，その源泉を求めた**のです。これを「**存在するとは，知覚されることである**」とバークリーは説きました。

一方で**ヒューム**（主著『**人間本性論**』）は，こうした「知覚」，そして知覚を行なっている「精神」の実体も否定します（バークリーは精神の実体は肯定）。もしかしたら，今見ているエッフェル塔は幻覚かもしれません。このように知覚は不安定です。また，因果律は，たまたま今日までそうなっていただけで，ある日突然，それは無効になるかもしれません。例えば，沸点も標高によって異なるように，時や場所が変われば真理や因果律は変わるかもしれません。言いかえれば，**真理や因果律は「習慣による信念」**である，そして自我も，印象が何回も重なって合成された「**知覚の束**」にすぎないと，ヒュームは考えたのです。

こうした立場を「懐疑論（不可知論）」といい，後に**カント**（120ページ参照）は「**独断のまどろみから目が覚めた**」として，ヒュームからの影響を認めています。

倫政の出題内容・一発表示！ ▶▶▶その他イギリス経験論者のまとめ

1 **ロック**⇒「**タブラ・ラサ**」
知識は経験によって刻印される

2 **バークリー**⇒「**存在するとは知覚されること**」
知覚に存在の源泉を見る

3 **ヒューム**⇒知覚も，因果法則も印象の繰り返し。つまり「**知覚の束**」

人物スコープ **デカルト**

出身▶フランス　　**生没年**▶1596～1650
キーワード▶我思う,ゆえに我あり,物心二元論　　**主著**▶『方法序説』『省察』『情念論』

ベーコン同様,スコラ哲学の抽象性を批判した。一方でベーコンとは異なり,経験を危ういものとして徹底的に疑った。また,精神と物体を明確に分ける物心二元論を主張した。『方法序説』は,庶民も読めるようにラテン語ではなくフランス語で出版された。

💡 確実な科学的方法の探究 ➡ すべてを疑ってみる

　デカルトは,経験の危うさを感じていました。例えば,チョークを5センチの高さから10回落としたとします。10回ともチョークは割れました。しかし11回目にチョークは割れないかもしれません。つまり,**経験論の知識は,「たまたまそうなった」だけ,という可能性が大いにあります**。そこで,「**理性**」を用いた合理的推論をデカルトは重視します。この方法こそが,108ページで触れた「**演繹法**」で,**確実な法則に事実を当てはめ推論を行う**のです。また,デカルトは**「理性(ボンサンス)は万人に平等に配分されている」**として,経験論とは異なり,生得的に持っている理性の存在を認めています。

　デカルトはまず,どうすれば理性を正しく導き,用いることができるのかを,『**方法序説**』に著します。その方法は,「**疑わしいものをすべて排除してもなお,残るものを真理とする**」という単純なものです。これを「**方法的懐疑**」といいます。例えば,

> ● **方法的懐疑**
>
> 「感覚」⇒「疑う」⇒「あっ,錯覚かもしれない!」
> 「経験」⇒「疑う」⇒「あっ,夢を見ているだけかもしれない!」
> 「数学的真理」⇒「疑う」⇒「あっ,神様が欺いているのかもしれない!」

という具合です。どうしようもない疑いぶりですね。**そして疑っても,疑っても,最後に疑いきれないものを「真理」とするのです。**

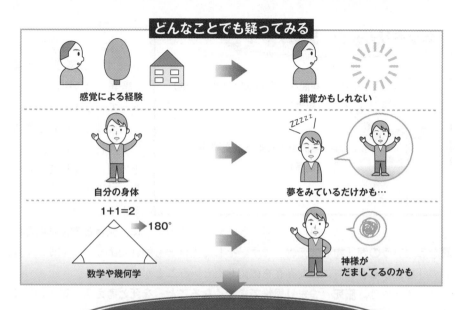

どんなことでも疑ってみる

感覚による経験 → 錯覚かもしれない

自分の身体 → 夢をみているだけかも…

1+1=2 180° 数学や幾何学 → 神様が だましてるのかも

しかし，そのように疑っている自分の ことは疑うことができないのではないか？

　すると，デカルトは，「**今疑っている自分自身だけは疑えない**」という事実に気がつきます。こうして，**自我の存在を確認**したのです。これが有名な「**我思う，ゆえに我あり（コギト・エルゴ・スム）**」であり，**デカルトにおける哲学の第一原理**となっていきます。

　また，デカルトは理性を正しく用いるために，「**4つの規則**」を提示します。

①**明晰判明**（明らかに疑いきれないもの）以外は取り入れない⇒「**明証の規則**」
②問題を分析する際は，できるだけ分割して考える⇒「**分析の規則**」
③単純なものを収集し，複雑なものへと考察を進める⇒「**総合の規則**」
④これまでのプロセスに誤りがないか，最後に見直す⇒「**枚挙の規則**」

　この4つです。これは受験勉強の時も利用できそうですね。

人間の心と体は別物？　➡「物心二元論」

　デカルトは，**精神（心）と物質（肉体）は完全に分離して，異なるもの**であると理解していました。具体的には，**肉体は空間を占有するという属性**を持ち，この属

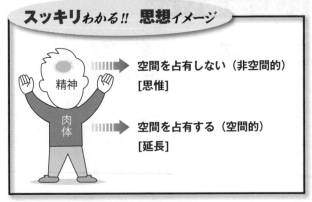

スッキリわかる!! 思想イメージ

- 空間を占有しない（非空間的）
  [思惟]
- 空間を占有する（空間的）
  [延長]

精神
肉体

性を「延長」といいます。一方で，精神は空間を占有せず，**物事を考える**「思惟」という属性をもっています。

例えば今，みんながこの参考書を読んでいます。その肉体は座標をとるなどして説明できますが，デカルトの思想について

考えている「思惟」は，座標で説明できません。このように，**精神と肉体は明確に異なるというのが**「物心二元論」です。そして先ほども触れたように，デカルトは，この「思惟する存在」に人間存在を確認したということができます。

この考え方は，**脳死（つまり思惟できなくなること）を死と考える，現代の生命倫理観にも共通し，議論をよんでいます。またメルロ・ポンティ**（165ページ参照）は，こうした**デカルトの「物心二元論」には否定的見方を示し，肉体と精神は「両義性」をもつ「生きられた身体」**であると考えています。

💡 デカルトの道徳論「高邁の精神」と「暫定的道徳」

デカルトは道徳についても，『情念論』の中で示しています。デカルトは，理性を用いる自由意志を尊重した上で，**自らの情念（感情）を，理性で統御（コントロール）する「高邁の精神」の必要性**を説きます。また，確実な道徳が確立するまでの間，暫定的に従うべき道徳を「**暫定的道徳**」として，次の4つを挙げています。

● 暫定的道徳

①**法律や慣習に従い，中庸の立場をとる**こと
②一度決めた**決断に対して，迷わない**こと
③**世界の秩序よりも，自分の欲望を変える**ことを心がけること
④**最善の仕事に就く**こと

これを「暫定的」としたところに，デカルトの凄まじい疑い深さが見え隠れしています。僕は実際，高校二年生の時に③について知り，かなりの衝撃を受けました。

1 **方法的懐疑**⇒疑わしいものをすべて疑い，なおも残るものを真理とする

2 **我思う故に我あり**⇒自我の存在を**思惟**によって確認した

3 **物心二元論**⇒物体は「**延長**」を属性とし，精神は「**思惟**」を属性とし，両者はまったく異なる実体

💡 主な大陸合理論者達

　デカルトが唱えた合理論は，オランダの**スピノザ**やドイツの**ライプニッツ**などに影響を与えます。**経験論がイギリスに波及**したのに対して，**デカルトの合理論はヨーロッパ大陸に波及**します。この意味で「**大陸合理論**」とよばれます。

　まずスピノザは，**自然を神として考えています**（神即自然）。ただし，**キリスト教で説かれている神ではなく，自然に内在する原理，自然そのものを「神」と考えています**。スピノザは無神論者だとされ，キリスト教から異端視され，ユダヤ教から破門を受けます。そして，私や私の感情など**すべての物事は，この神から流出したとする**「**汎神論**」の立場をとりました。これは，**世界を一元論的に見ようとする試みで，デカルトの物心二元論とは異なる考え方**です。スピノザは，デカルトの二元論の克服・統合を考えたのです。また，この神との必然的関係を「**永遠の相**」とよび，自由意志を否定して，「**永遠の相のもとに世界を理解すること**」を説きました。また，著作『**エチカ**』の中では，「**神への知的愛**」によって，**人間は欲望から解放され，幸福に生きる**ことができる，という倫理学を展開しています。

　一方で，**ライプニッツ**は，**デカルトの二元論や，スピノザの一元論に対して，**「**多元論**」を展開していきます。ライプニッツは，**物事の実体としての最小単位を「モナド」**としました。わかりやすくするため，この場合は

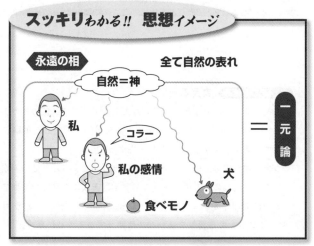

スッキリわかる!! 思想イメージ

永遠の相　　全て自然の表れ

自然＝神

私

コラー

私の感情

犬

食べモノ

一元論

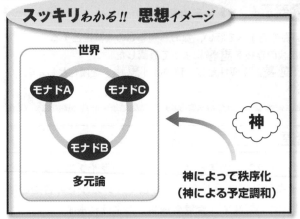

スッキリわかる!! 思想イメージ

世界

モナドA　モナドC

モナドB

多元論

神

神によって秩序化
（神による予定調和）

精神的な最小単位だと考えてください。そしてこの無数の「モナド」は完全に独立していて，関係性をお互いに持つことはありません。これを「**モナドは窓を持たない**」と表現します。しかし，この独立しバラバラであるモナドは，神と出会った瞬間，秩序を持ち始めます。

　つまり，ライプニッツは，「**神の予定調和**」によって，独立したモナドに秩序が与えられ，人間が主体的・合理的に活動すると考えたのです。ライプニッツは，**個人に主体性を認めるとともに，世の中の調和を目指す**という仕組みを，神によって説明したといえます。また，そこにはどうやって争いを防ぐのかという，平和思想も背景にありました。

倫政の出題内容・一発表示！　▶▶▶その他大陸合理論者のまとめ

1 スピノザ⇒すべては自然（神）の現われ（**汎神論**），**一元論**の立場
2 ライプニッツ⇒精神の最小単位の実体である「**モナド**」，**多元論**の立場
　　⇒モナドは，神のもとで予定調和（秩序）を保つ

ちょっとひと休み　考えるとは？

　以前，ノーベル文学賞を受賞したカズオ・イシグロ氏のインタビューに，はっとさせられた。「ダイナマイトを作った瞬間，人間が科学技術をどう用いるべきか？　という問いに答えなければならなかった。」といったニュアンスの内容だ。

　つまり建設現場で使うのか戦場で使うのかでまったくその科学技術の意味は変ってしまう。僕らの思考の仕方一つで科学は天使にも悪魔にもなる。近年「AI」技術などの開発競争が轟音を鳴らしているが，一方でそれをどう用いるのか。改めて「考えること」の重要性をノーベルは問うているように思う。

5 近代民主政治の思想と啓蒙思想

学習の指針 ひろく深く
重要度 ★★★☆☆

ここが出る! 試験前の倫政の出題・正誤 Point!

① 倫政の場合, 社会契約説は政経分野と重複する⇒政治分野で確認
② 『百科全書』を編集したのは⇒ディドロとダランベール
③ ヴォルテールは⇒宗教的寛容と理神論を主張した

💡 近代民主主義の芽生え ➡ 政経分野と重複

　この分野に関しては, 倫政受験生はとても有利で, これから政経分野（287ページ参照）で学習していくため, その部分を確認する程度で大丈夫です。ただし, 今回は特別に, 倫理分野特有の用語のみを節末に一発表示しておきます。

　近代以降, 教会の権威が衰退していく中で, **自然法思想**や**社会契約説**が登場し, 近代市民革命を準備・肯定していくことになります。特に自然法・国際法の父である「**グロティウス**」, 社会契約説の「**ホッブズ**」,「**ロック**」,「**ルソー**」は再確認しておきましょう。

　このように, 自然法思想を基盤としながら社会契約説が展開され, 市民革命へと

スッキリわかる!! 思想マップ

自然法思想とその展開

グロティウス（1583～1645年）は, 人間が生まれながらに従うべき法としての「自然法（生命・自由・財産は誰も生来奪うことはできない）」を主張

自然法思想

社会契約説（主として17～18世紀, ホッブズ, ロック, ルソー等
人間が自然権を守るという合意・契約により社会・国家を作為したとする思想）　　**対立!**　　市民革命を肯定

王権神授説（17世紀ごろ）フィルマー, ボシュエなど
（神は王に絶対権を与え, 国家を支配させた）

啓蒙思想（主として17～18世紀）
（人々を旧習・カトリック的世界観から解放）⇒百科全書派など

必ずやろう! ▶▶▶ 完成問題集 **第7章**

至った点を理解してください。また，**啓蒙思想については倫理特有の分野**ですから，次でしっかりと学習しましょう。

💡 啓蒙思想 ➡「百科全書」がつくられる‼

もともと「啓蒙」とは，「**光を当てる**」という意味で，**理性によって人々を無知から解放すること**です。**カント**（120ページ参照）は，『啓蒙とは何か』の中で「**未成年状態からの脱却**」と表現し，「**自らの知性を使う勇気を持て**」とよびかけています。また，この後に学習する日本の明治期にも，啓蒙思想は登場します。

その意味で，「啓蒙思想」は使用範囲が広い用語です。この分野では，**カトリックの旧習や，絶対王政からの解放**と考えてください。

17世紀以降，教会権威に人々は疑いをもち，イギリスで市民革命が起こっていきます。神と王を同列に扱い（**王権神授説**，王が神に代わって社会を統治するという理屈），人々を支配する絶対王政は，もろくも崩れ去ったのです。**この動きに感化され，フランスでも革命を準備していた「百科全書派」とよばれる人々がいました。**

フランスでは国王が好き放題に税金を課し，カトリックの権威も強く，イギリス社会とは正反対でした。そんな中，『**百科全書**』とよばれる事典が編集され，古い世界観を打ち破り，合理的で自由な考え方を人々にもたらしました。編集したのは，**ディドロ**と**ダランベール**です。そして，**ヴォルテール**や**モンテスキュー**など，錚々たるメンバーが執筆に携わりました。当然，国王からこの『百科全書』は危険視され，発禁処分となったため，非合法に出回り，コソコソ読まれました。

まさしく知識が，革命前夜に最高潮に達するのです。この4人は，フランス啓蒙主義の代表的な人物です。

ここでは，キーワード的な出題が多いため，代表的な人物をキーワードとともに試験前に確認しておきましょう。

倫政の出題内容・一発表示！▶▶▶代表的啓蒙思想家

人物	用語
モンテスキュー	⇒立法・執行（行政）・司法の**三権分立を唱える** 『**法の精神**』 ⇒フランスの政体批判を，ペルシャ人の手紙になぞらえて行う 『**ペルシャ人の手紙**』
ヴォルテール	⇒教会の横暴を批判し，「**宗教的寛容**」を説く ⇒また，合理的な信仰である「**理神論**」を説く 主著『寛容論』
ディドロ	⇒**ダランベール**とともに，当時の最先端の知識を30年かけ 　『**百科全書**』を編集 ⇒**唯物論**の立場をとった
ダランベール	⇒ディドロとともに『**百科全書**』を編集 ⇒数学・物理学にも秀で，**自然科学的立場を重んじる**

ちょっとひと休み　言葉と自由

　この時代の知識人は，常に王政に怯えながら，命がけで本を書き，論じ合い，革命を準備した。この時代の言論・表現の自由は，つまるところ権力への批判の自由を意味していた。こうした自由が民主政治の基盤を作り上げる原動力となった。倫理ではこの「言葉の力」の偉大さも学んでいる。

6 [カント・ヘーゲルを中心に] ドイツ観念論

学習の指針 **ひろく深く**
重要度 ★★★★★

ここが出る! 試験前の倫政の出題・正誤 Point!

① カントの理論理性の理解⇒「感性」「悟性」役割
② カントの実践理性の理解⇒道徳法則に基づく具体例
③ ヘーゲルの弁証法と，国家・人倫の関係

💡 スパッとわかる「ドイツ観念論」

　ドイツ（旧神聖ローマ帝国）はもともと宗教改革の先駆地域でしたが，その後の三十戦争[1]の結果，国内は荒廃していました。一方でこの時期，イギリスやフランスでは市民革命が成功し，近代民主社会を築き上げていました。また，イギリスでは18世紀後半に産業革命が起こり，経済も飛躍的に発展していきます。

　その結果，18世紀のドイツはヨーロッパの中でも後進的な地位にあったのです。こうした状況の中で，**人間の内面性に目を向ける**「**ドイツ観念論**」とよばれる哲学が，**カント**や**ヘーゲル**によって展開されていきます。

　「観念論」とは，**人間の精神的実在によって世界や歴史を説明する思想**で，**唯物論と対極をなす考え方**です。理想や理念を強調する，という意味で「ドイツ観念論」は，「ドイツ理想主義」ともよばれています。

---

(1) カント

🔍人物スコープ カント

出身▶ドイツ　**生没年▶**1724～1804
キーワード▶批判哲学，物自体，道徳法則
主著▶『純粋理性批判』，『実践理性批判』，『判断力批判』は三批判書として有名。

13歳で母親を亡くし，22歳の時に父親を亡くした。苦学の果てにケーニヒスベルク大学を卒業する。57歳の時に『純粋理性批判』を出版。80歳の時，老衰した状態の中で医師の前で立ち上がり，砂糖水で薄めたワインを飲み干し「これでよい（Es ist gut）」と言い，これが最後の言葉となった。生涯独身を貫いた。

批判哲学？ ➡ "吟味" の意味‼

　カントについては，かなり**深い出題**がなされます。理解できるまで何度も読み，そして必ず問題集にトライしてください。ちなみに山川出版社の用語集でも，5～6ページに渡って解説がなされている重要な思想家です。

　これまで，ヨーロッパは，**経験論と合理論が大きく対立**していました。この2つを見事に調停したのが，カントの「**批判哲学**」です。ここでいう批判とは，**排斥するという意味ではありません**。理性のできることと，できないことを区別し，**両者を使い分けつつ「吟味・総合」するという意味**です。かつて**ヒューム**は，原因と結果という因果法則は，知覚によって勝手に結び付けられているだけだ，という懐疑論を唱えました。人間の外側に因果法則の実体はなく，「知覚の束」である自我が「ある」と思い込んで，印象付けられているだけだとして，懐疑論を展開しました（111ページ参照）。**カントは，このヒュームの思想に触れ，因果法則は絶対確実だという理性の「独断のまどろみから目覚めさせられた」**，と語っています。

経験論と合理論どっちも大事？ ➡ カントの認識

　カントは，人間の理性の能力を2つに分けます。1つは人間の**外界への認識能力**です。これを「**理論理性**」といいます。一方で，人間の行為に関して働く理性，例えば，「人を助けるべきか」とか，「嘘はつかないべきか」などの様な，**道徳や人間の内面に関する理性の能力**です。これを「**実践理性**」といいます。

　ここではまず，理論理性について説明していきます。

　それでは考えてみましょう。今ここに「ミカン」があります。これをどの様に認識しているのでしょうか。おそらく次のように認識しています。

「対象である何かを見る」…「**感性**」による働き
　➡➡➡「時間と空間」の中で対象を捉える
「その対象の，色，形などを分析する」…「**悟性**」による働き
　➡➡➡「量や質」などを捉える
「その結果，ミカンであると認識する」…「**理論理性**（理性）」

---

[1] 神聖ローマ帝国を中心に起こった最大の宗教戦争。この戦争の講和会議に当たるウェストファリア会議で，ローマにより各国に主権が移譲された。

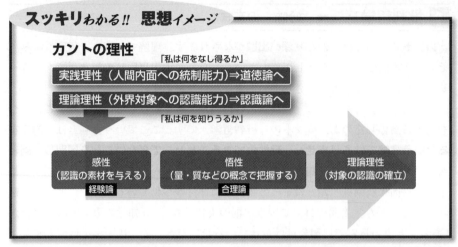

つまり，ミカンを認識する場合，まず「**見る**」という「**経験**」がなくては認識が始まりません。しかし，**経験だけではミカンだと分析できません**。私たちは色や匂い，形などを対象物に当てはめながら（合理的判断），ミカンであると判断するのです。つまりカントは，**経験論と合理論の双方を使い分け，両者を総合した**ことになります。次の様にカントは言います。

> 「私たちのあらゆる認識は経験とともに始まるのだとしても，だからといってそれらが全て経験から生じるということにはならない。」
> 「内容なき思考は空虚であり，概念なき直観は盲目である。」（『**純粋理性批判**』）

つまり，直観（感性的内容）が無ければ思考は現実離れし，概念（悟性的思考）が無ければ直観は支離滅裂になる，よって両者を総合することが大切であるというものです。

また，カントは，**感性**（**直観**）や**悟性**などは，**経験に先立って**（**アプリオリ**）**存在する**というものであると考えました。この点はデカルト的であると言えるでしょう。

さて，ミカンであるとの認識が，悟性の思考を通して成立するということ

は，そこには人間の認識の主体的な作用が働いているということになります。ミカンであるという認識が受動的に生じるのではないということです。つまり，人間の認識能力は，対象をそのまま模倣し，コピーする（この立場を「**対象模倣説**」という）のではなく，対象を各人の認識能力が構成している（この立場を「**対象構成説**」という）ということになります。

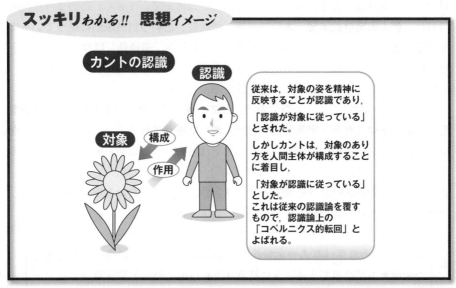

スッキリわかる**!! 思想イメージ**

カントの認識

対象　構成　作用　**認識**

従来は，対象の姿を精神に反映することが認識であり，「認識が対象に従っている」とされた。

しかしカントは，対象のあり方を人間主体が構成することに着目し，「対象が認識に従っている」とした。これは従来の認識論を覆すもので，認識論上の「コペルニクス的転回」とよばれる。

　これまでの科学は「**対象が認識を支配する（そのまま対象を認識作用が模倣する）**」という立場をとっていました。しかし，カントは「**認識作用が対象を支配（構成）する**」という立場へと，認識の枠組みを180度転回させてしまったのです。まさしく認識論の「**コペルニクス的転回**」です。また，感性に与えられる現象の奥にある，ミカンそのものである「**物自体**」は認識できず，**認識は主観的なものとなります。**

　ここでは，**経験論と合理論を使い分け総合したこと，「物自体」には人間の認識が及ばないこと**を，しっかりと理解しておきましょう。

💡「私は何を為すべきか？」　➡ 実践理性の働き

　しかし，ここで問題が起こります。それは，**理論理性が認識の対象とするのは，経験可能な「現象界」にのみ働く認識能力**です。一方で，人間の行為や内面性の認識，例えば神や魂，自由，道徳法則などの，**経験を超えた世界である「英知界（叡智界）」**の認識はどのように行われるのでしょうか。ここでまた考えてみましょう。

今，駅のホームに血だらけの人が倒れているとします。あなたならどうしますか？

「血だらけの人が倒れている」という認識は，理論理性によって可能です。しかし，「助けるべきか」となると，また別の認識能力が必要です。いよいよカントは，この**人間の道徳に切り込んでいきます。それが「実践理性」の分野です。**

この時，他の人から非難されるからとか，法律責任を問われるから，などと理由付けをして助けることを，カントは道徳的だとは考えていません。このような理由付けは，**個人の経験的欲望・本能である「傾向性」という自然法則に従っているにすぎません。**法律に従うことも，**「適法性」はあるが「道徳性」はない，**とカントは言います。これらは，自己の意志以外のものに隷属する「他律」的な行動です。

では，どのような助け方が最も道徳的なのでしょうか？

それは，**理由付けなく，人類の義務として（義務の倫理）「助けよ」という命令形式（カントはこれを「定言命法」と呼んだ）に従うこと**です。この理由付けのない，道徳命令を**「道徳法則」**といい，カントは各人の内側にある**実践理性**が命じると考えました。これはつまり，「良心の叫び」とでもいえるでしょうか。こうした，**自己の意志にのみ従い自分を律する「自律」が，カントにおける自由の概念です。これを「自律としての自由」といいます。**カントは言います。

> 「汝の意志の格率（各人の主観的な行動原則）が，つねに同時に普遍妥当な法則として妥当しうるように行為せよ」（『道徳形而上学原論』）

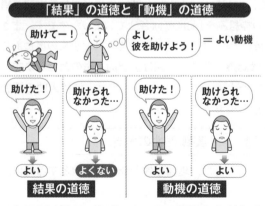

「結果」の道徳と「動機」の道徳

助けてー！ / よし，彼を助けよう！ ＝よい動機

結果の道徳：助けた！＝よい／助けられなかった…＝よくない

動機の道徳：助けた！＝よい／助けられなかった…＝よい

つまり，自分の行いを自ら吟味して道徳法則と一致するように行為しなさい，と言うのです。このように，**人間が実践理性の発する道徳法則に従う意志を「善意志」**といいます。またカントは，**行為の結果（帰結主義）ではなく，行為の動機（動機主義）を重視**しています。

先ほどの例でいえば，ホームに倒れた血だらけの人を，理由なく助けるというのが，善意志の現われであり，動機主義ということになります。

試験問題を解く時には，以下に注意して正誤判定をしてください。

● **カントの道徳的行為**

攻略ポイント
①個人の**傾向性**が排除されていること（**義務の倫理**）
②**定言命法**の形式をとること（理由付けが無いこと）
③適法性ではなく，**道徳性**を吟味すること
④人間を**物件**ではなく，**目的**として扱うこと
⑤**善意志**と，**動機**主義に基づく**自律**的行為であること

💡 一体，戦争をどう防ぐ？　➡ 世界連合をつくろう‼

　カントは，人間とモノを明確に区別します。例えばミカンには，人間が食べるという使用価値が含まれます。このように，**使用価値があるものを「物件」といいます**。一方で人間には物件的な価値があるわけではありません。自らが**道徳法則に従って生きる自律した自由な主体**です。こうした**理想的な自律的人間像をカントは「人格」とよびました**。そしてすべての人々が，それ自体尊い人格として扱われる，つまり各人それ自体が**目的**として尊重される社会を「**目的の王国**」としました。

> 「汝の人格や他のあらゆる人の人格のうちにある人間性を，いつも同時に目的として扱い，決して単に手段として扱わないように行為せよ」（『道徳形而上学原論』）

　戦争はこの人格を破壊する行為です。従ってカントは，この「**人格主義**」に基づいて，戦争を防ぐ方法を考えました。1つには日本のように鎖国をして外国と交流しないこと。もう1つは**各国が武器を放棄して，世界連邦（国家連合，世界共和国，世界市民体制）に属する**ことです。こうしたアイディアは『**永久平和のために**』で展開され，後の国際連盟などの先駆的な理念となっています。

倫政の出題内容・一発表示！　▶▶▶カント

１ 理論理性⇒「**感性**」と「**悟性**」の協働による外界への認識能力
２ 実践理性⇒「**感性**」に左右されずに**道徳法則**を発し，意志を規定する
３ 自律としての自由⇒自ら打ち立てた**道徳法則に従う**こと
４ 目的の王国⇒すべての人間が**人格として尊重される**共同体

人物スコープ　ヘーゲル

出身▶ドイツ　　**生没年**▶1770～1831
キーワード▶弁証法，国家と人倫
主著▶『歴史哲学』，『精神現象学』，『法の哲学』

内面的な主観性を重視したカントに対して，歴史の運動原理に目を向け，歴史とは「自由の意識の進歩である」とした。また，人間の自由は国家において実現すると考え，後のドイツ・ナショナリズム運動にも影響を与えた。

💡 カントへの批判？　➡　主観だけでいいか？

　ヘーゲルは，カントの道徳論については評価しました。ただし，**カントの主観性を重視する世界観に批判を加えていきます。カントが個人の内面性を重視したのに対して，ヘーゲルは「人間と歴史との関わり」を重要視**します。そして世界を普遍的に動かしているものは何なのか？　という極めて観念的な問題意識を持ち始めます。

　まずヘーゲルは，世界全体の普遍的運動原理を「**弁証法**」としています。もともとは，対話や問答法を意味しますが，ヘーゲルの場合は，次のように論理化します。

①ある立場が現れる（ テーゼ ）
②ある立場を否定する立場が現れる（ アンチテーゼ ）
③①と②の立場が否定されつつも総合され（**止揚**・ アウフヘーベン ），より
　高次の立場（ ジンテーゼ ）へと高まる

　すこし抽象的なので，具体例で考えてみましょう。

　　今，植物のツボミがあります（テーゼ）。

　　→花が咲くことで，ツボミを否定します（アンチテーゼ）。

　　→それらの段階を経て果実が現れます（ジンテーゼ）。

　このように，ある出来事は歴史的関係を切り離して考えることはできないわけです。これは，社会の秩序や共同体の発展，ひいては人類の歴史全体も同じであると，ヘーゲルは考えます。

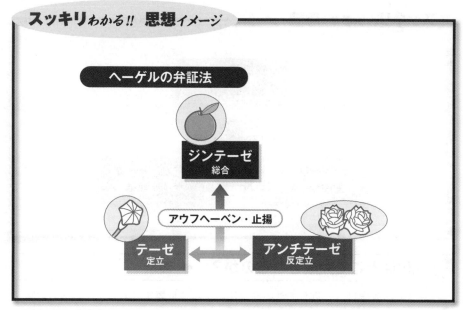

スッキリわかる!! 思想イメージ

ヘーゲルの弁証法

ジンテーゼ
総合

アウフヘーベン・止揚

テーゼ
定立

アンチテーゼ
反定立

　例えば，受験生はそのあり方を否定して大学生となる。その大学生はまたそのあり方を否定して社会人となる……，これが永遠と繰り返されるわけです。こうしてあるものを否定して，さらに高次なものを実現することを「**止揚（アウフヘーベン）**」といいます。そしてその原動力は「自由を求める精神の運動」であるとヘーゲルは考えるのです。

💡 精神も弁証法的に発展？

　さらにヘーゲルは，人間の精神も同じように弁証法的に発展すると考えています。
　まず人間の「**主観的精神（心・魂・意識）**」がテーゼとなり，それを否定する「**客観的精神（道徳・法・人倫）**」がアンチテーゼとして現れます。そしてこの「主観的精神」と「客観的精神」を統合する「**絶対精神**」が私たちの精神として現れ，自由を体得していくと考えるのです。抽象度が高いですが，要するに，**主観と客観が弁証法的に統合された精神を「絶対精神」とよぶ**，と理解すればシンプルでしょう。主観的側面を強調したカント，対して客観的側面を強調する科学，これらが相互に関わり合うことが自由であると，ヘーゲルは考えているのです。

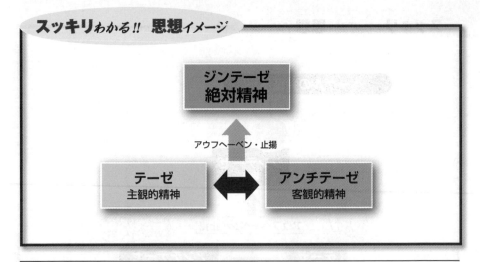

ジンテーゼ
絶対精神

アウフヘーベン・止揚

テーゼ
主観的精神

アンチテーゼ
客観的精神

💡 人倫はどこで完成されるのか？ ➡ 国家

　ヘーゲルの哲学は，一貫してこの弁証法によって世界を説明します。ある意味，受験生は学習しやすいでしょう。先ほど説明したように，ヘーゲルは主観と客観を弁証法的に統合したのです。このことは人間の秩序についても同様です。

　まず，**主観的な秩序として**「**道徳**」があります。しかしこれは統一性がありません。そこで**客観的な秩序として**「**法（法律）**」が現れます。しかしこれは画一的すぎます。この**道徳と法を弁証法的にともに活かし統合した秩序を**「**人倫**」といい，その発展において自由が実現されるとヘーゲルは考えています。

　それでは，人倫はどこで完成されるのでしょうか。ヘーゲルは「家族」，「市民社会」，「国家」という三段階で考えています。

　これもヘーゲルは弁証法的に説明します。まず，**基礎的な共同体である**「**家族**」に人間は生まれます。家族の秩序は婚姻による**愛の結合**です。しかし，自由な個人としての独立性は実現されません。

　そこで次に「**市民社会**」が現われます。ここでは人間が独立した個人として経済活動を営み，**欲望充足のための様々な結合が秩序として機能しています**（**欲望の体系**）。しかし，貧富の差や犯罪が発生し，自由は危うくなります。最終的に「家族」と，「市民社会」とが弁証法的に統合されることによって，「**国家**」が現われるのです。つまり，**家族には主観的な道徳が，市民社会には客観的な法が機能し，国家において人倫が実現するとヘーゲルは考えています**。

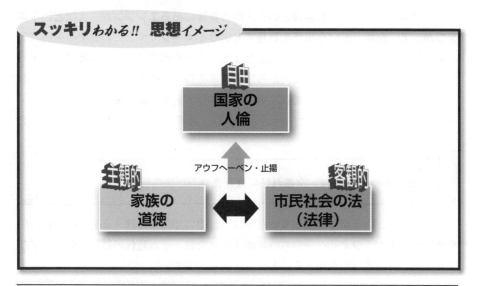

💡 ヘーゲルの歴史観 ➡ 自由の進歩

　ヘーゲルが，歴史が自由の進歩であると考えている点は，これまでに講義しました。ヘーゲルは，**人間の背後で自由を目指すように働きかける「世界精神」という概念**を想定します。つまり，この**世界精神が人間を操りながら，自由を実現していく**というのです。こうした世界精神の働きを「**理性の狡知（こうち）**」といいます。ヘーゲルは具体的に世界史を次の3段階で説明しています。

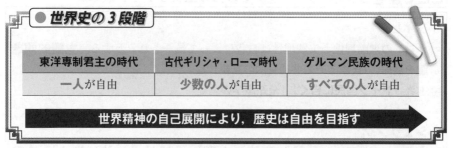

　このようにヘーゲルの歴史観は，**東洋専制君主が支配した時代は一人が自由（古代の東洋）**，次の古代ギリシャ・ローマ時代は**少数の人が自由**，そして，近代のゲルマン民族が支配した時代は，**すべての人が自由になった**と考えています。ヘーゲルはゲルマン民族の立憲君主制こそが，最も人々が自由な制度であると考えています。

シンプルに言えば，**世界精神という人間の背後にあるエンジンが，人間という車をつかって「自由」という場所を目指す**というイメージです。この歴史の説明は実によくできていて，それまでの近代思想までの歩みの過程にしっくりと当てはまります。確かにカトリックがあったから宗教改革や科学が生まれました。そしてそれを否定してカントの思想が生まれ，カントの主観的側面の強調を否定して「ヘーゲル弁証法」を生み出したのです。「弁証法」は，世界の歴史を巧みに説明しています。ヘーゲルは言います。

「**ミネルヴァの梟は，夕暮れ時に飛び立つ**」（『法の哲学』）

ミネルヴァという女神が飼っていた梟は，日中に知識を付け，夕暮れ時に街の中を飛び回ります。つまり，一つの時代が作られた後，その時代の精神・哲学を学び取り，新しい時代へと飛翔する，というイメージです。

倫政の出題内容・一発表示！ ▶▶▶ヘーゲル

1 弁証法⇒「テーゼ」と「アンチテーゼ」が「**アウフヘーベン**」され，「ジンテーゼ」へ

2 人倫⇒「道徳」と「法律」が「アウフヘーベン」され，「人倫」へ

3 国家⇒「家族」と「市民社会」が「アウフヘーベン」され，「国家」へ

ここで差をつける！ その他の主要なドイツ観念論

①フィヒテ (1762～1814・独)

⇒カントの理論理性と実践理性は自我によって統一されるとする，**主観的観念論を展開**。（民族とその共通目的の重視）

⇒主著『**ドイツ国民に告ぐ**』『全知識学の基礎』

②シェリング (1775～1854・独)

⇒フィヒテを批判し，**自然と精神（人間）は絶対者（神）によって同一である**とした

⇒主著『先験的観念論の体系』『人間的自由の本質』

7 イギリス功利主義, 実証主義

学習の指針 ひろく深く
重要度 ★★★★★

ここが出る! 試験前の倫政の出題・正誤 Point!

① アダム・スミスは個人の利益の追求, 功利主義は社会全体の利益の追求
② ベンサムの量的功利主義と, J. S. ミルの質的功利主義の相違
③ J. S. ミルの危害防止原理の理解と愚行権の容認
④ コントの実証主義。ダーウィンの生物進化論と, スペンサーの社会進化論

💡 アダム・スミス

イギリスでは, 17世紀の市民革命, 18世紀後半の産業革命を経て, 資本主義が順調に軌道に乗り始めます。すると, 政府の介入を少なくして**個人の自由な活動を最大限に保障することが望ましい**という社会的風潮に包まれていきます。つまり, 政府が私的領域になるべく入り込む必要はないとする自由主義的な風潮が現れます。

その代表的な論客が**アダム・スミス**（1723〜90）です。政経分野では, 経済活動における**自由放任主義**（**レッセ・フェール**）でお馴染みです。倫理分野では, アダム・スミスの道徳論が取り扱われます。アダム・スミスは道徳的行為を考える時,「**公平な観察者**」の立場から「**共感 (Sympathy)**」が得られるのかに注目します。これは『**道徳感情論**』の中で展開されます。つまり, **第三者から見て是認できる行為ならば道徳的であり, 是認できない行為であるならば道徳的ではない**, と判断するわけです。

例えば, 一生懸命働いている多くの人がお金持ちになることは誰もが共感できますが, 世界のお金がほんの一握りの人に独占されているとすれば, 共感はしにくいでしょう。

しかし, 私たちの生きる現実の世界において, 世界の富の8割以上を, 最も裕福な上位5分の1のお金持ちが専有しているといわれます。逆に最も貧しい下位5分の1が保有するのは, 世界の富の約1%程度であり, こうした富の配分における不公平が指摘されています。

💡 功利主義 ➡ ベンサムとミルを対比せよ!!

功利主義は, 19世紀のイギリスで展開された考え方です。「**功利**」とは, **効用や有用性という意味**で, ある行為が**社会全体の幸福・快楽をどれだけ増大させるかと**

いう結果に道徳の基準を置きます。功利主義を基礎付けた**ベンサム**や，その批判・修正を行なったJ. S. **ミル**が有名です。この考え方は，行為の結果よりも行為の動機を重視するカントの哲学とは対極をなす考え方です。

　カントは，行為の内面的な動機を重視し，**不善な動機による結果は，自他の利益に対して善とはいえない**，として「**動機主義**」の立場をとりました。

　一方で功利主義の先駆者であるベンサムは，**行為のもたらした現実的結果を重視**します。**悲惨な結果を招く行為は，純粋な動機に基づいていても善とはいえない**，と考えるのです。この考え方を動機主義に対して「**帰結主義**」といいます。

　ここで少し考えてみましょう。

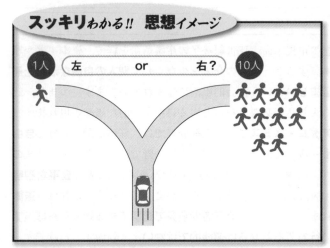

　今，分岐路に向かってあなたは車を運転しています。あなたの右側に10人が立っています。そして，左側には1人が立っています。しかし，ブレーキはきかず，車は100キロで暴走します。あなたはどちらにハンドルを切りますか？　なお，「ハンドルを切らない」という選択肢はないものとします。

　これは「トロッコ問題」といわれる倫理学の思考実験の変形版ですが，たぶん「左側」と答える人が大多数でしょう。それはなぜですか？

　それはおそらく**1人の命よりも，10人の命を重くみた**からでしょう。このように，**社会的幸福を増大させることが，功利主義の立場**です。個人の幸福の増大は，アダム・スミスの「利己心」の目的となってしまいますから，**しっかり区別**してください。

人物スコープ　ベンサム

出身▶イギリス　　**生没年**▶1748〜1832
キーワード▶最大多数の最大幸福，法律的制裁
主著▶『道徳および立法の諸原理序説』

「功利主義」を創始したイギリスの哲学・法学・経済学者。「量的功利主義」を表現した「最大多数の最大幸福」という言葉で広く知られる。法学を専攻したが，実際の法曹界ではなく著述分野で成功を収めた。

●幸福は計算できる？　➡快楽計算

　功利主義を基礎付けた**ベンサム**は，「**最大多数の最大幸福**」という有名な言葉を残しています。つまり，**社会全体の快楽が増大する（苦痛が減少する）ことが最大の善である**（その反面，少数の犠牲はやむを得ない），と考えるのです。ベンサムは，次のように述べます。

> 「自然は人類を，快楽と苦痛という，二つの主権者の支配下に置いた。われわれに何をするべきかを指示し，われわれが何をするかを決定するのは，ただこの二つだけである」（『道徳および立法の諸原理序説』）

　このようにベンサムは，**人間は苦痛と快楽という2つに支配**されているとし，快楽を「社会全体で増大させること」が，道徳や立法の上で重要になると説きます。そして，この効用は「**快楽計算**」という方法で，**量的に計算できる**と考えました。**こうした考え方を「量的功利主義」といいます**。具体的には7つの基準（快楽と苦痛の強度，持続性，確実性，遠近性，多産性，純粋性，範囲）によって量的に計算します。

●人間にとって最も有効な制裁とは？

　ベンサムは制裁を，「**社会に与えた不利益や苦痛を上回る，不利益や苦痛を与えること**」と考え，制裁の種類に次の4つを挙げます。

①**自然的制裁**…自分の不注意から自然に与えられる。例えば暴飲暴食により体を壊すなど

②**法律的**（政治的）**制裁**…法律によって与えられる刑罰

③**道徳的制裁**…世間の人々から与えられる社会的非難など

④**宗教的制裁**…神罰への恐れなど

　ベンサムは特に，②の**法律的制裁**を重視しました。ベンサムの考えによると，**例えば10万円を盗んだ人間には，その金額以上の罰金や苦痛を科してこそ制裁となります**。

　こうしてベンサムは，刑法をはじめとする社会の改革に情熱を傾けていきます。また，一人一人の快楽と苦痛が，社会においても平等に数えられるべきだとの考えから，「（男子）**普通選挙制**」を提唱しました。

倫政の出題内容・一発表示！　▶▶▶ベンサム

1 最大多数の最大幸福⇒社会全体で，**快楽を増大し，苦痛を減少させる**ことが善

2 法律的制裁⇒法律によって刑罰を科すことが，最も有効な制裁

3 誰もが**快楽**と**苦痛**に支配されている，つまり平等⇒**（男子）普通選挙の主張**

---

(2) J. S. ミル

人物スコープ　J. S. ミル

出身▶イギリス　　**生没年**▶1806〜73
キーワード▶満足した豚よりも不満足なソクラテス，内的制裁
主著▶『自由論』，『功利主義』

実父ジェームズ・ミルは高名な哲学者・歴史家。ベンサムが提唱し，父ジェームズが支持した量的功利主義に，「質」という独自の観点で修正を施し，「質的功利主義」を唱えた。また，市民社会における「多数の暴政」に警鐘を鳴らし，「危害防止原理」を主張した。

●ベンサムが忘れていた快楽の「質」？

　J. S. **ミル**（以下ミル，あえて「J. S」と付けるのは，同じ哲学者の父親と区別す

るため）は，**ベンサムの「量的功利主義」**は，快楽の量（量的快楽）ばかりを気にかけていると批判し，快楽の「**質**」に着目しました。ミルは，快楽には「**高級な快楽**」と「**低級な快楽**」があるとし，この考え方を「**質的功利主義**」といいます。

それでは考えてみましょう。「鮨を食べる快楽」と，「合唱コンクールに向けて練習をする快楽」は同じでしょうか？

ミルの答えは NO です。**ズバリ前者は「肉体的快楽」**であり，後者は「**精神的な快楽**」です。ミルは言います。

> 「満足した豚であるよりは，満足しない人間である方がよい。満足した愚か者であるよりは，満足しないソクラテスである方がよい」（『功利主義』）

つまり，人間が本当に幸福を感じるのは，豚のように食べて寝ている時ではなく，部活や勉強に励んで，自分の持っている高い能力を実現した時だということです。ミルは前者のような**肉体的な快楽**を「**低級な快楽**」。後者のような**精神的快楽**を「**高級な快楽**」としました。

こうして，**自分の能力を最大限に発揮する精神的な快楽に功利を見たわけです。そしてその違いは「経験によって理解できる」としています。先ほどのベンサムの快楽計算には，知性という基準はありません**でした。ミルは，人間固有の能力として，**知性，隣人愛，利他への感情**を挙げています。ミルは，質的に「高級な快楽」は，利他的な感情，言い換えれば，他者を幸せにする**イエスの黄金律**的な快楽が含まれていると考えたのです。

また，制裁についても，ベンサムが重視した「**法律的制裁**」よりも，良心による「**内的制裁**」を重視しました。刑罰を受けて制裁が終わるのではなく，自分の良心が責め続けられてこそ真の制裁になると考えたのです。

●自由はどこまで許される？

ミルは『**自由論**』という本を著します。その内容は，「**人間の自由とは，他者の自由を侵害しない限り（可能な限り）自由であるべきだ**」，とするものです。ここでの「他者の自由を侵害しない」とはどういうことでしょうか？

それは，**第三者に対して危害を与えない**ということです。例えば，大学生のあなたは，バイト代を貯めて初めてカウンターの鮨屋に行ったとします。すると，同じく大学生のユウスケ（久々に登場）が右にいて，タバコを吸い出しました。一方に左には，タンクトップ姿にタトゥーを入れたおじさんがいます。政府はどちらを規

制すべきでしょうか？　ここで考えるべきポイントは2つあります。

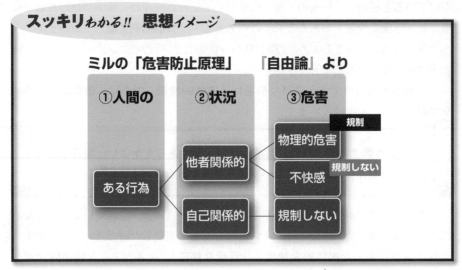

スッキリ*わかる!!*　思想イメージ

ミルの「危害防止原理」　『自由論』より

①人間の　②状況　③危害

規制

物理的危害

規制しない

他者関係的　不快感

ある行為

自己関係的　規制しない

　1つは，その場所に**第三者が介在しているか。つまり，「他者関係的行為」である**かです。例えば，ユウスケが一人きりの自宅でタバコを吸っているならば，規制の対象とはなりません。しかし，鮨屋にいるとなれば第三者が存在する「他者関係的行為」となります。

　もう一つは，**物理的危害があるか**です。タバコは副流煙によって健康を害する可能性があります。一方，タトゥーに不快感はあっても，物理的危害はありません。この意味で政府が規制するのは，タバコを吸っているユウスケということになります。この考え方を「**危害防止原理（危害原理）**」といいます。

●マイノリティと愚行権

　ミルが『自由論』を書いた背景には，普通選挙制の拡大がありました。一見すると，普通選挙の拡大は民主的な社会が実現したかのように見えます。しかしミルはこの中に危険性を感じました。

　それは「**多数の暴政**」です。物事が多数決ですべて決められてしまうとすれば，少数派の利益は保護されません。例えば，同性愛者は少数派ですが，多数派が同性愛を禁止する法律を作れば，同性愛を罪とすることができます。こうして，**多数の意思によって少数を抑圧する政治支配を**「**社会的専制**」といいます。

　ミルは，政府の規制を最小限にすることで，少数派の「**愚行権**」を容認しました（ここでいう「愚行」とは，理性的に賢明とは言えないが，他者への危害を及ぼさ

ない行為。多数が支持していないことを含む）。**ベンサム的に，単純に多数決に
よって立法を進めれば，逆に少数者が抑圧され，世の中が民主的でなくなると警鐘
を鳴らした**のです。多数者は，社会的に自由が保障されやすい環境にあります。一
方で少数派は，社会的に自由が抑圧されやすい環境にあります。少数派の自由も保
障し，多様性ある社会をミルは自由と考えたのです。ちなみに**ミルは，婦人参政権
を主張**したことでも知られています（『**女性の解放**』）。

倫政の出題内容・一発表示！ ▶▶▶ミル

1 質的功利主義⇒「**満足した豚よりも，不満足なソクラテス**」，
　　　精神的快楽の重視
2 内的制裁⇒良心による制裁
3 危害防止原理⇒第三者に対する物理的危害のみを政府は排除すべき
4 多数の暴政への警鐘⇒少数派の自由を保障することが民主的

ここで差をつける！ 　　　　　ディストピア

　J. S. ミルの演説で初めて使われたとされる言葉で，**ユートピア（理想郷）とは
真逆の社会**のことです。古くからSFなどの文学的題材としてたびたび用いられ，
今日でも映画などでなじみ深いものです。哲学上問われてきた理想郷の反対に位
置し，**全体のために個人の権利や自由を制限する専制的な世界観を
持ちます。**20世紀には，ファシズムやソ連が台頭し，全体主義が懸念されま
した。

(3) 実証主義と社会進化論

　18世紀後半に始まる産業革命は，科学技術の進歩から自然科学の方法に基づいて，
科学的に社会を改良していこうとする動きも強まります。代表的なものに，**コント**
の「**実証主義**」の立場や**ダーウィン**の「**進化論**」が有名です

社会をモノとして科学する？ ➡ コント

　コント（主著『実証哲学講義』）は，**経験的な事実に即して社会や哲学を分析**す
る「**実証主義**」の立場をとりました。そして，**経験の背後に抽象的な実在を認めま
せん。**この点はイギリス経験論と似ています。コントは社会現象をモノ・事実とし
て検証していく「**社会学**」を創始しました。また，**社会を生物有機体としてみなし，**

個人を社会の一器官として捉える「社会有機体説」を唱えました。

またコントは，**人間の精神は3つの段階で発展**すると考えています。これに対応する形で，社会も3つの段階で発展すると考えました。

人間精神の三段階	神学的段階	形而上学的段階	実証的段階
	世界を神などで説明	**抽象的概念**で説明	**観察的事実**で説明

ここでの「**神学的段階**」は，事物の発生を神話などの**架空の存在によって説明する段階**です。古代ギリシャの「ミュトス」の世界に似ています。次の「**形而上学的段階**」は，**事象の背後にある抽象的な実在によって説明する段階**です。アリストテレスの目的論的世界観などがそれです。最後の「**実証的段階**」は，事実の背後に抽象的な実在，例えば神やイデアなどを置かずに，**事実に即して物事を捉える段階**です。コントは，この実証的段階において，数学，天文学，物理学，社会学などの科学的学問が発達し，人間が科学によって自然を支配する「社会」が展開されると考えました。

💡 ついに封印が解かれる？ ➡ ダーウィンとスペンサーの「進化論」

ダーウィンは，1831年にビーグル号に乗って，ガラパゴス諸島などを5年間航行します。その際，火山活動を目撃したり，化石を発見したりする中で，自然が変化生成していることに気がつきます。

ダーウィンは，**生物は共通の先祖から分岐し，自然界で環境に適応したものが生存・繁栄した**と考えました（『種の起源 1859年』）。これを「**自然淘汰説（自然選択説）**」に基づく**生物進化論**とよびます。しかし「猿から人へ」という考え方は，キリスト教的価値観とは大きく異なるもので，教会からの非難を浴びました。

一方，**スペンサー** 1820～1903・英（主著『総合哲学体系』）は，ダーウィンの自然淘汰説を社会にも当てはめて考察を行いました。スペンサーは**社会の競争においても自然淘汰の法則が働き，競争に勝った者が生き残る**という「**適者生存**」の原理を説いていきます。そして，**軍事的段階から産業的段階へと社会が進化を遂げるという**「**社会進化論**」を展開しました。

また，人間の倫理も「**利己的感情（自分の利益を考える）**」から「**利他的感情（他人の利益を考える）**」へと進化するという，「**進化論的倫理説**」を唱えました。ちなみに，明治期の**加藤弘之**（235ページ参照）は，この社会進化論を日本に紹介しています。また，**コントと同じくスペンサーも「社会有機体説」の立場**をとりました。

1 **コント**⇒**社会学**の創始，**実証主義**，社会有機体説を唱える

2 **ダーウィン**⇒**自然淘汰**に基づく，**生物進化論**を主張

3 **スペンサー**⇒**自然淘汰**に基づく，適者生存の**社会進化論**を主張，**進化論的倫理説**も主張

スッキリわかる!! 思想イメージ

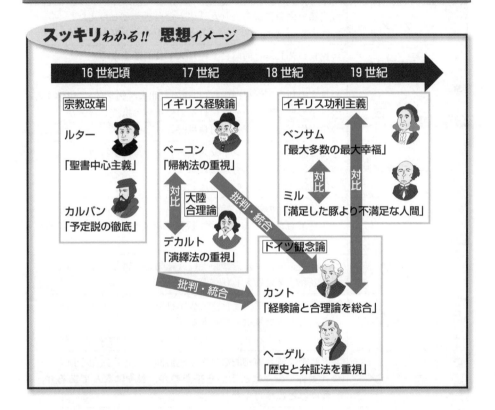

　最後に，倫政受験生が独学しにくい西洋・海外の文学・芸術についての人名や用語をまとめておきます（日本については256ページ参照）。試験直前期に確認しておきましょう。

	用語や人名	キーワード・意味
文学	1749～1832・独 **ゲーテ**	⇒自然を生命に満ち溢れた「生きた自然」ととらえた ⇒代表作『ファウスト』，『若きウェルテルの悩み』
	1821～81・露 **ドストエフスキー**	⇒民衆の苦しみと同時に，キリスト教的愛を求めた ⇒代表作『罪と罰』，『カラマーゾフの兄弟』
	1881～1936・中国 **魯　迅**	⇒日本の仙台医学専門学校（現在の東北大学医学部）に留学する ⇒墨子の思想をモチーフに日本の侵略への抵抗を行った ⇒代表作『狂人日記』，『阿Q世伝』
絵画・彫刻	1606～69・蘭 **レンブラント**	⇒光と闇，明暗のコントラストのデフォルメが特徴 ⇒〈光の魔術師〉ともよばれる ⇒代表作「ガリラヤの海の嵐」（絵画）
	1798～1863・仏 **ドラクロワ**	⇒劇的な絵画の構図が特徴 ⇒7月革命をモデルにした「**民衆を導く自由の女神**」（絵画）は有名
	1840～1917・仏 **ロダン**	⇒ミケランジェロに影響を受け，躍動感に富む青年を描く ⇒代表作「**考える人**」（彫刻）
	1853～90・蘭 **ゴッホ**	⇒牧師の子として生まれ，37歳で自殺する ⇒うねるような筆遣いで自然を描く ⇒代表作「ひまわり」，「アルルのはね橋」（いずれも絵画）
	1848～1903・仏 **ゴーギャン**	⇒タヒチに渡り神秘的な自然や，信仰に生きる人間を描く ⇒代表作「**我々はどこから来たのか，我々はなんであるか，我々はどこへ行くか**」（絵画）
	1863～1944・ノルウェー **ムンク**	⇒幼いころに母を失い，人間の死・不安などを表現する ⇒思春期を迎え自我に目覚める少女を描いた「**思春期**」（絵画）は有名 ⇒代表作「叫び」，「不安」，「生命のダンス」（いずれも絵画）
	1881～1973・スペイン **ピカソ**	⇒対象物を**幾何学的な形に還元するキュビスム（立体派）**で有名 ⇒1936年のスペイン内戦の際，**ナチスのゲルニカへの無差別空爆に徹底的に抗議**し，代表作「**ゲルニカ**」を描いた

第4章

現代思想

攻略の視点

　この分野では，特に「プラグマティズム」，「社会主義思想」，「実存主義」について，しっかり押さえましょう。またロールズの「公正としての正義」や「コミュニタリアニズム」など，締めくくりに登場する思想家についてもしっかり学びましょう。キーワード的な押さえ方をしつつ，まずは広く満遍なく講義を読み，直前期にもう一度確認しましょう。

この章の攻略ポイント

❶ ジェームズの「真理の有用性」とデューイの「道具主義」

❷ 「空想的社会主義」と「科学的社会主義」の対比的理解

❸ マルクスの「労働の疎外」，「史的唯物論」の理解

❹ キルケゴール，ニーチェ，ハイデッガー，ヤスパース，サルトル，のキーワード

❺ 「フランクフルト学派」と「構造主義」のキーワード，ハーバーマスは理解を

❻ ロールズ，セン，コミュニタリアリズムの理解（原典読解もあり得る）

1 プラグマティズム

ここが出る! 試験前の倫政の出題・正誤 Point!

① プラグマティズムは⇒イギリス経験論がベース，ドイツ観念論とは対立
② ジェームズ⇒「有用なものが真理（真理の有用性）」
③ デューイ⇒知識は問題解決のための「道具主義」

💡 プラグマティズムとは ➡ 行動が大切

　観念的に物事を考える「**ドイツ観念論**」に対して，19世紀後半のアメリカでは，伝統的な「**開拓精神（フロンティア・スピリット）**」と経済的繁栄を背景に，「**イギリス経験論**」の流れを汲み，知識を日常生活のために役立てるという「**プラグマティズム**」という思想が生まれます。「**プラグマ**」とは，「**行為・行動**」という意味です。従って，物事を観念的に考えるドイツ観念論よりも，イギリス経験論のように，**日常生活や事実の観察と社会の改善**というテーマに切り込むことになります。

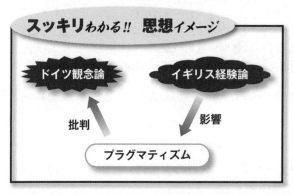

スッキリわかる!! 思想イメージ

ドイツ観念論　　イギリス経験論

批判　　　　影響

プラグマティズム

　代表的な人物として，先駆者の**パース**，そして**ジェームズ**とデューイがいます。（1839〜1914・米）倫政では後者の2人が頻出です。パースは，ハーヴァード大学で観念的な「形而上学」を批判する意味で「**形而上学クラブ**」を設立し，**プラグマティズムを創始した人物**です。

💡 ジェームズの「真理の有用性」とは？

(1) ジェームズ

　パースのプラグマティズムの考え方は**ジェームズ**に引き継がれ，ジェームズは「**有用性**」に着目して，真理を確認していく方法をとりました。

人物スコープ ジェームズ

出身▶アメリカ　**生没年**▶1842〜1910
キーワード▶真理の有用性　**主著**▶『プラグマティズム』

ハーヴァード大学で化学や医学を学び，ブラジル生物探検隊に参加。その際に認識論的問題に関心を持ち，やがて哲学者の道に進むことを決意。行為のもたらす有用性が物事の真理であるとする「真理の有用性」を説いた。

　例えば，「方程式」は私たちの生活を豊かにしました。つまり私たちにとって有用です。それならば逆に**「有用なものが真理（真理の有用性）」**ではないか，とジェームズは考えたのです。しかし，これは科学的な真理の話です。

　これを宗教的信念に置き換えた場合，**「神が存在する」ということは，真理となり得るのでしょうか**。ジェームズは「真理の有用性」の立場から，神を信じることによって，その人の人生が落ち着き，**精神的拠り所となるという有用性を持ちうる限り，真理である**としました。もともと心理学者でもあったジェームズの，人間の心理的側面からの有用性を説く立場を**「心理的プラグマティズム」**といいます。

💡 デューイの「道具主義」

(2) デューイ

人物スコープ デューイ

出身▶アメリカ　**生没年**▶1859〜1952
キーワード▶道具主義，創造的知性，問題解決
主著▶『民主主義と教育』，『哲学の改造』

哲学者であると同時に教育者。従来の画一的な暗記主義に偏る教育に疑問を持ち，人間個人の自由・平等・幸福を価値とする民主主義の形成のため，教育改革に生涯を捧げる。後にデューイスクールとよばれる学校の中で，自らの教育哲学を実践した。

　ジェームズの影響を受けながら，独自のプラグマティズムをつくり上げたのが**デューイ**です。デューイは，**知識を問題を解決するための道具**として捉えます（**道具主義**）。例えば，毎日使っているスマートフォンがウィルスに冒されて壊れてし

まった場合，僕らはどのように対処するでしょうか。消費者は大事なデータはバックアップをとっておくようにするでしょうし，メーカーはセキュリティを強化するでしょう。

この時に用いられるのが「知識」になります。つまり，慣習的生活の中で新たな困難にぶつかり，知識を用いて**試行錯誤**を繰り返し，問題を解決していくのです。この作業を「**創造的知性**」と言います。

💡 教育こそが民主主義の基盤 !!

また，教育者であったデューイは，産業が一部の企業に独占化されていく独占資本主義の時代を目の当たりにして，自由の危機を感じ始めます。デューイは，画一的な知識を注入するだけの教育を早急に改革する必要があるとして，教育革命に取り掛かります。

デューイは，学生たちがある問題を解決するために自由な討論を行い，「**問題解決**」を行う中で，**暗記と試験を繰り返す教育から，自ら考え行動することで問題解決をおこなう「問題解決学習」に教育の可能性**を見出しました。こうして創造的知性は育まれるとし，デューイは言います。

> 「机がきちんと並べられてある伝統的な学校教室から暗示を受けるもう一つのことは…中略…子どもたちが受動的に取り扱われていることを意味する。子どもたちは活動する瞬間，自らを個性化する。かれらは一群ではなくなり，各自それぞれにはっきりした個性的な人間になる」（『学校と社会』）

こうして自ら**主体的に考える学生**が，**主権者として社会に参画することで，民主主義がよりよいものとなる**と考えたのです。現在日本の教育で進められている，アクティブラーニングは，極めてデューイの教育観に近いものがあります。

倫政の出題内容・一発表示！ ▶▶▶プラグマティズム

1 プラグマティズム⇒**イギリス経験論の系譜**で，日常生活の改善を目指す思想
2 ジェームズ⇒「真理の**有用性**」⇒「神の存在も心理的に有用であるなら真理」
3 デューイ⇒知識は**問題解決**のための道具⇒「**道具主義**」
4 デューイの**創造的知性**⇒主体的な問題解決を通して，**民主主義**は深まる

---

2 社会主義思想

ここが出る！ 試験前の倫政の出題・正誤 Point！

① マルクスの「労働の疎外」⇒本来自己実現を目指すはずの労働が苦痛に

② マルクスの「唯物史観」⇒上部構造（意識）は，下部構造（社会的存在）が規定する

③ マルクスに対して⇒議会制のもとでの社会福祉の充実⇒「社会民主主義」

💡 社会主義の思想 ➡ 空想的社会主義と科学的社会主義

　19世紀に入ると産業革命が世界に広がり，ますます経済的繁栄を遂げる一方，貧富の差も拡大し，労働者たちは劣悪な労働条件で働いていました。こうした中で，**労働者を保護し，自由で平等な社会を実現しようとする思想が「社会主義」として拡大**していきます。なお，経済面での社会主義の詳細は政経分野で扱われます（410ページ参照）から読み返しておくといいでしょう。

　社会主義には，右図のように，後の**エンゲルス**（1820～95・独）の分類した2つのタイプが存在します。

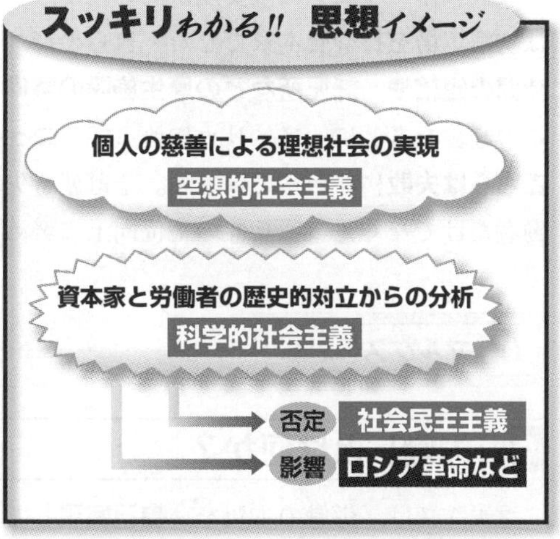

　個人の慈善によって理想郷を作るようなイメージが「**空想的社会主義**」で，**サン・シモン**（1760～1825・仏），**フーリエ**（1772～1837・仏），**オーウェン**（1771～1858・英）などが有名です。

　一方で，資本主義への**歴史的分析を通して**（ヘーゲル的分析），労働者の地位の向上を目指すものが「**科学的社会主義**」というイメージです。これは「マルクス主義」ともよばれ，後に**ロシア革命**などの原動力となります。ただし革命は暴力であること

スッキリわかる!! 思想イメージ

個人の慈善による理想社会の実現
空想的社会主義

資本家と労働者の歴史的対立からの分析
科学的社会主義

➡ 否定 **社会民主主義**
➡ 影響 **ロシア革命など**

には変わりがなく，マルクス主義を批判し，**議会活動によって福祉を増進するという**，「**社会民主主義**」とよばれる思想も出てきます。

　まず，次ページの「一発表示」を見てください。

必ずやろう！ ▶▶▶ 完成問題集 **第8章**

人物	概要
サン・シモン	資本家と科学者，労働者が協力して，政治的課題に取り組む
フーリエ	共同体「**ファランジュ**」を提唱。協同組合的な理想社会。
オーウェン	イギリスの産業資本家。イギリスにおいて自らの「**ニューラナーク紡績工場**」で，労働時間の短縮，託児所の併設を行い，労働生産性を向上させた。後にアメリカに渡り，**ニューハーモニー村を設立したが失敗**

サン・シモンは貴族階級に生まれた人物ですが，アメリカの独立戦争に参加したことを契機に，社会改革の必要性を考えるようになりました。**資本家と科学者，そして労働者が連携して合理的に経済を管理する仕組み**を提案します。

一方，**フーリエ**は産業をもう少しネガティブに捉えます。産業は拡大を目指して成長します。すると労働者は奴隷のように扱われ，その**無政府性・無秩序性があらわ**になります。そこで，「**ファランジュ**」とよばれる，800ないし，その倍数の**小規模な生産協同組合をつくって生活する**ことを目指します。こうして，きめ細やかに国家が労働者に対応することで，労働環境を改善することができると考えました。

最後の**オーウェン**は重要度が高いので，しっかりと学習しましょう。オーウェンは紡績工場を持つ資本家でした。自らの持つ「**ニューラナーク紡績工場**」で，**労働時間の短縮や，託児所などの厚生施設の整備を行い，生産性の向上に成功**しました。この経験をもとに，アメリカに渡って「**ニューハーモニー村**」を建設しましたが，**こちらは失敗**に終わっています。全財産を失い帰国したオーウェンは，一生涯，労働者だけでなく児童・女性の地位向上に努めていきました。

(1) マルクスの思想

💡「労働」とは何か？

マルクスは，労働の本質を「**自己実現**」であると考えています。本来労働とは，**世界に働きかけて生産を行うことで，人間に喜び，生きがい，幸せを与える行為**であるとしています。そして人間は労働を通じて，**他者との関係性に気づき，連帯を実現していく**「**類的存在**」であると考えました。

人物スコープ　マルクス

出身▶ ドイツ　　**生没年▶** 1818〜83
キーワード▶ 労働からの疎外，唯物史観（史的唯物論）
主著▶ 『経済学批判』，『資本論』，『フォイエルバッハに関するテーゼ』

ドイツ出身の経済・哲学者。ボン大学とベルリン大学で学び，ヘーゲル哲学の強い影響を受ける。これを基調とし，唯物史観を提唱。ロンドンでの亡命生活の極貧の中で『資本論』などを著し，20世紀の思想・政治に多大な影響を与えた。

しかし，資本主義は労働者に商品としての価値しか見出しません。労働者の自己実現よりも，会社の利益にどの程度貢献しているかが，資本家にとって労働の価値なのです。**自己実現のために働く労働者と，利益の拡大のために働かせる資本家。両者の労働の考え方には，根本的に矛盾があ**

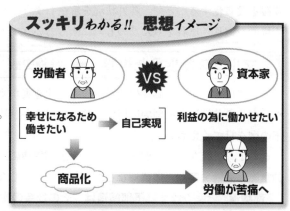

スッキリわかる**!!　思想イメージ**

労働者　**VS**　資本家

幸せになるため働きたい　→　自己実現　　利益の為に働かせたい

↓

商品化　　→　**労働が苦痛へ**

ります。マルクスは資本主義の中に，労働力が**商品化**され，労働が苦痛と化し，自己実現という本来の目的を失っていく姿を見ました。

これを「**労働の疎外**（疎外された労働）」といいます。「**疎外**（Entfremdung）」とは，もともとヘーゲルの言葉で，人間の本質や人間性が人間から離れてよそよそしいものになるという意味です。つまり**本来の姿から外れること**で，マルクスは，疎外を次の4つの過程に分けました。

① **生産物からの疎外** …労働の成果である**生産物**が，その手を離れ資本家のものになること

② **労働からの疎外** …労働が，**自分自己のものではなくなってしまう**こと

③ **類的存在からの疎外** …本来は連帯し合っている**労働者**が，**連帯を失う**こと

④ **人間の人間からの疎外** …人間の**本来的あり方を見失ってしまう**こと

つまり，給料が搾取され，労働が辛くなり，競争を強いられ，自分が何者である
かがわからなくなる，というのです。マルクスは，**こうした疎外を生み出す原因に
「資本主義」という経済システム**を挙げるのです。

💡 生産手段の共有化？

マルクスは，資本主義を支える**私有財産制度**に疑問を持ちます。そして**生産手段**
の私有化の廃止を訴えます。生産手段とは，ものを作るのに必要な原料（可変資
本）や，工場（固定資本）などです。これらが，資本家の手に独占されている限り，
労働者は本来の人間性を取り戻すことができないと考えたのです。マルクスは**生産
手段を共有化**することで，疎外状況を解決しようと考えました。簡単に言えば，働
く場所や道具，原料をみんなのものにするというアイデアです。

💡 マルクスが捉えた世界　➡　唯物史観（史的唯物論）

それではどのようにして生産手段の共有化を実現するのでしょうか。**マルクスは
ヘーゲルの弁証法を批判的に用いつつ**，独自の弁証法で独自の世界観を説明します。
下の図を見てください。

このように社会を家に例えると，その**上部構造に，政治的・法律的関係や，社会
的意識（芸術・宗教・道徳）**などがあります。肝心なのは土台部分で，この部分を
「**下部構造**」とよびます。**下部構造は，その社会の生産様式，つまり経済活動の仕
組み**です。その中には物を生産する**生産力**があり，**生産力は生産に携わる人々の関
係と不可分**です。生産手段を用いてつくらせる側の人間と，自分の労働力を用いて
つくる人間との関係です。この関係を「**生産関係**」といいます。

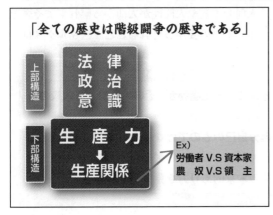

「全ての歴史は階級闘争の歴史である」

上部構造　法律　政治　意識

下部構造　生産力　➡　生産関係

Ex）
労働者 V.S 資本家
農　奴 V.S 領　主

例えば，**中世の封建制の下
では「領主」と「農奴」の関
係でしたし，近代資本主義で
は「資本家」と「労働者」の
関係でした**。このように，生
産手段を持っている側が，持
たない側を支配してきたので
あり，両者の対立が**階級闘争**
です。マルクスは「**すべての
歴史は階級闘争の歴史であ**

る」と言います。つまりマルクスは，**世界の歴史を下部構造（物質的生産様式）における矛盾から説明する**わけです。こうした世界史の説明の仕方を「**唯物史観（史的唯物論）**」といいます。

また，マルクスは，次のように言います。

> 「人間の意識がその存在を規定するのではなく，人間の社会的存在がその意識を規定する」（『経済学批判・序言』）

つまり，自分の考えは自分の経済力が支配しているというふうに捉えたのです。

💡 大事なことは世界を変えることである !!

フランス革命までは，上部構造を変える革命にすぎませんでしたが，マルクスは自覚的に下部構造を変える必要を見出したのです。

では，労働者はどうすればよいのでしょう。答えは少し過激ですが，**労働者階級が資本家階級を打倒する「社会主義革命（プロレタリア革命）」を起こす**というものでした。

マルクスは次のように言います。

> 「**哲学者たちは，世界を様々に解釈してきたにすぎない。重要なのは世界を変えることである**」（『フォイエルバッハに関するテーゼ』）

このマルクスの思想は，世界に大きな影響を及ぼします。1848年には「**万国の労働者よ，団結せよ！**」のくだりで有名な『**共産党宣言**』が，マルクスと**エンゲルス**によって発表され，世界各国の社会主義運動に影響を与えました。また，1917年には，^{1870～1924・露}**レーニン**（主著『帝国主義論』）によって**ロシア革命が成功**し，後に世界初の社会主義国家が樹立されていきます。

倫政の出題内容・一発表示！ ▶▶▶マルクス

1 労働の本質⇒本来人間は，労働を通じて「**自己実現**」を行う生き物
2 労働の疎外⇒本来，**自己実現**であるはずの労働が**苦痛**と化していること
3 唯物史観⇒**上部**構造（**意識**）は**下部**構造（**社会的存在**）が規定する

　一方，マルクスの説くような労働者による革命（プロレタリア革命）ではなく，**議会で議席を獲得し，社会主義の実現をはかる「社会民主主義」という考え方**も登場します。ドイツの**ベルンシュタイン**（1850〜1932）は，修正マルクス主義を掲げ，その思想はドイツ社会民主党に受け継がれていきます。1919年にワイマール憲法を制定した政党です。

　またイギリスでは，**ウェッブ夫妻**（Sidney Webb，1859〜1947，Beatrice Webb，1858〜1943）や，劇作家でもある**バーナード・ショー**（1856〜1950）が中心になり，「**フェビアン協会**」を1884年に設立します。議会制の下での，社会保障制度や生産手段の公有化などを求めていきました。後の**イギリス労働党の基盤**となっていきます。

倫政の出題内容・一発表示！ ▶▶▶社会民主主義

1 ベルンシュタイン⇒議会制民主主義のもとでの社会主義を目指す（**社会民主主義**）

2 フェビアン協会⇒**ウェッブ夫妻**や，**バーナード・ショー**によって設立され，**議会制の下**で，社会保障などの充実を目指す

ちょっとひと休み　なぜ人は働くのか？

　「なぜ人は働くのだろう？」この問いに答えるならば即答で「お金を稼ぐため」と返すはずだ。では「なぜお金が必要なのだろう？」この問に対しては誰もが「豊かに人生を送るため」と返すはずだ。確かにお金は人生を豊かにする。しかしそれだけではない，というのがマルクスの考えだ。働くことで温かい人間関係を築いたり，人から感謝されたり，多くのやり甲斐も付帯するはずだ。「仕事が楽しみなら人生は極楽だ！　仕事が義務なら人生は地獄だ（ゴーリキー著『どん底』）。果たして Mr. Children はお金のためだけに音楽を奏でているのだろうか？　いやそれはちがう。彼らは信念と感謝のために歌い，僕らは涙を流すのだ。

3 実存主義

ここが出る! 試験前の倫政の出題・正誤 Point!

① 実存とは⇒「今を生きるかけがえのない私自身（現実存在）」
② キルケゴール⇒主体的真理と実存の三段階の理解
③ ニーチェ⇒永劫回帰と力への意志，超人の理解

💡 実存って？

　19世紀のヨーロッパは，資本主義の台頭と科学技術を中心とした非人間化した社会の中で，人々はマスメディアに操られ，**主体性を喪失し，自己を失っていきます。つまり「今生きている自分」が見えなくなりはじめた**のです。

　「**実存**」とは「**現実存在**」を意味します。つまり，「**主体性ある，今生きている私自身**」に目を向け，いかに**実存を取り戻し主体的に生きるのかをテーマ**とした哲学です。これまでの哲学は，ヘーゲルに象徴されるように，「普遍的世界」という大それたテーマを観念的に説明してきました。実存主義は，「今ここに在る私自身」という，最も当り前で，身近な事柄を考察したのです。

　デンマークの**キルケゴール**は，この言葉を初めて「**かけがえのない自分自身**」を表すものとして用いました。つまり，「**今，ここに生きる・ある，私自身**」という，**主体的，個別的，具体的自己**としての人間存在の事実を「実存」という言葉で表しているのです。

　実存主義における哲学的命題は，日々の日常生活に埋没した自己，存在忘却した自己を取り戻し，**主体的に生きることを問い続けること**にありました。社会主義が外面的制度（資本主義）に目を向けて

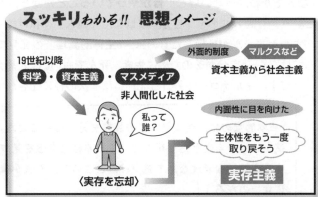

スッキリわかる!! 思想イメージ

19世紀以降
科学 ・ **資本主義** ・ **マスメディア**

非人間化した社会

私って誰？

〈実存を忘却〉

外面的制度 マルクスなど
資本主義から社会主義

内面性に目を向けた

主体性をもう一度取り戻そう

実存主義

社会改革を目指したのに対して，実存主義は人間の実存という内面性に目を向け，

必ずやろう! ▶▶▶ 完成問題集 **第8章**

社会のあり方を問い直したことになります。

　特に，**キルケゴール，ニーチェ，ハイデッガー，ヤスパース，サルトル**が頻出で，中でも，**ニーチェとサルトルに関しては深い出題**もあります。また，ハイデッガーの思想形成に大きく影響を与えた，**現象学**で有名な**フッサール**にも注意しましょう。

---

(1) キルケゴール

人物スコープ　キルケゴール

出身▶デンマーク　　**生没年**▶1813〜55
キーワード▶主体的真理，単独者
主著▶『日記』，『あれかこれか』，『死に至る病』

哲学者・神学者。ヘーゲルの影響を受けた後，その反論的立場となり，主観主義に基づいた独自の哲学を提唱。実存哲学の先駆けとされる。父親が罪を犯したことを知った時のことを「大地震」とよんで，生涯精神的に苦悩した。42歳の時に路上で昏倒して没した。

💡「水平化」した時代と「主体的真理」の追求

　キルケゴールは，現代を，**信仰の情熱を失い，自分の行きたい道を知りながら，他人に同調する「水平化（画一化・平均化）」した時代**であると指摘します。多くの人々がマスメディアや資本主義に操られて本来の主体性を失うのです。すると，「**なぜだかわからないけど，皆がやっていることだから，とりあえずやっておく**」という，行動の基準を「自分」ではなく「他人」に預けてしまうとしたのです。

　キルケゴールが目指したものは，「**主体的真理**」の発見でした。皆がしているからではなく，「**自分がそのために生き，死んでもいい**」と思える様な真理を発見することです。キルケゴールの『日記』には，次の様に記されています。

> 「根本的なのは，僕にとっての真理を見つけることだ。そのためになら，僕がいつでも生きたり死んだりできる様な真理を見つけることだ。いわゆる客観的な真理なんて見つけたところで，それが僕にとってどんな役に立つのだろう」

キルケゴールの思想の特徴に，徹底した**ヘーゲル批判**があります。**ヘーゲルが**「**世界とその歴史**」に焦点を当てたのに対して，キルケゴールは常に「**自分という****かけがえのない一つの存在**」にこだわり続けたのです。

⚠️ **間違えるな!!** ⚠️

ジェームズの「**真理の有用性**(143ページ参照)」と**キルケゴール**の「**主体的真理**」

💡 絶望と実存の三段階 ➡ 決断によって「宗教的存在」へ

キルケゴールは具体的に，「**主体的真理**」を体得した人間を「**単独者**」とよびました。この単独者になるための三段階を「**実存の三段階**」といいます。

三段階のうち，最初の二つの段階には「**絶望**」がともないます。キルケゴールの言う「**絶望**」**とは，神との関係を****断ち，自分が何者かが分からなくなってしまう状態**です。

まず，第一段階の「**美的実存**」とは，**刹那的な快楽や享楽を求めてさまよう人間のあ**

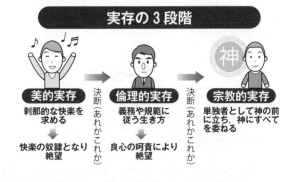

実存の 3 段階

美的実存	決断(あれかこれか)	倫理的実存	決断(あれかこれか)	宗教的実存
刹那的な快楽を求める		義務や規範に従う生き方		単独者として神の前に立ち，神にすべてを委ねる
快楽の奴隷となり絶望		良心の呵責により絶望		

り方です。そんな状態を続けていると，人間は虚しさを感じるようになります。これが「絶望」の状態です。キルケゴールはそれを「**死に至る病**」とも言い換えています。死に至る病とは，「かかると死んでしまう病気」という意味ではなく，**まっとうに生きることもできなければ，死ぬこともできないような状況**を表す表現です。

そこで人は自らの「**決断（あれかこれか）**」によって，この美的実存を断ち切ります。そして第二段階である「**倫理的実存**」へと飛躍します。「倫理的実存」とは，**良心に従って倫理的な義務を果たすあり方**です。しかし，キルケゴールはこの段階にあっても，**倫理に合致しない自分を責め続けるため「絶望」は消えない**と考えます。

そこでさらなる飛躍が求められます。それが「**宗教的実存**」です。**信仰によって神の前に一人立つ時，人間には初めて絶望からの救済がもたらされ**，「**単独者**」となるという，極めてキリスト教的色彩の強い結論に至りました。

ただし，キルケゴールのキリスト教のとらえ方は，**教会よりも「神」を重視しているという点**で，当時の一般的キリスト教観からすれば，やや特殊であったという

ことにも，注意しておく必要があるでしょう。

「みんな」が正しいと信じていることを信じるのではなく，**自分が正しいと信じ
ることを信じる**こと。これがキルケゴールの思想の根幹といえましょう。

倫政の出題内容・一発表示！ ▶▶▶**キルケゴール**

1 **水平化した時代**⇒誰もが自分の道を行かず，信仰の情熱もなく平均的な時代
2 **主体的真理**⇒「自分がそのために生き，死んでもいいと思えるような真理」
3 **実存の三段階**⇒「美的実存」→「倫理的実存」→「宗教的実存（単独者へ）」
4 **死に至る病**⇒**生きることも死ぬこともできない**，絶望

(2) **ニーチェ**

人物スコープ ニーチェ

出身▶ドイツ　　**生没年**▶1844〜1900
キーワード▶神は死んだ，永劫回帰，超人
主著▶『悲劇の誕生』，『悦ばしき知識』，『善悪の彼岸』

学生時代ショーペンハウアーの著書に影響される。24歳の若さでバーゼル大学の教授となった。ギリ
シア悲劇研究を通して文明批評を展開したが，29歳頃から遺伝的な頭痛に悩み，34歳で辞職。1889年
にトリノの路上で昏倒し，1900年にこの世を去った。

💡 **「神は死んだ!!」とは？** ➡ 新しい価値の創造

ニーチェが何よりも問題視したのが，ヨーロッパの思想的伝統の中に根を下ろし
ている「**二元論的世界観**」でした。プラトンは世界を「イデア界」と「現象界」に
分けていました。また，キリスト教も「神の国」と「地の国」というように，世界
を二つに分けて捉えています。ニーチェは，**こうした思想を，此岸（現実にあるこ
こ）ではなく彼岸（現実を超えた別の場所）に理想を求めて，現実からのエスケー
プを促す弱者の思想**だとします。

ニーチェは，「二元論的世界観」自体が捏造されたフィクションだとしています。
つまり，そうした理想的世界や道徳的規範は，**現実の世界で力を持てない弱者が，
自己肯定をするためにつくりだしたものでしかない**，というのです。自分たちに力

がないからこそ，彼らは**強者への怨恨**（ルサンチマン）**の感情**に基づき，人間の生き生きとした力を，道徳によって抑圧してきたというのがニーチェの考えです。そのため，**隣人愛に代表されるようなキリスト教道徳を「奴隷道徳」とよんで批判**し，自らが強く，自らの支配者なる**貴族道徳**（君主道徳）を説いています。

そして，キリスト教信仰の象徴である「**神は死んだ**」こと（実際には人間による他殺死）によって，人間は新しい価値を創造する必要があると主張します。言い換えれば，**古い価値に縛られずに新しい価値を創造することの比喩**だともいえます。それまで人間にあらゆる**意味を与え続けた存在がなくなれば**，

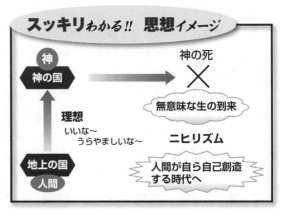

スッキリわかる!! 思想イメージ

神
神の国

神の死 ×

理想
いいな〜
うらやましいな〜

無意味な生の到来

ニヒリズム

地上の国
人間

人間が自ら自己創造
する時代へ

人間は自由に自己創造ができるはずだと考えたのです。

💡 神を失いやってきた世界とは？　➡「永劫回帰」の正しい理解

こうして人間は，神がいなくなった，言い換えれば，何の意味もない世界に生きることになりました。それでは考えてみましょう。

「ある夜，君が一人ぼっちでいるときに，悪魔がそっと入ってきて，こう告げたとしたら？〔君がいま生きている人生，そしてこれまで生きてきたその人生を，もう一回，いやさらに無限回，君は生きなければいけない。そこには何一つ新しいことはなく，あらゆる苦痛とあらゆる快楽，あらゆる思いとあらゆるため息，君の人生の中の言い尽くせないような大小すべてが，君に回帰してこないといけないのだ。しかも，全部が同じ順序と脈絡で〕。」（『悦ばしき知識』）

この部分は，ニーチェのいわゆる「**永劫回帰**」の考え方が表れている部分です。**世界には始まりも終わりもなく，新しいものは何もなく，ただ同じことが，この人生の前にも後にも繰り返されている**のだとしたら，という一種の思考実験ともとれそうなことをニーチェは仮定しています。例えば，この参考書とまったく同じ本を

必ずやろう！ ▶▶▶ 完成問題集　**第8章**

僕はこれからも何度も書き続ける。受験生のあなたは受験勉強をし続け，次の人生においても同じ受験を繰り返すのです。なんだか頭が痛くなってきます。

ニーチェは，この思考実験の中で「**ニヒリズム**」について説いています。**人生がまったく同じように回帰する**「**永劫回帰**」だとした場合，もっと深刻なケースだってあるはずです。

今ここで盗みをしてしまえば，その人はこれまで何度も人から盗み，これからも盗み続けることになります。何度生まれ変わっても，盗人として人生を繰り返さなければならないのです。しかし，その彼を悪人とよべるでしょうか。彼の人生が盗人としてしか永遠に回帰し得ないのだとすれば，彼を責めることができるでしょうか。

盗まれた人も同じです。盗まれた人は，盗まれる人生を無限に繰り返すほかないのだとすれば，盗まれた人の人生が悲しいものだといえるでしょうか？

つまり，永遠回帰の思想は，「善い」とか「悪い」とかいった価値そのものを均質化し，消し去ってしまうような力を持っています。**あらゆる善悪や価値を打ち消してしまう力を持っているのが，**「**永劫回帰**」**というニヒリズムの世界**です。

では，無意味な世界で人間はどう生きるのか？

こうした善も悪も無力化したニヒリズム世界で，**神を探す（生きる意味を探す）ことに逃避する態度を**「**受動的ニヒリズム**」といいます。もはやそれらはないのですから，探し当てることは不可能で絶望します。

そうではなく，自らの手で価値創造を行うのです。神の意味がなくなった今だからこそ，**自分自身の手で自己をより強くし，乗り超えようとする意志を持つべきだ**，と訴えかけます。**この態度を**「**能動的ニヒリズム**」**といい，この意志を**「**力（権力）への意志**」といいます。無意味に過ぎゆく日々の中で，常に**価値創造を続ける姿**をニーチェは「**超人**」としました。ニーチェは言います。

> 「私はあなたがたに超人を教える。人間とは乗り超えられるべきものである。およそ生あるものは己を乗り超えて，より高い何ものかを創ってきた。あなたがたは人間を超えるために何をしたか」（『**ツァラトゥストラはこう語った**』）」

人間の生は，「肯定」されることで幸福となります。では，肯定されるとは何でしょう。それは過去の自分を乗り超えられた時です。この主体的人間像こそ「超

人」であり，その連続の末に人生を終えたなら，きっと超人はこう言うでしょう。

「もう一度同じように生まれ変わって，同じように生きたい（さらばもう一度この生を）」と。

最後の最後まで自己肯定を連続させることが，永劫回帰というニヒリズムの世界を生きる人間の姿，超人の姿だとニーチェは考えます。

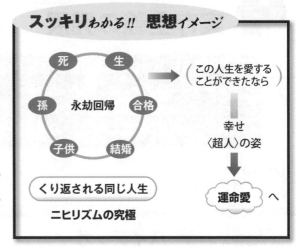

次元は異なりますが，あなたが結婚をし，子どもが生まれ，やがて孫もでき，人生の最期に最愛の人と手を取り合いながら，「生まれ変わってもまた一緒によろしく」と言えたなら，最高の幸せでしょう。「もう一度同じ人生を送ってもいい（**さらばもう一度この人生を**）」。この態度を「**運命愛**」といい，**無意味な人生を運命として受入れ，運命への反抗を超えて一体化**するのが，ニーチェの説く究極の愛の姿です。

ニーチェは人類の精神の進化を「精神の三様の変化」として，次の3つに分けています。ここでいう「子ども」が超人の姿で，無意味な人生を運命として受入れ，反抗を超えて運命と一体化して，自由に創造していることを示しています。

様態	ラクダ	ライオン	子ども（赤子）
精神	服従のみ	自由をもち価値に反抗	一切を肯定し自由に遊ぶ

倫政の出題内容・一発表示！ ▶▶▶ニーチェ

1　神は死んだ⇒キリスト教道徳などの**伝統的価値が崩壊**→ニヒリズムの到来へ
2　永劫回帰⇒始まりも終わりもなく**同じことが繰り返される**ニヒリズムの世界の姿→あらゆる善・悪，価値を無力化される
3　超人⇒自己肯定を通して価値創造を続ける姿
4　運命愛⇒無意味な人生を運命として受け入れ，反抗を超えて一体化すること
「さらばもう一度」

4 実存主義の発展

ここが出る！　試験前の倫政の出題・正誤 Point！

① ハイデッガー⇒ダス・マンと死への存在
② ヤスパース⇒限界状況と実存的交わり
③ サルトル⇒実存は本質に先立つ，自由の刑と責任

---

(1) ハイデッガー

人物スコープ　**ハイデッガー**

出身▶ドイツ　　**生没年▶**1889〜1976
キーワード▶ダス・マン，死への存在　　**主著▶**『存在と時間』

キルケゴール，フッサールの影響を受けた。ナチスの政権獲得後，フライブルク大学総長に就任し，ナチスに同調した。そのため戦後は教職を追放され，山荘に隠遁して執筆に専念した。ナチスの迫害を逃れてアメリカに亡命したハンナ・アーレントは，教え子でかつ恋人だった。

💡 存在とは何か？　➡ 存在者を存在させているもの

「存在」と「存在者」は違う

本　エンピツ　人間

存 在

「存在者を存在させているもの」が「存在」

　ハイデッガーは，フッサールの現象学（166ページ参照）に影響を受けながら，「存在」について考え始めます。そもそも「存在」とはなんでしょうか？　机の上の万年筆，インク，紙，僕…。いいえ違います。それらは「存在者」であって，存在ではありません。万年筆や僕など

の「存在者」のバックボーンは何か？　を考えるのです。少し面倒くさいですが「**存在者を存在させているもの**」が「**存在**」です。

　まず，「一発表示」から見てください。ハイデッガーは，「人間の存在」を3つの

側面から捉えます。

それでは**1**から見ていきましょう。人間が**現存在**という特殊な存在なのは，「存在」について，世界の事物に「**関心（配慮）**」を持ち，**つねに何かをあらかじめ了解している（存在了解）**ということです。例えば，予備校講師であるとか，男であるとか，年齢などです。そして，あれは万年筆だとか，インクだなどと，他の様々な存在者に対しても「**関心（配慮）**」を持っています。こうして，「存在者」に関心を持ち，**存在について問いを発することが「現存在」の特徴であり，他の存在者との違いである**とハイデッガーは考えています。

また，人間は世界の中で，様々な事物と関わりながら存在しています。例えば，2019年という歴史・時代や，親，友達，鉛筆，ノートなどです。**人間は世界の中に投げ入れられ，「被投性」を持ちながら存在している**のです。これを**2**の「**世界−内−存在**」といいます。

そして，**3**は重要度が高いので，次でしっかり聞いてください。

💡 「死」は人間にとって何か？

ハイデッガーは，人間を「**死への存在**」であると捉えます。ではその「死」は人間にとって何を意味するのでしょうか？

僕らは日々の暮らしの中で，他者と同じように振る舞うことで，本来の自分を見失います。「みんなが公立に行くから公立に進む」とか，「みんなが勉強を始めたから，勉強する」などがそうです（この点の問題意識はキルケゴールにも似ています）。こうして**日常性**の中におぼれ，**本来的な自分を見失った状態**を「**ダス・マン（Das Man），世人**」といいます。

こうした「ダス・マン」は周りのことばかりに気を取られて，**自分がいつかは死ぬということを忘れてしまっている人**ともいえます。人間にとって死は，誰にも代わってもらうことができない，自らの存在に固有な可能性です。これを「**死への存在**」といいます。**生まれたその瞬間から，人間は死の可能性にさらされ，そこに向かいつつある**のです。

それにもかかわらず，人間は「死はまだ当分はやってこない」と考え，「ダス・マン」となるのです。逆に，「死」を直視し，自分自身に必ず訪れるものとして引き受ける時（**死への先駆**），人間の実存は回復される。それがハイデッガーの見解でした。

> 「誰もが他者であって，誰一人として自分自身ではない…。死は現存在が固有な存在であることを最も明らかにする」（『存在と時間』）

たしかに，僕たちはあることが「終わる」ということを意識して初めて，その尊さに気づくことがあります。

自分自身の終わりとしての「**死**」を思う時，自分の存在（**実存**）のかけがえのなさが見えてくる，というハイデッガーの主張にはそれなりの説得力があるのではないのでしょうか。受験勉強も，「死」がなければすることはないのかもしれません。

(2) ヤスパース

人物スコープ　ヤスパース

出身 ▶ ドイツ　　生没年 ▶ 1883〜1969
キーワード ▶ 限界状況，実存的交わり　　主著 ▶ 『理性と実存』，『哲学』

裕福な銀行家の子として生まれた。キルケゴールやニーチェの思想に影響を受ける。夫人がユダヤ人であったことからナチスから離婚を求められるものの，これを拒否。戦後は核廃絶運動などにも参加した。また紀元前500年前後，ソクラテス，ブッダ，孔子などが活躍した時代を，人類の意識が覚醒した「枢軸時代」と呼んだ。

💡 限界状況で何が見える？

20世紀に入ると大衆社会への警鐘を鳴らす思想家が増えてきます。キルケゴールもニーチェもハイデッガーもそうでした。今までそうであるとされてきた価値観や道徳，日常に人々が埋もれてしまっていることを危惧したわけです。

ヤスパースもまた，無限の進歩を信じ続ける現代人に警鐘を鳴らします。人間には，**人間の力や科学技術では克服することのできない「死・苦悩・争い・罪」**という「**限界状況**」が存在します。人は必ず死にます。必ず精神的に苦しみます。必ず

誰かと争います。そして必ず何かに負い目を感じます。ヤスパースは，人はこの「壁」のような限界状況に直面すると，自己の**有限性**に気がつくとしました。そして，この**世界を包み込む絶対者である「超越者」**としての神と出会うのだとしています。ヤスパースは次のように言います。

「限界状況は壁のようなものであり，我々はそれにぶつかって挫折する。だが，我々は眼を見開いてそれを取り込むことによって我々自身へと生成するのである」

「我々両者は，相互承認において我々自身となる。…中略…愛において人間は互いを残すところ無く与えさらけ出し，互いを問題化して高めあうことができる」（いずれも『哲学』）

　有限性に目覚め，傲慢になることなく他者と交わり，偏った**愛だけに固執せず**，**孤独だけにも固執しない**「**愛しながらの戦い（愛の闘争）**」の中に実存が生成されます。これをヤスパースは**実存的交わり**と言いました。

　近年，様々なコミュニケーションツールが増えています。一歩間違えると偏愛に傾きますし，一歩間違えると孤独に陥ります。互いの有限性を自覚し，相互に承認し合う

スッキリわかる!! **思想**イメージ

超越者

死　苦悩
争い　罪

限界状況

人間が有限性を自覚して

「実存的交わり」

ことで，柔軟なコミュニケーションが成り立つのかもしれません。

倫政の出題内容・一発表示！ ▶▶▶ヤスパース

1 限界状況…**死・苦悩・争い・罪**，人間が変えることのできない状況
2 超越者…限界状況に接して人間が知る絶対的存在（神）
3 実存的交わり…有限性（超越者）を自覚した人間が愛しながら戦うこと

人物スコープ　サルトル

出身▶フランス　　**生没年**▶1905～80
キーワード▶実存は本質に先立つ，自由の刑，社会参加
主著▶『存在と無』，『嘔吐』

パリで生まれる。2歳の時に父がインドシナで病死した。19歳でパリ高等師範に進み，メルロ・ポンティらと哲学を学んだ。24歳の時，ボーヴォワールと依存を嫌う契約結婚に入り，生涯それを続けた。1964年にはノーベル文学賞を辞退した。米ソ両大国の間で反戦平和運動も積極的に行った。

💡 人間とモノとの違いは？　➡「（人間の）実存は本質に先立つ」

まずサルトルは，人間とモノとの違いを説明することで，実存にアプローチします。

では質問です。目の前には万年筆があります。これらは何のために存在しているでしょうか？　文字を書くためです。イスは？　座るためです。

それでは，私は何のために存在しているのでしょうか？　少なくとも限定的な理由をそこに探すことはできません。

これがモノと人間との大きな違いです。つまり，**モノは「～するため」という意味（本質）が先にあります。**そして，その後にコーヒーカップという存在（実存）が可能になるのです。モノの場合は，「**存在に先立って本質がある**」といえるでしょう。なお，モノのように意識を持たず，その本質に即して固定された存在のことを，サルトルは「**即自存在**」とよんでいます。

実存が本質に先立つのは人間だけ

本質　書くものがほしいな　座るものがほしいな　？

実存　エンピツ　イス　人間

しかし，人間はどうでしょうか？　ひとまず人間が生まれる時，そこには何か特定の目的はありません。つまり，まず存在してしまうのです。そしてその後，**自分なりに目標を探しながら，自分がいる意味（本質）を創造していきます。**サルトルはこの点に着目し，人間の「**実存は本質**

に先立つ」と主張しました。モノとは異なり，自己についての意識を持って，自己が何かであろうとしている存在のことをサルトルは「**対自存在**」とよんでいます。

💡 自由の刑？　➡　責任とともに主体的に生きる

すると，人間はもともと「本質であるところの意味」を持っていない以上，ある意味では自由なのです。しかし，これは裏を返せば，生まれたその瞬間から，自分をどのような存在にしていくのかを，すべて自分で決めなければならないということを意味します。そのような決断はひと時も休むことができず，**すべて一人で責任を負わなければなりません**。決して誰も「あなたはこういう人ですよ」ということを教えてはくれないのです。

そういう意味では，人間の自由は非常に過酷なものだといえます。サルトルはこれを，「人間は**自由の刑**に処せられている」と表現しています。その**苦しい自由を責任とともに引き受けて，主体的に生きることこそが本来的な人間のあり方**だとサルトルは考えていました。

💡 自分以外の何かに対する責任とともに生きる

すると具体的には，どのような生き方が「責任とともに生きること」となるのでしょうか。サルトルによれば，自由の刑に処せられている人間は，未来の可能性に向かって，**何らかの行動を企てる必要がある**と言います。これを「**投企（投企的存在）**」といいます。例えば，部活に入ったり，バイトをしたり，恋をしたりです。こうして自分自身をある状況に拘束し，「**社会参加（アンガージュマン）**」する時，自分以外の何か，つまり「**他者**」に対する責任とともに生きる時，**初めて実存的な生き方が実現する**と考えました。サルトルは言います。

> 「もし私が結婚し，子供をつくることを望んだとしたら，たとえこの結婚がもっぱら私の境遇なり情熱なり欲望なりにもとづくものであったとしても，私はそれによって，私自身だけでなく，人類全体を一夫一婦制の方向に拘束するのである。こうして私は，私自身に対して，そして万人に対して責任を負い，私の選ぶ人間像をつくりあげる」（『実存主義はヒューマニズムである』）」

サルトルによれば，**結婚という一見自由な自分だけの「選択」は，同時に自他に対して「責任」を負うことを意味する**のです。そして，ある個人の結婚という選択は，全人類に対してある方向付け（この場合は一夫一妻制の肯定）を行なっていることになるのです。

　つまり，**各人の自由な振る舞いは単に身勝手なものとしては終わらず，自ずと全人類をある方向に秩序付ける**というのです。これを「**全人類の選択**」といいます。

倫政の出題内容・一発表示！　▶▶▶サルトル

１ **実存は本質に先立つ**…人間は本質を持たずに生まれ，**自らの投企によって本質を創造する**

２ **自由の刑**…本質を持たない人間は，**自らの選択と自由に対して責任を負うこと**

３ **社会参加**…自分を社会に投げ込み，**人類の選択に参加していくこと**

💡 その他の実存主義者

この他にも代表的な人々を挙げておきます。試験前に軽く見直しておきましょう。

1913〜60・仏
①**カミュ**　●キーワード「**不条理**」

⇒人生は何ら意味や論理を持たず，矛盾に満ちているとする立場

　１.『**異邦人**』

　　何の理由もなく４発の銃弾を発射する事件を通して，人生の不条理を描いた作品

　２.『**シーシュポスの神話**』

　　神の罰により岩を山頂まで押し上げるシーシュポス。しかし，やり遂げるとゴロゴロ下まで転がされて，何度もそれを繰り返す。不条理の英雄を描いた作品

　３.『**ペスト**』

　　ペストに襲われた村で，司祭パヌルーはこの苦難を乗り越えることで人類はより高い歴史に入ると人々を説得する。しかし，医師ベルナール・リウーは，苦しんでいる人々に目を向けないで人類の進歩を語ることは，目の前の具体的な救済を怠っているではないかと考える。不条理と闘う人間を描いた作品

②メルロ・ポンティ　1908～61・仏　●主著『目と精神』

⇒「幻影肢（切断された腕があるように感じること）」などの調査から，**主
体と客体**（意識と身体）の二元論的思考の克服を目指す

⇒身体は，主体と客体の「**両義性**」を持ち「**生きられた身体**」として人間と
世界を媒介する

フッサールの現象学に影響を受けた

⇒デカルトの，物神二元論と異なる人間存在の説明を行っている

③ボーヴォワール　1908～86・仏　●主著『**第二の性**』

⇒「**人は女に生まれるのではない。女になるのだ**」として，女性解
放運動に取り組む

⇒サルトルとは契約結婚を生涯通したことでも有名

④ショーペンハウアー　1788～1860・独　●主著『**意志と表象としての世界**』

⇒生存の意志を中心に研究する「**生の哲学**」を説く

　一部インド哲学も影響している

⇒世界の様々な現象の根底には，生存への**盲目的意志**がある

⇒その欲望から人生は苦痛に至る（**厭世主義・ペシミズム**）

⇒生存への盲目的意志を否定することで解脱できる

⇒ショーペンハウアーの思想は，**ニーチェ**にも一部影響を与えた

　ハイデッガーなどにも大きな影響を与えた人物に，**フッサール**（主著『**厳密な学としての哲学**』，『**イデーン**』）がいます。フッサールは「**現象学**」を唱えたことでも有名で，**教科書の掲載頻度も高い頻出人物**です。フッサールは「知覚」という問題から，哲学を始めます。

●**この絵は何に見えますか？**

　フッサールは，「**モノ（実在）**」と，「**モノの現われ（現象）**」を区別して考えます。きわめて抽象度が高そうなので，ある例えで説明しましょう。次の２枚の絵を見てください。

　この二枚の絵は同じ絵です。しかし，左側の赤い部分に注意を向けると「振り向いた若い女性」に見えますし，右側の赤い部分に注意を向けると「うつむいた老婆」に見えます。

　僕たちはモノを見る時に，必ず何かに注意を向けます。こうして人間が**ある物事に注意を向けることを「志向性」**といいます。そして，**日常の素朴な判断（自然的態度）**で，「若い女性」や「老婆」と知覚してします。しかし実際は同じ絵なのです。

　このように，僕らの知覚は，ある主観を脱しえない「**志向性**」に左右され，非常に不安定です。そこで一度，**日常の素朴な判断である「自然的態度」**（この場合は，「若い女性」や「老婆」だと認識すること）**を停止する**のです。これを「**判断停止（エポケー）**」といいます。前に勉強した，デカルトの方法的懐疑によく似ています。

つまり，**実在だと見えたもの（若い女性もしくは老婆だと見えたもの）**が，そのものの姿（実在）ではないことに気がつきます。ただいえるのは**「若い女性もしくは老婆かもしれない」**ということだけです。客観的に物事があるという認識は，実は各人の主観をもとにしています。結局は，Ａ君もそう言っている，Ｂ君もそう言っている，…を繰り返すだけで，「主観」の多数決になってしまいます。20人中19人が「若い女性」だと言えば，それが「客観」として君臨してしまうのです。

●思い込みに満ち溢れた「客観」？

この**「客観的に何かがある」**という自然的態度を一度**「判断停止（エポケー）」**して，**「事象そのもの」**を冷静に見ていく作業を**「現象学的還元」**といいます。

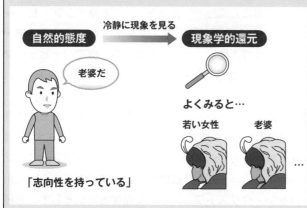

先ほどの絵の例のように，この世界での**客観的認識は，人々の主観の連携プレーによって構成される「間主観性」**によります。この間主観性をもとに生活世界があるだけです。

もしも逆に20人中19人が「老婆」だと言えば，それが「客観」として君臨してしまうのです。

こうしたフッサールの「間主観性」の考え方は，**ハイデッガーの「世界-内-存在」**の考え方やメルロ・ポンティなどに影響します。

倫政の出題内容・一発表示！ ▶▶▶フッサール

1 現象学…「自然的態度」を判断停止（エポケー）して，事象そのものを冷静に分析する（**現象学的還元**）

2 間主観性…**客観とは，主観同士の相互承認としての主観的知覚でしかないこと**

3 **ハイデッガー**などに影響

---

5 現代のヒューマニズム

学習の指針 ひろく浅く
重要度 ★★ ★ ★ ★

ここが出る! 試験前の倫政の出題・正誤 Point!

① シュヴァイツァーの「生命への畏敬」⇒生きとし生けるものへの畏敬
② マザー・テレサの「死を待つ人々の家」⇒「ホスピス」施設
③ ガンディーの「アヒンサー」⇒精神的抵抗としての非暴力

(1) ヒューマニズムとは？

　ヒューマニズムは，ルネサンス期に人間性の解放を求めた「**ルネサンス・ヒューマニズム（教会中心のカトリックからの解放）**」や，マルクスらの「**社会主義・ヒューマニズム（革命による人間性の復権）**」，サルトルなどの「**実存的・ヒューマニズム（実存として主体的に生きる人間性の復権）**」など，多くの意味で用いられてきました。

　特に20世紀に入ると，暴力や抑圧，疎外などから人間性を復権させるために闘う運動として，「**人道主義**」が「**現代ヒューマニズム**」の立場として現われます。『**戦争と平和**』を著した**トルストイ**（1828〜1910・露）は，隣人愛と非暴力主義の立場から，日露戦争を批判しました。また人間性を復権するために闘う「**戦闘的ヒューマニズム**」を打ち出す**ロマン・ロラン**（1866〜1944・仏）（主著『**ジャン・クリストフ**』），そして**精神的抵抗として「不殺生・非暴力（アヒンサー）**」を貫き，**インドの独立を勝ち取ったガンディー**（1869〜1948・印）などが有名です。

(2) 代表的なヒューマニスト達

　20世紀は，「革命と戦争の世紀」といわれるように，多くの無辜（むこ）の人々が犠牲になりました。しかし，そうした犠牲があっても，今なお戦争や内戦は絶えません。現代ヒューマニズムの分野では，先ほど述べた「**人間性の復権**」とともに「**生命の尊厳**」に目を向けることを理解しておきましょう。特にここでは，**シュヴァイツァー**（1875〜1965・仏）と**マザー・テレサ**（1910〜97・印），**ガンディー**，**キング牧師**（1926〜68・米）の4人に焦点を当てていきます。

💡 すべての命が尊い！ ➡ シュヴァイツァー

🔍人物スコープ シュヴァイツァー

出身 ▶ フランス 　**生没年** ▶ 1875～1965
キーワード ▶ 生命への畏敬 　**主著** ▶ 『水と原生林のはざまで』，『文化と倫理』

神学者，哲学者，医師，音楽家など多彩な分野で活躍。アフリカで医療活動に従事する。すべての生きとし生けるものへの「生命への畏敬」という言葉は，その後の環境保護活動や，動物保護活動に影響を与えた。

　シュヴァイツァーは大学在学中に，「**30歳までは芸術を，それ以降は人間への奉仕の道を**」という決心をしました。医師でもあったシュヴァイツァーは，30歳の時に病気で苦しむ人々を救いたいとの思いでアフリカ（現ガボン共和国）に行き，黒人達の惨状を目の当たりにしました。現地で医療活動を続けていたある日，カバの群れに遭遇しました。その時，**シュヴァイツァーは，恐怖よりも必死に生きるカバたちの姿に，「生きようとする意志」を強烈に感じました**。こうしてシュヴァイツァーは，**すべての生きとし生けるものに対する「生命への畏敬」**を感じたのです。この体験は後に『水と原生林のはざまで』の中にまとめられます。シュヴァイツァーの「生命への畏敬」は，**人間だけではなく，生きようとするすべての生命に向けられている**のです。以降，自然環境破壊などへの警鐘へとつながっていきます。

⚠️ 間違えるな!! ⚠️

シュヴァイツァーの「生きようとする意志」
フランクルの「**意味への意志**」（10ページ参照）
ショーペンハウアーの「**生存への盲目的意志**」（165ページ参照）
ニーチェの「**力への意志**」（156ページ参照）

💡 最も貧しい人たちへ ➡ マザーテレサ

　マザー・テレサは，マケドニアに生まれ，後にカトリックの修道女としてインドに渡ります。その時「**貧しい人の中でも最も貧しい人たち**」に仕えることを決心し，「**孤児の家**」や「**死を待つ人々の家**」などをつくり活動しました。特に「死を待つ人々の家」は，末期医療（**ターミナル・ケア**）の先駆け的な「**ホスピス**」でもあり

ました。また，この他にも，**ハンセン病患者のための施設をつくるなど，活動は多岐にわたり，1979年には「ノーベル平和賞」を受賞**しました。マザー・テレサは言います。

「今日の最も重い病気は，**レプラ**（ハンセン病）**でも結核でもなく，人から愛されていない，誰からも見捨てられていると感じることなのです**」
（『マザー・テレサ愛を語る』ジョルジュ・ゴルレ著）

つまり，**貧困や病の本当の苦しみは，そうした人々の苦しみを目にしながら，他者がそれに「無関心」であることであり，それに関心を向けることが愛の姿**であるとしています。

こうした，マザー・テレサの活動は**キリスト教の「アガペー」の実践**であるともいえます。

💡 精神的勝利としての非暴力 ➡ ガンディー

🔍人物スコープ **ガンディー**

出身▶インド　生没年▶1869〜1948
キーワード▶サティヤーグラハ，ブラフマチャリヤー，アヒンサー

イギリスで弁護士の資格を取り，南アフリカで活動。その後インドの独立運動を指導する。物理的な暴力よりも，精神的な非暴力が勝ることを，行動によって人々に示す。1947年にインドが独立したが，ヒンドゥー教とイスラーム教の融和を説いたガンディーは，ヒンドゥー教の狂信的信者によって射殺された。

精神的非暴力である「不殺生・非暴力（アヒンサー）」によってインドの独立を導いた**ガンディー**は，インドの政治家の息子として生まれ，イギリスに留学して弁護士の資格を得ます。後に南アフリカで貧困と差別に苦しむ労働者の地位向上運動に参加し，インド帰国後，**イギリスからの独立を指導**します。

ガンディーの非暴力・不服従運動は，**トルストイやソローの影響を受けながら**，
<small>1828〜1910・露　1817〜62・米</small>
生命を尊重する真理・立場を徹底的に守り抜く，「**真理の把持（サティヤーグラハ）**」の立場がその中心にあります。この考えの具体的な実践が，「**自己浄化（ブラフマチャリヤー）**」[1]や「**不殺生・非暴力（アヒンサー）**」です。あくまでも**精神的抵抗**

としての**非暴力**であること
を忘れないでください。

　ここで，非暴力を象徴す
る「**塩の行進**」というエピ
ソードがあります。

　ガンディーはイギリスの
塩の専売法[2]に反対するた
め，1930年にインド北西部

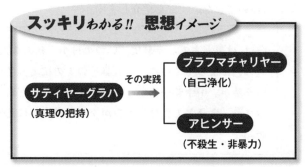

スッキリわかる!! 思想イメージ

サティヤーグラハ ━━その実践━━▶ ブラフマチャリヤー
（真理の把持） （自己浄化）

アヒンサー
（不殺生・非暴力）

の海岸まで約400キロを24日間かけて歩きました。行進に加わった人は数千にもな
りました。しかし，海岸には多くの警官隊が待機し，ガンディー達を殴りつけたの
です。それでもガンディーはこの精神的な「**市民的不服従**[3]」を貫き，後にインド
は独立しました。ガンディーは言います。

「悪に対抗して結局これを拡大させるような復讐よりも，…中略…不道
徳と闘うため，精神的，すなわち道徳的抵抗を私は考える」『ガンディー
聖書』

　そして，生命の一切を同胞と見なし，共存共栄をはかることがガンディーの理想
でした。また，一切の同胞として生命をみるガンディーは，**カースト制度を批判し**，
身分の低い人々の地位向上運動にも邁進しました。

ガンディーの意志を受け継いだキング牧師

　こうしてガンディーは，**精神的な人間の力が，物理的な暴力の力に勝ることを行
動によって人々に示した**のです。残念ながら，インドが独立した1947年の翌年，ガ
ンディーは狂信的なヒンドゥー教徒の青年に射殺されます。

　しかし，こうしたガンディーの，非暴力や「市民的不服従」の姿勢は，後に黒人
の**公民権運動**[4]の指導者である**キング牧師**（1929〜68・米）に受け継がれ，キング牧師は，1963年
に有名な「I have a dream（**私には夢がある**）」の演説を，「**ワシントン大行進**」の

---

[1] 感情に惑わされず，真理を探究する心構えを確立すること。
[2] 生活必需品である塩を政府が専売し，かつそれに高い税金を課した。
[3] 政府の不当な要求に対して，市民が抵抗すること。ソローの『市民の反抗』に由来する。
[4] 人種差別の撤廃を求める大衆運動。

際に行ないました。一部を紹介します。

「私には夢がある。それは，いつの日か，私の4人の幼い子どもたちが，肌の色によってではなく，人格そのものによって評価される国に住むという夢が。…中略…曲がった道がまっすぐにされ，そして神の栄光が啓示され，生きとし生けるものがその栄光を共に見ることになるという夢が。」

　残念ながら，この演説を行なった5年後の1968年，キング牧師も暗殺されます。自らの信念と命をかけて，人類の幸福を実現しようと行動した思想家です。

倫政の出題内容・一発表示！　▶▶▶現代ヒューマニズム

人　名	キーワード・内容
トルストイ	作家，主著『**戦争と平和**』 農民の側に立ち非暴力を訴える
ロマン・ロラン	作家，主著『**ジャン・クリストフ**』 ガンディーに共鳴し非暴力，「**戦闘的ヒューマニズム**」の立場を取る
シュヴァイツァー	「**生命への畏敬**」⇒生き物はすべて「生きようとする意志」をもつ ⇒よって，すべての生命への畏敬が重要である
マザー・テレサ	カトリックの修道女 その実践の中で病人や孤児を救済
ガンディー	⇒真理の把持（体得）「**サティヤーグラハ**」 ⇒精神的抵抗としての不殺生・非暴力「**アヒンサー**」 ⇒精神が欲望に勝ち真理を確立する心構え「**ブラフマチャリヤー**（自己浄化）」
キング牧師	黒人の**公民権運動**指導者 ⇒非暴力主義による運動の推進 ⇒1964年公民権法制定，**ノーベル平和賞**受賞

6 現代文明への批判

ここが出る！ 試験前の倫政の出題・正誤 Point！

① フランクフルト学派の「啓蒙の弁証法」⇒理性が野蛮な方向へと自己展開すること
② ハーバーマス⇒「対話的理性（コミュニケーション的合理性）」による合意
③ ソシュール⇒言語学としての構造主義，言語は「差異の体系」
④ レヴィ・ストロース⇒「野生の思考」⇒未開社会と文明社会に優劣はない

(1) フランクフルト学派

1930年代にドイツのフランクフルトの社会研究所に集まった学者達を総称して「**フランクフルト学派**」といいます。フランクフルト学派は，それまでの既存の社会を支配する思想をそのまま伝達するだけでは，既存の体制への服従になるだけだとして，**マルクス主義の研究をベースにして，既存の思想の矛盾点を明らかにする「批判理論」**を展開しました。

代表的人物にホルクハイマーとアドルノなどがおり，ヒトラー率いるナチスによる全体主義がドイツを覆う中，彼らはどうして人間が理性を用いてあのような野蛮な行動に走ったのか，という問題意識を持っていました。フランクフルト学派は**全体主義や管理社会について，批判的研究を行ないました**。

💡 啓蒙の弁証法？ ➡ 理性が野蛮な方向に自己展開する！

ホルクハイマー（1895〜1973・独）と**アドルノ**（1903〜69・独）は，共著で『**啓蒙の弁証法**』を著します。その中で強調されるのが，本来理想を目指し，神話や宗教から脱して**自由と進歩を目指すはずの理性が，単に大衆を操作し，自己保存と現状肯定に走り出す**「**道具的理性**（理性の道具化）」に変質したという概念です[1]。

簡単に言ってしまえば，ユダヤ人の大虐殺などに象徴されるように，理性が自己批判能力を失い，単に目的を達成する技術的な手段と化すようなことです。本来ならば，「ユダヤ人も同じ人間だ」とか，「人間を殺してはいけない」など，現状を批

---

[1] 例えば，ホルクハイマーは主観が対象を客観化し分析する，単純なデカルトの演繹法的科学などを批判した。

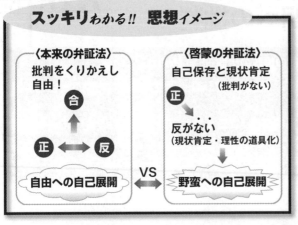

スッキリわかる*!!* **思想イメージ**

〈本来の弁証法〉
批判をくりかえし
自由！

合

正 ⟷ **反**

自由への自己展開

VS

〈啓蒙の弁証法〉
自己保存と現状肯定
（批判がない）

正

反が**ない**
（現状肯定・理性の道具化）

野蛮への自己展開

判的に監視するはずの理性が、「毒ガスを用いてユダヤ人を一日何人殺せるか」という技術的な手段を模索するだけになったというのです。このように、本来自由と進歩を目指すはずの理性が、野蛮な方向（道具的理性など）に自己展開してしまう弁証法を「啓蒙の弁証法」といいます。

⚠️ *間違えるな !!* ⚠️

「**批判理論と道具的理性（理性の道具化）**」
カントの「**批判哲学**」（121ページ参照）
デューイの「**道具主義**」（143ページ参照）」

💡 **権威主義的パーソナリティ** ➡ **全体主義を生み出す社会的性格？**

また**アドルノ**や**フロム**[1900~80・独]は、全体主義を生み出すこととなった現代人の社会的性格[2]を分析しました。それは、**自分よりも上位にある者に服従しつつ、自分よりも下位にある者を攻撃するという二面性**などからなる「**権威主義的パーソナリティ**」です。例えば、権力者であるヒトラーやナチスの親衛隊にはペコペコしつつも、隣に住んでいるユダヤ人に対しては石を投げたり、暴言を吐いたりする、1930年代のドイツ人の様子がそれです（当時のドイツに限ったことではないですが）。こうした「権威主義的パーソナリティ」が、組織的なユダヤ人虐殺を可能にしたと分析します。

アドルノは、「啓蒙の弁証法」と「権威主義的パーソナリティ」の２つの用語に関わるので、試験の際に注意しましょう。

💡 **『自由からの逃走』** ➡ **自由が不安を作り出す？**

フロムは、著書『**自由からの逃走**』の中で、現代における自由のもたらした負の部分に目を向けます。**自由になりすぎた結果、孤独や不安に耐えきれず、逆に自由**

[2] 元々はフロムの用語で、政治的・社会的条件のもとで形成された特徴的な共通の性格のこと。

から逃げ出してしまうと言うのです。

また，フロムの著書『**生きるということ**』によれば，本来人間は，仕事や愛を通して成長する「**生産的性格**」を持ちます。これは，「愛がある」とか，「仕事がある」というように，「**ある**」ということに生き方の価値を見出します。しかし，資本主義社会では，権力や財産を「持つ」ことによって孤独や不安を埋め合わせようとします。つまり「権力を持つ」とか，「財産を持つ」というように「**持つ**」ことに価値を見出すのです。フロムは「**持つ**」社会から，「**ある**」社会への転換を唱え

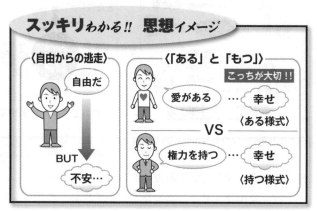

ました。フロムは言います。

> 「持つ人物が持っているものにたよるのに対して，ある人物はあるという事実，生きているという事実，そして抑制を捨てて反応する勇気がありさえすれば，何か新しいものが生まれるという事実にたよる」（フロム『生きるということ』）

大切なのは「対話」と「納得」 ➡ ハーバーマス

特に大切な人物です。しっかりと勉強しましょう。

ハーバーマス（1929〜・独）は，近代が作り上げた主体が客体を一方的に支配する「**道具的理性**」を批判します（この部分はフランクフルト学派に多く見られる立場）。例えば，僕らは自動車を操作して使用し，パソコンも操作して使用します。こうした「**操作する側（主体）**」が「**操作される側（客体）**」を支配するという行動は，やがて政治的支配や，経済システムにおける人間の取り扱い方にも適用され，「**システム合理性**」として機能すると，ハーバーマスは考えます。そして，日常で人間が人間を操作するという「**生活世界の植民地化**」が起こると考えました。

そこでハーバーマスは，**討議（ディスクルス）**を通して**言葉で相互に了解し**，合

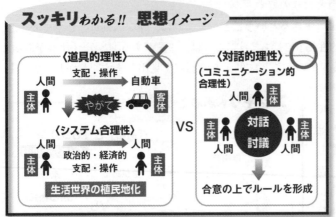

意を形成するという「対話的理性（コミュニケーション的合理性）」が，民主社会のルールを作る上で必要であると主張します。たしかに僕らの日常でも，十分に話し合いをして物事を決めることは，学校にしても会社に

しても少ないのかもしれません。ハーバーマスは，十分な**話し合いと合意の形成**が，**民主社会の形成に必要不可欠**であると考えています。

　また，**マルクーゼ**は，高度化した産業社会・資本主義社会の中で，批判精神を失い，画一的に管理された人間を「**一次元的人間**」として批判しました。

　このように，フランクフルト学派は，一部に心理学的手法を使いながら社会と人間を分析しています。これらの分析は，僕らの身の回りで起こっている現実の問題とも関わっているので，とても興味をそそられます。

倫政の出題内容・一発表示！ ▶▶▶フランクフルト学派

人　名	キーワード・内容
ホルクハイマー	アドルノと共に『**啓蒙の弁証法**』を著す ⇒進歩を目指すはずの理性が野蛮に自己展開した「啓蒙の弁証法」 ⇒進歩を目指すはずの理性が技術的手段と化す「**道具的理性**」
アドルノ	ホルクハイマーと共に『啓蒙の弁証法』を著す ⇒強い立場の者に服従し，弱い立場の者を攻撃する「**権威主義的パーソナリティ**」
フロム	『**自由からの逃走**』⇒自由が，逆に不安と孤独をつくり出す 『生きるということ』⇒「**持つ**」から「**ある**」への転換
ハーバーマス	「**対話的理性**（コミュニケーション的合理性）」 ⇒主体同士が，**討議（ディスクルス）**によって合意を形成する
マルクーゼ	「**一次元的人間**」⇒批判能力を失い，画一的に管理された人間

　これまで，西洋近代思想の流れは，人間や物事の「個別性」に着目して分析をしていました。例えば，デカルトの「考える我（我思う，ゆえに我あり）」という近代的自我や，サルトルなどの実存主義などです。しかし，果たして世界は本当に，こうした個別性に依存して成立しているのでしょうか。**物事の意味を個別性のみに求めずに，社会や文化などの関係性である「構造（システム）」から分析をしようとする思想の潮流を「構造主義」といいます。**代表的人物に，**ソシュール，レヴィ・ストロース，フーコー**などがいます。

💡 言語とは何か？　➡ ソシュール

　少し抽象度が高そうなので，ここで少し考えてみましょう。

　今教室の中でユウスケはミカと会話をしています。

　　ユウスケ「今日の倫理の授業どうだった？」

　　ミカ「わたし，構造主義がけっこうはまったわ」

　さて，この会話はユウスケとミカを切り離して成立するでしょうか？　学校の授業を切り離して成立するでしょうか？　そう，しませんよね。

　スイスの言語学者である**ソシュール**（1857〜1913）は，**「発話行為（パロール）」は，それらが属する「言語体系・基盤（ラング）」の中で意味を持つ**と考えました。

　例えば，このユウスケとミカの会話は，教室や倫理の授業という，**いわば将棋盤の上で，将棋の駒が動くよう**に行われていたのです。こうして考えてみると，独立した個人が世界を作るというよりは，そうした個人が関係して世界が成立していることに気がつくはずです。

●言語はなぜ必要か？　➡他の物事と区別するため

　例えば，「パピヨン」。フランス語では蝶と蛾，双方の意味を持ちます。しかし日本語では「蝶」と「蛾」は明確に区別されます。このように，**言語は，ある物事に対応して個別的に意味を持つのではなく，ある物事とある物事が関係して，「差異（違い）」を示すもの**であると，ソシュールは考えました。つまり，言語を「**差異の体系**」と考えたのです。そして，「差異」の考え方は，「パピヨン」がそうであったように，フランスと日本では異なります。つまり，**言語の意味は画一的ではなく，ある種の「恣意性」を持つ**と，ソシュールは考えました。

また，ソシュールによれば，言語という**記号**「**シーニェ**」は，あるものを指示する**文字や音声**である「**シニフィアン**」と，その**意味内容**である「**シニフィエ**」と一体になってつくられていると考えました。辞書の「単語と意味」と同じような関係です。

　例えば，この本に登場する「ユウスケ」という語の「シニフィアン」は，この参考書の読者の中で了解されている「ユウスケ」という意味内容の「シニフィエ」と一致して言語となって機能しています。すると，この参考書を離れて「ユウスケ」という語を使った場合，「ユウスケ」という「シニフィアン」は，「自分の弟」や「友達」などの意味内容（シニフィエ）とくっつくかもしれません。このように**言語は，社会的・文化的な背景や状況と作用しながら，相対的かつ恣意的に機能する**とソシュールは考えました。

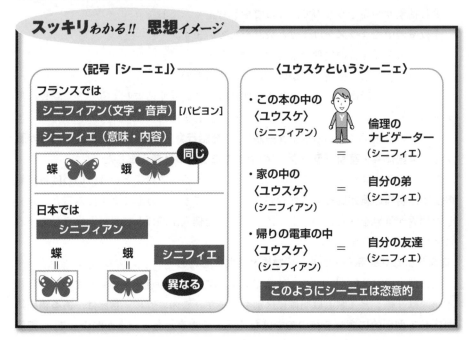

人物スコープ　レヴィ・ストロース

出身▶フランス　　**生没年▶**1908〜2009
キーワード▶野生の思考　　**主著▶**『野生の思考』，『悲しき熱帯』

ソシュールの言語学に影響を受け，アマゾンの先住民の調査を行い，39年に帰国。ナチスのフランス侵攻により，41年にアメリカに亡命した。文明社会と未開の社会には，異なる論理があるものの，規則性や体系化を目指す点では同じものであると考えた。

　ソシュールの言語学に影響を受けた，**フランスの文化人類学**[3]**者**である**レヴィ・ストロース**は，アマゾン川でフィールドワークを行なう中で，文字を持たない先住民達（未開社会）と，文字を持つ西洋社会（文明社会）の間に共通点があることを発見します。例えば「**近親婚の禁止（インセスト・タブー）**」がルールとして存在していたのです。レヴィ・ストロースは，**未開社会の人々も，動植物を象徴・記号として，西洋社会と同様に一定の規則に従い物事を考えている**と主張しました。こうした未開社会の思考を「**野生の思考**」といいます。この「野生の思考」は，**数字などを用いて抽象的に思考する「文明の思考」に必ずしも劣るものではない**と考えたのです。「野生の思考」は，感覚的な事物を通して思考する具体的な思考です。

　しかし，そうした思考においても，秩序をつくったり，体系化したりして物事を理解することは行われており，未開の社会が西洋社会に劣るものではないとしました。

　また，レヴィ・ストロースは，**先住民達が人々の合意によって部族のリーダーを選んでいる**ことや，**自然に対して敬意を持って接している**姿を『**悲しき熱帯**』の中で描いています。

　こうしてみると，レヴィ・ストロースは，西洋中心に歴史や思想が語られて

スッキリわかる!! 思想イメージ

〈西洋〉　**文明の思考**
数字を用いて抽象的に思考

〈未開の社会〉　**野生の思考**
物事を対象に具体的に思考

＝

異なる原理はあるものの規則性や体系化を目指す点では同じ!!

---

[3]　人類の文化の起源や発生，発展を科学的に解明していく学問。

きたことに反省を促したといえます。

　一方で**レヴィ・ストロース**は，**実存主義者であるサルトルを，主体性ばかりに気を取られ，構造を分析していないと批判**しています。

💡 狂気とは何か？ ➡ フーコー

人物スコープ　**フーコー**

出身▶フランス　　**生没年**▶1926〜1984
キーワード▶知の考古学，狂気　　**主著**▶『監獄の誕生』，『言葉と物』

高等師範学校で心理学・精神病理学を学び，その後大学教員資格試験に合格する。1970年には高等教育機関であるコレージュ=ド=フランス（講義は公開・無料）の哲学教授となる。構造主義に軸足を置きつつ，独自の思想を展開する。自らが同性愛者であることなどから，社会的に異端視され排除された人々への関心があった。57歳でエイズでこの世を去った。

　フランスの哲学者（社会学者でもある）**フーコー**は，構造主義の影響を受けながら，「真理」とよばれるものが必ずしも普遍的ではないことを明らかにしようとしました。そこで，人間の言語活動である「**言説（ディスクール）**」に注目し，新聞や出版物を収集し，近代人の思考の枠組みの形成過程をたどる「**知の考古学**」を唱えました。

　フーコーは，近代人は自由な存在ではなく，**権力に対する従属的存在**であると考えました。権力は，死刑を頂点とする刑罰制度や教育機関などを独占しています。人々は，最後は自分の命をも奪うかもしれない権力に，死への恐怖を感じます。そして常に権力に従順であるように学校で教え，「**規律の権力**」が人々を支配します。

　すると，知識と結びついて出来上がった「**権力（規律の権力）**」から外れたものを「**狂気**」として，**排除**し，監獄に監禁した，とフーコーは考えました。ざっくり言えば，権力にとって都合の悪いものを「狂気」としてきたというのです。

　中世までは，「狂気」は政治や社会に対する批判の源泉として，その存在に価値を置いていました。しかし近代に入ると，学校や監獄，病院などを通して，「権力」から外れたものに「狂気」のラベルを張り付けて，排除したというのです。

　例えば，フーコー自身が同性愛者であったことは有名ですが，同性愛は果たして「狂気」なのでしょうか。古代ギリシャなどでは，むしろ理性的だとも考えられています。このように，**性や病気，「狂気」に対する言説は，歴史的な産物であり，**

権力が恣意的に排除してきたにすぎないものだということになります。

これまで勉強したように，新しい学問や哲学は，常に異端視されながら，その後に正しいとされてきました。今ある「狂気」を排除するだけでは，新しい知性は形成されないのかもしれません。

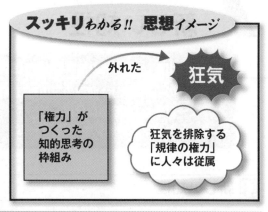

スッキリわかる!! 思想イメージ

外れた　狂気

「権力」がつくった知的思考の枠組み

狂気を排除する「規律の権力」に人々は従属

倫政の出題内容・一発表示！ ▶▶▶構造主義など

人名	思想・キーワード
ソシュール	⇒「**ラング**」と呼ばれる言語基盤の中で「発話（**パロール**）」が行われる ⇒「**シーニェ（記号）**」とは，「**シニフィアン（言語）**」と「**シニフィエ（意味・内容）**」の一致により恣意的に機能している
レヴィ・ストロース	⇒未開の社会の「**野生の思考**」には，一定の規則性があり，文明の思考に劣るものではない
フーコー	⇒「**狂気**」は「**権力**」が作り上げた歴史的産物にすぎない

7 新しい知性

ここが出る！ 試験前の倫政の出題・正誤 Point！
① デリダの「脱構築」⇒西洋の二項対立論からの脱却
② ウェーバー⇒「官僚制」分析
③ ウィトゲンシュタイン⇒「言語ゲーム」

💡 新しい知性

さあ，いよいよ現代思想分野も残すところ2節となりました。意外にこの最後の部分からの出題が狙われやすいので，特に試験前には注意してください。

これまで勉強したように，**20世紀に入ると，近代までつくりあげてきた思想の枠組みが批判されていきます。また，科学的な態度も再検証され始めます。**例えば，イギリスの哲学者である**ポパー**（1902〜94）は，科学は常に誤りを含むもので，常に反証を繰り返しながら（**反証可能性**），新しい科学を構築すべきだとする「**批判的合理主義**」を掲げました。このように，近代への反証として「新しい知性」は登場しているのです。

💡 ポスト構造主義

前節で勉強した構造主義は，1960年代に入ると，その思想に不満を持つ思想家が現われ始めます。この思想的潮流を「**ポスト構造主義**」といいます。

（1）大きな物語は終わった！ ➡ **リオタール**（1924〜98）

フランスの哲学者である**リオタール**は，『**ポストモダンの条件**』の中で，「**脱近代化（ポストモダン）**」を唱えます。具体的には，20世紀に入ってマルクス主義は失敗し，西洋中心主義も世界大戦を防ぐことはできませんでした。これまで意義あるものとされた，イデオロギー・真理・国家・科学至上主義などといった普遍的価値観を説く「**大きな物語**」が終焉を告げたというのです。一方で，個々の眼前にある具体的出来事である「**小さな物語**」が，人々の多様性を促進し，現代社会の現実を現すものだと考えました。

(2) 西洋の二項対立を克服せよ！ ➡ デリダ 〔1930～2004〕

また，フランスの哲学者**デリダ**は，プラトン以来続く**世界を二項対立で捉える考え方を批判し，それを克服する**「**脱構築**」を唱えます。例えば，「ロゴス（理性）」と「パトス（感情）」，「男性」と「女性」，「神」と「人間」などに分け，前者と後者に優劣をつける。こうした固定化した考え方から脱することの必要性を唱えました。

(3) 『千のプラトー』 ➡ ドゥルーズ，ガタリ 〔1925～95〕〔1930～1992〕

フランスの哲学者である**ドゥルーズ**は，**ガタリ**とともに，『**千のプラトー**』を著し，人間を「**欲望する機械**」と捉えました。ドゥルーズやガタリは，フロイトのリビドー的人間理解に共感し，「**千のプラトー**」とよばれる無数の高み（**プラトー**）が人間の生を突き動かしていると考えました。しかし，この人間のプラトーを，権力・国家は否定します。ドゥルーズやガタリは，神話の王である「オイディプス」に，この権力・国といった抑圧機構を例えました。このオイディプス（プラトーの抑圧機構）の告発と解体を主張し（**アンチ・オイディプス**），抑圧から解放された，喜びある未来の人間像を説いたのです。

💡 官僚制分析・批判，組織に支配される人間 ➡ ウェーバー 〔1864～1920〕

ドイツの社会学者である**ウェーバー**（マックス・ウェーバー，『プロテスタンティズムの倫理と資本主義の精神』の著作でも有名です）は，**近代の管理的な社会組織の特徴**を「**官僚制（ビューロクラシー）**」として分析しました（『**支配の社会学**』）。その特徴として

倫政の出題内容・一発表示！ ▶▶▶官僚制

1 合理的規則による支配
2 明確な上下関係（**ヒエラルヒー**）
3 文書主義と非人間的関係
4 職務の専門家（**テクノクラート**）の台頭

などを挙げています。少しぞっとしますが，実際に学校から会社，行政機関にいたるまで，様々な組織がこの官僚制に基づき運営されています。ウェーバーは，この**官僚制は，本来の目的を達成できなかったり，個人の自由を軽視したりすることがある**と指摘しました。

私に官僚組織などいらない！

⇒フランスの女性思想家

⇒リセの哲学教授となった後，女工として働いたり，義勇軍に参加した

⇒ナチスの迫害を恐れ，アメリカ亡命した

⇒こうした苛酷な体験の中で，組織にとらわれ生きるのではなく，個人が真理を
　貫くために全身全霊で受難（パッション）を受け止める生き方に共鳴（これを
　キリストの受難にたとえた）した

⇒こうした**受難への積極的共鳴・憐れみを「コンパッシオン」**とよんだ

⇒若くして世を去ったが（34歳），官僚制や権力機構を批判し，個人の魂に軸を
　おいた社会の必要性を説いた

💡 分析哲学　➡　具体的な日常における意味を探す

　分析哲学は，**抽象的な従来の哲学を批判し，具体的に日常会話などから命題を分
析して，その意味を明らかにしようとする思想的な潮流**です。**ウィトゲンシュタイ
ン**や**クワイン**$_{1908〜2000・米}$，冒頭に触れた**ポパー**などが代表的な論客です。例えば，「〜がある」
といった場合，それまでの哲学は「存在論」のような抽象的世界へと人々を引きず
り込んでしまいがちでした。

　そうではなく，日常生活で「〜がある」は，どのように語られているのかを考え
ていくのです。例えば，ユウスケにとって「ある」といった場合，「彼女がいる」こ
とを意味しているのかもしれません。ミカにとって「ある」といった場合「お金が
ある」ことを意味しているのかもしれません。こうした日常生活における「ある」
の命題を明らかにするのです。

💡 ウィトゲンシュタイン　➡　写像理論

　オーストリアの哲学者である**ウィトゲンシュタイン**$^{1889〜1951}$は，**『論理哲学論考』**の中で，
「語りえぬものには沈黙しなければならない」という有名な言葉を残して
います。ここは，ある程度噛み砕いて説明します。

　例えば，「リンゴがある」ことは，目の前に起こっている出来事です。「本を読ん
でいること」も，目の前に起こっている出来事です。このように**言葉と現実との間**

には対応関係がありま
す。これを「**写像理論**
（つまり，**言葉は現実
をそのまま映し出す**）」
といいます。逆にいえ
ば，「神」や「善悪」な
どは，目の前に起こっ
ている出来事ではない
ため，言語によって映
し出すことはできない
というのが，ウィトゲ
ンシュタインの前期の
立場です。

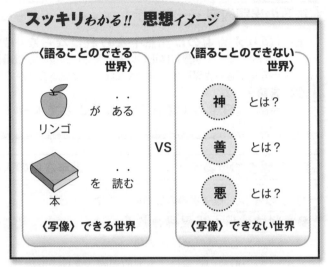

スッキリゎかる!! **思想**イメージ

〈語ることのできる
　　　　　　世界〉

リンゴ　　　が　ある

本　　　　　を　読む

〈写像〉できる世界

VS

〈語ることのできない
　　　　　　世界〉

神　とは？

善　とは？

悪　とは？

〈写像〉できない世界

　こうして考えてみると，**これまでの哲学は，「神」や「善悪」といった，語りえ
ぬものを語ってきたという矛盾がある**ことになります。

「カケちょうだい」で，なぜ「かけそば」一杯が出てくるのか？

　さらにウィトゲンシュタインの後期の思想に「**言語ゲーム**」とよばれるものがあ
ります。少し考えてみましょう。

　今蕎麦屋に入り，「カケちょうだい」とユウスケが言ったとします。数分後，カツ
オダシのきいたいい香りの「かけ蕎麦」が一杯でてきました。どうして「かけ蕎麦」
とも，一杯とも指定していないのに，「かけ蕎麦一杯」が出てくるのでしょうか。

　それは，この言語が使用されたのが蕎麦屋であり，ユウスケが一人だったからで
す。本来，正しい言語を使うならば，「かけ蕎麦を一杯お願いします」と言わなけ
ればなりません。

　こうしてみると，私たちの言語は日常的な生活基盤の中で会話として成り立って
いることがわかります。**言語は，日常の中で使用されることで，ルールが体得され
意味を持つ**，というのがウィトゲンシュタインの「言語ゲーム」という考え方です。
僕らは，日常の会話の中で言語を使い，そのルールを学んでいくのです。

　留学をすると英語が得意になるのも，そのことが大きいのかもしれません。確か
に言語や物事は，世界や他者との関係性の中で規定され，意味を持つのです。

1　「語りえぬものは沈黙しなければならない」…『論理哲学論考』

⇒言葉と現実の事象には正しい対応関係がある（**写像理論**）

⇒写像できる世界以外（神や善悪など）は語ることができない

2　言語ゲーム

⇒言語は**日常の中で使用されることで**ルールが体得され意味を持つ

ここで差をつける！　　　近年注目の人物

(1)　**クワイン**　1908～2000・米　『**経験主義の二つのドグマ**』など

●学問は連携して理解される

⇒ハーヴァード大学の分析哲学者

⇒一つ一つの命題の真偽は，個別的知識によって解決されるのではなく，「**知の全体論（ホーリズム）**」によって理解され，検討されるとした

(2)　**ベルクソン**　1859～1941・仏　『**道徳と宗教の二源泉**』など

●「目の前にある10本のボールペンは同じように誰もが数える。しかし10分はそれぞれ違う数え方をする」

⇒固定的な物質を捉える科学に対して，流動する生の流れとその創造的な力である「**エラン・ヴィタール（生の躍動）**」を直視する「生の哲学」を説いた

⇒自我において様々な意識が融合して持続する状態を，「**純粋な継続**」とよび，例えば，感情とは物質ではなく，分割できない「流れ」であるとした

⇒国家・家族など，集団の防衛本能に基づく「**閉じた**」社会から，普遍的な人類愛に基づく「**開いた**」社会への創造的進化の流れを，「**エラン・ダムール（愛の躍動）**」とした

自由と公共

ここが出る！ 試験前の倫政の出題・正誤 Point！

① ハンナ・アーレント⇒公的空間での政治的発言が人間の「活動」
② ロールズの「無知のヴェール」⇒個人属性を取り去った原初状態
③ ロールズの「機会均等の原理」と「格差の原理」
④ ノージック⇒最小国家とリバタリアニズム
⑤ コミュニタリアニズム⇒サンデルの「負荷ありし自己」と，
マッキンタイアの「物語を紡ぐ生き物」

自由と公共

　いよいよ，現代思想分野の締めくくりです。新課程から記述が増えた分野なので，必ず最後まで読んで，問題編で演習をしてください。

　これまで，多くの人々の思想を冒険してきました。そして見えたものは，世界，社会と他者との関わり合いを持ちながら，僕らが人間として生きている，ということです。ナチスの迫害を恐れてアメリカに亡命して活躍した，ドイツ出身の政治哲学者である**ハンナ・アーレント**（$\overset{1906-75}{\text{ハンナ・アーレント}}$）（主著『**人間の条件**』，『全体主義の起源』，『暴力について』など）は，人間の自由な行為について，開かれた政治の場（公共の場）で話し合い，政治的な公的な場で共同体を形成することだと考えました。こうした**公的空間での政治的活動**を「**活動**[1]，action」といいます。

　また，フランクフルト学派の**ハーバーマス**は，公的空間の中で討議し，合意を積み重ねてルールをつくる「**コミュニケーション的合理性（対話的理性）**」を重視しています（175ページ参照）。

　このように社会に関わる人間は，同じように政治と関わり，ルールをつくり守り合う公共的な生き物でもあります。この項目では，現代の政治哲学（政治のあるべき姿）に目を向けながら，新しい社会のあり方について考えていきましょう。

---

[1] 『人間の条件』の中では，人間の営みとして「活動」のほかに「労働（labor，生命を維持する活動）」，「仕事（work，自然を加工して物を作る活動）」を挙げている。

必ずやろう！ ▶▶▶ 完成問題集 **第9章**

💡 現代の公正さを考える3つの視点

少し考えてみましょう。

今「生活保護制度の廃止」が国会で議論されているとします。君なら賛成しますか？　それとも反対しますか？　ここで3つの視点から考えてみます。

一つ目は「**福祉（福祉国家）**」という立場です。「**すべての者に人間たるに値する生活を保障する**」これは，**1919年にドイツで制定された，ワイマール憲法の社会権**の理念です（295ページ参照）。この意味で「生活保護制度の廃止」はあってはならないことです。経済的に富める者は，そうでない社会的弱者を救済する義務があるわけです。倫理分野での代表的な論客は，**ロールズやアマルティア・セン**（ロールズを批判，後述）などがいます。

二つ目は「**リバタリアニズム**（自由至上主義）」という立場です。個人の人格的自由も，経済的自由も最大限に尊重されるべきで，**政府の介入はかえって邪魔になるので不要**であるという考え方です。「**福祉国家**」の対極をなす考え方で，**ノージック**（1938〜2002・米）（主著『アナーキー・国家・ユートピア』）などが有名な論客です。ノージックは**国民の適正な競争を守るための警察・司法機能に限定する「最小国家」**を唱えました。また，**いかなる者も自己の所有物を同意なく取り上げる権利はない**とする「**権原理論**」を唱えました。この点は，上述の「福祉国家」とは決定的に違いがあります。

三つ目は「**コミュニタリアニズム**（共同体主義）」という立場です。この立場では，**個人を常に共同体との関係**で考えます。共同体とともに個人の自由が守られるのであり，日本や民族，家族といった共同体が，同じ共同体の人々を守るうえで「生活保護制度」が必要であるならば，その制度への「賛成」の立場となります。あくまでも個人の自由に重きを置くロールズに対して，**共同体的アイデンティティを背負う「負荷ありし自己」を善とする傾向**があるという点を

スッキリわかる!! 思想イメージ

〈福祉国家〉
人間は皆同じ
↓
人間たるに値する
生活を政府は守る
べき
みんな同じ人間

〈リバタリアニズム〉
自分の所有物は
だれからも奪われない
［権原理論］
↓
政府は原則不介入
by ノージック
最小国家
自分のモノは自分のもの
自分のモノ

〈コミュニタリアニズム〉
個人は共同体の
中で生きている
↓
「負荷ありし自己」
を善とする傾向
この国や家族が大切
共同体

理解してください。代表的な人物に**サンデル**や**マッキンタイア**がいます。

今回は，ロールズ，アマーティア・セン，コミュニタリアニズムに焦点を当てていきます。

💡 ロールズ　➡　正義とは何か？

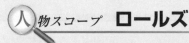**ロールズ**

出身▶アメリカ　　生没年▶1921～2002
キーワード▶公正としての正義，無知のヴェール，反照的均衡
主著▶『正義論』

プリンストン大学を卒業。その後ハーヴァード大学の教授となる。1971年発表の『正義論』で，政治における「正義」とその正統性を議論に挙げ，政治哲学の分野などに大きな影響を与えた。1995年，アメリカの知識人としては異例な，日本への原爆投下は誤っていたとの指摘をした。

●だれもが合意できること⇒「無知のヴェール」

アメリカの政治哲学者である**ロールズ**は，**功利主義**的な風潮が強かった現代アメリカ社会において，もう一度「正義」を考えます。ロールズは正義を，**誰もが合意できること，すなわち，「公正（フェア）」**にその一端を見ます。そして自分の性別，人種などの属性を排除した**原初状態（オリジナル・ポジション）**を「**無知のヴェール**」とよび，そこから**合意できるルールを探していく**のです。いわば**社会契約説**（289ページ参照）の現代版のリメイクと言えます。

少し考えてみましょう。今，両親と死別した18歳の高校生がいます。彼が肺炎を患った時，社会はその医療費を負担すべきでしょうか？

ここで考えるのが「無知のヴェール」です。今の自分の立場では，想像もつかないような不幸なことが，明日には自分に降り注ぐかもしれません。言い換えれば，自分が生まれ変わった時，両親の年収や性別などすべてが，自分の望んでいない状況に陥っていたケースを想定するのです。**常に他人が自分でありうる可能性を考慮し，他者に対する配慮を行うのが「無知のヴェール」のスタンス**です。**誰もが不遇で最悪な可能性を考慮する時，最もフェアでましな選択をする（マキシミン・ルール）**であろう，というのです。こうして考えると，だんだんと公正さが明らかになるというのが，ロールズの正義概念です。こうしてロールズは，次の正義の二原理（「**公正としての正義**」[2]）を打ち立てます。

倫政の出題内容・一発表示！ ▶▶▶ロールズの公正としての正義
（正義の二原理）

第一原理「**平等な自由の原理**」（自由が平等に配分されていること）

第二原理「**経済的不平等が満たすべき原理**」
a. **機会均等の原理**（均等な機会が与えられていること）
b. **格差の原理**（格差原理，不遇な人の生活を改善するための格差を容認すること）

●まずは自由が平等に配分されていること

どんな人間であれ，性別や年収によって，政治的な自由に幅があることは認めないであろうとロールズは考えます。言い換えれば，**基本的自由権は平等に与えられるべき**だというのです。これを**第一原理**である「**平等な自由な原理**」としています。この原理のもとでは，社会全体の結果を考慮して，ある人の自由を制限することも許容しません。この意味で「功利主義」に対する批判と解釈できます。

●次に経済的不平等はあってもよいが，条件が必要

確かに，基本的自由は平等であるべきだと誰もが合意するでしょう。しかし労働の成果として得た富の場合はどうでしょう。メジャーリーガーも，コンビニでバイトをしている大学生も，一律年収3000万円というのは誰もが納得できません。「悪自由」という言葉はないのに，「悪平等」という言葉があるように，何もかもが平等であることが公正であるとは限りません。そこでロールズは，**経済的不平等が満たすべき条件**を考えます。これが**第二原理**となります。

その一つが，競争の機会が平等に与えられている，「a. **機会均等の原理**」です。**同じチャンスのもとで生まれた不平等ならば誰も文句はない**ということです。しかし実際には，それは不可能に近いものです。両親の年収も，身体能力も，通っている学校も，すべてが平等になることは難しいでしょう。そこで登場するのが「b. **格差の原理**」です。

これは，**社会的に不遇な人々の境遇を改善するための政策的アプローチがあること**。言い換えれば，**社会的に成功した人が不遇な人に対して，富を再分配するなどの政策的措置をとること**です。

例えばメジャーリーガーの場合，その収入は周囲の社会的な評価がなければ得られなかったはずです。従って富める人々は社会に借りがあり，それを返すことで弱

2　ロールズが1971年『正義論』で打ち出したもので，晩年にかけて，この原理は修正されつつ発展していった（反照的均衡）。

い人々が守られる社会を考えるのです。具体的には，**累進課税制度や社会保障政策**などがそうです。

　このロールズの正義の考え方は，**自由や所得といった社会的基本財を，いかに公正に配分するかという問題意識に根差したもの**でした。こうした考え方は福祉国家を理論的に正当化しただけでなく，新しい平等の実現方法である「**アファーマティブ・アクション（ポジティブ・アクション）**」にも波及していきます

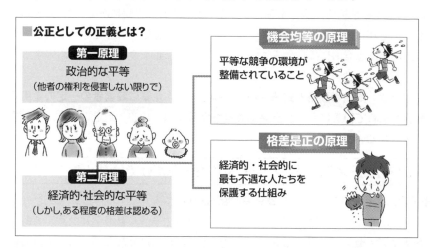

●アファーマティブ・アクションとは？

　「**積極的格差是正措置**」ともいい，**社会的に不利な立場にある人，例えば障害者や少数民族を暫定的に優遇する**というものです。下の図で考えてみましょう。

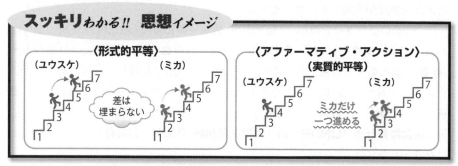

　このように人生のランクが7段階あるとして，男性のユウスケは3番目からスタートし，女性のミカは2番目からスタートしました。両方を同じ分だけ2進めても，ユウスケは5，ミカは4となり，1の差は解消されません。例えば，男女とも

必ずやろう！ ▶▶▶ 完成問題集　**第9章**

に就職の相談窓口時間を延長しても，**形式的には平等ですが，実質的には両性の格差は縮まりません。**

そこで，ミカだけを1進めるのです。例えば，女性のみ就職の相談窓口時間を一部延長するなど，**社会的に不利な立場にある人を暫定的に優遇することで格差を解消しようとする「実質的平等」**の考え方が，「**アファーマティブ・アクション**」です。こうした「アファーマティブ・アクション」の必要性は，男女間や民族間などの「社会的格差を積極的に是正する」という立場，それらの間にある「償い」の立場，そして，それらの「多様性の促進」という立場から肯定する意見が見られます。一方で，結果を恣意的に操作することは，かえって公正な競争や自由を阻害するのではないかという批判もあります。

日本では，**障害者雇用安定法**（1960年制定）で，**企業に障害者の一定の雇用の努力義務を求めている**ほか，**男女共同参画社会基本法**（1999年制定）にも，その理念が明記されています。

💡 アマルティア・セン ➡ 富の再分配だけではダメ！

●その人自身で自立できる社会を⇒「潜在能力」とは？

インド出身の経済学者（1998年にアジア人初のノーベル経済学賞受賞）である**アマルティア・セン**（以下，**セン**）は，ロールズの富の再分配だけでは，本質的に格差は改善しないと考えます。ロールズの格差の原理は，いわば社会的成功者から社会的弱者への富（所得）のギフトです。**センは，強い者のギフトによって弱い者を守るのみではなく，社会的弱者が，自ら貧困などの不遇な境遇から脱する，多様的な自立的開発が大切である**と考えました。

そのために必要となるのが，幸福を実現・達成するための「**潜在能力（Capability）**」の開発です。**具体的には「（基本的な）所得」のみならず，「健康」，「リテラシー（教育）」など**もそれにあたり，この「潜在能力」の開発を通して，社会的弱者が，自立して貧困から抜け出すことを模索するべきだと，センは考えました。この「**健康**」，「**リテラシー（教育）**」，「**所得**」，などの「潜在能力」の開発という考え方は，後に**国連開発計画（UNDP）**の「**人間開発指数（HDI）**」に具体化されていくことになりました。

こうしたセンの考え方は，途上国への支援のあり方について，所得や経済成長率のみを重視するのではなく，**多様性ある開発の自由を拡大し，途上国の人々が自立できる方法を模索するきっかけ**となっていきます。具体的には，**従来の「国家の安**

全保障」を補完し，人間一人一人の尊厳をおびやかす脅威から個人を守り自立を促進する，「**人間の安全保障**[3]」という考え方です。

💡 コミュニタリアニズム　➡ 家族や国民を優先することはなぜ許されるのか？

最後に，**コミュニタリアニズム**（共同体主義）について講義します。以前ブームとなった『これからの正義の話をしよう』や，NHK で放送された『ハーバード白熱教室』で有名な，アメリカの政治哲学者である**マイケル・サンデル**（以下，**サンデル**）もこの立場です。

2010年に東京大学で，NHK 主催の講義が行われ，僕も参加しました。サンデルは**ソクラテスメソッド**とよばれる学生に問いを発する独特の講義を行っていることでも有名です。

少し考えてみましょう。ビルの縁に手を引っかけて，今にも落下寸前の2人が君に手をさし出しています。一人は自分の家族で，もう一人は見ず知らずの他人です。どちらから先に助けることが善なのでしょうか？

コミュニタリアニズムでは，**自らの属する共同体と善との関係（共通善）を重要視**します。そうなると「家族から」ということになります。現代のコミュニタリアニズムの草分け的存在に，スコットランド出身の政治哲学者である**アラスデア・マッキンタイア**（主著『美徳なき時代』，以下，**マッキンタイア**）がいます。

●自分の役割とは何か？

マッキンタイアは，物事や自分を考えるにあたって，まず「**どんな物語の中で自分の役割を演じているのか？**」を考える必要があると言います。僕らは誰かの子どもであるし，どこかの町の市民，どこかの国の国民です。すると，僕らは自身が属する共同体から，自分の持つ役割を物語として紡いでいると考える（物語的観念）のです。マッキンタイアは，そこから生まれる**共同体的アイデンティティにもとづいて，自らの行いを決定することが善である（共通善）**と考えます。

例えば，自分が奴隷を所有した経験がないから，現代のアメリカ人が奴隷制についての責任はないと考えることは，道徳的に善ではないということです。もう少し身近な例で言えば，自分の住む町が水害にさらされた時，たまたま自分の家に被害がなかったからといって，町の人々の救助活動に参加しないと考えることが道徳的に善ではないというのです。**自らの生きる共同体の歴史や，責任を引き受けながら生きている**というのが，マッキンタイアの考え方です。

---

[3] 2001年に「人間の安全保障委員会」が設立され，緒方貞子とセンが共同議長を務めた。

必ずやろう！　▶▶▶　完成問題集　**第9章**

この考え方は，**アリストテレス**の**共同体において善を実現**する，という**目的論**的な社会の理解に基づいているともいえます（45ページ参照）。

●**自分では決定できない事実を受け入れる「負荷ありし自己」⇒サンデル**

　また，**サンデル**はロールズを批判し（『リベラリズムの限界と正義の限界』），福祉国家のあり方や，自由主義について批判を加えます。ロールズが考えるように，**すべての行為に個人の同意が必要ではない**と言うのです。

　サンデルによれば，義務には個人の同意によって発生するものがある一方で，**世の中の連帯や忠誠心など，共同体に属する構成員として生まれる，個人の同意とは無関係な義務もある**といいます。こうした**共同体的責任を負った自己を「負荷ありし自己（encumbered-self）」といい，その道徳的な重要性**をサンデルは主張します。

　一方で，共同体というものの曖昧さを指摘する声もあります。例えば共同体には，家族もあるし，国家もあります。国家のために家族を犠牲にしなければならない時，優先順位は，どのようにすればよいのかも議論していく必要があります。

●**迷いながらも考え続ける⇒ロールズの「反照的均衡」**

　かつてロールズは，「**反照的均衡**」という考え方を提示しています。先ほどの正義の二原理がいつも人々の生活と一致するわけではありません。**原理と現実との間を行き来しながら，公共の正義の発展を目指していく**，というニュアンスです。

　これまで見てきたどの思想も，どれか一つが正しいというわけではなく，日々移りゆく世界の中で原理と現象を照らし合わせ，柔軟に自由や公正について思考していくことが求められているといえるでしょう。

倫政の出題内容・一発表示！	▶▶▶コミュニタリアニズム

人物	思想・キーワード
マッキンタイア	⇒人間は共同体の中で「**物語を紡ぐ生き物**」
サンデル	⇒共同体的な義務を「**負荷ありし自己**」として引き受けることが善

第5章

日本の思想

攻略の視点

　倫政導入以降（2012年度以降），日本思想史全体を出題する傾向がありました。共通テストにおいても，共通テスト以前のセンターでは日本思想史の全体像を俯瞰することが望まれ，そしてこの分野にこそ，倫政の倫理分野の攻略のカギがかかっています。

　この講義では図解を多く用いて，一目で整理できるようになっています。また人物が多いため，暗記が苦手な受験生（特に理系の人）が不得意な分野です。人物スコープに目を通した上で講義を読み，重要人物（特に★が付いている人物）をまずは覚えましょう。その上で理解が必要な人物を丁寧に読み込み，暗記的な出題の多い人物は単語カードを作るなどして，問題編にトライして下さい。

この章の攻略ポイント

❶ 古代日本人の倫理観
❷ 本地垂迹説，聖徳太子，奈良仏教，平安仏教，鎌倉仏教の概要を理解
❸ 「空海」，「親鸞」，「道元」を整理，「顕教と密教」「禅宗系と浄土系」の相違
❹ 江戸〜幕末の最頻出はズバリこの12人！
　「林羅山，中江藤樹，山鹿素行，伊藤仁斎，荻生徂徠，本居宣長，賀茂真淵，石田梅岩，安藤昌益，二宮尊徳，佐久間象山，横井小楠」
❺ 日本近代の最頻出はズバリこれ！
　「明六社，福沢諭吉，中江兆民，内村鑑三，新渡戸稲造，西田幾多郎，和辻哲郎」
❻ 西田幾多郎の「純粋経験」と和辻哲郎の「間柄的存在」への詳しい理解

1 古代日本思想と日本文化

ここが出る！ 試験前の倫政の出題・正誤 Point！

① 往来可能な3つの世界
② すべてを見せ合う「清き明き心」と感覚的な罪意識
③ 和辻哲郎の『風土』の分析

💡 日本の神とは？ ➡ 自然界の全てが神様

　日本はアジア大陸と太平洋に挟まれた島国で，古来より，様々な技術や生活様式が海を渡って伝えられました。水田耕作の農耕技術も大陸から伝えられ，**6世紀には，仏教や儒教も大陸から伝来しました。**

　古代日本では，四季の変化や，自然の暴威を畏れつつ，その恵みなどへ感謝する「**自然崇拝（アニミズム）**」を中心とした信仰が根付いていました。「**天照大神**」は女性で，かつ太陽神です。そして呪術によって自然の怒りを鎮める「**シャーマン**」も女性でした。

　また，「神」は**西洋の唯一神や絶対神とは違い，無生物**（山や川や海，石など）**や，汚れなども神**とされています。宮崎駿のアニメ『千と千尋の神隠し』には，優しい神も，汚い神も，お風呂屋さんに登場し，日本の神の多様性を描いています。こうした多様な神を「**八百万神**」といいます。

スッキリわかる!! 思想イメージ

〈自然への畏怖〉
→ 多神教〈八百万神〉
優　汚　暴

カミ 神（自然の暴威を鎮める）
→ 祭祠
〈シャーマン〉
女性
→ 呪術

●日本の神話

　ここで，日本の神話について考えていきましょう。

　『**古事記**』では，天照大神が中心となる「**高天原**」，そして人間が住む「**葦原中国**」，死んだ人が行く「**黄泉国**」の**3つの世界**があるとされています。そして面白いのは，**この3つの世界は往来可能**なのです。

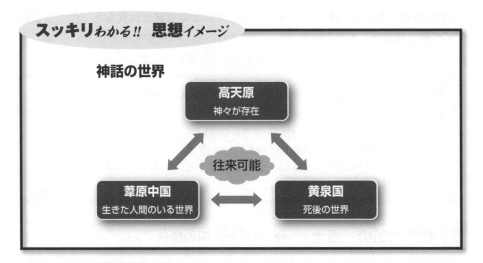

スッキリわかる!! 思想イメージ

神話の世界

高天原
神々が存在

往来可能

葦原中国
生きた人間のいる世界

黄泉国
死後の世界

💡 日本人の倫理観

●日本人はどんなことが「いいこと」なのか?

日本人は,「清き明き心（清明心）」（清き心・明き心・赤心）といって,神や人に偽らず,お互いに見せ合う純粋さを大切にしています。江戸時代の正直（石田梅岩が有名,228ページ参照）や,伊藤仁斎（223ページ参照）の「誠」,本居宣長（226ページ参照）の「真心」なども同じ系列の概念です。

風呂にタオルを入れないことや,寿司屋のように目の前で握ったものを,そのまま直に食べるなど,「すべて見せる」という行為を大切にしていますよね。この,「清き明き心（清明心）」の逆は,「濁心・暗き心・私心」といいます。

僕らも普段「腹割って話せよ」と,すべてを見せることを何気に大切にしています。また,「現世中心主義」や「楽

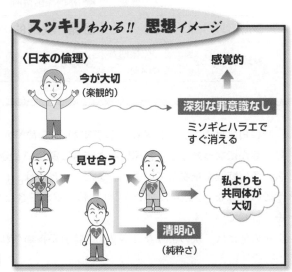

スッキリわかる!! 思想イメージ

〈日本の倫理〉

今が大切
（楽観的）

感覚的

深刻な罪意識なし

ミソギとハラエで
すぐ消える

見せ合う

私よりも
共同体が
大切

清明心
（純粋さ）

天的世界観」をもち，西洋の原罪のような深刻な罪意識とは異なる，汚れなどの「感覚的な罪意識」もその特徴です。この罪は，祓い（代償物を差し出す），禊（水ですすぐ）によって，簡単に拭いされるという，実に楽天的な考え方です。

倫政の出題内容・一発表示！ ▶▶▶日本人の倫理観

1 清明心…互いに見せ合う純粋さ
2 感覚的な罪意識（病気，災い，ケガレなど）
　⇒西洋の深刻な罪（契約違反，原罪）とは**違う**
　⇒祓い（代償物を差し出す），禊（水ですすぐ）によって，拭いされる
3 楽天的な「現世中心主義」

和辻哲郎の『風土』 ➡ 自然と人間の関係

　和辻哲郎は『風土』の中で，客観的な自然と人間との一体的な関わり合いについて研究しています。まず，下の一発表示を見てください。

倫政の出題内容・一発表示！▶▶▶和辻哲郎の『風土』の研究

●自然環境と人間の相関関係

型	自然	人間	文化
モンスーン型	暑熱と湿地，自然の暴威	**忍耐**的，**受容**的，感情的，**非戦闘**的	人生への洞察など
砂漠（沙漠）型	荒々しい	**団結，戦闘的**	人格神
牧場型	夏の乾燥期と冬の雨期	**合理的**	合理性

　特に**日本はモンスーン型に属します**が，「しめやかな激情」といい，突然怒ったり，静かになったりと，喜怒哀楽が非常に激しいと分析しています。これは自然災害が多い特徴を反映しています。また和辻哲郎は，日本は外来文化をそのまま受容するのではなく，独自にアレンジし，積み重ねてきたという，「**日本文化の重層性**」を分析しています。
　その他には，次のような日本文化の特徴が指摘されています。

1　自然との調和
⇒**自然を生活に取り込む**（季語，庭園など），西洋の自然支配性とは異なる

2　共同体の重視　★意味の＋，－に注意
⇒個人より**共同体の秩序重視**

3　「恥の文化」
⇒「**ベネディクト**」（1887～1948）は『**菊と刀**』の中で日本文化を，西洋の神に対する「罪の文化」に対して，「恥の文化」とした。

4　論理よりも情緒的行動
⇒**一貫した論理的態度よりも，感覚的態度**をもつ
⇒**中江兆民**（237ページ参照）は「**日本に哲学なし**」と指摘した

5　実力よりも年功を重視「年功序列」…**中根千枝**（なかねちえ　1926～）『**タテ社会の人間関係**』

6　依存を肯定的にとらえる「甘え」…**土居健郎**（どいたけお　1920～2009）『**「甘え」の構造**』
⇒**個人の自立を重視する西洋**とは異なる，「依存性」の容認

　3の「恥の文化」は，アメリカの文化人類学者ベネディクトの指摘です。**西洋の神の契約に反することへの自責である「罪の文化」に対して，日本人の他人に恥をさらすこと嫌う文化**の特色を「恥の文化」としています。これは日本人が古くから，個人よりも共同体を重要視したことも影響しています。**4**から**6**については，常識で判断できると思います。できるだけ**人物とともに用語を押えておきましょう**。また，それぞれの用語が，プラスの意味を持つのか，マイナスの意味を持つのかにも注意しましょう。

ちょっとひと休み　感情と人間

　自然の変化が激しい日本人は，常に自然に畏怖を感じ「カミ」として崇めてきた。また日本人の感情も四季同様に「喜怒哀楽」を素直に出す，という側面がある。江戸時代の本居宣長は，こうした純粋な感情を「もののあわれ」として評価した。感情的になることが憚られる時代にあって，いい意味で人間らしい感情を大切にしても良いのかもしれない。

2 神道の形成と 日本仏教の展開①

ここが出る！ 試験前の倫政の出題・正誤 Point！

① 本地垂迹説，垂加神道，復古神道を区別できているか
② 奈良仏教⇒鎮護国家，そして行基の活躍
③ 平安仏教⇒最澄の「一乗思想（法華一乗）」と，空海の「密教（特に三密）」
④ 平安末期の浄土教は⇒源信が「理論化」，空也が民衆に「布教」

💡 日本の神道 ➡ 結構おおざっぱ？

　西洋のユダヤ教やキリスト教，西アジアのイスラーム教などは教義があり，非常に体系的な宗教でした。しかし，仏教伝来前の日本の信仰は，**自然崇拝**（アニミズム）を中心としたもので，**決して体系的とはいえませんでした。もちろん教団や組織もなく，こうした宗教を「古神道」といいます**。後に仏教や儒教が伝来すると，神道は独自性を形成していきました。

　奈良時代に入ると，**神道と仏教を融合させる「神仏習合」**という思想が生まれました。平安時代に入ると，仏教の側から，**神は仏の化身として現れた（権現）**とする，「**本地垂迹説**」が説かれました。逆に鎌倉時代に入ると，仏教に対して神道が優位に立つ「反本地垂迹説（神主仏従）」が説かれます。こうしてみると神道の体系は，結構おおざっぱなんですね（その多元性も大切ですが）。

　一方，江戸時代に入ると，朱子学者であった山崎闇斎は，**神道と儒教を融合する**「**垂加神道**」を説きました。また，「神仏習合」，「垂加神道」などのように外来宗教を混ぜることなく，**純粋な神道を体系化する人々が現れました**。特に，平田篤胤の「復古神道」が有名です。

　その後，明治から第二次世界大戦終結までは，神社は**国家の管理下**に置かれ，神道は「**国家神道**」として他の宗教の上に置かれ，宗教の政治的利用や，信教の自由の侵害などが行われました。こうしてみると，「神道」と一言にいっても，その歴史を体系的に一元化することは難しいといえます。

倫政の出題内容・一発表示! ▶▶▶日本の神道

時代	神道	内容
平安以前	古神道	**体系化に乏しい**
平安時代	本地垂迹説	仏教優位の「神仏習合」
鎌倉時代	反本地垂迹説 (神主仏従)	神道優位の「神仏習合」
江戸時代	垂加神道	儒教と神道の融合, **山崎闇斎**による
	復古神道	外来宗教の影響を排した神道, **平田篤胤**による
明治時代	国家神道	**神道を国家の管理下**に

💡 聖徳太子の思想

人物スコープ 聖徳太子(<ruby>厩戸皇子<rt>うまやとのみこ</rt></ruby>, <ruby>厩戸王<rt>うまやとおう</rt></ruby>)

出身 ▶ 用明天皇の皇子　　生没年 ▶ 574〜622
キーワード ▶ 世間虚仮, 和を以って貴しとなす

仏教道徳と儒教道徳などを基にして,「十七条憲法」を示す。和と共同体を重視し, 人々が争わない世の中を目指す。622年に49歳の若さでこの世を去った。

●仏教はいつ頃やってきたの？　聖徳太子って何した人？

　日本に仏教が伝来したのは, 6世紀頃ですが, その受容の仕方に注意しましょう。初めは「<ruby>蕃神<rt>あだしくにのかみ・ばんしん</rt></ruby>」として, 外国からやってきた神として考えられていました。つまり, **神と仏の区別が曖昧だった**ということです。日本の神話の世界にはもともと,「現世中心主義」という楽天的世界観がありました。そこから, 仏教のブッダの説いた「煩悩を断って涅槃に入る」といった深い理解ではなく, **現世利益的に仏教が理解**されていました。

　飛鳥時代の**聖徳太子**は,「<ruby>世間虚仮<rt>せけんこけ</rt></ruby>・<ruby>唯仏是真<rt>ゆいぶつぜしん</rt></ruby>」として, 現世の物事にとらわれず, 仏の教えのみが正しい道であるとして, **現世中心主義を改めました**。また,**「十七条憲法」**には,**「和を以って貴しとなす」**と説いて, 自らが悟っていない者とし

スッキリわかる!! 思想イメージ

〈仏教伝来〉　　　　〈聖徳太子〉
現世主義　　→　　改める

今だけ　　　　　仏だけ

て自覚し（凡夫の自覚），自己主張せずに話し合いをすることを推奨しました。また「篤く三宝（仏・法・僧）を敬え」とも書いてあります。ここで注意したいのは，十七条憲法には，仏教を重んじつつも，儒教的な人間関係のあり方が説かれています。それは聖徳太子が仏教に理解を示しつつも，**儒教や神道などを否定したわけではない**ということです。

奈良仏教と平安仏教の特徴

●奈良仏教⇒国を守るための仏教？

さて，平安時代に入ると『金光明経』という，仏教が国家を安定（鎮護国家）させる役割を説く経典が流行り始めます。特に聖武天皇はこの教えに従い，全国に国分寺と国分尼寺を置き，奈良の**東大寺に大仏（盧遮那仏）を建立**しました。ちょうどこの頃，鑑真（688頃~763）が唐からやってきて，**僧侶としての正式な資格を授与する場所である「戒壇」**が東大寺に設けられました。また**奈良には「南都六宗」**（三論宗・成実宗・法相宗・倶舎宗・華厳宗・律宗）とよばれる研究学派が活躍しました。ただし，これらは教団ではなく，**研究学派である**ことに注意をしましょう。

一方，全国を「遊行（町中へ出て修行すること）」した**行基**（668~749）は民衆に布教しつつ，**無料の宿泊施設を作ったり，道や橋を作ったりと庶民の救済のために行動した僧**でした。人々は**行基を「行基菩薩」**として尊敬しましたが，時の朝廷は行基を**弾圧します**。しかし，後に両者は関係を修復し，**聖武天皇からの依頼で，行基は大仏の建立にも関わっています。**

倫政の出題内容・一発表示！ ▶▶▶**奈良仏教**

⇒鎮護国家…大仏建立など
⇒研究中心…**南都六宗**（三論宗・成実宗・法相宗・倶舎宗・華厳宗・律宗）
⇒**行基**は，市中に出て民衆に布教（**遊行**）

●平安仏教⇒人々の救済？

　奈良仏教は国から手厚い保護を受けていたため，しだいに**仏教の政治への迎合が顕著**となります。**桓武天皇はこれを改革すべく，山城の平安京に遷都**しました。

　同じように，平安時代のヒーローともいうべき**最澄と空海**も，**唐に留学して（入唐）帰国後，政治権力との迎合を避けるため，山岳で宗教活動**を行い，人々の救済を目指し始めたのです。こうした山岳仏教は平安時代に盛んになり，彼らの他にも**修験道**の開祖である**役小角**なども有名です。それでは最澄と空海を詳しく見ていきましょう。

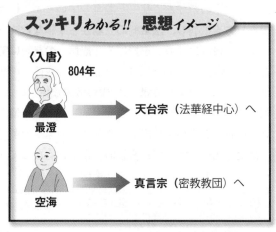

スッキリわかる!! 思想イメージ

〈入唐〉

804年

最澄 ➡ 天台宗（法華経中心）へ

空海 ➡ 真言宗（密教教団）へ

💡 最澄と空海の思想

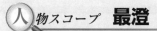

人物スコープ　最澄

出身▶近江国（滋賀県）　　**生没年**▶767～822
キーワード▶一切衆生悉有仏性　**主著**▶『山家学生式』，『顕戒論』

804年に入唐し，天台宗を開く。入唐して天台山で密教・禅を学ぶ。法華経の一乗思想（法華一乗）に心酔し，すべての生き物に仏性（仏となる可能性）があるとして，修行することを説いた。死後，伝教大師の称号が贈られる。

●最澄⇒すべてが仏となる可能性がある？

　最澄は804年に入唐し，天台山で法華経を中心とする天台宗を学びました。805年に帰国した最澄は，**法華経を中心**に密教・禅・戒律を総合した**四宗合一**の日本天台宗をおこします。天台宗では，様々な仏の教えは一つの教え，つまり法華経にあるとする「**一乗思想（法華一乗）**」を説きました。そして**生きとし生けるものすべてには，修行をすれば仏となる可能性「仏性」がある**，という「**一切衆生悉有仏性**」を重視しました。この考え方は，以前に大乗仏教（75ページ参照）でも勉強しまし

たね。後の天台宗では，山や川，草や木などの心を持たないものでも成仏できる（<ruby>山川草木悉皆成仏<rt>さんせんそうもくしっかいじょうぶつ</rt></ruby>），という考え方も含むようになりました。

一方で最澄は，**仏になれるかどうかに区別がある**とする「**三乗（三乗思想）**」[1]を説く法相宗の僧である<ruby>徳一<rt>とくいち</rt></ruby>と論争しています。**最澄は，差別的な救済論を説く仏教のあり方を批判し，法華経の立場から平等な救済**をとなえたのです。

また，最澄は「戒」を授ける「**戒壇**」の「**新設**」に努力しました。日本では鑑真が，754年東大寺に「小乗戒」（上座部仏教の戒律）の戒壇を初めて設けましたが，最澄は延暦寺に「**大乗菩薩戒**」（**大乗仏教の戒律**）の戒壇の設立を主張し（『<ruby>顕戒論<rt>けんかいろん</rt></ruby>』），朝廷に提案しますが中々実現せず，最終的には**最澄の死後に実現**します。以後，延暦寺は正式な僧侶を輩出し，鎌倉仏教の開祖の多くもここに学びました。

最澄の死後，天台宗は密教的要素が強くなって「**台密**」とよばれるようになり，それに対して真言宗の密教を「**東密**[2]」とよぶようになりました。

倫政の出題内容・一発表示！ ▶▶▶最澄

⇒比叡山延暦寺に「**天台宗**」を開く。のちに「**伝教大師**」に
⇒「**法華経**」中心に，「**一乗思想（法華一乗）**」を説く
⇒こうして，修行をすれば，草も木も生きとし生けるものは全て仏となる「**仏性**」がある，とする「**一切衆生悉有仏性**」を主張した

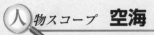 **人物スコープ　空海**

出身▶讃岐国（香川県）　　**生没年**▶774〜835
キーワード▶三密　　**主著**▶『<ruby>三教指帰<rt>さんごうしいき</rt></ruby>』

奈良仏教に疑問を持ち，804年に入唐し，密教と出会う。三密という修行を通して，大日如来と一体化する教えを説いた。高野山に金剛峰寺を建立。また，日本初の民間教育機関である「<ruby>綜芸種智院<rt>しゅげいしゅちいん</rt></ruby>」を開く。死後，弘法大師の称号が贈られる。今でも高野山では親しみを込めて「**<ruby>お大師様<rt>だいし</rt></ruby>**」とよばれ，人々の信仰・生活の中に溶け込んでいる。

---

[1] 仏の教えにより悟りを開く「声聞乗（しょうもんじょう）」，仏にたよらず悟りを開く「縁覚乗（えんかくじょう）」，他者の救済を目指す「菩薩乗」を三乗とし，声聞乗と縁覚乗を「小乗」，菩薩乗を「大乗」として小乗の教えでは悟れないとする。
[2] 真言宗が，嵯峨天皇が空海に与えた「東寺（教王護国寺）」を根本道場としているため「東密」とよばれる。

●空海⇒即座に仏となるには？

奈良仏教に疑問を抱いていた**空海**は，**804年に入唐**します。そして「**密教**」を学び，長い期間修行をして仏となるのではなく，**即座に仏となる**「**即身成仏**」について説き始めます。まずはここで，「**顕教**」と「**密教**」について押さえてください。

倫政の出題内容・一発表示！ ▶▶▶顕教と密教

顕教
大日如来の権りの姿である**釈迦**が，**秘密にすることなく**，人々に分かり易く説き顕した仮の教え（密教以外の教え）

密教
大日如来（大日仏）が説いた密かな教え
「**三密**」を重視し，**大日如来と一体化することで**「**仏**」**となる**（即身成仏）

つまり，密教からみると，顕教は釈迦が説いた仮の教えということになります。そして，宇宙のすべては，宇宙の根本仏である「**大日如来（大日仏）・毘盧遮那仏**」の現れだと考えます。この**大日如来と自分が一体化することで**，**即身成仏できる**のです。具体的には「**三密**」という修行を行います。

抽象度が極めて高いので，ここから少し噛み砕きます。実は「三密」を日常の例で考えてみると分かりやすいのです。

今，母親に「風呂に入りなさい」と言われたユウスケは「今日はめんどいからいい‼」と断ったとします。このユウスケの本性は何か。
「風呂に入らないと言っている」
⇒「**身**（行為）」
「汚れてもいいと思っている」
⇒「**口**」
「風呂に入らず体が汚れている」
⇒「**意**（心）」

つまり，「汚れていい」という本性が「身」「口」「意」に同時に現れているのです。このように，「**身**」，

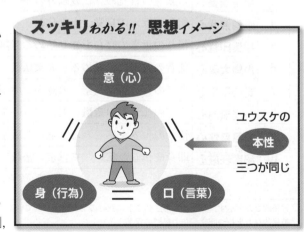

スッキリわかる‼ 思想イメージ

意（心）

ユウスケの
本性

三つが同じ

身（行為） ＝ 口（言葉）

「口」，「意」が同じであると，密教では考えます。よく考えてみましょう。「悪口ばかり言う人（口）」は「身」「意」もその様相です。逆に，「人を助けようと考えている人（意）」は「口」「身」もその様相です。

　密教では，心に**大日如来（本尊）**を念じ，身に正しい形（**印契**[3]）を組み，口に正しい言葉（**真言**[4]・マントラ・mantra）を唱えるという密教の修行（これを「**三密**」といいます）を行います。こうして，**自身のすべてを大日如来と一体化し，「即身成仏」**をするのです。逆に仏と一体とならず，「**身・口・意**」が単に衆生（人）の行為として現われた状態を「**三業**」といいます。さきほどのユウスケの場合は，この「**三業**」の状態といえます。

　大切なのは，三密の概念です。普段から教室で人の心を見たければ，その人の行動・言動を見てください。もちろん，僕が書いたこの参考書の文章も，「身」や「口」です，みんなには，僕のどのような「意（心）」が見えていますか？

　また，密教では「**曼荼羅**（マンダラ・mandala）」とよばれる**宇宙の真理（大日如来や諸仏など）**を図像化したものに礼拝します。そして，言葉を超えた**宗教的体験を重要視**します。

　最後に，空海の教えで興味深いのは，晩年の『**十住心論**』の中に示される，**悟りに至る10段階の過程**です。**儒教やこれまでの仏教の教えを，総合（綜合）的にまとめ上げたもの**で，とても興味が惹かれます。みんなは今どの段階ですか？

段階	十住心	内容
1	**異生羝羊心**（いしょうていようしん）	本能的，欲望的。動物的意識。煩悩状態
2	**愚童持斎心**（ぐどうじさいしん）	倫理的意識の目覚め。儒教的意識
3	**嬰童無畏心**（ようどうむいしん）	宗教への目覚め。仏教以外のインド的意識
4	**唯蘊無我心**（ゆいうんむがしん）	釈迦の教えの自覚。小乗仏教
5	**抜業因種心**（ばつごういんじゅしん）	悟りの世界の存在を知り始める意識
6	**他縁大乗心**（たえんだいじょうしん）	他者の救済に目覚める。大乗仏教
7	**覚心不生心**（かくしんふしょうしん）	全ての存在否定（空）の意識。中観派
8	**一道無為心**（いちどうむいしん）	全ての仏性への意識。天台宗（一乗思想）
9	**極無自性心**（ごくむじしょうしん）	悟りの世界を感じとる意識。華厳宗
10	**秘密荘厳心**（ひみつしょうごんしん）	即身成仏した状態。真言宗（密教）

（参考）金岡秀友『空海辞典』東京堂出版など

---

[3] 神秘的な力を示す，指や手の形。仏ごとに独特の形が定められている。
[4] 神秘的な力を持つ呪文。仏の秘密の言葉。

💡 末法思想と「浄土信仰」

●極楽浄土って？

　平安末期に入ると戦乱が相次ぎ，11世紀頃から**末法思想**という，少しネガティブな考え方が人々に広まっていきます。末法思想とは次のようなものです。

仏陀の死後	1000年　正法	1000年　像法	10000年　末法
教・教え	○	○	○
行・修行	○	○	×
証・悟り	○	×	×

　つまり末法とは，**もはや修行する者も，悟る者もいない，教えしか残っていない時代**です。さらに鎌倉時代にかけて，疫病や飢饉，震災が襲い，末法思想はますます現実味を帯びてきます。

　すると人々は，この現世を超えた，**極楽浄土**の世界に往くという，「**浄土教（浄土信仰）**」に希望を見出します。**西方に位置する**「**極楽浄土**」には「**阿弥陀如来（阿弥陀仏）**」が人々を救おうと待機しているという考え方です。一方で穢れた世界を「**穢土**」といい，**東方に位置**するとされます。唐の時代の僧である**善導**が「**南無阿弥陀仏**」の念仏によって救われると説き，日本の**法然**や**親鸞**に大きな影響を与えました。

　平安時代に**源信**が『**往生要集**』を著し「**厭離穢土，欣求浄土**」，つまり，**汚れたこの世から（穢土）離れ，極楽浄土を求めること**，を人々に説きました。源信は「**観想念仏**」という，心の中に阿弥陀如来を思い描く念仏を説いています。ちなみに，「念仏」という場合の「仏」は，「**阿弥陀如来（如来は仏に同義）**」を指します。

　この浄土教は，**空也**の遊行によって民衆にも布教されます。空也は「南無阿弥陀仏」の念仏を唱えながら，道路・橋の修理などの社会的事業を行うなどして多くの帰依者を得て，人々から「**市聖（阿弥陀聖）**」とよばれました。

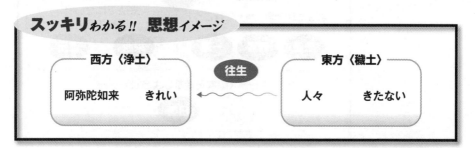

スッキリわかる!!　**思想イメージ**

西方〈浄土〉		往生	東方〈穢土〉	
阿弥陀如来	きれい	←	人々	きたない

3 鎌倉仏教と 日本仏教の展開②

学習の指針 ひろく深く
重要度 ★★★★★

ここが出る! 試験前の倫政の出題・正誤 Point!

① 浄土系と禅宗系の区別
② 特に,「法然」,「親鸞」,「栄西」,「道元」,「日蓮」は頻出
③ さらに,「親鸞の悪人正機説」,「道元の修証一等」,「日蓮の立正安国論」の理解

💡 スッキリと鎌倉仏教の総まとめ

●末法思想の拡大⇒急進的拡大がキーワード

　末法思想が拡大すると, なんとかしなければという焦りと不安が募りだし, ますます浄土教が拡大するわけです。法然の「浄土宗」や, 親鸞の「浄土真宗」, 一遍の「時宗」などが有名です。

　一方で, 末法思想を否定して, 自ら悟りを開こうとする「禅宗」系があり, 代表的なものに栄西の「臨済宗」や, 道元の「曹洞宗」などが有名です。

　さらに, 国家の変革を強く主張する日蓮の「日蓮宗（法華宗）」は, 当時の権力者からの弾圧に屈せず, 民衆救済を強く説くものでした。

　このように鎌倉仏教（鎌倉新仏教）は, 多くの個性ある僧侶たちが末法思想と対峙しながら, 個性豊かに, かつ急進的に教えを拡大していったことになります。

　特に今あげた6人の僧が頻出です。

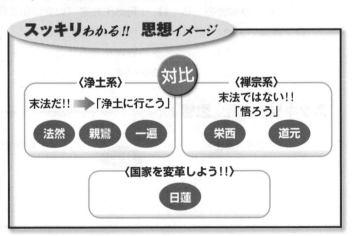

スッキリわかる!! 思想イメージ

〈浄土系〉　対比　〈禅宗系〉

末法だ!! ➡「浄土に行こう」　　末法ではない!!「悟ろう」

法然　親鸞　一遍　　　栄西　道元

〈国家を変革しよう!!〉

日蓮

💡 法然・浄土宗 ➡ 悟ることよりも人々の救済

🔍人物スコープ 法然

出身▶美作国（岡山県）　**生没年**▶1133〜1212
キーワード▶専修念仏, 他力易行門　**主著**▶『選択本願念仏集』

　9歳の時に父親が殺され，15歳で比叡山に入るも，天台宗の教えに反発し下山。様々な経典を読む中で，浄土教の教えと，自ら悟りを開く修行ではなく，誰もが極楽浄土に行くことを目指す「易行」を説いた。当時の宗教権力から批判を受け，76歳の時に土佐（実際には讃岐）に流罪となる。後に赦されて80歳で死去した。悟りよりも救いを重要視した鎌倉仏教の革命児である。

●まずは悟るよりも極楽浄土に行こう？

　今まで学習した通り，末法の時代は，悟ることはできません。ではどうすれば良いのか。**法然**は「**南無阿弥陀仏**」と念仏を唱え，まずは極楽浄土に往生することを説きます。ここで大切なのは，「**念仏を唱える**」というところです。

　源信の教えは「観想念仏」といって，阿弥陀如来を心に想い起こすものでした。そうではなく，**誰もが行いやすい（易行）「口で唱える」，「称名念仏」**を説いたのです。

　こうして念仏を唱える修行を「**専修念仏**」といいます（一説には法然は一日6万回も唱えた）。すると，文字が読めない人々でも簡単に極楽浄土に生まれ変われるのです。法然は**浄土宗**を開き，人々にその教えを説きました。

　さらに浄土教の経典（『無量寿経』）では，阿弥陀如来が菩薩として修行していた時に「**四十八願（弥陀の本願）**」を立てて，その中で人々を極楽浄土に往生させることを誓った，と説いています。苦しむ人々を見た法然は，自らの「**自力**」で悟りを目指す「**聖道門**」ではなく，阿弥陀如来の「**他力**」によって極楽浄土への往生を目指す「**浄土門**」を説いたのでした。

スッキリわかる‼ 思想イメージ

思い起こす　　　　口で唱える
「観想念仏」　対比　「称名念仏」
［難］　　　　　　　［易］

つまり，法然は人々が悟ることよりも，人々を救うことを第一に考えたのです。こうした法然の姿勢を「**他力易行門**」といいます。

　一方で**明恵**という僧は，『**摧邪輪**』を著し，この法然の立場を批判しました。「**仏教の本質は悟りを求める心〔菩提心〕にある。それなのに法然はその菩提心を忘れている**」と批判したのです。こうして法然は当時の仏教界から非難され，念仏停止を命じられ，流罪とされます。

💡 親鸞・浄土真宗　➡　悪人こそ救われる

人物スコープ　親鸞

出身▶京都　**生没年**▶1173〜1262
キーワード▶悪人正機　**主著**▶『**教行信証**』

幼くして両親と死別。29歳の時に法然の弟子となり，念仏を支持したため，35歳の時に流罪となる。またこのころから「非僧非俗（僧でもなく，俗人でもない）」とする立場を取り，在家信仰を流布していく。特に恵信尼という女性を妻として持ち，子も得た。自ら悟ることの出来ない「悪人」を，阿弥陀如来が救うにふさわしいとして，多くの在家信者の救済を行なった。

●自分ではどうすることも出来ないと考える時，人は何をするか？

　法然の弟子であった**親鸞**は，その教えをさらに徹底させ，**浄土真宗**を開きます。親鸞は，この世は**すべて阿弥陀如来の働きである**「**自然法爾**」であると説きます。従って自ら悟ることをやめ，**弥陀にすべてを委ねる**「**絶対他力**」を説いたのです。

　すこし考えてみましょう。あなたがすべての財産を失った，大きな病を患った，大切な人を失った，罪人として捕まった，など，こうした絶望の淵に立たされた時，果たして自分の力だけを信じて生きていけるでしょうか。やはり，**何かにすがりたい，委ねたい**と，自らの救いを求めるのではないでしょうか。

　親鸞は「自分ではどうすることもできない」と考える，**煩悩に満ちた「悪人」**こそが，阿弥陀如来に全てを委ねようとする心が強く働く，と考えたのです。これを

「悪人正機説」といいます。ここで大切なのは，悪人を「悪い人」と捉えるのではなく，悟ることの出来ない人（煩悩具足の凡夫）と捉えることです。親鸞自身も，肉食し，妻帯しました。つまり僧ではありませんが，だからといって，阿弥陀如来を信じていない俗人でもありません。この立場を「非僧非俗」といい，その後の在家信仰の拡大に大きく影響を与えました。

後に，親鸞の弟子である唯円（生没年不詳）は，著書『歎異抄』の中で次のように述べます。

「善人なおもて往生をとぐ。いわんや悪人をや」

つまり，自分で悟ろうとする人（自力作善の人）は阿弥陀如来への信心が弱い。自らを悪人と自覚した人の方が信心が強い，というのです。

●すべて阿弥陀如来の計らい⇒感謝へ

親鸞の念仏のスタイルは，救済を願うのではなく，阿弥陀如来への純粋な感謝の思い（報恩感謝の念仏）を大切にするところにあります。阿弥陀に出会うのも，出会わぬも，救われるのも，そうでないのも，すべて阿弥陀如来の計らいで（自然法爾），私たちは阿弥陀如来に委ねるべきであると親鸞は説いています。従って，念仏が口から出るのも，阿弥陀如来の計らいということになります。こうした立場は他力信仰を徹底化したもので「絶対他力」とよばれます。

倫政の出題内容・一発表示！ ▶▶▶親鸞の思想

1 自らが悟れないと自覚する「悪人」こそ⇒阿弥陀如来への信心が強い

2 阿弥陀如来はこうした人を救う⇒「悪人正機説」

3 阿弥陀如来の計らい⇒「自然法爾」，に全て委ねること⇒「絶対他力」

ここで差をつける！ 往相と還相

⇒極楽浄土に往生しようと願うことを「往相」といい，仏に向かわせることを「往相廻向」という

⇒往生した極楽浄土から，穢土に帰ってくることを「還相」という

⇒親鸞は『教行信証』の中で，「往相廻向」とともに，浄土から穢土に帰ってきて，仏に向かわせようとする「還相廻向」を説いている

💡 一遍・時宗 ➡ 念仏踊

●踊念仏⇒一遍の遊行とは？

「遊行」とは，以前にも行基（202ページ参照）のところで説明したように，**市中の中で修行することをいいます**。伊予国（愛媛県）で生まれた**一遍**（1239～89）は，15年間にわたって鹿児島から岩手までを周り，念仏を唱えながら踊る「**踊念仏**」によって布教を行ないました。一遍は自分の財産や書物など，すべてを捨てて遊行に人生をかけたのです。人々からは「**捨聖**」，「**遊行聖人**」とよばれ，一遍の教えは**時宗**（遊行宗）として発展していきました。ちなみに，平安時代に浄土を布教した**空也**（207ページ参照）は，「**市聖（阿弥陀聖）**」とよばれていましたね。**試験前はこの2つを区別**しておきましょう。

倫政の出題内容・一発表示！ ▶▶▶ 念仏の種類

人名	念仏
源信	**観想**念仏
法然	**称名**念仏
親鸞	**称名**念仏
一遍	**称名**念仏と**踊り**念仏

ここで差をつける！ 〉 叡尊と忍性という2人の僧

⇒鎌倉時代の僧侶は，死体や病人や非人に触れることを「穢れ」と捉えていた。これは，**神道と仏教が融合する**「神仏習合」が影響している。

⇒しかし，本来の仏教は，**死や病を特別視しない**「生死不二」が教えの基本にある。

⇒**叡尊**（1201～90）や，その弟子である**忍性**（1217～1303）は，積極的に死者の供養や，病のある人に食べ物を与えた。

⇒後に，「**文殊菩薩**」が非人を救うとする「**真言律宗**」が忍性によって開かれた。

💡 栄西・臨済宗 ➡ 自ら悟る

●自ら悟ることが肝心？⇒禅宗の教え

「浄土教」の考え方は，自ら悟ることではなく，極楽浄土に往生することが目的でした。**一方で「禅宗」は，「禅」と呼ばれる精神統一により，ありのままの姿を直視し，自ら悟ることを目的**とします。

栄西は，2回目の入宋の時に禅（臨済禅）を学び，後に臨済宗を開きました。初めは天台宗と朝廷から弾圧を受けましたが，**禅宗が他の仏教と対立するものではなく，国を安定させる鎮護国家の役割を果たすとした，『興禅護国論』**を著しました。その後，朝廷や幕府の保護を受け，京都の建仁寺がその拠点となります。栄西は**天台・真言・禅の3つの宗教を学ぶ事（三宗兼学）を掲げる**など，その教えは独特なものでした。後に鎌倉五山[1]，京都五山[2]が設けられ，武士を中心に発展しました。いわば臨済宗は，国家のエリート達が学ぶ教えとなっていったのです。

臨済宗では，坐禅とともに，**難解な問いである「公案」に答える，いわゆる禅問答を行なう，「看話禅」**という参禅（禅の修行）が行なわれました。かつて夏目漱石は鎌倉の円覚寺で参禅した際，「両親が生まれる前のおまえは何者であったか」という公案を受けました（小説『門』による）。単なる人間の知識を超えて，本質的問題を考えることが「看話禅」です。何か「哲学」の始まりのようですね。こうして他力ではなく，「**自力**」によって悟りを開こうとする立場が禅宗の特徴です。

また，**栄西**は，**『喫茶養生記』を著し，その後の茶道や華道などの芸術・文化にも影響**を与えました。

倫政の出題内容・一発表示！ ▶▶▶栄西の思想

1 『興禅護国論』（国の安定のために禅宗の必要性を説いた）
⇒朝廷・幕府からの保護を受ける
2 「公案」に答える（看話禅）⇒**本質的問題**を考える
3 『喫茶養生記』⇒茶道などの芸術・文化への影響

---

[1] 南禅寺（京都）を別格とし，1位から順に建長寺・円覚寺・寿福寺・浄智寺・浄妙寺とする。
[2] 鎌倉五山同様，南禅寺を別格に，1位から順に天竜寺・相国寺・建仁寺・東福寺・万寿寺とする。

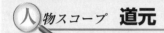

道元・曹洞宗 ➡ 末法思想の否定

人物スコープ 道元

出身▶京都　**生没年**▶1200〜53
キーワード▶只管打坐，修証一等
主著▶『正法眼蔵』（弟子の懐奘〔えじょう〕の著作『正法眼蔵随聞記』と区別すること）

　２歳で父と，７歳で母と死別。その後比叡山（天台宗）に入るも悟れず，17歳の時，建仁寺（臨済宗）に入り，栄西の弟子の明全に禅宗を学ぶ。23歳で宋に渡り，27歳で帰国。43歳の時，永平寺を開いた。曹洞宗の開祖である。

●修行は悟りの手段ではなく，悟りそのもの？

　道元は比叡山（天台宗）で修行するものの，悟りを得られず，栄西の臨済宗に活路を見出します。しかし，栄西はすでに亡くなっており，栄西の弟子である明全のもとで坐禅の修行をします。**入宋した時は，如浄という厳格な中国の僧につき，坐禅しました。太ももがただれるほどの厳しい坐禅の修行**をしたとのことです。

スッキリわかる!! 思想イメージ

ひたすら黙して坐禅「只管打坐」 **修行**	=	全ての自己の煩悩から開放された境地 **悟り**〈身心脱落〉

　ちなみに，**ひたすら黙して坐禅することを「只管打坐」といい，それによって自分自身の心の働きや身の働きによる，すべての煩悩から解放された境地を「身心脱落」と**いいます。道元は『正法眼蔵』の中で次のように述べています。

「自己をならうというは，自己を忘るるなり」

　道元の参禅は栄西の看話禅とは異なり，**仏法は言葉で表せない「不立文字」の立場から，黙して坐禅する「黙照禅」を行ないます。**坐禅によって，一切を明らかにし包み込んでいる**正しい仏法（正法眼蔵）を得るべく，精神を研ぎ澄まし，**執着心を忘れ，悟りの境地へと至るのです。

　このように，**自力で悟ろうとする立場を「聖道門」**といいます。道元は「**人々皆**

仏法の器」と考え，民衆が悟りに至る可能性を持つことを認め，**末法思想を否定し**ました。こうした態度は，法然や親鸞などの浄土教と区別されます。

　また道元は，**修行は悟りの手段ではなく，修行そのものが悟りである**，と考えたのです。これを「修証一等」といいます。さらに，**日常生活の一切の行為が修行であり悟り**だと考え，現在でも福井県の永平寺では，食事，清掃，坐禅など日常の行為すべてを修行だとして，多くの僧が修行に励んでいます。

倫政の出題内容・一発表示！ ▶▶▶道元

1 「只管打坐」⇒ひたすら**黙して坐禅**を行なう
2 「身心脱落」⇒すべての**執着心を忘れた**状態
3 「修証一等」⇒修行は悟りの**手段ではなく，悟りそのもの**
4 「人々皆仏法の器」⇒末法思想の否定

💡 日蓮・日蓮宗（法華宗）　➡　国家の変革と民衆救済

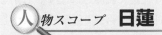

人物スコープ　日蓮

出身▶安房国（千葉県）　**生没年**▶1222〜82
キーワード▶南無妙法蓮華経，立正安国　**主著**▶『立正安国論』，『開目抄』

漁師の子として生まれる。比叡山など各地で修行し，法華経こそが最高の教えであるとする法華経至上主義を唱える。北条時頼に国として法華経に帰依すべきとする『立正安国論』を提出したが，受け入れられず伊豆へ流罪となった。その後，斬首刑に処せられそうになるが，天候が悪化して難を逃れ，佐渡に流罪となる。53歳で刑を解かれて身延山に入り，61歳で死去した。

●現実と国家を変革することこそが仏の道？

　日蓮が生きた時代は，天変地異や飢饉，疫病が発生し，まさに末法を象徴する出来事が起こり続けました。しかし，権力者たちは私腹を肥やし，僧侶たちは権力者に阿るばかりでした。日蓮は鎌倉の海岸の多くの遺体を見た時に，**現実の社会を変えることが，仏の道である**と考えたのです。極楽浄土に行くことや，厳しい修行をすることで人が救われるのではなく，現実の民衆の生活を豊かにすることに，日蓮はこだわりました。法華経こそが国と民衆を救うと確信した日蓮は，徹底的に**辻説法**（道行く人に説法を行う）によって**他宗を攻撃しました。以下に有名な4つの宗教批判である**「四箇格言」を挙げておきます。

1	念仏無間	⇒念仏を行う**浄土教は地獄に落ちる**
2	禅天魔	⇒経典（文字）を否定する**禅宗は悪魔の宗教**
3	真言亡国	⇒釈迦を仮の仏とする**真言宗は国を滅ぼす**
4	律国賊	⇒末法という大変な時代に戒律を重視する**律宗は国賊**

　日蓮は法華経を重要視していたため，この批判の中には**天台宗は入っていません**。

　そして，日蓮は相手を納得させる布教方法の「摂取」ではなく，**相手を説き伏せる「折伏」**という急進的な方法を説きます。末法の世では摂取という緩い方法では救済が間に合わないと日蓮は考えたのです。

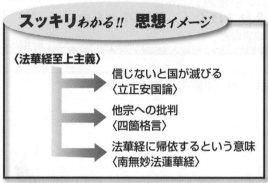

スッキリ**わかる!!** 思想**イメージ**

〈法華経至上主義〉

信じないと国が滅びる
〈立正安国論〉

他宗への批判
〈四箇格言〉

法華経に帰依するという意味
〈南無妙法蓮華経〉

　そしてついに，時の執権である北条時頼に，**国として法華経に帰依すべきとする『立正安国論』を提出**しましたが，かえって幕府の迫害を受けることになり佐渡に流罪されます。しかし，日蓮の予言通り，蒙古襲来が起き，その後も様々な天変地異が世を襲いました。

●南無妙法蓮華経とは？

　「**南無妙法蓮華経**」とは，「**法華経に帰依する**」**という意味**です。これを「**題目**」といい，題目を唱えることを「**唱題**」といいます。題目を唱えることで，**宇宙と一体となり，即身成仏ができる**，と日蓮は人々に説いて回りました。大切なのは**死後の極楽の世界ではなく，目の前にある現実世界の中で極楽を作ること**，そのためには，題目を唱え，**国として法華経を信じるほかない**，と説いたのでした。

　その後，日蓮は斬首されかけましたが，難を逃れました。それでも佐渡に流罪となるなど，常に権力からの迫害を受け続けます。日蓮は，**正しい教え（正法）である法華経を信仰し修行する者（法華経の行者）は，必ず迫害に遭う**と説き，権力からの**迫害は正しさの証明**であると考えたのです。日蓮は次のように言います。

> 「**我日本の柱とならん。我日本の眼目とならん。我日本の大船とならん**」
> 『**開目抄**』

こうして日蓮は，宗教が現実の社会を変えること，そして民衆が現実の社会の中で輝き，幸福になることを願って布教を続け，多くの手紙や文章を残しました。

倫政の出題内容・一発表示！ ▶▶▶日蓮の思想

1. 「**法華経至上主義**」⇒他宗批判を行なう「**四箇格言**」
2. 「**立正安国論**」⇒国として**法華経に帰依**すべき
3. 「**南無妙法蓮華経**」⇒**法華経に帰依する**という意味，「**題目**」
4. 「**法華経の行者**」⇒**迫害は正しさの証し**

ここで差をつける！ 〉 法華経の久遠実成の仏

⇒法華経の中で説かれている仏で，釈迦が生まれる前の永遠の昔に悟りを開き，教えを説き続けている仏のこと
⇒釈迦はこの久遠実成の仏が人格として現われた歴史的存在である

倫政の出題内容・一発表示！ ▶▶▶鎌倉仏教総まとめ

開祖	宗	重要用語
法然	浄土宗	**専修念仏**（南無阿弥陀仏），**他力易行門**（聖道門を批判）
親鸞	浄土真宗	**悪人正機説**（悪を自覚した人こそ弥陀の本願に叶う） **自然法爾**（すべて弥陀の計らい）→**絶対他力**（弥陀にすべてゆだねる）
一遍	時宗	**踊念仏**（弥陀への感謝を表し踊る） **捨聖**…一切（知恵や善悪，恐れなど）を捨てて念仏を唱える
道元	曹洞宗	**只管打坐**（ひたすら坐禅）→修行と悟りは同じ「**修証一等**」 **身心脱落**…自己の心も言葉もすべて忘れ，執着心を断った状態
栄西	臨済宗	**公案**（難解な問い）に答える「**看話禅**」
日蓮	日蓮宗 （法華宗）	**題目**…「**南無妙法蓮華経**」（法華経に帰依するという意味） **法華経至上主義**→他宗批判→「**四箇格言**」 （**念仏無間，禅天魔，真言亡国，律国賊**） **法華経の行者**→弾圧を受けるのは正しさの証明 **立正安国論**→現実社会を仏国土化するために，国家として法華経に帰依すべき **久遠実成の仏**…歴史上の釈迦は仮の姿で，真実の仏は姿を変え人々を教化し続けている

4 江戸時代（日本近世）の思想① ～儒学と国学～

学習の指針 ひろく浅く
重要度 ★★★★★

ここが出る！ 試験前の倫政の出題・正誤 Point！

① 林羅山，中江藤樹，山鹿素行，伊藤仁斎，荻生徂徠の5人は頻出
② 朱子学と陽明学の対比的理解
③ 国学⇒賀茂真淵の男性美と，本居宣長の女性美の対比的理解
④ 全体的に対比や批判関係をつかんで，キーワードで理解する

💡 スッキリと江戸時代の総まとめ

　ここから江戸時代の思想に入っていきます。**とても長い期間で人物も多いため，まずはスッキリとその流れを整理**します。

　儒教が日本に入ってきたのは6世紀頃で，日本では儒学という学問として受容されました。聖徳太子（201ページ参照）の十七条憲法にも，その思想が入っていたことは，以前も勉強しました。鎌倉時代や室町時代の武士達は多くの教養を身につけるため，**仏教を京都五山や鎌倉五山（213ページ参照）で学ぶだけでなく，儒学も学んでいました**。また，戦国時代が終わって江戸時代に入ると，現実的な儒学が**出世間的（現実離れした）仏教よりも，広く受け入れられていくことになります**。儒学のうち**朱子学**は，**官学**にもなったほどです。

　さてここで右の図を見てください。

　このように江戸時代の思想には，**矢印で示したような「批判関係」があります。一つ一つはこの後勉強しますから，まずはこの図を思想のGPSとして頭に叩き込んでください**。それでは朱子学から講義します。

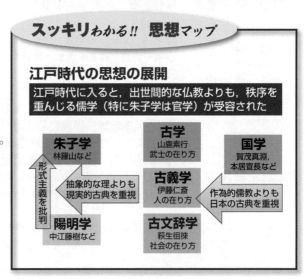

スッキリわかる!! 思想マップ

江戸時代の思想の展開

江戸時代に入ると，出世間的な仏教よりも，秩序を重んじる儒学（特に朱子学は官学）が受容された

古学
山鹿素行
武士の在り方

国学
賀茂真淵，
本居宣長など

朱子学
林羅山など

形式主義を批判

抽象的な理よりも
現実的古典を重視

古義学
伊藤仁斎
人の在り方

作為的儒教よりも
日本の古典を重視

陽明学
中江藤樹など

古文辞学
荻生徂徠
社会の在り方

💡 朱子学（京学） ➡ 藤原惺窩と林羅山

●藤原惺窩はもともと僧侶？

　江戸幕府を開いた徳川家康は，世の中を安定させるために様々な学問の講義を聴きました。すると，家康は特に藤原惺窩（1561〜1619）の講義を気に入りました。藤原惺窩は，京都五山の一つである相国寺で仏教を学んでいました。しかし，**出世間的（現実離れした）仏教よりも，現実的な人間・社会のあり方を説く儒学に惚れ込み，京都五山では教養として学ばれていたにすぎない朱子学を，仏教から一つの学問として独立**させました。藤原惺窩は**還俗**し（僧侶をやめること），その後家康から仕官することを勧められましたが，これを拒み，**弟子の林羅山を家康に推挙**しました。この藤原惺窩に始まる**朱子学**を「**京学**」と言います。

🔍人物スコープ　林羅山

出身▶京都　　**生没年**▶1583〜1657
キーワード▶上下定分の理，存心持敬　　**主著**▶『三徳抄』

21歳の時に藤原惺窩に師事し，仏教や儒学を学ぶ。藤原惺窩の推挙により，徳川四代将軍（家康・秀忠・家光・家綱）に仕えた。林羅山の死後，林家は代々幕府の儒官に登用され，林家の私塾は「湯島聖堂学問所」（1690）となり，後に江戸幕府直轄の学問所「昌平坂学問所」となった（1797）。また寛政異学の禁（1790）では朱子学以外の講義が禁止された。

●人間には生まれつき上下がある！

　特に江戸時代は，戦国時代のような下克上とは違い，「士農工商」の身分制度，上下の秩序を重視します。**林羅山**は「**天地自然に上下があるように，人間にも上下がある**」として，**生まれつきの上下を正当化**しました。これを「**上下定分の理**」といいます。この考え方は，当時の幕府の身分制度，社会制度を正当化するものとなり，**朱子学は官学**となりました。この後の江戸時代の思想は，こうした身分制度への批判は許されなくなっていきます。

　また，**私欲を慎み禁欲する「敬」を重視**し，上下定分を体現していくことを「**存心持敬**」といいます。これは**朱子**（83ページ参照）の「**居敬**」と同じです。こうした，**朱子学の形式的上下のあり方に疑問を抱いていくのが，陽明学**になります。

●朱子学者には他にどんな人がいる？

　その他の朱子学者については，キーワードと人名をセットにしておくことで対処できます。★は大切です。

人名	思想・キーワード
★**山崎闇斎** やまざきあんさい 1618〜82	儒教と神道の融合⇒「**垂加神道**」（200ページ参照）
★**新井白石** あらいはくせき 1657〜1725	イタリア人宣教師シドッチの尋問録⇒『**西洋紀聞**』
雨森芳洲 あめのもりほうしゅう 1668〜1755	対馬藩の外交官⇒**朝鮮との善隣外交**を主張
佐藤直方 さとうなおかた 1650〜1719	山崎闇斎の弟子⇒**神道よりも朱子学に傾倒**し，闇斎から破門される
木下順庵 きのしたじゅんあん 1621〜99	室鳩巣（225ページ参照），雨森芳洲，新井白石らを輩出

　特に新井白石は，シドッチを尋問する中で，**西洋の科学技術（形而下_{けいじか}）は優れている**と認めましたが，**キリスト教などの思想（形而上）には理解を示しませんでした**。ただし，鎖国の中で西洋への一定の関心を示した点は理解しておきましょう。

💡 陽明学と中江藤樹

 **中江藤樹**

出身▶近江国（滋賀県）　　**生没年**▶1608〜48

キーワード▶時・処・位，孝の実践　　**主著**▶『翁問答』

27歳の時に，従来の学問のあり方に疑問を持ち脱藩。その後「藤樹書院」という私塾を開き，庶民の教育に尽力する。朱子学の形式主義を批判し，外面的な規範ではなく，内面的な人間のあり方を説いた。人々からは「近江聖人_{おうみせいじん}」とよばれた。

●大切なのは「内側」？

　朱子学は，だんだんと外見主義・形式主義を重視するようになっていきます。それに対して**中江藤樹**は，「**藤樹書院**」という私塾を開き，とりわけ**内面性と実践を重視する陽明学**を人々に説き，「**近江聖人**」とよばれて親しまれていました。

　中江藤樹は，「**孝**」の実践を重要視しました。「**孝**」とは，**人間への親しみ**（**愛敬**）**と上への敬い，そして下を侮らないこと**です。言い換えれば，人間や宇宙の共通性を重要視する態度です。この「孝」を，「**時**（時期）**・処**（場所）**・位**（身分）」を考えて実践・発揮していく，**内面的な心の働きを重視**しました。中江藤樹は，**身分制度自体を否定はしませんでしたが，万物を貫く共通性を見るという意味での平等な思想**があったといえます。

　僕はよく高校時代の部活動に例えます。後輩が規則通りに部室を掃除するのか？それとも相手への思いやりから，自発的に部員が掃除するのか？　後者が陽明学に近いといえるでしょう。

　中江藤樹は晩年，陽明学で説かれている「**良知**（生まれつきの善悪の判断能力）」と，それをそのまま発揮する「**知行合一**（王陽明・84ページ参照）」を重視し，日本陽明学の祖と呼ばれています。

倫政の出題内容・一発表示！ ▶▶▶中江藤樹

1　「**孝**」とは⇒**人間への親しみ**
2　「**時**（時期）**・処**（場所）**・位**（身分）」を考えて⇒**実践・発揮**
3　**朱子学の外面主義を批判**⇒**内面的な心の働き**を重視

●陽明学には他にどんな人がいる？

　朱子学同様，その他の陽明学者については，こちらもキーワードと人名をセットにしておくことが肝心です。★は大切です。

人名	思想・キーワード
★**熊沢蕃山** 1619〜91	岡山藩主に仕えて，無計画な森林伐採をやめて農業を守る「**治山治水**」を主張
大塩平八郎 1793〜1837	天保の飢饉で苦しむ人々を見て挙兵「**大塩平八郎の乱**」⇒しかし**失敗**

　このように，陽明学派の学者は，人々を守る「**実践**」を重視していることがうかがえます。こうした実践を重視する陽明学は，後の幕末の志士である，**吉田松陰**（232ページ参照）や，**西郷隆盛**らにも影響していくことになります。

💡 古学（古学派）

　これまで勉強した「**朱子学**」や「**陽明学**」は，孔子や孟子の思想の解釈である「**儒学**」です。すると，どうしてもそこに主観的側面が入り込んでくることになります。やがて，「孔子や孟子の本当の教え」は何かを探る学問が起こってきました。そのためには**原典を読んで直接その教えを学べばいい**。こうして，**原典に立ち返る**「**古学派**」とよばれる学派が登場します。

　主に「**古学**」を唱えた山鹿素行（主に**武士のあり方**を説いた），「**古義学**」を唱えた伊藤仁斎（主に**人間のあり方**を説いた），「**古文辞学**」を唱えた荻生徂徠（主に**社会制度の重要性**を説いた）を押さえておきましょう。

---

(1) 平時の武士は何のためにいる？　➡　**山鹿素行**

人物スコープ　山鹿素行

出身▶陸奥国（福島県）　　**生没年**▶1622〜85
キーワード▶士道（三民の師表）　　**主著**▶『聖教要録』

林羅山の弟子。その後朱子学を批判し，学者の解釈を排して，「周公」や「孔子」の原点に立ち返る古学を創始した。

　山鹿素行は，主著（『聖教要録』）の中で，解釈に頼る朱子学を批判し，『**論語**』や『**孟子**』を直接読むことで，**武士のあり方**を模索する「**古学**」を提唱します（これ以降古学派が形成される）。

　よく考えてみてください。江戸時代は戦乱の世ではなく，平時の世です。こうした世の中に求められる武士のあり方は何であるのか。山鹿素行は，**農・工・商の道徳的手本となること**（**三民の師表**）であるべきだと考えました。こうして人々の**倫理的な指導者**となることが武士の道であるとする「**士道**」を説いたのです。

　一方で，山本常朝は『葉隠』の中で，「**武士道というは死ぬことと見つけたり**」と述べ，死への覚悟を武士道としています。二人の武士のあり方を，**対比的に理解**しておきましょう。

死への覚悟　　対比　　道徳の手本となる

山本常朝　　　　　　　　山鹿素行

「武士道というは死ぬことと見つけたり」
＝死への覚悟

三民の師表 ＝士道

倫政の出題内容・一発表示！ ▶▶▶山鹿素行の思想

1 「士道」とは⇒「三民の師表」⇒（農・工・商）の道徳的手本≠死への覚悟

2 『聖教要録』を著し，朱子学批判⇒流罪へ

---

(2) 仁とは愛？　素直に生きる？　➡　伊藤仁斎（いとうじんさい）

人物スコープ　伊藤仁斎

出身▶京都　　**生没年**▶1627〜1705
キーワード▶誠，仁とは愛，古義学　　**主著**▶『童子問（どうじもん）』，『語孟字義（ごもうじぎ）』

京都の商人の子として生まれた。勉強熱心で仏教や陽明学，老荘思想を学ぶ。『論語』が宇宙第一の書であると確信し，古義学を提唱した。36歳の時，私塾である「古義堂」を開き，分かりやすく『論語』を講義した。

　伊藤仁斎もまた，朱子学の解釈に批判的でした。勉強家だったこともあって，陽明学や仏教，老子や荘子の思想を勉強する中で，**孔子の『論語』**こそが「**最上至極（さいじょうしごく）・宇宙第一**」の書であると考えました。そして**『論語』**とその補助の書である**『孟子』**の２つに，儒教本来の意味である「**古義**」が示されているとして「**古義学**」を提唱したのです。

　伊藤仁斎は，人間の本来のあり方である「**仁**」とは，「**愛**」であると考えます。そして，**自分や他人に偽りを持たない「誠」**こそが，**真実無偽**の心で，**これを実践していくことを「忠信（ちゅうしん）」**としました。

　つまり，朱子学のように本来の姿を偽り，**禁欲的な理である「敬」に従って生き**

ていくことは，「愛」を忘れ，反って酷薄で非情になってしまうと考えたのです。簡単に言えば，「**人間を大切に，偽らず素直に生きろ**」ということです。こうした考え方は，古代日本からの「**清き明き心**」に通じるものがあります。ある意味で伊藤仁斎は，**身近な日本人の倫理観を上手に活用しながら，孔子の仁を説明した**ともいえます。

さらに伊藤仁斎は，人間の本来のあり方は，**身近な日常生活の中にある**（人倫日用の道）と説き，私塾である「**古義堂**」で分かりやすく講義を展開しました。**すべての生命は，活動する「活物」であり，自然な愛や一定の欲望は肯定される**とする，従来の朱子学とは大きく違う世界観を人々に示しました。

こうした素直で分かりやすい，人間性豊かな伊藤仁斎の思想は，その後多くの人々に受け入れられていくことになりました。

倫政の出題内容・一発表示！ ▶▶▶伊藤仁斎

1 「仁とは愛」⇒朱子学の説く「理」に則ると人間は酷薄非情になる

2 偽らない心「誠」⇒体現したものが「忠信」

3 すべての生命は「活物」⇒一定の欲望は肯定される

---

(3) 大切なのは人間が作った社会制度？ ➡ 荻生徂徠

人物スコープ 荻生徂徠

出身▶江戸　**生没年▶**1666〜1728
キーワード▶先王の道，古文辞学　**主著▶**『弁道』

徳川綱吉の侍医の息子。父が流罪となったことで困窮に堪えて勉強した。その後柳沢吉保に抜擢されて幕政に参与。江戸で私塾を開き，実証的な文献を研究する「古文辞学」を提唱した。

荻生徂徠は，中国の古典を徹底的に研究しました。そして**中国古代の言葉である「古文辞」を読解すること**，つまり日本語風に書き下してある**訓読みではなく，中国語のままの音読みで読解すること**を重視し，「古文辞学」を提唱しました。また，『論語』よりも古い『六経』[1]を重視して研究しました。なぜなら，荻生徂徠は儒学の目的を，民衆の位を安定化させる「安天下の道」と捉えていました。その実現のためには，**古代中国の聖人（先王）がつくった「先王の道」を研究すること**，具体的には「礼楽刑政」[2]を学ぶことが，最も大切であると考えたからです。

　つまり，朱子学のいう「理」や，陽明学の内面的な「孝」は，現実的に人々の生活を安定させる（経世済民）ものではなく，それらよりも**社会制度を整えていくことが肝心だ**，と考えたのです。この考え方の根底には，**現実社会の政治と人間の内面的道徳を切り離して考える**，西洋近代思想とも通じるものがあります。後に**富国強兵や市場経済，開国貿易を唱える太宰春台**などにも影響を与え，日本の近代化を促進する土台ともなりました。
1680〜1747

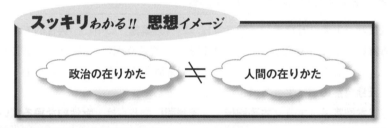

スッキリわかる!! **思想**イメージ

政治の在りかた　≠　人間の在りかた

倫政の出題内容・一発表示！ ▶▶▶荻生徂徠

1 社会制度である「先王の道」⇒「安天下の道」へ
2 現実社会の政治「≠」人間の内面的道徳
3 太宰春台などにも影響

● 荻生徂徠と室鳩巣

「赤穂浪士の仇討ち」に対して，
⇒**荻生徂徠**は，幕府の秩序を重んじ，これを「**不義**」**として批判**した
⇒一方，**室鳩巣**は，主人の仇を討った「**義士**」**として肯定**した
1658〜1734
幕府との主従関係の重視と，藩の中の主従関係の重視，という面白い対立がある

---

[1] 『易経』，『詩経』，『書経』，『春秋』，『礼記』の五経と，実在しない『楽経』
[2] 儀礼，音楽，刑罰，政治などをさす。

💡 国学 ➡ 何で中国の古典？　日本の古典に帰ろうよ

　今まで勉強してきた朱子学，陽明学，古学（古学派）は，すべて中国からやってきた思想です。それらに対して荻生徂徠などが古典文献を研究する影響を受けて，**「何で日本の原典に帰らないのか？」**と考える人々が出てきました。例えば**『万葉集』**や**『古事記』の研究**を行った人々です。こうして生まれた日本の古典研究をする学問を「**国学**」といいます。

　まず，その先駆者に当るのが**契沖**です。契沖は**『万葉集』**を研究し，**歴史仮名遣いを用いた実証的な注釈書である『万葉代匠記』**を著しました。また，伊藤仁斎に学んだ**荷田春満**は，日本の古代精神を明らかにすることを目指して**『創国学校啓文』**を著し，**国学を学ぶ学校**の必要性を説いています。特に，この後に勉強する**賀茂真淵**と**本居宣長**が大切です。

💡 男性的な万葉集？　➡ 賀茂真淵

　賀茂真淵（主著**『万葉考』**，**『国意考』**）は，**『万葉集』**の中に，**男性的でおおらかな振る舞いである「益荒男振」**を見出します。賀茂真淵は，**『国意考』**を著し，日本人は，この益荒男振をベースとした**自然で素直な心である「高く直き心」**を取り戻し，**天地自然の道**に生きるべきだと主張しました。

　一方で**本居宣長**（主著**『古事記伝』**，**『玉勝間』**など）は，**女性的な振る舞いである「手弱女振」**を重視しています。**対比的にこの2つを理解**しておきましょう。

💡「もののあわれ」って？　「共感・感情・美しさ」➡ 本居宣長

　本居宣長は，**『古事記』**をはじめ**『源氏物語』**など，多くの日本の古典を研究します。本居宣長は，**『古事記』**の神話の世界に日本人のあるべき道を見出しました。それは，人間の手を加えない，非人為的な**神話の神々に象徴される，自然な日本人の心情**でした。この道を「**惟神の道**」といいます。そして，**偽らず自然に振る舞う心を「真心」**といいました。この点はやはり**「清き明き心」**に通じる部分があります。

　また本居宣長は，**『源氏物語』**を研究する中で（**『源氏物語玉の小櫛』**），人間の自然にこみ上げてくる感情を評価します。例えば，きれいな花を見ると「美しい」と心が揺さぶられる。きれいな人を見ると「一緒になりたい」と心が揺さぶられる。いい香りのする食事を前に「食べたい」と思う。このように**人間は，様々な外界の事物と出会い，共感し，感情が生まれます。こうした働きを「もののあわれ」**とい

います。これが「美意識」
に対する基盤だと考えたの
です。

　つまり本居宣長は，**禁欲
的な儒学とは一線を画し，
人間に欲望があるのは自然
なこと**だと考えました。

　一方で，儒教や仏教の**理
屈ばかり説く，堅苦しい作
為的な態度**を「漢意（からごころ）」とし
て批判しました。日本人が

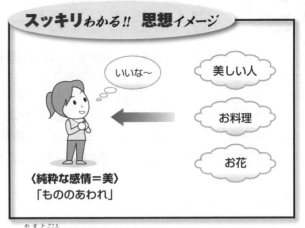

スッキリわかる!! 思想イメージ

いいな〜

美しい人

お料理

お花

〈純粋な感情＝美〉
「もののあわれ」

本来持つ，自然な真心である「**大和心（やまとごころ）**（漢意の対義語）」と異なるものだと考えま
した。外来文化を排斥する思想は，**平田篤胤**（1776〜1843）（主著『**霊能真柱（たまのみはしら）**』）の**復古神道**や，幕
末の尊王攘夷運動[3]に影響していきます。

倫政の出題内容・一発表示！ ▶▶▶賀茂真淵と本居宣長

人物	賀茂真淵	本居宣長
研究	「**万葉集**」中心	『**古事記**』，『**源氏物語**』など
美	**男性**的美〈対比〉 心…「**高く直き心**」 振る舞い…「**益荒男振**」	**女性**的美 心…「**もののあわれ**」⇒純粋な欲望の肯定 振る舞い…「**手弱女振**」
道	「**天地自然の道**」	「**惟神の道**」⇒神話・神々の道 中国思想を「**作為的**」な「**漢意**」として批判

---

[3] 攘夷とは，外国を排斥するという意味

5 江戸時代(日本近世)の思想② ～町人の思想とその他～

学習の指針 **ひろく浅く**
重要度 ★★★★☆

ここが出る！ 試験前の倫政の出題・正誤 Point！

① 石田梅岩⇒商人の利益の肯定
② 安藤昌益⇒万人直耕
③ 二宮尊徳⇒人道と天道の関係，報徳
④ 佐久間象山⇒東洋道徳・西洋芸術（芸術は技術の意味）

💡 町人の活躍

　18世紀の江戸中期に入ると商業が盛んになり，これにともなって町人たちも学問に触れていく機会が多くなります。これまで勉強した朱子学などは，武士が徳をつけるためといったエリート階級の学問という側面が強いものでした。一方で，これから勉強する思想では，町民や農民の徳の必要性も論じられていきます。また，様々な思想が融合しているのが特徴です。たとえば，鈴木正三（1579～1655）は，禅僧であると同時に念仏も唱えました。また「四民日用」といって，**士農工商すべてが道徳的に生きることが仏法の道**であるとして，士農工商の日常道徳の確立の重要性を唱えました。

💡 石田梅岩・安藤昌益・二宮尊徳は重要！！

(1) 商人が利益を受けることは正しい？ ➡ **石田梅岩**

👤物スコープ **石田梅岩**

出身▶丹波国（京都府）　　**生没年**▶1685～1744
キーワード▶心学，正直と倹約　　**主著**▶『都鄙問答』

農家に生まれるも，京都の商家で奉公しながら様々な学問を学んだ。「聴講自由・席料無料」の看板を掲げ，45歳の時に自宅に私塾を開いた。商人が利益を得ることを肯定するなど，町人の誇り高き生き方を説いた。

石田梅岩は，京都の呉服屋で町人として暮らすかたわら，**神道，儒教，仏教を自らの日常の体験と融合**させながら，「**心学**」とよばれる分かりやすい思想を庶民に説いていきます。これを「**石門心学**」といい，聴講無料の公開の私塾を京都に開き，講義を行いました。

中でも商人の倫理については，ひときわ新鮮なものがあります。それまで，町人が利益を得ることは，農工が作った生産物を搾取するものだという否定的な風潮がありました。しかし**石田梅岩は，商人がいなければ，そうした生産物は天下に回らない。士農工商すべてに，この世ではたす役割があり，名目上の「職分」の違いがあるに過ぎない**として，人間的な価値の平等を訴えたのです。この意味から，**商人が利益を得ることを肯定**しました（**商人の買利は士の禄[1]に同じ**）。

また，石田梅岩は商人の徳目として，偽らない「**正直**」と，「**倹約**」をあげました。正直は，「**先も立ち，われも立つ**」という，双方の利益を考える互助的な思想でした。倹約は，無駄遣いしないということだけでなく，**モノを最後まで活かしきるという思想**でした。

こうして，それらの徳目の実践を通して理性的に欲望を制御して，道徳的生活を行う「**知足安分**」を庶民に説きました。

倫政の出題内容・一発表示！ ▶▶▶石田梅岩

1 神道，儒教，仏教を融合した「**心学（石門心学）**」
2 商人が利益を得ることを**肯定**
3 商人の徳目⇒「**正直**」と「**倹約**」⇒道徳的生活を行う「**知足安分**」

---

(2) 忘れられた思想家？ ➡ 安藤昌益 ? ～1762

安藤昌益は，1899年に狩野亨吉によって主著の『**自然真営道**』が発見され，1950年にカナダの外交官であった**ハーバード・ノーマンの『忘れられた思想家』**によって，国際的に広く紹介された人物です。元々医師であった安藤昌益は，農民の悲惨な生活を目の当たりにし，本来の農業のあり方と人間の平等思想を強く訴えました。

安藤昌益は，**自ら耕すことなく食べるだけの人々（武士や僧侶，商人など）**を，「**不耕貪食の徒**」**として批判**しました。土が自然の根本として活動している（土活

---

[1] 武士がもらう報酬である俸禄のこと。

真, 自然活真）と考え, その基本となる土のある田畑で, 平等に農業を行い生活することを理想としました。これを「万人直耕」といいます。そして, 農民から作物を搾取する不耕貪食の徒が支配する「法世」から, 大自然の中で自給自足し, 差別のない平等世界である「自然世」を目指しました。

安藤昌益は, 世の中を堕落させたのは, **儒教, 仏教, 神道などを指導した聖人た**ちだとして厳しく批判しました。

倫政の出題内容・一発表示！ ▶▶▶安藤昌益

❶ **平等**に農業を行い生活すること⇒「**万人直耕**」が理想
❷ 差別のある「**法世**」から⇒差別のない「**自然世**」へ
❸ 「**不耕貪食の徒**」の支配をつくり出した**聖人**を批判

---

(3) 天道に人道が加わって完全に？ ➡ 二宮尊徳 1787～1856

二宮尊徳は, 幕府や小田原藩に任用され, 農業の改善を任された農政家でした。農業政策の立案者とでもいいましょうか。

二宮尊徳は, 天地自然の活動である「**天道**」を, **人間に恩恵を与えるとともに, 自然災害などの災いを与えるもの**だと捉えました。時として自然は, 天変地異によって家を壊し, 濠を埋め, 田畑を荒らします。では, 誰が壊れたこれらを作り直すのでしょうか？ そうです, 紛れもなく人間です。この**人間の作為を「人道」**といいました。現在の日本でも, 震災後の復興が続いています。こうした**人道が天道に加わって, 世の中は完全になる**と考えたのです。

また, **人間は, 自分自身の力のみで生きているのではなく, 自然や他者の徳によって生きています。**合格報告に来る生徒は『「お陰様で」合格した』と必ず言い

ます。それを聞いた僕もまた,「お陰様で」教員をなんとかやっています。このように，**自然や他者に対する感謝の気持ちに報いることを「報徳」**といいます。具体的には，自分の**経済力に見合った生活を行い倹約する**，合理的生き方である**「分度」**，そして，分度によって**蓄財された富などを人々や将来に譲る「推譲」**です。

　こうして農民たちに勤勉さを説いた二宮尊徳は，二宮金次郎として小学校の校庭にひっそりと立っていたはずです。

倫政の出題内容・一発表示！　▶▶▶二宮尊徳

1　「**天道**」に「**人道**」加わって世の中は完全になる
2　自然や他者に報いる⇒「**報徳**」
3　自分の経済力に見合った生活⇒「**分度**」,蓄財された富などを人々に譲る⇒「**推譲**」

💡 幕末の思想〜いよいよ開国へ〜

　いよいよ江戸時代も鎖国から開国へと向かいます。幕末の志士たちは何を考え生きていたのでしょうか。当時の日本は，**幕府の鎖国政策の中でも**，**長崎のオランダ商館を窓口に**，**西洋の学問を取り入れていました**。とりわけ医学や天文学，兵学などが「**蘭学**」として発展していきました。開国後は，イギリスやドイツ，フランスなどの学問も入ってきたため「**洋学**」とよばれます。

　特に**杉田玄白**と**前野良沢**は，オランダの解剖書『**ターヘル・アナトミア**』を『**解体新書**』として翻訳します。またオランダ通訳であった**志筑忠雄は**，**ニュートン力学**などの西洋思想を『**暦象新書**』として世に出します。こうしてだんだんと西洋思想が世の中に浸透していく土壌がつくられていきます。また**高野長英**や**渡辺華山**などは，オランダ商館の医師であった**シーボルト**に医学を学び，**尚歯会（蛮社）を結成し**，**日本の外交政策を強く批判**[2]するようになります。

---

(1)「東洋道徳・西洋芸術」　➡　佐久間象山

　それまで日本がお手本としてきた中国が，アヘン戦争でイギリスに敗北したことや，ペリーの来航は，人々に大きな動揺を与えました。「**このまま鎖国していてい**

---

[2]　イギリス船モリソン号の打ち払いなどを批判。

いのか？　西洋とどのようにつきあっていけばいいのか？」こうした問いが，人々の中にわき起こります。その一人であった**佐久間象山**は，**道徳はこれまで通り儒学を基本としながらも，西洋の芸術は積極的に取り入れるべき**であるとする「**東洋道徳・西洋芸術**」という，**和魂洋才**の考え方を説きました。注意したいのは，ここで使われている「**芸術**」とは，「**技術**」**の意味**ということです。

　また，同じく和魂洋才を説く**横井小楠**も「**堯舜孔子**の道を明らかにし，**西洋器械**の術を尽くす」として，儒学の大切さとともに，西洋技術の積極的な取り込みを主張しました。

<small>よこ い しょうなん</small>
<small>1809〜69</small>

倫政の出題内容・一発表示！　▶▶▶和魂洋才

「道徳は東洋，技術は西洋」

1　佐久間象山「**東洋道徳・西洋芸術**」⇒「**芸術**」とは，「**技術**」の意味

2　横井小楠「**堯舜孔子**の道を明らかにし，**西洋器械**の術を尽くす」

---

(2)「一君万民」って？　➡　吉田松陰

<small>よし だ しょういん</small>
<small>1830〜59</small>

　「**尊王**」と「**攘夷**」は元々儒教の考え方です。尊王は天皇を頂点とする社会秩序のことで，攘夷は外国を排斥することです。この二つが幕府への批判として結びついた「**尊王攘夷**」が，討幕運動のスローガンとなっていきます。

<small>そんのう</small>
<small>じょうい</small>

　佐久間象山の勧めで海外留学を考えていた**吉田松陰**は，ペリーの黒船に乗り込むことを企てますが，失敗してしまいます。その後，**松下村塾**という私塾を開き，その門下には**高杉晋作**，**久坂玄瑞**，**伊藤博文**といった，**多くの幕末の志士たちが輩出**されていきます。

<small>しょうか そんじゅく</small>
<small>く さかげんずい</small>

　吉田松陰は，**身分や藩を超えて天皇のもとに忠誠を誓い**（**勤皇**の精神），**国家の危機を乗りこえるべき**だ，とする「**一君万民論**」を掲げます。そして，この**志ある者が身分を超えて立ち上がるべき**だ，と主張します。後に吉田松陰は安政の大獄で江戸に送られ，29歳で処刑されます。しかし，遺志を受け継いだ門下たちが明治維新をなしえていくのです。

<small>きんのう</small>
<small>いっくんばんみんろん</small>

倫政の出題内容・一発表示！　▶▶▶吉田松陰

1　天皇のもとに忠誠を誓い危機を乗りこえる⇒「**一君万民論**」

2　「**松下村塾**」⇒明治維新の志士たちが学ぶ

💡 その他の江戸時代の思想家たち

少し聞き慣れない江戸時代の思想家についても，キーワードと人名をセットにして覚えておくことを心掛けましょう。

倫政の出題内容・一発表示！

人名	思想・キーワード
貝原益軒 かいばらえきけん 1630～1714	動植物や鉱物の効用を「**本草学**」として研究。主著『**大和本草**』
三浦梅園 みうらばいえん 1723～89	自然には条理（法則）が備わっているとする「**条理学**」を提唱
緒方洪庵 おがたこうあん 1810～63	大坂に蘭学塾である「**適塾**」を開き，門下に福沢諭吉ら
富永仲基 とみながなかもと 1715～46	懐徳堂に学び，宗教などの成立過程を「**加上説**」によって分析
山片蟠桃 やまがたばんとう 1748～1821	蘭学の実証性を示し，無神論である「**無鬼論**」を主張

特に**富永仲基**は，仏教などの教えをそのまま受け取るのではなく，**歴史的な成立過程**から考える「**加上説**」を展開しました。「加上」とは，元々先にあった宗教・思想に，後世の人々が様々に解釈を加えることをいいます。こうして本来の仏教思想などが複雑化されてしまうのです。富永仲基は，**大乗仏教の教えは釈迦本人の教えとは異なる**とする，「**大乗非仏説論**」を展開しました。その後，様々に説かれた菩薩などに対しても批判を加えていきます。

山片蟠桃は，「無鬼論」を唱えただけではなく，**地動説に基づく宇宙観**や，**物価は需要と供給のバランスで決まるという経済学**を展開し，**幕府や藩の経済政策を批判**しました。

貝原益軒は，教科書掲載頻度が高いので，試験前に確認しておきましょう。

ちょっとひと休み　葛藤と吟味

　江戸時代の人々は，幕府の固定化した上下秩序（朱子学などに代表される）と葛藤していた。こうした中で内面を重視する陽明学や，「仁とは愛」ととく伊藤仁斎などが活躍した。

　このように新たな思想は，既存の社会秩序にたいする葛藤と吟味からはじまる。それはソクラテスやイエスなどもそうであったように。「THE BLUEHEARTS」の『情熱の薔薇』の問いかけが，妙にしっくり感じる。

6 明治期以降（日本近代）の思想①

学習の指針　ひろく浅く
重要度　★★★☆☆

ここが出る！　試験前の倫政の出題・正誤 Point！

① 明六社は，森有礼⇒『妻妾論』と，西周⇒「哲学」の日本語訳
② 福沢諭吉⇒「天賦人権」と，中江兆民の⇒「恢復的民権」の内容
③ 内村鑑三⇒「2つのJ」と，新渡戸稲造の⇒『武士道』
④ 三宅雪嶺⇒「国粋主義」と，徳富蘇峰の「平民主義」

💡 スッキリと明治期以降の総まとめ

　ここから開国後の明治期以降（日本近代）の思想に入っていきます。日本史の人物が多いのですが，**倫理では「何を考えていたのか」という思想面**を押えてください。また，比較的「キーワード」で問題を解くことが可能なので，試験直前に必ず確認しましょう。ただし，ポイントに挙げた人物は深く理解しましょう。講義部分に「★」を記しておきます。

　開国後は，**富国強兵・殖産興業のスローガンの下，急激な文明開化が推進されていきます。言い換えると，いかに早く西洋に追いつくのか，そのために西洋の思想や技術を取り入れるのか**，に主眼が置かれます。

　まず，右の図を見てください。

　見てわかるように，大きく分けて**西洋思想を受容しているグループ**と，そんな**急激な西洋化に対する批判や，日本独自の思想という**グループになっています。江戸時代と同じように，思想GPSとして右の図を頭に叩き込んでください。

　それでは「**明六社**」から説明します（女性解放，社

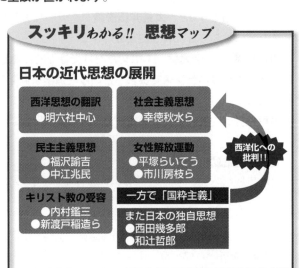

スッキリわかる!! 思想マップ

日本の近代思想の展開

西洋思想の翻訳	社会主義思想
●明六社中心	●幸徳秋水ら

民主主義思想	女性解放運動
●福沢諭吉	●平塚らいてう
●中江兆民	●市川房枝ら

西洋化への批判!!

キリスト教の受容	一方で「国粋主義」
●内村鑑三	また日本の独自思想
●新渡戸稲造ら	●西田幾多郎
	●和辻哲郎

会主義思想，独自の思想などは，次節の「明治期以降（日本近代）の思想②」で解説します）。

💡 明六社の人々

　西洋思想を研究するため，幕末以降に洋学を学んだ人々が，**森有礼**らを中心に「**明六社**」を結成しました。明治6年に結成されたので，明六社とよばれます。ここに集った人々は，多くの書籍の翻訳や，討論会を開きました。

倫政の出題内容・一発表示！ ▶▶▶ **明六社に参加した主な人々**

1 **森有礼**⇒明六社を結成，『**妻妾論**』で**一夫一妻**制を主張

2 **西周**⇒「**主観**」，「**客観**」，「**哲学**」，「**理性**」などの翻訳語
1829〜97

3 **加藤弘之**⇒社会進化論の立場から**天賦人権論の批判**
1836〜1916

4 **西村茂樹**⇒『**日本道徳論**』で，儒学と西洋哲学を折衷した，国民道徳の高揚を力説
1828〜1902

5 **中村正直**⇒スマイルズの『Self-Help（自助論）』を『**西国立志編**』，ミルの
1832〜91
『On Liberty（自由論）』を『**自由之理**』として翻訳

　森有礼は，男女の対等な双務契約としての結婚が大切であると考え，『**妻妾論**』で，**江戸時代の封建的な一夫多妻制を批判して一夫一妻制を主張**しました。また**西周**も頻出で，「**主観**」，「**客観**」，「**哲学**」，「**理性**」など，多くの哲学用語を翻訳しました。なお，**中村正直については，2つの翻訳を行っています**ので，注意しておきましょう。それでは福沢諭吉について見ていきます。

💡 福沢諭吉の民権思想★

人物スコープ　福沢諭吉

出身▶豊前国（大分県）　　**生没年**▶1834〜1901
キーワード▶天賦人権論，独立自尊，実学　　**主著**▶『学問のすゝめ』，『西洋事情』

緒方洪庵の適塾で学び，その後欧米を視察した。幼いころ，博学であった父が身分を理由にその才能を生かせなかったことから，「門閥制度は親の敵でござる」と述べている。慶応義塾の創始者である。

緒方洪庵の適塾で学んだ**福沢諭吉**は，身分制度に対して怒りを持っていました。父親は才能がありながら，身分を理由に出世できなかったのです。福沢諭吉は，「**門閥制度は親の敵でござる**」とまで述べています。

こうした体験からか，福沢諭吉は**身分によって差を作るのではなく，実力によって差が生まれるべき**であると考えるようになったのです。『**学問のすゝめの**』の中にこうあります（現代語訳）。

「天は人の上に人を造らず，人の下に人を造らず」と言われる。…中略…しかし，今，広くこの人間社会を見渡してみると，かしこい人もいれば，おろかな人もいる…中略…賢人と愚人との違いは，学ぶのか学ばないのかという理由で生まれてくるのである」

このように，**人間は本質的に平等で自由や幸福を追求する権利を持っている**，とする立場を「**天賦人権論**」といいます。福沢諭吉は，この前提をもとに，学んだ人・実力のある人がしっかりと評価される社会を目指したのです。

●大切なのは一人一人が独立すること！

欧米を視察した福沢諭吉は，西洋の科学技術だけではなく，西洋の精神構造にも着目しました。そこに見えたものは「**独立心**」です。江戸時代のような封建的な上下関係の中で生きることは，精神の奴隷であり，自らの判断で行動する精神である「独立心」が必要であると考えました。また，その独立心を支えるものとして，「**数理学**」とよばれる，数学などの合理的・近代的な諸科学を習得する必要性を主張しました。この**数理学**は，**日常生活に役立つ「実学**（「**人間普通日用に近き実学**」）**であり，それに対して東洋の学問（漢学）を「虚学**（**虚しい学問**）**としました。**

こうして日本人が心身ともに「独立」し，人間の尊厳を重んじる精神を「**独立自尊**」といいました。『学問のすゝめ』の中にこうあります。

「独立の気力なき者は必ず人に依頼す，人に依頼する者は必ず人を恐る，人を恐るる者は必ず人にへつらうものなり」

西洋の国々と肩を並べて，日本の国が独立していくためには，一人一人の人間の独立が重要だと福沢諭吉は考えたのです（「一身独立して，一国独立す」）。

また，晩年福沢諭吉は，「**脱亜論**」を唱え，**アジアとの連帯を離脱して西欧社会の仲間に入る**ことを主張しました。一方，『茶の本』などで日本文化を英語で紹介した**岡倉天心**は，『**東洋の理想**』の中で，「**アジアは一つ（Asia is one）**」と述べ，アジアの芸術や文化は元々一つ

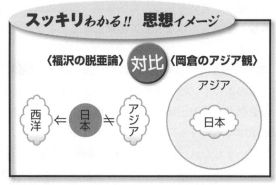

スッキリわかる!! **思想イメージ**

〈福沢の脱亜論〉 **対比** 〈岡倉のアジア観〉

西洋 ← 日本 ⇄ アジア

アジア　日本

であるとしました。こうした立場は，後に軍部によってアジア支配を肯定するための政治的スローガンとして利用された側面を持ちます。

倫政の出題内容・一発表示！ ▶▶▶福沢諭吉

1 人間は本来，平等で自由⇒「**天賦人権論**」
2 独立自尊⇒その実現のためには，実学としての「**数理学**」が必要
3 晩年，「**脱亜論**」を唱えた

💡 中江兆民の民権思想★

🔍人物スコープ　**中江兆民**

出身▶土佐（高知県）　　**生没年**▶1847～1901
キーワード▶恢復的民権と恩賜的民権　　**主著**▶『一年有半』，『三酔人経綸問答』

24歳の時にフランスに留学。フランス流の急進的な自由・民主主義思想に触れ，自由民権運動にも大きな役割を与えた。食道がんで余命を1年半と告げられる中，『一年有半』を著した。弟子には，後に大逆事件で処刑される幸徳秋水がいる。

●ミスター「東洋のルソー」！

フランスに留学した**中江兆民**は，国王のいない共和国であるフランスで，急進的な自由のあり方を目撃し，衝撃を受けます。帰国後は自由民権運動の理論的柱をつくります。特に**ルソー**の『**社会契約論**』を『**民約訳解**』として漢訳し，西洋の民主主義を多くの人々に伝えました。

またこの時期，土佐出身の**植木枝盛**は，**抵抗権や主権在民（国民主権），一院制**

の議会などを盛り込んだ憲法私案（**私擬憲法**）である，革新的な『**東洋大日本国国**_{とうようだい に ほんこくこっ}**憲按**_{けんあん}』を発表するなどして活動しました。中江兆民と混同しやすいので，区別してください。

●ユニークな3人の酔っ払い『三酔人経綸問答』_{さんすいじんけいりんもんどう}

　この本の中には3人の酔っ払いが登場します。民主主義者の紳士君，侵略主義者の豪傑君，そして現実主義者の南海先生です。そしてこの3人が，酒を飲みながら議論するというものです（余談ですが，古代ギリシアでもワインを飲みながら議論していました）。この中に，**中江兆民**の思想の一端が現れているといわれています。

　中江兆民は民権を2つに分けます。為政者が上から人民に与えた「**恩賜的民権**」と，人民が自ら勝ち取った「**恢復的**_{かいふく}**（回復的）民権**」です。中江兆民は現実主義の立場から，革命によって恢復的民権を勝ち取ることは日本では難しいと考えます。

　そこで，まずは憲法をつくり，立憲主義を整えたうえで，**恩賜的民権を育み拡大していくことで，実質的に「恢復的民権」とするべきだ**と考えました。

　晩年，中江兆民は食道がんと診断され，余命1年半と宣告されます。そうした中で『**一年有半**_{いちねんゆうはん}』，『続一年有半』を執筆し，「**ナカエニスム**」という独自の思想を展開します。これは徹底した「**唯物論**」に基づく無神論でした。また「**民権これ至理なり，自由平等これ大義なり**」_しとして，自由と平等の実現が社会のあり方であると言い切ります。特に「**わが日本，古より今に至るまで哲学なし**」として，自身の確固たる主義主張をもっていない日本のあり方を嘆きました。

倫政の出題内容・一発表示！ ▶▶▶中江兆民

1 ルソーの『**社会契約論**』を『**民約訳解**』として漢訳
2 「**恩賜的民権**」を育み「**恢復的民権**」とするべき
3 晩年，『**一年有半**』を執筆，内容は
　　「**唯物論**」，「**日本に哲学なし**」，「**民権至理**」，「**自由平等これ大義**」

💡 内村鑑三と新渡戸稲造 ➡「武士道」と「キリスト教」の関係

人物スコープ　内村鑑三

出身▶ 群馬県　　**生没年**▶ 1861〜1930
キーワード▶ 2つのJ，非戦論
主著▶『余は如何にして基督信徒となりし乎』，『代表的日本人』

高崎に生まれ，16歳の時，札幌農学校（現在の北海道大学）に学ぶ。「青年よ，大志を抱け」で有名なクラーク博士の影響の残る環境下で，キリスト教に入信。第一中学校教員時代に，教育勅語の奉読式の際に敬礼しなかったため職を辞した（不敬事件・1891年）。

●日本にこそキリスト教が純粋に根付くはず！　「2つのJ」⇒内村鑑三★

　内村鑑三は，札幌農学校（現在の北海道大学）の**クラーク博士の影響の残る環境下で，キリスト教に入信**します。そして23歳の時に希望に満ちて渡米します。しかし，そこで見たものは，教会が拝金主義におぼれた堕落した姿や，アメリカ社会の人種差別でした。これに**絶望した内村鑑三は，日本で純粋にキリスト教を布教しようと決意**します。

　内村鑑三は，日本人が大切に守ってきた「**武士道**」は，勇気や正直さを重んじるもので，大切な思想であると考えていました。この武士道の修養の上に，キリスト教を信仰することが必然だ，と考えたのです。こうして内村鑑三は，「**イエス（Jesus）**」と「**日本（Japan）**」という「**二つのJ**」に自身の人生を捧げることを決意しました。こうした態度を「**武士道に接ぎ木されたキリスト教**」といいます。また，儀式や権威よりも信仰が大切であるとの信念のもと，「**無教会主義**」を貫きました。

　日露戦争が勃発すると，熱狂する世論を前に堂々と戦争の反対を貫きます。「**戦争は人を殺すものである。それは大犯罪である**」として，「**非戦論**」の立場を貫きました。他にも，**足尾銅山鉱毒事件**において財閥を攻撃したり，キリスト教の神を重視する立場から，教員時代に教育勅語の奉読式の際に敬礼しなかったため職を辞したり（「**不敬事件・1891年**」）と，自身の信念を貫き戦った人物でした。

　「私は日本のために，日本は世界のために，世界はキリストのために，そしてすべては神のためにある」

　これは，内村鑑三の墓碑銘（お墓に刻まれた短文）です。

新渡戸稲造もまた，札幌農学校に学びキリスト教に入信しています。後にキリスト教主義に基づいて夜学を設立したり，**国際連盟の事務次長**になったりと幅広く活躍しました。中でも日本文化である「**武士道**」と「**キリスト教**」の共通性を紹介し，**その融合を試みて英語で書いた『武士道』**は，日本文化をよく理解してなかった当時の欧米人に幅広く受け入れられていきました。

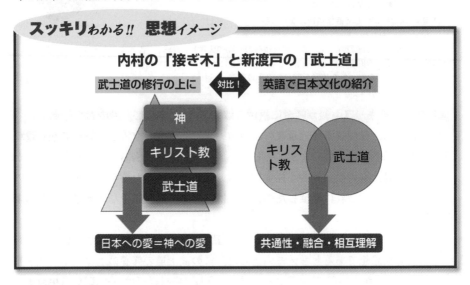

スッキリわかる!! 思想イメージ

内村の「接ぎ木」と新渡戸の「武士道」

武士道の修行の上に　**⇔対比！**　英語で日本文化の紹介

神
キリスト教
武士道

キリスト教　武士道

日本への愛＝神への愛　　共通性・融合・相互理解

倫政の出題内容・一発表示！　▶▶▶ 内村鑑三と新渡戸稲造

1　内村鑑三⇒「**イエス（Jesus）**」と「**日本（Japan）**」という「**二つのJ**」
「**武士道に接ぎ木されたキリスト教**」

2　内村鑑三⇒日露戦争で「**非戦論**」の立場を貫く

3　新渡戸稲造⇒「**武士道**」と「キリスト教」の共通性を紹介，「**武士道**」

●その他キリスト教の影響を受けた人々

①新島襄…神社仏閣の反対の中，京都に「**同志社大学**」を設立
　1843〜90
②植村正久…外国人の布教活動から「**独立**」して布教活動
　1857〜1925
　東京神学社（後の東京神学大学）を設立

💡 国粋主義や伝統主義の台頭　➡ 西洋ばかりではダメ !!

　こうして民主主義思想や，キリスト教思想などの西洋思想が流入してくる一方で，日本本来の文化や歴史を尊重し，天皇を中心とした国家体制を支持する民族主義も台頭しました。

　三宅雪嶺らは，雑誌『**日本人**』を創刊し，鹿鳴館外交などの西洋にへつらう日本の開国政策を厳しく批判しました。三宅雪嶺は，国家にはその国ごとの独自の歴史や伝統，文化があり，それを保持すること（**国粋保持**）が，その国の独立につながるという**国粋保存主義**を唱えました。一般にこの潮流を「**国粋主義**」といいます。**当初は他国を排除し，自民族優位主義（エスノセントリズム）を主張するものではありませんでしたが，日清戦争以降，そうした傾向が強まっていきます。**

　また，**徳富蘇峰**は，雑誌『**国民之友**』を出版し，政府主導の西欧化を批判して，平民の手で西欧化していく「**平民主義**」を掲げます。当初は平民に根差して社会を改良していくという穏やかな思想でしたが，日清戦争前後は皇室中心主義や，積極的な主戦論を唱えるなど，急進的な全体主義思想へと傾倒していきました。

　こうして明治維新後の開国や，外国と戦争を経験する中で，海外に積極的に接した日本は，思想上も様々に変容していきます。その他も含めて，国粋主義思想として重要なものを，以下にまとめておきます。

倫政の出題内容・一発表示！▶▶▶国粋主義や伝統主義

人物	キーワード・思想
三宅雪嶺	『**日本人**』を創刊，**国粋主義**を主張
徳富蘇峰	『**国民之友**』を創刊，**平民主義**を主張 ⇒日清戦争前後は急進的主戦論に
志賀重昂 1863～1927	三宅雪嶺らとともに『**日本人**』創刊に携わる一方，地理学の普及にも努めた
陸羯南 1857～1907	新聞『**日本**』を刊行 日本の伝統や秘伝の保護と，日本の自主的改革を**国民主義**として主張
井上哲次郎 1855～1944	東京帝国大学の哲学教授で，ドイツ観念論や儒教道徳を研究 **キリスト教を反国体的であると批判**した

7 明治期以降（日本近代）の思想②

ここが出る！ 試験前の倫政の出題・正誤 Point！

① 北村透谷⇒「実世界」の外部生命から，「想世界」の内部生命へ
② 夏目漱石⇒「自己本位」と「則天去私」，森鷗外⇒「諦念」
③ 平塚らいてう⇒「元始，女性は実に太陽であった」『青踏』
④ 吉野作造の「民本主義」とは⇒天皇制の下での国民本位の政治，国民主権ではない
⑤ 幸徳秋水らは「平民社」を結成⇒大逆事件で処刑される

💡 近代的自我の模索〜自分とは何か？〜

　西洋と日本との思想の違いの一つに，「独立した個人」を認めるか認めないか，というものがあります。独立した個人を強く認める西洋に対して，日本では共同体が重視されます。しかし，**開国以降，西洋思想が流入する中で，「自分とは何か？」という「自我」の問題を，日本人は考える必要が出てきました**。ここでは，この時期の文学から，その一端を垣間見ていくことにしましょう（★は要注意）。

💡 スッキリ総まとめ，ロマン（浪漫）主義，自然主義，反自然主義

　開国，自由民権運動，対外戦争と，多くの社会的動きの中で，ようやく明治中期に社会が落ち着きだすと，人々は自己の外面から，内面に目を向け出します。例えば，僕らも合格して新生活の引っ越しで忙しい時に，自分の内面など見つめません。しかし，一段落ついて，大学生活にも慣れ落ち着くと，いよいよ「自分とは何か」を考えてしまうこととよく似ています。

　こうして，**人間の内面性を見つめ自分の主体的生き方を確立しようとする意識**を「**近代的自我**」といいます。特に**ロマン主義**は，固定的な既成の道徳に縛られずに，**自由な感情や個性に従って生きるという作風**が特徴的な文学の流れです。

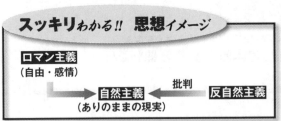

スッキリわかる!! 思想イメージ

ロマン主義
（自由・感情）
→ 自然主義 ← 批判 ← 反自然主義
（ありのままの現実）

<ruby>北村透谷<rt>きたむらとうこく</rt></ruby>は，自由民権運動に参加しましたが，やがてその運動から離れ，**個人の内命的な精神世界である「想世界」の中に，自由や幸福，愛などの実現を目指していきます**。そして現実の「実世界」に生きる，肉体としての外部生命ではなく，想世界に生きる，精神的な存在である「**内部生命**」を見つめるようになっていきます（『**内部生命論**』）。特にロマン主義は「恋愛論」が多く，恋愛の中に人間の本質を見ている作風が多いのが特徴です。

　<ruby>与謝野晶子<rt>よさのあきこ</rt></ruby>は『**みだれ髪**』の中で，自身の官能や感情を素直に歌い上げました。

「君ゆくとその夕ぐれに二人して柱にそめし白荻の歌」（『みだれ髪「はたち妻」より』）

　個人的に好きな詩です。「別れ時　二人だけの暗号を　夕暮れ時に刻み込む時（字足らず）」。これは僕の現代語訳（解釈）です。君たちなりに原文を読んでみてください。友達や恋人との解釈試合（仕合）も面白いですよ。

　さらに与謝野晶子は，日露戦争に従軍した弟のことを想いながら『**君死にたまふこと勿れ**』と歌い，**当時の軍国主義と戦争を批判**しました。

　一方で，**人間のありのままの姿や現実の苦悩を直視**しようとする「**自然主義**」という立場の作家もいます。ロマン主義の反省にたった<ruby>島崎藤村<rt>しまざきとうそん</rt></ruby>は，小説『**破戒**』などで**過酷な部落差別を描写**しました。また<ruby>石川啄木<rt>いしかわたくぼく</rt></ruby>は，『**時代閉塞の現状**』という評論の中で，**国家的強権が今の時代閉塞の元凶だと非難**しました。一方で，単に社会を否定するだけという批判的な風潮が高まったため，その反動から「**反自然主義**」という立場が生まれます。代表的な人物に，夏目漱石と森鷗外などがいます。

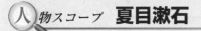

💡 **自己本位はエゴイズムではない？**　➡　<ruby>夏目漱石<rt>なつめそうせき</rt></ruby>★

🔍 **人物スコープ　夏目漱石**

出身▶東京　　**生没年▶**1867〜1916
キーワード▶自己本位，則天去私　　**主著▶**『こゝろ』，『明暗』，『私の個人主義』

東京帝国大学英文科卒業後にイギリス留学し，苦悩の末，自己本位の立場を明確にする。帰国後は大学で教鞭をとり，退職後は朝日新聞社に入り，多くの小説を執筆する。特に初期の自己本位の立場と，晩年の則天去私の立場は対比されるが，ともにエゴイズムの克服がテーマとなっている。

　33歳の時イギリスに留学し，西洋人の生き方を目撃した**夏目漱石**は，彼らが自分の内面に素直に生き，自由を謳歌している姿を目の当たりにし，日本人の従来のあ

り方に疑問を感じます。その後，自分の殻に閉じこもり，精神を病んで帰国します。そして，**人間が己の内面的要求に従って生きること，自己の殻に閉じこもらずに自由に生きること**を「**自己本位**」として，**エゴイズム**の克服を目指しました。

　つまり，自分の内面を閉じ込めてしまうことは，自分の自由や個性だけでなく，他人の自由や個性も押しつぶしてしまうが，**自己本位に生きることで，他者も個性化できる**と，夏目漱石は考えました。有名な小説に，『**こゝろ**』があります。自分の想いを告白できなかった「先生」は，友人「Ｋ」を自殺に追い込み，やがて自分も自殺するという深い内容です。ここにはエゴイズムを克服できない人間の葛藤が描かれています。

　こうして夏目漱石は，人間の内面性に目を向けます。そして日本の社会も，明治の開国以降「**外発的開化**」，つまりは外圧により制度という外形ばかりにこだわって開化したことで自己を見失ったと批判します。

　西洋のように（市民革命などを経て），**自己の内面から自然に生まれた**「**内発的開化**」でなければ上滑りになってしまうとして，**人間の内面的な個人主義に基づいた社会のあり方**を唱えました（『**私の個人主義**』）。

　日本では，権力やカネの力という，自己の外にある外圧に人が動かされている。自分の内面から自然に動くという「**個人主義**」が，本来の人間のあり方だ，と指摘したのです。あくまでも「**個人主義**」と「**利己主義**」を同じに解釈しないようにしましょう。

●いかに「我執」を乗り越えるか？

　晩年，夏目漱石は持病の胃潰瘍が悪化し，書斎で静かに小説を書き続けます。漱石は自分の人生を振り返りながら，**自然（天）の命じるところに従い，我執（私）をすてること，自然のままに生きる**ことに，病に侵されながら苦悩を続ける人生の解決口を求めたといわれます。この東洋的な境地を「**則天去私**（そくてんきょし）」といいます。

　「自己本位」と「則天去私」は，対比されるように見えますが，その奥底に「いかに我執を乗り越えるのか」という問題意識と葛藤があったことに注意しましょう。

諦めるとは？　➡　森鷗外★

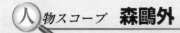物スコープ　**森鷗外**

出身▶島根県　　**生没年**▶1862～1922
キーワード▶諦念　　**主著**▶『舞姫』，『高瀬舟』

医師の息子として生まれる。苦学して12歳で東京医科大学（後の東京大学医学部）予科に入学，19歳で卒業した秀才。後にドイツに留学し，45歳で陸軍軍医総監となる。60歳で死去したが，政府などからの栄典は本人の遺言により固辞した。

●現実批判がすべてではない‼「諦念」とは？

　22歳から４年間，**森鷗外**は医学を本格的に学ぶため，ドイツに留学します。医師の息子として生まれた森鷗外は，常に厳しい現実社会の中で生きていたといえるでしょう。このためか，**単に社会批判をする自然主義の文学とは一線を画し，反自然主義の立場をとります。**

　実は，ドイツに留学した際，森鷗外は踊り子と出会いました。後の小説『舞姫』のモデルとなったといわれています。『舞姫』では，日本人の主人公の太田豊太郎とドイツの踊り子エリスが恋に落ち，２人は同棲し，エリスは妊娠する。やがて豊太郎は帰国することになり，それを知ったエリスが発狂する，という流れです。

　おそらく，当時は国際結婚など許されなかったことでしょう。森鷗外は，**社会的現実を受け入れ，自分の置かれた立場を静かに受け入れる**「**諦念（レジグナチオン）**」という立場を文学の中で示します。ただし，すべてを安直に受け入れるのではなく，**自己の主体性をもとに受け入れる**，というところがポイントです。

　また，医師であった森鷗外は，『高瀬舟』という小説の中で**安楽死をテーマ**に扱っています。あまりの病の苦しさから逃れようとした弟が自殺に失敗。そして兄が弟に頼まれ，カミソリで弟の首を切って死なせて罪に問われる，という話です。内容が深いため，ぜひ読んでみてください。

ここで差をつける！ 　　　明治以降の文学者たち

キーワードと人名のセットで覚えましょう。

試験前にざっと確認しておきましょう。

人名	主著	キーワード・思想
武者小路実篤 1885〜1976	『友情』	**トルストイの人道主義の影響を受けた白樺派の作家** 「新しき村」を建設し，自主的農業社会を作った
有島武郎 1878〜1923	『或る女』	**社会主義的人道主義の立場をとる白樺派の作家** 自分の土地を小作人に譲るなどして人道主義に生きた
志賀直哉 1833〜1971	『暗夜行路』	**白樺派の作家** 小説『暗夜行路』では，倫理的葛藤の中で生き続け，晩年は大自然の中で精神的安定を得る主人公の遍歴が描かれている
宮沢賢治 1896〜1933	『春と修羅』	**法華経の思想をもち，農業と芸術の融合を目指す**

　白樺派は，雑誌『**白樺**』の創刊（1910年）に関わった作家たちです。特に**武者小路実篤**は，**トルストイ**の人道主義に影響を受け，「**新しき村**」を建設するなど，自分の思想を文章にするだけでなく，社会的実践に移したことでも有名です。

　宮沢賢治は，**法華経**の思想をもとに，文芸活動だけでなく，農業改良活動にも取り組み，過労のため病に倒れました。その一連の思想は，死後見つかった手帳の中に記されていた『**雨ニモマケズ**』のなかに端的に表れています。最後は

「ホメラレモセズ，クニモサレズ，サウイウモノニ，ワタシハナリタイ」

と結ばれています。また，「**世界がぜんたい幸福にならないうちは個人の幸福はあり得ない**」（『農民芸術概論綱要』）と述べるなど，労働と芸術，そして宗教の一体化を目指していたことがうかがえます。

💡 女性解放運動，大正デモクラシー，社会主義思想

　西洋思想が流入する中で，男女の平等を目指す女性解放運動，民主主義の深化を目指す大正デモクラシー，労働者の権利向上を目指す社会主義思想も台頭してきます。まずは女性解放運動から見ていくことにしましょう。

●女も「人間」である！　男女に差はない！「女性解放」運動

　以前にも勉強したように，明六社の森有礼は，**双務的な婚姻のあり方として『妻妾論』を著し，福沢諭吉は，自由で平等な「天賦人権論」を展開**しました。すると女性たちは，自ら男性に屈することなく，平等に生きることを目指し，声を上げ始めました。特に，**景山(福田)英子**や**岸田俊子**は，自由民権運動にも参加し，男女同
1865～1927　1863～1901
権を求めていきます。

　以前にも触れた**与謝野晶子**は，女性の経済的自立が女性解放の第一歩であるとして，**経済的な自立をする前の女性の結婚に否定的な立場**をとりました。

　一方で，雑誌『青鞜』を創刊（1911年）した**平塚らいてう**は，「**元始，女性は**
（ひらつからいちょう）1886～1971
実に太陽であった。真正の人であった。今，女性は月である」と述べ，**女性が生まれながらに持っている能力を発揮して，男性に卑屈になることはないと主張**しました。

　ただし，平塚らいてうは，女性は母になることが社会的な義務だと主張し，国家が財政的に女性を保護することで経済的に女性を保護

> ### スッキリわかる!!　思想イメージ
>
> 〈与謝野晶子〉　　　　〈平塚らいてう〉
> **女性の自立重視**　VS　**女性の母性重視**

し，母性を発揮させるべきだと主張しました。**与謝野晶子と対比**しておきましょう**（母性保護論争）**。

　また，**市川房枝**や**奥むめお**と**新婦人協会**を設立し，女性参政権運動を展開しま
1893～1981　1895～1997
した。彼女たちは「**新しい女**」とよばれ，女性解放運動の先駆けとなっていきました。

倫政の出題内容・一発表示！　▶▶▶女性解放運動

1. 与謝野晶子⇒男性優位社会を批判，**女性は経済的自立をしてから結婚すべき**
2. 平塚らいてう⇒「**元始，女性は実に太陽であった**」で有名な『青踏』を創刊
3. 市川房枝⇒**新婦人協会**を設立し，女性参政権運動を展開

●大正デモクラシーと「民本主義」

　日本は日英同盟を根拠に，第一次世界大戦に参戦します。第一次世界大戦は表向き，イギリスを中心とする「デモクラシー（民主主義）」対，ドイツを中心とする「オートクラシー（専制主義）」との戦いと位置付けていたこともあり，日本国内でもデモクラシー運動が高まっていきます（**大正デモクラシー**）。中でも，キリスト教徒でもあった**吉野作造**は，政党政治や男子普通選挙を求める，**大正デモクラシー運動の理論的支柱である**「**民本主義**」という言葉をつくりました。
（1878〜1933）

　「民本主義」とは，**天皇制の下での国民本位の政治**という意味であり，**主権の所在を国民とはしていません**。立憲君主制を維持しながら，民主的社会を実現することを目指したといえます。

　美濃部達吉は，天皇主権説に対して，**天皇は統治権（主権）を行使する機関であるとする**「**天皇機関説**」を主張しました。この考え方も，吉野作造の民本主義とともに大正デモクラシーの理論的支柱となりました。しかし，その後台頭した**軍部によって天皇機関説は攻撃**され，著作は発禁となり，美濃部達吉は大学教授を追われました。政治分野では，戦前の「**学問の自由**」の弾圧事件として扱われます。
（1873〜1948）

倫政の出題内容・一発表示！　▶▶▶吉野作造

1　大正デモクラシー⇒男子普通選挙や，政党政治の実現を目指す

2　吉野作造の「**民本主義**」⇒国民主権という意味を**明確にせず**に，立憲君主制を主張

3　美濃部達吉⇒「**天皇機関説**」を主張し，後に**軍部に弾圧される**

●社会主義運動と非戦論

　富国強兵と殖産興業のスローガンの下，急激な産業化が進展する一方で，労働者たちは過酷な労働を強いられていました。日本の社会主義は，キリスト教の平等・博愛主義に立つ，自由民権運動から派生した経緯があります。したがって，**キリスト教を信じながら，社会主義の立場をとった人物が多くいます**。

　幸徳秋水は自由民権運動に共感し，現実社会の様々な問題を目撃しながら葛藤を続けていました。1901年に『**廿世紀之怪物帝国主義**』を著し，政府の対外侵略政策を「**愛国心を経とし，軍国主義を緯とする**」ものだとして批判しました。この年，**社会民主党**が結成されます。結成に関わった**幸徳秋水，安部磯雄，河上清，木下尚江，片山潜，西川光二郎**のうち，幸徳秋水以外の5人は，**全員キリスト教徒**でした。
（1871〜1911）（1865〜1949）（1873〜1949）（1869〜1937）
（1859〜1933）（1876〜1940）

　また，幸徳秋水は1903年に「**平民社**」を結成し，『**平民新聞**』で日露戦争への非

戦論を展開します。**堺利彦**も，幸徳秋水とともに非戦論を唱えています（この時期，内村鑑三も非戦論を展開している。239ページ参照）。しかし，政府に危険視されていた幸徳秋水らは，明治天皇の暗殺未遂計画を共謀したとの罪で処刑されてしまいます（**大逆事件**，1911年）。

一方で，経済学の立場から，日本の社会問題に切り込んだのが，**河上肇**です。河上肇は『**貧乏物語**』を著し，人道主義の立場から資本主義を批判し，後にマルクス主義に傾倒していきました。そして，**マルクスの『資本論』を翻訳**し，広く世の中に紹介しました。河上肇は言います。

> 「人はパンのみで生きるものではない。しかしまたパンなしで生きるものでもない」（『貧乏物語』）

倫政の出題内容・一発表示！ ▶▶▶社会主義運動

1 幸徳秋水⇒「平民社」を結成
　非戦論を展開するも，**大逆事件**で処刑される

2 河上肇⇒人道主義の立場から『貧乏物語』を著す
　『資本論』を翻訳

ここで差をつける！ 　　環境保護の先駆的人物

①**田中正造**
1841～1913
⇒**足尾銅山鉱毒事件**（渡良瀬川流域で発生）に際して，衆議院議員を辞して**天皇へ直訴**するも失敗

※この事件は「**公害の原点**」といわれる

②**南方熊楠**
1867～1941
⇒アメリカやイギリスに渡り，独学で生物学や人類学を学ぶ
⇒明治政府の「**神社合祀令（一つの町村に神社を一つだけにする統廃命令）**」による「**鎮守の森**」の伐採を批判
　生態学に基づく科学的立場と文化保護の立場から自然環境保護を訴えた

8 明治期以降（日本近代）の思想③

ここが出る！ 試験前の倫政の出題・正誤 Point！

① 西田幾多郎⇒純粋経験の具体例
② 和辻哲郎⇒「間柄的存在」としての「関係性」の重視
③ 柳田国男の「常民」「民俗学」と，柳宗悦の「民芸」の区別

💡 日本の独創的哲学の誕生

これまで日本の近代思想は，西洋思想の受容という形で展開されました。中江兆民が「日本に哲学なし」と言ったように，自らが新しい思想・哲学を提示したとは言い難いものでした。こうした中，**日本独自の思想を形成する人々が現れます。その代表が，西田幾多郎と和辻哲郎です。**

彼らは西洋哲学を翻訳するというだけでなく，西洋哲学を学びつつも，独自の思想を展開していきます。

💡 「主観」と「客観」はない ➡ 西田幾多郎★

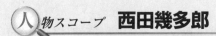

人物スコープ 西田幾多郎

出身▶石川県　　生没年▶1870〜1945
キーワード▶純粋経験，主客未分　　主著▶『善の研究』

親の反対を押し切り，東京帝国大学で哲学を学ぶ。しかし，本科生ではなく選科制（現在の聴講生的立場）であったことから，差別的扱いに悩む。その後は中学・高校の教員となり，後に京都帝国大学の教授となる。主観と客観を対立させる西洋哲学とは異なる，独自の哲学を展開した。

●無我夢中「我をも忘れた私」？⇒純粋経験

西田幾多郎は，自らの坐禅の体験から新しい独創の哲学をつくり上げていきました。非常に抽象度が高いので，まずは具体例をもとに説明していきます。

今，部活帰りのユウスケは（久々に登場），有名な豚骨ラーメン店の行列に並び，

ようやくお店の中に入りました。そして目の前に出てきたラーメンを無我夢中にすすっているとします。さてこの時，果たしてユウスケは，ラーメンを食べている自分と，食べられているラーメン，つまり「**主観（主体）**」と「**客観（客体）**」を明確に区別し，意識しているのでしょうか?

そう，「無我夢中」に，それらを意識せずにただひたすら食べているのです。このように「**主観（主体）**」と「**客観（客体）**」が渾然一体となっている状態を，「**主客未分**」といい，このような体験を「**純粋経験**」といいます。

例えば，「我を忘れて練習に耽る」，「何かに突き動かされて流れるように筆を動かす」など，こうした体験は誰もが日常生活の中でしたことがあるでしょう。

具体例がとても大切です。「**我を忘れた体験**」が解法ポイントです。

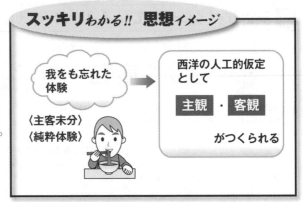

西田幾多郎は，すべてはこの純粋経験が事物の認識の始まりで，「**主観（主体）**」と「**客観（客体）**」は，その後の次元でつくられる，**西洋哲学の人工的仮定に過ぎない**と考えます。晩年この思想は，有と無（つまりすべての存在者）を包み込む「**絶対無**」として深められていきます。

そして，物事を成立させているのは，空間・場所・世界であると考えます。先ほどの例でいえば，ユウスケやラーメン，その他の人々がいるラーメン屋という空間・場所・世界です。こうした物事の捉え方を「**場所の論理**」といいます。

●善とは何か? 対立ではなく統一!

西田幾多郎は，『**善の研究**』の中で善とは何かを模索します。それは，**主観や客観などに始まる様々な対立を混在させつつ乗り超えて，統一・融合していくことだ**と考えました。物事を分けようとすることで，人は争ったり，競い合ったりします。人類を意識したり，宇宙や神を意識したりして，対立を混在させつつ乗り超えて統一を意識した時に，善が実現すると考えたのです。**対立を意識しないという発想は，西洋の二元論とは異なり，極めて東洋的**であるといえます。

ちなみに，西田幾多郎と同じ石川県出身で，友人であった**鈴木大拙**_{1870～1966}は，禅と浄土

思想について独自の思想をまとめ，英文で禅に関する書物を出版しました（主著『禅と日本文化』）。

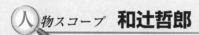

倫政の出題内容・一発表示！ ▶▶▶西田幾多郎

1 主観・客観はない⇒「**主客未分**」，この体験を⇒「**純粋経験**」
2 物事を成立させているのは場所⇒「**場所の論理**」
3 晩年これら思想は⇒「**絶対無**」として展開される

💡 **実はすべて関係している？** ➡ 和辻哲郎★

🔍人物スコープ 和辻哲郎

出身▶兵庫県　**生没年**▶1889〜1960
キーワード▶間柄的存在　**主著**▶『人間の学としての倫理学』，『古寺巡礼』，『風土』

東京帝国大学で哲学を学び，京都帝国大学で教鞭を執る。ドイツでハイデッガーなどの現象学の影響を受け，その後，東京帝国大学教授となる。西田幾多郎の影響から，西洋の個人中心主義を批判し，関係性に根ざした倫理学を模索した。

●対立するには，お互いが必要？

　和辻哲郎は，西田幾多郎の影響を受けながら，独特の倫理学を作り上げました。**西洋哲学が独立した個を前提として，関係性ではなく，対立性に着目していることに強い疑問を持ち始めます**。それでは考えてみましょう。

　例えば，「男」の対となる言葉を考えてみてください。そう，「女」です。では「社会」の対は？　そう，「個人」です。しかし，果たしてこれらはそれぞれ独立しているものなのでしょうか？　これらはむしろ関係して初めて意味を持ちます。男という概念は，女という存在がなければ成立しませんし，社会という概念も，個人が存在しなければその概念は生まれないはずです。このように考えていくと，**対になるように見えるものは，相互に否定するという関係を持っている**ことに気がつきます。そして「否定する」ということは，**お互い不可分に「関係している」**ということに気がつくはずです。こうした**弁証法的考え方**によって，物事を捉えたのです。

　こうして，**独立した個を前提とするのではなく，「関係性」を倫理の柱に置く考え方を「間柄的存在」**といいます。例えば，個人が社会を全否定して個人に没入す

れば「利己主義」に陥ります。また，社会が個人を全否定して，社会に没入してしまえば「全体主義」に陥ります。**個人と社会が相互に否定しつつも，関わり合うことで「善」が実現する**と考えたのです。

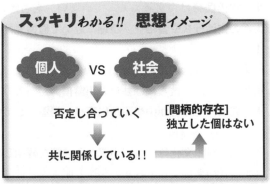

部活動でも，自分のことばかり考えていては，チームが成り立ちません。しかし，チームのことばかり考えていては，個人が見えなくなります。**「対立」よりも，「関係性」を重視する**というのが，和辻哲郎の「善」であり，「倫理学」であるといえます。

また，和辻哲郎は『**古寺巡礼**』という奈良大和路の印象記の中で，その寺仏に，**インドや中国はもとより，古代ギリシアやローマとの共通美を見出していきました**。和辻哲郎は，中東の文明がギリシアに行き，その後インドへ行き，中国を経て日本へと伝わったと考えていました。また『**風土**』の中では，自然環境と人間の性格の関係性を分析しています（198ページ参照）。

「対立」よりも，対立を混在させつつ「関係性」を見るというのが，和辻哲郎の思想的テーマだといえます（興味のある人は Mr. Children の『タガタメ』を聴いてみると面白いかもしれません）。

倫政の出題内容・一発表示！ ▶▶▶ 和辻哲郎

1 独立した個はなく，すべては「**間柄的存在**」
2 個人と社会が相互に否定しつつも関わり合うことが「**善**」
3 『**古寺巡礼**』⇒古代ギリシアやローマなどとの**共通美を見出す**

💡 **民衆の思想** ➡ 庶民生活の研究

(1) 名も無き人々「**常民**」の研究 ➡ **柳田国男★**
1875～1962

明治期以降，西洋哲学の受容や国家・社会・制度が，学問の主な研究の対象となっており，一般の民衆や，文字に記録されていない庶民の生活はほとんど研究されていませんでした。従来の歴史学の研究方法は，文献を精査して歴史を研究しま

す。**柳田国男**は，文献に残っていない，**名も無き民衆である「常民」とよばれる**人々の生活様式や習俗を，現地に赴いて直接見聞して研究する「民俗学」を確立しました。

柳田国男は，岩手県遠野市の山村で生活する人々を研究し，『遠野物語』として出版しました。彼らには独自の**祖霊信仰**があることが触れられています。それは，**人は死後，その魂が山や田畑に宿り，祖霊として神となり人々を見守る**というものです。

また，**日本文化は，中国南部から沖縄を経由して展開された**として，それまでの弥生時代の農耕文化を日本の起源とする説とは異なる起源説を展開しました。こうして柳田国男は，明治期以降の西洋文化の一方的な受容に終始する立場とは一線を画し，**新たな視点から日本の文化や歴史を研究する学問を，国学の伝統を受け継ぐ**，「**新国学**」とよびました。

---

(2) 外部からやってくる「来訪神」と琉球・沖縄 ➡ 折口信夫 1887〜1953

たぶんこの参考書を読んでいる人の中には，**折口信夫**の『死者の書』の文体に興味を持っている人もいるかもしれません。水が流れるような美しい文体は，彼の人生体験や恋愛観が大きく関わっていることは，容易に想像できるでしょう。

柳田国男の弟子であった折口信夫は，**沖縄を訪れた際に，琉球神道（ニライカナイ信仰）に興味を持ちました。**

折口信夫は，「**常世国（常世）**」とよばれる，**海の彼方にある世界から神々が訪れる**という琉球の思想を見出したのです。また，外部からやってくるもの，すなわち**神聖な「来訪神」を「まれびと」とよびました。これが日本の神の起源**である，と考えたのです。この神の考え方は，**柳田国男の祖霊信仰とは異なった視点**を持っていることに注意しましょう。

また，沖縄出身の民俗学者である，**伊波普猷**は，琉球・沖縄の伝承や古民謡の 1876〜1947 「おもろ」に注目し，沖縄固有の民俗学を確立していきました。

---

(3) 身近にある日用品に芸術がある！ ➡ 柳宗悦 1889〜1961

僕らが「芸術」というと，だいたいは，シェイクスピアの文学や，奈良の大仏といった，大それたものを思い浮かべます。しかし，もっと身近なところにも芸術はあるのかもしれません。そうした日常の実用品や，職人達の作品に芸術的価値を見出した人物に，**柳宗悦**がいます。柳宗悦は，こうした**職人達の手作り工芸品**を「**民**

芸」と呼び、「民芸運動（様々な民芸品を集め、日本民芸館を開館）」を行いました。この運動によって、それまで知られていなかった**職人達の技術などに注目が集まっていきます。**

　今日もテレビをつけると、凄腕の職人達が日々仕事をしています。いわゆる「職人技」というものです。風鈴をキレイに膨らませる硝子職人。ペン先をその人の書き癖に沿って研ぐ万年筆職人。何百ものパーツを微細に組み立てる時計職人。こうした無名の職人が、ひっそりと、そして確かに社会を支えていることに気づかされます。

　柳宗悦は、**朝鮮の陶磁器も高く評価し、**大正期の1924年に朝鮮民族美術館を開設し、当時の朝鮮蔑視的な日本の風潮を批判しました。

倫政の出題内容・一発表示！　▶▶▶民衆の思想

1 柳田国男⇒名もなき民衆「常民」の研究，「民俗学」を創始
2 折口信夫⇒「まれびと」の研究
3 伊波普猷⇒沖縄・琉球の研究
4 柳宗悦⇒「民芸」の評価，朝鮮の陶磁器なども評価

ここで差をつける！　　　日本の現代思想

　この分野は、キーワードと関連して覚えます。試験会場に行く直前に、ざっと目を通しておきましょう（★は要チェック）。

人物	主著	キーワード・思想
丸山真男★ 1914〜96	『日本の思想』	個人が「**無責任な体系**」に生きたことが、戦争への道へとつながったと分析した
小林秀雄★ 1902〜83	『様々なる意匠』	日本では、思想がただの「**意匠（流行）**」であることを批判した
坂口安吾 1906〜55	『堕落論』	偽善的な道徳観念から一旦「**堕ちる**」ことで、孤立を体験し、真の自己を発見できるとした
加藤周一 1919〜2008	『雑種文化』	日本文化は、様々な文化を受容してきた、「**雑種文化**」がその特色であるとした
吉本隆明 1924〜2012	『共同幻想論』	日常的な生活様式から浮遊しない、「**大衆**」の生活様式に、自立した思想的根拠を置くべきだとした

最後に，倫政受験生が独学しにくい日本の美と芸術についての人名や用語をまとめておきます（西洋については140ページ参照）。試験直前期に確認しておきましょう。

用語や人名	キーワード・意味
花鳥風月 かちょうふうげつ	⇒**自然を移ろいやすく，うるわしいとして捉える態度** ⇒花・鳥・風・月という特定の事物の中にその変化を見る ⇒「雪月花」も同じ美意識 せつげつか
無常 むじょう	⇒諸行無常という仏教観に同じ
西行 さいぎょう 1118〜90	⇒平安末期の歌人。歌集に『山家集』がある さんかしゅう
鴨長明 かものちょうめい 1155頃〜1216	⇒「**ゆく川の流れは絶えずして，しかも，もとの水にあらず**」などで有名な『方丈記』を著す ⇒無常観が示されている
幽玄 ゆうげん	⇒余韻や，陰影，奥行きなどの豊かさに基づいた美意識 ⇒「能（**観阿弥・世阿弥**が大成）」などにその端緒が見られる かんあみ 1333〜84 ぜあみ 1363頃〜1443頃
わび	⇒簡素で静かな趣，**物質的な不足**からくる趣 ⇒**千利休**が生成した「**わび茶**」などにその端緒が見られる せんのりきゅう 1522〜91
さび	⇒物資的不足からくる「わび」に対して，**心情的孤独**からくる趣 ⇒**松尾芭蕉**の『奥の細道』などにその端緒が見られる まつおばしょう 1644〜94
人形浄瑠璃 にんぎょうじょうるり	⇒浄瑠璃と呼ばれる台詞を語りながら行われる人形劇 ⇒**近松門左衛門**が，人情と愛の葛藤を描いた『曽根崎心中』は有名 ちかまつもんざえもん 1653〜1724 そねざきしんじゅう ⇒叶わぬ恋を，死を貫いて叶えようとする男女の心中を描いた ⇒現実と虚構の間にある美的世界の描き方を「**虚実皮膜論**」という
いき（粋）	⇒江戸時代の美意識 ⇒のちに・**九鬼周造**は，『いきの構造』のなかで，「**意気地（意気込み）**」， くきしゅうぞう 1888〜1941 いきじ 「**媚態（艶かしさ）**」，「**諦め（きっぱりとした気風）**」の3つの要素を挙げている びたい あだ なまめ
浮世絵 うきよえ	⇒江戸時代の風俗画で，楽しい現世を描いている ⇒**葛飾北斎**の『富嶽三十六景』などが有名 かつしかほくさい 1760〜1849 ふがくさんじゅうろっけい
歌舞伎 かぶき	⇒江戸初期の演劇。巫女の踊り念仏がはじまりとされ，やがて幕府によって男性だけが演じるものとなった
良寛 りょうかん 1758〜1831	⇒江戸時代の歌人「散る桜，散らぬ桜も，散る桜」句が有名

第 **6** 章

現代社会の諸課題

攻略の視点

　この分野の特徴は，比較的常識で判断できる問題が多い反面，まったく未知の人物や用語も多く存在し，そうした用語の意味が問われます。攻略法としては，試験直前に再確認し，点数の上乗せを狙うことに尽きるでしょう。問題編では効率よく完全攻略できるように，オリジナル問題も作問してあります。最低限その部分は解けるようにしておきましょう。また生命倫理には注意してください。

この章の攻略ポイント

❶ 臓器移植法と「脳死」，「SOL」と「QOL」の対比
❷ 「パターナリズム」と「インフォームド・コンセント」の対比
❸ 国連人間環境会議と国連環境開発会議の対比
❹ リースマンの「孤独な群衆」と「他人指向型」の理解
❺ マクルーハン，ブーアスティン，ボードリヤールが，近年出題され始めている
❻ ハンナ・アーレントの「活動」，ハーバーマスの「コミュニケーション的合理性」

1 生命倫理

ここが出る！ 試験前の倫政の出題・正誤 Point！

① ヒトゲノムの解読と，クローン規制法
② ES細胞⇒受精卵から作る幹細胞，iPS細胞⇒細胞から作る幹細胞
③ パターナリズムとインフォームド・コンセント，SOLとQOLの対比
④ 臓器移植法の改正要点⇒同意と年齢制限の変化に注意

💡 命の操作は許されるのか？

　君たちの中には，医学部を志望する受験生も多くいることでしょう。

　2012年に岩手県保険医協会の総会で哲学の講演をしましたが，その後の懇親会での話が今でも耳から離れません。それは，東日本大震災の際に生と死の「死線」を直接目の当たりに医師たちは，津波の被害者を前に「〈生〉と〈死〉」のラインは何かを葛藤していたというものでした。まさに命を直接扱う仕事を目指す受験生はよく考えてみてください。

　20世紀後半に入ると，「**生命工学（バイオテクノロジー）**」が大きく発展を遂げます。例えば，遺伝子組み換え技術や家畜のクローンなどです。1997年には，**クローン羊であるドリーの誕生**（実際の誕生は1996年）がニュースとなりました。日本でも1998年にクローン牛が誕生しています。

　また，2000年代の初めには**ヒトゲノム**（人間の遺伝情報の全体）**解読**（解析）完了が宣言され，今後の遺伝子治療や，遺伝子操作などの分野での応用が期待されています。

　重要なのは，それらの**生命工学などに対する倫理的問題に対して，価値判断を示す**「**生命倫理（バイオエシックス）**」の視点です。倫理の講義の最初で説明した「科学」と「哲学」の問題と同じです。理論のままには「遺伝子組み換えを行う（to be）」。しかし，あるべき姿として「遺伝組み換えを行って良いか（ought to be）」という対立です。

　また出産や生殖，医療の分野でも，これら生命倫理が問われる場面が数多くあります。例えば，ある**個体と同じ遺伝子を持つ個体である**「**クローン**」に関して，日本では2001年に施行された「**クローン技術規制法**」によって，「**クローン人間**」をつ

くることが**法的に規制**されています。

　まずは，医療の分野から講義をしていくことにしましょう。

倫政の出題内容・一発表示！ ▶▶▶主な生命工学の例

1 人工生殖技術について，日本ではそれを規定する「法律は**ない!!**」
　⇒人工生殖のガイドラインは「**学会**」が定めている
　1．**代理出産**は日本の民法で認められて「**いない**」
　2．**人工授精**…通常医師が，「子宮内」で人工的に精子を注入して授精させる
　3．**体外受精**…精子と卵子を「体外」で受精させ，受精卵を母体に戻して妊娠
　　・出産させる（試験管ベビーともよばれる）
2 出生前診断については，「受精卵（着床前）診断」と「胎児診断」があるが，
　　重い遺伝病がある場合について「**一部認めている!!**」
　⇒これは「学会のガイドライン」による
3 クローン人間の製造は「**法律で禁じている!!**」
　⇒2001年に施行された**クローン技術規制法**
　⇒生命倫理を規定した初の立法→罰則は「**あり**」

　まず，ここで注意したいのは，「**法律上の規制**」なのか，それとも「**学会のガイドライン**」なのか，ということです。

　代理出産とは，夫婦間などの受精卵を代理母（ホストマザー）に妊娠・出産してもらうことや，妻が不妊の場合，**代理母の卵子を人工受精させて出産することもあります**（この場合の代理母を「サロゲートマザー」といいます）。

　日本の民法の規定では，代理出産を認めていませんが，アメリカの「ベビーM事件[1]（1986年）」では，代理母にも親権を認める判決を下しています。

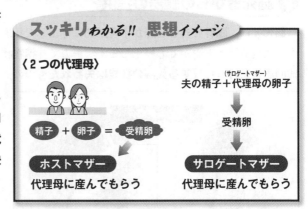

スッキリわかる!! 思想イメージ

〈2つの代理母〉

精子 ＋ 卵子 ＝ 受精卵

ホストマザー
代理母に産んでもらう

（サロゲートマザー）
夫の精子＋代理母の卵子
↓
受精卵
↓
サロゲートマザー
代理母に産んでもらう

---

[1] 1986年にアメリカのニュージャージー州で，代理母（卵子も提供）が出産後，産んだ子どもを引き渡すことを拒み，親権や養育権などが争われた。当初裁判所は代理母の親権も養育権を認めない判決を下したが，州最高裁判所は代理出産契約を無効とし，代理母を「母親」としてその親権を認めた。ただし，養育権は認めず，訪問権を認めた。

必ずやろう！ ▶▶▶ 完成問題集　第14章

人工授精と体外受精については，「**子宮内**」か「**体外**」かの違いに注意してください。

また，出生前診断については，受精卵の段階で病気や性別などを診断する「**受精卵診断（着床前診断）**」と，「**胎児診断（エコーや心電図，羊水検査など）**」があり，学会のガイドラインによって「**重い遺伝病が起こり得る場合に限り認める**方向性」が打ち出されています。

●親に「望むべき子ども」をつくる権利はあるか？

一方で，こうした診断などは，遺伝的に優れたもののみを子孫として残そうとする「**優生思想**」につながるという指摘や，受精卵や胎児を道具的・人工的に扱っていること，さらには，従来の家族観や親子観を大きく変えることへの懸念など，生命倫理上の問題も多く含んでいます。

諸外国では，すでに遺伝子診断や遺伝子操作により，目を二重にしたり，身長を高くしたりするなどとして，親が望む子どもをつくり出す「**デザイナー・ベビー（デザイナー・チャイルド）**」を経済的サービスとして提供したり，精子を冷凍保存して売買する「**精子銀行**」などが経営され，精子を商品として取引したりするなど，人間の生命やその選択が商品として取引されています。自分の好みの子どもをつくる権利や，自分の精子を売る権利は，果たしてあるのでしょうか？　**どこまで経済の自由は認められるのでしょうか？　ますます倫理的な議論が必要です。**

💡 脳死者からの臓器の提供

脳死とは，脳幹を含む全脳が**不可逆的に停止**した状態です。自発的な呼吸ができず，酸素不足からやがて心停止します。一方で「**植物状態**」とは，**言葉を発したり，知的思考を行ったりする大脳の機能は失われた**ものの，**呼吸・循環などの生命維持機能を司る脳幹は機能している**ことから，10年以上生きる場合もあります。

日本では1997年に制定された，「**臓器移植法**」によって，**脳死者からの臓器提供が可能となりました。また同法により，臓器売買は禁止**されています。臓器提供

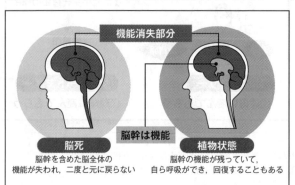

機能消失部分

脳死
脳幹を含めた脳全体の機能が失われ，二度と元に戻らない

脳幹は機能

植物状態
脳幹の機能が残っていて，自ら呼吸ができ，回復することもある

者を「**ドナー**」，提供を受ける側を「**レシピエント**」といいます。**2009年に同法は改正**されているので，その違いも含めて押えていきましょう。

改正前と改正後の大きな違いは，「同意」と「年齢制限」についてです。

改正前は，**ドナー・カード**（臓器提供意思表示カード）**による「本人の臓器提供への同意」**と「家族の同意」が必要でしたが，改正後は**「本人の意思が不明な場合」**でも，「**本人の拒否の意思表示**」**がない場合に限り**，「**家族の同意**」**で脳死判定が可能**となったことです。また年齢については，改正前は「15歳以上」でしたが，**改正後は「年齢制限なし（生後12週未満の子どもは除く）」**となっています。

臓器移植に関しては，レシピエントが生涯にわたって免疫抑制剤を飲み続けなければならないことや，多額な医療費なども問題になっています。また，**貧困ゆえに途上国において臓器売買が行われている**ことなども問題になっています。

また，こうした脳死を推進する思想的背景として，人間も含めた世界を，因果関係で動く「**機械論的世界観**」に基づき，人間を「**精神**」と「**肉体**」とに分離して捉える「**物心二元論（心身二元論）**」的な価値観があります。つまり，精神作用をつかさどる脳の停止は「死」を意味するのです。この考え方は，**きわめて「デカルト的（112ページ参照）」である**といえるでしょう。

🔆 再生医療の未来

　再生医療とは，病気や外傷を「**幹細胞**[2]」などで復元させる医療です。いわゆる「万能細胞」で注目を集めています。ドナー不足の解消や治療困難な病の克服などが期待されています。現在は以下のような3種類の細胞が研究されています。

倫政の出題内容・一発表示！　▶▶▶**幹細胞の研究**

1　胚性幹細胞
⇒受精卵からつくられる，「**ES細胞**」⇒生命倫理上の問題
2　人工多能性幹細胞（**iPS細胞**）
⇒皮膚などの細胞から遺伝子操作によりつくられる
ES細胞が抱える倫理的問題を一部クリアしたとされる
再生医療に期待がかかるものの，すべての倫理上の問題をクリアしたわけではない
3　体性幹細胞
⇒神経や，血管，筋肉などの「**体性幹細胞**」を取り出して培養し，器官などを修復する

　こうした再生医療技術の進歩は，難治な患者を救うことが期待されます。

　一方で生命倫理上の問題としては，**人体を物体として扱い，単純に社会全体の快楽を増大させるという**「**功利主義**」的価値観が背後にあるとの指摘もあります。またそれを商品にした場合，人間の命に値段をつけることにもなりかねません。臓器や細胞，遺伝子などの自己の所有物を自由に譲渡・処分してよいのかを生命倫理的に考えることが，今にも増して求められています。

🔆 医療の価値観と生命観の変化　➡「延命」か「人間らしい死」か？

　20世紀には，人権意識の高まりとともに，患者の権利の1つとして，**充分な説明による理解に基づく同意**である「**インフォームド・コンセント**」をもとに医療を受けることが主張され始めました。それまでは，医者が**父親のように一方的に医療行為を決定**する「**パターナリズム**（父権主義）」が主流でしたが，様々な治療の選択肢が増える中で，「インフォームド・コンセント」や，患者が十分な説明を受けたうえで治療行為を決定する「**インフォームド・チョイス**」も注目されています。

　また生命観に関しても，「**生命の尊厳**」に第一の価値を置き，**延命を第一選択**とす

---

[2]　自分と同じ能力を持った細胞を復元させる機能（自己複製能力）と，様々な細胞に分化できる能力（多分化能）を持った細胞。

る「SOL^{sanctity of life}（生命の尊厳）」だけでなく，**患者の人生の質や，人間らしい生活を重視する「QOL^{quality of life}（生命の質）」**という考え方も見られるようになっています。例えば，がん治療の際に抗がん剤を使用して「**キュア（治療）**」を目指すのか，それとも全人的な「**ケア（看護）**」を重視するのかにも，この違いが当てはまります。

　近年では，患者の自己決定に基づいて，**延命措置を停止し，人間らしい死を迎える「尊厳死[3]」**や，**意図的に死期を早める「安楽死[4]」**などの「**終末期医療（末期医療，ターミナル・ケア）**」をめぐっての議論も盛んです。例えば，治療の見込みのない患者の最期を有意義に過ごす「**ホスピス**」での「**ホスピス・ケア**」などです。日本では1980年代からつくられ始めました。中世の教会付属の巡礼所や，**仏教の「ビハーラ」**，マザー・テレサが開いた「**死を待つ人々の家**」なども有名です。

　また，**森鷗外**は小説『**高瀬舟**』の中で安楽死の問題を扱っています（245ページ参照）。ちなみに日本では，「**投薬による安楽死は殺人罪**」となることが裁判の判例で**一部示されています（東海大学病院安楽死事件[5]）**。一方で**諸外国では「安楽死法」が制定され（2001年にオランダで制定されたのは有名）**，一定の条件のもとに，安楽死を容認する動きもあります。

　21世紀は，「生命」について，多元的にそのあり方を倫理的に考えることがますます求められています。

倫政の出題内容・一発表示！ ▶▶▶ 医療の価値観

価値観	医師と患者	生命観
従来	**パターナリズム・一方的** （父権主義）	生命の神聖性^{sanctity of life}〔**SOL**〕 ★**キュア**
新しい	**インフォームド・コンセント** ⇒本人・家族への説明と同意	生命の質^{quality of life}〔**QOL**〕 ★**ケア**，尊厳死や安楽死

---

[3]　末期患者に対して，延命措置を停止し，自然死を迎えさせること。消極的安楽死ともよばれる。

[4]　尊厳死の消極的安楽死に対して，積極的安楽死ともよばれる。

[5]　1991年に東海大学付属病院の医師が，末期の骨髄腫の患者に投薬を行ない死亡させた事件。横浜地裁は懲役2年，執行猶予2年の有罪判決を言い渡した。

2 環境倫理

ここが出る！ 試験前の倫政の出題・正誤 Point！

① 世代間倫理⇒ハンス・ヨナスの「未来倫理」
② 自然の生存権⇒ピーター・シンガーの「種差別」の反対
③ 国連環境開発会議と国連人間環境会議のスローガン
④ ラムサール条約，気候変動枠組み条約，生物多様性条約，京都議定書と
パリ協定の内容

💡 なぜ人間は環境に配慮するのか？

環境問題そのものについては，政経分野と大幅に重なるので，環境問題の種類と国際会議・条約については，そちらで確認しましょう。**倫政の勉強が効率的なのは，こうした重複部分を省けることです。**

ここで確認しておきますが，公害は国内の経済活動によって，住民の生命や生活環境に被害を与えることです。明治時代の足尾銅山鉱毒事件や，戦後の四大公害訴訟が有名です。特に**水俣病患者に寄り添い，水俣病患者のルポタージュ**である『**苦海浄土**』を著した**石牟礼道子**は，水俣病の怒りや悲しみを，自分のものとして捉えながら記録しました（倫理分野特有の人物）。
（1927〜2018）

さて，20世紀に入ると経済の飛躍的な発展とともに，**公害や環境汚染が国境を越えて広がる**，「**地球環境問題**（地球規模の**環境問題**）」も深刻化していきます。人間が地球環境に与える負荷もますます大きくなっています。倫理の分野では，「**なぜ人間が環境に配慮する必要性があるのか**」に焦点をあてて勉強していきます。こうした分野を研究する学問を「**環境倫理学**」といいます。

かつて，アメリカの経済学者である**ボールディング**は，地球を「**宇宙船地球号**」
（1910〜93）
になぞらえて，**すべての人間が同じ地球という宇宙船の乗組員として，自然環境問題に取り組んでいく必要性**を唱えました。こうした考えに基づいて，1972年の「**国連人間環境会議**」では，「**かけがえのない地球**」がスローガンとなりました。

環境倫理学の考え方は，一般に次の3点に要約できます。

1 地球有限主義⇒地球の生態系の一員として，有限な地球環境を守ることを何よりも優先する

2 世代間倫理⇒現在の世代は，未来の世代の生存可能性を守る義務がある
⇒ハンス・ヨナスの「未来倫理」などの立場

3 自然の生存権⇒「人間」だけでなく，「自然・生物」にも生存の権利がある
⇒ピーター・シンガーの「種差別」に反対する立場

●地球は僕らと繋がっている？

まず，**1** から考えてみましょう。地球上の生物の生存範囲を「**生命圏（生物圏，バイオスフィア）**」といいます。**人間は自然の中で，食物連鎖やエネルギーの循環を通して相互に自然と関係**し合っています。これを「**生態系（エコシステム）**」といいます。かつて，アメリカの海洋生物学者の**レイチェル・カーソン**は，DDT（有機塩素系農薬）などの使用による生態系の破壊に警鐘を鳴らしました。

> 「**自然は，沈黙した。うす気味悪い。鳥たちは，どこへ行ってしまったのか。みんな不思議に思い，不吉な予感におびえた…中略…春がきたが，沈黙の春だった。…中略…すべては，人間がみずからまねいた禍だったのだ**」
> （『**沈黙の春**』）

ちなみに，アメリカの生物学者である**コルボーン**は，1996年に「**環境ホルモン（内分泌攪乱物質）**」が生物に与える危険性を警告した『**奪われし未来**』を著しています。

⚠ 間違えるな‼ ⚠

「**レイチェル・カーソン**」⇒『**沈黙の春**』⇒農薬「**DDT**」などの危険性を指摘
「**コルボーン**」⇒『**奪われし未来**』⇒「**環境ホルモン**」の危険を指摘

●未来の世代には，現在の世代のツケに対する抗議の権利がない？

次に**2**の「**世代間倫理**」を考えます。

地球環境問題の場合，「**現在の世代が，未来の世代の生存可能性を守る義務**」を前提に主張されていますが，なぜでしょう？ それは，**未来の世代は現在の世代が行なった政策的なツケに対して抗議することができない**からです。例えば，いわゆる「核のゴミ」の最終処分場が決まらないまま原発を動かし続け，現在の世代が恩恵

を受けても，そのツケは未来の世代に回されます。

　こうした考えに基づいて，1992年の「地球サミット（国連環境開発会議）」では，「持続可能な開発（将来世代のニーズを損なわない範囲で，現在世代のニーズを満たすこと）」がスローガンとなりました（1972年の国連人間環境会議のスローガンと区別）。

⚠️ **間違えるな!!** ⚠️

●**環境会議のスローガン**
（政経分野とも重複するので注意）
「国連**人間**環境会議」⇒「**かけがえのない地球**」
「国連**環境開発**会議」⇒「**持続可能な開発**」

　またドイツの哲学者である**ハンス・ヨナス**（1903〜93）は，**自然には善を完成するという目的があり，政策決定などにおいて未来世代よりも優位な立場にある現在世代が，自然を守る義務**，すなわち「**未来倫理**」があると考えました。

スッキリわかる!! 思想イメージ

過去 ← 現在 → 未来

コミュニタリアリズム　　未来倫理
過去を背負う義務　　　未来への責任

2つの違いに注意!!

　ちなみに，世代間倫理には，以前学習した「コミュニタリアニズム（共同体主義）」が主張する「過去の責任」を「現在の責任」として捉えるものもあります。

●**動物は裁判の原告になることはできるのか？**

　最後に，**3**の**自然の生存権**について考えてみましょう。これは**人間だけでなく，自然・動物にも生存権があるとする立場**です。この立場は，自然を人間の手段と見なす「人間中心主義」を批判して，自然そのものにも存在価値を見出すものです。かつてアメリカの生態学者である**レオポルド**（1887〜1948）が，**土壌や植物，生物などを総称して**「**土地**」とよび，人間が土地を支配するのではなく，「土地」を一つの存在として

とらえる「**土地倫理**」を主張したことに思想的な源流があります。

　日本では1995年に，奄美大島のゴルフ場開発の停止を求めて，「**アマミノクロウサギ**」などが原告となり裁判が行なわれましたが，**裁判所は訴えを却下しました**。

　また，オーストラリアの応用倫理学者である**ピーター・シンガー**は，機械のように残酷に扱われている工場畜産の惨状を目の当たりにして，**動物に対して人間が優位であるとする「種差別」に反対する立場**を示しています。ピーター・シンガーは，「誰もが快楽・苦痛に支配される」とする**ベンサムの功利主義の原則を動物にまで拡大**し，動物に対して苦痛を与える行為を拒絶し，ベジタリアンに転向しました。

● 環境関連条約

　環境関連条約は政経分野と重複しますから，試験前に軽く目を通しておきましょう。

条約名	内容
ラムサール条約 1971年採択	水鳥・湿地帯の保護。日本では**釧路湿原**などが登録
ワシントン条約 1973年採択	**絶滅の恐れのある**野生動物の国際取引の規制
バーゼル条約 1989年採択	有害廃棄物である水銀やカドミウムなどの輸出入の規制
モントリオール議定書 1987年採択	オゾン層保護条約（ウィーン条約，1985年）に基づき，**フロンの全廃など**を取り決め
気候変動枠組み条約 1992年調印	地球サミットで調印，温暖化防止条約とも 1997年にはこの条約に基づき，**具体的な数値目標を定めた「京都議定書」**が採択された
生物多様性条約 1992年採択	地球サミットで採択 **生物の多様性を守ることや遺伝子資源からの利益の公平配分**などが決められた
パリ協定 2015年採択	**産業革命前からの気温上昇を2度未満に抑える** 京都議定書が2012年に失効したことを受けての後継的協定 **2016年に発効**，2020年以降の地球温暖化対策の枠組み

3 情報社会

ここが出る! 試験前の倫政の出題・正誤 Point!
① リップマンの「ステレオタイプ」とリースマンの「他人指向型」の区別
② 「メディア・リテラシー」と「デジタル・デバイド」の用語の理解
③ マクルーハン,ブーアスティン,ボードリヤールのキーワード

情報が大量に伝達される時代

20世紀に入ると,経済の発展と同時に,様々な「情報」が大きな影響力を持つ,「**情報社会**」となっていきました。例えば,Amazon で商品を検索すると,過去の購入履歴から,オススメ商品が同時に表示されたり,iPhone の Siri を使ってマップを表示させたりと,便利な世の中になりました。

また,テレビ・ラジオ・新聞などの**マス・メディア**を通して,不特定多数の人々に大量に情報を伝達する「**マス・コミュニケーション**」により,大量な情報が一方的に伝達されるのも20世紀以降の特徴です。かつて情報は,ほんの一部のエリート層にしか活用されていませんでした。例えば,15世紀のグーテンベルクによる「活版印刷」の発明は,従来よりも多くの知識を伝達することになったものの,活字を読むことができたのは一部のエリートに限られていたからです。

この節では情報社会の問題点と,そのつきあい方について学習します。

情報社会の問題点

現代社会の特徴に「**大衆社会**」とよばれるものがあります。「**大衆**」とは多くの**匿名的な人々からなり,主体性を失い,他者と同調しやすいという特徴**があります。このような社会の中で,人々の行動は常に他者に同調しやすくなります。以前に実存主義のハイデッガーの講義で「ダス・マン」という現代人の特徴を学びましたが,これとよく似ています。

かつて,アメリカのジャーナリストである**リップマン**（主著『**世論**』）は,こうした大衆化した人々は,**マス・メディアが作り出す,一方的な紋切り型の画一的イメージ**である「**ステレオタイプ**」に従って行動を決定すると考えました。例えば,新聞報道で「あの国は危険だ」とか,「近頃の若者にはやる気がない」などの**否定**

的イメージが作り上げられてしまうと，たとえその根拠がなかったり，薄弱なものだったりしても，**人々がそれに同調してしまう**というのです。もし権力がこのマス・メディアをうまく利用した場合，僕らは天国が地獄に，地獄が天国のように見えるのかもしれません。実際に1930年代ドイツでは，ヒトラー率いるナチスが巧みな**情報操作**によって，世論を自分たちの都合の良いものに誘導していました。

また，イギリスの作家である**オーウェル**（1903〜1950）は，小説『**1984年**』の中で，**双方向のメディアでやり取りされる情報によって，権力が巧みに管理・監視社会をつくりあげ，人々を支配していく様子**を描いています。

大衆社会について分析したアメリカの社会学者である**リースマン**（1909〜2002）は『**孤独な群衆**』の中で，現代人の社会的性格を次の3つに類型化しました。

倫政の出題内容・一発表示！ ▶▶▶ **リースマンの社会的性格3類型**

1 社会の伝統や慣習・権威に従う
→「**伝統指向型**」（中世以前の社会）
2 自己の内面的価値に従う
→「**内部指向型**」（初期の資本主義から19世紀までの社会）
3 自己ではなく他者の評価や願望に従う
→「**他人指向型**」（現代社会の特徴）

特に「**他人指向型**」の広がりは現代社会の特徴で，**常に他人の評価を気にし，孤独になりたくないがゆえに，常に他者からの承認を求めて他者に同調する**のです。例えば，いつも「人気のレストランを気にしている」，「自分のツイートの評価を気にしている」，「携帯の着信やSNS，LINEの返信を気にしている」，という具合です。他人の評価を意識することは必要ですが，そのことに自分が支配されているのだとすれば，リースマンの言う「他人指向型」になってしまい，自己の主体性を失ってしまいます。

💡 多様なメディアの出現

かつて，アメリカの社会学者である**ベル**（1919〜2011）は，『**脱工業化社会の到来**』の中で，モノをつくる工業社会から，情報が重要な価値を持つ「脱工業化社会」への移行を予見しました。今やインターネットの情報なしでは生活が成り立たないくらいに，僕らの中には情報が溢れています。こうした多くの情報の中から，正確かつ必要な情報を主体的に把握・批判する能力である「**情報リテラシー（メディア・リテラシー）**」

の重要性が高まっています。また**プライバシー**への配慮や，**知的財産権**（知的所有権。商標権や著作権，特許権，意匠権など）の保護なども重要になってきます。日本では以下の法整備があります。政経分野と重なりますので，軽く見ておきましょう。

倫政の出題内容・一発表示！ ▶▶▶日本の法制度の整備

１ 個人情報保護法
⇒政府の保有する個人情報の保護（1988年制定）
⇒一定の条件を満たす民間事業者の保有する個人情報の保護（2005年全面施行）
２ 知的財産高等裁判所の設置（2005年）
⇒東京高等裁判所の特別支部として設置

　また近年は，インターネットなどの**情報技術を利用できる人と，そうでない人の社会的格差**である「**デジタル・デバイド**」も新たな格差問題として問題となっています。また，他人のコンピュータに侵入してデータなどを盗み出す「ハッキング」などの「**コンピュータ犯罪（サイバー犯罪）**」も問題になっています。日本では2000年に「**不正アクセス禁止法**」が施行され，これらの犯罪への対策を行なっています。

ここで差をつける！　　　　　メディアに関する学説

　聞き慣れない人物についての直前対策として活用して下さい。

①マクルーハン（1911～80）（カナダのメディア学者）
⇒メディアの果たす歴史的役割・価値などを分析
⇒グーテンベルクが活版印刷を実用化したことにより，メディアの役割・文化は，「読んで聞かせる・伝承文化」から，文章によって**「伝えて保存する・活字文化」へと変容**した
⇒活字文化は，黙読を通して「抽象」的想像力を発達させた
⇒**20世紀以降は，ラジオやテレビなどの「感覚」的メディアの出現により，人々は，活字を離れた感覚的イメージに本物らしさを感じる**ようになった

②ブーアスティン（1914～2004）（アメリカの社会学者）
⇒メディアが意図的に都合の良いように作り出す出来事を「**擬似イベント**」とよんだ
⇒メディアは人々の関心が集まるように出来事を再構成し，**人々は再構成された「擬似イベント」を「本当らしい」と思い**，それを基準に行動する（cf「今話題の本」や「今話題の言葉」など）

---

③ボードリヤール（フランスの社会学者）
_{1 9 2 9 ～ 2 0 0 7}

⇒本来は商品の有用性の観点から消費されるはずだが，現代では**他人との「差異」を示すための消費**となっていると説いた

⇒この「**差異**」は，**例えばブランド品を買うように，「記号」を消費する，バーチャルな価値への消費となる**[1]

●**情報化に関連した差の付く用語**

①**バーチャル・リアリティ**

⇒コンピュータによって作り出される**仮想現実**。医療などの分野に応用される反面，人々がゲームなどの仮想現実を，本当の現実として取り違えてしまうなどの問題もある。

②**アカウンタビリティ**

⇒**説明責任**。政府などが説明義務を果たすこと。

③**ディスクロージャー（情報公開）**

⇒1999年には，**個人情報や外交・防衛・捜査情報などの一部を除く，政府の保有する情報を公開**する「**情報公開法**」が制定された（2000年施行）。

④**デジタル・ネイティブ**

⇒コンピュータに慣れ親しんできた人々。

⑤**パブリック・アクセス**

⇒公的情報の閲覧権。

⑥**情報倫理**

⇒著作権保護，プライバシーの保護など，**情報社会の中で守られるべき倫理**。

---

[1] 例えばブランド品は，それを持つ人の趣味や個性などを想像させることになる。

4 現代社会と家族・公共

ここが出る! 試験前の倫政の出題・正誤 Point!

① 核家族化と「家族機能の外部化」
② 「性的役割分担」⇒差別的「ジェンダー」意識を生み出す
③ 自己責任論を超えて⇒「市民性」と「市民的公共性」の必要性

💡 家族

さて，いきなりですが質問です。「**家族**」とは一体何ですか？

こう改めて問われると，その答はなかなか一つに定まりにくいでしょう。血のつながりがなくても「家族」であることもあるし，老舗のラーメン屋の系列店を「～家族」とよぶこともあります。このように，ソクラテスの「無知の知」ではありませんが，当り前だと思っていることについて，僕らは頭を使っていないのかもしれません。

かつて，アメリカの文化人類学者である**マードック**[1897〜1985]は，「**核家族**」という概念を「**夫婦と未婚の子どもからなる家族**」と定式化しました。

一方で戦前の日本では，「**イエ制度**」に基づいて，家長である父親の統率のもと，家系を守ることが重視されました。このため，日本の伝統的な家族は，**子どもたちが結婚後も親と同居し続ける**「**拡大家族（複合家族）**」や，**祖父母・親・子の三世代で構成**される「**直系家族（拡大家族の形態の一部）**」などが中心でした。しかし，1920年にはすでに54%[1]が核家族となっています。

また，戦後になって**民法が改正され**，「**イエ制度**」が廃止されたことや，**高度経済成長期の都市化（農村から都市への人口集中）**の中で，**核家族化がさらに進行**しました。また近年は，離婚と再婚の結果としての，**血縁関係のない父母・兄弟姉妹からなる**「**ステップ・ファミリー**」の増加（2020年の推計で34.4%[2]），**共働きで子どもがいない**「**ディンクス**[3]」の選択など，時代とともに家族の基本的スタイルは多様化しています。

---

[1] 昭和47年度『人口問題研究所年報』による。
[2] 国立社会保障・人口問題研究所編「日本の世帯数の将来推計（全国推計）」2013年1月推計による。
[3] double income no kids の略。

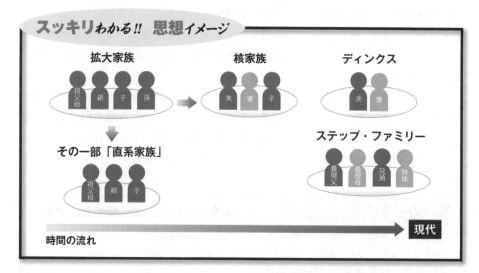

スッキリわかる!! 思想イメージ

拡大家族 → 核家族 ディンクス

祖父母 親 子 孫 夫 妻 子 夫 妻

その一部「直系家族」 ステップ・ファミリー

祖父母 親 子 義理父 義理母 兄弟 姉妹

時間の流れ → 現代

●家族の役割って?

　かつてドイツの社会学者である**テンニース**（1855〜1936）は，社会を次のような二つの類型に分けました。

「**ゲマインシャフト**」
⇒**本質意志に基づく共同社会**

対比

「**ゲゼルシャフト**」
⇒**選択意志に基づく利益社会**

　この場合，家族は「**ゲマインシャフト**」に分けられます。つまり**人が運命的に出会い，人格を融合させる場**なのです。これは，学校や予備校のような**選択意志によって利益を求める**「**ゲゼルシャフト**」とは異なります。家族には，自己選択を超えた運命の共有という側面があることを，テンニースは指摘しています。

　また，青年期の章で学習した**エリクソン**は，人生のライフサイクルを8つに分け，その第一番目の乳児期の発達課題に，愛情を注がれることで他者に対する信頼感を獲得する「**基本的信頼**」を挙げています。つまり，**人間の最初の発達課題を達成するためにも家族が機能している**といえます。

　一方で現代社会では，こうした**家族の持つ機能が保育所や学校，会社などの外部の社会集団に依存するようになる**「**家族機能の外部化**」が指摘されています。

●子育ては誰の仕事?

　これまで日本では，育児・家事は女性，仕事は男性といった**性別役割分担（性別役割規範）**に縛られてきました。この意識がやがて，「女らしさ」や「男らしさ」と

いった**社会的・文化的性差**である「**ジェンダー**」を生み出し，男女の様々な格差を拡大させてきました。実際に日本の女性の労働力率は「**M字カーブ**」（497ページ参照）を描いています。ここには，**女性が出産と育児のために仕事を辞める**という，日本の性的役割分担が如実に表れています。

この分野では，女性の権利解放運動である「**フェミニズム**運動」と重ねて出題される可能性もありますから，以前学習した**ボーヴォワール**や，**平塚らいてう**も確認しておきましょう。日本では，1985年に**女子差別撤廃条約**（採択は1979年）に批准して以降，以下のような法整備が取られています。なお政経の社会保障分野と重複するので，軽めに見ておきましょう。

倫政の出題内容・一発表示！ ▶▶▶女性の社会進出に関する法整備

1 男女雇用機会均等法 （1985年制定　1997，2006年改正）
⇒男女の採用・昇進・配置・定年などの**差別を禁止する**（496ページ参照）
2 育児・介護休業法 （1995年制定）
⇒男女の労働者の育児・介護休業申請を**使用者が拒否できない**
※ただし，**男性労働者の育児休業取得率は極端に低い**
3 男女共同参画社会基本法 （1999年制定）
⇒男女が対等な立場で社会活動や政策の立案に参画することを目指す

💡 少子高齢化の倫理的視点

婚姻率の低下や晩婚化などにより，**一人の女性が一生に産む子どもの数の合計の平均**である「**合計特殊出生率**」が低下して少子化が進行しています（2016年は1.44, 2005年には戦後最低の1.26）。少子化が進むことで相対的に高齢者の割合が高くなる「**高齢化（人口に占める65歳以上高齢者の割合が高くなること）**」も同時に進行しています（2016年の人口に占める65歳以上の割合は27.3％）。

なお，これらは政経の「社会保障分野」でも出題が考えられますので，そちらも参照し，具体的な流れをつかんでおきましょう。**倫政ではこうした政経分野との重複項目を意識した学習が必要不可欠**となり，得点に差をつけます。

倫理分野で扱う視点は，こうした核家族化や高齢化による人々の分断や孤立に対して，どのように対処していくのかということです。

例えば，女性一人に育児の負担が集中し，「**育児ノイローゼ**」となって「**児童虐待**」へとつながるケースや，配偶者間（恋人間）の暴力である「**ドメスティック・バイオレンス（DV）**」なども問題になっています。また高齢者の単身世帯の増加に

より，介護が受けられず，**孤独死に陥るケース**などが指摘されています。これらについては，「**児童虐待防止法（2000年制定）**」，「**DV防止法（2001年制定）**」，「**介護保険法（2000年運用開始）**」などが法的に整備されていますが，そうした外的な法整備だけでは十分とはいえません。ここが倫理の視点です。

●公的空間（公共）で，いかに主体的に社会に関わるか？⇒公共性の理解

大切なのは，「**地域社会（コミュニティ）**」において全体で支援の体制を整えていくことです。具体的には，**市民やNPOなどにより，住民自らの自立的な運動によって社会的な問題を解決する「コミュニティ・オーガナイザー」**や，**報酬などの見返りを求めない活動**である「**ボランティア（社会参加）**」の役割も必要になってきます。

例えば，東京都内では，「最期まで安心して暮らすための応援団」を掲げるNPOが発足[4]し，孤独死を防止するライフラインづくりを目指すなどの動きがあります。

こうした問題への対策は，個人は個人，家族は家族，高齢者は高齢者自身の責任という「自己責任」の理屈だけでは済まされません。「**自己責任論**」を超えて，**地域社会や市民の自発的行動による「共助」による「ケアの倫理」**も必要となっています。現代を生きる僕らは，公共空間における自発的行動を通して，高齢者も児童も，あるいは障害のあるなしに関わらず，地域社会で共存できる「**ノーマライゼーション**」を目指していくことが倫理的に求められています。

また，**よりよい社会を実現する一員としての「市民性（シティズンシップ）[5]**」を持ち，**人々が公共の空間で自由に討論し，市民が主体的に政治のあり方や政策を決定**していく，「**市民的公共性**」がますます求められているといえるでしょう。

こうした行為の大切さは，以前に学習した，**ハンナ・アーレント**（187ページ参照）の「**活動**」や，**ハーバーマス**（175ページ参照）の「**コミュニケーション的合理性（対話的理性）**」の思想にも，その一端を見ることができます。共同体や公共の場で，僕らが主体的に活動することが，これからの倫理的課題の一つです。

---

[4]　2010年1月放送のNHKスペシャル「無縁社会“無縁死”3万2千人の衝撃」による。
[5]　よりよい社会の実現を目指し，公共性を重視する態度。

必ずやろう！　▶▶▶　完成問題集　**第15章**

核家族化や，単身世帯増加，高齢化の進行
⇒「**家族機能の外部化**」により，孤独・孤立感による不安

個人の自己責任型の社会ではなく，**地域社会(コミュニティ)による助け合い**の必要性
⇒例えば「**ボランティア**」や「**コミュニティ・オーガナイザー**」の活動

公的空間に参加し討論し，主体的に意志決定に参加・行動していく必要性
⇒「**市民的公共性**」，「**市民性**」に基づく主体的行動
⇒例えばハンナ・アーレントの「**活動**」や，ハーバーマスの「**コミュニケーション的合理性(対話的理性)**」に基づく行動

ちょっとひと休み 世界とは？

世界・人間はどうあるべきなのだろうか？

かつてハーバーマスは，人々がオープンの場で討論し，合意を形成していくことの重要性を説いた（コミュニケーション的合理性）。ハンス・ヨナスは，科学技術の影響を受ける未来世代に対し，現代が責任を負うべきとする「未来倫理」を提唱した。元を正せばソクラテスが「対話の中で吟味すること」の重要性を，行動を以て示したことに哲学が始まった。

この本で倫理を学びなから一つのことに気が付いただろう。それは人間が社会や時代，他者，世界から分離して生きているのではないということだ。ブッダの言葉を借りれば「縁起」して世界がある。この「関わり」の重要性を大切に，今後も勉学に励んで欲しい。世界は分離することで悲しさを増し，世界は関わるほど美しさを増していく。

5 異文化理解と国際化・人類の平和

学習の指針 ひろく浅く
重要度 ★★★★★

ここが出る！ 試験前の倫政の出題・正誤 Point！

① 「エスノセントリズム」や「同化主義」⇒異文化理解とはいえない
② 文化相対主義と多文化主義の区別
③ サイードの主張⇒差異を画一化せず，差異を認め合う多様性が必要

💡 カルチャー・ショックと異文化理解

君たちは海外に行ったことがありますか？

僕が初めて海外に行ったのは，高校2年生の夏。アメリカのニュージャージー州にあるプリンストン大学というところでした。「自分の意見を堂々と主張するアメリカ人」に驚きを隠せなかったことを，今でもハッキリと覚えています。日本では「なんとなく」とか，「最初は静かに」が普通なのですが，彼らは最初から自分の体験や意見を堂々と語るのです。僕も負けまいと，必死に手品を見せて彼らに応戦したことを覚えています。

このように，**異文化に触れることで心が不安定になる**「**カルチャー・ショック**」を体験することがあります。また，**異文化を奇妙なモノだと誤解することで**，「**文化摩擦**」が生じることもあります。

文化[1]とは，その**社会で共有された生活様式全般**をいいます。僕たちは時として，**自分の文化や民族が最も優れている**と考える「**自民族中心主義（エスノセントリズム）**」に陥ったり，**相手に対して根拠のない紋切り型のイメージである**「**ステレオタイプ**」を抱いたりしてしまうこともあります。地球規模でヒト（労働力），モノ（商品），カネ（資本），情報がつながっていく「**グローバル化（グローバリゼーション）**」が加速する現代社会では，自民族中心主義やステレオタイプに陥る危険も，背中合わせに内在しているといえます。こうした中で必要となるのが，「**異文化理解**」という態度です。基本的には次の2つの視点に注意しましょう。

---

[1] 一般に「物質的文化」，「制度的文化」，「精神文化」からなるとされる。

必ずやろう！ ▶▶▶ 完成問題集 **第15章**

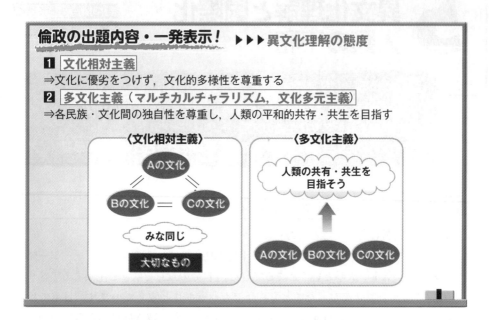

倫政の出題内容・一発表示！　▶▶▶異文化理解の態度

1 文化相対主義
⇒文化に優劣をつけず，文化的多様性を尊重する
2 多文化主義（マルチカルチャラリズム，文化多元主義）
⇒各民族・文化間の独自性を尊重し，人類の平和的共存・共生を目指す

〈文化相対主義〉
Aの文化
＝　＝
Bの文化 ＝ Cの文化
みな同じ
大切なもの

〈多文化主義〉
人類の共有・共生を
目指そう
Aの文化　Bの文化　Cの文化

●大切なのは多様性!?

　注意したいのは，**異民族を排除したり**（かつて古代ギリシアでは別の言葉をしゃべる人々を「バルバロイ」とよんで蔑視していた），**自分たちの歴史観や言語を強制したりする「同化政策」と，異文化理解は相容れない**ということです。

　かつてパレスチナのキリスト教の家庭に生まれ，アメリカのコロンビア大学で教鞭を執った文学研究者・文明評論家の**サイード**は，著書『**オリエンタリズム**』の中で，**近代以降の西洋社会が，単なる「異国趣味（エキゾチック）」なアジア・中東などの東洋観を勝手につくり上げ，西洋優位の思考様式をつくり上げてきたこと**を分析・批判しました。

　「オリエント」とは「東洋」のことです。素直に考えれば，「西洋」と「東洋」というのは，**世界の西側と東側を表す中立的な言葉のはず**で

スッキリわかる!!　思想イメージ

〈サイードの「オリエンタリズム」〉

| 本来は西と東を表す「中性的」なもの | But | 西洋社会 上 → 西洋優位の思考形式 |
| エキゾチックなもの 東洋（オリエント） 下 → 植民地支配へ |

す（もちろんある程度の曖昧さはありますが）。しかし，こうした西洋がつくり上げた**西洋優位の思考は，やがて植民地支配を正当化するに至った**と，サイードは分析しています。サイードは文化的差異を画一化するのではなく，むしろそうした**文化的差異や多様性を認め合うこと**に倫理的価値を見出しました。

> 「文化は，互いに混じり合い，その内容も歴史も，互いに依存しあい，雑種的なものであるため，外科手術的な切り分けを行なって，〈東洋〉とか〈西洋〉とかいったおおざっぱで，おおむねイデオロギー的な対立をこしらえることなどできないのである」（『知識人とは何か』）

　こうしたサイードの指摘は，**ヨーロッパの植民地支配の歴史の中で作られた偏見や抑圧の影響を，植民地独立後の世の中から分析**する「**ポストコロニアリズム**」の理論へと発展しました。サイードは2001年9月11日に起こった「9・11テロ（同時多発テロ）」以降，無知と偏見によってアラブ人が抑圧されている状況に，「オリエンタリズム」に等しいものを垣間見ていきます。

　晩年は，**ユダヤ人ピアニスト・指揮者であるバレンボイムとともに，パレスチナ人とユダヤ人の融和を図るべく，音楽活動などを通して活動**[2]しました。そして，同時多発テロから2年後の2003年（イラク戦争の年）にこの世を去りました。

💡 対立の克服　➡　多様性理解と過去の反省，そして未来への可能性

　物質的・情報的に世界がどんどんと近くなる一方で，文化的・宗教的・政治的な対立が後を絶ちません（2001年の同時多発テロ事件や，シリア内戦など）。

　また，自分たちの持つ弱点を他者に移し替える「**スケープゴートの心理**」による**憎悪犯罪（ヘイト・クライム）**も，様々な国で蔓延しています。多様性を認められずに対立を引き起こすのは，現在だけではなく，これまで人類の悲惨な戦争の原因の一部であったことも事実です（軍縮の動向は政経の国際分野を参照してください）。

　その意味で，**一つの価値による統合を求めるよりも，多様性を認め合う寛容性**が必要となるでしょう。かつて**ベルクソン**（186ページ参照）が指摘した，**人類愛に基づく「開いた社会」の生命の創造的進化「エラン・ダムール（愛の躍動）」**の思想にも，そうした寛容性の一端が示されています。

---

[2] 詳しく知りたい人は，A. グゼリミアン編，中野真紀子訳『バレンボイム／サイード　音楽と社会』（みすず書房）を参照のこと。

僕らは人類の過去の歴史を学びながら，同じ過ちを繰り返さないよう，未来の人類の可能性に向かってに学問を続けることが大切になります。

　最後に2015年にこの世を去った，東西冷戦中のドイツ共和国大統領ヴァイツ^{1920～}ゼッカー²⁰¹⁵の言葉（1985年8月5日，ドイツ敗戦40周年に行なわれた演説『荒れ野の40年』）で締めくくります。

「問題は過去を克服することではありません。そのようなことができるわけはありません。後になって過去を変えたり，起こらなかったことにしたりするわけにはいきません。しかし，過去に目を閉ざす者は結局のところ現在にも目を開かなくなります。非人間的な行為を心に刻もうとしない者は，またそうした危険に陥りやすいのです」

資料を見る！　ユネスコ憲章前文

ユネスコ憲章前文（抜粋）（1945年11月）

　この憲章の当事国政府は，この国民に代わって次のとおり宣言する。

　戦争は人の心の中で生まれるものであるから，人の心の中に平和のとりでを築かなければならない。

　相互の風習と生活を知らないことは，人類の歴史を通じて世界の諸人民の間に疑惑と不信を起こした共通の原因であり，この疑惑と不信の為に，諸人民の不一致があまりにもしばしば戦争となった。

　ここに終わりを告げた恐るべき大戦争は，人間の尊厳・平等・相互の尊重という民主主義の原理を否認し，これらの原理の代わりに，無知と偏見を通じて人種の不平等という教養を広めることによって可能にされた戦争であった。

　文化の広い普及と正義・自由・平和のための人類の教育とは，人間の尊厳に欠くことのできないものであり，かつ，すべての国民が相互の援助及び相互の関心の精神を持って，果たさなければならない神聖な義務である。

　政府の政治的及び経済的取り決めのみに基づく平和は，世界の諸人民の，一致した，しかも永続する誠実な支持を確保できる平和ではない。よって，**平和が失われないためには，人類の知的及び精神的連帯の上に築かれなければならない。**

（以下略）

第1章

民主政治の基本原理

攻略の視点

　この章では政治の基本となる「民主主義」について勉強します。大事なことは必ず原理を押さえること。暗記しようと思ってはいけません。そして，そのうえに「具体例」を乗っけていってください。

　また，まぎらわしい言葉，たとえば「法の支配」と「法治主義」や，「首相」と「大統領」など，何となくのイメージで覚えている用語の意味を対比で理解し，必ず意味を理解するようにしていきましょう。

この章の攻略ポイント

❶ 国家の三要素と「主権」
❷ 法の支配と法治主義の相違
❸ 権力分立
❹ 社会契約説　➡とくに大事!!
❺「自由権」と「社会権」
❻ NGOと人権条約
❼「議院内閣制」と「大統領制」の相違

1 政治・国家・法

ここが出る！ 試験前の倫政の出題・正誤Point！

① 国家の三要素⇒特に領域と主権
② 法の支配と法治主義の違い
③ 主権の三要素

💡 政治って何？

さて，それでは政治分野を始めますよ。まずは「政治」という言葉から勉強していきましょう‼

僕らは１人で生きることはできません。僕だって本を書くためにいろいろな人の手を借りているし，みんなだってそうでしょう。つまり人間は１人では生きられない。だから人々が集まり「社会」をつくります。社会学では，「人間が２人以上の空間」を指して「社会」といいます。そして社会の中に生きる人間は必ず利害対立を引き起こします。

この利害を調整する行為，そして**社会秩序を維持する行為**を「政治」といいます。現在の世界では基本的な政治の単位を「国家」に置いています。ただし，政治は「地方」や国家を超えた「国際政治」，人権を啓発するキャンペーンを行ったりしている**アムネスティ・インターナショナル**などの民間の**NGO（非政府組織）**，もちろん「君たちの学校の生徒会」などさまざまな場所で行われています。

僕らはここで「国家」の中で営まれる政治，「地方」で営まれる政治（地方自治），「国際間」で営まれる政治（国際政治）について勉強していくことになります。

💡 国家って何？

国家という言葉は何を指すのでしょうか。受験では$\overset{1851〜1911・独}{イェリネック}$の「国家の三要素」が切り口になります。

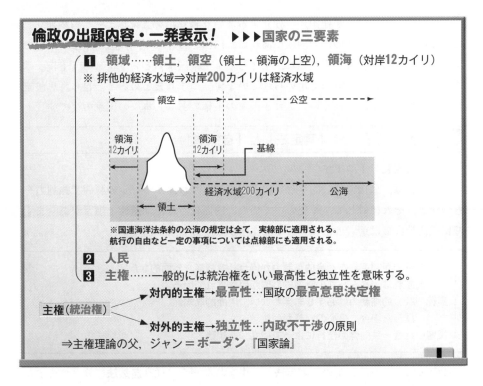

倫政の出題内容・一発表示！ ▶▶▶国家の三要素

1 領域……**領土**，**領空**（領土・領海の上空），**領海**（対岸**12カイリ**）

※ 排他的経済水域⇒対岸**200カイリ**は経済水域

※国連海洋法条約の公海の規定は全て，実線部に適用される。
航行の自由など一定の事項については点線部にも適用される。

2 **人民**

3 **主権**……一般的には統治権をいい最高性と独立性を意味する。

主権（統治権）

対内的主権→最高性…国政の最高意思決定権

対外的主権→独立性…**内政不干渉**の原則

⇒主権理論の父，ジャン＝ボーダン『国家論』

　まず領域ですが，これは**領土・領海・領空**（領土・領海の上空）からなります。これは基礎ですね。図の通り，基線から**12カイリ**が領海，**200カイリ**が**排他的経済水域**となっています。この経済水域は領海ではないので注意が必要です。経済水域とは鉱物資源や漁業などの支配権がある水域です（1カイリは1,852m）。これらは1982年の**国連海洋法会議**の**国連海洋法条約**で決定されました。

　また，領海，領空に属さない区域をそれぞれ，**公海**，**公空**といいます。ちなみに大気圏外を宇宙空間といいますが，ここはどの国のものでもない（各国の主権が及ばない。1971年発効の**宇宙条約**による）ことになっています。

　次に**人民**は人のことです。これについては問題ありませんよね。

　最後にとても大切な主権についてです。主権は**ボーダン**により確立され，3つの意味があります。1つは，その国家を統治する**統治権**をいいます。

　2つ目は，その国内部の**最高意思決定権**。これはその国家において政治的な決定をする権利で，君主に統治権があれば**君主主権**，人民にあれば**国民主権**になります。また，これはその国内部の統治権をいうので，**対内的主権**ともいいます。

3つ目は，その国家が他国から独立するという**独立権**を意味します。当然独立しているので，他国がその国の内政にあれこれ口出しできない，**内政不干渉**が原則です。これは**対外的主権**と表現され，主として「主権国家」という言葉の「主権」は，この「独立権」という意味で用いられています。つまりまとめると，自ら意思決定ができ，他国に干渉されない。これが国家の主権であり，本来の国家の姿です。

💡 法って何？　➡「実定法」と「自然法」

　法は社会規範の１つです。

　社会規範は，公権力（公的手続）によって制定され，かつ一定の範囲で強制力をもつ法と，それに対して，歴史の中で個人に内面化された，**道徳**と**慣習**があります。特に現代社会では前者の法について深く学びます。

> **法**…公権力が制定した**社会的強制力が伴う**社会規範，外面的な規定
> 　　　反すれば，なんらかの制裁的事態が用意されている。
> **道徳**…社会的強制力は必ずしも伴わない，内面的な規範
> 　　　　反した場合，良心の呵責が発生
> **慣習**…社会・共同体の慣行によって成立した規範

　この法は，人為的に定めた**実定法**と，生まれながらに従う**自然法**に分かれます。特に重要なのはこの自然法の存在です。「えっ，法律って人がつくるもんじゃないの？」誰もがそう思うでしょう？　でも良く考えると違うんです。ここで下の一発表示をみてください。

> ## 倫政の出題内容・一発表示！　▶▶▶実定法と自然法
>
> **1**　実定法　→人為的に発生した法
> **2**　**自然法**→**生まれながらの自然的な法**
> 　　　　　　　→時間や場所を超えて普遍的に**人々・国家を拘束**する
> 　　　　　　　→人間が生まれながらに自由かつ平等であり，**何人もそれを侵害できないとする法**
> 　　　　　　　☞自然法の父**グロティウス**

　例えば，「人を殺してはいけない」ことは誰もが了解しています。しかし法律のどこにもそんな規定はありません。「殺人は懲役，無期または死刑」と，刑法第199条に，殺したら罰すると書いてあるだけです。つまりその罰が受け入れられるのな

らば，罪を犯せるのです。でも僕はしません。なぜでしょう？

　ちょっと過激になりましたが，わかりますか？　つまり「**人間は実定法をつくる以前の段階で拘束されているルールがある**」。これが自然法思想の立場です。この自然法の父が**グロティウス**[1583〜1645・蘭]です。彼の言う自然法は，人間は生まれながらに自由であり，ゆえに自由と生命を奪うことは誰もできない，とするものです。この前提の上に実定法はつくられているのです。

💡「法の支配」と「法治主義」 ➡ 対比に注意

　最後に法の支配と法治主義の原理を表を見ながら押さえましょう。

　ここは重要ですよ。**法の支配はイギリス**で発達しました。これは制定される法の内容までをも問う**実質的法治主義**で，理性や自然法を無視した人権を蹂躙するような法は，法にできません。13世紀のイギリスの大法官であった**ブラクトン**[?〜1268]は，「**国王といえども神と法のもとにある**」と述べ，国王の恣意的な「**人の支配**」を否定しました。また17世紀のイギリスの裁判官であった**コーク**（クック）[1552〜1634]は，**ブラクトンの言葉を引用し，国王に対して「法の支配」を主張**しました。

　対して，**ドイツ**の**法治主義**は法の内容までは問わない**形式的法治主義**です。これは「悪法も法なり」という考え方で，かつてのファシズムなどを生み出す要因ともなりました。ヒトラーは1933年，それまで民主的とされていた**ワイマール**（ヴァイマール）**憲法**を否定し，自らに全権を委任する「**全権委任法（授権法）**」を制定しました。その後ユダヤ人の大虐殺などのホロコーストを実施しました。ドイツ国内及び占領国の強制収容所では，ユダヤ人を含めて600万人以上が犠牲になったといわれています。

　当然，法の支配を実現するためには，制定された法律の内容を何らかの形でチェックし，ブレーキをかけなくてはなりません。

　まずイギリスでは，**コモン・ロー**（**慣習法**）という形で裁判所の判例を積み上げて，今までのルールをいきなり変更できないようにブレーキをかけています。

　一方アメリカでは，裁判所が**法令審査権**を行使して，法律が憲法に反していないかチェックしてブレーキをかけています。アメリカの法令審査権は**憲法上の規定ではなく，19世紀初頭の判例で確立した**ことを押さえておきましょう。現在日本でも，裁判所が**違憲立法審査権**（**法令審査権**）を行使できることになっています。このように，司法権には罪を犯した人に刑罰を科すだけでなく，権力をチェックするという機能もあります。

ちょっとまとめておきます。また，293ページの年表もしっかり確認しておきましょう。

倫政の出題内容・一発表示！ 対比

法の支配		法治主義
自然法による支配	原　理	議会制定法による支配
法の内容も重視⇒実質的	法の質	法の形式を重視⇒形式的
基本的**人権を保護する**内容	内　容	法制定によって**人権蹂躙も可**
悪法は法ならず	結　果	悪法も法なり
イギリス	発達国	**ドイツ**

ちょっとひと休み **立憲主義とは何か？**

　とかく「憲法」というと，「人を拘束する」という意味で法律を思い浮かべる人が多いことだろう。しかし，近代憲法は権力者を拘束する内容を王に要求し承認させた。つまり，王権制限を通して市民が権力の暴走を防止することにその存在意義がある。こうして憲法によって統治が行われることを「立憲主義（立憲政治）」という。

　つまり憲法とは「王権制限」がその内容であり，常に人を危険視し，憲法（法）によって政治に正統性をあたえるものである。憲法とは市民を拘束する法律とは異なり，国王・権力を市民の要求によって拘束し，その暴走を防ぐものである。

　例えば日本国憲法が，国民に対する義務規定を最低限（納税の義務，勤労の義務，子女に教育を受けさせる義務）に留めてあることは，こうしたことに由来する。

　近代憲法が拘束対象としているのは国家権力である。憲法を考えるに当たり，今一度再確認しておいた方が良いであろう。

2 民主政治の4つの原理と「権力分立」

ここが出る！ 試験前の倫政の出題・正誤 Point！

① 日本国憲法で採用されている直接民主制⇒3つ
② 民主政治の4つの柱
③ ロックとモンテスキューの権力分立を対比

💡 民主政治とは ➡ 直接民主制と間接民主制の対比

さて，いよいよ政治の核心ともいえる重要な項目に入ります。

民主政治とはその名の通り，**人民主権を実現する政治体制**を指します。古代ギリシアの「demos（人民）＋kratia（支配）」が語源であり，ここでのポリスの民会にその起源があります。このポリスの民主制のポイントは，**直接民主制**である点です。すなわち代議士（政治家）を介さないで政治が行われているのです。もちろん代議士を介す**間接民主制**が現在では主流です。ちょっとまとめておきましょう。

倫政の出題内容・一発表示！ ▶▶▶直接民主制と間接民主制

直接民主制…代表者を介さずに人民が政治に参加
間接民主制…代表民主制，代議制ともいい，**代表者を介して**政治に参加
☞ただし間接民主制を補完するために，日本国憲法上3つの直接民主制的制度が存在します。

1 最高裁判所裁判官の国民審査
2 （地方）特別法の住民投票
3 憲法改正の国民投票

💡 三権分立 ➡ ロックとモンテスキューの違い

さて，試験では，特に西欧近代以降に確立した近代民主主義が出題されます。近代民主主義の歩みは，**自由の実現**のために，革命を通じて民主主義を求め，自由を守るための制度的結果として，

必ずやろう！ ▶▶▶ 完成問題集 **第1章**

●自由を守るための制度的結果
1 国民主権, 2 法の支配, 3 権力分立, 4 人権保障

という4つの原則を確立していきます。

1の国民主権は「主権」のところで，2の法の支配はさきほど勉強したので，ここでは3の権力分立を説明します（4の人権保障については第4節で勉強します）。

「誰が権力を握っても，結果として濫用されては意味がない」。これはフランスのモンテスキュー（1689〜1755）の言葉です。彼らは1つに権力を集中させずに分立させて互いに監視しあう抑制と均衡（チェック＆バランス）により，権力の濫用が防止できると考えたのです。

とても重要なのがロックとモンテスキュー（1632〜1704・英）です。この2人は必ず区別してください。下のボードを見てください。

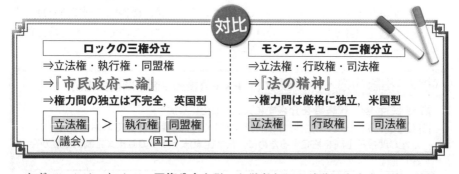

対比

ロックの三権分立	モンテスキューの三権分立
⇒立法権・執行権・同盟権	⇒立法権・行政権・司法権
⇒『市民政府二論』	⇒『法の精神』
⇒権力間の独立は不完全，英国型	⇒権力間は厳格に独立，米国型
立法権 ＞ 執行権 同盟権 〈議会〉 〈国王〉	立法権 ＝ 行政権 ＝ 司法権

まずロックは，初めての三権分立を説いた学者として試験に出ます。彼の学説は，権力を立法権，執行権，同盟権（外交権）に分け，立法権を議会に，そして執行権，同盟権を国王がもつ。そして議会が国王に対して優越する，というものです。ただし司法権を分立させなかった点で不完全であり，これを批判・修正する形でモンテスキューの権力分立が生まれたのです。上のボードにある通り，「立法権」，「行政権（執行権）」，「司法権」が，厳密に独立し，権力間で抑制と均衡（チェック＆バランス）により権力濫用を防止する仕組みです。これはアメリカで厳格に採用されています。

3 近代革命と社会契約説
（倫理共通）

学習の指針　**ひろく深く**
重要度　★★★★★
時　事　★★★★★

ここが出る! 試験前の倫政の出題・正誤 Point!

① 自然法思想の理解
② 王権神授説と社会契約説の対比
③ ホッブズ，ロック，ルソーの相違

　先ほど僕は，政治的意味での西欧近代は「自由への欲求」を原動力に，近代革命によって近代民主主義を獲得していく歴史であると説明しました。

　それでは，自由獲得のための革命を肯定する理論は当時は何だったのでしょうか？　それが**社会契約説**という思想でした。ここは**倫理と共通分野になります**。革命を肯定し，人々を革命の中に引き込んだ重要思想，これこそが社会契約説です。

💡 王権神授説と社会契約説

　さて，17世紀頃まで西欧において人々を支配していた国家観は，**王権神授説**というものでした。これは神が世界を創造し，神に世界を支配する権力を授かった国王が国家を支配するという考えです。この政治体制を絶対王政といいます。重要なのは，神が世界を創造したというところ。つまり，**人間が世界を作り変えることは神への反逆となり，革命は許されなかった**のです。

　ちなみにこの王権神授説を唱えた学者として有名なのが，イギリスの**フィルマー**（1589~1653）とフランスの**ボシュエ**（1627~1704）です。またそれを信奉した国王として，イギリスが**ジェームズ1世**（1566~1625），フランスの太陽王と称された**ルイ14世**（1638~1715）が有名です。

　しかし，そこに**グロティウス**に代表される**自然法思想**が出てきます。先ほど学習したように，「人間の自由は奪われない」という思想です。しかし，現実には国王が奪っていました。そこで社会の矛盾を克服する形で**社会契約説**が生まれます。

　社会契約説は，自然権をもった人々が「**自然権を守る合意**」という契約によって，必要だから社会をつくる，という思想です。大切なのは必要性により「**人間が社会を作為した**」という点です。だからもしその**契約が実現されなければ，社会を作り変えてよいことになります**。これが，結果として市民革命を肯定していくのです。

対比

王権神授説	社会契約説
●国家は神によって成立，国王が神から権力を授かり市民に対して絶対権を持つ	●国家はその国家の構成員との契約によって成立するという思想
●神が世界を創造したとする，よって→作り直しができない	●人間が世界を作為したとする，よって→作り直しが可能
●→革命は否定された	●→革命が肯定された
●代表人物　フィルマーやボシュエなど	●代表人物　ホッブズ，ロック，ルソーの3名の契約内容の相違点を絶対に押さえること

社会契約説 ➡ 人間はなぜ社会をつくったか

　最後に**ホッブズ，ロック，ルソー**3人の思想の相違を見ていきます。かなり頻出度が高いので注意してください。3人の相違を下の一発表示で確認しながら講義を読み進めてください。特に自然状態，契約の内容，著作は要注意です。

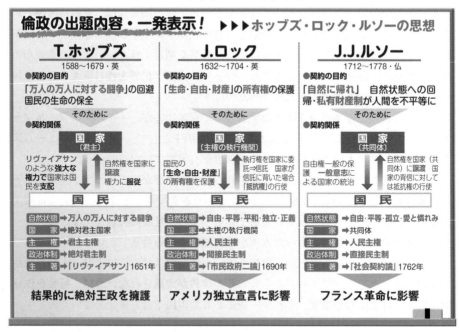

倫政の出題内容・一発表示！ ▶▶▶ホッブズ・ロック・ルソーの思想

T.ホッブズ 1588～1679・英
- ●契約の目的
「万人の万人に対する闘争」の回避 国民の生命の保全
　そのために
- ●契約関係
国　家（君主）
リヴァイアサンのような**強大な権力で国家は国民を支配**　自然権を国家に**譲渡** 権力に**服従**
国　民
- 自然状態➡**万人の万人に対する闘争**
- 国　家➡絶対君主国家
- 主　権➡君主主権
- 政治体制➡絶対君主制
- 主　著➡『リヴァイアサン』1651年

結果的に絶対王政を擁護

J.ロック 1632～1704・英
- ●契約の目的
「生命・自由・財産」の所有権の保護
　そのために
- ●契約関係
国　家（主権の執行機関）
国民の「生命・自由・財産」の所有権を保護　執行権を国家に委託⇒信託 国家が信託に背いた場合「抵抗権」の行使
国　民
- 自然状態➡自由・平等・平和・独立・正義
- 国　家➡主権の執行機関
- 主　権➡人民主権
- 政治体制➡間接民主制
- 主　著➡『市民政府二論』1690年

アメリカ独立宣言に影響

J.J.ルソー 1712～1778・仏
- ●契約の目的
「自然に帰れ」 自然状態への回帰・私有財産制が人間を不平等に
　そのために
- ●契約関係
国　家（共同体）
自由権一般の保護 一般意志による国家の統治　自然権を国家（共同体）に譲渡 国家の背信に対しては抵抗権の行使
国　民
- 自然状態➡自由・平等・孤立・愛と憐れみ
- 国　家➡共同体
- 主　権➡人民主権
- 政治体制➡直接民主制
- 主　著➡『社会契約論』1762年

フランス革命に影響

まず，ホッブズは**「万人の万人に対する闘争」**を回避するために契約をします。これは自己保存本能に基づく闘争を意味するホッブズが考える自然状態（社会をつくる前の状態）の言葉です。

例えば無人島におかれたら，絶対僕らは食料の取り合いで喧嘩になります。まさに，この状況を回避するために契約を結び国家をつくると考えました。その際，自然権は自己主張の道具になるので**君主（国家）に全面譲渡し，リヴァイアサン**（旧約聖書の海獣）のような強大な君主に支配されるという国家形態です。したがって彼は**君主主権**を容認し，結果として**絶対王政**を擁護することになります。

（2） **ロック** ➡ 「所有権」の安定のための契約

ロックの自然状態は，**「自由・平等・正義・独立・平和」**な状態です。そして人々は**「生命・自由・財産」**について，**「所有権（プロパティー）」**をもちます。ここまでは平和な状態です。ただし，制裁機関がないため，この「所有権」が不安定になります。

そこで彼は「所有権」を保護するために，制裁機関をつくるべきだと主張します。その際，人民の**自然権の一部である執行権（法律を執行するための権限）を国家に譲渡**します。この行為を**信託**といいます。つまり，彼の思想は**間接民主制**になるということを頭に入れておいてください。さらにその国家がもし契約に反して暴走をした場合，人民がその政府を否定し，新たな政府をつくることができる，という**抵抗権**をもつということがロックのポイントです。いいですか，この**抵抗権の思想こそが，まさに近代革命を推し進めた論理**である点を覚えておいてください。この部分が一番大切です。ロックのこの「抵抗権」は，**その後の1776年のアメリカ独立宣言に影響を与える**ことになります。

（3） **ルソー** ➡ 「自然へ帰れ」

最後にルソーです。ルソーは**自然状態に帰るために契約を結ぶ**と考えています。彼の自然状態は「自由・平等で**自己愛と憐れみの情**」をもつ状態です。よって「自然に帰れ」として，自然状態に戻ることで自由になれると彼は考えています。

ルソーは文明社会の作り上げた「私有財産制」が，自由・平等を脅かしたと考えています。だから彼の目指す社会は「私有財産制」に代わって，**すべてを共有する**

社会です。

　そのために，まず**自然権**をすべて国家に譲渡します。ここでみなさんは，「えっ」と思いませんか？　なぜならこの点だとホッブズと共通です。ただしルソーの国家は共同体であって君主ではありません。つまり，ざっくり言えば「自然権をみんなに渡す」という意味です。そして「自然権を共有する」というイメージです。

　また，彼もロックと同じ**人民主権**を主張します。ただし，ロックのような**間接民主制ではなく**，**直接民主制で運営されるべきだ**と考えた，というところもしっかりと覚えてください。このルソーの思想は**1789年のフランス革命に影響**していきます。

　ルソーはロックを次のように批判しています。

　「**イギリス人の自由は選挙時のみの自由にすぎない**」と。

　さて，今の政治を見ても，選挙以外に政治へ参加する手段はなかなかありません。つまり現代国家のほとんどが，**間接民主制**をとっていて，ロックの主張を採用していることになります。

　このように，社会契約説は近代の民主主義をつくるうえでとても重要な役割を果たしました。「**人間が社会をつくった以上，人間が社会を作り変えることができる**」。この論理こそが革命を推し進め，民主主義をつくり上げたのです。だからこそ入試ではよく狙われます。しかし多くの受験生は，この分野を単なる用語の暗記で勉強したつもりになっている人が多いようです。それが実に怖い。政治の根本の大切な思想です。

● **社会契約説**のまとめ

覚えておくと絶対に得します。
1　ホッブズ…『**リヴァイアサン**』，自然権全面譲渡（君主へ），**君主主権**
2　ロック…『**市民政府二論**』，自然権一部譲渡（執行権），**間接民主制**，信託
3　ルソー…『**社会契約論**』，自然権全面譲渡（共同体へ），**直接民主制**

市民革命と憲法　➡　英・米・仏の特徴に注意

　先ほど勉強したように，近代市民革命は社会契約説をベースにして，権力者に「**法の支配**」を要求していくものでした。こうして権力者といえども法に拘束される政治体制が確立していったわけです。ここで市民革命と各種の歴史的文書を見ておきましょう。

　これは資料問題でそのまま狙われます。「古い順」におさえ，「内容」を理解して

ください。

　まず，「マグナ・カルタ」は**封建階級（僧侶・貴族）**が，国王ジョンに対して，「租税法律主義」や「罪刑法定主義」を要求した文書です。このようにイギリスでは，国王の権限を制限する歴史的文書を「憲法」と考えています。イギリスは「〜憲法」というような憲法を持たないため，イギリスの**歴史的文書（その後の権利請願や権利章典など）を「不文憲法」**といいます。

　つぎに，**ヴァージニア憲法**（ヴァージニア権利章典ともいう）や**アメリカ独立宣言**などのアメリカの文書の特徴についてです。この２つの文書の中にはいずれも，人間の生まれながらの権利としての「**天賦人権**」や，その内容として「**生命，自由，幸福追求**」の権利が含まれることが明記されています。特にアメリカ独立宣言には「**新たな政府を組織する権利**」として抵抗権が明記されています。**ロックの影響があった**ことに注意しましょう。

　最後の**フランス人権宣言**は，近代憲法の集大成ともいわれています。特に第16条には「**権利の保障**が確保されず，**権力の分立**が明記されていないすべての社会は，**憲法をもつものではない**」と明記されています。また第３条には「あらゆる主権の原理は，国民に存する」として，**国民主権が明記されている**ことにも注意しましょう。

4 人権保障

ここが出る！ 試験前の倫政の出題・正誤 Point！

① 自由権と社会権の対比
② 世界人権宣言と国際人権規約の拘束力の有無
③ 日本が加入していない（未批准の）国際条約
④ NGO と NPO の動向

💡 人権 ➡ 自由権と社会権

　人権は、「人間の権利」のことです。「権利」というのは、僕ら（市民）から権力者（国家）への要求を指します。例えば、**「何もしないでくれ」という「不作為」の要求**ならば、**「自由権」**だし、「何らかの政策で貧困を救って」という感じで**国家に作為を要求**すれば、**「社会権」**となります。ここでは「自由権」と「社会権」の違いを対比的に区別できるようにしましょう。

💡 人権保障の歩み ➡ 自由権と社会権の対比！

　人権の獲得は、17〜18世紀にかけて始まった市民革命にその起源があります。

　絶対王政を説き、税や刑罰を勝手に課す国王に対して、財産と教養のある市民（**ブルジョワ階級**）が国家の干渉の排除を要求したのが、**自由権**です。これを**国家からの自由**とか、国家に**不作為**を求めるので**消極的権利**などといったりします。自由権は**経済の自由・財産権の不可侵**、**人身の自由・不当な身柄拘束の排除**、**精神の自由**から成り立ちます。また、国家の機能は治安維持のみに限定すべきだと考えられていました。これを**夜警国家**といい、19世紀のドイツの社会主義者、**ラッサール**が皮肉を込めて名づけました。
$\overset{1825〜64}{}$

　18世紀後半にイギリスで産業革命が始まると、今度は労働者たちが劣悪な労働環境におかれたのです。さっきの自由権は「**市民**」が担い手だったため、労働者には参政権は当然認められていません。そこでこの劣悪な労働環境の改善のために、**19世紀のイギリス**で始まった**チャーチスト運動**という労働運動の中で、**参政権**が主張されることになるわけです。これを**国家への自由**といい、担い手が「労働者」であったことを押さえておきましょう。
$\overset{1838〜1848年頃}{}$

しかし，19世紀後半に入ると，経済の自由を野放しにした結果，市場が少数の大企業に独占されたり，貧困や失業などが大きな社会問題となってきました。

それまで貧困や失業は**個人の責任**とされてきました。しかし20世紀に入ると，貧困や失業は**社会全体の責任**と考えられるようになります。つまり経済的自由権を何の規制もかけずに野放しにしてきた社会が悪いと考えるわけです。こうして**経済的自由権に一部制限を加え**（この制限を「**公共の福祉**」といいます），社会的不平等を是正しようとする，**福祉国家**といわれる理念が打ち出されます。

これを実現していく権利を**社会権**といいます。例えば，国家が最低限度の生活を保障する**生存権**，教育が受けられない人には国家が義務教育を行う**教育基本権**，労働者が劣悪な環境で働かされないようにするために国家が諸策を講じる**労働基本権**などです。特に最初にこれらを打ち出したのが，**1919年**の**ドイツ**の**ワイマール憲法**です。この社会権は**国家による自由**とか，「**国家に作為を求める**」ので**積極的権利**などといったりします。

倫政の出題内容・一発表示！ ▶▶▶人権保障

18世紀的権利…**自由権**⇒国家の不介入⇒「**国家からの自由**」⇒夜警国家
19世紀的権利…**参政権**⇒「**国家への自由**」
20世紀的権利…**社会権**⇒国家の介入⇒「**国家による自由**」⇒福祉国家
⇒社会権は具体的に，生存権，教育権，労働基本権などをいう。
⇒1919年ドイツの**ワイマール憲法**が世界で初めて規定。

💡 人権保障の国際化

いままで説明してきた人権は，特定の国の中で実現されました。ところがそれらの人権を認めない国も存在していて，これはマズイです。

特に第一次世界大戦，第二次世界大戦では多くの民間人が犠牲になり，この戦争中，人々は人権弾圧に苦しみました。そこで人権を国家単位ではなく，**国際連合を中心として条約などを制定し，人権を国際的に認めていこうとする動き**が始まります。これを**人権の国際化**といいます。

さきがけとして覚えておきたいのが，1941年のF.ローズヴェルト^{1882〜1945・米}による4つの自由です。以下にあげておきます。

● 4 つの自由

① 言論と表現（表明）の自由　　② 信教の自由

③ 恐怖からの自由　　　　　　　④ 欠乏からの自由

こうした内容を盛り込んだ形で，1948年に「**世界人権宣言**」が採択されます。しかし，これには**法的拘束力がありません**でした。

そこで**法的拘束力のある**（具体的には**規約人権委員会**に個人が救済申し立てができる）**国際人権規約**が，1966年に採択されました（発効は1976年）。

A規約は「**社会権**」が，**B規約**は「**自由権**」が中心的な内容です。またそれぞれに，**選択議定書**とよばれる，規約の内容をより深めるためのオプション的な規定があります。

ただし，日本はA規約の「**休日の報酬**」，「**公務員などのスト権**」，「**A規約の選択議定書**（A規約を侵害された個人が国連の規約人権委員会に救済を申し立てることができる，**個人通報・救済制度**）」，「**B規約の第一選択議定書**（個人通報・救済制度）」，「**B規約の第二選択議定書**（死刑廃止義務，**死刑廃止条約**とも）」については，**留保した上で批准**しています。以前は，**A規約の「高等教育（大学など）の無償化」**についても，留保していましたが，2012年に日本政府はこの留保を撤回しました。注意しておきましょう。

倫政の出題内容・一発表示！　▶▶▶国際人権規約

1948年　**世界人権宣言**⇒ただし**法的拘束力なし**
1966年　第21回国連総会にて**国際人権規約を採択**⇒**法的拘束力あり**

自由権を侵された**個人が国連の規約人権委員会に訴えを起こす**ことができる

☞A規約・A規約に関する選択議定書・B規約・B規約に関する選択議定書からなる　1979年日本批准〔**留保批准**（一部批准）〕⇒ここで差を付けよ!!

☞ポイント，A規約留保批准，B規約批准，A・B選択議定書未批准

1　A規約（経済的，社会的及び文化的権利に関する規約）⇒社会権的内容

⇒日本は「**休日の報酬**」，「**公務員のスト権**」の２点留保!!

2　A規約に関する選択議定書（2008年採択，日本未批准）

⇒**A規約**に関する通報・救済の規定

3　B規約（市民的権利及び政治的権利に関する規約）⇒自由権的内容

⇒すべて批准

💡 さまざまな人権条約 ➡ 日本が批准していないものは？

　ここでは人権に関係する条約を見ていきます。特に「**日本が批准していないもの**」，そして「**1990年以降批准したもの**」に注意しておきましょう。

倫政の出題内容・一発表示！ ▶▶▶ 主な人権関連国際条約

★は注意

採択年	批准年	条約
★1948	未批准	**ジェノサイド条約**（集団殺害の防止及び処罰に関する条約）
1949	1958	人身売買・買春禁止条約
★1951	1981	**難民条約**（難民の地位に関する条約）★**ノン・ルフールマン原則**
1952	1955	婦人参政権条約
1965	1995	人種差別撤廃条約
★1966	1979	国際人権規約　A規約
★1966	1979	国際人権規約　B規約
1966	未批准	国際人権規約　B規約に関する選択議定書　第一議定書
1973	未批准	**アパルトヘイト犯罪条約**
★1979	1985	女子差別撤廃条約　→同条約批准のため，男女雇用機会均等法制定
1984	1999	拷問禁止条約
★1989	1994	**子どもの権利条約**　※同条約での子どもとは「**18歳未満**」
1989	未批准	国際人権規約　B規約に関する選択議定書　第二議定書　通称・死刑廃止条約
1990	未批准	移住労働者等権利保護条約
2006	2014	障害者権利条約
★2008	未批准	国際人権規約　A規約に関する選択議定書

　少し掘り下げておきたい条約について講義しておきます。

　条約を批准する場合，当然国内法も整備しなくてはなりません。例えば，**女子差別撤廃条約**を批准するため，**男女雇用機会均等法**（1985年）という法律をつくるわけです。ここでは国内法がどう整備されたかにポイントを絞って講義します。

　まず**人種差別撤廃条約**と**子どもの権利条約**ですが，これについては「国内法の整

必ずやろう！ ▶▶▶ 完成問題集　**第1章**

備」を留保しています。

次に女子差別撤廃条約ですが，次の3点を押さえておきましょう。

最後に，難民条約について見ていくことにしましょう。

難民（政治難民）とは，**政治的理由により国内の定住地を追われて国外に逃れた人**をいいます（経済的理由で国外に逃れた**経済難民は，難民条約上の庇護対象にはならない**）。多くの場合，戦争（主として主権国家同士の争い）や内戦（主として国内での紛争）が発生すると，難民の発生数は多くなる傾向があります。

難民条約では，**難民を迫害の恐れのある国（発生国本国も含む）に強制送還することを禁止**しています。これを**ノン・ルフールマン原則**といいます。

💡 NGOの活躍　➡　多元的な政治参加が大切！

NGO（非政府組織）は，特定の国家・政府に属さずに，人権問題や軍縮，環境問題などに対してさまざまな取り組みを行う**非営利（収益事業は行うが営利事業は行わない）**の組織です。最近では**国連の経済社会理事会と連携**している団体も多くあります。

ここでは**アムネスティ・インターナショナル**という人権問題に取り組むNGOを紹介しておきます。ちなみにアムネスティ・インターナショナルはノーベル平和賞を受賞しています。

アムネスティ・インターナショナルは，政治犯や思想犯といった，思想・良心の自由を侵害され，政府に反体制的とみなされて投獄されている**良心の囚人**の解放などを行っています。また，イスラム圏やヨーロッパの一部に残る「名誉の殺人（婚外性交渉をした人を家族が殺害すること）」の廃止や，「**死刑の廃止**」などの**キャンペーン**を行っています。1度ホームページをのぞいてみるといいかもしれません。

世界がこれだけつながりあい，国際化すると，もはや「国家という単位」だけで政治を取り仕切るのが難しくなってきます。上から下への「トップダウン式」の政

治ではなく，**市民が能動的に活動して政治的意思形成や，政策形成をしていく必要
があります。**また間接的な選挙だけでは市民の意志を反映できないこともあります。
NGO は，市民がより多元的な政治参加を促進する側面をもちます。

　NGO にはこのほかに，**国境なき医師団**（戦場で傷ついた人々への医療活動），**赤
十字国際委員会，グリーンピース**（環境保護のアピール）などが存在します。

　また日本国内では，1998年に **NPO 法**（**特定非営利活動促進法**）が制定され，
NPO に**特定非営利活動法人**として法人格を付与する等の法律が通りました。こう
することで，不動産契約などが法人契約できるため，活動の幅が広がります。

● 注意したい最新用語

エンパワーメント →あらゆる分野への女性の参加と能力強化

リプロダクティブ・ヘルス・ライツ
　→性と生殖に関する権利，女性のみでの中絶決定なども認める

積極的差別是正措置（アファーマティブ・アクション，またはポジティブ・アクション）
　→社会的に弱い立場にある人たちを暫定的に優遇して，格差を是正する

倫政の出題内容・一発表示！　▶▶▶政治・経済の変遷

18世紀	近代民主主義の発達　国家の徹底的な不介入	
	政治面　「**国家からの自由**」自由権	**夜警国家**
	経済面　産業革命　**自由放任主義**　産業資本主義	

 対比

19世紀	政治面　「**国家への自由**」参政権	
	経済面　貧富の差の拡大⇒**資本の集中・集積**	⇒ 帝国主義国家
	独占資本主義	植民地の獲得

社会的弱者の救済の必要性

対比

20世紀	政治面　「**国家による自由**」社会権	
	経済面　**国家による社会的弱者の救済**	**福祉国家**
	国家が一部経済に介入⇒**修正資本主義へ**	**ワイマール憲法**

ポイント　国家の不介入から介入の大きな流れをおさえること
　18世紀的国家観と20世紀的国家観は**必ず比較できる**ようにすること

5 各国の政治制度

学習の指針 | ひろく深く
重要度 ★★★☆☆
時　事 ★★★★☆

ここが出る! 試験前の倫政の出題・正誤 Point!
① アメリカの大統領制とイギリスの議院内閣制の対比
② アメリカの大統領は間接選挙

　ここでは「**議院内閣制**（責任内閣制）」と「**大統領制**」の相違，その代表的な国である「**イギリス**」と「**アメリカ**」の政治制度を確認します。議院内閣制と大統領制の違いは，**行政部の首長が，議会から選ばれるのか，それとも国民から選ばれるのか，によって異なっている**と考えてください。

💡 議院内閣制とイギリスの政治制度 ➡ 対比で理解!

　議院内閣制の場合，行政部の首長（**首相**）を議会が選出します。

　よって，**議会の信任がなければ内閣は存続できません**。イギリスでは，**下院第一党党首を国王が任命する**ことが慣行になっていて，これにより議会と内閣がともに協力し合っている関係ができます。なぜなら，議会の信任がなければ行政部の首長（首相）が誕生しないからです。この慣行は**1742年にウォルポール内閣が下院の不信任で総辞職**したことにはじまります。

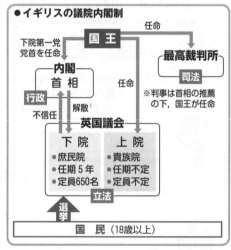

●イギリスの議院内閣制

　つまり，議会と内閣が協調関係にある，ということです。長所は議会と内閣の対立がないために常に**スムーズな政治運営**ができます。短所は**権力間の独立性が薄い**こと，そして国民の意思が行政に反映されにくいということです。日本もこの制度をとっています。

　また，野党が政権交代に備えて「**影の内閣**」を組織する点もイギリスの特徴です。

1　2011年から「議会任期固定法」により，首相の裁量による一方的な議会の解散ができなくなった。解散は，内閣不信任決議案が可決されたとき，下院が3分の2以上で解散を決めたとき，5年の任期を終えるとき，の3つに限られる。

　特に，**20世紀に入り「下院優位の原則」が確立**された点と，**裁判所に違憲審査権がない**（イギリスの憲法が不文憲法であることなどから）点に注意しましょう。また近年の動向として，**2009年に上院から独立した「最高裁判所」が設立**された点（以前は上院議員が最高法院の判事を兼任）や，下院で単独で過半数の議席を得る政党がない「**ハングパーラメント**」が生じ（2010年や2017年など），連立政権となることもあります（動向変化に注意）。政党は**「保守党」**と**「労働党」**を中心とする**二大政党制**です。

💡 大統領制とアメリカの政治制度

　大統領制は，国民が行政部の首長（**大統領**）を選出します。代表的な国はアメリカです。この場合，議会と大統領との間は独立関係が成立していて，**権力間の分立は極めて高い**のがポイントです。よく**モンテスキュー**流の厳格な三権分立を採用している，なんていわれます。

　また，国民の意見が大統領選挙の際に反映されるため，行政に国民の意思を反映しやすいことも意味しています。ただし，**議会と大統領が対立することもたびたびあります**。

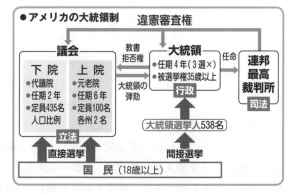

特に**イギリスとは異なり**，下院と上院の法案制定権は対等です。ただし，**上院には大統領に対する「条約同意権」**や「**閣僚などの任命同意権**」，下院には「**予算先議権**」などがそれぞれあります。大統領は議会に対して**法案提出権や議会解散権を持たない**代わりに，自らの意見を議会に勧告する「**教書送付権**」や，議会が決定した法律や予算の執行を拒否する「**拒否権（ただし上下両院が3分の2以上で再議決できる）**」を持ちます。一方，議会は，大統領の政治責任を問う**不信任決議権はありません**が，**大統領の法律責任を問う「弾劾権（下院からの訴追により上院が弾劾，弾劾例はなし）」**があります。また裁判所に**違憲審査権がある**（憲法上ではなく19世紀初頭の判例により確立）ことも特徴です。政党は「**共和党**」と「**民主党**」の二**大政党制**です。

💡 フランス，ドイツ，中国の政治制度 ➡ 混合政体

ちなみに，大統領制と議院内閣制を合わせて使っている国もあります。

この制度を混合政体といいます。フランスやドイツなどがそうです。首相と大統領どちらの方の実質的権限が上なのかを押さえておきましょう。

フランス	**大統領（直接選挙）**	＞首相
ドイツ	**大統領（間接選挙）**	＜**首相**

特に，イギリスの**議院内閣制**とアメリカの**大統領制**，アメリカの大統領選挙は**間接選挙**であることと，フランスの大統領は**直接**選挙であること，については対比的に整理しておきましょう。

最後に，中国の政治制度を説明します。中国は**権力分立が薄く**（**権力集中制**），**議会にあたる「全国人民代表大会」**（**年一回開催**）**に多くの権限が集中**し，中国共産党が国の政治を指導する，**事実上の「一党制」を採用**しています。試験では，イギリス（議院内閣制）とアメリカ（大統領制）をベースに正誤判断をしていきましょう。

2018年に中国では憲法改正が行われ，国家元首に当たる国家主席の「**5年2期制」が廃止**されました。事実上の終身制で，2023年に任期を迎える**習近平**国家主席は，その後の続投が可能となっています。

第 **2** 章

日本国憲法の原理

攻略の視点

憲法改正が叫ばれている昨今，もう一度「憲法」についてじっくり考えながら学習しましょう。こうした時事動向も含めて出題の割合も高くなってきています。

まずは原理をしっかり押さえたうえで，具体的な事件や判例・時事を重ね合わせていきましょう。

日本国憲法の制定の背景には「二度と戦争はしたくない」という人々の希望と思いがあったに違いありません。

この章の攻略ポイント

❶ 新旧憲法の比較
❷ 日本国憲法の制定過程➡とくに松本案をGHQ が拒否した点
❸ 平和主義➡憲法第 9 条の内容
❹ 自衛隊の発足までの歩みと，自衛隊の海外派遣をめぐる動向
❺ 基本的人権➡特に自由権，平等権，社会権の判例と新しい人権
❻ 公共の福祉

新旧憲法の関係

ここが出る！ 試験前の倫政の出題・正誤 Point！

① 新旧憲法の比較
② 日本国憲法の制定過程⇒特に松本案を GHQ が拒否した点

ここではまず，日本国憲法と戦前にあった大日本帝国憲法（明治憲法）について**比較しながら相違を理解**していきましょう。そして，その移行過程もしっかり学習しましょう。

💡 近代国家のステイタスとしての「憲法」

1889年にわが国最初の憲法である**大日本帝国憲法**が誕生します。この憲法が制定された背景には，板垣退助などを中心とした**自由民権運動**が高まり，憲法を中心とした国家体制を望む声が国民の間に起こってきたこと，そして憲法をもつことで近代国家としての基礎をつくり欧米列強に対抗しようという意図がありました。ただし，「**天皇主権**」であったり，「**基本的人権**が十分に保障されていない」といった問題点もありました。また君主権の強い**プロイセン憲法**をモデルにしたということがよく試験に出ます。注意しましょう。

💡 臣民の権利と「法律の留保」　➡　人権規定は一部あったが法律で制限できた‼

さて，国民の権利についてですが，国民は天皇の「臣民」とよばれていました。簡単にいえば「家来」というニュアンスです。そして，天皇の恩恵として**一部の自由権，裁判請求権などの一部の請求権**などを認めています。ここで注意したいのは，「**社会権的規定**」はないことです（**ワイマール憲法も制定されていない時期**です）。また，その人権も簡単に法律で制限することを許されていたことです。これを「**法律の留保**」とよびます。**ドイツの法治主義と同じ非民主的発想**です。

この法律の留保の発想をもとに，1925年には**治安維持法**などの強力に人権を抑圧する法律が作られます。すべての発言や行動を，**特別高等警察（特高）**が厳しく監視しました。また，**天皇機関説**[1]を唱えた**美濃部達吉**が，**教職を追われる**などの学

---

[1] 天皇は統治権を行使する国家の機関であるとする学説。「天皇主権説」を主張する軍部などと対立した。

問の自由も弾圧されていました（**天皇機関説事件**）。

　現在の日本国憲法では「**公共の福祉（人権同士の相互調整）**」による制約はあるものの，基本的に法律を制定して憲法が保障する人権を制約することはできません。こうしてみると，旧憲法では天皇が主体となって政治が運営される仕組みになっています。それに対して，**今の憲法では「国民主権」をベースに「権力分立」が明確化されています**。

倫政の出題内容・一発表示！ ▶▶▶日本国憲法と大日本帝国憲法

日本国憲法	対比	大日本帝国憲法
国民主権	主　権	天皇主権〔統治権を総攬〕
公共の福祉	人権の制約・制限	法律の留保
立法機関	議　会	天皇の協賛機関
行政機関	内　閣	国務大臣が天皇を輔弼する 憲法上に内閣の規定はない
司法権の独立	裁判所	天皇の名による裁判
あり	地方自治の規定	なし

💡 旧憲法から新憲法へ　➡「マッカーサー草案」が原案。日本も一部修正!!

　1945年8月6日に**広島**，そして8月9日に**長崎**，2つの原子爆弾が日本に投下されました。これにより，日本は**ポツダム宣言**を受諾し，15日終戦を迎えます。多くの非戦闘員が無差別に殺された米国によるこの行為は，決して許してはなりません。その一方で，日本もアジア地域において非戦闘員を殺戮するなどの行為をしたのも事実です。

　「戦争はもう2度としたくない」。そんな思いから，GHQ（連合国軍総司令部）の民主化政策の下で，旧憲法の改正手続き（旧憲法を全面改正する形で）を用いて，新しい日本国憲法がつくられていくことになります。

　ちなみに流れはこんな感じです。

1945年	8月6日	広島に原爆投下，8月9日長崎に原爆投下 ⇒ マンハッタン計画
	8月14日	**ポツダム宣言受諾**
	8月15日	終戦 ⇒ 昭和天皇による終戦の詔（玉音放送）
	10月11日	GHQ 総司令官**マッカーサー**，五大改革指令の一環として，**憲法の改正を示唆**
	10月27日	日本政府「**憲法問題調査委員会**」設置。※政府案「**松本案**」と呼ぶ
1946年	2月	日本政府，GHQ に松本案提出 ➡ **GHQ，松本案の受け取りを拒否。** 拒否の理由…**明治憲法と同一内容だった** ➡ この時**マッカーサー草案手交**
	5月16日	第90回帝国議会で「憲法改正草案要綱」を提出，審議
	8月24日	衆議院修正可決 具体的修正点…**「第25条生存権」**や**「国民主権」の追加**など
	10月6日	貴族院修正可決
	10月29日	枢密院が改正案の「諮詢」
	11月3日	**日本国憲法公布**
1947年	5月3日	**日本国憲法施行**

　ここでのポイントは，**憲法問題調査委員会が内容のほとんど変わらない改正案をつくって GHQ に受け取りを拒否されたこと**。そして**マッカーサー草案**というものが日本政府に渡され，**日本も修正を加えていること**の２点です。

　主な修正点は「**国民主権**」や「**第25条・生存権**」の追加などです。しっかり押さえておきましょう。

💡 日本国憲法の内容 ➡ 以下の３本柱！ 絶対暗記!!

倫政の出題内容・一発表示！ ▶▶▶ 日本国憲法の３大原則

1	**国民主権**	▶ 間接民主制の導入，一部に直接民主制「**憲法改正の国民投票**」「**地方特別法の住民投票**」「**最高裁判所裁判官の国民審査**」
2	**基本的人権の尊重**	▶ 自由権，平等権，社会権，参政権，請求権 ただし「**公共の福祉**」の制約
3	**平和主義**	▶ 第9条（戦争放棄・戦力不保持・交戦権の否認）と前文に明記

日本国憲法では**間接民主制を基本**としています。ただし，**一部に直接民主制的要素を導入**しています。「憲法改正の国民投票」，「地方特別法の住民投票」，「最高裁判所裁判官の国民審査」の３つです。

💡 天皇の地位 ➡ 象徴天皇制

倫政の出題内容・一発表示！ ▶▶▶象徴天皇制

⇒**天皇は政治的権能をもたない。**▶ただし，内閣の助言と承認により，国事行為を行う。憲法第6，7条に明示してある事項のみ

かつての憲法では主権者として強大な権限をもっていた天皇ですが，現在の憲法では**国民主権**となり，主権の主体が変わりました。よって天皇は**象徴**（シンボル）として日本に存在していることになっています。よって**天皇には政治的権能がありません。あくまで象徴という形をとっていて，これを象徴天皇制とよびます。**憲法では第１条で，**日本国の象徴**および**日本国民統合の象徴**という２つの象徴であることを規定しています。ただし，**内閣の助言と承認**によって，**国事行為**を行うことになっています。具体的には**憲法第６条**と**７**に明記されているもので，**内閣総理大臣や最高裁判所長官の任命，衆議院の解散や国会の召集**などです。2018年４月30日に「皇室典範」の特例法により天皇は，**生前退位**し（退位後は「**上皇**」へ），５月１日から新天皇が即位しました。元号は平成から「**令和**」へと改元されました。

💡 憲法改正の手続き （憲法第96条）

改正には，次の３段階の厳格な手続きが必要な硬性憲法です。

倫政の出題内容・一発表示！ ▶▶▶憲法改正

1 衆参各議院の「総議員」の「３分の２」以上の賛成で国会がこれを「発議」
2 「国民投票」で「過半数」の賛成
3 「天皇」が「国民の名」でこれを「公布」 ★この手続きは頻出!!

日本国憲法の改正手続きは，**通常の国内法の改正手続きよりも厳格な手続きを必要**としています。このような憲法を「**硬性憲法**」といいます。改正の手続きについては，**憲法第96条に明記**されています。近年の憲法改正動向をかんがみても重要な条文なので，しっかり覚えておきましょう。

さて，2007年（2010年施行）に憲法の具体的な改正手続を定めた「**国民投票法**」

が制定されました。要旨だけまとめておきます。

時事 TOPIC 　国民投票法

⇒正式名称は「**日本国憲法の改正手続に関する法律**」
① 投票対象は「**憲法改正**」に限定
② 最低投票率は**設けず**，賛成票が有効投票総数の過半数で改正
③ 投票者は**18歳以上**
④ **公務員と教育者の地位利用を伴う運動の規制。** 　など

資料を 見る！ 　日本国憲法の平和主義の規定

第9条〔戦争の放棄と戦力及び交戦権の否認〕
日本国民は，正義と秩序を基調とする国際平和を誠実に希求し，国権の発動たる戦争と，武力による威嚇又は武力の行使は，国際紛争を解決する手段としては，永久にこれを放棄する。
２　前項の目的を達するため，陸海空軍その他の戦力は，これを保持しない。国の交戦権は，これを認めない。
第98条〔憲法の最高性と条約及び国際法規の遵守〕
この憲法は，国の最高法規であつて，その条規に反する法律，命令，詔勅及び国務に関するその他の行為の全部又は一部は，その効力を有しない。
２　日本国が締結した条約及び確立された国際法規は，これを誠実に遵守することを必要とする。

ちょっとひと休み 　46%に思うこと

　丸山真男は『日本の思想』の中で，「であること〈to be〉」と「すること〈to do〉」という興味深い文章を著している。例えば，「大学生である」という事実よりも，「大学生としてすること」という主体的な行動が大切だ，というのである。日本国憲法には3原則の一つとして「国民主権」が書かれている。しかし，「国民が主権を行使する」大切な場であるはずの選挙において，初めて選挙権が与えられた18歳・19歳の平均投票率が46%（2016年参院選）だったとは…。もう一度丸山真男の言葉の意味をかみしめて「すること」の大切さを考えてほしい。

2 平和主義

ここが出る！ 試験前の倫政の出題・正誤Point！

① 平和主義⇒憲法第9条の内容
② 自衛隊の発足までの歩みと，自衛隊の海外派遣をめぐる動向

💡 第9条の原理と自衛隊と在日米軍 ➡ どうしてできたのか？

「もう2度と戦争はしたくない」。その精神を憲法第9条の中に具現化します。第9条は「**戦争放棄**」，「**戦力不保持**」，「**交戦権**（主権国家としての戦いを交わす権利）**の否認**」の3つの原理から成り立っています。でも今の僕らの周りを見れば，「自衛隊」や「在日米軍」がありますよね。そう，**この憲法の理念と，現実の乖離が入試での切り口になります。**

さて，日本が自衛隊を創設するきっかけとなったのは，1950年に勃発した朝鮮戦争です。この戦争は，**北側を社会主義国のソ連，南側を資本主義国のアメリカ**が支援する中での，いわば東西冷戦の「**代理戦争**」でした。さらに，その1年前の1949年には社会主義国「中華人民共和国」が誕生し，まさに**極東地域は資本主義諸国と社会主義諸国が向かい合う最前線**でした。

こうした状況に危機感を抱いたアメリカは，社会主義の防波堤として日本を位置付けます。そして，**GHQは日本の非軍事化政策から一転し，反共の防波堤とするために再軍備を指令します。**こうして同年，「**警察予備隊**」が創設されました。さ

倫政の出題内容・一発表示！ ▶▶▶ 朝鮮戦争～主権回復

1950年 **朝鮮戦争**勃発。
　同　年　GHQは日本政府に**警察予備隊**の創設を指令
　　　　⇒1952年保安隊に改組➡1954年**自衛隊**に改組
1951年 **日米安全保障条約**締結➡**在日米軍**のはじまり
　　　　⇒1960年に**安保改定**➡極東条項の明記，**日米共同防衛**，条約の自動延長
　同　年　**サンフランシスコ平和条約**締結，**西側48カ国とのみ講和**
➡翌1952年日本主権回復
　つまりアメリカは在日米軍の設置と引き換えに，独立を容認
　また，このとき中国，ソ連などとは未講和➡「**単独講和**」

必ずやろう！ ▶▶▶ 完成問題集 **第2章**

らに，翌1951年には在日米軍を日本に置くことを定めた「**日米安全保障条約**」を締結しました。ここに，現在の在日米軍が誕生するのです。

💡 裁判所はどう判断しているの？　➡ 最高裁は判断を回避

まず裁判所は，**統治行為論**によって憲法判断を回避する，というのが主なスタンスです。

これは，「**高度な政治性を有する問題は司法審査の対象になじまない**」とする説です。具体的には，日米安全保障条約や自衛隊のような，政治的レベルが非常に高い問題を統治行為としています。ある意味で司法の「逃げ」とも指摘され，この司法のスタンスを**司法消極主義**と批判する声もあります。

さて，具体的な判例について見ていきましょう。まず**砂川事件**と**長沼ナイキ基地事件**が重要です。なぜなら，第一審で違憲判決が出ているからです。ただし，**最終判決は統治行為論などで判断が回避**されています。恵庭事件と百里基地事件については下の一発表示で確認してください。

倫政の出題内容・一発表示！　▶▶▶裁判所の憲法判断			
砂川事件★	**長沼ナイキ基地事件★**	**恵庭事件**	**百里基地事件**
争点…**安保条約**	争点…**自衛隊**	争点…**自衛隊**	争点…**自衛隊**
判決 第一審「**違憲**」 ⇒伊達判決1959年 **最高裁** ⇒統治行為論	判決 第一審「**違憲**」 ⇒福島判決1973年 **第二審** ⇒統治行為論 最高裁 ⇒憲法判断なし	判決 第一審 **被告人無罪** ⇒**憲法判断なし**	判決 第一審 ⇒統治行為論 高裁・最高裁 ⇒**憲法判断なし**

💡 冷戦崩壊後の自衛隊の動向　➡ 湾岸戦争と9.11がそれを変えた！

1989年にアメリカとソ連の対立を中心とした東西冷戦が終結し（1989年のマルタ会談），その後**1991年にはソ連が解体**しました。この変化は常に社会主義・ソ連やその周辺国におびえて軍備をもった**日本の防衛のあり方にも大きな変化**を与えることになりました。その変化をさっくり言えば次のようになるでしょう。

　自分の国を守るための自衛隊から，国際貢献・国際協力のための自衛隊と位置づけが変わりはじめました。こうなると対外的武力行使の機会が増え，「戦争はしない」という憲法の原則からそれていくのではという声が出はじめました。

　例えば1991年の**湾岸戦争**では，「人的な**国際貢献**」という名目で，**ペルシャ湾**に自衛隊の掃海艇（機雷という，海の上にある地雷のようなものを撤去する船）を派遣しました。実は**1954年に，参議院で自衛隊の海外派兵を禁止する国会決議を行っ**ていて，整合性からも大きな問題となりました。

　その後1992年には**PKO協力法**（**国際平和協力法**）が制定され，同年**カンボジア**に自衛隊が派遣されています。そう，むしろ**冷戦崩壊後に日本の自衛隊が海外に出て行く機会が増大**するようになり，当初は国民的な議論となりました。

　2001年にアメリカで起こった**9.11同時多発テロ**以降，さらに自衛隊の活動範囲は広がりを見せていきます。ここでは「契機となった事件」，「根拠法」，「派遣先」，「目的」を正確に一致させることが得点の鍵となります。

　とりわけ，**テロ対策特別措置法**と**イラク復興支援特別措置法**（両方とも現在は失効）は，米軍などへの後方支援が主たる活動であり（**イラク復興支援特別措置法に**

倫政の出題内容・一発表示！ ▶▶▶自衛隊の派遣法制

法	契機	派遣先	目的
PKO協力法（1992）	湾岸戦争	カンボジアなど	国連のPKO活動
周辺事態法（1999）※現在は重要影響事態安全確保法（314ページ参照）	テポドン発射		「周辺事態」の際の，米軍への後方支援（施設提供，輸送など，民間の協力も含む）
テロ対策特別措置法（2001）➡2008年にインド洋での米軍への給油活動に限定した「新テロ特措法」となった（現在は失効）	9.11同時多発テロ	インド洋にイージス艦派遣	テロ撲滅のための米軍などへの後方支援
イラク復興支援特別措置法（2003）（現在は失効）	イラク戦争	イラク南部のサマワ	イラクの「非戦闘地域」における米軍などへの人道復興支援と後方支援

はこれ以外にも人道復興支援という目的もある），戦闘行為との一線が「あいまい」になるのではとの声も一部にありました。

💡 平和安全保障法制（安保法制）って？

　2014年，安倍政権は集団的自衛権の行使を認める閣議決定を行ないました。これにともない，2015年9月に「平和安全保障法制（いわゆる安保法制）」が制定されました。この法律は1つの新法と10の関連法の改正からなります。

　ポイントは，集団的自衛権の行使を認める法律は「改正された武力攻撃事態対処法（事態対処法）」であるということです。他の3つについては，拡大された内容について押さえておきましょう（武力攻撃事態対処法は2003年に制定された）。

　その前に，集団的自衛権と個別的自衛権の違いを理解しておきましょう。

「個別的自衛権」と「集団的自衛権」

保有…○
行使…○
日本に対する攻撃
自国のみで反撃
保有…○
行使…従来は×
2014年から○へ
同盟国と共同で反撃
同盟国に対する攻撃
同盟国と共同で反撃

　まず，個別的自衛権から説明しましょう。これは，我が国への攻撃に対して，我が国のみで武力行使を行なう自衛権です。一方，集団的自衛権とは，「我が国と密接な関係にある他国への攻撃」を自国への攻撃と見なし，武力行使を行なう自衛権のことで，当然日本への攻撃がなくても武力行使を行ないます。しかし，1970年代の内閣法制局（内閣として法律や憲法の解釈を行なう機関）の見解では，両者を保有はするが，行使は出来ないと解されてきました。実は，個別的自衛権と集団的自衛権については，国際連合憲章第51条に明記されています。すると日本も国連加盟国ですから，国際法上保有することになります。ただそれを使うか否かは，自国の憲法との問題であり，日本政府は，憲法第9条の平和主義の建前から，集団的自衛権の行使は出来ないと解釈してきたのです。

　また，これに先立って，2014年に政府は，武力行使に制限をかけるために，「武力行使の新三要件」を示し，集団的自衛権の行使に一部歯止めをかけ，行使を認めました。

平和安全保障法制のまとめ

なにしろ改正自衛隊法など，11の関連法からなるものですから，みんなは，

1 国会の事前承認の有無

2 後方支援（武力行使とは異なる非軍事活動）なのか，武力行使なのか

3 どの法律の規定なのか

を，判断できるようにしておきましょう。もう少し掘り下げたい人は，『改訂五版畠山のスパッとわかる政治・経済爽快講義（73～83ページ）』を読んでみてもいいでしょう。

以下に，まとめておきます。

周辺事態安全確保法を改称し **重要影響事態安全確保法**	① 朝鮮半島有事を想定した地理的制約の撤廃 ② これにともない, 周辺事態から「**重要影響事態**(日本の安全と平和に重要な影響を与える事態)」へ ③ 米軍のみならず, **他国軍の後方支援(武力行使は不可)**が可能に ④ 国会の事前または, 緊急時は事後承認が必要
改正**武力攻撃事態対処法** (事態対処法)	① 我が国が, 直接攻撃されていなくても, 我が国と密接な関係にある他国に攻撃があり, 我が国に明白な危険がある事態を「**存立危機事態**」とし, 事態を新設 ② **集団的自衛権を自衛隊が行使可能** ③ **国会の事前**または, 緊急時は事後承認が必要

(「平和安全法制」の概要　内閣官房, 内閣府, 外務省, 防衛省をもとに作成)

倫政の出題内容・一発表示！　▶▶▶ 3つの事態

3つの事態	定義	自衛権	行動など
存立危機事態（新設） 事態対処法	我が国と密接な関係にある他国に攻撃があり, 我が国に明白な危険がある事態	集団的自衛権	武力行使 防衛出動
重要影響事態（新設） 重要影響事態対処法	我が国の安全と平和に重要な影響を与える事態	後方支援 （武力行使不可）	後方支援
国際平和共同対処事態 （新設）★ 国際平和支援法	国際社会の平和と安全を脅かす事態	協力支援 （武力行使不可）	協力支援

★は例外なく, 国会の事前承認が必要。他は国会の原則事前承認で, 緊急時は事後承認も可。

(「平和安全法制」の概要　内閣官房, 内閣府, 外務省, 防衛省をもとに作成)

　特に, 国会の事前承認が必ず必要となるのは, 「**国際共同対処事態（国際平和支援法）**」における「**協力支援**」を行う場合であること。また, **武力行使（集団的自衛権の行使を含む）を行うことができるのは**, 「**存立危機事態（事態対処法）**」であること**の2点を押さえておきましょう。

3 基本的人権の保障

ここが出る！　試験前の倫政の出題・正誤 Point！

① 基本的人権⇒特に自由権，平等権，社会権の判例と新しい人権
② 公共の福祉の意味

💡 日本国憲法の人権　➡　5つの基本的人権

　ここでは日本国憲法に規定されている主な人権規定を学習します。

　日本国憲法では，**自由権**，**平等権**，**社会権**，**請求権**，**参政権の5つが基本的人権として規定**されています。どの人権がどこに位置づけられていくのかを整理し，具体的事件と判例を押さえておきましょう（➡は判例，（　　）内は憲法の条文番号）。

倫政の出題内容・一発表示！　▶▶▶ 5つの基本的人権

自由権 18世紀的権利	精神の自由 ⇒国家の精神活動への不介入	■思想・良心の自由（19）**➡三菱樹脂事件** ■信教の自由（20）**➡津地鎮祭事件，愛媛玉ぐし料事件** ■集会・結社・出版・言論，表現の自由（21①） ■検閲の禁止，通信の秘密（21②） ■学問の自由（23）**➡東大ポポロ事件**
	身体の自由 ⇒国家からの身柄の確保	■奴隷的拘束・苦役から自由（18） ■法定手続きの保障（31）　■不法逮捕の禁止（33） ■不当な拘留・拘禁の禁止（34） ■不法な住居侵入，捜索・押収の禁止（35） ■拷問・残虐刑の禁止（36）　■刑事被告人の権利（37） ■不利益供述の不強要，自白強要の禁止（38） ■遡及処罰の禁止，一事不再理（39）
	経済の自由	■居住・移転，職業選択の自由（22）**➡薬事法**距離制限規定違憲判決 ■財産権の不可侵（29）**➡森林法共有林分割規定違憲判決**
平等権		■法の下の平等（14）→尊属殺人重罰規定違憲判決 ■男女の本質的平等（24）　■教育の機会均等（26）　■参政権の平等（44）
社会権 20世紀的権利		■生存権（25）→**朝日訴訟，堀木訴訟，プログラム規定説** ■教育を受ける権利（26①） ■勤労の権利（27①） ■勤労者の団結権・団体交渉権・団体行動権（28）〈労働三権〉

請求権	■請願権（16）　■国家賠償請求権（17）　■裁判請求権（32） ■刑事補償請求権（40）→冤罪被害者に対する補償
参政権	■公務員選定・罷免権（15）　■被選挙権（43・44）➡間接的参政権 ■最高裁判所裁判官国民審査（79）　■特別法の住民投票権（95） ■憲法改正の国民投票権（96）→以上，直接的参政権

公共の福祉って何？

倫政の出題内容・一発表示！ ▶▶▶人権と公共の福祉

⇒人権は絶対無制限ではなく**公共の福祉**の制限を受ける
⇒公共の福祉とは**人権間相互の衝突の調整**
⇒法律による制限はできない→明治憲法下にあった「**法律の留保**」**の禁止**

　かつての大日本帝国憲法下では，人権規定は一部あったものの，法律によって制限することが許されていました。これを「**法律の留保**」といいます。

　基本的人権は無制限に保障されるものではありません。例えば，経済の自由を無制限に認めてしまえば，あらゆる土地が一人の所有物となり，道路をつくることができなくなるかもしれません。また，他人の建物を破壊する活動を，表現の自由として認めるわけにはいかないでしょう。つまり，各個人が人権を確保しようとして相互に矛盾・対立した場合，それを平等に調整（これを内在的制約という）する必要があります。この制約原理を**公共の福祉**といいます。

　また，日本国憲法では，特に22条の「**居住，移転，職業選択の自由**」と，29条の「**財産権の不可侵**」について，個別規定としてこの「公共の福祉」による制限を明記しています。20世紀以降の資本主義の発展により，私有財産権を制約し，福祉国家を実現するために，**経済的自由権（経済の自由）については，特に強く制限を受けることを意味**しています（これを政策的制約という）。

　ただし，**表現の自由への「公共の福祉」の適用については，経済の自由への適用よりも慎重にならなければいけないことに，判例上なっています**。

　例えば，反政府的なデモやビラをまいていることを理由に「公共の福祉」を適用すれば，民主主義が危うくなります。逆にデモの内容ではなく，夜10時から朝9時まではデモ禁止というのであれば，「公共性」を優先することが目的にあるので，「公共の福祉」の適用は可能です。このように，**表現の自由への公共の福祉の適用**

は慎重でなければならないという点を理解しておいてください。これを「二重の基準（ダブルスタンダード）」といいます。

💡 自由権について　➡　国家の不干渉！

　自由権は，**精神的自由権**（国家に干渉されることなく自由な精神活動を保障する権利），**身体的自由権**（国家によって不当に身柄を拘束されたり，残虐な刑罰を受けない権利），**経済的自由権**（国家に干渉されることなく自由に経済活動を営んだり，私有財産を保障したりする権利）に大きく分類できます。

　精神的自由権と経済的自由権については判例を，身体的自由権についてはそれを保障する規定を押さえましょう。政経では深入りし過ぎると逆に点数が伸びないので，まずは読んで全体像をつかみましょう。

💡 精神的自由権の主な事件と判例　➡　よく出る！

　精神的自由権には，**思想・良心の自由，信教の自由，表現の自由，学問の自由**があります。中でも**表現の自由**は，**国民主権を実現するための制度としての側面を持ちます。**国民主権は，国民自らが意思を表明することで，国政の最高意思決定権を持つことです。そのためには，発言したり，出版したり，団体をつくるなど（結社）して活動することが不可欠です。これらを保障するのが表現の自由です。例えば，政府にとって都合の悪い本を**検閲**（内容を行政機関が事前審査して取り締まる）することも憲法で禁じています。表現の自由については，憲法21条を読んでおくといいでしょう。

　それでは下の一発表示を見てください。

倫政の出題内容・一発表示！　▶▶▶事件と判例

1 三菱樹脂事件
　⇒思想・良心の自由は，**私人間に直接適用されるものではない**

2 津地鎮祭事件
　⇒津市が地鎮祭に公金支出したことは「**慣習的**」なもので憲法上問題はない
　　（**合憲**）

3 愛媛玉ぐし料事件
　⇒愛媛県が靖国神社へ公金支出したことは，「**宗教的行為**」であり**違憲**
　　☆**2**と**3**の判決の違いに注意

4 東大ポポロ事件
　⇒大学構内へ警察が侵入したことは「**大学の自治**」の侵害にはあたらない

まず「三菱樹脂事件」は，思想・良心の自由をめぐる訴訟です。学生運動を理由に内定を取り消されたというのが事件の発端です。当然，取り消したのは企業。ここがポイント。なぜなら，**企業も原告も私人であり，国家が人権侵害をしたわけではない**，というところです。果たしてこの**私人間**に，**憲法の規定である思想・良心の自由が主張できるかがポイント**になりました。最高裁は思想・良心の自由は**直接的に私人間には適用できない**として，**企業の雇用の自由を認め，原告が敗訴しました**。つまり，企業にも思想・良心の自由があるということを示したことになります。

次に，「津地鎮祭事件」と「愛媛玉ぐし料事件」は，共に**信教の自由**を守るために存在する「**政教分離**」が争点となっています。

信教の自由を実質的に担保するためには，国家が特定の宗教団体を援助したり，逆に介入して弾圧するようなことがあってはならないわけです。したがって政教分離原則，すなわち，**国家が特定の宗教団体に介入する行為が禁じられています**。戦前は「**国家神道**」が公のものとして扱われ，信教の自由がゆがめられていました。

この2つの事件は，両方とも宗教団体に公金を支出していますが，最高裁が目をつけたのは「**その効果と目的**」です。さっくり言うと，それが「**宗教的行為**」ならば違憲（**3**の判例），**そうでないならば合憲（2の判例）**としたんですね。

最後に「**東大ポポロ事件**」は，「**学問の自由**」が争点になっています。

多くの場合，学問の中で政府に批判的なものが排除される傾向にあります。したがって教育の自主性を高めるために，民主社会では公権力が教育の現場に直接的に介入することを極力控えています。

「**東大ポポロ事件**」とは，東大の学生劇団が，冤罪事件だった松川事件を題材にした演劇公演中，会場に公安警察がいたため，学生たちがこれを実力で排除しようとし，警察官に傷害罪で訴えられた事件です。学生たちは大学の自治を主張し，正当防衛だといいました。しかし，**最高裁は大学の自治を認めた上で，「大学の自治とは研究教授活動の中であり，学生運動は対象にならない」という判決を下しました**。ある意味で学問の自由を狭めた判決です。

経済的自由権の主な事件と判例 ➡ 2つの違憲判決

経済的自由権は私有財産制を認め，できるだけ国家を経済に介入させないようにする権利です。**居住・移転・職業選択の自由，そして財産権の不可侵という2点がポイント**です。

ただし，絶対無制限に国家が介入しないわけではありません。例えば，道路の立

ち退き請求のように，「公共の福祉に供するため」であれば，制約を受ける場合が
あります。

さて，重要な判例としては薬事法事件が有名です。これは薬局を開設する場合，
他の薬局と一定の距離を置かなければ開設できない，とされていましたが，この規
定は**職業選択の自由**，とりわけ**営業権**を侵害するとして，**最高裁は違憲判決を出し**
ています。

また，森林法共有林事件では，共有林でその所有者が分割をしたい場合，他の所
有者の同意を得なければ分割ができないとの規定を**最高裁は違憲**としました。

💡 身体的自由権 ➡ 国家によって不当に身柄が拘束されないための諸権利

身体的自由権は人身の自由ともよばれます。これは**国家によって不当に身柄拘束**
されることがないよう，さらには，**人間として奴隷的な苦役を課せられないように**，
憲法上でこの人権が保障されています。

下のボードが主な規定なのでしっかりと覚えましょう‼

●前提…奴隷的拘束・苦役からの自由（18条）
1．すべての**身柄拘束は法手続きによる**➡**法手続主義**（デュー・プロセス）
2．また，**罪と刑罰をも法律により規定する**➡「**罪刑法定主義**」
3．有罪を示す唯一の証拠が本人の**自白のみの場合**➡**有罪とされない**
4．また，**一度判決が確定した事件は再度審理できず**➡**一事不再理**
（再審は例外）
5．実行中に適法だった行為を**遡って処罰できない**➡**遡及処罰の禁止**

💡 平等権

平等権のポイントは，**憲法第14条**と尊属殺人重罰規定違憲判決です。「**法の下の**

平等」とは**立法上人間を平等に扱うというもの**で，これに関しては，1973年に最高裁が下した，刑法第200条の「**尊属殺人重罰規定違憲判決**」が特に重要です。

　ある女性が父親からの性的暴力を理由に父親を絞殺しました。父親がこの女性を軟禁状態においていたことも含めれば，情状酌量の余地が十分ありました。しかし，この女性は尊属，つまり父親を殺したので，尊属殺人罪（刑法第200条）に問われました。尊属殺人罪の刑は，無期または死刑。一方，普通殺人罪は懲役3年以上（現在は5年以上），無期または死刑です。さらに，尊属殺人罪には執行猶予がつきません。つまり，情状酌量の余地がありません。

　言い換えれば，殺す対象によって刑罰に差別がある。これが法の下の平等に反するか否かが問われました。1973年に最高裁は**倫理上，尊属殺人罪は必要かつ合憲と**したうえで，**この罪そのものではなく，刑罰が重すぎるとして違憲判決**を下しました。その結果，**1995年，尊属殺人罪は国会の刑法改正でようやく削除**されました。

倫政の出題内容・一発表示！

1 　法の下の平等
　　⇒尊属殺人重罰規定違憲判決
　　争点➡親を殺した場合，無期か死刑は法の下の平等に反するのでは？
　　判決➡尊属への敬愛そのものは古今東西の倫理であり**合憲**
　　ただし，**刑罰は普通殺人罪との隔たりが大きすぎていて違憲**

2 　両性の本質的平等（24）

3 　教育の機会均等（26①）

4 　参政権（選挙）の平等（44）⇒議員定数不均衡訴訟（365・366ページ参照）
　　争点➡選挙区間の一票の格差は選挙の平等に反するのでは？
　　判決➡衆議院（第33，37回総選挙）**違憲**，ただし**選挙は有効**「事情判決」
　　　　　参議院**違憲状態，選挙は有効**

💡 **社会権** ➡ 20世紀的権利。生存権をベースにして保障

倫政の出題内容・一発表示！

1 　生存権（25①）…健康で文化的な最低限度の生活を営む権利

2 　教育を受ける権利（26①）

3 　労働基本権⇒勤労権（27①），団結権（28），団体行動権（28），団体交渉権（28）

日本国憲法では，**第25条の生存権をベースにして社会権が規定**されています。生存権は国家が**積極的に介入し**，国民の**最低限度の生活を保障**するものです。

生存権は，**一人一人の具体的要求に従って国家が保障**（これを**具体的権利説や法的権利説**という）するのではなく，政治がある**一定ラインを定めて**，努力目標（**プログラム）として保障**を行います。これを**プログラム規定説**といいます。

当然ながら，生活保護にも一定の基準があるわけで，この基準は**国が決定**します（生活保護法の規定などによる）。国の定めた**生活保護基準を争点**とした「**朝日訴訟**」や，**障害福祉年金と児童扶養手当の併給禁止を争点**とした「**堀木訴訟**」などでこの判例が示されています。**両訴訟ともに原告が敗訴**しましたが，その後の福祉行政を改善する契機ともなりました。

倫政の出題内容・一発表示！

事件	争点	判決
朝日訴訟	国が定めた生活保護基準	第一審…原告勝訴 第二審…**プログラム規定説で原告敗訴** 最高裁…原告死亡で判決なし
堀木訴訟	障害福祉年金と児童扶養手当の併給禁止	最高裁…**プログラム規定説で原告敗訴**

💡 新しい人権 ➡ 頻出なので要注意！

新しい人権とは，**憲法上明記がなく**，**憲法第13条の「幸福追求権」などを根拠に**して，近年主張されているものです。

幸福追求権とは，憲法に具体的規定はなくても，すでに規定のある人権を実現していくために必要な権利をいいます。この意味で，「**包括的権利**」ともいわれます。代表的なものを次ページの一発表示にまとめておきましたので，試験前に必ず確認してください。

ただし，**すべてが裁判所によって認定されたり，法律に明文化されているわけではないので注意**しておいてください。新しい人権は特に大切です。

１ プライバシーの権利…私生活や個人情報をみだりに公開されない
権利
➡『宴のあと』事件により判例で認められた権利
２ 知る権利…行政情報などを，主権者たる国民が必要な情報
を知ることができる権利
３ アクセス権…メディアへの接近・反論権, サンケイ新聞意見広告事
件で主張

💡 プライバシーの権利 ➡ 個人情報保護法に注意

　プライバシーの権利は，当初，「私生活をみだりに公開されない権利」とされ，『宴のあと』事件の裁判の中の**判例で認められた人権**です。また，柳美里の小説『石に泳ぐ魚』事件では，東京地裁が**初めて小説の出版差し止めを認めました**。この判決は東京高裁，最高裁でも認められました（2002年）。

　現在では，プライバシーの権利は，自分の情報を自身で管理・訂正を求める「**コントロール権**」としても捉えられるようになっています。

　さて，ここで**個人情報保護法**について見ておきましょう。

　1988年に，**行政機関が保有する個人情報の保護**を定めた「**個人情報保護法**」が制定されています。また，**1990年に神奈川県で個人情報保護条例が制定**されています。さらに，**民間事業者の個人情報の取り扱い**に制限を加える「**個人情報保護法（個人情報保護関連5法）**」が2003年に制定され，2005年から全面施行されています。

　1980年代の個人情報保護法と，**2000年代の個人情報保護法の内容**，つまり「**国が保有する個人情報の保護**」か「**民間の保有する個人情報の保護**」，どちらなのかを判断できるようにしておきましょう。

💡 「知る権利」と情報公開 ➡ 情報公開法に注意

　知る権利とは，**行政情報を知る権利の事**です。もし仮に，何でも国家機密として行政が情報を公開しない場合，情報が無い私たちは，何を基準に討論したり，ツイートしたり，政策の判断を行なえばいいのでしょうか。つまり，**行政情報が開示されることによって，公正な表現活動が可能となり，国民主権を実現できます。**言い換えれば「**知る権利**」は，憲法上の「**表現の自由**」や「**国民主権**」を制度的に保

障する権利です。

1982年３月，山形県金山町で日本初の情報公開条例が制定されました。また同年10月，都道府県レベルで初めての情報公開条例が，神奈川県で制定されています。

ようやく国レベルでも，1999年に情報公開法が制定され，2001年に施行されました。ポイントは，知る権利の明記がない点，外国人も請求可能な点，行政側の不開示に不服があった場合，裁判所に情報公開請求訴訟を起こせることにあります。また，非公開分野（個人，企業，外交・防衛，犯罪捜査など）があることです。

💡「特定秘密保護法」と知る権利 ➡ ４情報に注意

そんな中で議論をよんでいるのが，2013年12月に制定された「特定秘密保護法」です。４つの特定秘密（外交，防衛，スパイ活動防止，テロ防止の４情報）に指定された場合，最長60年間は公開されません（例外もあり）。特定秘密の指定は，防衛大臣や外務大臣，警察庁長官などの行政機関の長の判断で指定できてしまいます。

こうなると国民の知る権利，表現の自由，ひいては国民主権に重要な影響を与えかねないとの声もあります。一方で，機密情報の流出はテロなどの危険性に国家をさらすかもしれません。

💡 アクセス権 ➡ 裁判では認められず

アクセス権は，マスメディアが行なった報道に対して，紙面の提供や番組への出演機会を求めて，報道に対する反論を行なう権利です。「サンケイ新聞意見広告事件」で主張されましたが，最高裁はアクセス権を認めませんでした（1980年）。

💡 環境権 ➡ 裁判では認められず

一発表示にはありませんが，ここで環境権について説明します。

環境権とは，一般に「生存権」と「幸福追求権」を主張根拠とし，国民がよりよい環境を享受する権利です。高度経済成長期に公害問題が深刻化する中で，1970年代頃から主張されるようになりました。「大阪空港騒音公害訴訟」の最高裁判決（1981年）において，裁判所は環境権については認めませんでした。ただし，公害被害を受けた際の賠償請求は可能なので注意しましょう。

このように，人権問題は，近年の様々な社会動向を敏感に反映します。特に新しい人権については，これまで裁判所の判例によって認められたものはよく注意しましょう。

★特に赤字の部分を「キーワード」にして，文書を特定できるようにしておこう‼

(1) 1689年「権利章典」

〔1〕国王は，王権により，**国会の承認なしに法律を停止し，または法律の執行を停止し得る権限**があると称しているが，そのようなことは違法である。

〔4〕大権に名を借り，**国会の承認なしに**，…中略…王の使用に供するために**金銭を徴収すること**は，**違法**である。

(2) 1776年6月「ヴァージニア権利章典（ヴァージニア憲法）」

〔1〕すべて人は生来ひとしく**自由かつ独立**しており，**一定の生来の権利**を有するものである。…中略…かかる権利とは，すなわち**財産**を取得所有し，**幸福追求**を獲得する手段を伴って，**生命と自由**とを享受する権利である。

(3) 1776年7月「アメリカ独立宣言」

われわれは，**自明の真理**として，**すべての人は平等**に造られ，**造物主**によって，一定の奪いがたい**天賦の権利**を付与され，そのなかに**生命**，**自由**および**幸福追求の権利**が含まれることを信ずる。…中略…もしこれらの目的を毀損するものとなった場合には，**人民はそれを改廃し**，…中略…**新たな政府を組織する権利**を有することを信ずる。

(4) 1789年「フランス人権宣言（人および市民の権利宣言）」

第1条　人は，**自由かつ権利において平等なものとして出生し**，かつ生存する。社会的差別は，共同の利益の上にのみ設けることができる。

第2条　あらゆる政治的団結の目的は，人の消滅することのない自然権を保全することである。これらの権利は，自由・所有権・安全および**圧制への抵抗**である。

第16条　**権利の保障**が確保されず，**権力の分立**が規定されないすべての社会は，**憲法**をもつものでない。

(5) 1919年「ワイマール憲法」

第151条（1）経済生活の秩序は，すべての者に**人間たるに値する生活**を保障する目的をもつ正義の原則に適合しなければならない。この限界内で，個人の経済的自由は確保されなければならない。

第153条（3）**所有権は義務を伴う**。その行使は，同時に**公共の福祉**に役立つべきである。

(6) 1948年「世界人権宣言」

第1条　**すべての人間は，生れながら自由で，尊厳と権利について平等**である。以下省略

第2条　①何人も人種，皮膚の色，性，言語，宗教，政治的その他の意見，国民的もしくは社会的出身，財産，門地もしくはその他の地位のような，いかなる種類の**差別もうけることなく，この宣言にかかげられているすべての権利と自由とを享有する**ことができる。

(7) 1966年「国際人権規約」

A規約　第1条〔**人民の自決の権利**〕1　すべての人民は，**自決の権利**を有する。この権利に基づき，すべての人民は，その政治的地位を自由に決定し並びにその経済的，社会的及び文化的発展を自由に追求する。

※解説…**民族自決の権利**とは，各民族が他の国家・民族から干渉を受けずに，政治決定を行う権利のことで，その後の独立運動を法的・政治的に支えることになった。

第3章

日本の統治機構①
国会・内閣

攻略の視点

　お茶の間の政治ニュースがよくわかるようになるのがこの分野‼　テレビ画面を想像しながら講義を受けてください。不思議と面白くなってくるはずです。また，講義を受けた後にニュースを見ると，今までわからなかったニュースがダイレクトにつながりだすし，いい復習にもなります。

　ここでは「基本事項はメカニズムに」，そして「例外事項は暗記」というメリハリをつけて学習しましょう。特に例外事項で差がつくので注意してください。また，憲法を読んでおくと得意になります。

この章の攻略ポイント

❶ 国会中心立法の原則と国会単独立法の原則の「**例外**」
❷ 特別会と緊急集会の**召集時期**
❸ 両院が別々の議決をしたケースと「**両院協議会**」
❹ **国政調査権と議員の特権**
❺ 内閣の構成要件と文民統制
❻ 衆議院の解散⇒**2つのケース**

1 国会

ここが出る! 試験前の倫政の出題・正誤 Point !

① 国会中心立法の原則と国会単独立法の原則の「例外」
② 特別会と緊急集会の召集時期
③ 両院が別々の議決をしたケースと「両院協議会」
④ 国政調査権と議員の特権

この分野は日本国憲法を通読することで，ベースが出来上がります。特に「**数字**」と「**例外事項**」を押さえることで，高得点が狙えます。何気ないニュースもよく分かるようになるので，楽しく勉強しましょう!!

💡 日本の統治機関と三権分立 ➡ モンテスキュー流の抑制と均衡!!

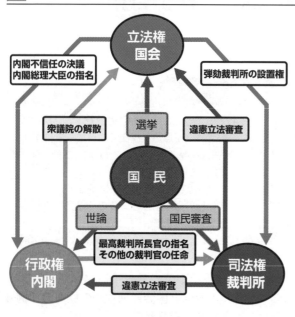

それではいよいよ日本の統治機関について見ていきます。ここは小学校から勉強しているので，ぼんやりとした知識を明確に整理することが肝心です。

まず表を見てください。それぞれの→の上に書いてある抑制権限を必ず覚えておいてください。見てわかる通り，**立法・行政・司法**のそれぞれの国権が，他の国権に対して抑制権限を持っていますよね？

例えば立法権だったら，行政に対して**内閣総理大臣の指名**，司法権に対して**弾劾裁判所の設置権**。こうした形で，それぞれの権力が暴走しないようにお互いに監視し合っているわけです。首輪をつないでいるというイメージだと考えてください。これは以前に勉強した，モ

ンテスキューの三権分立をモデルにしたものです。つまりお互いにお互いの抑制権限を持たせることで，結果として「**抑制と均衡（チェック＆バランス）**」を保ち，権力の濫用を防ぐというのがこの三権分立の狙いです。以下にまとめておきます。

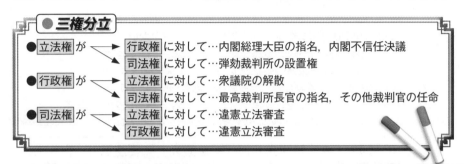

憲法による国会の位置づけ ➡ 唯一の立法機関とは

　それでは国会から見ていくことにしましょう。はじめに憲法第41条の，**国権の最高機関**と**唯一の立法機関**という部分を必ず覚えてください。

　まず，「国権の最高機関」の意味は，**選挙によって選ばれた全国民の代表機関で**ある，ということです。

　次に，「唯一の立法機関」という意味は，**国会だけが法律を作ることができる**ということです。それを保障するために**2つの原則**があります。

　まず1つが**国会中心立法の原則**です。これは国会以外で法律を作ることができないという意味です。ただし，憲法上認められた例外として，次ページの一発表示に挙げた4点については，日本国内において法的拘束力をもつ法として，制定が認められています。

　次に**国会単独立法の原則**の意味を説明します。**これは国会の議決のみで法律が作られる**ということです。ただし，**憲法改正の国民投票**と**地方特別法**（その自治体のみに適用する法律）**の住民投票**については，国会の発議・提案によるものですが，国会だけで決められませんから，この原則の例外になります。**特に注意しましょう。**

地位…第41条「国会は国権の最高機関であり，国の唯一の立法機関である」
国権の最高機関とは→**全国民の代表機関**
唯一の立法機関とは→以下の２つの原則のもと，**国会だけが法律をつくる**

１ 国会中心立法の原則…国会以外で法律を作れない
例外⇒①**最高裁の規則制定権** ②**両院の規則制定権**
③**地方公共団体の条例制定権** ④**内閣の政令制定権**
２ 国会単独立法の原則…国会単独の議決のみで立法する
例外⇒①**憲法改正の国民投票** ②**地方特別法の住民投票**

 国会の種類 ➡「特別会」と「緊急集会」に要注意 !!

ここで国会の種類を確認しましょう。

まず，下の一発表示のように国会には４種類あります。ただし，厳密には３つです。というのも，国会は衆議院と参議院を合わせた状態を意味します。衆・参各議院は「議院」です。つまり，国会と議院は違うわけです。**緊急集会**は参議院だけで行われるものなので，この点からすれば厳密には緊急集会は国会に入りません。

出題ポイントとなるのは**召集の時期**です。そして**緊急集会は「内閣」が召集する**ということです。

倫政の出題内容・一発表示！ ▶▶▶国会の種類

名称	召集時期	会期
常会	**年１回１月** 主に**予算案**の議決	150日 延長１回
臨時会	① **内閣**が必要と認めた場合 ② いずれかの議院の総議員の**1/4**以上の要求があるとき ③ 任期満了による選挙後（任期開始日から）30日以内	不定期 延長２回
特別会	**衆議院の解散による総選挙後30日**以内	不定期 延長２回
緊急集会 （参議院のみ）	**衆議院の解散中の緊急時に内閣が召集** ⇒その決議には，次の国会開会後**10日以内**に衆議院の同意が必要	不定期

💡 2つの衆議院の解散 ➡ 7条解散が多い

前ページの一発表示に「**特別会**」というものがありますが，これは重要です。**特別会は衆議院の解散総選挙**（任期満了に伴う選挙では臨時会となる）**から，30日以内に開催され，内閣総理大臣の指名が行われます**（それまでの内閣は，新しい内閣誕生まで職務を引き継ぐことになっています）。この衆議院の**解散には2種類ある**ので区別してください。

1．内閣の裁量によるケース（形式的には天皇の国事行為）⇒7条解散

これは内閣の裁量で，政治動向や党内の動きなどに合わせて解散が行われます。**形式的には，内閣が天皇に助言と承認を行い，天皇の国事行為として解散**します。

言い換えれば，「いつでもお前らをクビにできるぞ」と，議会に緊張感を持たせることが可能です。また，与党にとって都合の良い時期に選挙ができたりもします。次の69条解散より，この解散の方が多いのが現状です。

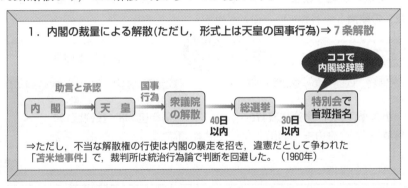

2．衆議院が内閣不信任決議案を可決（内閣信任決議案を否決）したケース⇒69条解散

これは，いわば衆議院から「今の内閣は信じない」と見切りをつけられることになります。当然，衆議院の過半数からの支持が得られない内閣ということですから，国会運営困難になります。この場合，**内閣は10日以内に衆議院の解散を行う**（この場合総選挙が行われ，その後内閣総辞職する）**か，自分たちだけ辞める，つまり内閣総辞職をするのかを選択**します（11日以降は内閣総辞職）。内閣は当然，選挙をして自分たちにNOを突きつけた議会の勢力を転換したいはずです。これまで4回（直近は1993年の宮沢内閣），衆議院で不信任決議案が可決され（提出例は多いが可決した例は少ない），4回とも衆議院の解散総選挙へと突入しました。

こうして，国会（議会）と内閣（行政）が相互に責任を取り合うという関係，つ

必ずやろう！ ▶▶▶ 完成問題集 **第3章**

まり「連帯して責任を負う」という関係は，典型的な議院内閣制の例といえます。

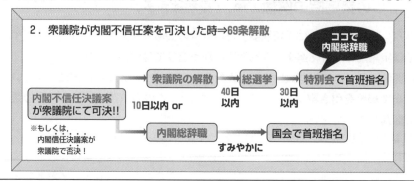

最低限の確認「衆議院と参議院」

これは特に説明することはないと思います。下の一発表示を確認しておいてください。**両院の兼職が禁止**されていること，そして衆議院は**数の政治**，参議院は**理（理性）の政治**といわれていることも押さえておきましょう。

倫政の出題内容・一発表示！ 対比 ▶▶▶衆議院と参議院		
衆議院 任期4年 被選挙権25歳以上 465名 ⇒小選挙区289，比例代表176	定員	**参議院 任期6年** 被選挙権30歳以上 248名（3年ごとに半数改選） ⇒選挙区148，比例区100
解散あり，「**数の府（政治）**」	性質	**解散なし**，「**理の府（政治）**」
※定数は2019年12月現在		

法律の制定過程 ➡ 日本はアメリカと同様「委員会中心」，イギリスは「本会議中心」

立法過程　基本は以下の三段階

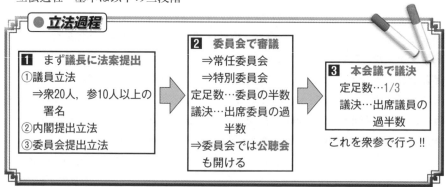

それでは前ページのボードを見てください。

法律を制定する場合、まず、法律案を議長に提出します。この際、議員が提出した場合は**議員立法**、内閣が提出した場合を**内閣提出立法**といいます。そして各委員会が提出した場合を**委員会提出立法**、とよんでいます。法律案の成立率が、2017年（第193回通常国会）で議員立法が約7％、内閣提出立法が約94％となっています。内閣は議会の多数派から構成されますから、成立させやすいのです。

次に提出された法律案は、まず委員会で審議します。現在、衆議院にも参議院にもそれぞれ17の常任委員会があります。また有識者等に意見を聴く**公聴会**も開けます。学校にある委員会とちょっと似ていますね。ここで議決されたものが本会議で採決され、法律となり**天皇が公布**します。

ちなみに、**日本はアメリカと同じで委員会中心に審議**が行われます。**イギリスは本会議が中心**です。

これを衆参両院で繰り返すのですが、それぞれの院が別々の議決をしてしまったらどうなるのでしょうか？　ちなみに、**参議院で与党（自民党と公明党）が過半数を割ってしまうような状態**を「ねじれ国会」とよんだりします。ねじれ国会だと衆参別々の議決というのがありえるわけです。

両院不一致の場合はケースにより以下のようになるよ‼(過去にも例あり)

倫政の出題内容・一発表示！

法律案のケース	内閣総理大臣の指名，予算，条約
① 両院協議会で妥協（任意的）	① 両院協議会（必要的）⇒自然成立
② 衆議院の出席議員の2/3以上で再可決 ⇒このいずれもできない場合は→廃案‼です。	② 参議院が議決しない時は、**一定期間を待って自然成立**（内閣総理大臣の指名は10日，予算・条約は30日） ⇒つまり衆議院の議決が国会の議決に

盲点チェック　国会の議決の例外⇒秘密会の決定，議員の除名，議員の資格争訟裁判，**衆議院の法律案の再議決は出席議員の2/3以上**，憲法改正の発議は，**両院それぞれの総議員の2/3以上**。

ニュースなどで「衆議院の3分の2条項」という言葉を耳にした人も多いでしょう。

あれは憲法第59条にあるもので、参議院が法案を否決しても（あるいは法案を衆議院から受け取ったのち60日以内に議決しない場合は「否決したもの」とみなされ

る），**衆議院で再び出席議員の3分の2以上で再議決すれば法律案は可決できる**と**いう話**です。

　まず法律案で別々の議決をした場合は，「**両院協議会**」で妥協するか，**衆院が出席議員の2/3以上で再議決**するかしかありません。これが無理なら廃案です。

　一方，**内閣総理大臣の指名**と，**予算，条約については，最終的には衆院の議決が国会の議決となります。**

　流れとしては，両議院の議決が一致しない時は，まず**両院協議会を必ず開きます**（法律案の場合は，両院協議会の請求は任意）。そして，**両院協議会でも意見が一致しない時には，衆議院の議決が国会の議決となります。**または，衆議院が議決してから，内閣総理大臣の指名は**10日**，予算・条約は**30日**経っても参議院が議決をしない場合にも，衆議院の議決が国会の議決として自然成立します。

ここで差をつける！ 　　　　法律案・条約・予算案

- 法律案は→「**必ずしも衆議院から審議しなくてもよい**」
- 条約は→国会の「**事前または事後の承認のうえ**」，**内閣**が「**締結する**」
- 予算案は→内閣は「**必ず衆議院へ先に提出**しなければならない」

💡 衆議院の優越とは

　衆議院は任期が4年と短く，解散があることから，民意を反映しやすいとの理由で，以下5つが参議院に対して優越します（**4**は衆議院のみの権限）。

倫政の出題内容・一発表示！　▶▶▶衆議院の優越

1 法律案の再議決　　　**2** 予算の先議権（60条）
3 予算の議決（60条）・条約の承認（61条）・内閣総理大臣の指名（67条）
4 内閣不信任決議（69条）→衆議院のみの権限　　　**5** 会期の決定

💡 司法に対する監督権　➡ 弾劾裁判所の設置権

　国会は国民の選挙によって選ばれた議員によって構成されています。その国民の信託を受けた国会議員が裁判員となって，訴追を受けた裁判官を罷免することができます。これを**弾劾裁判**といいます。ちなみに，弾劾裁判による**罷免例は存在します**が，**国民審査での罷免例はない**ので注意してください。

💡 証人喚問って知ってる？ ➡ 国政調査権

　国政調査権は，テレビなどでよく見る**証人喚問や参考人招致**[1]などを，各議院が行う権限です。衆議院と参議院が，それぞれ独自に行使できるので注意しましょう。

　ただし，**裁判の判決までは干渉できない**，ということになっています。これは，**浦和事件**で裁判官の出した判決について，1949年に参議院法務委員会がこの判事を呼び出し，文句を言ったことがありました。その後，判決にかかわる国政調査権の行使は，三権分立を侵害するので望ましくないとして，こうした考えが示されたわけです。

💡 国会議員の特権 ➡ 特に不逮捕特権に注意

　国会議員は国民の選挙によって政治を託されています。したがってこの人たちが，「お金がない」とか，「冤罪で捕まるかも」とか，「こんなこと言ったら訴えられるかも」などと考えながら国会で審議していることは，逆に民主的ではないですね。こうしたことから国会議員には**議員特権**というものが認められています。また，これは行政権や司法権などの議員活動への介入を防ぐ目的もあります。

　まず，**歳費特権**。これは国家からの報酬として一般公務員の最高額以上の歳費をもらう権利で，月額約130万円です。さらに秘書，車がついたり（文書通信交通費），期末手当てがついたり，至れり尽くせりの特権です。

---

[1]　偽証をした場合，証人喚問は偽証罪に問われるが，参考人招致の場合，偽証罪には問われない。

次に，**不逮捕特権**です。これは逮捕権の濫用によって議員活動が制限されないように**会期中は逮捕されない**，ということになっています。**任期中ではないので注意**してください。また，**現行犯の場合と，所属する議院の許諾があれば逮捕はできます**。これは政権による逮捕権の濫用の危険性が極めて低いからです。

そして**免責特権**。これは国会内での活動について国会外での法的責任を問われないというものです。民主的議会において自由な発言を認めるというのが，本来の趣旨です（ただし，**院内の懲罰委員会で懲罰を受ける場合あり**）。

倫政の出題内容・一発表示！

1 **歳費特権**→国から一般職の国家公務員の**最高額**以上の歳費支給
2 **不逮捕特権**→**国会会期中**は逮捕されない
　　　　　　　　ただし，**現行犯の場合と所属する議院の逮捕許諾**があった場合は除く
3 **免責特権**→院内活動（表決・発言など）について，**院外**での責任を問われない
　　　　　　　ただし，**院内懲罰はあり**

ちょっとひと休み　The People とは何か？

　「人民の，人民による，人民のための政治（The Goverment of the people,by the people, for the people）を地上から決して絶滅させないために，我々がここで固く決意する…」

　これは1868年にリンカーンが行ったゲティスバーグ演説の一部である。ここでいう「The People」とは現代を生きる私たちにとって何を指すのだろうか？　もちろん健常者も障害者も，高齢者も，性的マイノリティも，社会で暮らす人すべてを指すのだろう。また，「The Nation」ならば「国民」であろうが，「The People」には外国人も含まれるはずだ。

　今になってこの「The People」を考える時，そこには多元的な政治の参加主体があることを考えさせてくれる。そこには僕一人でない何かがうごめいている。最後のヴァイオリンの旋律を追うように，「The People」を丁寧に感じたい。

2 内閣

ここが出る! 試験前の倫政の出題・正誤 Point!
① 内閣の構成要件と文民統制
② 衆議院の解散⇒2つのケース

💡 行政機関と公務員

内閣は，国会の法律などを迅速に遂行するのがその役割です。つまり，**行政権の主体**です。また，内閣は最終的に各行政機関を統括します。行政機関には「**公務員**」とよばれている人達がいます。国家公務員の幹部クラスを「高級官僚」といったりしますが，この人たちが国民の信任を受けた国会議員や総理大臣や国務大臣よりも職務上の権限が多いのです。**憲法上公務員は「全体の奉仕者」**となっている点に注意しましょう。

💡 内閣の構成要件とシビリアンコントロール

ここでは，新旧憲法の比較が肝心です。

かつての明治憲法では，「**国務大臣は天皇を輔弼す**」とあるのみで（輔弼とは天皇の統治権を補佐すること），**内閣に関する規定はありませんでした**（別途，1889年の内閣官制で内閣制度は規定）。**内閣の組閣は天皇の任命により行われていました。**

一方，現行の日本国憲法では英国流の「**議院内閣制**」が採用されています。

まず内閣の構成要件ですが，2001年に内閣法が**中央省庁等改革関連法**の一環として改正され，国務大臣の数は，内閣総理大臣を除いて，それまでの20名以内から**14名以内**に変更されました（ただし3名までの増員が可能）。**過半数が国会議員であれ**ばよく，全員が国会議員である必要はありません。また，2012年に復興庁が，2015年に東京オリンピック・パラリンピック競技大会推進本部が設置されたことにより，国務大臣の数を**16名以内**，**最大19名以内**とすることができます（内閣法などの改正による）。

さらに，内閣構成員は全員**文民**，つまり軍人ではないというのも重要なポイントです。これを**文民統制（シビリアンコントロール）**といいます。これは**戦前の軍部が主導した政権が暴走したことへの反省の意図も含まれています**。内閣が現役の軍

必ずやろう! ▶▶▶ **完成問題集 第3章**

人に乗っ取られた結果，軍部の暴走を政治的にくい止める手段がなくなってしまったことからの反省です。

そして意外につまずくのが，「内閣総理大臣は国会が国会議員（衆・参は問わない）の中から**指名**，天皇が**任命**」，「国務大臣は総理大臣が**任命**，天皇が**認証**」ということです。よく出題され，かつ間違えやすいところなので注意をしましょう。

倫政の出題内容・一発表示！ ▶▶▶内閣の構成

■構成条件…①首長である内閣総理大臣と国務大臣で構成
　　　　　　②**16名以内　最大19名以内**
　　　　　　③**過半数が国会議員**
　　　　　　④内閣構成員**全員が文民**
→「**文民統制（シビリアンコントロール）**の原則」第66条②
■内閣総理大臣…国会が国会議員の中から**指名**，天皇が**任命**
　⇒権限…内閣及び各行政部の首長，**国務大臣の任免権**，**自衛隊の指揮監督権**等
■国務大臣…内閣総理大臣が**任命**，天皇が**認証**，**過半数**が国会議員
　⇒各省庁の最高責任者（主任の大臣）
　⇒特定の省庁の長ではない大臣（**無任所大臣，特命担当大臣**）もあり
■閣議…内閣の意思決定機関，首相が主宰，**全会一致**

💡 内閣の職務・権限

内閣の権限については，**条約の締結**と天皇の**国事行為**に対する**助言と承認**が大切です。また予算は内閣が作成し，国会に提出します。その逆ではないので要注意です。

倫政の出題内容・一発表示！ ▶▶▶内閣の主な権限

1 法の執行
2 **条約の締結**（国会の**事前または事後**の承認が必要）
3 外交関係の処理
4 **予算案**の作成権と**提出権**
5 政令制定権
6 **天皇の国事行為に対する助言と承認**
7 最高裁判所長官の**指名**権とその他の裁判官の**任命**権
8 **恩赦**の決定（恩赦の認証は天皇の国事行為）

💡 中央省庁等改革関連法の主な枠組み

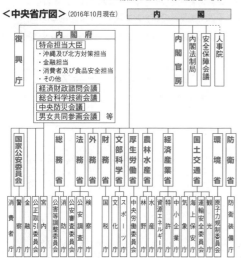

＜2001年4月の中央省庁再編＞

※郵政事業庁は，2003年4月，郵政公社へ移行
※※郵政公社は2007年10月に民営化
※※※防衛庁は2007年1月に防衛省に移行

＜中央省庁図＞（2016年10月現在）

2001年から**中央省庁等改革関連法**が施行され，**行政のスリム化と官僚主導から行政主導の政治への転換**が試みられています。

先ほども言いましたが，高級官僚が政治家よりも政治的主導権を握ってしまうというのは，制度的な問題もあるわけです。また，これらに甘んずる政治家に問題があるのも事実ですね。

必ずやろう！ ▶▶▶ 完成問題集 **第3章**

行政のスリム化を目指すものを「A」
官僚主導から行政主導の政治を目指すものを「B」としておきます。

倫政の出題内容・一発表示!

1 2001年より1府12省庁体制⇒「A」
2 閣議で内閣総理大臣に**発議権**⇒「B」
3 閣僚数変更→14名以内に⇒「A」
4 政策評価制度の導入⇒「A」
5 **副大臣,政務官**の導入⇒「B」
6 **内閣府**の新設(内閣機能強化)⇒「B」
7 **独立行政法人**(エージェンシー)設置⇒「A」

※独立行政法人とは,公企業の一部に独自の予算編成権や人事権を与えて効率的な行政を目指すと
いうもの。大学入試センターなどがそうである。イギリスの**エージェンシー**をモデルとした。

ここで差をつける! 内閣が総辞職する3つのケース

① **内閣不信任案**が可決されたとき
② 総選挙後,**新たな国会が召集**されたとき
③ **内閣総理大臣が欠けた**とき

ちょっとひと休み 野党とは?

2012年末の政権交代以降,自民公明両党を「与党」とする連立政権が長期間続き,政権が
安定する一方で,その弊害も指摘されている。そうした中で「野党」の果たす役割とはなん
であろうか。議席数で劣る野党は単独で法律案を通すことは不可能であるが,政権を批判・
監視し,審議を慎重に行うなど議会運営を質的に深める役割が期待される。

イギリスでは,野党第一党が設置する「影の内閣」が公的制度として整備され,運営には
予算も計上される。また,「クエスチョンタイム」の一部として,原則週1度は党首
討論(日本も1999年に導入)も行われる。こうして野党の政策立案能力を高め,常
に政権交代を公的に担保しているのである。「野党は批判だけ」との批判があるが,
野党は「批判するため」に存在している。異なる意見をぶつけ合わせてこそ,
民主的な議会と言えるのではないだろうか。

第**4**章

日本の統治機構②
裁判所

攻略の視点

この分野は，時事的動向がからんでくる分野です。

まず基本事項を確認し，さらに例外を押さえておきましょう。

そして時事動向を広く浅く（裁判員制度は深く）押さえておくと高得点が狙えるでしょう。

この章の攻略ポイント

❶ 司法権の独立
❷ 裁判の流れ→三審制の流れ
❸ 国民審査と弾劾裁判の相違
❹ 裁判員制度の動向

1 司法権の独立

ここが出る！ 試験前の倫政の出題・正誤 Point！

① 司法権の独立と特別裁判所の設置の禁止
② 大津事件と平賀書簡事件
③ 裁判官の身分保障と人事⇒特に天皇の「任命」

💡 司法権の独立 ➡ 大津事件と平賀書簡事件に注意

　さて，司法権は裁判を通して紛争を解決し，人権を保障する国権です。「司法権」は公正な裁判を行うために，いかなる**権力や圧力にも屈してはならない**し，**介入されません。**

　これは司法権以外の国権，例えば「**国会**」や「**内閣**」が審理や判決内容に介入で**きませんし**（司法権の対外的独立），**裁判官同士も介入できません**（司法権の対内的独立）。ここでは下の一発表示で関連事件も押さえておきましょう。

倫政の出題内容・一発表示！ ▶▶▶大津事件と平賀書簡事件

1 司法権の独立→他の国権からの介入を受けない
　⇒関連事件「**大津事件**」(1891年)
　ロシアの皇太子が来日した際，巡査が皇太子を刺してしまった事件。政府は彼を「死刑にしろ」と圧力をかけてきた。しかし，大審院長・児島惟謙は，罪刑法定主義に基づき「それはできない」と主張。**司法権の独立を守った。**しかし一方で児島は，**担当裁判官に判決についての圧力をかけていた。**つまり，司法権の独立を守ったという意味では評価ができるものの，担当裁判官に介入したという点で，裁判官職権の独立を侵した可能性も指摘されている。

2 裁判官職権の独立→裁判官同士も介入できない
　⇒関連事件…**平賀書簡事件**（1969年）
　長沼ナイキ基地事件の判決に際して，上司の平賀健太が部下の福島裁判官に，政府の意見を尊重する旨の判決を出すようにという書簡を送った。

💡 特別裁判所の設置禁止 ➡ 司法権の独立を確実なものにするために必要

　続いて特別裁判所の設置禁止です。「**特別裁判所**」とは**司法権に属さない裁判所**

です。つまり**司法権の行使を裁判所に限定することで，司法権の独立を確実なもの
としています**。憲法では以下のようになっています。

資料を見る！ 司法権の独立（憲法第76条）

第76条
1. **すべての司法権**は，**最高裁判所及び法律の定めるところにより設置する下
級裁判所**に属する。
2. **特別裁判所**は，これを設置することができない。
3. **すべての裁判官**は，その良心に従い独立してその職権を行ひ，この憲法及
び法律にのみ拘束される。

　つまり，**最高裁判所**と，**高等・地方・家庭・簡易**の４つの**下級裁判所**のみが裁判
を行うことになります。

　ただし例外として，国会が裁判官を裁く**弾劾裁判所**を設置し，ここが弾劾裁判を
行ったり，また最後の判決（**終審**）**でなければ行政が裁決することも可能**です。

　例えば，駐車違反なんかはまさにこうした事例です。ただ，その行政の裁決に不
満がある場合は，裁判所に裁判を申し立てることができます。

　かつての大日本帝国憲法下では，**皇室裁判所**と**軍法会議，行政裁判所**といった**特
別裁判所**がありました。そして，司法権の独立は薄かったのです。ちなみに，**違憲
立法審査権も，かつての憲法には存在していなかった**点も押さえておきましょう。

💡 裁判官の身分保障 ➡ 裁判官に安心して裁判を進めてもらうために必要

　例えば裁判官が，「こんな判決出したらクビになるかも」とか，「お給料が減らさ
れちゃうかも」と思ってビクビクオドオドしながら裁判を行ったら，**公正な裁判が
行われなくなります**。だから，公正な裁判を行うために裁判官の身分保障が日本国
憲法では明記されています。

倫政の出題内容・一発表示！ ▶▶▶裁判官の身分保障

⇒**行政の懲戒の禁止**（78），**在任中の報酬減額の禁止**（79⑥，80②）
⇒以下の場合以外での罷免の禁止
1 **心身の故障**（分限裁判による）
2 **公の弾劾**（国会内の弾劾裁判所による弾劾裁判）☆**罷免例あり**
3 **国民審査**（最高裁判所裁判官のみ）☆**罷免例なし**

💡 国民審査 ➡ 「最高裁判所裁判官」のみ

まずは**国民審査**の対象と方法を押さえましょう！

国民審査とはもちろん**裁判官**の「**リコール制度**」です。対象は「**最高裁判所裁判官**」のみです。審査の時期は，**任命後初の衆議院議員選挙の際**，後に**10年ごと**となっています。具体的な方法については別途「最高裁判所裁判官国民審査法」によって規定されています。

これによると，**罷免を可とする裁判官に「×印」を付ける**ことになっています。何も書かない場合は「信任した」とみなされます。「〇印」を付けてしまうと「無効」として扱われてしまいます。**投票用紙を受け取らないか，返却することで棄権できますが**，この**投票方法**や，**国民審査にふされる裁判官の情報が少ないこと**などが，**問題視されて**います。

そして，この「×印」が**有効投票総数の過半数**を超えた裁判官が罷免されます。ただし，国民審査での**罷免例は一度も存在しません**。

💡 裁判官の人事 ➡ 「指名」，「任命」，「認証」の使い分けをおさえる‼

ここでは，「**指名**」，「**任命**」，「**認証**」の使い分けを押さえてください。最高裁長官以外はすべて，「**内閣が任命**」，「**天皇が認証**」ということになっています。また，下級裁判所の裁判官については，内閣の任命前に「**最高裁が名簿を作成**」します。

ところで，この「最高裁が名簿を作成」に関して最近問題が起こっています。それは最高裁が再任を拒否するという再任拒否問題です。当然，下級裁判所の裁判官は，定年までは再任できるのですが，**再任が拒否されるケースもあります**。

例えば，**宮本判事補再任拒否事件**が有名です。宮本判事補は再任を望んでいたものの，最高裁から再任が拒否されました。最高裁はその理由を明らかにしませんでしたが，宮本判事補が政治色の強い青年法律家協会に所属して活動をしていたことを理由としたのでは，といわれています。これは**司法権の独立の侵害ではないか**，という議論があることも押さえておいてください。

● 裁判官の人事

- ●最高裁判所長官（1名）⇒内閣「**指名**」➡天皇「**任命**」
- ●最高裁判所裁判官（14名）⇒内閣「**任命**」➡天皇「**認証**」
- ●他下級裁判所裁判官⇒最高裁判所「**名簿の作成**」➡内閣「**任命**」

ここが出る！ 試験前の倫政の出題・正誤 **Point**！

① 検察審査会
② 裁判公開の原則
③ 付随的審査制と拘束力
④ 近年の最高裁の違憲判決

　この節は，時事動向が絡みやすいので，最後までしっかりと学習しましょう。特に2005年以降の最高裁の違憲判決とその後の国会対応は試験前に確認しましょう。

💡 裁判の種類　➡「民事裁判」，「刑事裁判」，「行政裁判」

　これは原告が「**私人**」ならば「**民事裁判**」。**原告が国（公益）を代表する「検察官」ならば「刑事裁判」**となります。刑事裁判はその起訴，不起訴を決定する権限が検察のみにあることから「**起訴便宜主義**」とよばれます。また，薬害エイズ訴訟のように行政を相手取って行われる裁判を「**行政裁判**」（広義には民事裁判）といいます。3つをしっかりと区別してください。

倫政の出題内容・一発表示！　▶▶▶裁判の種類

1 **民事裁判** ▶ 原告が私人で，私的利害関係を争う裁判　ex）相続，離婚問題など

2 **刑事裁判** ▶ 原告が国（公益）を代表する「**検察官**」（起訴便宜主義）ex）殺人，放火など

3 **行政裁判** ▶ 行政を相手取って行われる裁判　ex）薬害エイズ訴訟など

　ちなみに，刑事裁判を起こすかどうかは，最終的には検察官に委ねられます。**すると不起訴処分となり釈放された場合，もしその人が真犯人であったら取り返しのつかないことになりますよね？**

　こうしたことを防ぐために，1948年に「**検察審査会**」が裁判所内に設置され，**市民11名が検察の不起訴処分の適否を審査しています**。これまで法的な拘束力が弱かったことが指摘されていましたが，**2009年から2回の「起訴相当」，つまり「起訴すべきだとの判断」が出されると，強制起訴されることになりました**（この場合，

裁判所が指定する弁護士が検察官の代わりとなる）。

💡 裁判公開の原則(秘密裁判の禁止) ➡ 判決は「すべて公開」，対審は「原則公開」

次に裁判公開の原則です。秘密裁判が行われると，反政府勢力などを秘密に逮捕してその後裁判を行い，すぐさま処刑する，などということも起こってしまいかねません。実際，歴史的にみると恐怖政治はそうした司法の閉鎖性によっても行われました。よって裁判は国民に明らかにすることになっています。

まず，**判決は必ず全て公開**です。一方，審議の過程である**対審**，これについては「**公序良俗（公の秩序）」に反すると裁判官が全会一致で判断した時，非公開**となります。ただし，「**政治犯罪」，「出版犯罪」，「憲法の第3章に掲げる基本的人権にかかわる犯罪」は必ず，判決・対審とも公開**します。

倫政の出題内容・一発表示！ ▶▶▶ 裁判公開の原則

●**判決**…必ず**全て公開**，対審⇒原則公開（**例外あり**）

⇒対審の例外…**公序良俗**に反すると裁判官が全会一致で判断した時は**非公開**

⇒ただし，「**政治犯罪」「出版犯罪」「基本的人権にかかわる事件」は必ず公開**

💡 三審制 ➡ 公正な裁判を行うために必要 !!

日本は慎重で**公正な裁判を行うため，原則3回の審理を保障する三審制を採用**しています。別名，審級制ともよばれます。

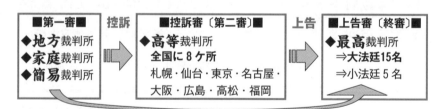

■第一審■　控訴　■控訴審〔第二審〕■　上告　■上告審〔終審〕■
◆**地方**裁判所　　◆**高等**裁判所　　　　　　◆**最高**裁判所
◆**家庭**裁判所　　　全国に8ケ所　　　　　　⇒**大法廷15名**
◆**簡易**裁判所　　　札幌・仙台・東京・名古屋・　　⇒**小法廷5名**
　　　　　　　　　大阪・広島・高松・福岡

飛躍上告⇒**民事事件**において控訴審を飛び越えての上告
跳躍上告⇒**刑事事件**において控訴審を飛び越えての上告

ただし，例外として**内乱罪や選挙効力訴訟などは，高等裁判所からの二審制**となっています。また，上の図を見てわかる通り，控訴審を飛ばして行う，**民事の飛躍上告や，刑事の跳躍上告も例外的にある**ということも押さえておいてください。

💡 憲法の「最高法規性」を守るための「違憲立法審査権」

　日本国憲法は「**最高法規**」です。つまり憲法に反するような法律や条約，条例や行為などがあってはいけません。憲法には「法の下の平等」が明記されているのに，男女を差別するような法律ができてしまったら，それこそ以前学習した「法治主義」に陥ってしまいます。

　この憲法が「**最高法規**」であること，そして「法の支配」を守るために，日本国憲法では**全ての裁判所に違憲立法審査権の行使**を認めています。

　ただし，最高裁が最終的に判断を下すので，最高裁を「**憲法の番人**」とよぶことがあります。一発表示には，**最高裁が出した法律に対する違憲判決**をあげておきました（1997年の愛媛玉ぐし料訴訟の違憲判決は法律ではなく，玉ぐし料を支払った行為に違憲判決を出している）。事件の内容は以前学習した項目に書いてありますので，できるだけ暗記をしましょう。

倫政の出題内容・一発表示！　▶▶▶最高裁の法令違憲判決

●2018年 4 月現在で，戦後の最高裁の法令違憲判決は10例 9 法令

判　例	争点となった憲法条項	判　決 （　）は最高裁判決の年	その後の動き
尊属殺人重罰規定	14条…**法の下の平等**	**刑法第200条**が，尊属殺人罪について，無期または死刑と（普通殺人罪は当時懲役 3 年以上，無期または死刑であった），重罰を規定していることは違憲（1973年）	国会改正　1995年（刑法第200条を削除）
薬事法距離制限規定	22条…**職業選択の自由**	薬事法が，薬局を開設する場合，既存の薬局との間に一定の距離を置くように定めていることは違憲（1975年）	国会改正　1975年（距離制限規定を削除）
衆議院議員定数不均衡※ 1	14条…**法の下の平等** 44条…**選挙人資格の平等**	**公職選挙法**の定数違憲（1976年），（1985年）	区割の改正
共有林分割制限規定★	29条…**財産権の保障**	森林法が，共有林の分割処分の際に，他の共有者の同意を必要としている規定は違憲（1987年）	国会改正　1987年（分割制限規定を削除）

判 例	争点となった憲法条項	判 決 （ ）は最高裁判決の年	その後の動き
郵便書留免責規定	17条…**国家賠償請求権**	郵便法が，郵便物の遅配などで被った損害について，国の賠償責任を一定の金額の範囲内に限定していることは違憲（2002年）	国会改正　2002年（賠償範囲の拡大）
在外邦人選挙権制限規定	15条…**普通選挙の保障** 43条…**全国民の代表** 44条…**選挙人資格の平等**	在外邦人の選挙権を，比例区に限定することは違憲。また1998年まで在外選挙制度がなかった「立法不作為」も違憲（2005年）	国会改正 2006年改正 2007年施行（選挙区への投票も可能に）
婚外子（非嫡出子）国籍取得制限規定　※2	14条…**法の下の平等**	国籍法が，結婚届のないまま生まれた子ども（婚外子）について，父親が胎内認知していなければ，国籍が取得できないとする規定は違憲（2008年）	国会改正　2008年（胎外認知であっても国籍取得可能に）
婚外子（非嫡出子）の相続格差	14条・**法の下の平等**	家族形態が多様化する中で，子を個人として尊重すべきであり，非嫡出子が嫡出子の2分の1しか相続できないとの**民法**上の区別は違憲（2013年）	国会改正　2013年（嫡出子が嫡出子の2分の1しか相続できないとの規定を削除）
女性の再婚禁止期間	14条・**法の下の平等**	女性は離婚後6カ月がたたないと再婚できないと定めた**民法**の規定うち，100日を超える部分について違憲（2015年）	国会改正　2016年（女性の再婚禁止期間を**100日**に短縮）

※1　衆議院定数不均衡は2回違憲の判決
※2　婚外子（非嫡出子）とは，婚姻届のない夫婦間に生まれた子どものこと。

💡 審査の方法 ➡ 「付随的(具体的)違憲審査制」と「抽象的違憲審査制」

　もし違憲の判決が出た時，その法律はただちに世の中から消えるのか？　はたまたその裁判所の中だけ適用されないことになるのか？　どちらだと思いますか？

　ここ大事です‼ 日本の場合，あくまでも，**当該法廷の中でのみ無効**とする，という制度になっています。これは具体的な事件の中で審査するので，**付随的（具体的）違憲審査制**とよばれています。いいですか，**審査はある事件を解決する手段として「付随的」に開始され，当該法廷で無効**とします。あくまで削除は国会の仕事であって，裁判所ではないというところを覚えておきましょう。

　またこれとは逆に，その**法文自体を抽象的に審査するという国**もあります。**ドイツ**などがそうです。この場合に違憲の判決が出た場合，即無効になります。特にドイツは，ヒトラーによるワイマール憲法の死文化への反省が大きいようです。

付随的（具体的）違憲審査制	対比	抽象的違憲審査制
⇒**具体的事件**の中で**付随的審査** ⇒**日本やアメリカ**など	開　始	⇒憲法裁判所などで法文を**抽象的に審査** ⇒**ドイツ**など
⇒**当該事件内でのみ無効**，削除はされず→削除は国会に委ねる	違憲効力	⇒**即時無効**，削除行為としての立法権限をもつ

ちょっとひと休み　やっていないのにやっている？

　2007年に『それでもボクはやってない』という，痴漢冤罪を扱った映画が公開された。なぜこうした冤罪が生み出されてしまうのであろうか？　冤罪の多くは，「自白」の強要によって引き起こされているのであるが，その温床とされるのが「代用監獄制度」である。警察は逮捕した後，「代用監獄」という警察署内の留置場に被疑者を拘束し，連日取調べを行うことができる。被疑者はそれに耐えかねて虚偽の自白をしてしまい，その後，裁判で覆そうとするが，それはまず不可能に近いのである。近代国家は原則として「推定無罪（疑わしきは罰せず，疑わしきは被告人の利益に）」という原則に基づいて，捜査と裁判を行うことになっているが，果たしてそれは本当に守られているのだろうか？裁判員裁判が始まって10年近くが経つ現在，この原則は胸に焼き付けておきたい。

3 裁判員制度と最新時事動向

ここが出る! 試験前の倫政の出題・正誤 Point!

① 陪審制と参審制の相違
② 公判前整理手続きなどの時事トピックにも注意

ここでは最新の司法制度改革動向として「**裁判員制度**」と，近年のそれ以外の改革動向を見ていきましょう。「裁判員制度」は内容の理解を，その他動向は「用語の意味」を押さえていくようにしましょう。

💡 陪審制と参審制 ➡ 対比でおさえる

2009年5月から始まった**裁判員制度**の動向です。正しく理解しましょう。まず，陪審制と参審制の違いを理解しておきましょう。

陪審制は英米で発達した制度で，**市民が有罪か無罪かを決定**します。そして**裁判官は刑罰を決定**します。**日本でも大正時代に「刑事裁判」において採用**されていたものの，**太平洋戦争突入後まもなく「停止」**されたままとなっています。

一方**参審制**は，独仏で発達した制度で，**市民が裁判官と共に有罪か無罪かを決定し，かつ刑罰も決定**します。日本でも2009年5月から**裁判員制度として導入されています**。ここで裁判員制度についてまとめておきます。近年の司法制度改革動向の目玉なので，しっかりと確認してください。

倫政の出題内容・一発表示! ▶▶▶裁判員制度の概要

2004年5月「裁判員法」制定（2009年5月から裁判員制度を実施）
1 対象は「**重大事件（死刑または無期の懲役・禁錮に当たる罪）**」
2 **刑事裁判の第一審**においてのみ
3 原則，職業裁判官「**3**」人と裁判員「**6**」人の**合議制**
4 裁判員には**守秘義務**があり，反すれば罰則規定（6カ月以下の懲役，50万円以下の罰金）あり
5 「やむをえない理由」がある場合，また70歳以上，学生・生徒，議員などは辞退できる

ちなみに裁判員候補者名簿への登録は，2021年の法改正により，今後は**18歳以上の有権者**（**制度導入当初は，20歳以上の有権者**）からくじによって選ばれ，その後に選任手続きが行われます。

💡 刑事司法改革関連法　➡ 2016年成立，2018年から順次実施

　2016年に成立した**刑事司法改革関連法**には，「**取り調べの可視化**」，「**司法取引**」，「**通信傍受の対象犯罪の拡大**」などの内容が含まれています。

　「**取り調べの可視化**」とは，**録画・録音によって取り調べ内容を目に見える形で記録すること**で，「**裁判員裁判**」対象事件と検察独自捜査事件が対象となり，逮捕から起訴までの容疑者に対する全て間の取り調べで義務付けられる。一方で，可視化される事件は全体の約3％と少ないのではとの声もあります。

　「**司法取引**」とは，主に経済事件において，他人の犯罪解明に協力することで，**検察官，被疑者，被疑者の弁護人の三者**で，不起訴などの見返りを合意できる制度です。**組織犯罪の解明につながると期待される一方，嘘の供述が新たな冤罪を生む恐れがある**とも指摘されています。また，刑事裁判において，証人を不利益に扱わないようにする「**刑事免責**」の制度もあります。これは司法取引とは異なり検察側と証人が事前に合意を行うわけではありません。

近年行われている司法制度改革の概要をまとめておきます。試験前に軽く目を通しておくと得点が大きく変わるよ。

１　裁判迅速化法（2003年成立）

⇒これにより，全ての裁判の第一審判決を「**２**」**年以内**に出すことを目指す。

２　公判前整理手続（2005年成立）

⇒公判前に，弁護人と検察側がどのような証拠を持っているかを示して**事前に争点を絞り込む手続**。

⇒審理期間の短縮，裁判員制度の導入を控えて制度化された。

３　即決裁判制度（2006年スタート）

⇒**軽微な事件**（万引き，出入国管理法，薬物などで本人が容疑を認めた事件）について，**原則１回で審理を終了**する制度。

⇒起訴から14日以内に審理を始め，その日のうちに判決を下す。

⇒懲役刑には**必ず執行猶予**がつく。※罪を認めてしまう可能性も。

⇒裁判官は一人で，懲役・禁固１年未満の事件が対象である。

４　日本司法支援センター（法テラス）

⇒2006年４月に設立され，全国に多数存在する。

⇒**全国どこにいても法律相談が可能**となり，司法の民主化が期待される。

⇒**相談料は無料で，民事訴訟の裁判費用の立て替えも行う**。

⇒いわゆる「弁護士過疎」の解消が目的の一つでもあるが，人材の確保が今後課題となる。

５　刑事司法改革関連法

⇒2016年６月成立し，2018年より順次実施。

⇒「**取り調べの可視化**」「**司法取引**」「通信傍受対象犯罪の拡大」などを内容とする。

⇒可視化の不十分さや，司法取引が新たな冤罪を生む可能性があるなどとの指摘もある。

第 5 章

地方自治

攻略の視点

　国の歳出削減が続く中で，地方に権限移譲・財源移譲をして，自立した地方を目指すことで行政を効率化しようとする動きも近年ありました（三位一体の改革）。

　そもそも地方自治は僕らにとって最も身近な政治の場所だけど，なかなか実感がなかったりするかもしれません。

　近年の動向を把握していることが得点のカギとなります。

この章の攻略ポイント

❶ 地方自治の原理⇒「団体自治」と「住民自治」
❷ 住民投票とその動向⇒拘束力の有無
❸ 財源と「三位一体の改革」
❹ 近年の動向や「地方財政の特徴」

1 日本の地方自治

ここ が出る！ 試験前の倫政の出題・正誤 Point！

① 地方自治の原理⇒「団体自治」と「住民自治」
② 住民投票とその動向⇒拘束力の有無

💡 地方自治の本旨と直接請求制度

「地方自治」とは，地方公共団体（地方自治体）が，**住民の参加を基本（住民自治）としながら，国から独立して自治を行う（団体自治）**ことです（この「住民自治」と「団体自治」を「**地方自治の本旨**」といいます）。

戦前，地方制度は存在していたものの，幅広い自治を認める「地方自治」は存在しませんでした。

戦後に新しい日本国憲法が制定されたことにより，地方自治が実現しました。地方自治には「**身近なところから政治を学び実現する場**（ブライスはこれを「**民主主義の学校**」と表現しました）」や，国が一律に行うことで生まれる**行政の非効率**を「**効率化**」すること，また，**国から独立**させることで「**権力分立**」を実現するなどの役割が期待されます。

「**地方自治法**」では，住民自治を実現するために「**直接請求制度**」という住民が直接政治に参加する制度を規定しています。ここは**署名の数と提出先を暗記**することになります。社会科なので，ボードの**3**はどうしても暗記しなければいけないのは，しかたないことです。

● 地方自治

1 **地方自治**とは⇒地方公共団体による自治（政治）
「地方自治は**民主主義の学校**（地方自治体）である」
（『**近代民主政治**』）**ブライス**

2 **地方自治の基本原則**
憲法第92条「地方公共団体の組織及び運営に関する事項は，**地方自治の本旨**に基いて，法律でこれを定める」
地方自治の本旨…地方自治法（1947年制定）において具体的に規定
① **団体自治**…**地方公共団体による**自治
⇒条例制定権など

② 　住民自治 ‥ 住民の直接参加による自治

⇒ **3**の「直接請求制度」が地方自治法で規定されている

3　直接請求制度

請求事項	署名数	提出先	その後の扱い
条例の制定改廃請求	1/50以上	首長	20日以内に首長が議会に付す
監査請求	1/50以上	監査委員	その後報告
首長・議員の解職請求	1/3以上※	選挙管理委員会	住民投票で**過半数**の賛成
議会の解散請求	1/3以上※	選挙管理委員会	住民投票で**過半数**の賛成
役員の解職請求	1/3以上※	首長	議会の2/3以上の出席の下，3/4以上の賛成

※署名は請求対象自治体の有権者

直接請求制度の覚え方としては，

▼**ただの請求（イニシアティブ）が「1/50」**
▼**「解」っていう文字がつく，解職・解散・リコールが「1/3」**

※署名は請求対象の自治体の有権者数。2012年の地方自治法改正により，リコールの必要署名数については，有権者が40万人までの自治体は「40万人までの3分の1」，40万人以上80万人未満の自治体は「40万人の3分の1」と「40万人超80万人以下の6分の1」の合計，80万人以上の自治体は「40万人の3分の1」と「40万人超80万人以下の6分の1」と「80万人を超える数の8分の1」の合計となる。

というふうに分かれています。つまり辞めさせたりする方が，署名の数が多く必要だということになるわけです。そして，副知事や副市町村長の解職請求が最もよく出ます。提出先もしっかり覚えましょう。

💡 住民投票 ➡ 結果の拘束力の有無に注意

　これも重要なテーマです。地方自治は住民自治が原則ですから，国政よりもより細やかに住民の政治参加を認めています。特に「**住民投票制度**」がその例ですね。以下の4つがありますから**太字を特に押さえて**ください。

1 「直接請求制度」の「首長・議員の解職請求」,「議会の解散請求」にともなう住民投票

2 憲法第95条に規定されている,「**地方特別法**(特定の自治体のみに適用する国会が制定する法律)」の制定に際しての「住民の同意(過半数の賛成が必要)」を得る住民投票

3 市町村合併にともなう住民投票

4 住民投票条例をそのつど制定して,ある政策の是非を問う住民投票(1996年に沖縄県で実施された日米地位協定の見直しと米軍基地の整理縮小などを求めたものなど)

このうち**1**, **2**, **3**は法的拘束力がありますが,**4**については住民の政治的な意思表示にとどまり,**法的拘束力はありません**。近年行われた4番目の住民投票をまとめておきます。軽く目を通しておきましょう。★は注意です。

★1996年　新潟県巻町「原子力発電所建設の是非」

★1996年　**沖縄県**「日米地位協定見直しと米軍基地の整理縮小の是非」
県レベルでは初

★1997年　岐阜県御嵩町(みたけ)「産業廃棄物処理施設の建設の是非」

★1997年　沖縄県**名護市**「**在日米軍の代替ヘリポートの建設の是非**」

　2000年　徳島県徳島市「吉野川可動堰(せき)の建設の是非」

　2001年　新潟県刈羽村(かりわ)「プルサーマル計画の受け入れの是非」

　2019年　沖縄県「普天間飛行場の辺野古への移設の是非」　　など

このように,近年**住民投票条例**に基づく「**住民投票**」が数多く実施されています。これはまず,**直接請求制度**を用いて,その自治体の有権者の**50分の1以上**の署名を集め,首長に**条例の制定**を請求します。そしてその後に**議会**の議決を経て制定された条例に基づいて**政策の是非を問う**というものです(愛知県**高浜市**は,住民の3分の1以上の署名で住民投票が実施できる**常設型**の住民投票制度があります)。ただし,この住民投票の結果には**法的拘束力がない**ため,首長・議会を拘束しません。だから住民の政治的アピールというところに,その役割を見いだせます。また,**一部自治体では,永住外国人や16歳以上の未成年にも住民投票権を付与**しています。あくまで住民投票権(条例に基づく)であって,選挙権ではないので注意しましょう。

2 地方自治の運営と動向

> **ここ**が出る！ 試験前の倫政の出題・正誤 Point！
> ① 財源と「使途が自由か否か」
> ② 三位一体の改革とその内容
> ③ 法定受託義務の創設と機関委任事務の廃止

　ここからは近年の時事的動向や，地方自治の具体的な運営を見ていきます。特に難しい用語は少ないので，ここに書いてある用語は必ず自分で説明できるようにしましょう。また，グラフなども出てくるので，大きな特徴も捉えておきましょう。

💡 地方分権　➡ 地方交付税交付金と国庫支出金の違いに注意

　地方分権は，**地方公共団体による自治**である「**団体自治**」を実現し，地方の自立した政治を行うために大切です。そして国に指図されずに住民の意思を地方の政治に実現（住民自治の実現）させていく意味でも大切ですね。ただし，**まだまだ国からもらうお金に頼っている部分が大きい**。ちょっと下の財源を見てみましょう。

倫政の出題内容・一発表示！ ▶▶▶地方財政

自主財源

1 **地方税**⇒「都道府県税」と「市町村税」，「使途が制限されていない**一般財源**」

依存財源

2 **地方交付税交付金**⇒自主財源が乏しい自治体に国が地域格差是正のため交付，「使途が制限されない**一般財源**」
　※所得税・法人税の33.1%，酒税の50%，消費税の19.5%，地方法人税の全額

3 **国庫支出金**⇒特定の事務・事業の補助金として支出「使途限定の**特定財源**」

4 **地方債**⇒都道府県債「総務大臣と協議」，市町村債「都道府県知事と協議」，「使途限定の**特定財源**」
　※2006年に許可制から「**協議制**」に移行した。

　このように地方財政は，地方自治体自らの権限で収入を得る地方税などの「**自主財源**」と，国を経由して収入を得る「**依存財源**」とに大きく分かれています。

　特に一発表示の「依存財源」である**2**と**3**の違いは，「使途が限定されているか

地方財政の歳入・歳出の構成（2019年度）

歳入	地方税 44.3%		地方交付税 18.3	国庫支出金 17.0	地方債 10.4	その他 10.0

歳出	一般行政経費 42.6%		給与関係経費 22.4	投資的経費 15.3	公債費 13.2	その他 6.5

0%　10　20　30　40　50　60　70　80　90　100

総務省「2019年度地方財政計画の概要」による。

いないか」が一番のポイントです。**地方交付税交付金が「使途自由（一般財源）」，国庫支出金が「使途限定（特定財源）」である点を**覚えておけば問題ないでしょう。

　この地方交付税の割合ですが，2019年度で約「18.3％」とかなりあります。これでは地方は国から自立できません。お金もらってるんだから従わなければ，と考えてしまいます。また，国庫支出金も「17.0％」もあります。一方で，自主財源である地方税が約「44.3％」となっており，依存財源にたより，地方が自立した財政を確立できないことは「**三割自治**」や「**四割自治**」とよばれます。こうした中で「**三位一体の改革**」とよばれる地方の自立財政を目指す改革が行われました（2004年度から実施）。ちなみに，**4**の地方債（地方自治体が借り入れする際に発行）については，「**許可制**」から「**協議制**」**へ移行**した[1]ことを押さえておきましょう。

三位一体の改革　➡ 国から自立した地方財政 !!

倫政の出題内容・一発表示！　▶▶▶三位一体の改革

1 補助金（国庫補助金・特定財源）の**削減**
2 地方への**税源移譲**
　⇒2006年度からは，国税（所得税）から地方税へ財源移譲する。
3 地方交付税の　削減

　具体的には今まで**国税として取っていた所得税の一部を地方税（住民税）として**徴収する「税源移譲」です。このことで地方税の税収を増やします。2006年から移譲しています。また「**補助金**」を**削減**し，「**地方交付税**」**の減額**も行われています。ただし，税源移譲が行われた場合，住民が少ない自治体は税収不足に陥ります。したがって近年，「**市町村合併**」**の動き**が加速しています。

　かつて3,000以上あった自治体は，2019年8月末段階で約1,724に減少しています。当然，**合併すれば住民の数が多くなるので地方税の税収も増えていきます。**

[1] それまで，都道府県が起債（地方債を発行）する場合は総務大臣，市町村が起債する場合は知事の「許可」が必要だった。2006年度からこの「許可制」から，総務大臣，知事との「協議制」へと移行した。

また新しい動きとして「道州制」も注目されています。これは，都道府県の上に「道州」という**新たな広い範囲の行政区域を設けて，今まで以上に地方の権限を強化**するというものです。当然，今まで国が特権的に行っていた権限が地方に移譲（**権限委譲**）されるため，国の歳出は削減され，財政の健全化と行政の効率化が見込まれます。しかし，中央省庁の役人は自分たちの権限が減り，仕事が減り，はてはクビになるかもしれないということで猛反対しています。こんな背景から2019年現時点では**法案は成立していません**。

💡 地方分権一括法と事務の統廃合　➡ 機関委任事務の廃止

「三位一体の改革」は自立した財政への改革だったのに対して，この「**地方分権一括法**」は国からの**委任事務の削減を目的**としたものです。この法律は，三位一体改革よりも前の**1999年に制定**され，**2000年に施行**されています。

従来の地方事務は，「**固有事務（公共事務**，自治体本来の事務で４割程度)」・「**行政事務**（国の事務に属さない権力的事務)」・「**委任事務**（国が本来行うべき事務を地方に委任。ようはパシリ)」に分かれていました。この委任事務には「**団体委任事務**（自治体に委任)」と「**機関委任事務**（首長，つまり執行機関に委任)」がありました。

特に「**機関委任事務**」は，**首長が頷けば国がどんどん委任できることから，地方の委任事務はどんどん増加して，地方固有の事務が行いづらい状態が続きました。**地方自治の本旨には，国からの独立である「**団体自治**」という原則がありますが，これでは団体自治も何もあったものではありません。

そこで地方分権一括法では，この「**機関委任事務**」を**廃止**しました（また固有事務などは「**自治事務**」とされました。次ページの一発表示を参照）。ここまでは良かったのですが，新たに「**法定受託事務**」といって，**あらかじめ法令で定めておけば委任が可能な事務が創設**されました。ちょっと抜け道的な感が否めません。あらかじめ法令で定めるという手続は厳格になったものの，まったく委任事務がなくなったわけではないのです。

また，この法律では国からの介入に不服がある時は，「**国地方係争処理委員会**」に**地方が申し立て**ができることにもなりました。ただし，この委員は５人（任期３年）で構成されますが，国会の同意のうえに総務大臣が任命します。さらに，この委員会は総務省の中に設置されています。こうなると本当に地方の立場に立って解決してくれるのかも疑問が残ります。

次ページの一発表示でしっかりと理解しましょう。

倫政の出題内容・一発表示！

●従来までは

1 「**固有事務（公共事務）**」⇒サービスの提供
ex 学校設置管理，病院の設置管理など

2 「**行政事務**」⇒警察，消防などの権力の行使
ex 警察事務，消防・水防など

3 「**団体委任事務**」⇒国が地方公共団体に委任
ex 保健所の設置管理，失業対策など

4 「**機関委任事務**」⇒国が首長，つまり執行機関に委任
ex 戸籍，国政選挙，旅券交付，生活保護など

※「団体委任事務」と「機関委任事務」を合わせて「**委任事務**」という

●2000年4月「地方分権一括法（1999年制定）」施行後は

⇒**1 2 3**を「**自治事務**」に**統合**

⇒**4**の「**機関委任事務**」は**廃止**

⇒**新たに「法定受託事務**（国の事務を法令の規定に基づいて自治体が行う事務）」**を設定** ex）戸籍，外国人登録，国政選挙，旅券交付，生活保護など

⇒また，国の介入に不服がある場合は「**国地方係争処理委員会**」へ審査を請求できる

ちょっとひと休み　絵空事？

　故郷の最北端の市は，2002年に「過疎地域」に指定された。街を歩く高齢者の姿ばかりが目立ち，かつては多くの飲食店が建ち並び，人込みで賑わった商店街は軒並みシャッターを下ろしている。一方代々木では，高層ビルが建ち並び，若者が闊歩し，多くの飲食店が客であふれ賑わい，街は活気に溢れている。この差はいったい…。

　かつて田中角栄は著書『日本列島改造論』の中で，少子高齢化社会に備えて均衡ある国土の発展を掲げた。高校生の頃は絵空事の様に聞こえたが，今読み返してみると鋭い先見の明，「これが実現していれば」と身震いするほどである。都会に人は集まる一方で田舎は寂れていく。故郷に帰り，街中で熱燗を嘗め，ほろ酔いながら田中角栄の「日本中の家庭に団欒の笑い声があふれ，年寄りが安らぎの余生を送り，青年の目に希望の光が輝く社会をつくりあげたいと思う」の言葉を呟きかみしめる。これを絵空事とすましていいのだろうか？

第**6**章

日本政治の諸問題

攻 略 の 視 点

政治分野でもとりわけ「今」に一番近いこの分野です。それなりに用語の数も多いですが，特に用語の使われ方が正しいかに注意しながら問題を眺めていきましょう。

また，18歳以上から選挙権が付与され，時事的動向にも注意が必要です。選挙動向や一票の格差，投票率のグラフなどにも目を通しておきましょう。

この章の
攻略
ポイント

❶ 日本の選挙制度と公職選挙法
❷ 55年体制と政治改革（特に政党助成法と
政治資金規正法の動向）
❸ マスメディアの特徴
❹ 政治的無関心
❺ 官僚支配とその問題

1 選挙と政党

ここが出る！　試験前の倫政の出題・正誤 Point！

① 小選挙区制度と比例代表制度の相違
② 戸別訪問の禁止
③ 一票の格差についての最高裁判決
④ 55年体制の年代ごとの特徴

　ここでは「**政党**」や「**選挙**」そして「**55年体制**」について学習していきます。特に「55年体制」については流れを大まかに捉えることが大切なので、いつの「時代」に「何があったのか？」に注意して読み進めていきましょう。

💡 政党 ➡ 政権獲得と政策の実現を目指す

　政党は政治上の主義主張が同じ人が集まって、**政権獲得と政策の実現を目指す集団**です。かつて、政党について**バーク**は、「国民の大多数の利益を増進する団体であるべきだ」といいました。これを彼は「**公党**」とよびました。

<small>1729〜97・英</small>

💡 圧力団体 ➡ 選挙協力や政治献金を通じて自分の利益を実現

　まず、**圧力団体**についてです。これは**農協**や**経団連**などが有名です。
　自分たちの**職能利益を得るために**、**政党などに選挙で協力**し、政治資金を提供し、その代償として圧力をかけて政策決定を有利にし、みずからの目的を実現しようとする集団です。問題点としては、**特定の利益しか実現しようとしないこと**。例えば、農協だったら当然コメの自由化反対を叫ぶでしょう。また政党への政治献金により、**金権政治**を招くという危険もあります。
　もちろん国民に**マニフェスト**（**政権公約**）などを示すことはなく、国民に対して選挙という形で責任を負う「政党」とは根本的に違います。
　ところでアメリカでは**ロビー**（圧力団体）活動が広く認知されています。また、この活動を行う人を**ロビイスト**といいます。1946年の**連邦ロビイング規制法**により、ロビイストとして登録することで公に活動できるようになっています。

💡 政党の形態

さて，下のボードを見てみましょう。

まず**二大政党制**。イギリスやアメリカなどです。国民は２つしか選択肢がないので，政局が安定します。ただ，多様な選択肢を提供するのには十分ではありません。

次に**多党制**。これは日本やドイツなどがそうです。多種多様な意見を吸収できますが，結局連立政権を組むケースが多いため，政局が不安定になる傾向があります。

最後に**一党優位制**です。これは一つの政党のみが権力を握る政治体制で，「一党制」や「**権力集中制**」ともよばれます。共産党の実質支配下にある中国や，かつてのソ連などがこの体制です。強力な指導力が発揮できる一方で，独裁や政治腐敗の危険性もはらんでいます。

● **政党の形態**	
二大政党制・英, 米など	**政局は安定**するが多様な意見の吸収が**困難**
多党制（小党分立制）	多様な意見を吸収できるが**政局不安定**⇒連立政権へ
一党優位制（一党独裁制） 中国など	国民に強力な指導可能。しかし政治腐敗の可能性 **➡社会主義国に多い**「権力集中制」がこれ

💡 選挙制度の特徴　➡　長所と短所に注意!!

まず選挙制度の大枠を理解しましょう。こんな感じです。

倫政の出題内容・一発表示！

制度	小選挙区制	中（大）選挙区制	比例代表制
特徴	1区1名	1区2名以上	ドント式議席配分など
長所	**二大政党制へ**➡政局安定	**死票**が少ない	**死票**が少ない, 比較的**小政党にも有利**
短所	・**死票**が多い ・**ゲリマンダー**※の危険 ※特定の政党や候補者にとって都合のいい区割りが行われてしまうこと	・多党制となり政局不安定 ・**選挙費用**がかかる	・多党制となり政局不安定 ・**選挙費用**がかかる

特に長所と短所が大切です。「政局安定」や「**死票**」などの表現には注意してお

きましょう。

ここは**正誤判定問題で頻出**です。

まず**小選挙区制は，１つの選挙区から１人を選出する選挙制度**です。当然勝つためには大きな政党が有利となり，**二大政党制**となります。ただし，当選者以外に投じられた票，いわゆる**死票**が多いことが問題です。死票が多くなることで，**得票率と議席占有率が大きくかけ離れる**こともあり，接戦であるほど，相対的に少ない得票で議席を占有できてしまいます。そして範囲が狭いために，**特定の政党に有利な区割り**，**ゲリマンダー**となる危険もはらんでいます。

次に**中（大）選挙区制は，１選挙区から２名以上が当選します**。よって小さな政党にも勝ち目があります。だから当選者に投じられる票が多くなり，**死票は少なくなる**傾向があります。これがメリットです。ただ多党制となって**政局が不安定**になるほか，選挙区が大きくなるので，その分**選挙費用がかかってしまいます**。

最後の比例代表制は，その政党の得票数に比例して正確に議席を分配する方法で，これも比較的小さな政党にも有利です。現在，**日本ではドント式によって議席が分配されています**。

💡 ドント式って？

ドント式（ドント式比例配分）は，その政党の得票数を整数で割り，商の多い順に議席を獲得するという方法です（ベルギーの学者，ビクトル・ドント[1841～1901]が考案した）。各政党は，その得票数に比例して議席を獲得できます。

例えば，定数８のあるブロックで，A党が1200000票，B党が960000票，C党が780000票，D党が540000票獲得したとすると，次のようになります。

---

①各党の得票数を1，2，3，…の順に割って商を求める。
②そしてその商の値の上位順に議席を獲得し，定数まで配分する。

	A党 **3議席**	B党 **2議席**	C党 **2議席**	D党 **1議席**
÷1	① 1200000	② 960000	③ 780000	⑤ 540000
÷2	④ 600000	⑥ 480000	⑧ 390000	270000
÷3	⑦ 400000	320000	260000	180000
÷4	300000	240000	195000	135000
⋮	⋮	⋮	⋮	⋮

まず、衆議院は小選挙区から289人を選び、全国を11のブロックに分けた比例代表制で176人を選ぶ**小選挙区比例代表並立制**を採用しています。この制度は**1994年に細川内閣**による**政治改革関連法**で**公職選挙法**が改正されて以来の制度です。ちなみにその前までは**中選挙区制**（１区３～５人）でした。しかしこれでは**選挙に金がかかり、金権政治になる**との批判から、**小選挙区制を導入しました。**

一方、参議院は原則、**都道府県ごとの選挙区**（2015年の改正公職選挙法により、徳島と高知、鳥取と島根がそれぞれ**合区**されたため、参議院の選挙区の数は45）**と、比例区（全国１区）からなる**選挙制度です。

衆議院の方は、**小選挙区と比例区の両方に重複立候補することができる**ので<u>並立制</u>といわれます。一方で**参議院の方は重複立候補はできません。**

倫政の出題内容・一発表示！ ▶▶▶選挙制度

衆議院（任期４年、465名）	参議院（任期６年、248名）
小選挙区比例代表並立制（重複立候補可） ⇒小選挙区289名、比例区176名 **比例区の制度** ⇒**ドント式**議席配分、 ⇒**拘束名簿式**比例代表制	選挙区、比例代表（重複立候補**不可**） ⇒選挙区148名、比例区100名 **比例区の制度** ⇒**ドント式**議席配分、 ⇒**非拘束名簿式**比例代表制

衆参ともに選挙区では候補者名を記入します。また、比例区では衆議院は「**拘束名簿式**」を、参議院では「**非拘束名簿式**」を採用しています。なお、これらについては373ページの「ここで差をつける！」で詳しく解説していますので参照してください。

また具体的に選挙の手続きは「公職選挙法」（1950年制定）で決められていますが、ここで「公職選挙法」の主な内容を押さえておきましょう。

倫政の出題内容・一発表示！ ▶▶▶公職選挙法

●禁止事項（してはいけないこと）
⇒**戸別訪問**（各家をまわって選挙活動をすること）
⇒事前活動（公示期間外の選挙運動）
●制限事項（してもいいけど制限のあるもの）
⇒ポスター・ビラの枚数制限
⇒街頭演説（時間制限など）

戸別訪問は，候補者やその運動員が各家庭を訪ねて政策を説明したりする選挙運動です。諸外国では有権者との距離を縮める身近な運動として活用されているものの，日本では認められていません。理由として，戸別訪問を認めると**買収や利益供与が行われやすくなり**，有権者の公正な判断を歪めるとされているからです。

💡 近年の公職選挙法の改正　➡　「インターネット選挙運動」の解禁 !!

　さて，2013年に公職選挙法が改正され，日本でも**インターネット選挙運動**が可能となりました。Facebook や Twitter，LINE，電子メールを使っての選挙運動です。**特に18歳以上が有権者となった現在，どのような選挙運動ができるのか，逆に何が禁止されているのかを把握しておくこと**が大切です。以下を見てください。

　大切なのは有権者の禁止事項で，**投票呼びかけについては，Facebook やTwitter，LINE では可能ですが，電子メールでは禁止**されている点。もちろん**インターネットからの投票もできません**。戸別訪問や金品提供は前に話した通り，当初から公職選挙法で禁止されています。

💡 「一票の格差」問題　➡　都市で軽く，地方で重い

　まず次のページの表を見てください。これは衆議院の参議院の選挙区の有権者の数を示したものです。

　例えば東京 1 区の場合，有権者は約50万人（2015年 9 月 2 日現在）。ここから一人

の衆議院議員が選ばれます。一方，宮城５区の有権者は約23万人（同日現在）。ここから一人の衆議院議員が選ばれます。つまり**有権者の多い都市部などの選挙区の一票の価値は軽く，逆に有権者の少ない地方の選挙区の一票の価値は重たく扱われてしまう**。こうして選挙区の区割りや定数配分によって，有権者の一票の価値が歪められる問題を「**一票の格差**問題（議員定数の不均衡問題）」といいます。

一票の格差（2015年９月２日現在）

● 衆議院小選挙区・議員１人当たりの登録者数

有権者の多い選挙区			宮城５区との格差	有権者の少ない選挙区		
1	東　京１区	500,093人	2.17	1	宮　城５区	230,372人
2	北海道１区	493,140人	2.14	2	福　島４区	231,811人
3	東　京３区	490,972人	2.13	3	鳥　取１区	237,043人
4	東　京５区	486,647人	2.11	4	鳥　取２区	238,208人
5	兵　庫６区	479,295人	2.08	5	長　崎３区	238,587人

● 参議院選挙区・議員１人当たりの登録者数

有権者の多い選挙区			福井県との格差	有権者の少ない選挙区		
1	埼玉県	988,965人	3.07	1	福井県	322,224人
2	新潟県	962,783人	2.99	2	佐賀県	339,645人
3	宮城県	953,759人	2.96	3	山梨県	346,001人
4	神奈川県	927,679人	2.88	4	香川県	409,235人
5	東京都	912,294人	2.83	5	和歌山県	412,687人

⇒このように，現実に一人の議員を選ぶ有権者に，著しい格差が存在する!!

本来は，**法の下の平等**（**憲法第14条**）や，**選挙人資格の平等**（**憲法第44条**）**などの要請により，投じられる一票の価値は平等でなければなりません**。この民主的選挙の原則を「**平等選挙**」といいます。以下に民主的選挙の４原則を示しておきます。

● 民主的選挙の原則

①普通選挙…**すべての成年男女に選挙権**を付与する
⇒1919年のドイツの**ワイマール**憲法が先駆け
⇒日本では，**1925年に男子普通選挙**が，**1945年に男女普通選挙**が実現。**ともに明治憲法**下での「衆議院選挙法改正」による
②平等選挙…投じられる**一票の価値**の平等
③直接選挙…有権者が直接投票する（**代理投票**は**不可**）
④秘密選挙…投票者の投票先を公表しない（投票者の氏名を示す**記名投票の禁止**）

日本ではようやく1994年に，「**衆議院議員選挙区画定審議会設置法**」**により衆議院で２倍以内を目指すことが取り決められました**。現在では５年に一度の国勢調査の際に見直されていますが，参議院でもかつては６倍以上の格差があったのが実情です（合区により2019年参議院通常選挙において最大3.00倍に縮小）。

裁判所の判決は？　➡「合憲」，「違憲」，「違憲状態」にわかれる

まず，裁判所の判決では「合憲」，「違憲」，「**違憲状態**」の３つがあります。

合憲は問題ないのですが，「**違憲**」**と**「**違憲状態**」**の違い**は何でしょう。両者に

は「著しい格差がある」ことは共通しています。ただし，「**違憲状態**」は合憲の部類に入るため，選挙は有効です。一方の「違憲」のケース（衆議院で2回。1976年と1985年の最高裁判決）でも，「**事情判決**」という理屈で，選挙は有効となるのです。

こうした中で近年，**一部ですが，高裁レベルでの違憲・選挙無効判決が出ている事実があります**（2013年広島高等裁判所）。ちなみに，最高裁はこれらの判決もまた「事情判決」で選挙を有効にしています。ただし，裁判所がかなり怒っているのは，誰の目にも明らかです。

これまで**最高裁は，衆議院の選挙区で3倍以上，参議院の選挙区で6倍以上を著しい格差としてきました。しかし近年は，それよりも厳しい立場を取っています。**

こうしてみると制度によって「平等選挙」の原則が歪められ，ひいては民主主義が歪められてしまう危険性が近くにあるのかもしれません。

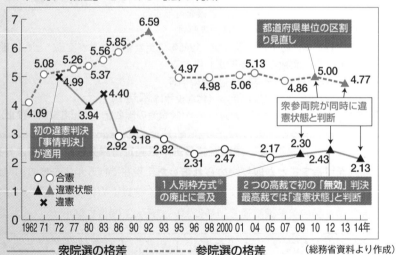

倫政の出題内容・一発表示！ ▶▶▶一票の格差の司法判断

1 最高裁の「**違憲は衆議院の2回**」ただし，「**事情判決**で選挙は**有効**」
2 「**違憲状態**」…選挙は**有効**
3 最高裁での選挙無効判決は「**なし**」
4 高裁レベルでの選挙無効判決は「**あり**」

■「一票の格差」をめぐる司法の判断

都道府県単位の区割り見直し

衆参両院が同時に違憲状態と判断

初の違憲判決「事情判決」が適用

○ 合憲
▲ 違憲状態
✕ 違憲

1人別枠方式※の廃止に言及

2つの高裁で初の「無効」判決 最高裁では「違憲状態」と判断

━━━ 衆院選の格差　- - - - - 参院選の格差　（総務省資料より作成）

※衆議院の定数配分において，まず47都道府県に1人を配分し，残りを人口比例で配分する方式のこと。人口の少ない過疎地に多めの議席を配分することになり，一票の格差を助長する結果となる。

💡「55年体制」って何？

倫政の出題内容・一発表示！ ▶▶▶55年体制

1955年…**日本社会党**（右派＋左派）と**自由民主党**（保守合同）の誕生

自由民主党	VS	日本社会党
改憲➡自主憲法路線	憲法スタンス	**護憲➡**平和憲法（9条）の堅持
資本主義，西側（アメリカ路線）	イデオロギー	社会主義，東側（ソ連路線）

⬇

1960年代…**公明党**や**民主社会党**が結成される

⬇

しかし，自民党単独政権による，政治汚職（構造汚職）の慢性化

1970年代…ロッキード事件➡田中角栄元首相逮捕

1980年代…リクルート事件

1990年代…佐川急便事件，ゼネコン汚職などきりがない

1991年…宮沢喜一内閣「政治改革」の実現を国民に公約➡しかし，実現せず！

1993年6月…**宮沢内閣**不信任案可決➡多くが自民党離党（小沢一郎ら）
⇒離党議員は次々に新党を結成「**新党ブーム**」

1993年8月…総選挙の結果，非自民の細川護熙連立内閣誕生
（「共産党」を除く8党派の連立）

1994年…細川内閣，公約通り「政治改革関連法」を国会提出➡可決

　ここは，上の一発表示を見ながら読んでください。**55年体制**とは，1955年から1993年までの**自由民主党**と**日本社会党**を軸とする日本の政治体制をいいます。両者の議席数から，「**1と2分の1政党制**」ともよばれます。

　1951年に締結された**サンフランシスコ平和条約**により，日本は1952年に主権を回復し独立します。この時，「**憲法を改正しよう（主として第9条）・自主憲法の制定**」という勢力と，「**憲法を守ろう（主として第9条）**」という勢力との熾烈な戦いが始まります。

　当然，憲法改正の発議には**衆参各院の総議員の3分の2**以上の賛成が必要なので，いかにこの議席をとるか，もしくはとらせないかが重要になってきます。

　1955年10月13日にそれまで分裂していた（講和条約の対応をめぐって）**日本社会**

党が合流。こうして衆議院で156議席を手にし，なんとか憲法改正は阻止できる体制をつくりました。一方で憲法改正を目指す自由党と日本民主党も同年11月15日に**保守合同**（一般に憲法改正を目指す勢力を保守といったのでこうよばれる）し，**自由民主党**が結党されました。

　55年体制は国内問題では「**護憲**」対「**改憲**」。国際的には「**社会主義**」対「**資本主義**」の対立でもあったのです。ただし，1991年にソ連が崩壊し，1993年には55年体制も崩壊しました。

　こうして見てわかる通り，**自民党だけが長い間「与党」であり続けた結果（1980年代に一度だけ新自由クラブと連立はしているものの），自民党政権に多くの利権が集中して，汚職事件が起こった。**そう「**政治とカネ**」の問題です。

　戦後長らく本格的な政権交代がなかったことなどにより，下の図のように，財界（企業など）が政治家に集票・献金などの形で自分たちに都合のよい政策を依頼し，政治家が官僚に口利きや斡旋を行うという癒着の仕組み，いわゆる「**政官財の鉄のトライアングル**」が構造化されていきます。長らく大企業などからの多くの政治献金を受けていた（現在もだが）自民党に，中央省庁等をはじめとする官僚出身の議員が多いことで構造化されました。また，官僚が関連企業・団体に再就職する，いわゆる**天下り**なども問題となりました。

　こうなると国民の政治不信もだんだんと大きくなり，1990年代になると自民党の基盤が不安定になっていきました。

　そして**1993年には宮沢内閣不信任案が可決**されました。この時なんと与党の自民党の一部議員が内閣不信任決議案に同調したのです。民主党元代表小沢一郎氏もその一人。彼らは新しい日本を作ろうと新党を結成します。こうして総選挙で自民党は惨敗しました。

　そして**細川連立内閣が誕生します。38年ぶりの非自民の「連立政権」（この時共**

産党はこの連立に加わっていません）が誕生し，**55年体制は崩壊**しました。細川内閣は1994年，公約通り**政治改革関連法**を可決し，政治改革は何とか実現しました。

🔆 政治改革関連法　➡　3つの要点をおさえる

さきほど「55年体制」の所で勉強した通り，1994年に細川内閣は，「政治とカネ」の問題を解決するため**政治改革関連法**（関連する4つの法律の整備）を提出しました。次の3つを大まかに押さえておきましょう。

倫政の出題内容・一発表示！　▶▶▶政治改革関連法

公職選挙法改正	政党助成法	政治資金規正法の改正
➡衆議院の定数削減 ➡**小選挙区比例代表並立制**へ ➡選挙違反者の**連座制**の強化（同一選挙区からの5年間立候補禁止）	①所属国会議員5人以上 ②所属国会議員が1人以上，かつ直近の国政選挙で2％以上の得票率 ①，②のいずれかに該当する政党へ助成金を支給（国民1人250円負担）	政治家個人への献金は「資金管理団体」を通すこととなり，直接政治家個人への献金は禁止された。 ※2000年政治家個人の「資金管理団体」を通しての企業・団体献金が禁止された。 ※ただし，政党への企業・団体献金，個人献金は禁止されていない。

🔆 政治とカネの改革　➡　「政治献金」って？「政党交付金」って？

下の図を見てください。

このように，**政党や政治家が特定の企業・団体や個人から受け取る政治資金を**「**政治献金**」**といいます**。自分自身が地元に道路を整備したり，ダムを造ったりすることをしていれば，当然，その政治家個人には，企業・団体や個人から多くの政治献金が入ります。

　そして，新たな公共事業の決定権をもつ政権与党の方に政治献金は集まりやすい。また限度を超えると，**政治がカネによって動かされる金権政治の危険**もはらんでいます。

　そこで，いわば政治とカネのルールの基本法である「**政治資金規正法**（1948年制定）」というものがあります。まず，**2000年から企業・団体からの，政治家個人に当たる**「**3と4**」**への献金が禁止されました**。ただし，企業・団体からの政党枠（**1と2**）**への献金は禁止されていないため，政党から個人への間接的にカネが回るのでは？**　との懸念も指摘されています。また，個人からの**1〜4**の献金については限度内で許されています。

　すると，**そんなにカネがかかるなら，みんなからカネを集めたらどうか？**　というふうに考える人も出てきました。政治にカネがかかるなら，公正・中立な公費で政党を支援しよう，それで少しでも金権政治や汚職が減るなら，それは「**民主主義のコスト**」ではないか？

　日本では，**1994年の細川内閣の政治改革の一環**として，「**政党助成法**」に基づいて導入されたのが「**政党交付金制度**（**政党助成金制度**）」です。ただし，支給には条件があり，それは，**国会議員5名以上**もしくは，**国会議員が1名以上で，直近の選挙で2％以上の得票を得た法人格を持つ政党**という条件です。

　ただし，政党交付制度は，支持してもいない政党への政治献金を国民に強制するなどとして，**共産党は政党助成金の受け取りを拒否**しています。

倫政の出題内容・一発表示！　▶▶▶政党献金と政党交付金

1　企業・団体献金は⇒「**政党へは OK!**」，「**政治家へは OUT!**」
2　政党交付金は，「**一定の条件**」を満たす政党に配分
3　政党交付金は，政治献金よりも**透明かつ中立な資金**とされる（民主主義のコスト）
4　共産党は，国民主権を侵すなどとして，政党交付金を**受け取っていない**

---

2 マスメディアとその問題

ここが出る!　試験前の倫政の出題・正誤Point!
① メディア・リテラシー
② 無党派層⇒近年の選挙のカギを握る

💡 マスメディアの危険性

　マスメディア（テレビ・ラジオ・新聞など）は事実の歪曲などによって，世論を特定の方向に操作することが可能です。特に世論操作は戦争中に顕著に現れます。

　例えばベトナム戦争。1964年**トンキン湾**でアメリカの駆逐艦が北ベトナム側から攻撃されたという偽情報により，結果としてアメリカはベトナム戦争への介入に踏み切りました。また，戦争中，できるだけ死体を見せずに，**「きれいな戦争」を演出する**。つまり，都合のいい情報を流し続けるんですね。

　また多くのマスメディアは広告に収入を頼っています。したがって，視聴者に観てもらわなければ意味がありません。だから「真実」よりも「面白いもの」を求める，**コマーシャリズム**（商業主義）に陥る危険もつねにあります。

💡 こわ～いメディアと「情報操作」

　本来マスメディアには，**権力を監視する**，いわゆる**第4の権力**としての機能が求められるのですが，しばしば**マスメディアが権力との距離を取りきれず，国家権力と癒着する危険**もあります。例えばこの典型は，ヒトラーの率いたナチスで，彼らは映画によってユダヤ人の「汚さ」をプロパガンダ（政治的扇動宣伝）しました。

　大切なのは，メディアが公正で中立な報道をすることはもちろん，僕らが積極的にメディアに反論・接近する**アクセス権**の拡充，そして，受け手が正しく情報を分析し，評価し能動的に受け取る「**メディアリテラシー**」が重要となります。

倫政の出題内容・一発表示!　▶▶▶世論操作

主として以下のような方法がとられる。
- 事実の歪曲・**虚偽の報道**⇒ベトナム戦争を導いたトンキン湾事件等
- 都合の良い情報のみを報道，**都合の悪い情報を隠蔽**⇒戦場でのピンポイント爆撃等
- **効果的な時期**を選んでの公表や報道⇒戦争の開始をニュース開始に合わせる等

💡 政治的無関心　➡ 政治への幻滅？

一般に政治的無関心は，以下のように分類できます。

倫政の出題内容・一発表示！　▶▶▶政治的無関心

1 **伝統的無関心**⇒政治教育の機会などがなかったために，**政治的教養がなく**政治に関心を示さない態度

2 **現代的無関心**⇒政治的教養を有しているにもかかわらず，巨大化した組織機構の中での無力感や**政治に対する幻滅**により，政治から逃避する態度

　主に現代人の**2**の「現代的無関心」は，「**政治への幻滅**」，つまり，「私の一票で政治は変わらない」とする「無力感」から発生します。

💡 無党派層はなんで増えたの？　➡ 「対立軸」がボヤけたから‼

　現在の日本政治はなかなか対立軸の見えない状態になっています。たとえば共産党以外のほとんどの政党は，憲法改正自体には賛成という感じです。また，この**対立軸なき政治**は，国民の目から見ればわかりにくいです。そして，相次ぐ**政治汚職**によって国民が「**政治に幻滅**」を感じたことは否めません。

　他にも，1989年の**マルタ会談**による冷戦終結宣言や，1991年のソ連崩壊により，名実ともに**国際的なイデオロギー**（ここでは政治的立場として捉えておきましょう）がなくなり，主要国の政党間に明確な対立がなくなったとの指摘もあります。

　こうして日本では「**無党派層（選挙時には浮動票として動く）**」が増加しています。また，**投票率が低下するのも1990年代の政治の特徴**です。

倫政の出題内容・一発表示！　▶▶▶投票率

1 衆参同一選挙は過去2回⇒投票率は**高い**

2 **1995年**の**参院選**の投票率は戦後**最低**（44.5%）

3 60代の投票率は**高く**，20代の投票率は**低い**

4 2016年に行われた参院選では18，19歳にも投票権が与えられた
⇒18，19歳の投票率は45%台

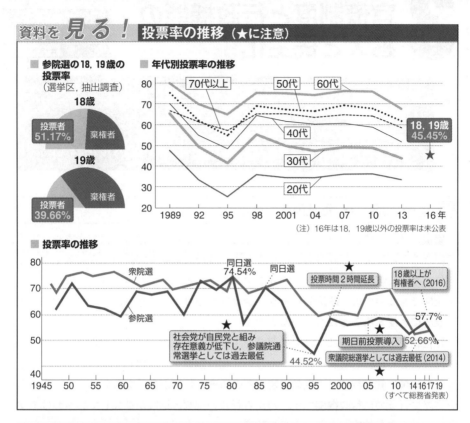

ここで差をつける！ 「拘束名簿式」と「非拘束名簿式」

衆議院の「拘束名簿式」は，政党が予め提出した**候補者の順位に従って当選者を決定**します。一方の参議院の「非拘束名簿式」は，**候補者の得票順に当選者を決定**します。衆議院では選挙区と比例区の重複立候補が認められていて，比例区では複数の候補者が名簿順位を同一にすることもできます。この場合は小選挙区での当選者を名簿から外した上で，**惜敗率**（小選挙区での当選者に対する，重複立候補者の得票）の高い順に当選者が決まります。また参議院では，**政党名の票とその政党の候補者名の割合の票を合算し，ドント式により議席配分を行います。**

衆議院の「拘束名簿式」	投票	参議院の「非拘束名簿式」
政党名を記入	投票	**政党名 or 候補者名**を記入
政党の得票数をドント式により議席配分	議席配分	**政党の得票と候補者名の得票を合算してドント式により議席配分**
名簿の順位に従って当選	当選者の決定	**候補者の得票に従って当選**

3 官僚制度と行政機能の拡大と民主化

ここが出る！ 試験前の倫政の出題・正誤 Point！

① 情報公開制度⇒条例が法律よりも先
② 行政手続法⇒行政手続きの統一化
③ オンブズマン（オンブズパーソン）制度⇒日本は国レベルではない

💡 官僚制度 ➡ 福祉国家で強まった

　官僚とは，一般に中央省庁の役人のことをいいます。法律の文言の作成や，事務手続きなどの膨大な行政事務をこなすため，政治家よりも官僚のほうに多くの情報が集まり，政策遂行能力も高くなります。こうなると国民から選ばれた政治家が力を発揮できないため，**政治的リーダーシップが取りにくくなります**。また**国民主権の原則にも反する**ことになりかねません。

　18世紀型の**夜警国家**は，社会的弱者を生み出しました。そこで20世紀は，国家が一部介入して社会的弱者を救済するという**福祉国家**へと変化しました。すると，**社会保障政策や教育行政，雇用の安定などの政府の仕事が多くなる**わけです。これらを実際に行うのは**行政機関**です。だから行政の役割と権限が拡大していくわけです。これを「**小さな政府**」から「**大きな政府**」へ，と表現します。

　こうして，法律をつくる立法に対して，仕事をスムーズに進めるために行政にさまざまな裁量や権限を与えていく結果になりました。そして行政機能は拡大していき，いつしか行政権は立法権よりも実質的な力を持つようになりました。また，**国民の代表者である代議士よりも，官僚のほうが力を持つようになった**わけです。この意味から「**立法国家**」から「**行政国家**」へ，とも表現します。

💡 マックス・ウェーバーのいう「官僚制」

　ちなみに，**マックス・ウェーバー**（1864～1920・独）は官僚の台頭した組織システムである「**官僚制**」を分析（倫政受験者は倫理部分とも重なる）し，非人間化した組織構造に警鐘をならしました。

💡 行政府による準立法行為の増大

　前に国会の項目で学習したように，**法律の大部分は議員立法ではなく，多くが内閣提出立法**でしたね。すると，実際に法律案をつくっているのは行政の官僚です。こうした状況は，国民の意思と乖離する結果にもなりかねません。

　また，国会制定の法律も具体的な内容を規定せずに，「〜についての具体的方法は政令にてこれを定める」という具合に，**政令や省令に具体的内容を委任した委任立法**も増えていて，これまた勝手に行政が準立法行為をできます。さらに，放送事業などの許認可権があるため，業界も行政を意識してしまいます（許認可行政）。

　さらには**法的拘束力がない**ものの，**行政指導**という形で民間企業などに指導を行う権限もあります。拘束力がないとはいえ，**補助金の減額や，許認可を有利にするためにみな従っている**のです。

　こうした**行政指導の公正・透明性を確保**するために，1993年には**行政手続法**が制定され，曖昧だった行政手続きの是正が目指されました。

💡 民主化への対策① ➡「情報公開制度」

　国民による行政の監視は，民主社会を形成する上でとても大切です。そのためには**情報公開制度**を充実させて「**知る権利**」を保障し，**国民が自由に表現する機会が**与えられないといけません。また，市民からの通報・苦情に基づき，行政全般を調

査・監視する，**行政監察官制度（オンブズマン，オンブズパーソン制度）**の整備なども必要です。何がどのような過程で決定したのか，具体的な数値，危険性。こういったものが情報公開されてこそ，僕らが有権者として選挙権を適正に行使できます。つまり，

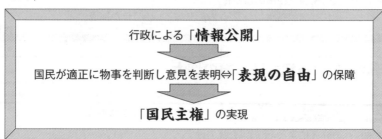

ということになります。2001年には**情報公開法**が施行されました。以下は主な内容です。

倫政の出題内容・一発表示！ ▶▶▶情報公開法のポイント

○**外国人**にも認められる。
○請求者は30日以内に公開・非公開の通知を行政機関から受ける
○非公開の不服については，情報公開審査会（拘束力なし）に申し立てる。もしくは地方裁判所（拘束力あり）に提訴する
○知る権利の明記は無い
○非公開の６分野は
　①個人情報　②企業情報　③外交・防衛情報　④犯罪捜査情報
　⑤政策形成に支障をきたす情報　⑥試験・訴訟・契約・人事などの事務運営に支障をきたす情報

この法律の目的は，**政府の説明責任（アカウンタビリティ）**を果たすことであり，主権者たる国民の**国民主権**を守るためのものでもあります。ただし，国会，裁判所は含まれません。

　ポイントは，

1 この法律ができる前に，いくつかの「**自治体ですでに情報公開条例を制定**」していた点（1982年に山形県**金山町**や神奈川県）

2 公開・非公開の決定は公開請求を受けた「**行政機関が行う**」（やや問題があるな～）

3 非公開の決定への不服を**裁判所に申し立てる**ことができる

ということです。

💡 民主化への対策② ➡「オンブズマン制度」

さて，お疲れ様でした。最後に冒頭で少し触れた**行政監察官制度**（**オンブズマン，オンブズパーソン制度**）について学習しましょう。この制度は**スウェーデン**では，200年近くも前から存在している制度です。市民の中から議会によって任命されたオンブズマンは，無償でその職務に当たります。そして**行政機関に対して情報公開を要求する権利や閲覧する権利**，さらには調査活動を行うこともできます。

　日本では川崎市などの地方自治体レベルでは存在しているものの，国レベルでは存在していません。

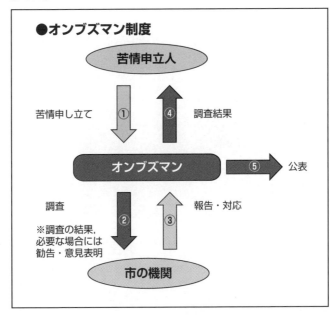

●オンブズマン制度

第 **7** 章

国際政治とその動向

攻略の視点

　9.11同時多発テロ以降，世界では「テロとの戦い」という漠然とした理由にもとづく戦争が続いています。20世紀は最も多くの非戦闘員が2つの世界大戦で犠牲になりました。

　戦争をくりかえさないたえまない努力。これこそが国際政治分野の本質です。時事的要素も含めてしっかり学習しましょう。

　試験場では見慣れない用語や事実も多いですが，それにとらわれずに「基礎力で判断すること」を徹底しましょう。

この章の攻略ポイント

❶ 国際社会と**主権国家**

❷ 国際連盟→**3つの欠陥**に注意

❸ 国際連合→「**平和のための結集決議**」と「**PKO**」に注意

❹ 「**国際司法裁判所**」と「**国際刑事裁判所**」の違いに注意

❺ 冷戦→特にポスト冷戦と**地域紛争**に注意

❻ 軍縮→「**PTBT**」と「**NPT**」の違い，「**NPT**」に注意

国際社会と国際法

ここが出る！ 試験前の倫政の出題・正誤 Point！

① 国際社会と主権国家
② 国際法の種類
③ 勢力均衡方式と集団安全保障体制の相違

💡 国際社会　➡ 主権国家の独立した関係

国際社会というのは「**主権国家**」同士が対等な立場でつながり合う社会を意味します。**大きな帝国みたいなものが出てきて，その帝国のもとに一つになるという考えは，国際社会の定義とは違う**ので注意しましょう。

この場合の「**主権**」とは，「**対外的独立性**」を意味します。従って国際社会では，国家にこの主権を認めている以上，「**内政不干渉**」が原則となります。この主権を認め合い，国際社会を成立させた会議として有名なのが，**1648年のウェストファリア会議**[1]です（この会議で締結された**ウェストファリア条約**も押さえておきましょう）。

💡 国際社会にはルールがある　➡ 国際法の父グロティウス

オランダの法学者**グロティウス**（1583〜1645）は，自然法思想の立場から，国際間においても守るべきルールである「**国際法**」を理論化しました。具体的には，**侵略戦争の禁止**（『**戦争と平和の法**』）や，**公海自由の原則**（『**海洋自由論**』）です。また国際法は，それまでの慣習を積み上げた**国際慣習法**と，成文化された**条約**とに分類化されます。

■国際法の分類

国際法	**国際慣習法**…不文法・国家間の自然的・黙示的法
	条　約…成文法・国家間の人為的・明示的法
	条約・規約・議定書・宣言など

さて，ここで国内政治と国際政治の違いを比較してみましょう。

---

[1] 1618から1648年の「三十年戦争」（ドイツを中心に各国が参戦した宗教戦争）の講和会議。

国内政治		国際政治
議会（**国会**など）	統一した立法機関	**なし**
内閣，大統領など	統一した行政機関	**なし**
裁判所	統一した司法機関	**一部存在はするが不確実**※

※国際司法裁判所や国際刑事裁判所などが存在する。

　国際政治において統一した立法機関や行政機関はなく，国際連合は立法機関でもないし行政機関でもありません（国連要員の派遣，例えばPKOや，一度も正式な編成はないものの国連軍などは，準行政機能を持つとの意見もあります）。

　国際政治の最後の政治的解決の手段として，自衛権行使という形での戦争が用いられてしまうことがあります。**いかにこの戦争を防ぐのかに，国際政治の一番大切な目的があります。**

💡 国際紛争の危険を防止する2つの体制

　国際政治の最も大切な目的である「**戦争の防止**」には，当然，**安全保障を考える必要があります。** 実はこれには2つの考え方があります。

　第一次世界大戦（1914〜1918）前までは「**勢力均衡方式**」といって，**同盟国同士が同じ軍事力を保つことで戦争を防ごうと考えました。** しかしこれは，どんどんと**軍拡競争をエスカレート**させる結果となり，**第一次世界大戦**に突入していきます。

　こうして「勢力均衡方式」に代わり，「**集団安全保障**」という概念が生まれます。簡単にいうと，**敵も味方もある組織に入って「戦争はしません」という約束して条約を締結する。そして仮にその誓いに反した国家が出てきた場合，加盟国が共同で制裁（経済制裁や軍事制裁など）を加える方法**です。この考え方を踏まえて誕生した組織が，**国際連盟**（1920年設立）や，その反省を踏まえて誕生した**国際連合**（1945年設立）です。

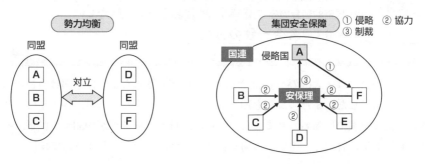

2 国際連盟と国際連合

ここが出る! 試験前の倫政の出題・正誤 Point!

① 国際連盟⇒3つの欠陥に注意
② 国際連合⇒「国連安全保障理事会」と「平和のための結集決議」に注意

💡 集団安全保障を取り入れた「国際連盟」 ➡ でも欠陥が3つ!!

　勢力均衡方式は，軍拡競争と第一次世界大戦を防げませんでした。そこで，それに代わって生まれた集団安全保障体制の理論に基づいて**国際連盟**が設立されました。

　大切なポイントは，国際連盟は**アメリカの提案（ウィルソン大統領の「平和原則14カ条」）であったにもかかわらず，議会の反対でアメリカが入らなかった点**。この点も含めて，**重大な欠陥が3つ**あります。ここはしっかり押さえましょう。

倫政の出題内容・一発表示! ▶▶▶国際連盟

設立過程	1914年〜18年　第一次世界大戦 1918年　アメリカ合衆国大統領ウィルソン「**平和原則14カ条**」 　　　　→国際連盟設立のきっかけへ 1919年　**ヴェルサイユ条約締結**（その第一編が国際連盟規約） 1920年　**国際連盟設立**　本部　スイスのジュネーブ
組織	● 総会…全会一致制（原加盟国42カ国） ● 理事会…常任理事国　英・仏・伊・日（のちに独） ● **常設国際司法裁判所**…本部・オランダのハーグ ● 国際労働機関（ILO）
問題点	① **大国の不参加**（アメリカの不参加，独・ソも当初は参加できず 　　→のちに日独伊の脱退・ソ連の除名） ② 経済的制裁のみで**軍事的制裁措置がとれない** ③ 総会での**全会一致の採用**

　問題点の第1は，大国の不参加です。さきほども触れたように米国は当初から参加しませんでした。また，ソ連も1934年に遅れて加盟したものの，1939年にフィンランド侵攻を理由に除名されました。さらに，日本，ドイツが1933年に脱退，イタリアも1937年に脱退し，主要な大国が英仏しかいなくなってしまうんです。

第2は，**経済的制裁のみで軍事的制裁がとれない**ことです。

そして第3は，**総会や理事会の議決が全会一致**であったことです。これでは必要な決定がなかなかできません。そして第二次世界大戦に！　この反省から，**国際連盟を修正する形で，1945年に国際連合が発足**します。

💡 国際連合　➡　国際連盟を反省して設立

国際連盟は3つの欠陥がありました。このことが第二次世界大戦を防ぐことができなかったとの反省から，1945年，国際連合が設立されます。ちなみに，この国際連合には，**米ソの両大国は当初から参加**しています。また，安全保障理事会が，加盟国との**特別協定**によって**国連軍を組織**することも可能になりました。ただし，**正式には一度も組織されていません**[1]。さらに，**総会や安全保障理事会の議決は全会一致ではなく，多数決が採用**され，連盟の問題点を克服しての出発でした。

2019年12月現在の加盟国は193カ国。**バチカン市国などを除く**ほとんどが加盟しています。しかし，**分担金**の未納による財政難や（特にアメリカの未納と，日本の分担率が相対的に高い点に注意），冷戦中の米ソによる拒否権行使，さらには冷戦崩壊後の米国主導型の国際政治の流れ（こうしたことを**ユニラテラリズム**[**単独行動主義**]という）の中でのリーダーシップの発揮などさまざまな課題があります。

倫政の出題内容・一発表示！　▶▶▶国際連合

設立過程	1939〜45年　第二次世界大戦
	1941年　**大西洋憲章** →米ルーズベルトと英チャーチルによる，戦後国際構想
	1944年　**ダンバートン・オークス会議**⇒**国際連合憲章**の原案作成
	1945年　2月　**ヤルタ会談→5大国の拒否権の保有を合意**
	1945年　4月　**サンフランシスコ会議**⇒**国際連合憲章の採択**
	1945年　10月　国際連合発足（本部・**ニューヨーク**，原加盟国数51カ国） →2019年12月現在193カ国　※2002年**スイス**，東ティモール加盟， 　2006年モンテネグロ加盟 　2011年南スーダン共和国加盟
組織	**総会**(一国一票)，**安全保障理事会**，経済社会理事会，信託統治理事会，事務局，**国際司法裁判所**
問題点	① 冷戦下の5大国の**拒否権発動**による安保理の機能不全 ② **分担金**の未納による財政難

---

[1] 国連憲章第7章の手続きによる，正式な国連軍。

試験では最低限，前掲の一発表示の設立過程の流れと，次に学習する安全保障理事会，国際司法裁判所を整理しておきましょう。

💡 国連安全保障理事会(安保理)の問題点と「平和のための結集決議」の意義

安保理は国際紛争の処理や国連軍を組織する（加盟国との**特別協定**が必要）などの，国連の中でもっとも重要な内容を話し合う機関です。「国際紛争」にかかわる問題，あるいは**加盟国への「制裁措置」は安保理が決定**します。しかし，問題点もあります。ここで下の安保理の議決方法を見てください。

倫政の出題内容・一発表示！ ▶▶▶**安全保障理事会**

5常任理事国，**米・英・仏・ソ・中**，任期2年の10非常任理事国の計15カ国
●議決方法　手続事項…9理事国以上の賛成
　　　　　　実質事項…**5常任理事国を含む9理事国以上の賛成**
　　　　　→つまり5常任理事国には「**拒否権**」がある，大国一致の原則

このように実質事項（制裁決議など）に対して5大国の**拒否権**が認められています。すると，英・米・仏の資本主義グループ，ソ・中（**1971年，国連代表権が社会主義の中華人民共和国に**）の社会主義グループとの間で意見の対立が起こるのです。こうして**拒否権の行使によって国連が機能不全に陥る**ことがありました。

特に**1950年の朝鮮戦争の対応をめぐり，ソ連不在のまま朝鮮国連軍**（変則的なもので正式ではない）が見切り発車的に派遣されたりもしました。そして，**1956年のスエズ危機**の際に，拒否権が発動されて以来，約200回以上も米ソで拒否権が行使されています（**棄権・欠席は拒否権行使ではなく，明確な反対表明のみが拒否権行使**）。

こうした状況を受けて1950年，国連は特別総会を開催し，「**平和のための結集決議**」を採択しました。この決議の内容は，**機能しない安保理の代わりに強制行動等の措置，勧告ができる「緊急特別総会」**[2]を開催できる，というものです。

これによって，安保理が独り占めしてきた「制裁措置」を，総会も「勧告」という形で一部参加できるようになりました。ただし，「**勧告」には拘束力がありません**。

ただし現在まで，安保理，緊急特別総会ともに正式な国連軍の派遣を決定，もしくは勧告をしたことはありません。ちなみに緊急特別総会は，**1956年のスエズ危機（第2次中東戦争）の際，初めて開催**されています。

---

[2] 国連安全保障理事会の9カ国以上の賛成，もしくは国連加盟国の過半数の要請により，24時間以内に召集される。

⇒5大国の意思不一致や**拒否権の発動**により**機能不全**に！

⇒国連は特別総会を開催し，「**平和のための結集決議**」を採択，内容は…

⇒機能しない安保理の代わりに強制行動等の**勧告**ができる**緊急特別総会**を
開催できる，というもの

●国際連盟と国際連合の比較

	国際連盟　1920年設立		国際連合　1945年設立
設立条約	1919年ヴェルサイユ条約	設立条約	1945年サンフランシスコ条約
常任理事国	当初，英・仏・伊・日の4カ国[*1]	常任理事国	英・米・仏・ソ[*2]・中
問題点	① 大国の不参加 ② 軍事的制裁措置が**とれない** ③ 総会での**全会一致**の採用	問題点	① 冷戦下の5大国の**拒否権の発動**による安保理機能不全 ② **分担金の未納**による財政難

[*1]1926年にドイツが加わって5カ国，1933年日独脱退，1934年にソ連が加わって再び4カ国
[*2]ソ連崩壊後，ロシアがソ連の代表権を引き継ぐ

国際司法裁判所（ICJ）　➡「国家」を裁く常設の裁判所

1921年に国際連盟の下に設立された**常設国際司法裁判所**を引き継ぐ形で，1946年に国際連合の下に**国際司法裁判所**が設立されました。当然裁かれるのは「**国家**」です。「**個人**」を裁く場合は，別に国際刑事法廷を特設しなければなりません。また，判決に法的拘束力があるものの，**当事国双方の同意（付託）がないと裁判が始められないという問題点**もあります。

国際刑事裁判所（ICC）　➡「個人」を裁く常設の裁判所

ところで最近の動きとして注意したいのが，**国際刑事裁判所**の発足です（2003年）。これは，**国家を裁く国際司法裁判所**に対して，**個人の戦争責任を裁く裁判所**なんですね。

すると，戦場で兵士以外の民間人を殺した兵士や，**ジェノサイド**（**特定集団の抹殺を目的とする大量殺戮**），拷問や婦女暴行といった「**人道に対する罪**」，「**戦争犯罪**」，「**侵略犯罪**」の4つを，その個人に問えることになります。逆にいえばこうした行為が法廷で常に裁かれることで，新たな戦争を抑止する司法的効果も期待されています。

設立条約は**1998年にローマで採択**（ローマ規程）され，その後2002年に**発効**しました。**日本は2007年に批准**しました。ただし**ロシア，アメリカや中国なども批准しておらず**，今後の対応が注目されます。

> ⇒**国際司法裁判所**は「国連の組織で」，「**国家**」を裁く
> ⇒**国際刑事裁判所**は「国連の組織ではなく」，「**個人**」を裁く

時事 *TOPIC*　　国際刑事裁判所の動向

⇒冷戦崩壊後の，**旧ユーゴ国際刑事裁判所やルワンダ国際刑事裁判所**などの「**個人**」を裁くための「**特設の刑事法廷**」の設置経験などを経て，国際社会では次第に**常設の国際刑事裁判所を求める声**が強まっていった。これを受けて，**国際刑事裁判所**が設置された（本部はオランダのハーグ）。

⇒1998年「国際刑事裁判所」設立条約採択　→個人の責任を裁く。「**人道に対する罪**」，「**ジェノサイドに対する罪**」「**戦争犯罪**」などを裁く。

⇒2002年に60カ国以上の批准を受けて条約は発効し，2003年から活動を開始した。

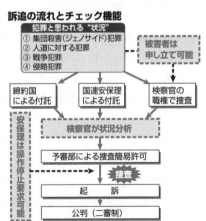

訴追の流れとチェック機能

⇒**18人の裁判官**からなり，**刑罰の最高は終身刑で死刑はない**。

⇒アメリカは海外に派遣した米軍兵が裁かれることを恐れて当初から強く反対。国際刑事裁判所設立条約を批准していない。中国，ロシアなども批准していない。（2019年現在）

⇒**日本は2007年に締約国**に。

3 PKO

ここが出る！ 試験前の倫政の出題・正誤 Point！

① 国連憲章に明記がない
② 停戦合意，当事国の受け入れ合意，中立の立場
③ 湾岸戦争（1991年）をきっかけに1992年から日本も参加（初はカンボジア）

💡 PKO

PKO（国連平和維持活動）は，よくニュースなどでも耳にする言葉です。1992年からは日本も **PKO協力法**（国連平和協力法）に基づいて参加しています。

PKOは**紛争の再発防止，停止を非軍事的かつ中立的立場で行う活動**です。**予算は加盟国が任意で拠出する特別会計**からなり，**安保理の決議に基づいて，加盟国が任意で要員を派遣**します。

💡 国連憲章に明記されていないって本当？

はい。本当に明記はありません。1948年に初めて安保理決議でパレスチナに展開されました。その後，冷戦中は東西の足並みがそろわず，PKOは冷戦終結後に再び多く展開されています。

PKOは国連憲章の**第6章「平和的解決」を前提**としながらも，**一部武装していることから，第7章「強制措置」的な要素があるので「6章半的活動（6章半の活動）」**といわれています。

倫政の出題内容・一発表示！ ▶▶▶ **PKO**（国連平和維持活動）

⇒停戦地域での紛争の再発防止，停止を非軍事的かつ**中立的立場**で行う活動
⇒国連憲章上の位置づけはない→「**6章半的活動**（6章半の活動）」

国連憲章上の明記なし→解釈として6章半的活動

第6章 紛争の平和的解決	PKO （6章半的活動）	第7章 強制措置

必ずやろう！ ▶▶▶ 完成問題集 **第7章**

💡 PKO の活動内容

下のボードを見てください。

PKO は，**PKF**（国連平和維持軍，兵力引き離し団）と**監視団**の 2 種類あります。PKF は軽武装した部隊で紛争地域の兵力引き離し・武装解除などの直接的な活動を行います。一方の監視団は非武装（護身用武器は保有）の部隊が「**停戦・選挙**」**の監視活動**に当たるものです。「選挙」も含まれるので注意しましょう。

1992年の PKO 協力法で**日本は当初，監視団のみの参加**でした。しかし，**2001年に同法が改正されて，PKF への参加が可能になりました。**

また，2015年には平和安全保障法制（313ページ参照）の整備に伴い，同法が改正され，**PKO 活動中に自衛隊が，他国軍や NGO などが危険にさらされた場所に駆けつけ，武器を使って助ける**「**駆け付け警護**」**を可能**とする法改正も行われました。

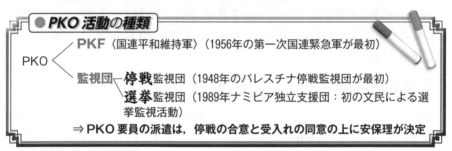

● **PKO 活動**の種類

PKO ⎨ **PKF** 〈国連平和維持軍〉（1956年の第一次国連緊急軍が最初）

監視団 ⎨ **停戦**監視団（1948年のパレスチナ停戦監視団が最初）
選挙監視団（1989年ナミビア独立支援団：初の文民による選挙監視活動）

⇒ PKO 要員の派遣は，停戦の合意と受入れの同意の上に安保理が決定

💡 日本の PKO への対応 ➡ 湾岸戦争がきっかけ

1991年に**湾岸戦争**が勃発すると，日本の**国際貢献**のあり方が活発に議論されるようになります。そうした中，**ペルシャ湾への自衛隊掃海艇派遣**も行われますが，これに野党は猛反対します。その結果，PKO へ自衛隊が参加するという案が与党筋から出されます。公明党からの提案である **PKO 参加五原則**と **PKF**（**国連平和維持軍**）**への参加の凍結**を自民党が受け入れ，1992年，宮沢内閣が，自民・公明・民社の三党で「PKO 協力法」を強行採決して成立させました。1992年に日本の PKO 初の派遣先が**カンボジア**であった点は注意しましょう。また，くり返しになりますが，**2001年には PKF への参加凍結を解除する改正**が行われたこと，2015年には「**駆け付け警護**」も可能になったことも，注意しておきましょう。

1992年 PKO 協力法制定　※参加5原則あり
　⇒1991年…**湾岸戦争**勃発⇒日本の**国際貢献**のあり方が議論に

PKO 参加5原則
①**停戦の合意** ②**当事国の受け入れ** ③**中立的立場**
④**武器使用は護身用のみ** ⑤**自国の独自判断のみでの撤退**
⇒2001年，それまでの PKF の参加凍結を解除する法改正が行われた

PKO の主な派遣先⇒**カンボジア**（1992年），**モザンビーク**（1993年），**ルワンダ**（1994年，ザイール・ケニア），**ゴラン高原**（1996年，イスラエル・シリア・レバノン），東ティモール（1999年），アフガニスタン（2001年），スーダン（2008年），南スーダン（2011年）

日本の国連平和維持活動（PKO）

注：地図中の年号は日本の参加期間

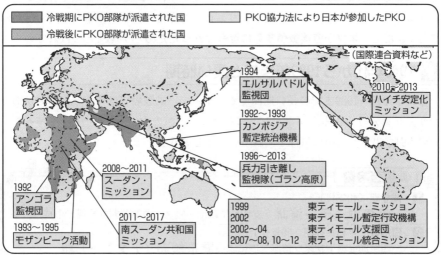

	冷戦期にPKO部隊が派遣された国		PKO協力法により日本が参加したPKO
	冷戦後にPKO部隊が派遣された国		

（国際連合資料など）

1994　エルサルバドル監視団
2010〜2013　ハイチ安定化ミッション
1992〜1993　カンボジア暫定統治機構
1996〜2013　兵力引き離し監視隊（ゴラン高原）
2008〜2011　スーダン・ミッション
1992　アンゴラ監視団
1993〜1995　モザンビーク活動
2011〜2017　南スーダン共和国ミッション

1999	東ティモール・ミッション
2002	東ティモール暫定行政機構
2002〜04	東ティモール支援団
2007〜08, 10〜12	東ティモール統合ミッション

「外務省資料などより」（2017年9月現在）

4 東西冷戦とポスト冷戦の動向

学習の指針 **ひろく浅く**
重要度 ★★★☆☆
時事 ★★☆☆☆

ここが出る! 試験前の倫政の出題・正誤 Point!
① 年代別に出来事を整理
② ベルリン封鎖（1948）とベルリンの壁（1961）との区別
③ 1989年以降の流れ

💡 東西冷戦

　第二次世界大戦が終わると，日本・イタリア・ドイツといった枢軸国と戦って勝利した連合国同士で，今度は「勝った者の内輪もめ」が始まります。

　社会主義を掲げる「ソ連」を中心とする東側。そして**資本主義を掲げる「アメリカ」を中心とする西側**。米ソ両国による軍拡競争や，**代理戦争**（他国を背後から支援することで自らの勢力の拡大を目指す。代表的なものに**朝鮮戦争**など）が行われました。ただし**米ソが直接戦争するに至らなかったため**，「**冷戦**」とよばれています。

💡 1940年代から1989年までと長い時期

　冷戦は1945〜1989までの長い期間です。よって，試験場では「何年代に何があったか」を見分けられるかがポイントになります。頭の中に「引き出し」を作って，その「引き出し」の中に事件を入れていきましょう。

> ### ● 東西冷戦
>
> **1 成立期〔40年代〕**
> →**鉄のカーテン演説**を皮切りに政治・経済・軍事的対立組織が形成
>
> **2 雪解け・平和共存期〔50年代〕**
> →四巨頭会談や初米ソ首脳会談による**緊張緩和（デタント）**期
>
> **3 多極化期〔60年代〕**
> →**中ソ対立，仏のNATO軍脱退**，AA地域の台頭，二極化〜多極化へ
>
> **4 終結期〔80年代〕**
> →ソ連書記長に**ゴルバチョフ就任，マルタ会談で冷戦終結**
>
> **5 ポスト冷戦期〔90年代〕**
> →冷戦終結後，**東西ドイツ統一**，地域・民族紛争の激化

💡 1940年代「冷たい戦争」 ➡ 鉄のカーテン演説から始まった

　1946年３月。英国の**チャーチル**は，冷戦のきっかけとなるとんでもない演説をしてしまいます。その内容は……

　「今や，バルト海のシュテッティンからアドリア海のトリエステにかけて，大陸を横切って鉄のカーテンが下ろされている。」さすがは，名文家で有名なチャーチルの演説ですが，このソ連の勢力拡大を危惧した「**鉄のカーテン演説**」は，米ソの緊張を加速させていくことになります。

　鉄のカーテン演説の翌年，1947年３月，トルーマン大統領はギリシャ・トルコの援助を決定し，共産主義を封じ込める**トルーマン・ドクトリン**（共産主義封じ込め政策）を発表します。

　さらにこうした対立の動きは加速し，まず経済戦略での対立組織，**マーシャル・プラン**と**コメコン**が，続いて**ベルリン封鎖**（1948年）をきっかけに軍事戦略の対立組織，**NATO**と**WTO**が結成されます。こうして冷たい戦争が始まっていきます。

　以下に成立期〔40年代〕の対立組織を示しておきます。

倫政の出題内容・一発表示！ ▶▶▶冷戦期の対立組織

■西側陣営	対比	■東側陣営
トルーマン・ドクトリン （共産主義封じ込め政策，1947年）	政治対立	**コミンフォルム**（国際共産党 情報局，1947年），**1956年解散**
マーシャル・プラン （欧州復興援助計画，1947年） ⇒米国の西欧諸国への経済援助	経済対立	**コメコン** （経済相互援助会議，1949年） ⇒ソ連の東欧諸国への経済援助
NATO （北大西洋条約機構，1949年）	軍事対立	**WTO**（ワルシャワ条約機構， 1955年），**1991年解散**

💡 「ベルリン封鎖」と「ベルリンの壁」

　第二次世界大戦後のドイツは，**英米仏の管理する西側**と，**ソ連の管理する東側**とに分けられ，分割統治されていました。また東側にあるベルリンも同じく分割統治されていました。

　1948年から西側が通貨改革を実施すると，対抗措置としてソ連が**西ベルリンと西**

4　東西冷戦とポスト冷戦の動向　**391**

必ずやろう！ ▶▶▶ 完成問題集 **第7章**

側のドイツとを結ぶ陸路を遮断し，緊張が高まりました。この一連の事件を「**ベルリン封鎖（ベルリン封鎖事件）**」といいます。翌1949年に封鎖は解除されますが，東西の緊張の高まりから東西ドイツは分断され，**西側には「ドイツ共和国（西ドイツ）」，東側には「ドイツ民主共和国（東ドイツ）」が樹立**されました。またこの年，西側の軍事同盟である「**NATO（現在も存続）**」も結成されています。1955年には，西ドイツがNATOに加盟したことを受けて，東側の軍事同盟である「**WTO（ワルシャワ条約機構，1991年解体）**」が結成されます。

　しかし，ベルリンを経由して東側から西ドイツへの亡命者が続出したことを受け，**1961年に東側によって「ベルリンの壁」が建設され，東西冷戦の象徴**となりました。

　1989年に入ると，東欧の民主化の流れを受けて東ドイツの指導者**ホーネッカー**$^{1912～94}$が退陣。11月には**市民の手によって壁が取り壊されました**（**ベルリンの壁崩壊**）。翌**1990年に東西ドイツは統一し，統一ドイツはNATOに加盟**しました。

⚠️ **間違えるな!!** ⚠️

1948年…**ベルリン封鎖**事件
1949年…ベルリン封鎖解除，東西ドイツ分断→西側が**NATO**結成
1955年…西ドイツがNATOに加盟→東側が**WTO**結成へ
1961年…東側は「**ベルリンの壁**」建設
1989年…**ホーネッカー**退陣により，「**ベルリンの壁崩壊**」

1990年…東西ドイツ統一→同一ドイツは**NATO**に加盟
ポイントは，

① ベルリン封鎖（1940年代後半）とベルリンの壁（1960年代の初め）の年代
② ベルリンの壁の崩壊後，東西ドイツが統一した点

💡 **1950年代「雪解け・平和共存期」**　➡「話し合い外交」が始まった。しかし…

　1953年には，朝鮮戦争休戦協定が結ばれます。こうして一息ついた世界は，1955年に**ジュネーブ四巨頭会談**を開催します。これが話し合い外交の始まりで，こうした東西の歩み寄りを「**平和共存**」や「**雪解け**」と表現します。そして1956年は，ソ連書記長**フルシチョフ**$^{1894～1971}$が**スターリン批判**を行い，米ソは接近します（ただし，**ハンガリー動乱**が起こっている）。

1953年	朝鮮休戦協定　⇒　朝鮮戦争終結
1955年	**ジュネーブ四巨頭会談**⇒雪解け，平和共存の方向性が示される （米英仏ソの首脳が参加）
1956年	**ソ連フルシチョフ書記長**「**スターリン批判**」 ⇒スターリンの政治は「個人崇拝を伴った専制政治」であるとし，自由化 　を推進 ⇒この演説がきっかけで，ハンガリーで民衆が蜂起→「**ハンガリー動乱**」
1959年	**米ソ首脳会談**「**話し合い外交**」（米→アイゼンハワー，ソ→フルシチョフ）

　こうした動きの中，1954年に，**インド**の**ネルー**と**中国**の**周恩来**は「平和五原則」で「**非同盟主義**」を掲げます。また，翌年の1955年には**アジア・アフリカ会議**（バンドン会議）で「平和十原則」が採択され，**反植民地主義**や**民族自決主義**（ある民族が自らの意思で政治のあり方を決定すること）が主張されました。

1954年	中印通商協定 ⇒中国の周恩来とインドのネルーとの間で**平和5原則**が交わされる
1955年	**アジア・アフリカ会議**（バンドン会議）での**平和10原則**
1961年	**第1回非同盟諸国首脳会議** ⇒ユーゴスラビアの首都ベオグラードで開催　25カ国が参加）

　非同盟主義は，結束や同盟ではなく，「**内政不干渉**」や「**平和的共存**」を目指して**お互いを尊重しよう**という考え方です。しかしこれは並大抵のことではありません。例えば，クラスに大きなボスが2人いたらどっちかのグループに属さないと行き場がなくなりますね。「非同盟」を貫くことは，とても勇気のいることなんです。

　こうして1950年代には平和的方向付けへの試みがいくつか行われました。しかし，**1962年**，世界を震撼させる出来事が起こります。なんとソ連が社会主義革命後のキューバにミサイルを搬入していたのです。もしミサイルが発射されればワシントンは射程圏内にはいります。そこでケネディ大統領は**キューバを海上封鎖**し，核戦争勃発直前になります。この一連の出来事を「**キューバ危機**」といいます。結局，ケネディはキューバ不侵攻を約束し，フルシチョフはミサイルを撤去，キューバ危機は回避されました。

1963年11月22日，ケネディはダラスで暗殺されます。後を継いで大統領に昇格したジョンソン政権のもと，トンキン湾事件（これは北ベトナムから米軍が攻撃されたというもので，1970年に嘘であったことが判明）が勃発します。これを受けて1965年から**ベトナム戦争**へのアメリカの介入が本格化していくことになります。

💡 1960年代は「多極化」　➡　世界は二極化から新たな模索を始めた

「正義なき戦争」とよばれた，ベトナム戦争を始めたアメリカに対する「不信」がうずまく1960年代。米ソの柱を軸とする「**二極化**」が崩れ，「**多極化**」へと変化していきます。**フランスのNATO軍脱退**（2009年復帰），**プラハの春**，**中ソ対立→米中接近**，**AA**（**アジア・アフリカ**）地域の台頭の4つをキーワードとして暗記しておいてください。

💡 1980年代「終結期」　➡　財政難からの軍縮，そして終結

1970年代に入ると，米ソ両国は軍事費増大による財政難を抱えることになります。

こうしてこの時期から徐々に軍縮交渉が行われていきます。

1985年になると、ソ連書記長に**ゴルバチョフ**が就任し、**ペレストロイカ**（改革）、**グラスノスチ**（情報公開）、**新思考外交**（冷戦の枠組みにとらわれない外交）を目指し歩み寄っていきます。

1987年には **INF**（**中距離核戦力**）**全廃条約**が米ソで締結され、特定兵器の全廃までこぎつけます（**2019年に同条約は失効**）。こうして**1989年12月**に地中海の**マルタ**で冷戦終結を宣言（**マルタ会談**）。冷戦は終結しました（同年11月には**ベルリンの壁が崩壊**している）。また、1989年には、東欧諸国で非共産党政権が発足するなどの「**東欧革命（東欧の民主化）**」が起こりました。

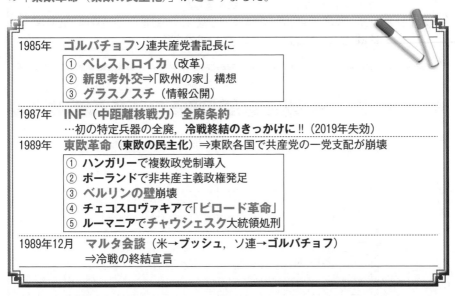

1985年	**ゴルバチョフ**ソ連共産党書記長に
	① **ペレストロイカ**（改革） ② **新思考外交**⇒「欧州の家」構想 ③ **グラスノスチ**（情報公開）
1987年	**INF**（**中距離核戦力**）**全廃条約** …初の特定兵器の全廃，**冷戦終結のきっかけに‼**（2019年失効）
1989年	**東欧革命**（**東欧の民主化**）⇒東欧各国で共産党の一党支配が崩壊
	① **ハンガリー**で複数政党制導入 ② **ポーランド**で非共産主義政権発足 ③ **ベルリンの壁**崩壊 ④ **チェコスロヴァキア**で「**ビロード革命**」 ⑤ **ルーマニア**で**チャウシェスク**大統領処刑
1989年12月	**マルタ会談**（米→**ブッシュ**，ソ連→**ゴルバチョフ**） ⇒冷戦の終結宣言

💡 ポスト冷戦 ➡ 冷戦が終わっても人々の憎しみは続く

財政難という「皮肉な終結」を見せた「冷戦」。しかしその後も平和はやってきませんでした。アメリカの軍事費はそれほど減少せず、一方、旧ソ連（ロシア）の軍事費は一時大幅に減少しましたが、中国の軍事費の増加が目立ちます。この点は次ページの「資料を見る」で確認するとよいでしょう。

また弱体化するかつてのソ連領内や近隣諸国では、ソ連からの独立を求める民族紛争（**チェチェン紛争**や、**旧ユーゴスラビア内戦**などの民族対立）が起こりました。

さらに、2001年に就任したブッシュ政権下で、9.11同時多発テロが勃発。ブッシュ

政権は対テロ戦争と称して，2001年に**アフガニスタン**を攻撃，2003年には**安保理決議を得ないままイラク戦争**に突入しました。

資料を見る！

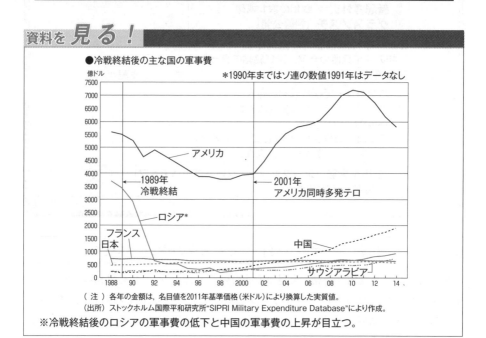

●冷戦終結後の主な国の軍事費

億ドル

＊1990年まではソ連の数値1991年はデータなし

（注）各年の金額は，名目値を2011年基準価格（米ドル）により換算した実質値。
（出所）ストックホルム国際平和研究所"SIPRI Military Expenditure Database"により作成。

※冷戦終結後のロシアの軍事費の低下と中国の軍事費の上昇が目立つ。

●ここで各地域の紛争をまとめよう!!

旧ユーゴスラビア内戦 (1991〜95)	⇒ボスニア・ヘルツェゴビナなど3カ国の独立をセルビアが阻止しようと介入 ⇒1995年に**NATO は安保理決議のもとセルビア人勢力を空爆** ⇒同年，ボスニア・ヘルツェゴビナは独立を果たし，**ユーゴスラビアは解体**していった
コソボ紛争 (1998〜99)	⇒アルバニア人（イスラム教徒）とセルビア人（キリスト教徒）の対立 ⇒セルビア領内にある**コソボ自治州**の独立をめぐり1998年から両者の対立が激化 ⇒1999年に**NATO軍は安保理決議がないまま**ベオグラードを空爆，ただしこの時点では独立を果たしていない ⇒2008年2月17日に**独立を宣言**，日本やアメリカなどは承認しているものの，セルビアやロシアは承認していない ⇒2010年に国際司法裁判所（ICJ）は，コソボの独立を合法とする勧告的意見（拘束力はない）を出している
チェチェン紛争 (1991〜97)	⇒チェチェン共和国（イスラム教徒）の独立をロシアが阻止しようと介入 ⇒1994年と1999年のロシアの大規模介入によって，多くの死者を出した ⇒現在でもチェチェン共和国はロシアからの独立の**見通しは立っていない**
北アイルランド紛争 (1960年代〜1998)	⇒プロテスタント系住民とカトリック系住民の対立 ⇒1998年和平合意 ※ **IRA（アイルランド共和国軍）**とイギリス軍の対立
パレスチナ問題	後述
アブハジア紛争 (1989〜2008)	⇒**グルジア共和国**からアブハジア人（イスラム教徒）の分離独立問題 ⇒2008年，「**南オセチア**」とともにロシアが独立を承認するも，欧米諸国はこの動きを批判
バスク問題 (1959〜2011)	⇒バスク地方の**スペイン**からの分離独立をめぐる問題 ⇒**バスク祖国と自由（ETA）**は，2006年に無期限停戦を宣言したが，翌年には破棄 ⇒2011年，ETA が休戦を発表
ケベック州独立問題 (1960年代〜)	⇒フランス系住民の多い**カナダ**のケベック州が独立をもとめている問題

カシミール紛争 (1947〜)	⇒カシミール地方の領有権を巡る**インド**と**パキスタン**の対立 **※1998年には両国は核実験を行っている**
フォークランド紛争 (1982)	⇒フォークランド諸島の領有権をめぐって，**アルゼンチンとイギリス**が衝突 ⇒**サッチャー**政権下，イギリスが勝利
ルワンダ内戦 (1990〜93)	⇒1994年に**ツチ族**（10%の**少数派**）に対する**フツ族**（90%の**多数派**）の虐殺が発生（100日間で80万人以上の犠牲が出たと言われている） ⇒1994年，国連安保理の決議により，**ルワンダ国際刑事裁判所**が設立された
スーダン内戦 （ダルフール紛争） (2003〜)	⇒スーダン北部（イスラム系住民）と南部（黒人系住民）との内部対立 ⇒2003年頃から特に「**ダルフール地区**」で内戦が激化，一部国連要員も派遣されている
ソマリア内戦 (1991〜)	⇒1991年に社会主義政権を打倒した統一ソマリア会議（USC）の内部対立に端を発した内戦 ⇒1993年，国連初の**PEU**（平和強制部隊・重武装で強制的に停戦合意を守らせる）により国連が介入するも，国連側に被害者が出て失敗に終わる
クルド人問題 （20世紀初頭〜）	⇒**トルコ，イラン，イラク，シリア**などの居住する少数民族 ⇒これらの国の内部では，同化政策を強いられたり，弾圧を加えられたりしている

「**パレスチナ問題**」について少し詳しく解説します。

　パレスチナ問題は，**聖地エルサレムがあるパレスチナ地方**の統治をめぐるイスラエル（ユダヤ人国家）とパレスチナ人（パレスチナ在住のアラブ人）の紛争問題です。1948年の国連によるパレスチナ分割に端を発し，同年，第1次中東戦争が勃発しました。1964年には**PLO**（**パレスチナ解放機構**）が組織され，イスラエルとの対立が激化しています。大まかな流れは次ページの一発表示で確認してください。

倫政の出題内容・一発表示！ ▶▶▶パレスチナ問題

1948年　**パレスチナ分割**
⇒もともと住んでいたパレスチナ人（アラブ人）に不利な領土分割が国連に
よって行われる
⇒この国連分割の無効を訴えるパレスチナ人がイスラエルを攻撃，第１次中
東戦争へ

1993年　**PLOを暫定自治政府とし，1999年まで「ガザ」と「ヨルダン川西岸」の自治行政を認める　→「オスロ合意」**

2001年　イスラエルのシャロン首相は，期限切れとテロを理由にパレスチナ人居住区を空爆

2003年　国連・アメリカ・EU・ロシアが「**中東ロードマップ**」を提示

ここは流れも大切になるので説明を加えておきます。パレスチナ問題は，ユダヤ教徒とイスラム教徒の対立です。

1948年に**第１次中東戦争**が勃発して以来，第４次まで大規模な戦争がありました。もともとはイスラム教徒が住んでいたパレスチナ地方（現在はユダヤ教徒の国イスラエル）に**19世紀末からユダヤ人が移住してきた**ことに問題の端を発しています。

その後，国連によって**パレスチナ分割**が行われますが（**1948年**），もともと住んでいたイスラム教徒であるパレスチナ人はこれに猛反発しました（**国連，先進国は３分の１しかいないユダヤ人に約57%の土地を渡した**）。

その後1993年には，一部の土地（ヨルダン川西岸地区とガザ地区）を**1999年まで**

ゴラン高原
1994年に日本が
PKOを派遣

ヨルダン川西岸地区
➡ 穏健派の
「ファタハ」が統治
➡ イスラエルが
分離壁建設

ガザ地区
➡ 過激派の
「ハマス」が
統治

イスラエル

▨ はパレスチナ人
居住区

でパレスチナ人が統治することに合意したものの（**オスロ合意**），1999年以降の具体的道筋が不透明であり，今も自爆テロとそれに対する報復としてのイスラエル軍による空爆が続いています。

2003年には「**パレスチナ人国家の樹立**」と「**イスラエルがパレスチナ人居住区につくった入植地からの撤退**」などを取り決めた「**中東ロードマップ**」が，国連・米国などから提

4　東西冷戦とポスト冷戦の動向　**399**

必ずやろう！ ▶▶▶ 完成問題集 **第7章**

示されました。

●オスロ合意と中東ロードマップ

オスロ合意　1993年設立		中東ロードマップ　2003年
1999年まで，一部の場所（現在はヨルダン川西岸とガザ地区）について，パレスチナ側の暫定統治を認める	①統治	2005年を目処に，パレスチナ国家を樹立する
当面存置する	②イスラエル入植地	撤廃する 2005年に，ガザ地区からの，撤退が完了した

国際紛争スッキリマップ

パレスチナ問題
北アイルランド紛争
グルジア紛争
ナゴルノ・カラバフ紛争
チェチェン紛争
北方領土問題
竹島問題
尖閣諸島問題
ケベック州独立問題
カシミール紛争
クルド人問題
ソマリア内戦
スーダン内戦
ルワンダ内戦
コソボ紛争
旧ユーゴスラビア内戦
フォークランド戦争
カタルーニャ問題
バスク問題

5 軍縮の歩み（倫理共通）

ここが出る！ 試験前の倫政の出題・正誤 Point *！*

① PTBT と CTBT の違い
② SALT と START の違い
③ NPT と INF 全廃条約の内容

　軍縮の歩みは，まず「核兵器に関するもの」と「米ソの２国間に関するもの」に分けられます。時期的には核戦争一歩手前となる「**キューバ危機**」。そして1970年代の米ソ両国間の財政難がターニングポイントです。

💡 安全保障のジレンマって？

　次の表をみてください。

　この表のみが２ヵ国に与えられていたとするならば，あなたは A 国もしくは B 国の政治家としてどのような判断を行ないますか？

	政策	B国	
		協調	攻撃
A国	協調	A国…４点，B国…４点	A国…１点，B国…５点
	攻撃	A国…５点，B国…１点	A国…２点，B国…２点

　これはゲーム理論の１つで，司法取引（黙秘と自白）などの「**囚人のジレンマ**」として有名なものです。今回は外交と安全保障で考えてみましょう。

　かりに，互いに話し合いができない状態に置かれた２ヵ国が上の得点表を与えられた場合，自国の利益のみの最大化をはかるため双方が攻撃を選んでしまいます。すると双方が不利益を被る（A 国…２点，B 国…２点）ことになります。

　一方で，２ヵ国に話し合いの場（外交の場）などが設けられ，互いに協調を選んだ場合，双方の利益が最大化する（A 国…４点，B 国…４点）ことを示しています。

　つまり，**外交や交渉の機会を増やすことで，自らが被るリスクを低くできる**というわけです。しかし，**現実には互いに攻撃を選んでしまい，リスクをより高めてしまう**ことがあります。これを「**安全保障のジレンマ**」といいます。

💡 まさに，冷戦下は「安全保障のジレンマ」‼

2016年5月，アメリカの**オバマ**大統領は現職の大統領として初めて，最初の原爆投下の地である「**広島**」を訪問したことは記憶に新しいでしょう。ここではまず核軍縮の動向から見ていきます。

1945年8月6日に「**広島**」，9日に「**長崎**」に米国により原子爆弾が投下され，第二次世界大戦が終わりました。

しかし，その後も米ソを中心に核兵器を持ち合うことで壊滅的被害を恐れ，**先制攻撃をしない**，「**相互確証破壊（恐怖の均衡，核抑止論ともいう）**」という不安定な理論のもとに冷戦という時代の中に入っていきます。

具体的には，核兵器が相手国に甚大な被害を与えることを前提とすれば，双方の国が破滅的状況へと至ります。こうして，双方が報復攻撃を恐れて核兵器を使用しないという，**極めて不安定な核戦略論理**です。

💡 3度の核兵器の被害国「日本」　➡ 第5福竜丸事件‼

1954年3月1日，マグロ釣り漁船「**第五福竜丸**」が，ビキニ環礁沖でのアメリカの水爆実験により被爆しました。23人の乗組員が急性放射能症にかかり，無線長の久保山愛吉さんが死亡しました。これで広島・長崎に続いて，3度目の核兵器の犠牲者がこの日本から出たことになります。こうした事件をきっかけに，科学者たちの間からも核廃絶を訴える動きが起こり始めます。

「**私たちの争いを忘れられないからといって，私たちはその代わりに死を選ぶのだろうか**」

これは，**1955年7月**に発表された「**ラッセル・アインシュタイン宣言**」の一節です。さらにこの宣言の中では，瞬間の死はごくわずかにみえても，長い時間をかけて大多数の人々が病による肉体の破壊に苦しみながら絶滅する，と警告しています。

これをきっかけに，**1957年**，**カナダのパグウォッシュに科学者が集い，科学者の軍縮会議である第1回**「**パグウォッシュ会議**」**が開催**されました（1995年にノーベル平和賞受賞）。

💡 核軍縮を中心に　➡ 「PTBT」と「CTBT」の対比

核軍縮のきっかけは**1962年**の**キューバ危機**です。この時，人類は核戦争一歩手前の危機を経験しました。そして，**アメリカ・ソ連・イギリス**の3国外相は，1963年

に部分的核実験禁止条約（PTBT）に調印します（**フランスと中国は未調印**）。部分的というのは**地下核実験以外を禁止**したからこうよばれます。

1968年には**核拡散防止条約（NPT）**が調印されます。簡単に言うと，1967年1月1日時点での**核保有国**（つまり，**米・英・仏・ソ・中**）**しか核兵器を持ってはいけないというもの**です。当然，保有国は非保有国に核兵器（核兵器を製造する技術も含む）の譲渡をしてはいけないし，非保有国は，核開発や核保有もしてはいけないことになっています。また，IAEA（国際原子力機関）の査察も行われます。ただ一方で，五大国の核兵器の独占では？　との声もあります。1995年にNPTは無期限延長が決定されています。また2003年に，**北朝鮮がNPTから脱退**を表明しました。

最後に**包括的核実験禁止条約（CTBT）**について解説しておきましょう。これは**1996年**に国連総会で採択されたもので，**核実験を地下も含めて全面的に禁止**するものです（**爆発をともなわない未臨界核実験については禁止していない**）。ただし，**核保有5カ国**のほか，核兵器開発能力のある国，**インド・パキスタン**などの「潜在的核保有国」（インドとパキスタンは1998年に核実験を強行した）を含む**44カ国がすべて批准しないと発効しないため**，まだ発効していません。

● 核軍縮の歩み

1955年	**ラッセル・アインシュタイン宣言** 哲学者ラッセルと物理学者アインシュタインによる**核兵器禁止宣言**
1957年	**第1回パグウォッシュ会議** ラッセル・アインシュタイン宣言を受けての科学者による軍縮会議
1963年	**部分的核実験禁止条約（PTBT）**
1968年	**核拡散防止条約（NPT）**
1996年	**包括的核実験禁止条約（CTBT）⇒未発効**

💡 米ソの軍縮

1970年代から交渉が始まった，兵器の種類・保有上限をさだめる「**SALT（戦略兵器制限交渉）**」は，1972年に「SALT Ⅰ」が発効しました。しかし，続く「SALT Ⅱ」は，ソ連の「**アフガニスタン侵攻（1979年）**」受けて，米国側が批准を拒否したため発効しませんでした。

1987年のINF（中距離核戦力）全廃条約は，**米ソ間の本格的な特定兵器の削減**

条約で，東西冷戦終結のきっかけになったともいわれています。ただし，同条約は**アメリカの脱退により2019年に失効**しました。

　冷戦終結後の1990年代に交渉が始まった，兵器の量を削減する「**START**（**戦略兵器削減条約**）」は，「START I」が1994年に発効しました。しかし，続く「START II」はアメリカの「ABM制限条約[1]脱退（2001年）」問題の影響で発効しませんでした。結局，米ロは2002年，戦略攻撃戦力削減条約（モスクワ条約）を新たに結びましたが，取りはずした核弾頭の廃棄義務がなく（配備核を削減すればよい），検証規定も置かれないなど，かなり問題のある内容です。

　2009年に入ると，米ロの間で交されたSTART Iの内容が達成され，条約の期限がやってきました。米ロは**後継条約として，2018年までに配備戦略核弾頭を1550発まで削減するなどを内容とする「新START**（START IV）」に署名**，2011年に発効**しています。**2018年に米ロは目標の達成を発表**しました。新STARTは2021年に期限を迎えますが，米ロの延長を含めた軍縮交渉は難航しています。試験では「発効」or「未発効」に特に注意しましょう。

```
┌─────────────────────────────────────────────────┐
│ ●米ソ・米ロ間における軍縮                         │
│                                                   │
│ ●(SALT ⇒制限条約　START ⇒削減条約)                │
│                                                   │
│ 1972年　SALT I（第1次戦略兵器制限交渉）同年 発効   │
│         ABM制限条約⇒迎撃ミサイルシステムの開発制限， │
│         2001年米国離脱                             │
│         2002年失効                                 │
│                                                   │
│ 1979年　SALT II（第2次戦略兵器制限交渉）未発効     │
│                                                   │
│ 1987年　INF（中距離核戦力）全廃条約　初の特定兵器全廃を取決めた条約 │
│                                                   │
│ 1991年　START I（第1次戦略兵器削減条約）1994年に発効 │
│                                                   │
│ 1993年　START II（第2次戦略兵器削減条約）           │
│                                                   │
│ 2002年　戦略攻撃戦力削減条約（モスクワ条約）        │
│                                                   │
│ 2011年　新START（START IV発効）                    │
└─────────────────────────────────────────────────┘
```

[1] 1972年に米ソ間で締結された弾道弾迎撃ミサイル（ABM）の配備を制限した条約。

ここで差をつける！ 軍縮関連用語・条約

① 旧敵国条項の問題

旧敵国とは，日本・ドイツ・イタリア・ルーマニア・ハンガリー・ブルガリア・フィンランドの7カ国を指すといわれる。この**旧敵国への軍事制裁（NATO等の）は，安保理の決議なしに行えるという差別的な条項**。国連総会での削除決議はあるものの，総会の決議に拘束力がないため，**現在，この条項は存置されたままである**

② 化学兵器禁止条約（CWC，1993年採択，1997年発効）

⇒正式名称は「化学兵器の開発，生産，貯蔵及び使用の禁止並びに廃棄に関する条約」
⇒CWC の運用・実施に当たる国際機関は「**化学兵器禁止機関（OPCW）**」で，**2013年にノーベル平和賞を受賞**
⇒1995年に日本は批准（日本は原締約国）

③ 対人地雷全面禁止条約（オタワ条約，1997年採択，1999年発効）

⇒正式名は「対人地雷の使用，貯蔵，生産および移譲の禁止並びに廃棄に関する条約」
⇒対人地雷の使用・開発・生産・取得・貯蔵・移譲の禁止
⇒**1997年に NGO である「地雷禁止国際キャンペーン」がノーベル平和賞受賞**
⇒日本は発効前の1998年に批准（日本は原締約国）

④ 生物兵器禁止条約・BWC（1972年採択，1975年発効）

⇒正式名称は「細菌兵器及び毒素兵器の開発・生産及び貯蔵の禁止並びに破棄に関する条約」
⇒**1982年に日本は批准**

⑤ クラスター爆弾禁止条約（2008年採択，2010年発効）

⇒新型クラスター爆弾など一部を除いてクラスター爆弾を全廃する
⇒クラスター爆弾は，一つの爆弾の中に入れた空き缶サイズの爆弾を無数にばらまき殺傷する兵器
⇒旧型のクラスター爆弾は不発弾が多く，対人地雷と同様に**非人道的兵器（非戦闘員の殺傷や，戦後も被害が継続することなどの非人道性が指摘されている）**とされている
⇒日本は発効前の2009年に批准（日本は原締約国）

6 日本の戦後外交と 日本の領土

学習の指針 ひろく深く
重要度 ★★★☆☆
時事 ★★★★☆

ここが出る！ 試験前の倫政の出題・正誤 Point！

① 年代ごとに国交回復した国を!!
　50年代ソ連→60年代韓国→70年代中国
② 領土問題も地図とともに整理する

　ここでは締結された国の順番と首相を押さえましょう。また，特に**日ソ共同宣言の1956年に国連加盟，北方領土は平和条約「締結後」に返還を約束**したことを頭に入れておいてください。また，外務省は国連に加盟した翌年の1957年9月に刊行された『外交青書』で，「**外交三原則（国連中心主義，アジアの一員**としての立場の堅持，**自由主義諸国**との協調）」を打ち出しました。

倫政の出題内容・一発表示！　▶▶▶国交正常化交渉

1951年	**サンフランシスコ平和条約**　主席全権・**吉田茂**
	⇒**連合国48カ国との講和**（西側諸国とのみの**単独講和**）
	⇒1952年の発効により日本の主権回復，**日米安全保障条約同時締結**
1956年	**日ソ共同宣言**　主席全権・**鳩山一郎**
	⇒北方領土（歯舞・色丹・国後・択捉），のうち，歯舞・色丹については平和条約締結後に返還約束，ただし，いまだに**平和条約は締結されていない**
	⇒この宣言を受け同年，**日本は国連に加盟した**
1965年	**日韓基本条約**　主席全権・**佐藤栄作**
	⇒日本政府は韓国を朝鮮半島における唯一の合法政府とした
1972年	**日中共同声明**　主席全権・**田中角栄**
	⇒中華人民共和国を中国唯一の合法政府として，台湾（国民党政府）との国交を断絶（日華平和条約の破棄を台湾政府に通告）
	※日華平和条約…1952年，台湾（中華民国）の蒋介石との間で結ばれた講和条約
1978年	**日中平和友好条約**　主席全権・**福田赳夫**
	⇒平和条約締結は中国のみ
2002年	**日朝首脳会談**（9/18）　日本・**小泉純一郎**　北朝鮮・金正日
	⇒国交正常化交渉再開の合意文書として「日朝平壌宣言」調印

💡 必ず「年代別」整理を‼

1951年9月1日，日本は**サンフランシスコ平和（講和）条約に調印**〔吉田茂内閣，同時に日米安全保障条約も締結〕。**西側諸国48ヵ国との間で講和**（片面講和，単独講和）し，国交を回復します。**翌1952年に同条約は発効し，日本は主権を回復し独立しました**。当然，今後の課題は，ソ連，中国などとの国交正常化となります。

💡 ソ連との国交回復 ➡ 北方領土は平和条約締結後に歯舞，色丹島の返還を約束

1956年，**日ソ共同宣言**〔鳩山一郎内閣〕によって，日本はソ連との国交を回復します。問題は**北方領土（歯舞，色丹，国後，択捉）**です。ここはもともと日本の領土でしたが，1945年8月9日，ソ連軍が日ソ中立条約を破って対日参戦しました。そしてポツダム宣言受諾後の8月28日から9月5日にかけて，4島を占拠し，現在もロシアの実効支配が続いています。当初，日本政府は4島一括返還を交渉カードにしていたのですが，**結局，歯舞と色丹2島については，平和条約締結後に返還するという妥協の下に国交回復が成立しました**（2019年12月現在，ロシアとの平和条約は締結されていない）。このソ連との国交回復にともなって，同年12月，日本はソ連の支持を得て**国際連合に加盟しました**。

さらに，**1965年に日韓基本条約**によって，韓国との国交も回復し，韓国を朝鮮半島における唯一の合法政府としました。ちなみに，2002年に小泉純一郎首相が北朝鮮を訪朝し，北朝鮮の金正日総書記（当時）とのあいだで，早期の国交正常化を実現する（国交正常化交渉を再開する）などとした**「平壌宣言」を合意**しましたが，現在北朝鮮との国交正常化は実現していません。

💡 日中国交正常化 ➡ 2つの中国との関係に注意せよ！

1949年，毛沢東率いる共産党が中華民国（資本主義）の国民党政府を打倒し，中華人民共和国（社会主義）を樹立します（北京政府）。この時，中華民国政府は台湾に渡り（台湾政府），ここにいわゆる「中国対台湾」の関係が築かれます。問題は日本がどちらと国交を回復するか？　ということになります。

実は1952年，日本はアメリカの意向に従って，**中華民国政府と日華平和条約によって国交を回復していました。当然，中華人民共和国とは国交を樹立していません**。

1971年に中華人民共和国が国連の代表権を手にすると，翌年の**1972年9月，田中角栄首相と周恩来首相との間で日中共同声明が発表され，日中の国交は回復へと至**

ります。ただし，忘れてはいけないのが中華民国との関係です。なんと日本は日華平和条約を破棄，つまり国交を断絶しました。この扱いの基本は，中国（北京政府）も日本も「2つの中国」は認めないとする原則を共有したからです。こうして中華人民共和国を合法政府として認め，国交が回復しました。さらに日本は，**1978年，日中平和友好条約も調印**し，両国は「**アジアにおける覇権反対**」などを表明しています。これら，国際条約によって，各国は戦後の**賠償請求権を放棄したこと**もあわせて押さえておきましょう。

● 日本の領土に関わる問題

① 北方領土問題
⇒歯舞，色丹，国後，択捉の領土をめぐるロシア（ソ連）と日本との対立
⇒**歯舞と色丹については平和条約締結後に返還を約束**（1956年日ソ共同宣言）。
⇒ただし，現在日本とロシアの間での平和条約は締結されていないため，**歯舞，色丹ともに日本に返還されていない**

② 竹島問題
⇒韓国と日本との領有権問題。韓国名では「独島（ドクト，トクト）」と呼ぶ。
⇒1952年に当時の韓国大統領李承晩が決めた「**李承晩ライン**」に基づき，竹島は実質上，韓国が実効支配をしている
⇒日本は竹島の領有権をめぐり，**国際司法裁判所での審理を韓国政府に数回提案しているが，いずれも韓国側が拒否し審理には至っていない**

③ 尖閣諸島問題
⇒**中国，台湾，香港**を巻き込んだ，日本との領有権問題
⇒2010年には，中国の漁船が尖閣諸島の領海を侵犯して逮捕されたが，那覇地検は漁船船長を処分保留で釈放した
⇒2012年には，香港を出発した中国の活動家が尖閣諸島の魚釣島に上陸し逮捕されたが，起訴はされず，不法入国で強制送還された。
⇒同2012年，日本政府は尖閣諸島を個人所有者から購入して**国有化**した（**日本政府は尖閣諸島の領有権問題はそもそも存在しないとしている**）

北方領土・尖閣諸島・竹島の比較

北方領土	領有権を主張している国：日本，ロシア 実効支配をしている国　　：ロシア
尖閣諸島	領有権を主張している国・地域：日本，中国，台湾 実効支配をしている国　　　　：日本
竹島	領有権を主張している国：日本，韓国 実効支配をしている国　：韓国

第8章

現代経済のしくみ

攻略の視点

　いよいよ経済分野です。政治分野と違い「理解すること」が特に必要な分野です。逆に言うと「理解」してしまえば間違えることは少ないし，用語もそこまで多くはありません。そういった意味でしっかりと講義に向き合ってください。

　またこの分野は具体例を想像することでわかりやすくなります。僕もできるだけ具体例を入れて説明しますが，みんなが問題を解く時も具体例を想像したり，実際にグラフを書いたりして曲線を動かしたりしながら解いてみてください。

この章の攻略ポイント

❶ 資本主義と社会主義
❷ 世界恐慌とニューディール政策，
　石油危機と新自由主義
❸ 三つの経済主体
❹ 企業の分類と株式会社の特徴
　→特に「所有と経営の分離」
❺ 市場メカニズム→グラフの読み取り
❻ 市場の失敗
❼ 独占禁止政策とコンツェルンの解禁

1 経済の原理

ここが出る！ 試験前の倫政の出題・正誤 Point！

① 対比用語を意識⇒「資本主義」と「社会主義」など
② アダム・スミス→世界恐慌→ケインズ→財政赤字→小さな政府 の流れ
③ 1980年代以降のサッチャリズム，レーガノミクス，日本の三公社民営化は「小さな政府」を目指すもの
④ 小さな政府⇒「歳出削減」や「規制緩和」による自由競争の促進，ただし格差も拡大

💡 経済とは　➡ 具体例で押さえよ

まず「経済」という言葉から説明していきましょう。

僕たちは，食べ物や道具といった「モノ」がないと生きていけません。また，今電車に乗っている君や，携帯電話を使っている君のように，「サービス」がないと暮らしは不便になります。だからこの「**財＝モノ**」や「**サービス＝行為を提供する無形の商品**」をだれかが生産しないといけません。そしてモノがつくられたら，それを誰かが消費しないといけません。いいですか，この「**財・サービスの生産・消費活動**」を経済活動といいます。具体例を想像して用語を押さえていきましょう。

💡 近代以降の3つの経済体制　➡ 対比で押さえよ

倫政の出題内容・一発表示！ ▶▶▶ 3つの経済体制

1 資本主義→政府の不介入→自由競争が原則!!
2 社会主義→政府の介入→平等な社会を目指す!!
3 修正資本主義→資本主義に**政府が介入!!**（大恐慌以降）

さて，ここで資本主義，社会主義，修正資本主義という3つの経済体制の違いについて勉強しましょう。

資本主義をひと言でいうと，**経済に政府が介入せずに，できるだけ市場（家計と企業）に任せている経済体制**です。企業は**自由競争**を行いながら，**技術革新**を果たしていきます。しかし，資本主義は一方で，**貧富の差が拡大**する。具体的にはその

競争に負けた企業は潰され，**景気の変動が慢性化**します。

そこで，**マルクス**という経済学者は，この資本主義の矛盾を克服するため，**社会主義**という経済体制を説きます。これは全ての**財産を社会全体のものに公有化**して，**労働者のみの「平等な社会」**を築きます。そして**経済は国家がすべて計画経済として運営**します。例えば旧ソ連などでは**5カ年計画**などの形で，生産量等を厳格に決定していたのです。こうすることで景気変動が起こりにくくなります。

ここで，「資本主義」と「社会主義」を比較しておきましょう。

倫政の出題内容・一発表示！

資本主義（国家の経済不介入）		社会主義（国家の経済介入）
市場経済…国家の経済不介入 **自由競争と利潤追求** **私有財産制** 階級対立の存在	原理 解決 解決	**計画経済**…国家の経済介入 **公有財産制**→生産手段公有化 すべて労働者階級
景気変動の存在 **貧富の差**	問題点	**生産意欲低下と技術の立遅れ** 共産党の独裁化（官僚制の弊害）
政府による**有効需要政策** 政府による**積極的財政政策** **→修正資本主義へ**	修正	旧ソ連→**リーベルマン方式** 　　　一部利潤方式の採用 中国→**社会主義市場経済** ベトナム→**ドイモイ**（刷新）

1930年代の世界恐慌（大恐慌）をきっかけに，資本主義諸国は一部経済への政府の介入政策をとるようになりました。一方で社会主義諸国が市場経済を取り入れる動きにも注意しておきましょう。

ソ連では1960年代ごろから慢性的なインフレや，官僚制による経済の非効率化に悩んでいました。そこで，1966年から利潤を賃金に反映させる「**リーベルマン方式**」を採用しました。また，1985年に書記長に就任した**ゴルバチョフ**により，市場経済の一部導入などを柱とする「**ペレストロイカ**」（改革）が実施されました。

中国では1980年代に鄧小平の指導のもと，「**改革・開放**」というスローガンを掲げ経済改革が進みます。具体的には，**経済特区**を置いて外資系企業を誘致しました。また，1993年には憲法を改正し，「**社会主義市場経済**」を明記しました。1999年の憲法改正では「**多様な所有制**」をうたい，非公有経済へとシフトしてきています。このほかにも1986年から**ベトナム**で実施されている「**ドイモイ**」（刷新）もベトナ

ム版のペレストロイカとして押さえておきましょう。

　こうして20世紀の経済体制は，両者がいいとこ取りをしているのです。**両者の「経済体制」を混合経済とよぶこと**もあります。

💡 資本主義経済の変化　➡　大恐慌とニューディール

　18世紀後半にイギリスで始まった産業革命は，機械で財を生産する**工場制機械工業により経済規模をどんどんと拡大**していきました。すると，**政府の規制や介入は，成長を阻害する要因となるので「するべきではない」**という話になってきます。18世紀後半に活躍したイギリスの経済学者**アダム・スミス**は，市場を外部から守る，^{1723〜90}国防や治安活動などに政府の役割を限定し，経済活動には基本的に介入しない，**自由放任主義（レッセ・フェール）**を主張しました。

　またスミスは，市場には**価格の自動調節作用（「見えざる手」）**が機能していて，常に需要と供給の釣り合う均衡価格へと市場価格は推移するとしました。しかし，自由放任主義は社会的弱者（貧困や病気の人，高齢者など）の救済は基本的に行わないため，**経済的不平等を拡大**させる結果にもなりました。19世紀のドイツの社会学者**ラッサール**は，このような国家を**夜警国家**として批判しています。しかし，この自由放任主義は，1930年代の**世界恐慌**によって見直しを迫られます。

　この時，ある経済学者の主張が世界に広まっていきます。その人物が**ケインズ**です。ケインズはこうした**景気停滞期（つまり不況期）は，実際に支出を伴う有効需要が減少する**。僕らも，お財布にお金がない時，服を買ったり友達と遊びに行くことを控えますよね。だから**政府が積極的に道路や水道などをつくって（公共投資を行って），この有効需要を創出しないといけないと考えた**のです。以下の講義では，有効需要を「支出」と捉えてください。

　このケインズの考えを取り入れた政策が，1930年代のアメリカ大統領**F.ローズヴェルト**^{1882〜1945}が実行した**ニューディール政策**です。**ニューディール政策の目的は「完全雇用」の実現と，「有効需要」の創出**です。主なものは以下の通りです。

倫政の出題内容・一発表示！　▶▶▶ニューディール政策

1 **テネシー河流域開発公社**（TVA）…ダムの建設による**失業者の救済**
2 **農業調整法**（AAA）…生産削減に政府が補助金を交付し**農産物価格の下落防止**
3 **全国産業復興法**（NIRA）…**カルテルの容認と労働条件の改善**
4 **社会保障法**…年金保険の創設と公的扶助（生活保護）の確立
5 **ワグナー法**（全国労働関係法）…**労働組合の育成**など

このように，政府が経済に一部介入する経済体制を**修正資本主義**といいます。

ただし，**1970年代頃からこのケインズ理論は見直されます**。1970年代といえば2度の**オイルショック**が発生し，**物価の上昇（インフレーション）と不況（スタグネーション）**が併発する**スタグフレーション**が各国の財政を圧迫した時期です。こうなると国家はこれ以上国債を発行したり，無駄な公共投資を増やして歳出を増大することは許されなくなっていくのです。そこで**各国は，規制緩和や民営化などで歳出削減を目指す，小さな政府を進めるようになった**のです。この考えを主張したのがアメリカの経済学者**フリードマン**で，こうした思想を**新自由主義（ネオ・リベラリズム）**といいます。

これに従い，**アメリカでは規制緩和を中心とするレーガノミックス**が，**イギリスでは民営化や，金融の自由化である金融ビッグバンを中心としたサッチャリズム**，そして**日本では三公社の民営化（電電公社→1985年に NTT に民営化，専売公社→1985年に JT に民営化，国鉄→1987年に JR7社に分割民営化）**が行われました。一方で，こうした規制緩和を推進すれば強いものはますます強くなり，弱い者はますます弱くなる，いわゆる**格差も拡大する結果**となりました。

● 資本主義経済の変化

18世紀…自由放任主義で政府は経済に不介入
　　代表的な学者→**アダム・スミス**　主著『**国富論（諸国民の富）**』

20世紀…修正資本主義　政府は一部経済に**介入**
　　政策→**ニューディール政策**
　　代表的な学者→**ケインズ**　主著『**雇用・利子および貨幣の一般理論**』

1980年代以降→民営化と規制緩和で歳出の少ない小さな政府
　　代表的な学者→**フリードマン**　主著『**選択の自由**』

---

2 経済主体と企業

学習の指針	ひろく浅く
重　要　度	★★★★★
時　　　事	★★★☆☆

ここが出る！ 試験前の倫政の出題・正誤 Point !

① 経済の3主体の図（そのまま穴埋め問題として出題されやすい）
② 負債の責任…有限責任→出資額の範囲内，無限責任→出資額に関係なく
③ 会社設立の際の最低資本金制度→2006年に廃止
④ 株式会社は「所有と経営の分離」，外国人の株式保有率が近年上昇

💡 三つの経済主体と経済循環　➡　図をそのまま覚える

　下の図を見てください。このように**家計**，**企業**，**政府**という三つの経済主体の間を，財・サービスと，その対価である貨幣が循環しています。例えば，僕が本屋で本を買う時，僕は本屋に貨幣を払う，そして本という財がやってきます。こうした経済循環が三つの経済主体の中で行われています。

　この図の通りに出題されるので，➡についた用語を覚えておきましょう。

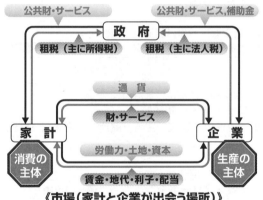

《**市場（家計と企業が出会う場所）**》

💡 企業の分類　➡　暗記せよ‼

　上の図からもわかる通り，**企業は生産の主体**，**家計は消費の主体**になっています。特に財・サービスを生産する企業は「**利潤の最大化**」を目指して，「**技術革新**」を行ったり，「**雇用**」を行ったりします。この意味で一国の経済活動の重要な担い手です。

ここで「企業の分類」を勉強しましょう。下のボードを見てください。

● 企業の分類

1. **公企業**【国や地方公共団体がすべて出資】
2. **公私混合企業**【国や地方公共団体と民間の共同出資】
   ⇒日本銀行など
3. **私企業**【民間がすべて出資】⇒4種の会社企業など

企業はその出資が政府や地方公共団体のみなら公企業。政府や地方公共団体と民間の共同出資なら公私混合企業。民間のみならば私企業と分類されます。特に私企業に分類される4つの会社企業は重要なので注意しましょう。

4種の会社企業 ➡ 合名，合資，合同，株式の違いに注意

私企業に分類される会社企業は，資本金と責任社員の相違によって分かれています。責任社員とは，会社が倒産した時にその負債の責任を負う者のことで，出資額の範囲内で責任を負う有限責任社員，出資額に関係なく責任を負うのが無限責任社員になっています。簡単にいうと，有限責任の場合は，会社がつぶれても自分が出資したぶんだけパーになって終わり。無限責任は全額責任社員で負債を返さなければなりません。だからこの無限責任社員が必要な会社形態は少ないのです。有限責任の方が負債を抱えたとき気楽ですから，起業しやすくなるわけです。

また，2006年からは会社設立の際の最低資本金制度もなくなり，ますます会社を設立しやすくなりました。

ここは試験前に下の一発表示を見ておきましょう。4つの会社企業形態（**合名・合資・合同・株式**）と資本金の規制についてです。

倫政の出題内容・一発表示！ ▶▶▶会社企業形態

会社種別	合名会社	合資会社	合同会社	株式会社
責任社員	1名以上の無限責任社員	無限責任社員と有限責任社員を各1名以上	1名以上の有限責任社員	1名以上の有限責任株主
資本金	規制なし	規制なし	規制なし	規制なし

株式会社のしくみ

株式会社は株式の発行によって不特定多数の人から「大資本の調達」ができるメ

リットの大きい会社形態です。また株主も**配当金**を受けとって所得としたり，株式を売買することで儲けることもできます。

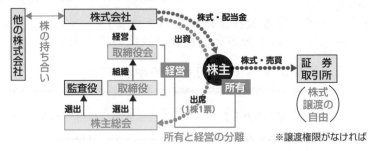

まず，株主は出資して株式を受け取ります。この段階で**株主が株式会社の「所有者」**です。そして**株主総会**に出席して，会社の**経営を任せる取締役**と業務や会計を**監査する監査役**を選出します。**この時の議決は所有株式数に応じて行われます**。つまり，大株主が有利です。そして取締役が取締役会を組織して，会社の経営にあたります。

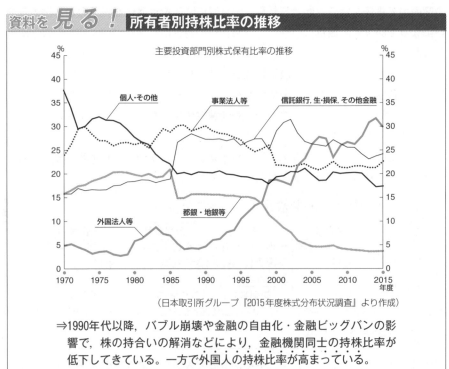

資料を**見る！** 所有者別持株比率の推移

主要投資部門別株式保有比率の推移

（日本取引所グループ『2015年度株式分布状況調査』より作成）

⇒1990年代以降，バブル崩壊や金融の自由化・金融ビッグバンの影響で，株の持合いの解消などにより，金融機関同士の持株比率が低下してきている。一方で外国人の持株比率が高まっている。

さて，株式会社の特徴をみると株主が会社を「所有」，取締役が会社を「経営」というように，役割が両者で分かれています。これを「所有（資本）と経営の分離」といいます。前ページのグラフを見てください。1990年代後半の金融ビックバン以降（452ページ参照），**外国人の株式所有率が急増している**ことに注意しておきましょう。

┌───┐
●知っておきたい企業用語

1 **コングロマリット**⇒複合企業。**多数の業種**をこなす企業
2 **多国籍企業**⇒**世界に子会社**を持つ企業
3 **メセナ活動**⇒企業の**芸術支援**活動→日本は少ない
4 **フィランソロピー**⇒企業の**社会貢献**活動→日本は少ない
└───┘

ここで差をつける！ 　　　　　　　　　　　**会社法**

⇒2006年5月，「商法（第2編）」「有限会社法」「商法特例法」をまとめた「会社法」が施行された（制定は2005年）。

⇒主な内容は以下の通り。

① **有限会社を廃止**（すでに設立されている有限会社は存続可能）。

② **最低資本金制度の廃止**
　　※従来は有限会社で300万円，株式会社で1000万円の資本金が必要だった。

③ **合同会社の新設**…1人以上の有限責任社員からなる。組織や配当を自由に決定できる「日本版LLC（Limited Liability Company）」。

④ 2種類の株式会社の**新設**…自由に株式を譲渡できる「**公開会社**（取締役3人以上，取締役会は設置）」と，株式に譲渡制限のある「**株式譲渡制限会社**（取締役1名で設立可能，取締役会は設置しなくてもよい）」の新設。

⑤ **会計参与の新設**…株式会社の新たなポストとして，株式総会で選任された公認会計士や税理士などからなる。中小企業に設置され，決算作成時に参与して会社の信用を高める。

⇒こうして起業件数を増やしたり，ベンチャービジネスの拡大を目指している。

⇒2006年5月から，日本の子会社を通して外国企業が買収・合併を行う「**三角合併**」も解禁された。

3 市場メカニズム（市場機構）

ここが出る！ 試験前の倫政の出題・正誤 Point！

① 日常の具体例とともに考える
　たとえば，「$Q_1 - Q_4$ の超過供給が発生すると，価格の下落圧力が働く」
　⇒「スーパーのお弁当が余ると，値段は下がりやすい」
② 完全競争市場と不完全競争市場の相違
③ 価格の変化に対する数量の変化
④ 数量の変化に対する価格の変化
⑤ 「③」と「④」のグラフの動き方の違いを試験前に再度確認

2つの市場 ➡「完全競争市場」と「不完全競争市場」

　さて，家計や企業の間で財・サービスなどが**交換される場所を市場**といいます。この市場において，財・サービスは**価格**を目安にして交換されます。この価格は**需要**（購入側），**供給**（生産側）それぞれに必要な情報を与えます。例えば，**高くなれば，もっと儲けようと企業は供給を増やします**し，**安くなれば，今買っておこうと需要が増える**わけです。だから価格は市場の「**シグナル**」ともよばれます。

　この価格は，その市場の形によって大きく左右されます。ちょっと見てください。

倫政の出題内容・一発表示！ ▶▶▶市場と価格

完全競争市場		不完全競争市場
① 需要者・供給者が**多数存在** →両者が価格支配権を持たない	条件 特徴	⇒**数社による市場の独占** ⇒厳密には
② 市場への参入・退出が**自由**		1社で…**独占**，2社で…**複占**，数社
③ 商品の**正確な情報**		で…**寡占**と分類する
④ 商品が同質であること		⇒**価格の下方硬直化**へ
需要・供給の関係で価格が決定 ⇒「**市場価格**」へ （次項で詳しく講義）	価格動向	有力企業による**管理価格**の形成 ⇒**プライスリーダーシップ**など ⇒政府による**独占禁止政策**が必要 （6節で学習）

ここに完全競争市場と不完全競争市場というものがあります。

完全競争市場は，買手（需要）と売手（供給）が多数いる市場です。この時の価格は，両者のバランスで決定される**市場価格**となります。ここでは市場メカニズム（需要と供給の関係）が働くわけです。これは次節で詳しく学習します。

一方で，**不完全競争市場は，少数の企業しかいないため，企業に多くの情報が集中してしまう「情報の非対称性」**という問題があります。それゆえ，**価格が生産側に支配されてしまいます**。例えば，自販機の缶ジュースの市場は，コカ・コーラが半分以上の市場占有率（マーケットシェア）を持っている寡占市場です。こうなるとコカ・コーラの決めた価格に他社が追随しだすのです。ほら，100円から110円にいち早く値上げしたのもコカ・コーラ。そして120円にしたのもそうでした。こうして寡占市場での価格は，市場占有率が高い企業が価格を先導する**「プライスリーダーシップ」**に代表されるような**管理価格**となり，**価格がなかなか下がらない価格の下方硬直化**が発生します。

💡 需要と供給 ➡ 市場価格の決定

ここからは「需要と供給のグラフ」の読み取りについて勉強します。見方がわかればなんてことはないから安心して講義を読んでください。

倫政の出題内容・一発表示！ ▶▶▶**市場メカニズムと市場価格**

完全競争市場では，

「**需要**・Demand（購入量）」…増加→価格**上昇**，減少→価格**下落**

「**供給**・Supply（生産量）」…増加→価格**下落**，減少→価格**上昇**

のバランスで決定⇒この価格を「**市場価格**」という

完全競争市場のもとでは，価格は購入したいという欲求である「需要」と，生産し売りたいという欲求である「供給」のバランスで決定されます。

当然，**需要量が増加すれば価格は上昇し，需要量が減少すれば価格は下落**する。つまり，人気のあるモノが高くなり，人気のないモノは安くなるということです。ほら，かつての「ナイキブーム」みたいなものです。

一方で**供給量が増加すれば価格は下落し，減少すれば価格は上昇**する。つまり，たくさんつくれば安くなり，あまりつくられなければ高くなるということです。このメカニズムを市場メカニズムといい，このメカニズムのもとでの価格を**市場価格**といいます。

💡 市場価格と均衡価格　➡ グラフを書くクセをつける

ノートの価格のケース⇒たとえばノートの価格を

500円にした

→すると，**誰も買おうとしない**。一方，**企業は儲かるので生産しようとする**

→「D＜S」となり→モノ余りが発生→これを**超過供給**という

そこで，10円にした

→すると，**みんなが買おうとする。**一方，**企業は儲からないので生産しようとしない**

→「D＞S」となり→モノ不足が発生→これを**超過需要**という

つぎに，50円にしてみた

→すると，買う量と生産量が一致し「**D＝S**」となる

→このときの価格を「**均衡価格**」といい

→**モノ余りもモノ不足もない「資源の最適配分」が実現する**

これをグラフにすると以下のようになります．

●ポイント →→→ 価格に対する需要量と供給量の変化

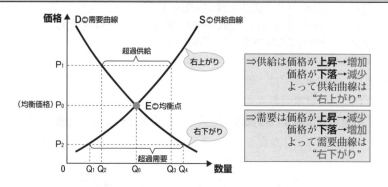

⇒供給は価格が**上昇**→増加
　　　　価格が**下落**→減少
　　　　よって供給曲線は
　　　　"右上がり"

⇒需要は価格が**上昇**→減少
　　　　価格が**下落**→増加
　　　　よって需要曲線は
　　　　"右下がり"

　グラフを見ながら説明します。たとえば今，ノートが1冊500円だったとします。すると誰も買いません。でも企業は作り続ける。つまり「**D＜S**」というモノ余りの状態になってしまいます。この状態を**超過供給**といいます。すると企業は価格を

下げますね。

　さて，今度は10円にしたとします。どうなるでしょう？　そう，今度はみんなが
ノートを買いあさってしまいます。逆に企業は安いモノをあまりつくろうとしませ
ん。このとき「D＞S」となりモノ不足の状態になります。この状態を超過需要と
いいます。**すると企業は価格を上昇させる。**

　しかし，先ほどのように500円は超過供給となるので，さすがにそれはしません。
そこで50円にしてみる。すると「D＝S」となり需要と供給が一致します。この時
の価格を「均衡価格」といいます。この状態では買われる量とつくられる量が一致
するので，モノ余りもモノ不足もない。これを「資源の最適配分が実現された」と
表現します。こうして市場では，需要量と供給量が一致する価格，均衡価格に向
かっていきます。これを**価格の自動調整作用**といい，**アダム・スミスは「見えざる
手」**と表現しました。

💡 なぜ，D（需要）曲線が「左上がり，右下がり」なのか？

　それは，**価格が高くなると需要量は減少し，安くなると需要量は増加する**からで
す。ちょっとグラフに指を当ててください。まず，価格 P_1 に指を当てて，それを右
に移動させD曲線とぶつかる点で下にそのまま垂直に下ろした点が，価格 P_1 の時
の数量。つまり，価格 P_1 の時の数量は Q_2 です。つぎに価格 P_2 を見てください。
この時の需要量は Q_4 です。ほらわかるかな？　価格が高くなると需要は減少し，安
くなると増加しているんですね。

💡 逆に供給曲線が右上がりになる理由を考えてみよう

　それは，供給は**価格が高くなると増加し，
安くなると減少する**からです。企業は**利潤
の最大化**を目指して経済活動を行います。
つまり，儲けたいわけです。だから高くな
るとつくろうとするし，安いものはつくろ
うとしない。この結果，グラフは「**左下が
り，右上がり**」となります。ちょっと見て
みましょう。

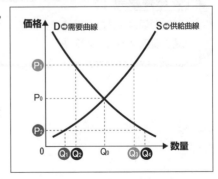

　P_1 の時の供給量は，そのまま右にいっ
て，S曲線とぶつかった点をそのまま垂直に下ろした点，つまり，Q_3 が P_1 の時の

数量。価格が P_2 に下落した時の供給量は Q_1 です。このように供給は，**価格が高くなると増加し，安くなると減少する**ことを示しています。

💡 ここでさっきのノートの話を当てはめながら考えてみよう

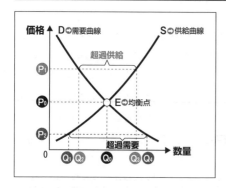

ここで，P_0 を50円，P_1 を500円，P_2 を10円だと思ってください。価格が P_1 の時の需要は，D曲線でぶつかる点ですから Q_2 です。供給はS曲線でぶつかる点ですから Q_3 です。

このとき，需要より供給のほうが「**Q_3 − Q_2**」**分だけ上まわっています**。つまり，**超過供給**が発生しているわけで，この部分が「**モノ余り**」ということです。

次に，価格が P_2 に下落する。すると需要は Q_4 で，供給は Q_1 です。この時「**Q_4 − Q_1**」分の**超過需要**が発生しています。つまり，この部分が「**モノ不足**」ということです。すると価格は上昇し P_0 となります。この時の需要は？　そう，D曲線とぶつかる点ですから Q_0 です。またこの時の供給量も Q_0 となります。つまり，この P_0 の時，**超過需要**（モノ不足）も，**超過供給**（モノ余り）も起きていない**資源の最適配分が実現**する価格，均衡価格となっているわけです。

必ず問題編を使って，解きながら理解してください。今回は特別にセンターの過去問を載せておきます。

● 重要原則

増加要因は⇒**右シフト**
減少要因は⇒**左シフト**

問題で深める!!

問 ある商品の需要・供給と価格との間に次の図のような関係が成り立っており，価格が P_0，取引量が Q_0 にあるときに均衡状態にあるとする。いま，技術進歩により生産性が上昇したため供給曲線が移動（シフト）し，同時に，人々の好みが変わってこの商品の人気が高まったため需要曲線が移動したとしよう。その場合，新たな均衡状態に達したときの，価格と取引量の変化についての記述として正しいものを，以下の①〜⑧のうちから1つ選べ。（2003センター政経・追）

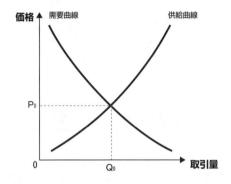

①　価格は上昇し，取引量は増加する。
②　価格は上昇し，取引量は減少する。
③　価格は下落し，取引量は増加する。
④　価格は下落し，取引量は減少する。
⑤　価格は上昇し，取引量の変化はいずれともいえない。
⑥　価格は下落し，取引量の変化はいずれともいえない。
⑦　取引量は増加し，価格の変化はいずれともいえない。
⑧　取引量は減少し，価格の変化はいずれともいえない。

ピンポイント解答

正解は⑦

　この場合，供給曲線が右移動し，需要曲線も右移動する。よって取引量は増加するが，価格が上昇するか下降するかはわからない。

4 市場メカニズム「曲線のシフト」

学習の指針 | せまく浅く
重要度 ★★★★★
時事 ★★★★★

ここが出る! 試験前の倫政の出題・正誤 Point!

① 需要（買い手）と供給（売り手）どちらが「先に」動くのか？
② 「増加→右シフト」するのか，「減少→左シフト」するのか
③ 需要側の増減要因 Point は「好み（選好）」，「所得（可処分所得）」，「所得税」
④ 供給側の増減要因 Point は「コスト」，「規制」，「労働者の賃金」

続いて**曲線のシフト**の講義に入ります。ここも理解が大切です。

特にこの分野は用語の暗記ではなく，メカニズムの理解が必要なので，センターの過去問で演習を通して理解しましょう！　また，難しい経済用語は，「選好」は「ブーム」，「可処分所得」は「手取り」のように日常の具体例に置き換えると理解しやすくなります。

💡 D曲線のシフト（移動）　➡ シフト要因は「選好」「所得」「税」

まず下のボードを見てください。

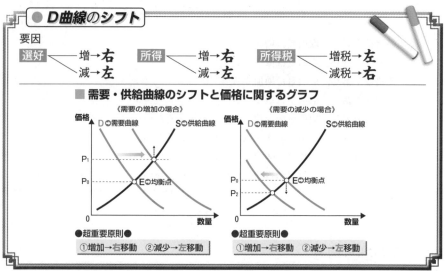

● **D曲線のシフト**

要因

選好	─ 増→**右**	所得	─ 増→**右**	所得税	─ 増税→**左**
	─ 減→**左**		─ 減→**左**		─ 減税→**右**

■ **需要・供給曲線のシフトと価格に関するグラフ**

《需要の増加の場合》

価格　D○需要曲線　S○供給曲線

P_1　P_0　E○均衡点　0　数量

●超重要原則●
①増加→**右移動**　②減少→**左移動**

《需要の減少の場合》

価格　D○需要曲線　S○供給曲線

P_0　P_2　E○均衡点　0　数量

●超重要原則●
①増加→**右移動**　②減少→**左移動**

例えば今，うなぎのブーム（これを選好の増加と表現する）が起こったとします。当然，常識的に考えても市場価格は上昇するはずですが，グラフ上では，D曲線を

右に**移動**させるのです。実際に鉛筆でも使って一緒にやってみてください。すると，ほら，価格が P_0 から P_1 に上昇しているのが分かりますか？　また逆にブームが去ったとします。すると今度はD曲線を**左に動かします**。0に近づけるイメージです。すると価格は P_0 から P_2 に下落しています。

つまり，**増加は右に平行移動し，減少は左に平行移動する**ということです。

この他にも**可処分所得**（総所得から税や社会保険料を差し引いた，ようするに「手取り」）が増加すれば，モノを買うようになるから**右に移動**し，減少すれば**左に移動**する。また，**増税**（所得税増税など）になると，可処分所得が減少して，モノを買わなくなるので**左に移動**し，**所得税減税**は，モノを買うようになるので**右に移動**します。それぞれ価格はグラフ上で上下しています。

倫政の出題内容・一発表示！　▶▶▶ D曲線の超重要原則

増加→**右に移動**　　減少→**左に移動**
これで価格は自動的に上下する

💡 S曲線のシフト（移動）　➡ シフト要因は「生産コスト」「規制」「労働者の賃金」

続いて次のボードを見てください。

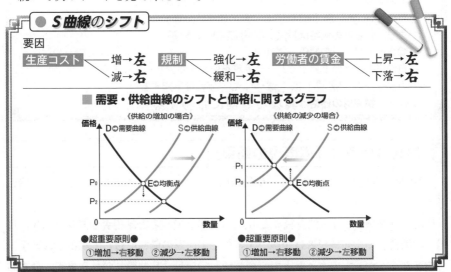

● **S曲線のシフト**

要因

| 生産コスト | —増→**左**
—減→**右** | 規制 | —強化→**左**
—緩和→**右** | 労働者の賃金 | —上昇→**左**
—下落→**右** |

■ **需要・供給曲線のシフトと価格に関するグラフ**

《供給の増加の場合》　　《供給の減少の場合》

●超重要原則●
①増加→**右**移動　②減少→**左**移動

●超重要原則●
①増加→**右**移動　②減少→**左**移動

例えば今，電気自動車の生産コストが低下したとします。当然，常識で考えても価格は下落するはずですが，グラフで考えましょう。生産コストの低下（技術革新

など）により，企業はたくさん電気自動車を生産できます。よって，Ｓ曲線が**右に移動**して価格はP_0からP_2に**下落**します。今度は逆に生産コストが増加（原材料費の高騰など）した場合，企業は今までのように生産ができないので，供給量を減少させます。当然，価格はP_0からP_1に**上昇**します。

つまりこれも，**増加は右に平行移動し，減少は左に平行移動する**ということです。

この他に，**規制が強化**されると企業は今までのように生産できないのでＳ曲線は**左に移動し，規制が緩和**されれば，生産がしやすくなるので**右に移動**します。

また，**労働者の賃金の上昇**は，**企業にとってのコストの増加**となるので，Ｓ曲線は**左に移動し，賃金の下落は右に移動**します。

こうして，それぞれ価格はグラフ上で上下するのです。

とにかく，問題編やセンター過去問を解きながら理解することが大切です。今回も特別に次のページに参考としてセンター過去問を載せておきます。

ここで，やや応用になりますが，「**代替財**」と「**補完財**」について下のボードで確認しておいてください。

● 代替財と補完財

- **肉と魚の関係→代替財**
  ⇒肉の価格が上昇すると，代わりに僕らは魚を買おうとします
  ⇒魚の「**需要**」が「**増加**」し，魚の価格は上昇する
  つまり，**代替財の価格は同じ方向に推移する**
- **自動車とガソリンの関係→補完財**
  ⇒自動車の価格が上昇すると，自動車を使う人が少なくなります
  ⇒ガソリンの「**需要**」は「**減少**」し，価格は下落する
  つまり，**補完財の価格は異なる方向に推移する**

💡 差をつける‼「環境税の効果」

「環境税の課税」によって需要・供給線はどのように動くのでしょうか？　一緒に考えてみましょう。

環境税は**間接税**です（消費税なども）。つまり，**負担者と納税者が異なります**。負担者は消費者ですが納税者は企業です。そして，**財の価格に対して課税**されます。

つまりここが最大のポイントで，企業側，つまり「**Ｓ曲線**」が動きます。基本的には企業のコストの増加，つまり「**コストアップ**」と考えればいい。よって，Ｓ曲線が「**上**（**左上**）」に動きます。

こうして，**消費税を課税するとＳ曲線は左上にシフトし，取引量はＱ₁からＱ₂に減少し，価格はＰ₁からＰ₂に上昇する**ことになります。

以前学習した通り，**所得税はまず先にＤ曲線の数量を変化させますが，消費税はまず先にＳ曲線の数量を変化**させます。

すでに出題例がありますから，注意しましょう。

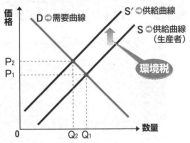

■ 環境税課税の効果

問題で深める!!

例 題 ••• 難易度★★★☆☆

問 次の図は，ある消費財の市場における需要曲線 DD が D′D′ に移動したために，均衡価格と均衡数量の組合せを示す点が，AからBに移ったことを示している。このような変化を生じさせる原因の例として**適当でないもの**を，以下の①～④のうちから１つ選べ。（2001センター政経・本）

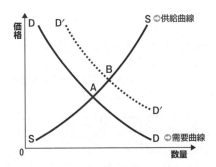

① この財をより安く生産できる新技術が導入された。

② この財を購入する消費者の所得が増大した。

③ この財が健康増進に有益であるという事実が判明して，人気が出た。

④ この財に代替して利用できる製品の価格が上昇した。

ピンポイント解答

正解は①

需要曲線 DD が D′D′ に移動するということは需要の増加を表しています。

①は供給が増加する。②③④は需要を増加させます。

5 市場の失敗

学習の指針 **せまく浅く**
重要度 ★★★★★
時事 ★☆☆☆☆

ここが出る！ 試験前の倫政の出題・正誤 Point！

① 市場の失敗のうち，特に外部不経済である公害について
② 外部不経済への対策→「PPP（汚染者負担の原則）」→生産制限など
③ 独占・寡占が進むと→「価格の下方硬直化」がおこりやすい
④ 民間が提供しない財の3つのPoint →「非生産性，非排除性，非競合性」

💡 市場の失敗 ➡ 対策をおさえよ!!

　市場の失敗は，**市場メカニズムが機能しない状態**を表す言葉です。また**市場自体が成立しないこと**も含みます。よって市場では解決が困難なため，政府の財政政策が必要になります。代表的なものは次の3つです。

倫政の出題内容・一発表示！ ▶▶▶ 市場の失敗

1 **公共財**の問題
⇒民間企業は採算が合わない道路，水道等の公共財は提供しない（**非採算性**）
⇒公共財は対価を支払わずに利用する「**フリーライダー**」が発生しやすいため，民間企業は提供しない（**非排除性**）
⇒公共財などの基本的性質は，**ある人の消費が他の人の消費を減少させることなく，全員が無料で利用できる（非競合性）**

2 外部効果⇒ある経済主体が他の経済主体に対価を支払わずに与える経済効果
　① **外部不（負）経済**
　　⇒マイナスの外部効果，**公害**など
　　⇒公害の発生者がその経済的損失分を補填することで解決する（政府が**PPP**
　　　[**汚染者負担の原則**]などの政策の実施や環境税などを導入する）
　② **外部経済**
　　⇒プラスの外部効果，新しい駅の建設による地価の高騰など

3 **独占・寡占**
⇒市場が1社，ないし数社で独占され市場メカニズムが機能しない

まず**1**の公共財の問題のように，**公共財は採算が合わないなどの理由から民間企業は提供しようとしません**（非採算性）。また，灯台のサービスなどは**対価を支払わなくても利用できてしまいます**。こうした対価を支払わない利用者（**フリーライダー**）を排除しにくいのも特徴です（**非排除性**）。さらに，座席数に限りのある予備校の授業などと違い，灯台のサービスなどは，**全員が無料で利用できてしまいます**。つまり，消費に競争が起こりません。よって，企業がサービスを提供しようとしないのです（**非競合性**）。必ず具体例をイメージしてください。だから政府が**財政政策**によって提供します。**市場が成立しないので市場の失敗となります**。

2の外部効果は，ある経済主体が他の経済主体に対価を支払わずに与える経済効果です。**プラスの効果なら外部経済。マイナスの効果なら外部不（負）経済といいます**。外部経済の例は，駅の建設で，その地域の経済が活性化することなどです。逆に**外部不（負）経済**の例は，**公害**の発生で，別の経済主体に不利益を及ぼすことなどです。ただし，政府が公害の発生者にその経済的損失分を補填（ほてん）させる PPP（汚染者負担の原則）などを政策化することで解決できます。これを「**外部不経済の内部化**」といいます。また政府が，**生産活動自体を制限**することも解決につながります。特にプラスの外部経済も市場の失敗になるので注意が必要です。

最後の**独占**（**1社での市場独占**）・**寡占**（**数社での市場独占**。また，2社の場合は「**複占**」と分けることもあります）**は，この状態では価格は企業が支配していくことになり，市場メカニズムが働かず，価格がなかなか下がらない，価格の下方硬直化**が発生してしまいます。よって政府が**独占禁止政策**を実施しています。この後6節で詳しく見ていくことにしましょう。

ちょっとひと休み　スターバックスと街中の珈琲屋

　1980年代から，各国は財政再建を声高に叫んで「新自由主義」なる政策を推し進めていく。要するに経済的自由を拡大し，市場競争を加速させるため，政府は規制緩和を行い，歳出を削減する，といった内容だ。アメリカの「レーガノミックス」，イギリスの「サッチャリズム」に代表されるこうした政策は，スターバックスなどの大資本を持つ大企業・多国籍業がますます利潤を拡大していく一方で，街中の小さな珈琲屋は店じまいをするといった具合に格差を拡大させた。また日本では，1985年から労働者派遣事業法が制定され，「派遣労働」が合法化され，正社員との賃金格差が問題となっている。富める者はますます富み，貧しき者はますます貧しくなるこの悪循環は，是正されるどころか加速している。今，「市場あり方」が問い直されている。

独占禁止政策

ここが出る！ 試験前の倫政の出題・正誤 Point！

① 「カルテル」，「トラスト」，「コンツェルン」を対比して覚える
② 「独占禁止法」の内容と目的に注意

💡 独占禁止法と公正取引委員会

　3節と5節で勉強した通り，**独占市場**（**不完全競争**市場）では市場メカニズムが働きにくくなり，価格が下がりにくくなる（**市場の失敗**）などの問題が発生します。

　そこで政府が法律などを制定し，「自由競争の促進」を通して，完全競争市場となるように監視したり勧告を行ったりします。日本では戦後，GHQ による**財閥解体**の一貫として**独占禁止法**（1947年）が制定され，それに基づいて設置された**公正取引委員会**がこの運用に当たっています。

💡 独占の形態　➡　3種類を丸暗記

倫政の出題内容・一発表示！ ▶▶▶独占の形態

1 **カルテル**⇒生産量や価格などの協定を結んで企業連合を形成
　→例外として**再販売価格維持制度**（本や雑誌などの定価販売）は適用除外（つまり，規制がかからない）

2 **トラスト**⇒価格支配力を高めることを目的とした同一産業の企業の合併（企業合同）

3 **コンツェルン**⇒持株支配（企業連携）　1997年解禁
　→1997年に金融ビッグバンにともなって，それまで認められていた事業持株会社に加えて，純粋持株会社が**解禁された**

　これは独占を行う際の手法だと考えてください。カルテルについては，例外として「**再販売価格維持行為**」があります（本来，これはカルテルになるため禁止されていますが，メーカーが小売店に定価販売を義務づける**著作物については例外として認められています**）。**コンツェルン**は1997年に金融ビッグバンにともなって「**解禁（つまり認められた）**」されたことを押さえておいてください。これについては第

10章「金融と財政」の分野で詳しく学習します。

💡 えっ!?　独占禁止政策の先駆けは「米国」!?

　実はそうなんです。19世紀後半，**アメリカ**ではスタンダード石油などがトラスト（価格を支配する目的での合併）を行い，市場が寡占化していました。こうした事態に対応するため，**1890年にシャーマン法〔反トラスト法〕が米国で制定されます**（年号よりも19世紀後半，と覚えるようにしよう）。

　正誤判定で肝心なことは，**独占禁止政策の目的は「自由競争の促進」である**，ということです。つまり，経済の自由を守るためにあるということです。一般に「規制」や「規制強化」ときくと「競争の阻害」とイメージしがちですが，**独占禁止政策の「規制」や「規制強化」は，自由競争を促進する性格を持つので正誤判定の際は注意してください。**

ここで差をつける！　　　需要の価格弾力性

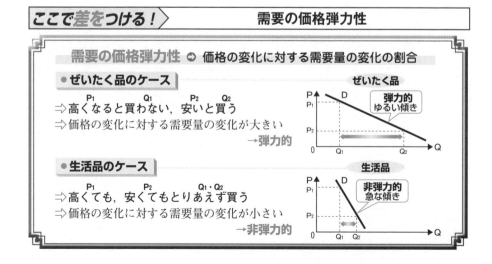

需要の価格弾力性 ⇨ 価格の変化に対する需要量の変化の割合

●ぜいたく品のケース

P₁　Q₁　　P₂　Q₂
⇒高くなると買わない，安いと買う
⇒価格の変化に対する需要量の変化が大きい
　　　　　　　　　→弾力的

ぜいたく品
弾力的
ゆるい傾き

●生活品のケース

P₁　P₂　　Q₁・Q₂
⇒高くても，安くてもとりあえず買う
⇒価格の変化に対する需要量の変化が小さい
　　　　　　　　→非弾力的

生活品
非弾力的
急な傾き

第**9**章

国民所得と経済成長

攻略の視点

受験生がなかなかとっつきにくいこの分野。まず簡単な言葉に置き換えてから，原理の上に用語をのっけて「考えて」みましょう。問題を解けばアッサリ理解できます。暗記ではなく理解する要素が多い分野なので，とにかく問題と照らし合わせながら具体例や出題例を意識して学習しましょう。

特に問題演習での定着がカギを握ります。問題編に必ず取り組みましょう。

この章の攻略ポイント

❶ ストックとフロー
❷ 付加価値と三面等価の原則
❸ 実質と名目の違い
❹ GDP と GNP →何が「含まれ」，「含まれない」のか
❺ NNWとグリーン GDP
❻ ４種類の景気の波と経済成長（名目値と実質値の相違）

1 ストックとフロー

ここが出る！　試験前の倫政の出題・正誤 Point！

① ストック「一時点の資産」，フロー「一定期間の取引量」の区別
② 生産＝分配＝支出，各面から見た所得は原則等しい「三面等価」の原則
③ GDP（国内総生産）＝「国内」で生み出された所得，
　　GNP（国民総生産）＝「国民」によって生み出された所得
④ 名目とは「カネ・受取り」，実質とは「モノ・量」でみる概念

　ここからは一国の全体の経済を眺めていきます。まずはその国の豊さを測る指標からです。暗記せずに**原理をしっかりととらえて，そのうえに用語を重ねて，必ず問題を解く‼**　このプログラムで，意外とアッサリ解けるようになるハズです。

💡 ストックとフロー　➡　「一時点」か「一定期間」か

　その国の豊かさを見る時，実は２つの視点から見ていく必要があります。

　たとえば，１月１日の「**時点**」で，何冊の本を「持っているのか？」と，１月１日からその年の12月31日までの「**一定期間**」に新たに何冊の本を「買って増やしたか？」はまったく違います。

　これは国家も同じで，「**ある時点での資産をどれだけ持っているのか**」ということと，一定期間に「**新たにいくらの所得を生み出したか（→これを付加価値という）**」は区別されます。

　前者の視点を**ストック**といい，後者の視点を**フロー**といいます。

💡 ストックの代表的指標　➡　国富

　まずその国がある時点でどれだけのモノ，つまり「**資産**」を持っているのか，という指標です。これを**ストック**の指標といい，**国富**が代表的なものです。当然これらは**国民所得を生み出す基盤となります。**

　まとめると，こんな感じになります。

倫政の出題内容・一発表示！　▶▶▶国富

ある時点での実物資産の合計　ストックの概念。
国富＝非金融資産＋対外純資産　※金融資産は入らない

金融資産とは，例えば預金などですが，僕が100万円銀行に預金した場合，銀行はいつか僕に100万円を返さないといけません。つまり国全体で見た時，この**金融資産は誰かの負債となってしまっているため「＋－ゼロ」となります**。だから国富には**計上しません**（非金融資産のみ計上）。

ただし，金融資産を含めた「**国民資産**」というストックの統計も存在します。

💡 フローとしての国民所得　➡「三面等価の原則」がポイント!!

一定期間（多くは1年で統計を取る）で生み出された**付加価値**の合計を，広い意味の**国民所得**といいます。これが**フロー**の指標です。

例えば僕が働いて1年間に300万円「**生産**」したとします。僕はその300万円を会社から「**分配**」され，最後に服を買ったり，ラーメンを食べたり，預金をしたりして300万円を「**支出**」します。

つまり「**生産**」，「**分配**」，「**支出**」**から見た国民所得は国全体でも等しい額になり**，これを**三面等価の原則**といいます。

ちなみに生産面からみた指標を「**GDP**（国内総生産）」，支出面からみた指標を「**GDE**（国内総支出）」といい，値は同じです。この節末の「資料を見る」を参照してください。

もう少し考えてみましょう。今，君がコンビニで100円のおにぎりを買って100円「**支出**」すれば，コンビニはその100円を受け取り100円分の「**生産**」をしたことになります。そしてその100円は従業員などに「**分配**」されます。これは国全体でも同じことがいえます。

こんな感じにまとめておきます。

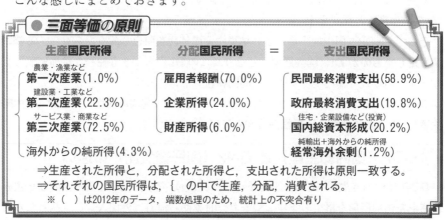

● 三面等価の原則

生産国民所得	=	**分配国民所得**	=	**支出国民所得**
農業・漁業など **第一次産業(1.0%)**		**雇用者報酬(70.0%)**		**民間最終消費支出(58.9%)**
建設業・工業など **第二次産業(22.3%)**		**企業所得(24.0%)**		**政府最終消費支出(19.8%)**
サービス業・商業など **第三次産業(72.5%)**		**財産所得(6.0%)**		住宅・企業設備など(投資) **国内総資本形成(20.2%)**
海外からの純所得(4.3%)				純輸出＋海外からの純所得 **経常海外余剰(1.2%)**

⇒生産された所得と，分配された所得と，支出された所得は原則一致する。
⇒それぞれの国民所得は，{ の中で生産，分配，消費される。
※（ ）は2012年のデータ，端数処理のため，統計上の不突合有り

　一定期間の付加価値をみる国民所得指標には，計算過程によっていくつかの指標に分かれます。

　国全体で考えると大きくなるので，ラーメンで考えてみましょう。

　たとえばラーメン屋が500円を売り上げたとします。これを**総生産額**といいます。でもこれは付加価値ではありません。500円のラーメンを生産するには，原材料費や光熱費（**中間生産物**）が支払われていたり，機械の設備費（**減価償却費・固定資本減耗**）がかかっていたりします。そして**間接税**が入っているので後で納税しなければなりません。また，企業には政府から**補助金**が下りています。

　よって二重計算を避けるためにそれらを足したり引いたりするのです。

　例えば，こんな感じです。

```
●国民所得指標

総生産額 −中間生産物（原材料費など）−減価償却費（固定資本減耗）−間接税＋補助金
　　　　　　　　　　　　　　　　　　　　　　　　　　　　　　　　　　　　（純間接税）
GDP〔国内総生産〕
　　　　　　　　NDP〔国内純生産〕
　　　　　　　　　　　　　DI〔国内所得〕
```

　総生産額から**中間生産物**を引いたものが **GDP**（**国内総生産**）です。

　GDP（国内総生産）から**減価償却費**（**固定資本減耗**，例えば，10,000円の鍋を10年で使うならば，1年あたり1,000円が減価償却費となる）を引いたものが **NDP**（**国内純生産**）となります。

　そして，NDP（国内純生産）から納税する**間接税**を引き，政府からもらえる**補助金**を足したものが **DI**（**国内所得**）となり，この DI がもっとも純粋な付加価値となります（間接税と補助金の差額を「**純間接税**」といいます）。

　このように計算過程をどこまで行うのかで，**GDP**（**国内総生産**），**NDP**（**国内純生産**），**DI**（**国内所得**）に指標が分かれているわけです。

GDP（国内総生産）と GNP（国民総生産）の違い

　GDP は国内総生産（Gross Domestic Product）です。従って**日本国内から生み出された付加価値**を計上します。つまり，日本から海外（外国人）に支払われた所

得は含みますが，逆に海外から日本（日本人）に支払われた所得は含まれません。

そこで，**日本人が生み出した所得を見ようとする指標**があります。これが **GNP**（国民総生産，Gross National Product）です。

計算は簡単です。**この海外から日本（日本人）へ支払われた所得（海外からの要素所得）を足して，日本から海外（外国人）に支払われた所得（海外への要素所得）を引いてしまいます。**理由は日本人が生み出したものではないからです。ちなみにこの「**海外からの要素所得**」と「**海外への要素所得**」の差額を「**海外からの純所得**」といい，これを GDP に付け加えれば GNP に早変わりするわけです。

倫政の出題内容・一発表示！

「**国内**」で国籍にかかわらず生み出された→「**GDP**」へ
「**日本人**」が場所にかかわらず生み出した→「**GNP**」へ
※ここでいう国民には，1年以上その国に居住している外国人・外国企業（法人）も含まれる

GNP＝GDP＋**海外からの純所得**

逆に GDP＝GNP －**海外からの純所得**

※2000年より GNP（国民総生産）は GNI（国民総支出）へと変更されたが，三面等価（支出＝生産＝分配）より，その額は同じである。ただし実際の入試では GNP での出題が多い。

ここで GDP と GNP に計上されるもの「○」と，そうでないもの「×」を区別しておきます。大事なポイントなので必ず覚えてください。

倫政の出題内容・一発表示！ ▶▶▶ GDPとGNP

	GDP（国内総生産）	GNP（国民総生産）
海外で日本人が得た所得	×	○
日本で労働した外国人への賃金	○	×
海外の日本企業の生産額	×	○
日本の海外企業の生産額	○	×
日本人の海外への投資により受け取った利子・配当	×	○
外国人が日本への投資で受け取った利子・配当	○	×

GDP に対して NDP，DI があったように，**GNP** に対しても **NNP**（国民純生産），**NI**（国民所得）があります。その計算過程は先に GDP，NDP，DI について見たものと同じです。まとめると，

3つの計算過程	【国 内 概 念】「海外からの純所得」を計上しない	【国 民 概 念】「海外からの純所得」を計上する
① 総生産額－中間生産物	GDP（国内総生産）	GNP（国民総生産）
② ①－減価償却費（固定資本減耗）	NDP（国内純生産）	NNP（国民純生産）
③ ②－純間接税（間接税－補助金）	DI（国内所得）	NI（国民所得）

💡 真の豊かさとは？　➡ NNW・国民純福祉

かつて大学の経済学の先生がこんなことを言っていました。

「もしGDPを引上げたかったら，蚊をぶちまければいい。するとみんなは殺虫剤を買うからGDPは引上げられる。でもこれって幸せですか？」。

そう，決してGDPは本当の豊かさを表しているとはいえません。そこで，**福祉などを考慮したNNW**（**国民純福祉**）や，**公害対策などを考慮したグリーンGDP**などの指標が存在しています。ボードで確認していこう。

●NNWとグリーンGDP

NNW＝NNPの投資を除いた項目＋福祉項目－非福祉項目
福祉項目とは**余暇時間，市場外取引活動であるボランティアや家事労働**など。これらが**増加すればNNWの値は大きくなる**。ちなみに非福祉項目とは，**環境維持経費や環境汚染による損失**など。

グリーンGDP＝GDP－帰属環境費用（**環境悪化による価値減少分**）
環境対策を行っている国ほどグリーンGDPの値はGDPの値に近くなる。

💡 これってGDPに計上される？　それともされない？

第1節のシメにちょっと考えてみましょう。

たとえば，家事労働やボランティア，ガレージセールなどは？　これは市場外取引なので計上されません。もちろん公害などの損失分も計上されません。よって**急激に経済成長をとげている国は，多くが公害をそのまま垂れ流しても，グリーンGDPを指標として使わないかぎり，GDPの数値に表れてきません。**

じゃあ医療費は？　正解は支出をともなう市場取引だから計上されます。

また，下に掲げるものも「**みなし計算**」といって GDP にとりあえず計上することになっているので，注意して下さい。

● みなし計算

持ち家の帰属家賃…持ち家を所有している人の家賃（住宅ローンの返済など）
農家の自家消費…農家自らが作った作物の消費
企業の現物給与(現物支給)…社員に対する，社宅サービスの提供などの現金以外の給与
公共サービス…官公庁の窓口や警察消防などの公共サービス

ちなみに，**付加価値**（GDP など）はあくまでも，**生産活動によって生み出された価値のこと**です。従って，保有している株式などの資産の価格の変動による差益の増減（**キャピタルゲイン，キャピタルロス**）などは，生産活動による成果とならないため，**付加価値**（**GDP など**）に含めないことになっています。

資料を見る！ 日本経済の三面等価 〜2013暦年（名目値）モデル

(単位：10億円，暦年，名目)

生産面（GDP）	
1．産業	422,208.8
(1) 農林水産業	5,753.3
(2) 鉱業	310.5
(3) 製造業	88,283.9
(4) 建設業	27,913.7
(5) 電気・ガス・水道業	8,381.7
(6) 卸売・小売業	69,099.2
(7) 金融・保険業	21,514.2
(8) 不動産業	56,180.7
(9) 運輸業	23,254.7
(10) 情報通信業	26,645.3
(11) サービス業	94,871.7
2．政府サービス生産者	43,123.5
3．対家計民間非営利サービス生産者	11,119.0
小　計	476,451.3
輸入品に課される税・関税	6,377.1
(控除) 総資本形成に係る消費税	2,637.3
国内総生産（不突合を含まず）	480,191.1
統計上の不突合	−63.1
国内総生産（不突合を含む）	**480,128.0**

支出面（GDE）	
1．民間最終消費支出	293,549.6
2．政府最終消費支出	98,773.7
3．総固定資本形成	104,318.5
4．在庫品増加	−2,879.7
5．財貨・サービスの純輸出	−13,634.0
(1) 財貨・サービスの輸出	77,547.4
(2) (控除) 財貨・サービスの輸入	91,181.4
国内総生産（支出側）	**480,128.0**

分配面（GDI）	
1．雇用者報酬	247,846.5
2．営業余剰・混合所得	92,213.4
3．固定資本減耗	101,870.9
4．生産・輸入品に課される税	41,316.8
5．(控除) 補助金	3,056.4
6．統計上の不突合	−63.1
国内総生産（生産性）	**480,128.0**
海外からの所得の純受取	17,646.3
うち海外からの財産所得（純）	17,515.3
海外からの所得	24,655.9
(控除) 海外に対する所得	7,009.6
国民総所得（GNI）	**497,774.4**

（内閣府「2013年度国民経済計算」より）

2 物価と経済成長率

ここが出る！ 試験前の倫政の出題・正誤 Point！

① 名目は「カネ」の受け取り，実質は「モノ」の量
② 景気変動の4つの波

💡 インフレーションとデフレーション ➡ 具体例で理解する

倫政の出題内容・一発表示！

1 **インフレーション**→通貨価値が「**下落**」，物価水準が継続して「**上昇**」
「**景気過熱期**」にみられる

2 **デフレーション**→通貨価値の「**上昇**」，物価水準が継続して「**下落**」
「**景気後退期**」に見られる

3 **スタグフレーション**→**不況と物価上昇が併発**　ex）1970年代の**オイルショック**

　ここからは物価と経済成長率について勉強します。物価は日々変動しています。例えば，僕が小学生の時，缶ジュースは1本100円でしたが，そのあとちまちま上がって，今は120円となっています。もちろん**物価は個別的財の価格変動ではなく，それらを国全体で総合してみる指標**です。例えば，今通貨がそれまでの10倍出まわったとしましょう。当然通貨の価値は10分の1に下落してしまいますよね。そのとき街に出るとどうでしょうか。きっとそれまで100円で売られていた商品は10倍の「1000円」になっていることでしょう。これを**インフレーション**（**通貨価値の下落＝継続的な物価上昇**）といいます。**景気過熱期**によく見られます。

　今度は逆に，今通貨がそれまでの10分の1しか出まわらなくなったとしましょう。当然通貨の価値は10倍に上昇してしまいます。その時街に出るとどうでしょうか。きっとそれまで100円で売られていた商品は10分の1の「10円」になっていることでしょう。これを**デフレーション**（**通貨価値の上昇＝継続的な物価下落**）といいます。景気の悪い時は通貨供給量が減少するので，**景気後退期**によく見られます。

　ただ，中には例外的な事例もあります。1970年代に**オイル・ショック**（**石油危機**）がありました。この時，石油の供給が減少したので，原材料費が上昇して物価は上がってしまったのです。そして，モノが売れなくなって景気は低迷しました。この

ようにインフレと不況が例外的に併発することをスタグフレーションといいます。

💡 経済成長率 ➡ 考え方に注意

　経済成長率とは，ある年と比較してGDPの伸び率を示したものです。ただし，**物価の変動を除去しない名目経済成長率**と，**物価の変動を考慮に入れる実質経済成長率**とがあります。例えば，**所得が倍になっても，インフレで物価も倍になったら実質的には成長率は同じ**ですよね。もちろん**所得よりも物価の上昇率が高ければ成長率はマイナス**になってしまいます。

　逆に所得（カネ）の受け取りが2倍になっても（100% up），物価も2倍になってしまえば（100%のインフレ），買えるモノの量は変わりません。つまり，頭の中で君は**受け取った所得から物価上昇分を差し引いた**のです（100%－100%＝0％）。

　正しい計算式は以下のようになります。

倫政の出題内容・一発表示！ ▶▶▶経済成長率

名目値→「カネ・受け取り」でみた→物価変動分を「**除去しない**」
実質値→「モノ・量」でみた→物価変動分を「**除去する**」

⇒**名目経済成長率**…物価の変動分を**除去しない**経済成長率

$$\frac{\text{今年度の名目GDP（比較年次）}－\text{昨年度の名目GDP（基準年次）}}{\text{昨年度の名目GDP（基準年次）}}×100$$

⇒**実質経済成長率**…物価の変動分を**除去する**経済成長率

■まずGDP名目値を実質値に変換する

$$\frac{\text{名目値}}{\text{デフレーター}}×100＝\text{実質値}$$

※デフレーターは5％のインフレなら「105」，5％のデフレなら「95」，±ゼロなら「100」です。基準年次は基本的に「100」となりますが，問題によっては基準に「101」などが与えられることもあります。

$$\frac{\text{今年度の実質GDP（比較年次）}－\text{昨年度の実質GDP（基準年次）}}{\text{昨年度の実質GDP（基準年次）}}×100$$

となります。

　試験場では，計算よりもまず**理屈で理解する**ほうが得点に結びつきます。

💡 4種類の景気の波 ➡ まずは覚えよ!!

　資本主義経済のもとでは，自由競争を原理にしているため，景気変動（景気の波）が存在します。大切なのは下にある**4種類の景気変動の波**です。それぞれの学者が1周期がだいたい何年で訪れ，その理由について述べています。特に**ジュグラーの波は主循環**とよばれ，基本的な指標になっています。

倫政の出題内容・一発表示! ▶▶▶景気変動の波

波の名称	周期	要因（根拠）
キチンの波	40カ月	企業の在庫の調整→**在庫投資**
ジュグラーの波	8年～10年（主循環）	生産設備の買い換え→**設備投資**
クズネッツの波	15年～25年	建物の建て替え→**建設投資**
コンドラチェフの波	50年～60年	**技術革新**（イノベーション）

※コンドラチェフの波の要因を「技術革新」と分析したのはシュンペーター（『経済の発展について』）である。

　また**ペティ・クラークの法則**も頻出なので確認しましょう。これは，**経済発展とともに，就業人口が第一次産業（農業，漁業）から第二次産業（工業，建設業），第三次産業（商業，サービス業）へと移行する**というものです。日本も高度経済成長期に当たる1960年代からこの動きが加速しました。

● 景気変動と景気の波

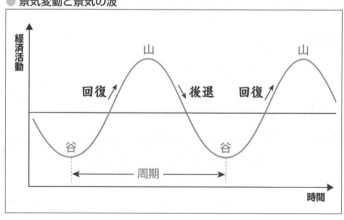

第 10 章

金融と財政

攻略の視点

　金融はカネのやりとりのことで，「金」を「融通」するので「金融」といいます。さっくり言えば「カネ」が血液なら，これらを循環させる金融機関は「心臓」や「血管」の役割をしています。この血のめぐりが悪くなれば，当然経済は後退・停滞してしまいます。

　20世紀に入ると世界恐慌により，政府の経済への介入の必要性が高まりました。当然ながら市場は完璧ではないので政府も経済活動を行います。これを「財政」といいます。

　僕たちから税金を取って，道路をつくったり，税金の徴収の方法などによって景気や所得分配を調整したりしています。

　原理をしっかり理解し，時事的動向にも目を配りましょう。

この章の攻略ポイント👉

〈金融〉
❶ 金融の種類➡日本は間接金融中心，アメリカは直接金融中心
❷ 金本位制と管理通貨制度の特徴
❸ 日銀の金融政策
❹ 銀行の信用創造
❺ 金融ビッグバンとその動向
〈財政〉
❶ 財政の三大機能
❷ 財政政策と租税制度➡特に間接税と直接税の相違
❸ 歳入と歳出➡特に歳出ベスト4と国債の発行原則
❹ プライマリー・バランスの理解

1 金融

ここが出る！ 試験前の倫政の出題・正誤 Point！

① 間接金融「銀行から」，直接金融「自ら発行する株式・社債から」
② 金本位制と管理通貨制度
③ 金融政策の量的緩和とは日銀が市場への「マネタリーベース」を増やすこと

💡 金融 ➡ 直接金融と間接金融の対比

　例えば，企業が新しい工場を作る場合（これを**設備投資**という），全額即金というわけになかなかいきません。もちろん資金にきちんと余裕がある企業は別ですが。

　まず銀行からお金を調達することを間接金融**方式，銀行を介さずに株式を発行して株主から資金調達するのを**直接金融**方式といいます。アメリカは後者が主流で，かつての日本は前者が中心**でしたが，**近年は後者の比重が高まっています。**

　このように経済社会では金の貸し借り，つまり金融が必要になるわけです。金を融通する，という意味で「**金融**」といいます。また，**株式の発行や内部留保**など自前で調達した（返済義務のない）資金を「**自己資本**」といい，**社債の発行や借入金**などによって調達した（返済義務のある）資金を「**他人資本**」といいます。金融機関が金融業務を行う場合は，**自己資本比率**（総資本に占める自己資本の割合）が一定割合必要となります。このルールを「**BIS 規制**」といいます。

倫政の出題内容・一発表示！ ▶▶▶金融の種類

１ 間接金融…借手と貸手の間に**金融機関などを介する**間接的な金融方法
２ 直接金融…借手が貸手に**社債や株式を直接売買**して行われる金融方法

💡 通貨体制は金本位制から管理通貨制度へ

　それでは通貨を発行するシステム，通貨制度を学習していきましょう。まず，**金本位制**。これは**その国の金の保有量に応じて通貨を発行するもの**で，通貨価値は**安定**します。しかし，通貨量の調整が自由にできないので，**景気調整が行いにくい**のです。

　その後**1930年代の世界恐慌**が始まると，通貨供給量の調整が必要となり，自由に通

貨を発行できる**管理通貨制度**に切り替わっていきます。これを提唱したのが，イギリスの経済学者**ケインズ**です。ただし**自由に中央銀行が通貨を発行する**ので，**インフレになる危険**もあります。

倫政の出題内容・一発表示！ ▶▶▶通貨体制の変遷

19世紀　金本位制		20世紀　管理通貨制度
⇒**金の保有量に応じて**通貨発行	景気調整の必要性	1930年代⇒**中央銀行が通貨を管理・発行**
⇒金と交換可能な **兌換紙幣** (だかん)		世界恐慌⇒金と交換できない **不換紙幣**
メリット…通貨価値の**安定**		メリット…景気調整可能
デメリット…景気調整**不可**		デメリット…**インフレの危険**
※1816年，イギリスで始まる		※ケインズの提唱による

💡 通貨の機能の確認　➡　4つの具体例

ここで通貨の4つの機能をみていきます。ふだん何気なく通貨を使っていますが，どんな機能があるのでしょう？　まずは具体例を想像できるようにしましょう。

1つ目は**価値尺度**，**価格の表示**などがこれです。

2つ目が**価値貯蔵手段**，つまり**持ち歩ける**ということです。

3つ目は**交換手段**，**品物と交換**する機能です。

4つ目が**支払手段**，これは**一定期後の支払い**，例えば，携帯の通話料や電気代の支払いです。僕らは現金を支払いながら通話をしている訳ではないですよね。ポイントは**交換手段がその場での決済**，支払手段が**一定期間後の決済**ということです。

価値尺度　価値貯蔵手段　交換手段（その場の決済）　支払手段（一定期間後の決済）

💡 金融政策　➡　日銀による通貨供給量(マネーストック, MS)の調整政策

その国の通貨発行銀行を**中央銀行**といい，日本では**日本銀行**（以下日銀）です。

さて，この日銀には3つの役割があります。1つ目が唯一の「**発券銀行**」。つまり，お札（日本銀行券）を発行できるのは日銀だけです。2つ目が「**政府の銀行**」。これは税金などで集めた**国家予算などを国庫金という形で管理**しています。3つ目が「**銀行の銀行**」。銀行間の決済や銀行への融資をしているのです。

また日銀は市場に流れている**通貨供給量**（マネーストック）などを調整して，物

価安定を目指します。これを金融政策といいます。

> ● 金融政策
>
> **好況時**（インフレ局面）⇒（市場に通貨が出回り過ぎ）　通貨供給量を［**減少**］
> 　　させる。引き締め政策
> **不況時**（デフレ局面）⇒（市場に通貨があまりない）　　通貨供給量を［**増加**］
> 　　させる。緩和政策

　例えば，好況時は通貨が出回りすぎて景気が過熱しているので，通貨供給量を減少させる政策をとります。これを「**引き締め政策**」といいます。反対に不況時は，通貨がうまく出回っていないので，通貨供給量を増加させる政策をとります。これを「**緩和政策**」といいます。これを以下の**3つの手段で行います**。

💡 日銀の金融政策手段　➡　3つを押さえよ!!

1　**政策金利操作**（金利政策）　好況➡**引上げる**　不況➡**引下げる**

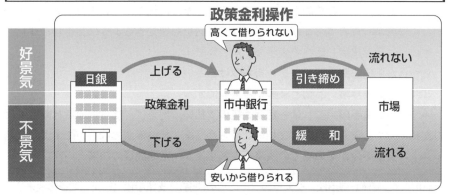

政策金利操作

　政策金利とは，日銀が政策の目標とする金利のことで，かつては，日銀が市中銀行に通貨を貸出す時の金利（基準貸付利率。2006年までは**公定歩合**とよんでいました）でした。その後，銀行間の短期市場である「コール市場」（短期間で貸借が行われ，「呼べば戻ってくる」という意味で「コール市場」といわれる）の金利である**コールレート**（無担保コール翌日物）などのことを指すようになりました。

　かつて日銀は公定歩合の操作で金融政策を行っていましたが，**1994年に金利の完全自由化**が実現すると，**市中金利が公定歩合と連動せず，政策が機能しなくなりました**。このため現在では，**公開市場操作により資金量を操作し**（448ページで詳説），

コールレートなどを調整（1999年からはゼロ金利政策なども実施）しているのです。近年の金融政策は動向が変わりやすいので，大枠を捉えるようにしましょう。

　例えば，この金利が上がるとどうなります？　当然利子が高いからあまり通貨が出回りません。つまり，**好況時は政策金利を上げる**んです。不況時は逆に**政策金利を下げて**，通貨が出回りやすい状態，借りやすい状態にするんです。

　ちなみに**コールレート**は1999年2月～2000年8月，2001年3月～2006年7月までの間，0に近い水準でした。これを**ゼロ金利政策**といいます。

　また，2016年2月からは，民間の金融機関が日銀に保有している口座である，**日銀当座預金**の**一部金利を「マイナス」としました**。つまり，民間銀行が日銀にお金を入れておくと，預金が減ってしまいます。すると日銀当座預金からお金を引き出して，世の中（市中）にお金を貸し出すはずだ，と日銀は考えたわけです。これを**マイナス金利**政策といいます。

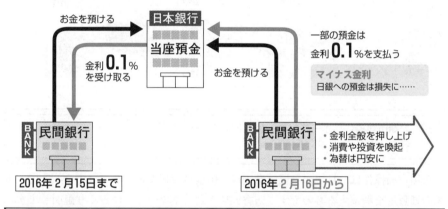

```
2  支払準備率操作（預金準備率操作）  好況➡引上げる  不況➡引下げる
```

　例えば，僕が今日100万円預金したとします。その預金を銀行が全部どこかに融資してしまったら，僕は次の日預金を引き出せません。だから**市中銀行は預金者が預金を引き出す時の支払いのための準備金をとっておく**のです。とっておくといっても，実際には日銀に市中銀行が保有する**日銀当座預金口座**に預け入れます。この預り金の割合を**支払準備率**や**預金準備率**といいます。

　さて今，日銀がこの支払準備率を10％に設定していたとします。そして僕が100万円を預金したとすると，その市中銀行は僕の預金の10％，つまり10万円を日銀に支払準備金として預けることになります。当然市中銀行には90万円残りますから，こ

れを市場に流すことになります（詳しくは450ページの「**銀行の信用創造**」で解説）。

　今度は支払準備率を１％に設定するとどうなりますか？　そうです，その市中銀行は１万円を日銀に預けて，99万円を市場に流すことができるのです。もうわかりますね。つまり**好況時は支払準備率を引上げて**，できるだけ市場に資金が流れないように，逆に**不況時は支払準備率を引下げて**，市場に資金が流れやすい状態をつくるのです。この支払準備率を日銀が決定することで，通貨供給量の調整を行います。なお，**1991年以降**，支払い準備率に変化はなく，**事実上この政策は休眠状態です。**

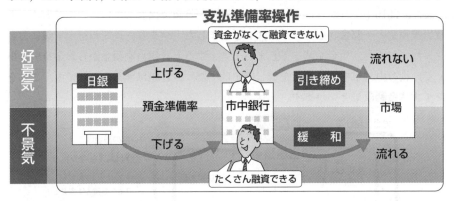

3 **公開市場操作**（オープンマーケットオペレーション）
　　好況➡**売りオペ**　不況➡**買いオペ**

　公開市場操作は，日銀が**有価証券**（株や国債，社債など）を売買することで，市場の通貨量を調整するものです。一番大切なところなので，ゆっくり説明します。

　例えば今，日銀が１億円分の有価証券を市中銀行に売った（**売りオペ**）とします。すると市中銀行はこの有価証券を現金で買うわけですから，１億円分の現金（**マネタリーベース**）が，市中銀行から減ってしまいます。こうして１億円を日銀が取り上げたことになるわけです。すると**市中銀行に資金が減りますから，市場に資金が流れにくくなります。**よってこの売りオペは**好況時**に行われます。

　今度は逆に不況時を考えましょう。例えば今，日銀が１億円分の有価証券を市中銀行から買った（**買いオペ**）とします。すると１億円が市中銀行に入ってきます。つまり，市中銀行の有価証券が現金に換わるので**市中銀行の資金量が増え，市場に資金が流れやすくする**わけです。よって，この買いオペは**不況時**に行われます。

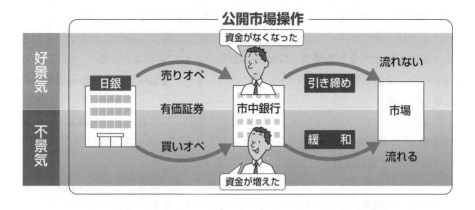

実は2001年以降，一時期を除き，**現在の日銀の主軸となる金融政策**です。

　そして，**この公開市場操作を行なうこと，つまり量的操作を行うことが，実は■**
で説明した政策金利（コールレート）の操作に繋がることになります。大切なので
これまたゆっくり説明します。

💡 ここで，需要・供給曲線のグラフで考えてみよう

　下のグラフは，**縦軸が金利，横軸が資金量，D は資金需要，そして S が資金供給**
を示しています。

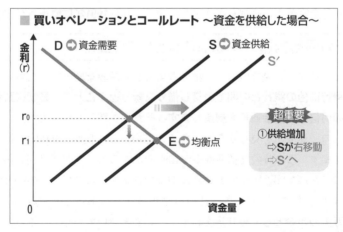

■ **買いオペレーションとコールレート ～資金を供給した場合～**

　上のグラフは，日銀が**買いオペ**を行った場合のものです。**金融機関の国債などを**
買い取った場合，その買取り資金は金融機関が日銀に保有する「日銀当座預金」に
振り込まれます。つまり，おカネが供給されるわけですね。すると，コール市場で

必ずやろう！ ▶▶▶ 完成問題集　**第10章**

資金供給曲線が S から S′へと右にシフトし，金利が下がることになります。

　ここでは，金利をコールレート，資金量を日銀当座預金の資金量と考えてください（**逆に売りオペをした場合，S は左へとシフトし，金利は上がる**）。実はこの買いオペが「量的緩和政策」というものです。つまり，**金融政策は公開市場操作中心となりました。**

　ちなみに，金利（コールレートや長期国債の金利）に中心をおいた政策を，「**質的政策**」。公開市場操作を用いて，資金量（**マネタリーベース**[1]の量）を中心においた政策を，「**量的政策**」とよぶことがあります。

　このように政経では，一度学習したことが分野を飛び超えて繋がりだします。必ず早めに『問題集』やセンター試験の過去問にトライしてください。

　さて，いままでの講義でコールレートの誘導方法が分かったと思います。当然，デフレが続く**景気後退（不況期）は，コールレートを下げておカネのめぐりを良くしなければなりません。**ようするに，どんどん**買いオペしてマネタリーベースの量を増やし**（量的緩和），**コールレートを下げる**。それでも効果がない場合は，さらに買いオペしてマネタリーベースの量を増やし，コールレートを下げる。こうして**コールレートの誘導目標は，ついに「ゼロ」**としていくことになりました。これが「**ゼロ金利政策**」です。

　また，かつては**窓口規制**といって，日銀が直接貸し出していい金額の上限を決めて通貨供給量を調整する政策もありましたが，これは**1991年に廃止**されました。

💡 銀行の信用創造 ➡ 計算問題として頻出！

　ここからは理解が必要なので，一緒に考えながら講義を聴いてください。

　さて，**銀行は他の銀行との間での貸し借りを繰り返すことで，最初に預金された預金通貨の何倍もの預金通貨を創造します**。それを説明していきます。

　次ページの一発表示を見ながら聴いてください。まず僕が，100万円を A 銀行に預けたとします。この時の支払準備率が10% だとすると，A 銀行は10万円を準備金としてとっておいて90万円までどこかに融資できます。ここで，この90万円を a 社に貸し出すとします。そのとき a 社の口座が B 銀行にあったとすると，今度は B 銀行に90万円の預金として振り込まれます。ここまでいいかな？　さらに今度はこの B 銀行は，9万円を準備金として残して，81万円を b 社に融資したとします。

---

[1] **マネタリーベース**とは「日本銀行が供給する通貨」のこと。具体的には，市中に出回っているおカネである現金の残高（「日本銀行券発行高」＋「貨幣流通高」）と「日銀当座預金」の合計値。

するとｂ社の口座のあるＣ銀行に81万円振り込まれます。この段階で，Ａ，Ｂ，Ｃ銀行全体の預金は100＋90＋81で271万円になっています。これをゼロになるまで繰り返すと，銀行全体で当初の何倍もの預金通貨が創造されることになるわけです。下の一発表示に計算式が書いてあるので，必ず読んでおいてください。特に預金総額と信用創造額は区別が必要です。**信用創造額は，新たに生み出された部分なので，当初の預金を引くことを忘れない**ようにしましょう。

倫政の出題内容・一発表示！ ▶▶▶銀行の「信用創造」

●銀行間での貸出操作を通じて当初の何倍もの預金通貨を創造するシステム

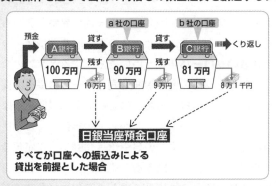

⇒これを数式で表すと

| 預金総額＝**本源的預金（当初の預金）÷支払準備率** |
| 信用創造額＝**預金総額－本源的預金** ※新たに創造された額なので最初の預金を引く |

⇒たとえば当初の預金が100万円，支払準備率が10％だとすると
預金総額は　100÷0.1＝1000万円
信用創造額は新たに創造された部分なので1000万－100万，よって900万円

💡 ペイオフ解禁と預金保険機構

　たとえば君がカネを預けていた銀行が破たんした場合，君の預金はどうなるのでしょう？

　以前は，全額を**預金保険機構**という所が保護してくれました。しかし，こうなると銀行が「最後は預金保険機構が守ってくれるもん」などと考えて危ない銀行経営をしかねません。だから現在では**1000万円**とその利息までしか保護されません。

　2002年4月から，1金融機関につき1預金者当たり，預金が元本合計額で1000万

円とその利息等までしか保護されなくなる，いわゆる**ペイ・オフ**が定期性預金でのみ解禁されました。**2005年からは**一部預金（決済用預金など）を除き，**普通預金などでも解禁**されています。

　金融や経済の知識を身につけ，主体的に判断することがますます必要とされる（この能力を「**金融リテラシー**」といいます）時代になったといえます。

💡 日本版金融ビッグバン　➡　銀行，保険，証券の相互参入が可能に！

　1980年代に入ると，世界の大手企業が海外に進出し，より多くの**多国籍企業**が生まれました。

　コンバース，ナイキ，アディダスのスニーカーは世界中どこでも履かれています。こうして国際貿易が盛んになると，当然カネのやり取りが増え，金融機関も多国籍化します。これを**金融のグローバル化**といいます。すると海外の金融機関を日本国内に参入させたり，**日本も海外の金融機関と同じルールに従う必要が生じてきます**。

　日本は，かつて大蔵省（財務省の前身）によって金融機関を手厚く保護していました。これを**護送船団方式**といいます。しかし，80年代になるとアメリカなどから**市場開放や規制緩和**を求められ，**金利の自由化**（1994年に当座預金を除く，全ての流動性預金の金利を完全自由化）に踏み切ります。これが金融の自由化のおもな動きです。さらに90年代に入ると，外資系金融との競争に打ち勝つため，メガバンクをつくる必要が生じます。そして日本の金融も国際標準（グローバルスタンダード）に乗り遅れないようにしようという動きが活発化していきました。

　1997年から徐々に，**銀行・保険・証券の垣根をなくして，相互の業務を行うことが可能になっていきます**。これを**金融業務の自由化**といいます。この動きの中で，**独占禁止法**が改正され，**持株会社**が解禁になりました。

　また外貨と円との**決済業務（為替業務）**が自由化されました。当然，こうなれば海外の商品を買う場合などの決済が楽になるし，海外旅行に行く場合，外貨交換などがスムーズにできます。こうして人々がカネを使う機会が増え，金融資本がますます拡大していきました。

　こうして外国人の日本における**株式保有率が高まっていきました**（416ページのグラフ参照）。さらに，日本の金融機関も外資系金融機関に負けじと統合を繰り返し，**金融再編が行われました**。

　実はこのビッグバン，1980年代の**英国のサッチャー政権の「サッチャリズム」**の一環として行われた金融改革（**金融ビッグバン**）をモデルとしたことから，**日本版**

金融ビッグバンともよばれています。

また、**2000年**には民間金融機関への検査や監視を行う**金融庁**が発足しました。

以下ボードに重要事項をまとめておきます。「➡」のあと、どのような結果になったのか、をきちんと整理しておきましょう。

● 金融の*自由化*と金融ビッグバン

1 金融の自由化（1980年代）
⇒**金利の自由化**（1985年から、1994年**完全自由化**）➡金融機関の自由競争が加速する
⇒市場開放・規制緩和（外資系金融機関の国内参入）➡金融機関の自由競争が加速する

2 金融ビッグバン（1997年〜2001年）
スローガン→フリー（自由）・フェア（公正）・グローバル（国際化）

①**銀行・証券・信託・保険の相互参入**（垣根撤廃）
　金融業務の自由化による巨大金融グループの誕生➡ 国際競争力の強化

②**株式売買の手数料の自由化**
　➡規制緩和による証券市場の 自由競争の加速

③**有価証券取引税の廃止**
　➡規制緩和による 証券市場の拡大

④**外国為替業務の自由化**
　国際間の決済機能が充実する➡ 貿易規模などの拡大

⑤**持株会社の解禁**（1997年独占禁止法改正）➡ 巨大金融グループの誕生

ちょっとひと休み　お金をたくさん印刷すればいい？

「お金がないなら、お金をたくさん印刷すればいいと思います。」そう言うと先生から「そんなことしたら物の値段が上がっちゃうでしょっ！」と一喝された。小学校6年生の社会の授業での出来事だ。しかし今、「お金（マネタリーベース）」増やす「量的緩和」は日銀や各国の金融政策における常套手段だ。そしてインフレを起こすことで、給料も上がるだろうとして、人々のマインドに働きかけている。よく「デフレマインドの払拭」という言葉をニュースで聞くが、これはつまり、「景気が悪くなるからお金を使うのをやめよう」というマインドを打ち消す、ということだ。そのために「日銀はこれだけお金を刷っていますよ。安心してお金を使ってください」というのが、今の金融政策なのである。お金をたくさん印刷すれば景気が良くなるという、小学校時代の愚かな答えが、今や正しい答えとされている。しかしそれは本当に正しいのだろうか。それとも間違っているのだろうか。答えは闇の中だ。

2 財政

ここが出る！ 試験前の倫政の出題・正誤 Point！

① 累進課税制度と社会保障給付制度には，
　⇒「所得の再分配機能」と，「ビルト・イン・スタビライザー」の2つの
　　機能がある
② 直接税は「負担者＝納税者」，間接税は「負担者≠納税者」
③ 建設国債「合法・公共事業費の捻出」，赤字国債「違法・ただし特例法で
　合法化」
④ 消費増税動向と税収動向⇒「所得税との税収がほぼ同じ」
⑤ 新傾向⇒「プライマリー・バランス」

💡 財政の三大機能 ➡ 市場の失敗とセットで押さえる

　20世紀に入ると世界恐慌などの苦い経験から，政府が経済活動を行う必要性が増します。以前学習したように，**市場には市場メカニズムが働かなくなる「市場の失敗」**というのがありました。これを補うものが財政の基本的な機能です。

　財政の三大機能を見てみましょう。まず**所得の再分配機能**です。これは**累進課税**などにより，所得の多い人からたくさん税金を取って，それを社会的弱者に**社会保障給付**としてまわすというものです。ただし，近年この財政の機能は小さくなっていて，格差が拡大しているとの指摘もあります。

　第2に**資源配分の最適化機能**です。これは，市場が提供しない道路や水道などを政府が**公共財**として提供するというものです。**ケインズの有効需要政策はこれとリンク**します。ただし，日本では採算の取れない施設や，道路などを建設して政府の赤字が膨らんだ事実も少なからずあります。これを「**政府の失敗**」ともいいます。

　最後に**経済の安定化調整機能**です。具体的には「**財政政策**」を実施します。日銀が行う「**金融政策**」とは絶対に区別してください。

1 所得の不公平⇒政府の**累進課税政策**と**社会保障給付政策**による
　　　　　　　| 所得の再分配機能 |

2 民間が提供しない財⇒政府が**公共財**として提供する
　　　　　　　| 資源配分の最適化機能 |

3 景気変動の存在⇒政府による| 経済の安定化調整機能 |➡| 財政政策 |の実施

💡 2種類の財政政策　➡　フィスカルポリシーとビルトインスタビライザー

　政府の景気調整政策である財政政策は**2種類**あります。**政府の政策決定により行うもの**と，**累進課税と社会保障給付のように景気によって自動的に変化することで，景気を調整するタイプ**の2種類です。これらによって「**有効需要**」（支出）の創出（または減少）をねらうわけです。次の一発表示を見てください。

1　裁量的財政政策（**フィスカル・ポリシー**）　➡政府の意図的政策による

好況期	不況期
⇔有効需要を減少させる政策をとる	⇔有効需要を増加させる政策をとる
政策**増税**，公共投資の**削減**	政策**減税**，公共投資の**増加**

2　財政の自動安定装置（**ビルト・イン・スタビライザー**）　➡景気動向による
　　自動調整

好況期	不況期
所得の上昇と失業者等の減少により	所得の減少と失業者等の増加により
⇒累進課税により税収**増加** ⇒社会保障給付金の**減少**	⇒累進課税により税収**減少** ⇒社会保障給付金の**増加**

　1つ目の裁量的財政政策（**フィスカル・ポリシー**）は，政府の時々の政策・裁量によって増減税，公共投資の支出増減を行うことで，景気を調整するものです。

　2つ目の**ビルト・イン・スタビライザー（財政の自動安定装置）**は，**累進課税制度**と**社会保障給付**の制度に組み込まれている機能です。例えば，好況期は所得環境がよいので自動的に**累進課税**により税収は増し，失業者が少ないので**社会保障給付**が減少します。逆に不況期は，所得環境が悪いので自動的に累進課税により税収は

減り，失業者が多いので社会保障給付が増加します。こうして景気を安定させる仕組みが，この2つの制度に組み込まれているのです。

　また，政府の財政政策と，日銀が行う金融政策をあわせて行う景気調整を**ポリシーミックス**といいます。

┌─────────────────────────────────────┐
│ ● **ポリシーミックス**   │
│   │
│ 注意せよ‼   │
│ ①「**政府**」が行う経済政策➡「**財政政策**」   │
│ ②「**日銀**」が行う経済政策➡「**金融政策**」   │
│ ①と②を合わせて実施➡「**ポリシーミックス**」   │
└─────────────────────────────────────┘

💡 租税について　➡　直接税と間接税を対比

┌─────────────────────────────────────┐
│ **倫政の出題内容・一発表示！** ▶▶▶直接税と間接税の公平性 │
│ 相違に注意‼   │
│ 「所得税」➡**垂直的公平**を保つ　「消費税」➡**水平的公平**を保つ │
└─────────────────────────────────────┘

　租税は，直接税と間接税に分かれています。**直接税**は，直接納税者が税務署に支払いに行くタイプのものです。つまり，**負担者＝納税者**となります。一方**間接税**は，**負担者と納税者が異なる**タイプです。例えば消費税です。僕が買った商品の消費税は，負担するのは僕，税務署に申告するのは買った店です。

　さて，ここで両者の特徴を考えてみましょう。

　まず直接税は，所得税などに**累進課税**が適用されています。よって，所得の高低により負担額が違います。これを**垂直的公平**といいます。例えば，所得税の税率幅は，5〜45％の7段階です。「**所得の再分配**」はこの制度によって機能します。ただし，すべての所得が正確に把握されないとこれは機能しません。しかし，実際には「**所得の捕捉率の不公平**」という問題があります。

　所得税は，被用者（サラリーマン）は**源泉徴収**，自営業，農業は**申告納税**です。ざっくり言うと，サラリーマンは必ず所得が税務署にバレますが，後者は申告しなければバレません。こうして**税負担に差が出てしまう問題を所得の捕捉率の不公平**といいます。だいたいサラリーマンは9割，自営業が6割，農業が4割の捕捉率なので**クロヨン問題**ともよばれます。

　一方間接税は，所得によって税率が変化しません。日本の消費税は10％（2019年

12月現在）です。所得に関係のない一律な比例課税は，**水平的公平**を実現します。ただし，**間接税は低所得者に負担が重く感じられてしまうので，逆進課税であるともいわれます。ちなみに，法人税は累進課税ではないので注意が必要です。**

消費税と税収の動向 ➡ 並進性に注意

消費税は所得税や法人税と異なり，**景気変動によって税収が左右されにくい特徴**をもちます。従って，所得税などと比べて「**ビルト・イン・スタビライザー**」の機能が弱いといえます。ただし，**退職した人からも税収を得ることができるなど，高齢化が進展した場合でも税収を見込めます。高齢化が進む中での財政再建（プライマリー・バランスの黒字化，後に解説）の役割も期待されています。**

ただし，消費税は所得に関係なく課税される「**比例**課税」です。すると，**低所得者に実質的負担が重くなる「逆進性（逆進課税となること）」が指摘**されています。従って，生活必需品などに課税しない「**軽減税率**」などが，諸外国では導入されています（2019年10月，日本でも消費税10％への引き上げとともに導入）。

┌─ ●消費税の社会的メリットとデメリット ─────────────

 メリット　　　消費税の特徴　　　デメリット

①税収が比較的景気に左右されない

②高齢化が進んでも税収が見込める

③**所得の捕捉率**による納税の不平等格差を是正する

④財政再建が期待できる

①低所得者に対して負担が重くなる「逆進性，逆進課税」

②景気後退期に課税することは更なる景気後退を招く

③逆進性を緩和する措置が明確になっていない

消費税の関連は「年号」に注意

ここで日本の消費税の歩みを見ていきましょう。特に**1989年と1997年の「年号」に注意してください**（ここで税収の動向を示すグラフも変化します）。

消費税は**1989年に３％が導入**され，その後**1997年に５％へと増税**されました。この時，**国税である消費税の他に，地方税（都道府県税）である地方消費税が創設されました。（消費税４％，地方消費税１％計５％）。**その後，2014年４月に増税（消費税6.3％，地方消費税1.7％の計**８％**）されました。ちなみに**10％**（消費税7.8％，地方消費税2.2％）への引き上げは，**2019年10月**に行われました。

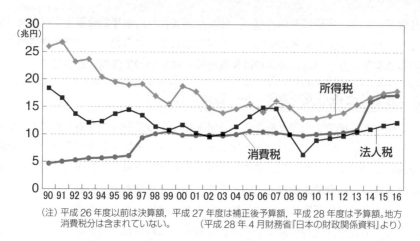

(注) 平成 26 年度以前は決算額，平成 27 年度は補正後予算額，平成 28 年度は予算額。地方消費税分は含まれていない。 （平成 28 年 4 月財務省『日本の財政関係資料』より）

このように，**消費税率引上げ年度に消費税収が急増している**ことが分かります。

💡 プライマリー・バランス（基礎的財政収支）って？

プライマリー・バランスは，その国の財政の健全度，言い換えれば借金体質がどれくらいあるのかを示す指標です。

具体的には，**歳入から公債金収入（その年度の国債発行額）を差し引いた額**と，**歳出から国債費（その年度の国債の元金と利子の返済費）を差し引いた額の差額**で求めます。この額の前者が後者を「**上回れば黒字**」，「**下回れば赤字**」となります。

〔**歳入－公債金収入**（国債発行額）〕 と 〔**歳出－国債費**〕 の差額
税　　収　　　　　　　　　　　　　　　　　一般歳出

歳入から公債金収入を差し引いた額は，その年度の「**税収**」を示します。

また，歳出から国債費（返済費）を差し引いた額は，その年度の**借金の返済以外に使える「一般歳出（政策的経費）」**を示します。

プライマリー・バランスを黒字化するためには，**歳入面では税収を増やしたり，公債金収入を減らす**などする必要があります。また，**歳出面では歳出を減らすか，国債費（国債の返済）を増やして，ちゃんと借金を返す**などする必要があります。現在政府は，**2025年度のプライマリー・バランスの黒字化**を目指しています。また，『問題集』に，参考までに2017年度センター試験を演習として掲載しています。**必ず解きながら理解してください**。以下は各国の状況です。

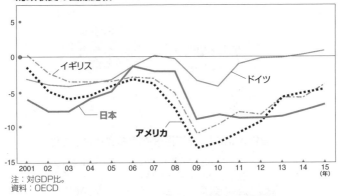

＜財政収支の国際比較＞

注：対GDP比。
資料：OECD

● 盲点‼ 「直間比率」

　ここで各国の直接税と間接税の比率を見ておきましょう。**直接税，とりわけ累進課税が適用されているもの**は，ビルト・イン・スタビライザーの機能も持っているため，**景気変動に左右されやすい**のが特徴です。一方**間接税は景気変動に左右されにくい**のが特徴です。

　日本は1989年に消費税が導入されて以来，直間比率が戦後間もなく実施された，**ドッジライン，シャウプ税制勧告**に基づく「**7：3**」から「**6：4**」くらいに変化しています。

＜国税収入構成（直間比率）の国際比較＞

		直接税	間接税等
日　本	1980	直接税 71.1%	間接税等 28.9
	2000	61.3%	38.7
	2018	58.1%	41.9
日本[国税+地方税] (2018)		67%	33
アメリカ合衆国 (2015)		78%	22
イギリス (2015)		56%	44
フランス (2015)		55%	45
ド　イ　ツ (2015)		53%	47

0% 10 20 30 40 50 60 70 80 90 100

（『2019/20日本国勢図会』より）

💡 日本の国家予算　➡　一般会計歳入トップ2と歳出のトップ3を暗記

さて，日本の1年間の予算は「**一般会計**」で約100兆円規模です。
ちょっと見てみましょう。2019年度の歳入と歳出はこうなります。

必ずやろう！　▶▶▶　完成問題集　**第10章**

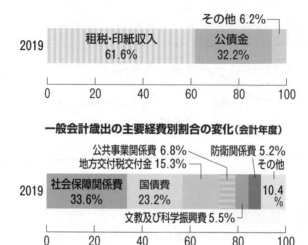

一般会計歳入の主要科目別割合の変化（会計年度）

2019　租税・印紙収入 61.6%　その他 6.2%　公債金 32.2%

0　20　40　60　80　100

一般会計歳出の主要経費別割合の変化（会計年度）

公共事業関係費 6.8%　防衛関係費 5.2%
地方交付税交付金 15.3%　その他
2019　社会保障関係費 33.6%　国債費 23.2%　10.4%
文教及び科学振興費 5.5%

0　20　40　60　80　100

　2019年度は，一般会計の歳入の**6割以上**が**租税・印紙収入**が占め，**公債金収入も3割以上**です。こう見ると借金に依存している割合が多いといえます。この歳入に占める公債金の割合を**国債依存度**といい，2009年には52%にまで上りました（補正予算を含めて）。現在は減少傾向にありますが，それでもまだまだ高い状態です。

　また歳出トップ3は必ず試験までに覚えておきましょう。まずは**社会保障関係費がトップ**。次に発行した国債の元本と利息の返済分である**国債費**がきています。それではなぜ「社会保障関係費」がトップなのでしょうか？

　それは高齢社会の日本が，高齢者への**年金**，医療関連の**給付金が増加**していることを表しています。また，国債費（国債の返済資金）が次いで多いのは，さきほどの**国債依存度の高さ**があげられます。

🔅 国債発行の問題点　➡クラウディングアウトに注意

　国はその年の租税・印紙収入が足りない場合，国債を発行して資金を調達します。企業が社債を発行するのと同じです。当然将来はこれに利子をつけて返済するわけです。

　2019年度末現在，国・地方の長期債務（借金）は合わせて約1,000兆円以上あります。さて，どんな問題があるのかボードで確認しましょう。

1 財政の硬直化…国債の返済費がかさみ，自由に使える予算が減少
2 クラウディングアウト…資金需要の増加に伴う金利上昇で民間資金を押しのける
3 将来世代への負担
4 インフレの可能性

1の**財政の硬直化**は返済費である国債費が増え他の財政支出ができなくなることです。そして**2**の**クラウディングアウト**，これについてはゆっくり説明します。国債を発行した場合，それを市中銀行が買い受けします。この時，政府が市中銀行から資金を借りることになります。すると，金融市場では**一時的に資金需要を増加させる結果**になります。こうなると**金利が上がって**しまいます。すると民間企業がお金を借りにくくなる。これを**クラウディングアウト**といいます。

また，国債の過度な発行は，将来世代に返済を負担させることになるので，**世代間の不公平を生みインフレを招く危険**もあります（**3**，**4**）。できるだけ国債依存度を低めていくことが今後の対策といえます。

国債の発行原則　➡よく出るので注意!!

先ほど学習したように，国債が乱発されてしまえば，さまざまな問題が出てきます。だから**財政法**という法律で発行原則を定めています。ポイントは「**抜け道**」があることで，ここがよく狙われやすいです。

倫政の出題内容・一発表示！ ▶▶▶国債

1 建設国債の原則
⇒公共事業費捻出の目的のみの国債発行に限定
⇒1966年度から発行，これ以外は**赤字国債**となり違法となる（財政法第4条）
⇒その後，政府は特例法を制定し，「**特例国債**」という名前で赤字国債を発行
⇒特例国債は1975年度から1989年度まで毎年度発行，後1994年度から毎年度発行
2 市中消化の原則
⇒インフレ防止のため，**市中銀行・民間のみで国債引き受け。日銀引き受けの禁止**（財政法第5条）。

1つは**建設国債の原則**。これは公共事業費，つまり道路や橋を建設するために必要な資金を捻出する目的で発行される国債です。これ以外は赤字国債となり違法です。なぜ建設国債は許されるかというと，道路や橋は将来世代も使います。よって

世代間の負担を公平化するので，「よし」とされています。

ちなみに1966年度から毎年度発行されています。

ただし，「抜け道」があります。政府は毎年財政特例法を制定し，1975年度からは特例国債を発行しているのです（1965年度にも一時的に歳入補填債を発行）。

2つ目は，**市中消化**の原則。これは国債を必ず市中銀行に引き受けてもらうというものです。つまり**日銀引き受けの禁止**です。**もし日銀が引き受けたら，通貨を増発して，インフレになると考えられている**からです。ただし，やっぱり「抜け道」があり，**日銀が「政府」からではなく「市中銀行」が政府から買い取った国債を再び買い取ることが認められています。**この場合は金融で勉強した「買いオペ」になります。

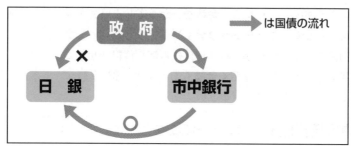

「財政投融資」って何？　➡第2の予算

財政投融資は，**郵便貯金**や**年金積立金**等を原資にして，国が必要な事業を行うために実施する，投資や融資をいいます。ピーク時の1996年度では40兆円を超えていましたが，2019年度では約13兆円程度まで減少しています。その規模の大きさから，一般会計に次ぐ「**第2の予算**」ともよばれています。ただ，一般会計と違うのは「**原資の有償性**」といって，**必ず資金を返済しなければなりません**。使ったぶんを必ず返すというところがポイントで，このことからその運用には「収益性」の見込める分野への投融資が基本となっています。

しかし現実には，**この資金をかつての大蔵省資金運用部が，単独で特殊法人へ資金を流す，不透明な運用をしていました**。たとえば，本州四国連絡橋公団などの大きな赤字を抱えている特殊法人にこの資金を補填するといった具合でした。

こうしたことから，その運用方法の改善が求められ2001年4月より新たな財政投融資の仕組みができあがったのです。その仕組みとは……

●従来は…

⇒大蔵省資金運用部が大蔵省資金運用部資金として投融資を実施

⇒特殊法人（道路公団など）への不透明かつ非効率な配分が行われていた

⇒この批判を受けて改革

●2001年4月の改革後は

⇒郵便貯金，年金積立金などの資金を，財政投融資へ**預け入れる義務**があり，大蔵省資金運用部が運用していたが，**これを廃止**

⇒郵便貯金，年金積立金を**自主運用**することとなった

⇒またその際，財投機関（特殊法人や後の財政投融資特別会計）が発行体となる**財投機関債**もしくは，必要な際は政府（2007年度まで財政融資資金特別会計。2008年度から財政投融資特別会計）が発行体となる**財投債**を金融機関に引き受けてもらい，資金を調達する

●**財政投融資**

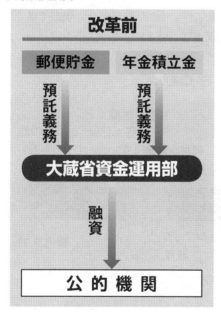

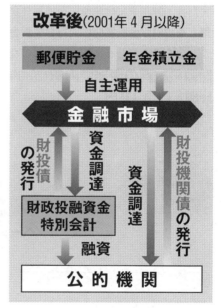

　まず，従来は大蔵省資金運用部に郵便貯金，年金積立金を預託義務というかたちで，強制的に預け入れをさせたうえで，資金運用部が融資を行っていました。つまり，大蔵省が「はいよこせ〜」と取り上げて，特殊法人に「はいどうぞ〜」って渡すのです。これでは健全運用ができません。

そこで，2001年からはこの**預託義務を廃止して，郵便貯金・年金積立金を自主運用することになりました**。自主運用とは，自主的に国債や株式に投資して資金を運用することです。なお，郵政民営化などにより，これらの資金の運用は，現在では株式会社ゆうちょ銀行や年金積立金管理運用独立行政法人（GPIF）が行っています。

　また，特殊法人が金融機関からその資金の融資を受けたい場合は，**その特殊法人が発行する財投機関債**と引き換える形になっています。こうなると，経営状態の悪い特殊法人の財投機関債を金融機関は引き受けないので，融資が行われず，結果として非効率的な特殊法人には資金が流れなくなる，というわけです。

　ただしここにも「抜け道」があります。

　もし，政府がどうしても国益上必要な場合，つまりどうしても融資しなければならない特殊法人がある場合，**政府（財政投融資特別会計）が代わりに債券（財投債）を発行して金融機関から資金を受け取り，これを特殊法人に流すことも可能な**のです。これが抜け道です。

　また，2007年末には郵便貯金は郵政民営化に伴い廃止されました。**現在では「財投債」を政府が金融機関に発行して資金を調達**しています。そう，市中銀行から政府がお金を借りてしまえるシステムになっているのです。

財政投融資の使途別内訳(2019年度〈予算案〉)

総額　約13.1兆円

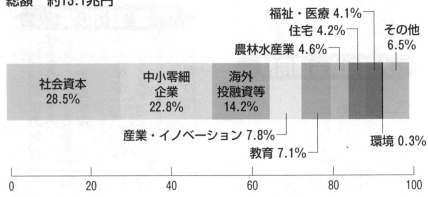

第 11 章

日本経済とその諸問題

攻略の視点

1968年，日本の GNP は西側世界で第2位となりました。敗戦からわずか23年後のことです。しかし，この成長の陰には「大企業と中小企業の格差」，「農業からの人々の離脱」，「都市への一極集中」，「四大公害訴訟」などさまざまな問題がおこり，まるで排気ガスを出しながら走り続ける車のようでした。

センターでは特に「問題点が理解できているか」，そして「時間（史実）の流れが正確に追えているか（年号・年代にも注意）」がポイントです。出題としては，「オイル・ショック」「バブル景気とその後」「リーマン・ショックとその後」が多めです。広く浅くメリハリをつけながら勉強しましょう‼

この章の攻略ポイント

❶ 高度経済成長の要因
❷ オイル・ショック
❸ バブル景気とその後
❹ リーマン・ショックとその後
❺ 減反政策とミニマムアクセス
❻ 中小企業の割合

1 戦後日本経済の歩み

学習の指針 ひろく浅く
重要度 ★★★☆☆
時 事 ★★★★☆

ここが出る！ 試験前の倫政の出題・正誤 Point！

① 傾斜生産方式⇒「インフレ」，ドッジ・ライン⇒「デフレ」
② 国際収支の天井は，輸出の増加により，高度経済成長期「後半に解消」
③ オイル・ショック
④ プラザ合意⇒「円高不況」，バブルは金融「緩和」で発生，「引締め」で終焉
⑤ アジア通貨危機「1997年」，郵政民営化「2007年」，世界金融危機「2008年」
の年号と動向

💡 GHQ 主導の経済改革 ➡ ドッジ・ラインは頻出!!

　1945年9月，GHQ は日本の非軍事化と民主化を内容とした初期対日方針に基づき，占領政策を開始します。とにかく安定した経済基盤をつくって，日本占領を円滑に進めたかったのです。こうして**経済的側面から非軍事化を推進し，合わせて経済の活性化を行うため，三大経済民主化政策が実施されます**。内容は**財閥解体，農地改革，労働の民主化**です。

倫政の出題内容・一発表示！ ▶▶▶三大経済民主化政策

1 財閥解体→1946年持株会社整理委員会発足
　　　　　→1947年**独占禁止法**（私的独占の禁止及び公正取引の確保に関する法律）
　　過度経済力集中排除法（1955年廃止）
2 農地改革→1946年自作農創設特別措置法制定
3 労働の民主化→**労働三法**と**労働三権**の内容チェック

労働三法とは…	労働三権とは…
1945年労働組合法	◎団結権→組合を組織する権利
1946年労働関係調整法	◎団体交渉権→組合としての交渉権
1947年労働基準法	◎団体行動権→争議権

　まず，財閥解体については，1947年に制定された独占禁止法と過度経済力集中排除法を押さえておきましょう。

　次の農地改革については，**自作農創設特別措置法**を押さえましょう。これにより

寄生地主制度を廃止して大地主の土地を小さく分割し，自作農を創設したため，**耕地面積の小さい零細農家が増加しました**。そのため農業生産性は低くなってしまいます。

　最後に，労働の民主化については一発表示の労働三法と労働三権を暗記しておきましょう。ここは「労働・社会保障」の項目で詳しく学習します。

　一方で日本政府は，**石炭・鉄鋼・電力などの基幹産業に資金を重点融資する傾斜生産方式**を実施します。具体的には**復興金融金庫（1947年設立）**が，なんと**日銀引受の債権（復興金融金庫債）で日銀から資金を調達して融資を行った**のです。つまり，紙を日銀が現金に変えてしまったのです。こうして**インフレ**が加速します。もともと**戦後の物不足でインフレ**でしたから大変なことです。

　こうした中，1949年にはトルーマン大統領の要請で，デトロイト銀行の頭取であったドッジが来日します。**復金融資の停止**や，**1ドル360円の単一為替レート**の決定，**対日援助資金創設**などを掲げた**ドッジ・ライン**が実施されました。ただし，こうした**インフレ終息のための政策により経済はデフレ化**したため不況になってしまいます。これを**ドッジ安定恐慌**とよびます。

　ちなみにこの対日援助資金にはガリオア（食料と医療品をこの資金により購入）とエロア（工業製品の原材料や機械をこの資金により購入）があり，**インフレにならないように物資援助の形**がとられました。

　つまり，**傾斜生産方式はインフレ**に，**ドッジ・ラインはデフレ**になったため，実質的な経済政策にはならなかったということです。じゃあ，何が日本経済を復興させたのか？　実はそれは「戦争」でした。

　1950年に始まった**朝鮮戦争**で，アメリカは一部の武器や物資を日本から購入しました。つまり日本は，この特別な需要でドルがどんどん入ります。この**特需景気**が日本経済を復興させる大きな力となりました。戦争による復興はちょっと皮肉です。

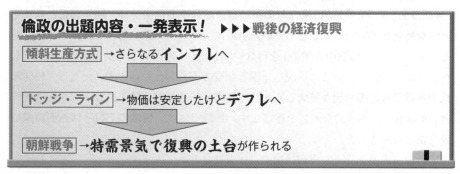

倫政の出題内容・一発表示！ ▶▶▶戦後の経済復興

傾斜生産方式 →さらなる**インフレ**へ

⬇

ドッジ・ライン →物価は安定したけど**デフレ**へ

⬇

朝鮮戦争 →**特需景気で復興の土台**が作られる

💡 高度経済成長期　➡「国際収支の天井」に注意

　朝鮮戦争の特需景気に始まり，日本は1950年代半ばから1970年代初頭までの間，実質経済成長率の年平均が**10%**前後の高度経済成長期へ突入します。

　この間，神武景気→岩戸景気→オリンピック景気→いざなぎ景気 の順に４大景気が続きます。それぞれの特徴はこんな感じです。

倫政の出題内容・一発表示！　▶▶▶高度成長期の４大景気

1　神武景気（1955〜1957）
① 「もはや戦後ではない」1956年の経済白書
② 「三種の神器」⇒**白黒テレビ・電気洗濯機・電気冷蔵庫**の耐久消費財ブーム
③ **なべ底**不況へ（1957〜1958）

2　岩戸景気（1958〜1961）
① 「投資が投資を呼ぶ」1960年の経済白書⇒民間設備投資の増大
② 「国民所得倍増計画」1960年，池田勇人内閣が発表，10年間でGNPを倍増するという計画，実際には４倍を達成した

3　オリンピック景気（1962〜1964）
「**昭和40年不況**」へ　オリンピック需要の反動不況
この後日本経済は「民間設備投資主導型」から「**公共投資・輸出主導型**」へ

4　いざなぎ景気（1965〜1970）　**４大景気の中で最長**（57カ月）
1968年，日本「西側世界第2位」　1位…アメリカ，3位…西ドイツ
「**3C**」**カラーテレビ，クーラー，自動車**

　ここでは**3**の「オリンピック景気」あたりから「輸出型」の経済構造に変わったこと。また，**民間設備投資型から政府の公共投資主導型**へと経済構造が変化する転換期だという点を理解しておきましょう。

　もともと日本は，海外から原材料を輸入してモノづくりをしていました。だから「神武景気」や「岩戸景気」あたりの高度経済成長期の前半では，**輸入超過となって大切な外貨が出ていってしまっていた**のです。そこで日銀は貴重な**外貨の流出を防ぐため，あえて「金融引き締め」を行ないました。**こうして一時的に不況に陥る（**なべ底不況**）わけです。この状況を「**国際収支の天井**」といいます。ただし，**1960年代から鉄鋼などの輸出が拡大したため，高度経済成長期の後半には「国際収支の天井」が解消**し，本格的な成長を遂げます。**1968**年には，**日本のGNPは西側諸国で第2位**となりました。

　この経済成長を支えた要因は次のボードにまとめてみます。

　ただし，この高度経済成長も終わりをむかえることになります。そう，**1973年**の第1次**オイル・ショック**がその主たる原因です。

　1973年の第4次中東戦争をきっかけに**OPEC**が原油価格を引き上げました。これが原油を輸入に頼る日本経済を直撃し，こうして**1974年**，**戦後初のマイナス成長**を記録し，高度経済成長は終焉したのです。

　この時の経済状況は**スタグフレーション**とよばれ，原油高で**物価が上がるインフレーション**と，**不況（スタグネーション）**が一緒に起こるという特殊な事態に陥ったのでした。

> ●**第2次石油危機（オイル・ショック）**⇒1979年。ホメイニ師率いるイスラム教シーア派のイラン革命が成功。反米政権がイランに誕生。アメリカは経済制裁を開始。これに対抗してアラブ諸国は原油価格を14.5%引き上げた。一応，第1次石油危機と区別しよう。

　しかし，この時の日本は，石油が高いなら**「石油に依存しない」**経済構造を作ろうと考えたのです。たとえば**サンシャイン計画**に代表される**「省エネ・代替エネルギー開発」**は日本が先駆です。

　また，**減量経営**という独自の経営の合理化を行いました。そして**ME（マイクロエレクトロニクス）革命**によって，**FA（ファクトリー・オートメーション）化**や**OA（オフィス・オートメーション）化**を進めました。

　さらに多くの石油を必要とする**重化学工業**から，**コンピュータや家電などの知識集約・加工組立型の産業構造に転換**していきます。これを**経済のソフト化**とか**産業構造の高度化**といいます。**これらは1970年代の用語ですから注意しましょう。**こうして日本は，1980年代に入る前に，オイル・ショックを**比較的早く克服**したのです。

　最後に差の付く知識を教えます。高度経済成長期に政府が重視したのは**産業関連資本**でした。つまり，大きな産業道路や港，空港の整備です。それゆえ公園や学校，病院といった**生活関連社会資本の整備は先進国のなかでも**立ち遅れていたことも注

意しましょう。

 ## バブル経済の発生とその終焉 ➡ プラザ合意は頻出

倫政の出題内容・一発表示！ ▶▶▶**バブル経済**

背景…1985年の**プラザ合意**による円高誘導→この結果，輸出の落ち込み
→「**円高不況**」→日銀・公定歩合を史上最低，**2.5%に引き下げ**
→景気の過熱により**バブルへ**
→投資の拡大→過剰生産・消費→**キャピタルゲイン**（資産効果）
→地価・株価の高騰→**財テクブームへ**

　1986年12月〜1991年2月までの地価や株価などが高騰を続け，まさに泡のように資産価値がふくらんでいきました。これを**バブル経済**といいます。ちなみにこの時，**消費者物価は安定**していましたが，**地価や株価などの資産価格が高騰**しました。

　きっかけは**1985年のプラザ合意**です。当時のアメリカはドル高に悩まされていました。当然ドル高は，外国にとってドル製品が高く感じられるため売れない。つまりアメリカは，輸出が減少して貿易収支が赤字だったのです。そこで「ドル安」を先進諸国に要求してきたのです。そして**1985年9月**，「**ドル高是正**」を**G5**[1]で**プラザ合意として認めました**。こうして日本は「円高・ドル安」へと誘導しました。具体的には日銀が保有するドルを外国為替市場で売り，円を買ったのです。すると外国為替市場にドルが増えるからドルは安く，円は高くなります。これを複数国で行うことを**協調介入**といいます（外国為替については第13章国際経済を参照）。

　ところが，円高にしたら，今度は日本の貿易が不利になったのです。

　例えば，1ドルが280円から120円の円高になった場合，今まで日本は1ドルの輸出で280円を得ていたのに，今度は120円しか得ることができません。つまり輸出では160円損するわけです。こうして「**円高不況**」に陥りました。日本経済を立て直すべく，**日銀は公定歩合を，当時としては最低の2.5%にまで引き下げたのです。**

　すると今度は，みんなが一斉に土地や株を買いあさったのです。つまり，利子が安いうちに銀行融資で土地などを買ったのです。この資産ブームを**財テクブーム**といいます。また株価も連日高騰，1989年12月29日には日経平均株価の終値が38,915円にもなりました。このような資産価格の上昇による差益を**キャピタルゲイン**といい，それが消費を増やして景気を良くする効果を**資産効果**といいます。

---

[1] アメリカ・イギリス・フランス・西ドイツ・日本

さすがにこの状況をマズイと感じた日銀は，金融引き締め政策を実施します。

倫政の出題内容・一発表示！ ▶▶▶金融引き締め政策

1 1989年から段階的に公定歩合を引き上げ，1990年8月には
公定歩合を6％まで引き上げた。

2 1989年には**土地基本法**を制定し，のちに土地保有に課税する地価税を導入した。

3 土地の売買を目的とする融資を規制する**不動産融資総量規制**を実施する
など，急激な引締め政策を実施した。

これにより，株価・地価とも暴落，こうして1991年2月，バブルは崩壊しました。この資産価格の下落による損失を**キャピタルロス**といい，それが消費を減らして景気を悪くする効果を**逆資産効果**といいます。

また，**1995年には1ドル79円台まで円高が進行しました。円高が進むと，日本企業は海外の土地や労働力が安く買えます。よって，国内の生産拠点が海外へ移転する産業の空洞化が起こり**，国内の失業率が上昇するなど，日本企業は大きな痛手を被りました。このバブル崩壊と円高との複合不況が日本経済をますます苦しめます。

つまり，**急激な金融緩和政策と，その後の急激な金融引締め政策が，結果的にバブル経済とバブル崩壊を招いた**といえます。また，プラザ合意の「ドル高是正」という，アメリカのワガママ的とも言える市場への人為的介入が，経済全体の混乱へと発展していったことも否めません。

💡 バブル崩壊後の日本経済 ➡ アジア通貨危機に注意

バブル崩壊後の深刻な問題として，まず**不良債権問題**があげられるでしょう。

例えば，銀行がある土地を担保に3億円の融資をしたとします。しかし，バブル崩壊でその土地の価値が1億円になってしまったら，土地を取り上げても2億円分が回収不能となってしまいます。この**回収不能になってしまった融資を不良債権**といいます。すると資産が劣化した銀行は，その対策として融資を選別し，企業に資金を貸さなくなります。これを「**貸し渋り**」（**クレジットクランチ**）といいます。なお，この不良債権を回収するため，1999年4月に**整理回収機構**が設立され，**現在はほぼ解消されています。**

また，1990年代以降，完全失業率も上昇し，**2002年には年平均5.4％**を記録します。

さて，こうした中で国際的にも事件が起こります。**1997年にタイ**の通貨バーツの暴落で始まる**アジア通貨危機**です。**ヘッジファンド**と呼ばれる大口の投資会社が，

バーツを大量に売ったことが原因でした。この結果，**インドネシアや韓国などへも金融危機として波及し**，日本でも山一證券や北海道拓殖銀行などが破綻しました。

> 不良債権→**整理回収機構**で対応　　円高の進行→**産業の空洞化**へ
> アジア通貨危機→日本の一部金融機関も**破綻**

　いよいよ**2001年に小泉内閣が誕生**します。**大幅な規制緩和と歳出削減の新自由主義的要素を取り込んで，「骨太の方針」というもの**が発表されました。

　規制緩和でどんどん自由競争を加速しよう，歳出削減で民間にできることは民間にやってもらおう。こうした流れを**構造改革**といいます。その本丸であった**郵政民営化**が2005年に関連法が成立。**2007年**に日本郵政株式会社が発足しました。

　ただし，この急激な方向転換は「地方と都市の格差」や「人々の間の年収格差」などの「**格差社会**」を招いたとの意見もあります。

> 構造改革→**規制緩和**と**歳出削減**が柱→**郵政民営化**の実現へ

💡 リーマン・ショック　➡ 結果的に円高・原油高が発生

　2007年秋ごろまで，アメリカは「住宅バブル」でした。そこで，低所得者向けの住宅ローンである「**サブプライムローン（貸し出しリスクが高いため，通常よりも高い金利）**」が注目を集め，投資家達もこれに投資したのです。しかし，返すことの出来ない人々が徐々に出てきます。

　この，**サブプライムローン**問題に端を発し，アメリカの大手証券会社であるリーマン・ブラザーズなどが破綻する，いわゆる**リーマン・ショックが世界金融危機へと発展**します。年号は「**2008年**」と押さえておいてください。このアメリカ発の世界金融危機は，世界経済に大きな打撃を与えました。

　すると投資家たちは，株式などの証券への投資から撤退し，安定資産とされる**円**を買いました。また**原油**への投資も増加し，**円高と原油高が発生**しました。円高の進行は，日本の輸出産業に打撃を与えたのです。こうした中，2012年12月に誕生した第2次安倍政権以降は「**アベノミクス**」とよばれる経済政策を実施し，日銀が「**2％**」の物価目標を掲げるなど，デフレ脱却を目指しています。

2 農業問題

ここが出る！ 試験前の倫政の出題・正誤 Point！

① 1970年にコメの「作付け制限」である「減反政策」開始
② ウルグアイ・ラウンド⇒「牛肉・オレンジの自由化」，「コメのミニマム・アクセス」
③ 農業の食料供給以外の機能⇒「農業・農村の多面的機能」
④ 食料自給率の確認
⑤ 「6次産業」の理解

💡 戦後の農地改革と政府の農業政策

　すでに学習したように，戦後は **GHQ** により**農地改革**が行われました。しかし，**大地主の土地を取上げ，自作農を創出した**ため，小さい面積の農地をもつ農家，つまり**零細農家**が多数生まれ，結果として農業生産力は低下し，農家を取巻く状況は大変厳しいものになりました。

　政府は戦前，戦時中の食糧供給を守るため，**食糧管理法**（1942年制定）による農業保護政策を実施しました。これは**農家から高くコメを買い（生産者米価），消費者に安く売る（消費者米価）**という，**食糧管理制度**を実施したのです（1995年まで存続）。しかし，これでは政府が損しますよね。すると**1960年代**には，政府の**食糧管理特別会計が赤字**になる**逆ザヤ現象**が生じました。

　そこで農家の自立を求めて，1961年に**農業基本法**を制定し，農政の基本としました。コメ以外の果実，畜産などに生産を向けていく**生産の選択的拡大**が重要です。

倫政の出題内容・一発表示！ ▶▶▶農業基本法

1961年制定，農政の基本は「農家の自立」
1. 自立経営農家の育成
2. **生産の選択的拡大**⇒果樹・畜産など必要なものをつくる
3. 農工間格差の是正

　しかし，コメは依然として豊作で，それを買い取る政府の負担はどんどん増えました。こうして，政府は1970年に総合農政を発表。ついにコメの**生産制限である減**

反政策（**2018年度から廃止**）を実施していきます。また，減反した農家には減反奨励金を支給しました。

1990年代に入ると，さらにコメ農家を窮地に追込む事態になります。1986年から始まったGATTの**ウルグアイ・ラウンド**交渉などにおいてアメリカなどが「**日本は閉鎖的だ，もっと外国の農作物を輸入しろ**」と市場開放を要求してきます。結局アメリカの農作物を売りつけたいだけなんですが。

倫政の出題内容・一発表示！ ▶▶▶ コメの自由化

●先進国による「市場開放要求」
ウルグアイ・ラウンド交渉（1986～1994）⇒農産物の例外なき関税化（自由化）
⇒**コメのミニマム・アクセスの決定**→国内消費量の4～8％
⇒1999年4月から**コメの関税化**（自由化）

この間，日米農業交渉が行われ，1988年に**牛肉・オレンジの自由化**を合意し，**1991年から自由化**されました。またGATTの多国間交渉である**ウルグアイ・ラウンド**では，さらに突っ込んだ「コメの自由化」を含む，「**農産物の例外なき自由化**」が議論となります。ウルグアイ・ラウンドの最終合意では，コメを除く自由化を合意し（2000年までコメの自由化は猶予），その後，**1995年からは，コメのミニマム・アクセス**（**最低輸入義務，国内消費量の4～8％**）が実施されました。**1999年にはコメも自由化**（**関税化**）され，ますます農家は厳しい経営を迫られています。

こうした中，日本の**食料自給率**（カロリーベース）は1965年度の**73％以降下がり続け，現在では約40％**（**穀物自給率は約30％**）となっています。

一方で自国の食料は自国で賄えるようにするべきだという**食料安全保障論**[1]が近年，政治の場で主張されています。

💡 **近年の動向** ➡ ココ注意！

食料自給率が下がり続ける中で，新しい農業のあり方も模索されはじめています。

1999年に制定された「**食料・農業・農村基本法**」では，農業・農村の**食料供給以外の機能**（**水源涵養や環境保全・景観・文化伝承など**）である「**多面的機能**」も理念化されました。

2009年には「**農地法**（**1952年制定，自作農家の保護**）」が改正され，戦後の基本

---

[1] 食料安保論に基づき政府は2025年度までに自給率を45％に引き上げることを目標としている。

的農業政策だった自作農主義を改め，**リース方式（借地権利用）が自由化**されました。農地を買うとなるとコストがかかり，他からの参入が阻害されて農産物価格が高止まりしてしまいます。農地がリース（賃貸）できれば，作付けされていない**耕作放棄地**などの解消にも繋がるとされています。**この法改正により，非営利組織であるNPOや株式会社などの会社法人がリース使用できることになりました。参入企業が増えることで，農産物の供給量が増え（供給曲線が右シフト），農産物価格が下がり，僕らが安く野菜などを買えるだけでなく，海外にも輸出価格を下げて輸出できることも期待**されます（輸出競争力の強化）。

＜各国の食料自給率（%）＞

（日本は2014年度，他は2011年）

	日本	アメリカ合衆国	イギリス	ドイツ	フランス	イタリア
穀類	29	118	101	103	176	76
食用穀物①	61	171	105	115	167	69
うち小麦	13	171	110	124	179	61
粗粒穀物	1	112	92	87	192	81
豆類	10	165	47	7	86	83
野菜類	80	91	40	41	78	136
果実類	43	77	5	28	62	108
肉類	55	114	69	113	102	79
卵類	95	103	91	70	98	100
牛乳・乳製品②	63	104	81	119	128	66
供給熱量総合食料	39	127	72	92	129	61

農林水産省「食糧需給表」による。①米，小麦，ライ麦など。②生乳換算（バターを含む）。

(2016/17 日本国勢図会)

また，2011年に「**6次産業化法**」が施行され，農林漁業関係者などによる事業の多角化・高度化（これを6次産業化という[2]）や，地域の農林水産物の利用である「**地産地消**」の促進を目指しています。

このような**規制改革**[3]によって，**食料自給率を引き上げ，持続可能な農業を実現**しようというのが政府の方針です。

💡 食の安全をどう守る？

近年，産地偽装問題などで食の安全が注目を集めています。政府はどのような対策をしているのでしょうか？

2000年には**JAS**法が改正され，リスクが不透明な「**遺伝子組み換え食品（GM食品）**」の表示の義務化が行われています。また，**食品行政を一元化し，より厳しい検査態勢**をとるべく，2003年に「**食品安全基本法**」が制定され，「**食品安全委員会**」が設置されました。

また，2005年には，**健全な食生活**の実現，食文化の継承などの施策・研究・調査の促進を目指して「**食育基本法**」が制定されました。

---

[2] 「6次産業」とは，第1次産業（農林漁業）が第2次産業（加工業）や第3次産業（流通業）に進出・連携するなどして1＋2＋3（1×2×3）＝6次の産業になることをいう。

[3] 1995年の新食糧法によりそれまで違法とされていた「ヤミ米」を「計画外流通米」として合法化。2004年の法改正で「計画外流通米」の区分は廃止され，従来の自主流通米と合わせて「民間流通米」となった。

3 中小企業問題

学習の指針 せまく浅く
重要度 ★★★★
時 事 ★★★★★

ここが出る! 試験前の倫政の出題・正誤 Point!

① 中小企業の定義と二重構造

② 中小企業は，事業所の約「99%」，従業員の約「70%」 ※2016年の製造業に占める割合

③ 日米構造協議と，大規模小売店舗法の「廃止」

💡 中小企業と二重構造 ➡ 割合に注意!!

　まず下の中小企業の定義と，割合を見てください。そう，事業所数で約**99.7%**，従業者数で約**70%**と大企業を中小企業がはるかに上まわっています。にもかかわらず，1%に満たない大企業が出荷額の半分以上を占めています。これが大企業と中小企業の生産性格差であり，こうした格差を「**二重構造**」とよんでいます。

倫政の出題内容・一発表示! ▶▶▶中小企業

●中小企業の定義⇒中小企業基本法より（1963年制定　1999年改正）
⇒次の表のうち，資本金と従業員数いずれかが該当する場合

業種	資本金	従業員数
製造業・運輸業など	3億円以下	300人以下
卸売業	1億円以下	100人以下
サービス業	5000万円以下	100人以下
小売業	5000万円以下	50人以下

製造業の中小企業の割合

（従業者4人以上）

事業所数	0.3%	99.7%
従業者数	31.2%	68.8%
出荷額	大企業47.1%	中小企業52.9%

0% 10 20 30 40 50 60 70 80 90 100

（中小企業庁編「2019年版 中小企業白書」）

💡 「二重構造」の要因 ➡ 資本装備率の格差

　なぜこの二重構造が生まれるのか考えてみましょう。まず，大企業は大きな生産設備をもっている。つまり，**資本装備率**（労働者一人当たりの固定資本）に格差があるのです。すると，たくさんの商品を人手をかけずに効率よく生産できる。こうして中小企業との間に生産性格差が生まれ，それは収益性格差となり，賃金にはね返ります。つまり，賃金格差へとなるのです。

　また，中小企業は大企業から部品生産などを請け負う「**下請け**」となっていることが多いのです。大企業は景気が悪くなると，この下請企業との取引を停止することで，**中小企業を「景気の調整弁」として使います。だから不況になると，まず中小企業が倒産していく**ことになります。

　これとは別に大企業は，中小企業に人材や資金の援助を行うことで「**系列化**」をはかり，経営を支配することもあります。つまり，大企業の系列企業になっていくわけです。中には**ベンチャー企業**や，地域の伝統工芸を作る**地場産業**のように，**系列に組み込まれず，独立している中小企業もあります**。これを「独立企業」といったりします。

> 資本装備率による格差→生産性格差→収益性格差→賃金格差へ
> 下請け→「**景気変動の調整弁**」として大企業が中小企業を利用

💡 中小企業対策 ➡ 大規模小売店舗法関連が注意

　このような大企業との，いわゆる**二重構造**を是正するため，政府はさまざまな法律を制定し，中小企業を保護しています。

> **1** 中小企業基本法（1963年制定，1999年改正）⇒**設備の近代化**や生産の合理化を図り**大企業との格差の是正**が目的
> **2** 中小企業近代化促進法（1963年制定，1999年廃止）⇒中小企業の近代化のため**中小企業金融公庫**（現在は日本政策金融公庫）などから融資を受けられる
> **3** 大規模小売店舗法（1973年制定，2000年廃止）⇒**大規模小売店の出店規制**⇒1998年に制定された大規模小売店舗立地法制定により**廃止**
> ※大規模小売店舗立地法は1998年制定，2000年施行
> 　環境保持の義務付け等が主な内容で，面積制限や，営業時間制限は廃止された
> 　これにより**中小企業はさらに厳しい経営を強いられている**

特に**1**の中小企業基本法と**2**の中小企業近代化促進法は，同じ1963年に制定され
ているので注意が必要です。また**3**の大規模小売店舗法は，中小企業を守るために
大型店の出店を規制する法律です。

　例えば商店街にデパートなんかが参入してきたら，町の魚屋や肉屋，文房具屋，
駄菓子屋，八百屋なんかが潰れてしまいます。だから**大規模小売店の出店規制や営
業時間制限，売場面積制限を行う**のがこの法律です。しかし，1989年〜90年に行わ
れた**日米構造協議**の中で，アメリカがこの法律を自由競争的ではないとして厳しく
批判しました。すると**徐々に規制が緩和され，1998年に制定された「大規模小売店
舗立地法」にとって代わられた**のです。

　この法律の内容は「地域環境の保全」などで，**大規模小売店舗法は実質的に廃止**
されたのです。そうして大規模店舗の進出が相次ぐようになり，その結果，小規模
店舗が淘汰されて商店街に賑わいがなくなり，古き良き町並みがぽっかりと姿を消
していった。こうした情景が日本各地で見られるようになったのです。

ちょっとひと休み　超人はいるか？

　「いい時代を知ってるからな〜俺ら」。居酒屋で60前後の男性がほんのり赤い顔をしてそう
言った。1950年代半ばから1970年代初頭の「高度経済成長期」に生まれ育ち，そして1980年
代半ばから1990年台初頭の「バブル」にバリバリと働いた世代だ。高度経済成長期は，「明
日はもっといい日に，来年はもっといい年になる」という希望と活気が旺盛な消費を促し，
まさしく池田勇人が掲げた「国民所得倍増計画」が実現した。そしてバブルまっただ中の
1989年末には，日経平均株価は「38,915円」をつけ，株を持っているだけで資産が増えて
いった。いずれもまさに「いい時代」であった。しかし，今の30代から下の世代はこの恩恵
を受けていない。バブル後の長引く不況，2001年の9.11アメリカ同時多発テロ，2008年の
リーマンショック，2011年の東日本大震災と，政治的・経済的に不安定かつ不安な時代を生
きている。

　ドイツの哲学者ニーチェは「超人」という思想を残している。全ての価値が崩壊
した時こそ，新しい価値を創造できるという逆転の発想だ。そう，かつての「いい
時代」を知らない世代，つまりこの本を読んでいる世代が新しい価値を生み出すと
も言える。果たして僕らの心の中に「超人」はいるだろうか。

4 消費者問題

ここが出る！ 試験前の倫政の出題・正誤 Point！

① クーリングオフ⇒「一定期間内の返品・解約」
② PL 法⇒損害賠償の「無過失責任」
③ 消費者契約法⇒「不当契約の取消し」
④ グレーゾーン金利⇒「廃止された」

消費者の 4 つの権利

　1950年代以降のアメリカは，「消費は美徳」という言葉通りに人々は物を大量に生産し，それを消費していました。たしかに**消費できるということはお金を持っている証拠ですし，何より国全体の GDP も上昇します。**だから企業は安全を軽視してでも大量生産をはかり，人々もまた安全を気にすることなくそれを消費しました。当然いま世間をにぎわせている製品・食品の「安全性」などという考えはないに等しかったといえます。

　しかしこうした「**大量消費社会**」の風潮は，結果として**欠陥商品・悪徳商法などの増大**をもたらし，消費者に被害を与えて社会問題化しました。これらを一般に**消費者問題**といいます。そのような背景もあって1962年 3 月，当時のアメリカ大統領**ケネディ**は，「**消費者 4 つの権利**」を掲げます。

> **● 消費者 4 つの権利**
> **1** 知らされる権利
> **2** 選ぶ権利
> **3** 安全である権利
> **4** 意見を反映させる権利

日本の主な消費者問題

　日本の主な消費者問題をまとめてみます。次ページの一発表示を見てください。

必ずやろう！ ▶▶▶ 完成問題集 **第11章**

●主な食品公害

事件（発生年）	内　容
森永ヒ素ミルク事件（1955年）	粉ミルクの中に**多量のヒ素**が混入 西日本一帯の乳児に中毒症状が発生した 死亡乳児133人
カネミ油症事件（1968年）	米ぬか油に**PCB**（ポリ塩化ビフェニル）が混入 皮膚疾患・内臓障害などで死者51人

●主な薬害

事件（発生年）	内　容
サリドマイド事件（1962年）	**サリドマイド**（睡眠剤）を服用した母親から手足に障害をもつ子供が生まれた 認定被害児309人
スモン事件（1955年）	**キノホルム**（整腸剤）を服用した人に下半身マヒなどの症状が発生し，最後は死に至った 死者約500人
薬害エイズ事件（1985年）	血友病患者が，ミドリ十字によって販売されたエイズウイルス（HIV）に汚染された**輸入非加熱製剤によりエイズに感染** 約1800人以上が感染し，約500人余が死亡

　見てわかる通り，多くが**高度経済成長期に発生**しています。また，**薬害エイズ事件**も大きな問題になりました。

　こうした食品公害・薬害以外にも，近年の消費者問題としては，多重債務問題，振り込め詐欺，耐震偽装問題，食品の産地や消費期限の改ざん問題などがあげられます。

　利潤の最大化を図る企業は，消費者の意思やその製品の危険性に関係なく，製品を販売する傾向があります。**商品生産のありかたを最終的に決定するのは消費者である，とする消費者主権の考え方**を確立することが何よりも大切です。

💡 日本の消費者保護立法と制度 ➡ しっかり覚える!!

倫政の出題内容・一発表示! ▶▶▶消費者保護立法

1 **独占禁止法**（1947年制定）⇒適正価格の維持，**公正取引委員会**が監視

2 **消費者保護基本法**（1968年制定）⇒安全性確保のため計量・表示の義務付け
⇒2004年に「**消費者基本法**」へ

3 **クーリングオフ制度**⇒訪問販売等は**一定期間**に一定条件の下に契約が解除できる
特定商取引に関する法律に規定

4 **製造物責任法（PL法）**（1994年制定　1995年施行）⇒欠陥商品の場合，企業の
過失を立証しなくても損害賠償請求ができる

5 **消費者契約法**（2000年制定　2001年施行）⇒虚偽契約についての**取消権**

ここでは特に一発表示の**2**，**3**，**4**，**5**の内容が大切です。

まず**2**は2004年に**消費者基本法**に変わった点に注意しておきましょう。こうして消費者は，保護される立場から権利の主体へと位置付けられました。

次に**3**の**クーリングオフ**は，**割賦販売・訪問販売に限られるので注意**してください（2000年の**特定商取引法**による。それまでの割賦販売法や訪問販売法などが，この法律に統合された）。例えば，自分からドコモショップに行ってオレンジの携帯にしたら，家に帰ってきて誰かさんに「あんたには似合わないよっ」といわれ，ドコモショップで交換するのはナシですね。というよりできません。訪問販売じゃなく，自分で行って堂々と買ったのですから。

4の**PL法**は，1994年に制定され，あくまでも製造業者（つまりメーカー）に対して**無過失責任を負わせた法律**です。その欠陥商品を使用して被害を被った場合，**企業の過失の立証をしなくても賠償を受けられます**（ただし商品に欠陥があったことを立証する必要はある）。こうして立証責任の負担を軽減することで，**裁判における消費者の訴訟負担を軽減する狙い**があります。

最後の**5**の**消費者契約法**は2001年に施行されました。この法律では，強引な勧誘や不当な契約があった場合，消費者は「**すべての期間において**」契約の取り消しができます。近年は巧妙な手口の悪徳（質）商法が横行しているため，消費者側の権利を強めた形です。ちなみに「一定期間」の契約解除はクーリングオフです。区別しましょう。

💡 グレーゾーン金利って？　➡ 廃止

　みなさんは金利20％で100万円を借入れし，10年で返済するとした場合，おおよそ総額いくらを支払うことになると思いますか？　正解は約「230万円」です（元利均等払）。銀行は預金者のお金を貸し出します。一方，消費者金融などの貸金業は自分のお金を貸し出します。つまり，よりリスクを負う分，銀行よりも金利が高いんです。従来の金利の上限は2つあって，**利息制限法が「20％」**，**出資法が「29.2％」**。**どちらの上限を使うかはグレー**でした（つまり20〜29.2％）。

グレーゾーン金利のイメージ

出資法
年率29.2％
罰則有り

利息制限法
年率15〜20％
罰則なし

　このいわゆる**グレーゾーン金利**が，2006年の最高裁判決を踏まえて成立した貸金業法（2007年施行）によって上限が20％に統一され，3年の移行期間を経て，2010年にグレーゾーン金利は解消されました。また，貸金業者（銀行と区別）が，貸し出す相手の**年収の3分の1までしか貸し出せない**，**「貸付総額規制」**も導入されました。

　しかし，2社以上の貸金業から借り入れている多重債務者は，約400万人に上っています（2015年7月，株式会社日本信用情報機構）。債務が返済できなくなった場合，**自己破産**という制度が「破産法」によって規定されています。**これは裁判所に自己破産を申し立て，債務を帳消しにするものです。**

💡 内部通報者の保護　➡ 公益通報者保護法

　最後になりますが，企業の従業員が，内部の偽装や不正を通報したことで会社を解雇されたり不利な扱いを受けたりしたのでは，フェアな社会は実現しません。これまで日本では，内部告発者が実際に不利な社会的扱いを受けてきた現実がありました。こうした，企業や官庁の**内部告発者を解雇などの報復行為から守る**ために，2004年に「**公益通報者保護法**」が制定されました。ただし，報復行為に対する**罰則がない**などの問題点も指摘されています。

5 公害問題

ここが出る! 試験前の倫政の出題・正誤 Point!

① 公害の原点⇒「足尾銅山鉱毒事件」と「田中正造」の活躍
② 四大公害訴訟⇒原告が全て「企業」に「勝訴」
③ 公害国会⇒「経済の健全な発展との調和条項」の「削除」
④ 環境アセスメントや，ゼロエミッションに注意

💡 公害問題の契機 ➡ 足尾銅山鉱毒事件

　公害は経済発展とともに発生します。明治政府の殖産興業というスローガンのもとで起こった**足尾銅山鉱毒事件**が公害問題の原点として知られています。

　この事件について，衆議院議員だった**田中正造**はその実態を国会で演説します。田中の「亡国に至るを知らざれば之れ即ち亡国の儀につき質問書」はこの惨状を国会で訴えたものです。政府は惨状を隠すことに精いっぱいでした。**情報を隠すことは民主社会にとって危機を意味します**。その後田中は遺書を残し，衆議院議員を辞職した上で**天皇に直訴**しようとするが失敗しました。しかし，このことでたちまちこの公害の惨状が人々に知れわたりました。

　天皇への直訴により，田中自身は死すらも覚悟していましたが，政府は不問に付しました。彼が命をかけたもの，それは「そこに生活する人」だったのです。

　政治における近代革命も，普通の人にはない強い信念をもつ人が，時代を変えたのかもしれません。彼らはそして世界を変えた。彼らはそしてこうして本の中で僕らに大切なものを叫び続けているような気がします。

💡 四大公害訴訟 ➡ すべて原告が国に勝訴

　戦後になると，高度経済成長とともに，**1960年代後半から四大公害訴訟**が始まります。これらは経済的利益を追求する企業による**産業公害**である点が特徴で，多くの住民が重大な被害を受けています。また，**政府の産業優先政策により，公害対策が遅れた**ことも，公害を拡大させた理由でした。

　まず四大公害は，その「**事件名**」と「**場所**」と「**物質**」を一致できるようにしよう。以下にポイントをあげます。

倫政の出題内容・一発表示！ ▶▶▶四大公害訴訟

事件名	1967年6月12日提訴 新潟水俣病	1967年9月1日提訴 四日市ぜんそく	1968年3月9日提訴 富山イタイイタイ病	1969年6月14日提訴 熊本水俣病
場所	新潟県阿賀野川	三重県四日市市	富山県神通川	熊本県水俣湾
被告	昭和電工	昭和四日市石油，三菱化成，三菱油化，三菱モンサント，中部電力，石原産業の6社	三井金属鉱業	チッソ
物質	有機水銀	亜硫酸ガス	カドミウム	有機水銀
判決	1971年，第1審 原告勝訴	1972年，第1審 原告勝訴	1972年，第2審 原告勝訴	1973年，第1審 原告勝訴
賠償額	2億7779万円	8821万円	1億4820万円	9億3730万円

　見てわかる通り，企業がすべて敗訴しています。ただし，**国や行政の監督責任や，公害被害者として補償を受けるための認定基準をめぐる訴訟はまだ継続中**で，一部，原告が勝訴しています。

💡 政府の公害対策 ➡ 1970年の公害国会に注意

> 公害対策基本法　1967年制定
> ⇒**1970年**に ［**公害国会**］ の中で改正
> ⇒その改正内容は**経済との調和条項の削除**
>
> ⬇　　　そして，1993年に廃止，代わりに制定されたのが
>
> 環境基本法　1993年制定
> ⇒1992年の**地球サミット**を受けて，環境対策も合わせて行う意図から

　1967年，ついに日本において**公害対策基本法**が制定されます。ただし，第1条には「**経済の健全な発展との調和**」が規定されていたのです。すると，これでは結果として経済発展が優先されるという批判がでました。これを受けて**1970年**に国会でこの条項が削除されました。ちなみにこの国会を「**公害国会**」といいます。また，1971年には環境庁が設立され，2001年から環境省となっています。

　さらに，1992年に地球サミットが開催され，**リオ宣言**が採択された（第13章11節を参照）ことを受けて，日本でも公害対策だけでなく，環境対策も合わせて行う**環**

境基本法が1993年に制定されました。

💡 公害問題をめぐる重要用語　➡ PPP は頻出 !!

ここでは4つまとめておくので，講義を読みながらポイントを理解してください。

1　「濃度規制」から「総量規制」への規制の強化

　1974年の大気汚染防止法（1968年制定）の改正，1978年の水質汚濁防止法（1970年制定）の改正により導入。濃度規制では，濃度を薄めさえすればいくらでも排出できるので意味がありません。そこで1972年，三重県で国内で初めて総量規制を盛り込んだ条例が設けられました。**総量規制は一定地域や工場ごとに排出の総量を規制するため，濃度規制より規制が強化できます。**また1974年には国レベルで大気汚染防止法の改正を行い，総量規制が導入されました。

2　無過失責任の原則

　公害被害を出した場合，**企業側に過失がなくても賠償責任を負う原則**です。大気汚染防止法や，水質汚濁防止法の中で明文化されました。

3　PPP（汚染者負担の原則）

　PPP（汚染者負担の原則）は，**公害汚染者が公害防止費用を負担する**，という原則です。1972年の［OECD（経済協力開発機構）］の環境委員会で採択されました。日本では公害防止事業費事業者負担法（1970年制定）の中で明文化されました。

　もう少し掘り下げていきましょう。「**無過失責任の原則**」は，**PPP との区別ができるか否か**がポイントです。「無過失責任の原則」は，その字面の通り，企業に過失がなくても，公害を発生させた時点で賠償責任を負う，というものです。

　一方のPPP（汚染者負担の原則）は，**汚染者が，賠償責任ではなく，公害の再発防止のための費用（公害防止費用）を負担するというもの**です。公害で発生した経済的損失分は，市場を経由して対価が支払われないと**市場の失敗**となってしまいます。そこで公害発生者が公害防止費用を負担することで，市場の失敗を解決するのです。これを「**外部不経済の内部化**」といいます。これは1972年の **OECD（経済協力開発機構）の環境委員会で採択**された，という点も重要です。

　患者認定審査会により，公害病（指定疾病）と認定された患者を救済する制度。公害健康被害補償法[1]（1973年制定）により制度化されました。

　これについてはその認定基準が高すぎるなどの問題があり，裁判がおこなわれています。

🔆 循環型社会をめぐる動向

　次に「循環型社会」への取り組みについてです。

　まず，1991年に「**リサイクル法**」が制定されました。この中で**3つのR**，すなわち**リデュース**（排出抑制），**リユース**（再使用），**リサイクル**（再生使用）の順で循環型社会を目指す方向が打ち出されました。

　さらに2000年には「**循環型社会形成推進基本法**」が制定され，この年を循環型社会元年といいます。この法律では，まず，「**メーカーがその回収・リサイクルにまで責任をもつ⇒拡大生産者責任**」，と「**ゴミは有用な資源⇒循環資源**」として捉えることがその柱となっています。ここでリサイクル関連法を見ておきましょう。

倫政の出題内容・一発表示！　▶▶▶リサイクル関連法

１　リサイクル法（**再生資源利用促進法**，1991年制定・施行　2001年より，資源有効利用促進法）

２　容器包装リサイクル法（1997年一部施行➡2000年完全施行）
　⇒ガラス瓶，ペットボトルなどの分別回収

３　家電リサイクル法（1998年制定，2001年施行）
　⇒**テレビ，エアコン，冷蔵庫および冷凍庫，洗濯機および衣類乾燥機**をリサイクル
　⇒消費者がリサイクルの費用を負担
　⇒販売店が回収し，メーカーがリサイクル

４　2003年のリサイクル法の改正により家庭用「パソコン」もリサイクル
　⇒メーカーに回収リサイクルを義務付け

５　建設リサイクル法（2002年完全施行）
　⇒コンクリート，アスファルト，木くずを分別・リサイクル

６　自動車リサイクル法（2002年制定，2005年施行）
　⇒**新車購入時に購入者がリサイクル料を負担**
　⇒メーカーや輸入業者がエアバッグ，シュレッダーダスト，フロンを処理

---

[1] 1987年の改正で「大気汚染の公害患者」は状況が改善されたとして救済対象から除外された。

特に**家電リサイクル法**，これについては**小売店（ヤマダ電機・ビックカメラなど）が回収し**，「**メーカー（Panasonic・SONY など）がリサイクルし**，そして**消費者が後払いで費用を負担する**ことをおさえましょう。ちなみに家庭用パソコンのリサイクルは，2003年から別法（資源有効利用促進法）で義務づけされているので混同しないようにしましょう。

ただし，この法律ができたことで，消費者が後払いの費用負担を嫌って，**不法投棄が増える**などの問題点も起きました。それならば事前に**リサイクル料を上乗せしちゃった方がいい。この方法がとられているのが自動車リサイクル法**です。

最後に公害問題の盲点になりやすい用語を挙げておきます。知っておくと正誤判定で有利なのでさらっと読んでおきましょう。ただし，あんまり重箱の隅をつついちゃだめです。この程度で大丈夫です。

ここで差をつける！〉 　　　　　　　　　**公害問題のポイント用語**

●**ダイオキシン類対策特別措置法**　1999年制定，2000年施行。罰則規定あり。ダイオキシンの年間排出量を2002年までに1997年レベルの10%以下に削減。

●**環境アセスメント法**　1997年に制定され1999年に施行された。この法は，事前に環境への影響を評価する。

●**ゼロエミッション**　廃棄物ゼロの産業システムを目指す計画。ゼロエミッションはスウェーデンなどで実施されている。

●**ナショナル・トラスト運動**　イギリスなどで始まったもので，開発されそうな自然地域を市民が買い取って保護する運動。

第 **12** 章

労働・社会保障

人は生涯，教育を受けたり，労働したり，病気になった時は社会保障を受けます。しかし，これらはある程度政府が守ってくれなければ実現できません。

そう，これらはすべて20世紀的権利「社会権」で勉強したものです。社会権は「生存権」をベースにしながら，国家が人々の「健康で文化的な最低限度の生活」を守るものです。

この章では，それらを実現するための制度がどのように整えられてきたのか。どんな法律や制度があるのか，そして今そこにある問題を勉強します。

「背景」→「**法律・制度の内容**」→「**問題**」の３つの流れで理解するとあっさり得点できますよ。

この章の攻略ポイント

〈労働〉
❶ 労働三法とその内容→特に不当労働行為
❷ 争議調整の流れ「斡旋」→「調停」→「仲裁」と公務員の争議制限
❸ 日本的経営とその特徴
❹ 高齢者・女子・外国人雇用をめぐる動向
〈社会保障〉
❶ 日本の社会保障の**４つの柱**
❷ 医療保険→特に1973年の**老人医療費無償化**と1982年の老人医療費有料化
❸ 年金保険→**積立方式**と**賦課方式**→特に基礎年金導入
❹ 介護保険制度の内容
❺ 少子高齢化とその対策

1 労働

ここが出る! 試験前の倫政の出題・正誤 Point!

① 労働三法とその内容⇒特に不当労働行為
② 争議調整の流れ「斡旋」→「調停」→「仲裁」と公務員の争議制限
③ 日本的経営とその特徴
④ 高齢者・女子・外国人雇用をめぐる動向

💡 労働運動の始まり

18世紀後半,イギリスで始まる**産業革命**は資本主義を飛躍的に発展させました。しかし,労働力を商品とする労働者は,どんなにキツイ仕事であっても辞めるわけにはいきません。そう,働かなければ金は得られない労働者は,つねに資本家に対して「弱い立場」にあるのです。

この資本家と労働者の対立を労働問題といい,19世紀以降,労働者はその地位向上を求めて労働運動を開始したのです。

代表的なものは1810年代にイギリスの労働者が機械を壊してまわった**ラッダイト運動**(機械打ちこわし運動)や,その後の1830～40年代に「**参政権**」を要求した運動である**チャーチスト運動**があります。

💡 日本は戦後になって本格的に整備

さて,次に日本の労働問題について少し見ておきましょう。日本は,日清戦争後ごろから労働問題が激化します。この時期,日本ではイギリスに100年遅れて「産業革命」が起き,機械生産が始まります。そして労働者たちの労働環境は悪化したのです。

しかし,政府は**治安警察法**(**1900年**)や**治安維持法**(**1925年**)などで社会主義運動や労働運動を厳しく取り締まりました。**戦前も労働組合はあった**のですが,1940年,太平洋戦争突入の前年に労働組合活動は否定され,**大日本産業報国会**に統合されてしまいます。

ようやく戦後になって,日本ではGHQ主導のもと**労働の民主化**が掲げられ,**労働三法**である**労働組合法**(1945年),**労働関係調整法**(1946年),**労働基準法**(1947

年）が制定されました。また日本国憲法も施行（1947年）され，**団結権，団体交渉権，団体行動権（争議権）**の労働三権などが整備されたのです。

● 労働三権

団結権→労働者が**労働組合を作る**権利
団体交渉権→労働組合を作って労働者が使用者と**交渉する**権利
団体行動権（争議権）→労働者が**労働争議（ストを打つなど）を行う**権利

労働三法 ➡ 3つの法律の内容を区別する

ここからは，労働三法の内容について見ていきましょう。

制定順に労働組合法（1945年），労働関係調整法（1946年），労働基準法（1947年）の流れで見ていきます。

1 労働組合法

労働組合法は，労働者の地位向上のために自立的組合活動の保障について規定している法律です。ポイントは大きく2つになります。

1つ目は，**正当な労働争議についての民事上，刑事上の免責**です。たとえば労働争議の一環としてストライキを行っても，責任は問われません。また，使用者も損害賠償請求を組合に行うことはできないのです。

2つ目は**不当労働行為の禁止**。これは使用者からの**組合活動への妨害行為**を禁止するもので，次の5つが主なものです。

● 不当労働行為

●使用者による組合活動への妨害行為
1 労働組合に加入しないことを条件に雇用すること→**黄犬契約**
2 正当な理由なしに使用者が**団体交渉を拒否**すること
3 労働組合活動への参加などを理由に**不利益な扱い**をすること
4 使用者が労働組合に介入したり，**経済援助**を行うこと
5 不当労働行為の労働委員会への申し立てを理由に不利益な扱いを行うこと

特に**黄犬契約の禁止と組合への資金援助の禁止**は注意しましょう。

2 労働関係調整法

この法律は主として，**労働委員会が未然に労働争議（ストなど）を予防するためのもの**です。労働委員会が労使間に入って，双方の利害を調整します。その争議調整は，次の3つの種類があり，特に重要です。

	幹旋 ⇨	調停 ⇨	仲裁
担当者	幹旋員	調停委員会	仲裁委員会
拘束力	話合いの場の提供のみ	調停案 **拘束力なし**	仲裁裁定 **拘束力あり**

※争議の規制→運輸・通信・ガス・電気・水道・病院のライフライン関連は，10日前まで
　に労働委員会及び厚生労働大臣又は都道府県知事に通告義務あり。また緊急調整という
　内閣総理大臣による50日間のスト禁止命令あり。

　まず，最初にサックリ説明します。幹旋は「まぁ話そうよ」という段階です。つまり，話し合いの場をつくるだけです。次の調停は「こうしたら？」という調停案を提示します。ただし，この調停案には法的拘束力がありません。最後の争議調整である仲裁は「こうしろ！」という仲裁裁定を下します。これは**法的拘束力があり**，ここで調整が完了するのです。ちなみに労働争議には以下の４つがあります。

●労働争議

ストライキ（同盟罷業）
サボタージュ（怠業）
ピケッティング（スト破り防止の事業所見張り）
ロックアウト（使用者側の事業所閉鎖）

　ストライキは賃上げ認めてくれないなら，みんなで「仕事をしない」というものです。サボタージュはあえてダラダラ仕事をして使用者にダメージを与えるものです。ピケッティングは座り込みやスクラムで，スト破りの就労を阻止するものです。最後の**ロックアウトは使用者側が行うもの**です。例えば，労働者側がストライキのかまえを見せた時などに工場を閉鎖する。すると労働者に賃金が支払われないから労働者がストライキをあきらめるというわけです。

　ただし，こうした労働争議が警察などで行われては困りますよね。一応，下のボードのように公務員には一部労働三権が制限されます。

公務員は**争議権**なし
警察官・消防士・自衛官・刑務官・海上保安庁職員は労働三権すべてなし

この規定は憲法の規定ではなく，**憲法施行後の**「**政令201号（1948年）**」などによるものなので注意してください。また，こうした公務員の労働三権の制限に対する救済制度として，年に1回人事院が公務員の労働待遇の改善などを勧告する「**人事院勧告**」（拘束力なし）があります。

3　労働基準法

労働基準法は，労働者が**人たるに値する生活**，つまり人間らしく働くために必要な**最低限の基準**を示している法律です。いろいろ規定がありますが，試験に出るところをまとめておきます。

倫政の出題内容・一発表示！　▶▶▶労働基準法

●まずは基本事項を確認

1　1日**8**時間，週**40**時間労働，週1日以上の休日

2　解雇は**30**日前までに本人に通告（ただし，解雇予告手当の支払いにより期間短縮は可能）

3　賃金の支払方法→通貨で，直接労働者に，**全額**，毎月1回以上，**定期日**

4　監督機関→**労働基準監督署など**　※労働委員会ではないので注意

ただし**1**については例外もあります。例えば，**労使間で協定**（これを「三六協定」という）を結べば，この時間を超えられます。また，1980年代の改正で特定職は（例えば新聞記者とか），**労働基準法を一律には適用しない裁量労働制**が認められました。同じ時期，週の労働時間を満たせば自由に出退社できる**フレックスタイム制**も認められました。

でもこれらは「働くスタイルを自由に選べる」反面，労働時間が長くなるなどといった問題点も指摘されています。

さらに1985年には**労働者派遣事業法**が制定され，いわゆる**派遣労働**が一部の業種に認められだしました。**2004年からは低賃金化が危惧される製造業にまでその範囲が広がる法改正が行われ，非正規雇用が37.9%（2018年平均）と，年々高まっています。**

こうして見ると1980年代の労働法制が今の労働環境を生み出したということもいえます。

●次に労働基準法の改正ポイントの確認

この改正ポイントは大切なので，1987年，1993年，1997年の順に何が変わったのか押さえておきましょう。

　特に1997年（1999年施行）の，**女子の深夜，時間外，休日労働の自由化は大切です**。ここからは差のつきやすい，労働をめぐる動向について確認していきましょう。

💡 日本的経営とその変化！　➡　3つの特色に注意

　日本は戦後の高度経済成長期に，独自の経営スタイルを確立しました。これを**日本的経営**といいます。その特色は大きく3つあります。

　まず1つ目が**企業別組合**。これは組合が企業ごとにつくられているもので，例えば，「○×自動車労働組合」みたいなものです。こうなると会社，つまり使用者との独立性が薄いため，組合活動は遠慮しがちになります。だから**労使協調型**になるのです。**欧米では，産業別組合や職業別組合など，その会社から独立して組合があるので逆に会社に文句が言いやすいのです。**

　2つ目は**年功序列型賃金**。つまり「年をとると高くなる」賃金体系です。でも最近では仕事の成果・業績に連動する賃金体系へシフトする企業も出ていますよね。

　3つ目が**終身雇用制**（定年制）。「会社は定年までクビにならない」っていう安心のシステム。ただし近年のリストラや，中途採用の増加などで崩れています。

　とくに**2**と**3**は，その企業内で社員教育が盛んに行われたり，労働力の流動化も

少なくなります（つまりコロコロ転職しないってこと）。ただし，**バブル崩壊後**，**労働コストの削減をめざす企業側の動きに合わせて変化している**のです。

💡 高齢者雇用をめぐる動向

後の第3節で勉強しますが，日本の少子高齢化は著しいスピードで進んでいます。**2016年の高齢化率**（人口に占める65歳以上の人の割合）は**27.3%**となっています。こうなると，年金や医療費など福祉関係の**政府支出が増えます**。一方で定年退職した人たちからは所得税がとれないため，**税収も減少します**。さらに**少子化**が進み，**現役世代の負担は増える**一方なのです。

そこで定年退職した人たちからも税金がとれるようにするために，消費税増税が議論になったりしているのです。

それ以外にも，高齢者に定年後も働いてもらい，所得税を納めてもらおうという考えが政府の中で出てきました。**高齢者の労働力率は下のグラフから見てもわかる通り高い**のです。

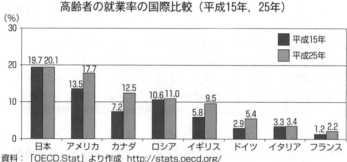

高齢者の就業率の国際比較（平成15年，25年）

資料：「OECD.Stat」より作成 http://stats.oecd.org/

こうした背景で，1970年代に**高年齢者雇用安定法**が制定され，年金の開始年齢・支給年齢である60歳（現在は65歳）と，定年である55歳の差異を埋めるため，「**60歳定年制**」を目指すことになりました。

高年齢者雇用安定法は，2004年に改正され，2006年からは**定年65歳未満の企業に次の3つのうち1つを選ぶことを義務付けています**。

---

(1) 定年の**廃止**　　(2) 65歳までの**継続雇用**
(3) 65歳までに**定年引上げ**

こうして65歳までは確実に働く世の中に入ったといえます。確かに働くことで高齢者も社会参加でき，人生の可能性を切り開けるといったプラスの面もあります。一方で病気や障害をもつ人の社会参加や，夢に見ていたゆっくり気ままな老後生活が少し犠牲になったりもしています。僕らの時代は70歳定年，75歳定年なんていうのも声高になってきています。

💡 女子雇用をめぐる問題　➡　M字カーブに注意

今や女性は全雇用者の40%以上を占めています。しかし女性の**平均賃金は男性の「60%」**と依然低い水準にあります。こうした女性雇用者の待遇を改善するために以下のような法律がつくられています。

倫政の出題内容・一発表示！　▶▶▶男女雇用機会均等法

- ●「女子差別撤廃条約」の批准を受けて1985年に制定
- ⇒「募集・採用・配置・昇進・定年・退職・解雇」などについての**差別扱いの禁止**
- ⇒制定当初は努力規定であったが，1997年に改正され**禁止規定**（違反事業者の公表）となった

  また同年「**事業主のセクハラ防止義務**」も盛り込まれた
- ⇒2006年からは「**間接差別**（合理的理由を欠く身体的特徴での差別や，転勤経験の有無での差別）」の禁止と**男性へのセクハラ禁止**も明記された

  また虚偽報告は20万円以下の過料が科せられることになった

「結婚したら退職」のような女性への偏見などから，男性に比べて女性は雇用の機会に恵まれていません。そんな状況を解決するための法律です。**最初は罰則のない「努力義務」**でしたが，**現在では罰則のある「禁止規定」**となっています。また「間接差別」という言葉もしっかり押さえておきましょう。

倫政の出題内容・一発表示！　▶▶▶パートタイム労働法

1993年施行
- ●パートタイム労働者の福祉増進を目的として1993年施行
- ⇒厚生労働大臣は，問題のある事業者に指導・助言・勧告ができる
- ※**女性雇用者の4割がパート労働者である**

正社員と同じように労働しても，労働条件に格差のあるパートタイム労働者は，**女性雇用者の4割にも上ります。**こうした人たちの労働環境の改善を目指したのが

この法律です。

法律自体が，1990年代に制定されたという事実を押さえておきましょう！

倫政の出題内容・一発表示！ ▶▶▶育児・介護休業法

● 1995年成立，介護休業制度は1999年導入

⇒**育児**について（育児休業法として1992年施行）は，**1歳未満の子に対して1歳になるまで**（保育所に入所できないなど事情がある場合は2歳になるまで）

⇒**介護**について（父母・子，配偶者の父母，配偶者など）は，**最長3か月間**

⇒**男女ともに**認められている

これは子育てのハードルとなる育児休業を取りやすくするための法律です。

育児休暇申請を使用者が拒否できないこと，また**育児・介護休業を理由とした解雇も禁止**されています。ちょっと下のグラフを見てみましょう。

●盲点ポイント 「M字カーブ」のグラフ

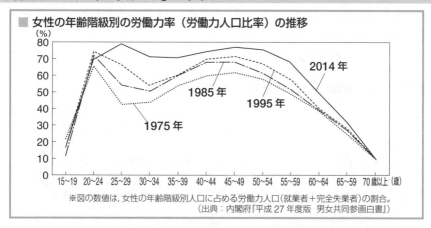

■ **女性の年齢階級別の労働力率（労働力人口比率）の推移**

※図の数値は，女性の年齢階級別人口に占める労働力人口（就業者＋完全失業者）の割合。
（出典：内閣府『平成27年度版 男女共同参画白書』）

これは女性の年齢別の労働力人口を示したものです。

いずれのグラフも，女性の方は30歳前後で結婚退職，40歳前後でパート労働，そして50代から子どもの自立とともにパートもやめる，という推移になっていますね。このグラフが「M字」に似ているので「**M字カーブ**」とよばれています。

これはつまり，**育児などの負担が女性に片寄っていることを示しています**。特に女性の，**昔と今の違いについて見分ける必要**があります。

例えば，**1975年では「25〜29歳」で落ち込んでいるのに対し，2014年ではむしろ**

増えていますね。ここは**晩婚化を表している**ので、「**見分けポイント**」としておきましょう。

💡 完全失業率と有効求人倍率 ➡ 変化に注意

ここで、「**完全失業率**」と「**有効求人倍率**」という言葉を整理しておきましょう。**労働力人口に占める失業者の割合**を、「**完全失業率**」といいます。

労働力人口とは**15歳以上の人口**から次のものを差し引きます。

働く意思のない人
高齢・病気などで物理的に働けない人
学生・家事などで働くことのできない人（アルバイトをしている学生，専業主婦は除く）

そして残った人数を「労働人口」として、そのなかでの失業の割合を見るのです。**日本は2002年の年平均では5.4%**と過去最高。**2018年の年平均では2.4%**です。2008年のリーマンショック以降、日本の完全失業率も上昇傾向にありましたが、近年では減少傾向に転じています。

これとは別に「**有効求人倍率**」というものがありますので説明を聞いてください。

■**完全失業率と有効求人倍率の推移**（年平均）

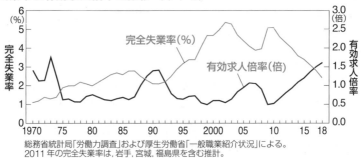

総務省統計局「労働力調査」および厚生労働省「一般職業紹介状況」による。
2011年の完全失業率は，岩手，宮城，福島県を含む推計。

有効求人倍率＝求人数÷求職者数
1以上は人手不足（売り手市場），1未満は仕事不足（買い手市場）

有効求人倍率は、労働力市場の需給バランスを示したものです。**需要者（買い手）が企業，供給者（売り手）が労働者**です。

こうして，求人数／求職者数で割った有効求人倍率は，リーマンショック後の2009年の年平均では0.45。つまり，働きたい人2人に対して，働き口が1つしかない状態でした。**2018年の年平均では「1.61」まで回復しました**。みんなが就活する時に最も気になる数値がこれですね。

時事 *TOPIC* ▷ **差のつく重要用語**（★には注意）

ニート問題

　「**ニート（NEET）**」[not in employment, education or training] は，1999年にイギリス内閣府の報告書で初めて使われ，若年無業者を意味する。進学も職探しもせず教育訓練も受けないという意味の英語の頭文字をとっている。厚生労働省による定義は，「非労働力人口のうち，年齢が15歳から34歳の，家事・通学をしていない者」としている。

フリーター

　厚生労働省による**フリーター**の定義は，「15歳から34歳の学校卒業者（女性の場合は未婚者のみ）の中で，雇用先でアルバイトやパートと呼ばれている人」，「家事も通学もせずにアルバイトかパートの仕事を希望する人」としている。

非正規雇用の拡大 ★

　2018年平均の非正規雇用は**約37.9%**と，1984年から調査を取り続けて以来，過去最高水準となった（ちなみに1984年は男女平均が15.3%）。賃金は正社員（男性平均532万円，女性平均359万円）に対して**男性が222万円，女性が148万円**（ともに2014年）と**低水準**にある。

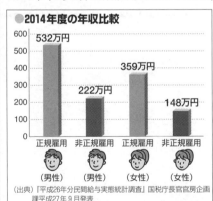

●2014年度の年収比較

（男性）正規雇用 532万円
（男性）非正規雇用 222万円
（女性）正規雇用 359万円
（女性）非正規雇用 148万円

（出典）『平成26年分民間給与実態統計調査』国税庁長官官房企画課平成27年9月発表

　少子化のさらなる加速や，社会保障の財源問題などへ影響がある。

労働審判制度

　個別的な労働関係紛争に対処するため，2006年4月**労働審判法**（2004年制定）が施行された。これは裁判官1人と，有識者2人からなる「**労働審判委員会**」で協議が行われ，リストラ解雇や，賃金カットなどに対応する。原則，調停であるが困難な場合は労働審判において**和解と同一の法的拘束力**で対応する。

名ばかり管理職

時間外規制の対象外にある「管理職」の名前だけ利用して，残業代の不払いなどを免れようとすること。

ワーク・ライフ・バランス ★

「仕事か生活か」ではなく，「仕事も生活も」という考え方。

ベーシックインカム ★

所得に関係なく，一定額の現金を全ての人に一律に給付する制度。生活保護とは異なり，就労機会が制限されることがない。現在フィンランドなどで試験的に導入されている。

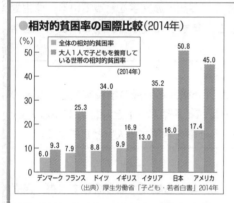

●相対的貧困率の国際比較（2014年）
（出典）厚生労働省「子ども・若者白書」2014年

相対的貧困率 ★

所得の中央値の半分（貧困線）を下回っている人の割合。2013年の国民生活基礎調査（厚生労働省）では所得の中央値の半分の所得は122万円となっている。特に日本の場合，大人一人で子どもを養育している世帯の相対的貧困率は，50.8%にものぼり，先進国の中で高水準である（2014年）。

社会保障

ここが出る! 試験前の倫政の出題・正誤 Point!

① 日本の社会保障の4つの柱
② 年金保険→積立方式と賦課方式→特に基礎年金導入
③ 介護保険制度の内容
④ 少子高齢化とその対策

社会保障とは?

社会保障は, **公的扶助**（公費・税を財源とした政府による社会的弱者に対する経済援助）と, **社会保険**（社会保険料と政府の財政負担による公的保険）を総合した制度をいいます。

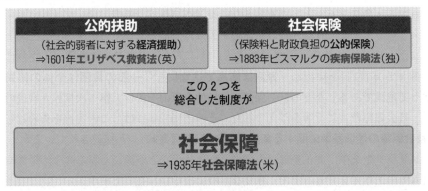

公的扶助	社会保険
（社会的弱者に対する**経済援助**）	（保険料と財政負担の**公的保険**）
⇒1601年**エリザベス救貧法**(英)	⇒1883年ビスマルクの**疾病保険法**(独)

この2つを
総合した制度が

社会保障

⇒1935年**社会保障法**(米)

こうして, 国が国民の最低限度の生活（**ナショナル・ミニマム**）を保障するのです。ちなみに地方自治体が最低限度の生活を保障することを「**シビル・ミニマム**」といいます。

さて, 公的扶助はイギリスの**エリザベス救貧法**（1601）が起源で, 国王の恩恵的要素が強かったといえます。

次の社会保険は, ドイツの**アメとムチ政策**で有名な**ビスマルクが制定した疾病保険法**が起源です。ビスマルクは**社会主義者を弾圧する**一方で, この疾病保険法を制定しました。

そして, **最後にこの2つを総合して社会保障制度を確立**したのが, アメリカの**社**

会保障法（1935）です。これは **F. ローズヴェルト**大統領の**ニューディール政策**の一環だったことを押さえておきましょう。

💡 20世紀に社会保障制度は発達　➡ 夜警国家から福祉国家への変容

社会保障制度は20世紀に入ると発展していきます。なぜでしょうか？　もうわかりますね？　そう，キーワードは**夜警国家**から**福祉国家**への変容です。

18世紀後半より産業革命が進展し，当時は**貧困は個人の責任**とされていました。また，国家の機能を安全保障や治安維持などの最小限にとどめた夜警国家が理想とされ，**国家は自由放任主義**を採っていたので，失業や貧困などの社会問題がどんどん加速しました。こうして，20世紀に入ると，もはや**貧困は「社会の責任」**として捉えられるようになり，こうして，**福祉国家**の実現のため，国家が社会保障制度を充実していくわけです。

1935年の**ニューディール政策**の一環として制定された「**社会保障法**」や，1942年に提出され，後に「**ゆりかごから墓場まで**」，国が最低限度の生活を保障する「**ナショナル・ミニマム**」として有名となった「**ベバリッジ報告**」は，アメリカやイギリスという大国が，社会保障政策に力を入れた象徴ともいえる出来事でした。

また，1944年に **ILO（国際労働機関）** は「**フィラデルフィア宣言（ILO の目的に関する宣言）**」を採択し**「労働は商品ではない」**，「**一部の貧困は全体の繁栄にとって危険である**」などの社会保障の包括的な原則を掲げ，第二次世界大戦後の労働・社会保障政策に影響を与えました。その後1952年には，この宣言を条約化した「**社会保障の最低基準に関する条約（ILO 第102号条約）**」が採択されています。

ブラック企業や，非正規雇用の増加，格差社会などが問題となる昨今，労働や社会保障のあり方を考える上で，重要な示唆に富む宣言といえます。

💡 日本の社会保障制度　➡ 4つの柱

日本は**戦前にも公的扶助**や，**医療保険**，**公的年金制度**はあったのですが，内容が不十分だったり，加入が一部の人に限られていました。

本格的に社会保障制度が確立されるのは，戦後に日本国憲法が制定されてからになります。1947年に日本国憲法が施行され，その**第25条において「生存権」が規定**されます。こうして日本は**社会保険，公的扶助，社会福祉，公衆衛生**の4つを柱とした社会保障が本格的にスタートします。

● 社会保障

1. 社会保険→**医療，年金，労災，雇用，介護の５つ**
2. 公的扶助→**生活保護**
3. 社会福祉→**福祉サービス・福祉施設**の提供
4. 公衆衛生→**保健所**を中心に，伝染病などの予防
⇒ **2，3，4は全額公費負担**で，別途保険料負担などはありません（利用者負担を除く）

💡 日本の社会保険は５つ ➡ 特に医療，年金，介護が頻出

　日本の社会保険は，医療保険，年金保険，労働者災害補償保険（労災保険），雇用保険，介護保険の５つ。先に労働者災害補償保険，雇用保険から説明します。

　労働者災害補償保険（1947年）は，業務中，つまり仕事によって病気になったりケガをした際に，医療費などを支給する保険です。**通勤時も保険の対象に含まれる**ので注意しておきましょう。**保険料は全額事業主が負担します。**

　雇用保険（1947年の失業保険法が1974年に雇用保険法へ）は，失業時に，失業者が保険金の給付と雇用事業サービスが受けられるというものです。当然，**不況が深刻化すればするほど，この給付額は大きくなります。保険料は労使折半となっています。**

　次に医療保険，年金保険ですが，これは職業別に以下のように加入する保険が分かれています。

倫政の出題内容・一発表示！ ▶▶▶ 医療保険・年金保険制度

医療保険	加入対象者	年金保険
健康保険	被用者〔サラリーマン〕	厚生年金
共済組合	公務員や私学教職員など	厚生年金
国民健康保険	その他	国民年金

⇒1961年国民皆保険，国民皆年金実施
⇒1973年老人医療費無償化制度→しかし，1983年老人保健法により**一部有料化**
⇒2008年から，75歳以上が加入する「**後期高齢者医療制度**」へ

　ちなみに医療保険の本人の窓口負担は2003年度から，**２割から３割負担**へ，70歳以上の高所得高齢者も**１割から２割**へと負担が増額されています。

💡 1961年に皆保険・皆年金実施 ➡ 国民全員が医療保険・年金保険に入れる

　これはとても重要です。読んで字の如く，「みんなが医療保険と年金保険に加入できる」制度です。実は**皆保険・皆年金**が実施される前まで，**一部の人しか医療保険と年金保険に加入できなかった**のです。年金保険については，20歳以上の国民が，厚生年金，共済年金，国民年金のいずれかの加入が義務付けられました。**1961年**という**年号に注意**です。

　また，1973年（**福祉元年**）の**老人医療費無償化**は，1983年施行の**老人保健法**により**一部有料化**され，2008年からは75歳以上が加入する**後期高齢者医療制度**（506ページ参照）が施行されました（原則，本人1割負担）。

💡 年金制度改革 ➡ 基礎年金導入と確定拠出制度を押さえよ

　1980年代に入ると，年金の制度改革が本格化します。特に高齢化の進展による財源不足は深刻な問題でした。そこでさまざまな年金制度の改革が行われていきます。ここでは**公的年金制度**と**その財源**について勉強しましょう。ポイントは下のボードの点です。

1985年の**国民年金法改正**により，1986年より**基礎年金制度**がスタート
20歳以上の全国民が（主婦も，1991年からは学生も）加入する年金の一元化

積立方式…加入者が保険料を積み立て，その積立金と運用益により年金を賄う
　　　　→ただし**インフレによる目減り**あり
賦課方式…その年に必要な年金給付を，現役世代の保険料（一部公費）で支払う
　　　　→ただし**世代間格差**あり

⇒両者の混合型を**修正積立方式**と呼ぶ
⇒2001年に企業年金について「**確定拠出型年金**」制度（日本版401K）が制度化

　従来，年金の財源方式は**積立方式**で賄われていました。修学旅行の積立金を思い出してくれればわかりやすいです。つまり，加入者が積立てた金をもとに年金を支給するものです。しかし，これだと**インフレが進んだ場合の目減り**や，**高齢化の進展により財政難に陥る可能性**があります。

　そこで政府は**賦課方式**に移行しようとします。これは**その年に必要な年金を現役世代の保険料と一部公費[1]で負担するもの**です（現在はその移行期にあたるため**修**

---

[1] 現在の国庫負担は1／2となっている。

正積立方式や修正賦課方式という）。そうなると，できるだけ多くの現役世代がこの国民年金に加入する必要があります。こうして，厚生年金に加入している被用者（会社員・公務員など）も含め，**全国民が20歳以上になるとこの国民年金**（基礎年金）**に加入**

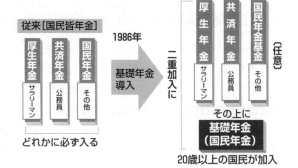

することになったのです。当然，厚生年金加入者は，国民年金との「二階建て年金」となり，基礎年金部分しか受け取ることのできない自営業など，これまで国民年金に加入していた人のために，**任意加入の国民年金基金も創設**されました。

また，年金制度について，2015年10月から「**報酬比例部分（二階部分）**」共済年金が「**厚生年金**」**へと統合・一元化**された点については注意が必要です。

なお，企業の厚生年金は，拠出された保険料を原資にしてさまざまな投資をして運用します。こうして資金を増幅させ将来の給付に充てます。しかし，**バブル崩壊後は，運用での目減り（損）が出てしまうこともあります。そこで運用に応じて給付額を変動できる，確定拠出年金制度が2001年から導入可能**となりました。実はこの制度，**アメリカ内国歳入法の401条（K）項をモデル**にしたことから，「日本版401K」ともよばれています。

💡 介護保険は以下の通り，絶対におさえよ‼

　介護保険制度も頻出事項です。2段階の要支援・5段階の要介護認定により，**在宅介護サービスや施設サービス**などを受けることが可能です。現在は核家族化が進行しているため，老夫婦が取り残され**老老介護**となっている実態があります。**公的介護制度は高齢化社会における重要な対策**です。

　また，老人ホームなども足りないため，**ショートステイ**（短期間の入所）や**デイサービス**（日帰りの施設サービス）などを使って，**効率的に福祉サービスを利用することも**，この法律の内容の1つです。もちろんこれらにも保険は適用されます。

倫政の出題内容・一発表示！　▶▶▶介護保険法

●1997年に制定，2000年に施行
1 **在宅介護サービス**や**施設サービス**に保険が適用
2 財源は40歳※以上の**保険料と租税**，そして利用者の所得に応じて**1〜3割**の負担
3 保険が適用されるのは**介護認定**で2段階の**要支援**・5段階の**要介護**の認定をうけたもの
4 運営は**市町村**，特別区が行う（ただし，**自治体間での格差あり**）
　また，許可を取れば**民間企業**もサービスを提供できる
※今後の変更動向に注意

💡 公的扶助は生活保護法によって実施される！

　続いて，**公的扶助**です。これは，1946年の**生活保護法**（1950年抜本改正）に基づいて，生活，教育，医療，住宅，出産，生業，介護，葬祭の**8分野**について，社会福祉事務所への**本人の申請で経済扶助が行われるもの**です。実施に当たっては，行政側による**資産調査（ミーンズテスト）**があります。さらに無差別平等の原理に基づいて実施されます。また，この生活保護基準をめぐる訴訟として以前学習した，**朝日訴訟**や**堀木訴訟**があり，**プログラム規定**とともに確認しておきましょう。

時事 TOPIC 「後期高齢者医療制度」

「後期高齢者医療制度」
2006年6月に，「医療制度改革関連法」が成立しました。これに伴い，2008年4月から「75」歳以上の高齢者を対象にした「**後期高齢者医療制度**」もスタートし

ました。**保険給付金の「半分を政府」**，**「4割を現役世代の支援金」**，**「1割を高齢者本人」**が支払います。　　※今後の動向に注意

重要年表→赤字は要注意

倫政の出題内容・一発表示！

年	事項	年	事項
1874	**恤救規則制定**（最初の公的扶助）	1968	国民健康保険法改正
1922	**健康保険法**（最初の社会保険）	1971	児童手当法制定
1929	救護法制定（恤救規則の発展）	**1973**	**福祉元年**
1931	労働者災害扶助法		労災保険法改正
	労働者災害扶助責任保険法		健康保険法改正
1938	国民健康保険法		**老人医療無償化**
1941	**労働者年金保険法**		**年金の物価スライド導入**
1944	厚生年金保険法		**（2004年からマクロ経済スライドへ）**※
1946	生活保護法（旧法）制定	1974	雇用保険法制定
	日本国憲法制定（生存権の規定）	1976	身体障害者雇用促進法改正
1947	労働者災害補償保険法	1982	堀木訴訟最高裁判決
	失業保険法制定，児童福祉法制定		**老人保健法**（実施83年）
1948	国家公務員共済組合法制定	1984	健康保険法改正
	健康保険法改正		（老人医療費の1割負担制度）
1949	身体障害者福祉法制定	1985	国民年金法改正
1950	**生活保護法（新法）制定**		**→基礎年金制度導入**
1954	厚生年金保険法改正	1989	国民年金に20歳以上の
1956	公共企業体職員等共済組合法		学生強制加入へ
1958	国民健康保険法改正→国民皆保険		（実施は91年）
1959	国民年金法制定→国民皆年金	1997	健康保険本人2割負担導入
1960	精神薄弱者福祉法制定		**介護保険法**（2000年度実施）
	身体障害者雇用促進法	2001	確定拠出年金法制定
1961	**国民皆年金完全実施**	2003	健康保険本人3割負担導入
	国民皆保険完全実施	2008	**後期高齢者医療制度**開始
1963	老人福祉法制定		（75歳以上，1割負担）
1964	母子福祉法制定	2015	**厚生年金と共済年金**が**厚生年金**に統合
	81年に母子及び寡婦福祉法と改題		
1967	朝日訴訟最高裁判決		

※1973年の年金の物価スライドでは，物価や賃金の上昇に伴って年金の受給額を増加させる。一方**マクロ経済スライド**では，物価や賃金の上昇分よりも年金の受給・上昇分を少なくする。少子高齢化での財源不足が背景にある。

必ずやろう！　▶▶▶　完成問題集　**第12章**

3 少子高齢化

学習の指針	せまく浅く
重要度	★★★★★
時事	★★★★☆

ここが出る！ 試験前の倫政の出題・正誤 Point！

① 日本は，高齢化社会から高齢社会への「移行スピード」が速い
② 「2005年」は日本の「総人口減少元年」
③ 国民負担率の国際比較

少子・高齢化問題は特に大切です。まず「定義」，そして「日本がいつ突入した
か」，「問題点と対策」を押さえましょう。

💡 高齢化の定義 ➡ 日本は移行スピードが速い

まず老年人口（65歳以上）の全国民に占める比率が **7％** を超えた社会を **高齢化社
会**（**フランス**が1865年に突破），**14％** を超えた社会を **高齢社会**（**イギリス・スウェー
デン**がともに1975年に突破）といいます。**21％** を超えると「**超高齢社会**」といい，
日本は2007年に突破しています（2019年4月現在で28.3％）。

日本は **1970年に高齢化社会** に，**1994年にはすでに高齢社会** に突入しており，この
移行スピードが速い のがポイントです。高齢化には，老年人口が増加する「**絶対的
高齢化**」と，年少人口や生産年齢人口が減少することで起こる「**相対的高齢化**」と
があります。

倫政の出題内容・一発表示！ ▶▶▶高齢化

●国連の人口区分
年少人口（14歳以下） 生産年齢人口（15～64歳） 老年人口（65歳以上）
⇒年少人口と老年人口を合わせて「従属人口」という

●高齢化の定義（国連による）
⇒全国民に占める老年人口比率が，**7％** を超えた社会を **高齢化社会** ※日本は
1970年に突入

⇒ **14％** を超えた社会を **高齢社会** ※日本は1994年に突入
※老年人口割合は，2065年に38.4％と推計されている
　国立社会保障・人口問題研究所『日本の将来推計人口（平成29年推計）』

💡 少子化の定義

一方少子化は，一人の女性（15歳～49歳）が一生に産む子供の数の平均である，**合計特殊出生率**の低下です。日本では**1974年に2.05**となり少子化社会に突入しました。**2005年には過去最低の「1.26」**となっており，この**2005年**は「**総人口減少元年**」でもあります。なお，2018年は「1.42」です。

倫政の出題内容・一発表示！ ▶▶▶少子化

●**合計特殊出生率**（15歳から49歳の一人の女性が一生に産む子供の数の平均）の低下

※1989年 1.57 [ショック] 2005年「1.26」，2018年「1.42」

少子化の理由としては，①**人々の晩婚化・非婚化**②**女性の社会進出**③**都市化**などが挙げられます。**少子・高齢化の問題点**はこんな感じです。

---

1 生産年齢人口（15歳から64歳）の減少により **GDP が減少する**
2 **1**に伴い政府の**所得税の税収**が減少する
3 税収は減少する一方で**社会保障支出は増加する**。こうして**財政難**となる

一方，対策はこんな感じです。

---

1 少子化対策として**保育所の拡充**や**再就職支援**など，安心して**子供が産める環境**を整備する（1995年から**エンゼルプラン**などで実施している）
2 少子化対策として**育児休業中の安定的な所得保障制度**を確立する（現在，所得保障規定はない）
3 高齢化対策として**老人雇用の拡大**（2004年の**高年齢者雇用安定法改正**により現在は65歳定年制，定年廃止などが進められている）を図り，所得税の税収の安定化と，高齢者が自立していける環境を整備する
4 高齢化対策として**老人ホームの拡充**と（1989年の**ゴールドプラン**などで実施している）**介護制度の拡充**，**バリアフリー化**の推進など
5 高齢化対策との財源として**消費税の引き上げ**
→消費税は所得税と比べて景気の変動や高齢化による税収に変動を受けにくい安定した財源

ちょっと選挙のビラみたいになってしまいましたが，一通りさらっと読んで，論点を整理しておいてください。

💡 ノーマライゼーションとバリアフリー

ノーマライゼーションとは，**高齢者や障害者が健常者と同じように生活できる社会**を目指す言葉です。

これを実現するためには，高齢者や障害者にとって障壁となるもの（段差など）を取り除く**バリアフリー**が必要となります。ちなみに**2000年に交通バリアフリー法**が制定されています。

💡 盲点ポイント「国民負担率」

国民負担率とは，**租税と社会保障の負担率の合計**です。個人に置きかえると，例えば月収が100万で（ちょっと高いけどわかりやすくするために），税金で25万，社会保険料で15万を月にもっていかれたとしたら，負担率は40％となります。

> 日本やアメリカは**低福祉低負担**
> スウェーデンは**高福祉高負担**

という特徴があります。ただし**最近日本の国民負担率は上昇傾向**にあるので，そこのところも注意しておきましょう。

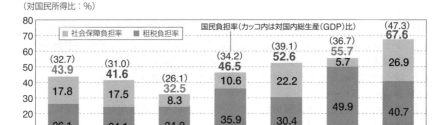

（平成28年4月財務省『日本の財政関係資料』より）

ここで差をつける！ 　　　知っている？　こんな法律

●高齢者虐待防止法

　2006年4月に，「高齢者虐待防止法（高齢者の擁護者に対する支援等も定めている）」が施行された。虐待行為は，「身体への暴行」「**長期間放置**」（**一種のネグレクト**），「心理的外傷を与える言動」「財産の勝手な処分」などが挙げられている。発見者には市町村への通報が義務付けられている。また，**市町村の立ち入りも認めている**。高齢者虐待防止法では，介護者の負担を軽くするため，市町村が一時的に部屋を確保する措置を盛りこんだ。

●障害者自立支援法

　保険料・種別を一元化し，就職支援などを従来よりも強化する「障害者自立支援法」が2006年4月から一部施行され，10月から本格施行された。障害者の福祉サービスを市町村に一元化。障害種別（身体障害，知的障害，精神障害）にかかわらず障害者の自立支援を目的とした共通の福祉サービスは共通の制度により提供する。なお**保険料は一律「1割負担」**となっている。

●健康増進法

　2003年5月に施行された。主な内容は「**受動喫煙を防止する措置**」が明記された点である。同法施行後は「ポイ捨て禁止条例」などを設けている自治体が増えている。またこれに関連して，2005年**「たばこ規制枠組み条約」**が発効した。

　主な内容は「条約発効後5年以内にたばこ広告を全面的に禁止する」「たばこのパッケージの30％以上に健康警告表示を掲載する」「公共の場でたばこの煙にさらされない措置を取る」などである。日本はすでに批准しており，2008年7月から20歳以上の人だけに発行されるICカード「タスポ」（taspo）がないとたばこが購入できなくなった。今後の**罰則動向に注意**。

第13章

国際経済と環境問題

攻略の視点

　僕らの身のまわりには外国製品があふれています。もはや一国の経済は，一国では成り立たないことがよくわかります。そして貿易には「儲かる輸出品」を多く作る先進国と，「安く労働力や財を提供しなければいけない国」途上国との「格差」も存在します。

　ここでは「貿易理論」と決済手段となる「外国為替理論」，「国際収支の内訳」そして「その動向」を勉強していきます。また，経済発展と引き換えに生まれてくる「環境問題」についても勉強します。必ず出題される分野なので，未習のないようにしましょう。

この章の攻略ポイント 👉

❶ 比較生産費説　　　　❷ 国際収支の勘定項目
❸ 円高と円安の要因と影響　❹ GATTとWTOの相違
❺ 「ブレトンウッズ体制」と「ニクソン・ショック」
❻ NAFTA（USMCA），AFTA，MERCOSUR，APEC
❼ EUの時事動向
❽ モノカルチャー経済とUNCTAD
❾ 日本のODAの特徴　　❿ 環境問題

1 国際貿易と比較生産費説

ここが出る! 試験前の倫政の出題・正誤Point!

① リカード⇒「自由貿易」,「政府の不介入」
　リスト⇒「保護貿易」,「政府の介入」
② リカードの比較生産費説の理解
③ リストの保護貿易⇒輸入品に対し高い関税を課税する⇒「保護関税政策」

💡 保護貿易と自由貿易 ➡ 対比で理解

　国際貿易（国家間の財サービスの輸出入）は, 日本だったら機械や自動車, 中国は衣料品という具合に, 国際間での分業としてとらえることができます。この意味で国際貿易は**国際分業**ともいいます。国際分業には, 先進国間で主に工業製品を交換する**水平的分業**と, 先進国が工業製品を, 途上国が原材料などの一次産品を生産して交換する**垂直的分業**があります。

　さて, 国際貿易の次の学説は2つを押さえてください。

　1つ目が**自由貿易**。これは**政府が介入せずに市場が自由に貿易を行うもの**です。**リカードが比較生産費説**を展開する中で主張したのが有名です。

　2つ目が**保護貿易**。これは**自国の経済を保護するために政府が介入し, 関税を高く設定して**（これを**保護関税**という）, **輸入制限などを行うもの**です。輸入を制限すれば, 自国からの外貨の流出を防ぐことが可能なので, 自国のこれから成長しようとする**幼稚産業**が保護されるというわけです。これは**リスト**が主張しました。

　特に, この保護貿易主義によって**ブロック経済**が構築され, それが第二次世界大戦発生の一因となったとの反省から, 戦後は自由貿易の確立が急務だったのです。

　一方で，自由貿易の拡大による近年の急速な**グローバリズム**の拡大は，**先進国と途上国の間での経済格差**（**南北問題**，詳しくは541ページ参照）を拡大させました。また，経済格差は，先進国の国内でも顕著となり始めています。この意味で自由貿易の拡大について再検討を求める意見も出はじめています（**反グローバリズム**）。

💡 リカードの比較生産費説

　比較生産費説は，本当に重要なのでしっかりマスターしましょう。特に「**絶対優位**」，「**比較優位**」，「**機会費用**」という概念を理解しましょう。

> ●**比較生産費説**
> 両国が得意な生産物に生産を特化し，それを輸出した
> ほうが，全体として生産性が高まるという説。

　比較生産費説とは，両国が得意な生産物に生産を集中して（特化して），それを輸出しあったほうが，**両国全体にとって有利**である，という説です。これによりリカードは自由貿易を提唱しました。難しいのでもう少し噛み砕いて説明しますが，以下の説明は，「**世界には表内の２カ国のみしか存在しない**」，「**生産財は表内の２財のみ**」，「**労働力は表内の数のみ**」，「**国際間の労働力移動はない**」，「**関税などはかからない**」という前提の下に成立します。

▶ **次の表を見てください**

	機械１単位の生産に必要な労働力	小麦１単位の生産に必要な労働力	国内の労働力の合計
日本	30	90	120
アメリカ	20	10	30

　これは，１単位の機械と小麦を生産するのに必要な労働者数を表したものです。このように財１単位を生産するのに必要な労働投入量を「**労働生産性**」といいます。

例えばこの場合，日本は機械が30人，小麦は90人が1単位の生産に必要です。一方，アメリカは機械が20人，小麦が10人で1単位を生産します。**両財の労働力を国際間で絶対比較することをで得られる優位性**を「**絶対優位**」といいます（この概念は，**アダム・スミス**による）。この場合，アメリカが両財ともに絶対優位を持ちます。これでは互いに貿易するメリットがありません。そこで登場するが**リカード**の「**比較優位**」という概念です。

▶ まず国内における「機会費用」を考える！

「**機会費用**」とは，**国内である財の生産を（例えば）1単位増やす際に失われるもう一方の財の単位**，つまり犠牲（コスト・費用）です。経済社会では，あるものを手に入れるためには，あるものをあきらめなければなりません。こうした関係を「**トレード・オフ**」と言います。例えば，日本とアメリカがそれぞれ**機械を1単位増産することにします**。すると小麦は何単位削減しないといけないのでしょうか。

日本では機械1単位の生産に30人必要
⇒**小麦を30/90，つまり1/3単位削減**することになります。
一方，アメリカでは機械1単位の生産に20人必要
⇒**小麦を20/10，つまり2単位削減**することになります。

▶ するとどうなる？

機械1単位を増産する際に，**小麦の犠牲が少なくて済むのは日本**ということになります。こうして**日本が機械の生産に特化し，アメリカは小麦の生産に特化**します。

▶ 特化前と比較してみよう‼

特化前の世界全体の機械・小麦の生産量は，いずれも「財2単位（日本1単位・アメリカ1単位）」で，合計は4単位です。

しかし，**日本が機械に特化すると，「財4単位（120/30）」の生産が可能**で，特化前と比較すると**世界全体の生産は「財2単位」分増加**しています。一方，**アメリカが小麦に特化すると，「3単位（30/10）」の生産が可能**で，特化前と比較すると**世界全体の生産は「財1単位」分増加**しています。つまり，特化後には**世界全体の機械・小麦の生産量が，「財3単位（機械2単位・小麦1単位）」分増加**したことになります。

⚠ **間違えるな‼** ⚠
国際間で比較「絶対優位」！　国内で相対比較「比較優位」！

---

2 国際収支

学習の指針	せまく浅く
重 要 度	★★★★☆
時　　事	★★★★★

ここが出る！　試験前の倫政の出題・正誤Point！

① 経常収支と資本移転等収支⇒「カネ」の増減に着目
② 金融収支⇒「資産」の増減に着目
③ 日本は経常収支の「第一次所得収支」の黒字が最も大きい
④ 経常収支＋資本移転等収支－金融収支＋誤差脱漏＝0

💡 **国際収支** ➡ 計上項目の具体例が出る!!

　国際収支とは，**一定期間**（一般的に1年間）**の外貨・資産の受け取りと支払いを示した，いわば帳簿のこと**です。外貨・資産を受け取れば**黒字**となり，支払えば**赤字**です。国際収支の勘定項目はその「〜収支」という名前の出題よりも，何がどこに勘定されるのかが問われるため，その「勘定項目と具体例」を覚えてください。

倫政の出題内容・一発表示！ ▶▶▶国際収支

```
外貨・資産の流入⇒収支は黒字
外貨・資産の流出⇒収支は赤字
```

●**国際収支の勘定項目⇒「なにがどこに勘定されるか？」**

```
                  経常収支 ┄┄ ①貿易・サービス収支
                              →貿易財の輸出入，サービスは旅客，権利の利用
                                料など
                            ②第一次所得収支
                              →労働者の所得，投資収益など
国際収支                     ③第二次所得収支
                              →対価を伴わない，無償の医療品・消費財，仕送
                                りなど
                  資本移転等収支
                    →対価を伴わない，無償資本（道路などの建設費用），権利売買
                      など
                  金融収支 →投資や外貨準備
                  ●直接投資→不動産，経営権獲得のための株式取得など
                  ●証券投資→配当や利子などの収益目的の株式の取得など
```

必ずやろう！ ▶▶▶ 完成問題集 **第13章**

●金融派生商品（デリバティブ）
→先物やオプション取引など
●その他投資→現金・預金など
●外貨準備→政府・中央銀行の保有する外貨

★経常収支 ＋ 資本移転等収支 － 金融収支 ＋ 誤差脱漏 ＝ 0
（経常収支 ＋ 資本移転等収支 ＋ 誤差脱漏 ＝ 金融収支）
となるように記録

①日本の国際収支の特徴

(億円)

項目	2007年	2009年	2011年	2013年	2015年	2017年
経常収支	249,490	135,925	104,013	44,566	165,194	219,514
貿易・サービス収支	98,253	21,249	-31,101	-122,521	-28,169	42,297
貿易収支	141,873	53,876	-3,302	-87,734	-8,862	49,554
輸出（総額）	800,236	511,216	629,653	678,290	752,742	772,855
輸入（総額）	658,364	457,340	632,955	766,024	761,604	723,301
サービス収支	-43,620	-32,627	-27,799	-34,786	-19,307	-7,257
第一次所得収支	164,818	126,312	146,210	176,978	213,032	198,374
第二次所得収支	-13,581	-11,635	-11,096	-9,892	-19,669	-21,157
資本移転等収支	-4,731	-4,653	282	-7,436	-2,714	-2,872
金融収支	263,775	156,292	126,294	-4,087	218,764	176,642
直接投資	60,203	57,294	93,101	142,459	161,319	168,271
証券投資	-82,515	199,485	-135,245	-265,652	160,294	-59,680
金融派生商品	-3,249	-9,487	-13,470	55,516	21,439	34,561
その他投資	246,362	-116,266	44,010	25,085	-130,539	6,972
外貨準備	42,974	25,265	137,897	38,504	6,251	26,518
誤差脱漏	19,016	25,019	21,998	-41,217	56,283	-40,000

(財務省 Web ページ)

ここがポイント!!……………………………………………………………………

1. リーマン・ショック（2008年秋）以降の円高の影響を受けて輸出が減少し，2011年には31年ぶりに貿易収支が赤字となった（2016年には黒字に転じた）。
2. 直接投資は近年増加傾向にあり，これに伴って投資収益を計上する第一次所得収支が，最も大きいプラス項目となった。
3. 近年，円安傾向が進み，「インバウンド」（訪日外国人）が増加したため，サービス収支のマイナスが縮小している。

●国際収支とは？

　国際収支は，**一定期間の（一般的に一年）**対外的な様々な経済取引を体系的に記録した統計です。国際経済の取引を示す「**フロー**」の記録です。

　まずは「**どこに何がカウントされるのか**」を理解してください。

●「経常収支」，「資本移転等収支」，「金融収支」に何が計上されるのか？

　国際収支は，「**経常収支**」・「**資本移転等収支**」・「**金融収支**」の３つの大きな項目

から構成されています。

まず「経常収支」は，主として**貿易やサービス，所得の受け取り，無償財の援助に関わる取引**を示します。特にサービス収支は，サービス貿易が拡大する現在，とても重要な項目で，著作権などの知的財産権の利用料なども計上します。ちなみに，著作権などの知的財産権そのものの取引は，権利の取引となるため，この

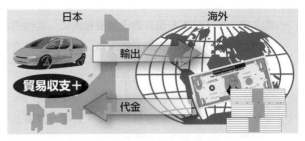

後説明する「**資本移転等収支**」に計上される点を注意してください。

また，**第一次所得収支**は，**海外からの所得だけでなく，投資収益も計上**される点がとても重要です。現在，日本の国際収支の中の**最大の黒字項目が第一次所得収支となっています**。これは日本企業が海外の多くの子会社からの所得や，海外債券，株式からの利子・配当の受取りを増加させていることをしめしています。この関係は特に注意しましょう。

第二次所得収支では，**無償の消費財援助や仕送り**などが計上されます。

次に，「資本移転等収支」です。ここには**無償の社会資本援助，例えば途上国への道路の建設や知的財産権の取得**に関する取引を計上します。

この，「**経常収支**」，「**資本移転等収支**」では，**カネを受け取れば＋，支払えば－と計上**します。

●金融収支はカネの増減ではなく，「資産の増減」に着目して計上 !!

近年，国際経済取引では様々な投資が活発化し，こうした国際投資取引などを計上する「**金融収支**」がとても大切になっています。金融収支では，経常収支や資本移転等収支のように「**カネの増減**」ではなく，「**資産の増減**」に着目します。

具体的には，「**資産（側）－負債（側）** ※資産－負債を**対外純資産ともいう**」を「**金融資産**」として計上します。

> 例えば，今，日本が海外の土地や株式に，80億円の投資を行ったとします。
> 一方，海外が日本の土地や株式に，30億円の投資を行ったとします。

　日本が海外に保有している土地や株式の資産80億円は，日本にとっては資産ですが，海外が保有している，土地や株式の資産30億円は，日本からの**資産の流出**を意味します。つまり，日本の**金融資産は**「**資産－負債**」ですから，この場合の金融収支は「50億円の＋」となります。

　このように，海外の資産は日本の負債となります。逆に日本の資産は海外の負債となります。気づきましたか？　そう，国際間での資産と負債の合計はゼロとなります。少しスケールを変えて世の中を見ると，とても面白いですね。

●金融収支の計上項目にも注意!!

　次に，金融収支の計上項目を説明します。

　まず，「**直接投資**」と「**証券投資**」の違いはハッキリさせてください。

　直接投資とは，**子会社の設立や海外に土地などの不動産を購入すること，海外企業の経営権取得のための株式への投資**などをいいます。

　一方，**証券投資**とは，**経営権の取得を目的としない，利子や配当などの投資収益を見込んで海外株式や外国の債権（国債など）などへ投資**することをいいます。また，日本が海外に子会社を設立した場合，金融収支の直接投資は＋と計上し，その後投資収益を受け取った場合は，投資収益を計上する「第一次所得収支」を＋として記録します（先ほどの図を参照）。

　また，**その他投資**は，主として借入れや貸出し，現金，預金などを計上します。

　そして，**外貨準備**は，中央銀行や政府が保有するドルなどの外貨で，政府が為替介入などを行うことで増減します。

　繰り返しますが，この**金融収支**では，**経常収支，資本移転等収支**の「**カネの増減**」とは異なり，「**資産**」と「**負債**」の流入・流出に着目します。

> 　また，国際収支は，
>
> | 経常収支　＋　資本移転等収支　－　金融収支　＋　誤差脱漏　＝　0 |
> |---|
>
> （経常収支　＋　資本移転等収支　＋　誤差脱漏　＝　金融収支）

と計算されています。数字の穴埋め問題などに対応できるようにしておきましょう。

3 外国為替レート 円高と円安

学習の指針 せまく深く
重要度 ★★★★★
時 事 ★★★★★

ここが出る! 試験前の倫政の出題・正誤 Point!

① 必要な通貨⇒「需要の高い通貨」⇒高くなる
② 原因⇒レートなのか，レート⇒影響なのか
③ 具体例とともに考える

💡 国際間での決済 ➡ 外国為替手形

さて，国際間での決済（支払い）はドルや円といった通貨で行われるのではなく，金融機関で**外国為替手形**に交換し，この外国為替手形で決済が行われます。つまり，この**外国為替手形の相場が，前日と比較して円が高かったのか，安かったのか**が，**円高，円安**というわけなんです。

当然，前日と変わらないこともあるので，この場合は，前日とほぼ「同じ水準」などと表現します。ちなみに，このレートが変動するのが**変動相場制**，固定なのが**固定相場制**（第5節で詳しく解説）で，現在ほとんどの国がこの変動相場制です。

💡 円高と円安 超基本

1ドルをどれだけの円で交換できるのか？ ここが最大のポイントになります。

例えば，今1ドルが100円から80円になったとします。つまり，日本人は20円分安く1ドルを手にすることができます。ざっくり言えば，1ドル100円していたガムを80円で買えますよね。ほら分かるかな？ **明らかに円の価値**（円での購買力）**が高く**なっていますよね。この円の価値が高くなることを**円高**といいます。

逆に今，1ドルが100円から120円になったとします。すると1ドルを20円分高く買わなければいけません。明らかに損ですよね。つまり円での購買力が下がっている。この**円の価値が下がることを円安**といいます。だから，1ドルが120円，170円と高くなればなるほど日本の円は価値が下がり円安になるし，1ドルが80円，60円と安くなればなるほど，日本の円の価値は高くなり**円高**になるというわけです。

💡 円高と円安がもたらす貿易への影響 ➡ 貿易収支が円高は赤字, 円安は黒字

さてここで, 貿易との関係を見ておきます。

例えば, 1ドルが100円から80円の円高になれば, 20円分ドル製品が安く買えます。すると**輸入には有利**です。2011年には1ドルが75円台にまで円高が進行しました。この時は, 外国のコーラが40円で売っていました。しかし, 輸出はどうでしょう? そう, 日本が1ドルで自動車の部品を売っても, 80円しか儲からない。それまでは100円手にできたんだから20円の損です。つまり輸出は損となります。つまり円高は, 買ってばっかりいて, もうけることができないのです。よって, **円高は外貨が出て行くことになるので貿易収支は赤字になる**のです。

今度は逆に, 1ドルが100円から120円の円安になったとします。すると日本人は外国製品の国内価格が高く感じられるから買いません。つまり輸入しないのです。逆に日本製品は1ドルで売った時, 100円から120円に儲けが20円アップします。つまり**輸出には有利な状態**になっていますね。だから輸出が拡大して外貨を多く獲得できるので, **円安は貿易収支を黒字にする**可能性があります。

倫政の出題内容・一発表示! ▶▶▶為替相場と貿易

円高 (1ドル=100円→80円) が進行すると
⇒輸入は**有利**, 輸出は**不利**⇒貿易収支**赤字**
円安 (1ドル=80円→100円) が進行すると
⇒輸入は**不利**, 輸出は**有利**⇒貿易収支**黒字**

💡 円高と円安, レート (相場) はどこで決まるの?

円高と円安のレートは, **外国為替市場**で決定されます。ここで日々, 円やドルが売買されています。

当然, **その通貨の需要が高まればレートは上昇するし, 逆に手放す人, すなわち供給が増加すれば, その通貨のレートは下落します**。人気があれば高くなり, 人気がなければ安くなります。

●自国通貨（円）と外貨（ドル）の外国為替市場での需要と供給のバランスで決定
⇒当然，その通貨の**需要**が増加すれば，その通貨の価値は**上昇**
　　　　その通貨の**供給**が増加すれば，その通貨の価値は**下落**

　さて，ここで円の需要（ドルの供給）の増加要因について考えましょう。

　つまり，円を買ってドルを売る，円買い，ドル売りの要因です。まず，**日本の輸出の拡大**です。例えば，トヨタが自動車を輸出すると，当然ドルで売上げを得ることになりますね。日本でドルは使えませんので，ドルで得た収益を円に換える必要があります。つまりドルを手放し，円を手に入れるのです。

　次に**海外から日本に来る海外旅行者の増加**です。ドルを手放し，円を手に入れていざ日本へとやって来ます。

　また，かりに日本の金利が上昇すれば，日本の銀行に円で自分の資金を貯めようとしますよね。**海外から日本への投資の拡大**はドルを手放し，円を手に入れる，円買いドル売りのパターンとなります。つまり外国為替市場で円を買う，円の需要者と同時にドルの供給者になります。この時レートは**円高・ドル安**へと推移します。

●**円の需要者**

●外貨を円に換える必要性がある人々→円買いドル売りをする
　日本の輸出業者→外貨で得た収益を円建てする
　海外から日本への旅行者や投資家→外貨を円に換えて旅行や投資

　逆に，**円の供給（ドルの需要）の増加要因**について考えてみましょう。

　つまり，円を売ってドルを買う，円売り，ドル買いの要因です。まず，**日本の輸入の拡大**。外国製品を輸入する際にドルが必要になりますよね。つまり円を手放し，ドルを買うわけです。

次に**日本から海外への旅行者の増加**。円を手放して，ドルを手にいざ海外へ。そして，**日本から海外への投資**。外国の金融機関の金利が高くなれば，**外貨預金をする**可能性がありますよね。この人達は円を手放し，ドルに換え，ドル預金します。つまり彼らは，外国為替市場において円の供給者であると同時にドルの需要者になります。この時，当然レートは**円安・ドル高**となりますよね。

● **円の供給者**

●円を外貨に換える必要性がある人々→円売りドル買いをする
　日本の輸入業者→円を外貨に換えて外国から商品を買う
　日本から海外への旅行者や投資家→円を外貨に換えて旅行や投資

為替レートは読解力!!

日本の輸入の増加
海外への旅行者の増加
つまりドル需要のUP

要因

レート

ドル高
円安

ここで「レート」から「影響（その後の動向）」を考えよう

　これまでは，円高や円安の「要因」を説明してきました。それでは逆に「円高」や「円安」が進むと，その後の影響はどうなるのかを考えてみましょう。

　今，日本各地の**世界文化遺産**（国連教育科学文化機関 **UNESCO** が指定）が増加しています。ここで**外国人観光客が増加**すると円はどうなりますか？　そう，円が必要になるのだから（円需要の増加），「**円高（1ドル＝120円から100円としましょう）**」が進行します。

　それでは，その後も**円高が続いた場合，どのような影響が出るのでしょうか**？そう，円製品が高くなり，1ドルで120円分の買い物をできたはずが，100円分しか日本のお土産を買えません。するとその後は**外国人観光客が減少**します。

　それでは物価で考えてみましょう。

　次に，**日本の輸出が増加**した場合はどうなりますか？　そう，輸出で得た外貨を円と交換する，つまり円の需要が高まるので，「円高」となります。

　それでは，その後も**円高が続いた場合，日本の輸出にどのような影響が出るのでしょうか**？　例えば1ドル100円から50円となった場合，1円は「1/100ドル」から

「1/50ドル」となってしまい。海外の人からすれば，1円の製品をそれまでの倍の値段で買わなければならなくなります（つまり，日本の輸出価格が高くなる）。よって，日本の**輸出が減少し，貿易赤字の要因**となります。

　大切なのは，**円高・円安の変動要因なのか？**　それとも**円高・円安の影響なのか。**具体例とともに，きちんと論理を追って考えましょう。

（参考）円の対ドル為替レートの長期推移

4 戦後の国際通貨・貿易体制

学習の指針 ひろく浅く
重要度 ★★★★☆
時事 ★★★☆☆

ここが出る！ 試験前の倫政の出題・正誤 Point！

① GATT は自由貿易を目指す「協定」，WTO は自由貿易を目指す「機関」
② 最恵国待遇⇒「最も有利な交易条件を全ての国に適用」
③ ウルグアイ・ラウンドで「WTO」の設立合意
④ ウルグアイ・ラウンドで「サービス貿易」と「知的財産権」統一ルールを合意

💡 世界恐慌の影響とブロック経済

　1930年代の**世界恐慌**という経済の不安は，自国の経済利益をなんとか死守しようという排他的な国際関係を作り出していきます。その後，世界各地で**ファシズム**が台頭します。当然，**国際貿易においても保護貿易政策が採られていきます**。

　まず，自国の金を何とかして守ろうとしました。その国の経済が不安定になれば，その国の通貨と金が交換され，金のほうが減少します。こうして**金本位制**からの離脱が始まり，**管理通貨制度**へと移行していきました。

　こうなると，各国は**為替ダンピング**といって不当に自国の通貨の引き下げを行います。例えば，日本だったら大量に自国通貨を外国為替市場に売ればいいのです。そうすると円の供給が増えて，円の価値はどんどん下がります。例えば，1ドルが120円から200円に下落したとします。すると1ドルの輸出で80円もよけいに手に入るのですから，自国の貿易は有利になるわけです。しかし各国のこうした動きが，国際通貨体制を不安定にするのです。

　さらに英米仏などの植民地を持つ国は，**自国の植民地との間には低い関税をかける特恵関税を適用し，他の国には高い関税をかけはじめます**。この排他的貿易体制を**ブロック経済**といいます。そのため日・独も植民地を欲し，その獲得のため侵略戦争に出て行くことになるのです。つまり**経済のために，戦争が肯定された**のです。

💡 自由貿易と国際通貨の安定を!!

　不安定な経済状態が戦争の原因となったことへの反省から1944年，**ブレトンウッズ会議**が開かれました。そこで，**自由貿易の確立**と**国際通貨の安定**（第5節で詳しく解説）を各国が約束し，後に自由貿易の確立のため，**GATT（関税及び貿易に関**

する一般協定（1947年調印，1948年発効））という**協定**が結ばれました。そしてこの協定は，1995年に **WTO**（**世界貿易機関**）という**組織**へと発展的に継承されました。この **GATT** と **WTO** の区別は必ず押さえてください。

倫政の出題内容・一発表示！

GATT（協定）から WTO（組織）へ

1948年発効…**GATT**（関税及び貿易に関する一般協定）日本→1955年加盟。

目的…「貿易の自由化」→関税引き下げと非関税障壁などの貿易制限の撤廃。

原則…**1** **自由**→自由貿易

2 **無差別**→① **最恵国待遇**（利益は全ての国に無差別に適用）

② **内国民待遇**（国内において輸入品を不利に扱わない）

☞例外 | 一般特恵関税 | と | セーフガード |

発展途上国の輸出品目は輸入の際の関税を無税か引き下げ。

3 **多角**→ラウンド（多国間）交渉の実施　以下が主なもの。

| ケネディ・ラウンド（1964〜67年）⇒鉱工業製品の関税を35％引き下げ |

| 東京・ラウンド（1973〜79）⇒鉱工業製品33％，農業製品41％引き下げ |

ウルグアイ・ラウンド（1986〜94）　以下主な内容　★ここは重要

1 農産物の例外なき関税化（自由化）

2 知的所有権の国際的保護

3 サービス貿易のルールづくり

4 **WTO**（世界貿易機関）**の設立合意**→1995年 WTO（世界貿易機関）設立

GATT の3原則はそのまま上の一発表示を見て必ず押さえてください。

GATT は，「**自由**…非関税障壁（例えば**関税**以外の貿易の障壁で，**数量制限**〈年間〜トンまでしか輸入しない〉などの撤廃），**関税の引き下げ**（こちらは撤廃ではない）」，「**無差別**…全ての国に同じ待遇」，「**多角**…多国間での開かれた交渉」という3つの原則があります。特に無差別については，「**最恵国待遇**」と「**内国民待遇**」があり，両者を区別しましょう。

「**最恵国待遇**」とは，最も優遇されている国の交易待遇を全ての国に適用するというものです。例えば，ある国の農産物の関税税率が，A 国に対して100％，B 国に対して50％，C 国に対して30％であったとします。最も有利な条件は？　そう，C 国の30％ですね。そうした場合，**A・B 両国にも30％を適用**して「**無差別**」を実現するわけです。ただし，途上国に対してはさらに優遇する「**一般特恵関税（特恵関税）**」という例外規定があります。

一方の，「**内国民待遇**」とは，**国内において輸入品を不利に扱わない**，言い換えれば，国内製品と同じような待遇をとり「**無差別**」を実現するわけです。また，特定商品の輸入が急増して，**国内産業が重大な損害を被る恐れがある場合，一時的に輸入制限**を行う「**セーフガード**（緊急輸入制限）」の発動も，例外として認められています。

💡 GATT のラウンド交渉 ➡ ウルグアイ・ラウンドで WTO の設立を合意

　GATT の下では，「多角」の原則にも基づいて，8回のラウンド交渉が行われてきました。第6回の「**ケネディ・ラウンド**（1964〜67年）」では，それまで品目別に引き下げてきた関税（**品目別引き下げ**）を，鉱工業製品について，「**一括引き下げ**」を合意しました。例えば，銅は〜%，鉛は〜%といった形ではなく，鉱工業製品は平均35％引き下げるという形をとったんです。つまり，**より強い形での引き下げ**を合意したことになります。

　特に重要なのが，第8回の「**ウルグアイ・ラウンド**（1986〜94年）」です。ここでは**農業分野**，**知的財産権**，**サービス貿易**，**WTO** の設立合意といった，幅広い分野での合意がなされました。

　この**ウルグアイ・ラウンド**の内容は本当に重要です。特に「**農産物の例外なき関税化**（関税以外の障壁の撤廃＝自由化）」となったので注意が必要です。

　現在はモノ中心の「財貿易」だけではなく，通信，流通，金融，運送，知的財産権の利用など，国を超えたサービスの利用機会が増えています。こうした**サービスの国際取引を**「**サービス貿易**」**といいます**。これらについても，**最恵国待遇**を義務づけるなど，ルールが整備されました。

　また，近年では，**知的所有権**（**特許権**，**著作権**，**商標権**，**意匠権**など）も，サービス貿易として取引されています。こうした知的所有権が不正使用されないためにも，新たな**統一的な国際ルールの取り決め**が合意されました。

💡 WTO って何？

　でもよく考えてください。これらのルールがあっても，実際に衝突が起こった時にルールを運用して解決する国際機関が必要になります。そこで，**GATT を発展的に継承し，自由貿易を推進する国際機関として**「**WTO**（世界貿易機関）」**が設立**されました（1995年）。この WTO では，**紛争解決機能が迅速化**されています。ただし，現在の貿易ルールが，先進国にとって有利なルールであり，途上国などからは批判

の声もあります。2001年からは，**WTO のもと，新たなルール作りを目指して**「**ドーハ・ラウンド**」**が行われていますが，合意には至っていません。**

　ちなみに，2001年には**中国**，2007年には**ベトナム**，2012年には**ロシア**が WTO に加盟しています。

倫政の出題内容・一発表示！ ▶▶▶ WTO

●1994年マラケシュ協定→1995年発効設立，本部スイスのジュネーブ

⇒モノ中心の貿易だけでなく，**サービス貿易**や特許権，著作権などの**知的所有権**に関する国際ルールの確立，**農業の自由化**の促進

⇒紛争処理の迅速化

| GATT 協定 | 発展・継承 → | WTO 組織 |

---

5 戦後国際通貨体制

学習の指針 **ひろく浅く**
重要度 ★★★★★
時　事 ★★★☆☆

ここが出る！ 試験前の倫政の出題・正誤 Point！

① ブレトンウッズ「固定」→ニクソン・ショック「一時変動」
　→スミソニアン「固定」→1973年「変動」→キングストン「変動正式承認」
② ニクソン・ショック→「金とドル交換停止」，「1971年8月」
③ 特に「1971年」と「1973年」の年号

💡 ブレトンウッズ会議

　戦後は為替レートの安定と，国際通貨の安定が急務でした。第4節で解説した通り，1929年の世界恐慌以降の**為替ダンピング**による国際通貨体制の混乱は，第二次大戦後，深刻な事態となっていました。この建て直しのために，1944年7月，連合国側44カ国の出席のもと，**ブレトンウッズ会議**が開催されました。ここで**ブレトンウッズ協定**が締結されたのです。

💡 ブレトンウッズ協定　➡ 内容を3つ押さえよ！

　試験に出題されるこの協定の内容は3点です。

　まず1つ目は，為替レートの安定のため，**ドルをキー・カレンシー（基軸通貨）として，金1オンス[1]35ドルの固定相場制とすること**が決定されました。日本はこれに準じて，1949年の**ドッジ・ライン**で**1ドル360円（±1%）**の相場が決定されました。

　2つ目は，**固定相場を維持して国際通貨体制を安定させる**ため，**貿易赤字国に短期融資**する，**IMF（国際通貨基金）**の設立を合意（設立は1946年，業務開始は1947年）したことです。

　当時各国は，為替相場を±1%の変動幅に抑えるように，つねに中央銀行が為替介入する必要がありました。ドル相場がこの1%を超えると，中央銀行はドルを売って，もとの変動幅にもどす必要がある。この時，**ドルを融資してくれたのがIMF**でした。

　しかし，1970年代から各国が**変動相場制**に切り替えていく中で，役割が変わり始

---

[1] 1オンスは約28.3グラム。

めます。1980年代からIMFは，「**構造調整プログラム**」と称する経済の自由化を条件に途上国に融資を行います。「外国の工場を受け入れなさい（直接投資を受け入れなさい）」，「外国の金融機関を受け入れなさい（**金融の自由化要求**）」，「国内の**規制を緩和**しなさい」とあれこれ命令します。それまでとは違ったルールをいきなり受け入れた途上国は，**金融の自由化や直接投資の増大などを原因に通貨危機に陥った**のです。

　例えば，**1994年のメキシコの通貨危機**や，**1997年のアジア通貨危機**（タイの**バーツ**が国際投機資本グループである**ヘッジファンド**のドル投資のため暴落した。**韓国，マレーシア，インドネシアなどアジア各国にその影響が拡大**し，日本も1997〜1998年にかけて山一証券などの大手金融機関が破綻した）後のIMFの動きは，まさしくそれに当たります。

　国際金融が自由化される中で大きく推進される**グローバリゼーション**。「なし」「あり」の議論ではなく，「うまく使いこなす」という「再考」が求められているのかもしれません。

　またIMFの幹部は，国際金融機関の元幹部で占められています。つまり天下り先なんです。また，事実上の拒否権がアメリカにあり，この不透明な意思決定システムが国際金融機関の私腹を肥やすシステムに代わっているとの批判があります。

　詳しくはスティグリッツ著『早稲田大学講義録』（光文社新書）をまずは読むといいでしょう。スティグリッツは元IBRDの上級副総裁だった人物です。

　3つ目に，**発展途上国などへの長期融資**を行う**IBRD**（国際復興開発銀行）の設立を合意（設立は1945年，業務開始は1946年）したことです。ポイントは**IMFが短期融資，IBRDが長期融資**と覚えましょう。またIBRDは通称，**世界銀行**ともよばれています。

※1960年に発展途上国へ無利子・50年返済など緩い条件で融資を行うIDA・第二世銀が設立された。

倫政の出題内容・一発表示！ ▶▶▶ブレトンウッズ協定

1944年7月…　ブレトンウッズ 協定⇒固定相場制

① 金1オンス＝35ドル，（1ドル＝360円　　　　　｝ドルを基軸通貨とする
　（±1％）の決定は1949年のドッジ・ライン）　　　固定相場制

② IMF（国際通貨基金）の設立合意
　→貿易収**赤字国への短期融資**　　　　　　　　　｝国際経済の安定化

③ IBRD（国際復興開発銀行）の設立合意
　→**発展途上国への長期融資**

💡 アメリカは貿易赤字に！ ➡ ニクソン・ショックで一時変動相場制へ！

しかし，この1ドル360円は明らかにドル高です。この結果，ドル建て製品が売れないアメリカは，**1970年代貿易収支が赤字**になります。またこの頃のアメリカは泥沼化する**ベトナム戦争**で財政も赤字。これが**ドル信用を低迷**させます。そして投資家はドルを手放し，安定した金に換えてしまうのです。

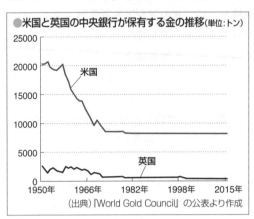

●米国と英国の中央銀行が保有する金の推移(単位:トン)

(出典)『World Gold Council』の公表より作成

すでに1960年代から，アメリカ国内の金保有量が激減し，さらにドルの信用は下がり続けました（**ドル危機**）。そして1971年8月，**ニクソン**大統領は，「**金とドルの交換の停止**」を中心とするドル防衛策であるニクソン声明を発表します。こうして**一時的に変動相場へと移行**しました。まさしく「**ドル信用が揺らいだ**」ことを示した事態で**ニクソン・ショック**とよばれます。

しかし，アメリカは「アメリカとドルの威信」を守りたかったのです。

1971年12月，**スミソニアン協定**により，**金1オンス＝38ドル**，**1ドル＝308円**（為替変動幅拡大，変動幅は±1％→±2.25％）の固定相場制とします。しかし，アメリカの赤字はさらに拡大していきました。

こうして1973年，日本を含む各国は変動相場制に切替え（日本は1973年2月），1976年の**キングストン協定**でこれを**正式に承認**。また**SDR**（特別引き出し権）をドルに代わる基軸通貨とすることを合意しました。

ここで差をつける！ 　　　　　SDR

輸入

1億
SDR

支払う

SDR は1969年に創設され，1970年に正式に発行・配分されました。「**特別引き出し権**」と訳され，IMF を経由して外貨準備高が豊富な国から外貨を自由に引き出すことができる権利のことです。SDR は IMF への出資額に応じて配分された

ため，その多くがアメリカに配分されました。当初 SDR は，1ドルは1 SDR と固定されていました（現在は変動相場）。例えば，アメリカが図のように1億ドルの自動車を日本から輸入する場合，1億 SDR を支払います。こうすることでアメリカは，ドルを動かすことなく（新たにドルを発行することなく，つまり金を動かすことなく）決済が可能となるのです。

変動相場制への移行経緯を，下の一発表示で確認しておきましょう。

倫政の出題内容・一発表示！ ▶▶▶相場の変化

1971年8月… ニクソン・ショック ⇒一時変動相場制
　背景…**ドル高**による輸出の減少→**貿易赤字**と軍事費増大による**財政赤字**
　　→経済の低迷→ドル危機の発生→**金とドルの交換**→アメリカの**金保有量激減**
　　→国際信用の低迷→そこで**ニクソン**は

> **ニクソン・ショックの内容**
> **1** 一時変動相場制へ移行
> **2** 金とドルの交換停止
> **3** 輸入抑制のため10％の輸入課徴金

1971年12月… スミソニアン協定 ⇒再び**固定**相場制の回復
　金1オンス＝**38**ドル，1ドル＝**308**円（±2.25％）の固定相場制
　　→しかしさらに財政赤字の拡大

1973年2月… 主要国は再び「ドル危機」により**変動相場制**に移行
　　→日本は，この時変動相場制へ移行

1976年1月… キングストン協定 ⇒世界は**正式に変動相場制**承認へ
　　SDR をドルに代わる基軸通貨とする

さて，現在は政府による協調介入がしばしば行われます。どうレートを動かすかというと，各国の中央銀行が保有する円やドルを外国為替市場で売り買いするのです。

例えば，円高・ドル安にしたければ，中央銀行がドルを売り，円を買えばいいわけです。すると外国為替市場のドルが増えて，円が減るから円は高くなります。実際，**1985**年の**プラザ合意**で「**円高誘導**」，1987年の**ルーブル合意**で「**円安誘導**」が行われました。政府がレートを管理していることから，現在は**管理フロート制**ともよばれます。

6 地域的経済統合の動き

ここが出る！ 試験前の倫政の出題・正誤 Point！

① NAFTA，MERCOSUR の「加盟国」
② ASEAN の動向→「AFTA」「ARF」「AEC」
③ 日本の FTA 動向→一部「介護士候補」などの受け入れも行なっている
④ TPP は「大筋合意」→ただし「未発効」

💡 グローバリズムとリージョナリズム

　近年，**グローバリズム**という言葉がよく聞かれます。これは**普遍主義**と訳され，**世界全体で協調体制・制度をつくっていこうとする考え方**です。これに対して，**リージョナリズム**という言葉があります。これは**地域主義**と訳され，**一定地域という少し狭い枠での協調体制を目指し，経済を発展させようとする考え**です。この動きの一環として，「**地域的経済統合**」があるわけです。

💡 EU，NAFTA，AFTA，MERCOSUR，APEC が頻出！

1　EU（欧州連合）⇒現在28カ国（2016年にイギリスが EU 離脱を決定，離脱すれば27カ国）　※今後の動向に注意
⇒2007年に「**ルーマニア**」と「**ブルガリア**」が加盟（後ほど詳述）

2　NAFTA（北米自由貿易協定）
⇒1989年，**アメリカ**，**カナダ**との間での域内関税の撤廃を目指したことがきっかけ
1994年，**メキシコ**が新たに加わり NAFTA へ⇒その後ベネズエラ（2016年に資格停止），ボリビアが加盟　※今後の動向に注意
★2018年に再交渉が行われ「**USMCA**（米国・メキシコ・カナダ協定）」へ

3　ASEAN（東南アジア諸国連合）
⇒1967年にインドネシア・マレーシア・タイ・フィリピン・シンガポール，1984年にブルネイ，1995年にベトナム，1997年にラオス・ミャンマー，1999年にカンボジアが加盟，現在10カ国

4　MERCOSUR（南米南部共同市場）
⇒1995年にブラジル，アルゼンチン，パラグアイ，ウルグアイの４カ国で共同市

　　ボードを見てください。まずは英略語と日本語名を一致できるように暗記しま
しょう。その上でポイントとなるところを指摘していきます。なお，EU について
は次項で触れます。

　　まず，**NAFTA は，アメリカ，カナダ，メキシコの域内で関税引き下げなどを
目指す FTA（自由貿易協定）です。2018年に再交渉が行われ，NAFTA に替わる
「USMCA（米国・メキシコ・カナダ協定）」として署名**されています。次の ASEAN
（東南アジア諸国連合）は当初加盟国５カ国と，1995年に**ベトナム**が加盟した点が
重要です。もともと ASEAN は，**ベトナム戦争の真っ只中の1967年に，東南アジ
アの反共化を目指し結成された**暗い過去を持ちます。ただし，1993年には**域内関税
の撤廃を目指す「AFTA（ASEAN 自由貿易地域）」の設立**が合意されました。ま
た1994年には，**アジア・太平洋地域の安全保障政策の対話（フォーラム）を行う
「ARF（ASEAN 地域フォーラム）」**も設立されました。現在では，ASEAN の10カ
国に，「**日本・中国・韓国**」を加えた，「**ASEAN＋3**」（1997年のアジア通貨危機を
契機に設立）**や，米国，北朝鮮などが参加して外交のフォーラムを展開**しています。

　　さらに，2015年には ASEAN の**市場統合（ヒト・モノ・カネの移動の自由化）**が
「**AEC**（ASEAN 経済共同体）」として実現しています。暗い過去を持つ ASEAN が
明るい未来を目指すべく動き出しています。**MERCOSUR は南米の自由貿易協定**
です。そして **APEC は19カ国と台湾，香港の２地域の合計21の国と地域です。そ
して中国，ロシアも含めた経済討議の場である**ことを注意してください。

💡 ようやく日本も「FTA（EPA）」始動 !!

　　2002年，ようやく日本初の **FTA（自由貿易協定）**が「**シンガポール**」との間で発
効しました。近年は，**インドネシア，フィリピン，ベトナム**から，**外国人介護士・
介護福祉候補者などの「ヒト」の受け入れを行っている**ものもあることから，FTA

（自由貿易協定）を拡大させたものとして，日本では「**EPA（経済連携協定）**」と呼称しています。

　また2015年には，**日本，アメリカ，チリ**などの**12カ国**で，**域内関税の廃止**などの様々な経済協力を目指す，**TPP（環太平洋経済連携）協定の大筋合意がなされました**。ただし2017年に入り，アメリカの**トランプ政権**は**TPP**から脱退を宣言しています。2018年3月に**アメリカを除いた11カ国**で，「**TPP11協定**」として署名，同年12月に発効しました。さらに，2018年7月に日本とEUとの間でも「**日EU・EPA**」として署名，2019年2月に発効した点も注意しておきましょう。

発効など	締約国	POINT（主な内容）
2002年11月	★シンガポール	**日本初のEPA**
2005年4月	メキシコ	南米初，NAFTA加盟国，一部農作物も対象
2006年7月	マレーシア	往復貿易額の約97％で関税撤廃
2007年9月	チリ	鉱工業品の関税を10年以内に撤廃
2007年11月	タイ	日本にとり第7位の貿易相手国（2006年）
2008年7月	★インドネシア	**介護士・介護福祉候補者も受入れ**
2008年7月	ブルネイ	往復貿易額の約99.9％を10年以内に関税撤廃
2008年12月	★ASEAN全体	**初の複数国（10カ国）**
2008年12月	★フィリピン	**介護士・介護福祉候補者も受入れ**
2009年9月	★スイス	**欧州初（スイスは非EU加盟国）**
2009年10月	★ベトナム	**介護士・介護福祉候補者も受入れ**
2011年8月	★インド	アジア第3位の経済規模
2012年3月	ペルー	往復貿易額の99％以上を10年間で関税撤廃
2015年1月	★オーストラリア	2011年の食料自給率（カロリーベース）は205％
2016年6月	モンゴル	モンゴルにとって初の経済連携協定
2015年10月署名，2018年発効	★TPP	参加国の世界経済に占める割合は，GDPが約36％，貿易が約26％，人口は約11％。発効すれば世界最大規模の経済圏（データはアメリカを含む）

（出典）外務省資料などより作成

7 欧州統合「EU への歩み」

ここが出る！　試験前の倫政の出題・正誤 Point！

① イギリスが当初入らず，70年代に EC に加盟した
② 1970年代から域内固定相場がとられていた
③ 2002年からユーロが流通，ただしイギリス，スウェーデン，デンマーク などではユーロが流通していない
④ 2004年に EU 憲法を採択するも，フランスやオランダの国民投票で憲法 批准を拒否
⑤ イギリスが2016年に国民投票で EU 離脱を決定　※今後の動向に注意

💡 戦後ヨーロッパの経済協力

　そもそも **EU** は，1950年にフランスの外相シューマンが発表した**シューマン・プラン**が，その設立のきっかけになっています。シューマンは戦後復興のためにヨーロッパ，特に**フランスとドイツが協力することや，そして戦争を2度と起こさないために資源を共同管理すること**を提唱しました。ヨーロッパは資源獲得のためにたびたび戦争になったからです。まずは下の一発表示を見てください。

倫政の出題内容・一発表示！　▶▶▶戦後ヨーロッパの経済協力

　1952年　**ECSC（欧州石炭鉄鋼共同体）**⇒1951年のパリ条約に基づき設置（フランスの外相**シューマン**が提唱）
　⇒加盟国…**フランス，西ドイツ，イタリア**，ベルギー，オランダ，ルクセンブルクの6カ国。

⬇

EEC へ，より多くの分野での関税同盟を目指す

1958年　**EEC（欧州経済共同体）** 加盟国…同上
⇒1957年のローマ条約に基づく　⇒ **EURATOM（欧州原子力共同体）**も設立

　1951年に**フランス，西ドイツ，イタリア**，ベルギー，オランダ，ルクセンブルクの6カ国の間で**パリ条約**が締結され，1952年にパリ条約が発効，**ECSC**（欧州石炭鉄鋼共同体）が発足しました。

さらに1957年には，さらなる関税同盟（域内関税撤廃，域外固定相場）の拡大のために，ローマ条約がECSC 6 カ国の間で調印。1958年に発効し，EEC（欧州経済共同体）が発足しました。また原子力の平和利用と共同管理を目指す，EURATOM（欧州原子力共同体）も同時に設立されました。加盟国はECSC 6 カ国。注意してほしいのは，組織名が変わったのではなく，ECSC，EEC，EURATOM の 3 組織ができたということです。

💡 ECSC，EEC，EURATOM の 3 組織を統合 ➡ EC へ

1967年にはECSC，EEC，EURATOM の 3 組織を統合してEC（欧州共同体）を設立します。そして，域内の工業製品の関税を撤廃し，域外には共通関税をとる関税同盟を確立，ここは本当によく出ます。また，共通の農業政策も実施しました。さらに，1979年にEMS（欧州通貨制度）を創設し，域内固定相場制を採用しました。これは当初，域内の為替レートの平価をECU（欧州通貨単位）として，それに対して変動枠2.25％以内とする固定相場でした。ただし，当然域外に対しては変動相場制を採っていたことに注意してください。

倫政の出題内容・一発表示！ ▶▶▶ EC（欧州共同体）

1967年　EC（欧州共同体）⇒域内固定相場と共通農業政策
⇒加盟国…EEC 6 カ国1973年→イギリス，アイルランド，デンマーク加盟
'81年→ギリシャ加盟　'86年→スペイン，ポルトガル加盟　計12カ国
⇒1979年 EMS（欧州通貨制度）を制定→ECU（欧州通貨単位）誕生
域内相場をECU 平価2.25％以内の変動枠にする固定相場，域外は変動相場

💡 イギリスが対抗組織 EFTA を組織 ➡ しかし弱体化

いままでの話の中に，肝心なイギリスが出てきません。そう，イギリスはフランスが主導権を握る組織への加盟は消極的だったのです。イギリスは1960年，EFTA（欧州自由貿易連合）を組織し，EEC に対抗しました。しかし1973年，イギリスとデンマークがEFTA を脱退して，EC に加盟します。こうして EFTA は弱体化し，1994年 EC との間で EEA（欧州経済地域）をつくり手を結ぶのです。

●イギリスがフランス中心のEECに対抗して1960年に結成
⇒**イギリス**，デンマーク，ノルウェー，スイス，ポルトガル，オーストリア，スウェーデンの7カ国が原加盟国
⇒1973年に英とデンマークが脱退
⇒1991年ECとEFTA，**EEA（欧州経済地域）**創設で合意
　→94年，EEA設立

💡 通貨統合，そして政治統合へ

　1992年，**通貨統合**と政治統合を目指す**マーストリヒト条約**が締結されます。こうして1993年に**EU（欧州連合）**が誕生しました。1999年1月には共通通貨**EURO**が誕生し，2002年1月に現金として流通が開始しました。ただし，**イギリス・デンマーク・スェーデン**などは2018年4月時点で参加していません。ちなみに，EUROを管理する中央銀行である**ECB（欧州中央銀行）**で域内の共通金融政策も行っています（現在EU28カ国中19カ国でEUROが流通。今後の英国の動向に注意）。

　ただし，**財政政策は各国政府が行なっている**ため，ある国の財政状況が悪化すると，ユーロ圏にもその影響が広がります。2009年と2015年には**ギリシャ**で債務危機（国債が償還できなくなる「**デフォルト（債務不履行）**」の可能性）があり，**ユーロ圏はギリシャに財政支援**を決めました。

　また，EUは政治統合を目指し，**2004年にEU憲法を採択するものの，翌年にフランスとオランダの否決で発効できず**，その代替条約として「リスボン条約」が2009年に発効しました。これにより**EU大統領（欧州理事会議長）**などが新設されました。

マーストリヒト条約（1992年）に基づき，1993年**EU（欧州連合）**が発足
加盟国⇒EC12カ国に加えて1995年にオーストリア・フィンランド・スウェーデンが加盟，2019年12月現在で28カ国，今後の英国の動向に注意

1999年　単一通貨**EURO（ユーロ）**に通貨統合，2002年に流通開始
これに伴い→中央銀行を**ECB（欧州中央銀行，1998年設立）に一本化**

2016年，**イギリスで国民投票**が実施され，**EU からの離脱が決定**されました。主な理由としては，「移民が職を奪っている」ことや「治安の悪化」などを懸念する声があったからです。しかし，その後議会運営が紛糾し，2019年7月には**メイ首相が引責辞任し，ジョンソン首相が就任**しました。ジョンソン首相は12月（議会で総選挙を実施する法律を通して）に**総選挙を実施**し，単独過半数を獲得。2020年1月末の EU 離脱に道筋をつけました。この一連の動きを一般に「**ブレグジット**」といいます。

倫政の出題内容・一発表示！ ▶▶▶欧州統合の盲点ポイント

1 **イギリス**が当初入らず，**70年代に EC に加盟**した点

2 **1970年代に域内固定相場**がとられていた点

3 2002年からユーロが流通し（2018年4月時点で28カ国中19カ国で流通），**イギリス，スウェーデン，デンマーク**などではユーロが流通していない点

4 2004年に **EU 憲法を採択**するなど政治統合を目指しているが，**フランスやオランダが国民投票で EU 憲法批准を拒否**した点

5 **イギリス**が2016年に国民投票で **EU 離脱**を決定した点

時事 TOPIC ▷ **EU 最新動向**

1 1997年にはマーストリヒト条約を改正した，共通外交・安全保障政策の実現を打ち出している**アムステルダム条約**（1999年発効）が，2001年には政治統合を目指した**ニース条約**（2003年発効）が締結された。

2 2004年，EU では「**EU 憲法**」が制定された。大統領制などが盛り込まれているが，方法等をめぐり各国の利害が対立し発効には至っていない（発効には全加盟国の批准が必要。2005年「**フランス**」と「**オランダ**」は EU 憲法批准を否決した）。

3 2004年5月より EU は，**チェコ，エストニア，キプロス，ラトビア，ハンガリー，マルタ，ポーランド，スロベニア，スロバキア，リトアニア**の10カ国を加えた25カ国体制へと拡大した。

4 2013年には「**クロアチア**」の加盟が決定し，**28カ国へ**。

5 現在「**トルコ**」などが加盟交渉中。

6 金融政策は「**ECB（欧州中央銀行）**」が，財政政策は「**各国**」が行っている。

---

8 南北問題

ここが出る! 試験前の倫政の出題・正誤 Point!

① UNCTAD は「南北問題」解決のための国連機関，自由貿易促進とは「異なる」
② プレビッシュ報告は「援助よりも貿易を」
③ 資源ナショナリズム→自国の天然資源の「恒久主権」の主張
④ 1980年代に「南米（ブラジルなど）」で通貨危機あり

💡 南北問題の根本原因

日給「1～2ドル」。

これはコバルトを採掘するコンゴの児童労働者の日給です[1]。コバルトは，リチウムイオンバッテリーの原料で，その需要の高まりから，採掘現場での健康被害や，**過酷かつ低賃金・児童労働**が問題になっています。1999年には「**最悪形態の児童労働**」を禁止する **ILO182条約**が採択されたものの（2001年に日本は批准），いまだ解決には至っていません。

19世紀後半からの独占資本主義時代の国家は，新たな生産領土拡大のため，植民地の拡大政策をとりました。こうして南半球の植民地は一次産品（天然ゴム・ヤシ油など，製品の原材料）の生産を強いられ，それに経済を依存するようになりました。こうした**単一または少数の生産物に頼る経済**を**モノカルチャー経済**といいます。しかし，こうした経済構造は他の生産物の生産性を引き下げ，イギリスやフランスなどの宗主国は，その弱みに付け込んで一次産品を安く買い叩いて自国で製品化し，それを不当に高く売って儲ける一方，植民地側ではこうした経済体制が構造化され，経済発展を阻害したのです。

今や先進国と途上国の経済格差はますます拡大し，世界の最富裕層の**10%**が全世界の所得の**40%**近くを占有しています[2]。2011年には，裕福層への優遇措置の批判などを掲げ「**ウォール街を占拠せよ**」とのスローガンを掲げた市民による大規模デモが行われました。こうした中，**先進国が途上国の製品を適正価格で購入する「フェアトレード」**などが主張されています。

---

[1] アムネスティーインターナショナル日本 web ページより。
[2] 国連開発計画（UNDP）駐日代表事務所 web ページ「持続可能な開発目標（SDGs）目標10」を参考。

💡 UNCTAD（国連貿易開発会議）とその内容

　1960年代に入ると**南北問題**の解決のため，**UNCTAD**（国連貿易開発会議）が設立されます。第1回のジュネーブ総会（1964）では，「**援助よりも貿易を**」で有名な**プレビッシュ報告**を発表しました。主な内容は先進各国が **GNE（GNP）1%の経済援助の実施**（ODA は GNE の0.7%を目標），発展途上国の製品の関税を引き下げる**一般特恵関税の拡大**（途上国の交易条件をよりよくした），**一次産品の価格の安定**（今まで一次産品が安すぎたので，逆に高く買おうということ）が盛り込まれました。

倫政の出題内容・一発表示！　▶▶▶ UNCTAD（国連貿易開発会議）

- ●1964年から4年ごとに開催
  - ⇒第一回総会のスローガン「**援助よりも貿易を**」
  - ⇒開催場所ジュネーブ

　プレビッシュ報告
- **1** GNE 1%の経済援助（ODA は GNE 比0.7%達成）
- **2** 一般特恵関税の供与
- **3** 一次産品の価格安定（今まで安すぎた原油価格などを**引き上げる**）

💡 資源ナショナリズムの台頭　➡ NIEO 樹立宣言

　さて，1970年代に入ると**オイル・ショック**が起こります。**第1次は1973年**です。この年，イスラエルから奪われた領土を奪還するために，エジプトとシリアがイスラエルに攻撃をしかけ，**第4次中東戦争**が勃発しました。当初苦戦を強いられたイスラエルでしたが，アメリカの支援などを受けて逆に優位に立ちました。するとアラブ諸国は，**OPEC**（石油輸出国機構）通じて原油価格を70%も引き上げ，さらに **OAPEC**（**アラブ石油輸出国機構**）も，アメリカなどの親イスラエル国に対して石油輸出の禁止を宣言しました。これを**石油戦略**といいます。そしてアラブの産油国は気がついたのです。そう，「石油を武器にできる」ということに。こうして自分たちの国の石油は自分たちのものだ（**天然資源の保有国の恒久主権**）と主張し，「**資源ナショナリズム**」が拡大します。

　1974年には国連資源特別総会で「**NIEO**（**新国際経済秩序**）樹立宣言」が採択されました。以下が主な内容です。

●NIEO 樹立宣言

- ・天然資源の恒久主権
- ・国際通貨・金融改革
- ・貿易・交易条件の改善
- ・多国籍企業の監視・規制

💡 南南問題って何？

　1980年代になると途上国の経済格差である「**南南問題**」が新たに注目されます。地球の南半球に途上国が多いためこうよばれます。

　主に**アルゼンチンなどの南米**は，国際機関からの借り入れに頼り，自国で製品を製造・販売しようとしました（これを**輸入代替工業化戦略**という）。しかし，思うように販売できず，借金だけが残りました。いわゆる**累積債務問題**といいます。

　一方アジアの新興国であった**韓国・台湾・香港・シンガポール**は，**アジアNIES**として有名です。これらの国は「**4匹の小竜**」と呼ばれるほどの経済成長をとげます。

　これらの国は，欧米からの直接投資を多く受け工場をつくり，製品を海外に輸出して外貨を得たのです（これを**輸出指向工業化戦略**という）。

倫政の出題内容・一発表示！　▶▶▶ 累積債務と南南問題

●途上国の経済格差問題

高成長を遂げる国⇒**アジアNIES**（**韓国・台湾・香港・シンガポール**），ASEANなど

累積債務に悩む国⇒**中南米諸国**（**メキシコ・ブラジル・アルゼンチン**など）

※先進国は返済の繰り延べであるリスケジューリングなどで対応

　こうした中，2001年**アルゼンチン**は債務不履行・デフォルトを宣言しペソを切り下げ，変動相場制へと移行した

ここで差をつける！　　　ローレンツ曲線とは？

ローレンツ曲線とは，横軸に所得の低い順からならべた人口の累積比率を，縦軸にそれらの人口の所得の累積比率をとって，所得の分布を示したものです。例えば，所得の合計が100万円の4人が住んでいる村があり，4人に25％（25万円）ずつ平等に所得が配分されているのならば，45度線となります。この線を「均等分布線」と言います。逆に所得が所得の多い人に分布していけばいくほど，ローレンツ曲線は，均等分布線から次第にAからBへと下方向へと離れていきます。格差の度合いを見る一つの指標として，押さえておきましょう。

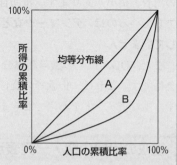

---

9 ODA（政府開発援助）

ここが出る！ 試験前の倫政の出題・正誤 Point！

① 日本は2国間が主流
② 日本の援助地域はアジアが約5割，戦後補償の一環
③ 日本は比較的借款比率が高い
④ 日・米の援助総額は高いが GNI 比が低い
⑤ 2015年から「開発協力大綱」へ

💡 ODA 援助の形態 ➡ 盲点になりやすい

ODA（政府開発援助）は，1961年に誕生した **OECD**（経済協力開発機構）の下部組織である **DAC**（開発援助委員会）が実施する経済援助です。盲点になりやすいので，動向も含めてしっかり勉強しましょう。

● ODA

ODA（政府開発援助）	2国間	贈与（無償資金協力・技術協力）
		借款（貸し付け）
国際機関への出資・拠出		

このように援助には，2国間の**贈与**と**借款**（利子をつけた貸付）と，国際機関への出資と拠出があります。援助目標は **GNI（GNP）比で0.7%**ですが，実際にクリアしているのは，**デンマークなど数カ国**です。**日本は2015年実績で0.22%とクリアしていません。**

また，ODA はその贈与相当分（**グラントエレメント**）が**25%以上**であることが条件です。これは，借款等の貸付の援助による途上国の返済の負担増を防ぐためです。主なポイントをあげておきます。

倫政の出題内容・一発表示！ ▶▶▶日本の ODA の特徴

1 日本は**2国間**が主流であること
2 日本の援助地域は**アジアが約5割**で，これは戦後補償の一環であること
3 日本は比較的**借款**比率が**高い**こと

さらに**アメリカなどはタイド援助（ひもつき援助）の比率が高く**（逆にいえば「アンタイド比率」が低い），使い道を限定してしまっています。簡単に言うと「お金はあげるけどアメリカの会社にお金を支払って道路つくってね」というものです。こうなると結局技術の一部は途上国に配分されますが，カネはまたアメリカに戻ります。もちろん**日本のように「借款」が多い**ことも，結果的に日本に利子が流れるため，援助を行う先進国の利益となってしまいます。ODA の問題点として押さえておいてください。

資料を 見る！ DAC 加盟国の ODA

⇒DAC の援助目標は GNP（GNI）比0.7%　以下に2006年のデータ（表内は GNP ではなく，GNI で示している）。

	ODA 総額（百万ドル）		2015年対 GNI 比(%)
	2014	2015	
アメリカ合衆国········	33 096	31 076	0.17
イギリス·············	19 306	18 700	0.71
ドイツ···············	16 566	17 779	0.52
日本·················	9 266	9 320	0.22
フランス·············	10 620	9 226	0.37
スウェーデン·········	6 233	7 092	1.40
オランダ·············	5 573	5 813	0.76
カナダ···············	4 240	4 287	0.28
ノルウェー···········	5 086	4 278	1.05
イタリア·············	4 009	3 844	0.21
スイス···············	3 522	3 538	0.52
オーストラリア·······	4 382	3 222	0.27
デンマーク···········	3 003	2 566	0.85
韓国·················	1 857	1 911	0.14
ベルギー·············	2 448	1 894	0.42
スペイン·············	1 877	1 604	0.13
フィンランド·········	1 635	1 292	0.56
オーストリア·········	1 235	1 207	0.32
アイルランド·········	816	718	0.36
DAC 加盟国計×	137 222	131 586	0.30

OECD 資料による。支出純額ベース。2015年は暫定値。卒業国向け援助を除く。×その他の加盟国を含む。　（2016/17『日本国勢図会』345ページ）

💡 日本の ODA 大綱　➡ その変化に注意

　日本は1992年に ODA に関する政府の基本方針である「**ODA 大綱**」というもの
を発表しました。次が「援助実施の 4 原則」の内容です。

> **1** 環境と開発の両立　**2 軍事的用途への使用回避**
> **3** 途上国の軍事支出・大量破壊兵器などの開発動向を注視
> **4 民主化**の促進・**市場指向型経済導入**などへの注視

　2003年に ODA 大綱は改定され，4 原則に，「基本方針」が付け加えられました。

> ### ● **ODA の基本方針**
>
> **1** 開発途上国の自助努力支援
> 　発展の基礎となる人づくり，法・制度構築や経済社会基盤の整備に協力
>
> **2** 「人間の安全保障」の視点
> 　紛争・災害や感染症など，人間に対する直接的な脅威に対処するためには，グ
> ローバルな視点や地域・国レベルの視点とともに，個々の人間に着目した「人間の
> 安全保障」の視点が必要
>
> **3** 公平性の確保
> 　ODA 政策の立案及び実施に当たっては，社会的弱者の状況，開発途上国内にお
> ける貧富の格差及び地域格差を考慮するとともに，ODA の実施が開発途上国の環
> 境や社会面に与える影響などに十分注意を払い，公平性の確保を図る
>
> **4** 我が国の経験と知見の活用
> 　我が国が有する優れた技術，知見，人材及び制度を活用する
>
> **5** 国際社会における協調と連携
> 　国連諸機関，国際開発金融機関，他の援助国，NGO，民間企業などとの連携を
> 進める

　特に**2**の「**人間の安全保障**」の視点では，それまでの「**国家**」**中心の援助だけで
はなく**，「**個人**」**への脅威への対処**が盛り込まれたことが重要です。

　具体的には，**貧困，環境破壊，自然災害，感染症，テロ，突然の経済危機**といっ
た国境を越えた問題に対処することになります。このような問題は，国家がその国
境と国民を守るという「**国家の安全保障**」の考え方だけでは対応できない脅威です。
「**人間の安全保障**」は，「**国家の安全保障**」と**相互補完的な関係**にあります。**2015年
2 月に ODA 大綱は開発協力大綱へと抜本的に見直され**，「**民生目的，災害支
援など非軍事的目的**」と前置きした上で，**非軍事的分野に限り他国軍への支援が可
能**となりました。これは2013年に第 2 次安倍政権が**国家安全保障戦略**で打ち出した，
「**積極的平和主義**」の姿勢が色濃くにじんでいるといえます。

10 日米貿易摩擦

学習の指針 せまく浅く
重要度 ★★★☆☆
時　事 ★☆☆☆☆

ここが出る！　試験前の倫政の出題・正誤 Point！

① 摩擦品目⇒自動車は1980年代
② 日米構造協議でアメリカ⇒日本に対して規制緩和を要求
③ アメリカはスーパー301条制裁をちらつかせたが⇒実施せず

💡 日米貿易摩擦

　1960年代ごろから日本の輸出が拡大しました。当時，日本の貿易で最大の相手国は当然アメリカです。しかし，アメリカのドルが相対的に高いため（以前勉強した通り当時は1ドル360円），アメリカの製品は売れません。にもかかわらず日本の製品をアメリカが買う。つまり，**日本が「貿易黒字」，アメリカが「貿易赤字」**という状況が続いたのです。これを**貿易摩擦**といいます。

　後に経済協議や，日本側の輸出規制，そして1985年の**プラザ合意**に象徴されるような「ドル安への協調介入」が行われていますが，その後も**この構造は変わっていません**。

💡 摩擦品目

　摩擦品目とは，その時代に日本がアメリカに対して積極的に輸出していた品目，言い換えればアメリカが日本から輸入していた品目です。具体的には1960年代が「繊維」，1970年代が「鉄鋼，カラーテレビ，工作機械」，1980年代が「自動車，半導体」などとなっています。これらの品目に対して，**日本は自主的に輸出を規制しましたが**（輸出自主規制），**日米貿易摩擦は是正されませんでした。**

> 1960年代は　繊維　など
> 1970年代は　鉄鋼　・ カラーテレビ ・ 工作機械　など
> 1980年代は　自動車　・ 半導体　など

💡 日米の主な経済協議

　1986年には，**貿易摩擦の是正のため，内需拡大**（国内市場の拡大によって輸出

〈外需〉依存を減らす〉を提言した報告書である「前川レポート」が内閣に提出されます。

　また，1980年代後半から日米の貿易不均衡を是正すべく，日米間で経済協議が行われます。特に**両国の経済構造まで変化させようとする1989年から開催された「日米構造協議」では**，特に日本の「**大規模小売店舗法**」などが問題になりました。こうして徐々にその規制は緩和されていきます。

　さらに1993年からの「**日米包括経済協議**」では，アメリカ側が**具体的な数値目標をかなり強気に要求**してきます。日本も**自動車部品の数値目標については譲らず**，**交渉は1995年からの「日米自動車交渉」に持ち越されました**。「日米自動車交渉」でも，強気のアメリカに対して日本は譲りませんでした。

　するとアメリカは，自国の法律「米国包括通商法第301条」で規定されている，**いわゆる「スーパー301条制裁」をちらつかせはじめた**のです。これは，アメリカが不正取引慣行国を指定して，**不正慣行を是正しない場合**，**報復措置**をとるというものです。実際に日本に対し，日本の高級車に100％の報復関税を課税すると発表してきたのです。しかし，日本もアメリカの制裁措置こそ WTO のルールに反するとして，WTO の紛争処理手続きを開始したのです。結局アメリカは，対日制裁を回避しましたが，正に一触即発でした。

　また，2019年に新たな日米貿易協定が結ばれ，米国産牛肉の輸入関税引き下げなどが合意されています。

倫政の出題内容・一発表示！　▶▶▶日米貿易摩擦

1　日米構造協議（1989年〜1990年）

内容…**「日米の貿易格差の是正」**,「市場開放」

決定…**排他的取引慣行の撤廃, 内外価格差の是正, 大規模小売店 舗法の見直し**

2　日米包括経済協議（1993年〜1994年）

内容…「日本の貿易黒字削減」,「規制緩和」,「数値目標の決定」

決定…**自動車以外**の, 板ガラス, 保険については客観基準（数値目標）決定 しかし**自動車の数値目標（日本の米国からの輸入量）は交渉 決裂**

3　日米自動車交渉（1995年 5, 6月）

⇒カンター通商代表が**対日制裁を発表**

⇒「スーパー301条により, 日本製高級車に100%の報復関税」というもの

⇒日本の通産省, スーパー301条制裁に対して**「WTO に提訴」**を発表

⇒米国は制裁を取り下げ, 日本も提訴を取り下げた→6月, **日米が和解**

スーパー301条とは（**米国包括通商法301条**）

⇒米国通商代表部（USTR）が不正取引慣行国を指定

⇒その不正慣行を撤廃しない場合には⇒報復関税などの報復措置をとる

11 環境問題（倫理共通）

ここが出る！ 試験前の倫政の出題・正誤 Point！

① 環境への国際的取り組み⇒環境会議
② 京都議定書とパリ協定の相違
③ SDGs

💡 「公害」と「環境問題」

みんなは「公害」と「環境問題」の大まかな違いがわかりますか？

まず公害は，特定の範囲で発生し，被害者と加害者が特定されます。例えば，水俣病の場合は水俣市の住民が被害者で，加害者はチッソという企業です。この対策は国内問題として解決します（公害は第11章で勉強しました）。

一方の環境問題は範囲が広範で，被害者と加害者が特定されません。つまり，地球的規模の取り組みが必要になるのです。

1950年代に入ると，スウェーデンなどの湖で魚が黄色くなって死んでいる，いわゆる**酸性雨**が報告されます。当然，国境を越えた対策が必要になるわけです。こうして，**1970年ごろから国連を中心にした環境問題への取り組みがスタート**します。

主な環境問題については，こんな感じです，特に原因を覚えておきましょう。

種類	酸性雨	オゾン層破壊	地球温暖化	熱帯林破壊	砂漠化
原因	硫黄酸化物（SOx）窒素酸化物（NOx）	フロンガス	CO_2，メタン等	焼畑，森林伐採，過放牧	過放牧，過耕作，干ばつ
現象	森林・湖沼の生物の死滅	オゾンホールの拡大による皮膚がんなど	海面上昇による都市の水没など	土壌侵食や洪水，気候変動，野生生物絶滅	食糧生産の低下や飢餓

特に，**温暖化**（気候変動ともいう）に注意です。

💡 国連の環境会議 ➡ 1972年と1992年の対比

ここからは国連の取り組みを見ていきます。特に**国連人間環境会議**と，**国連環境開発会議**，そして1997年に開催された**京都会議**，2002年に開催された**環境開発サ**

ミットが特に重要です。ちなみに，倫理分野とも一部共通です。

　1972年に開催された**国連人間環境会議**は，「**かけがえのない地球**」のスローガンのもと，**ストックホルム**で開催されました。

　この中で，環境問題を専門に扱う機関である**国連環境計画**（**UNEP**，本部ナイロビ）が設置されました。そして「自然の世界で自由を得るためには人は自然と協調してより良い環境をつくる…」で有名な人間環境宣言も採択されました。

　1992年には，ブラジルのリオデジャネイロで，**国連環境開発会議**が開催されました。**地球サミット**とよばれるこの会議には，**世界172カ国の代表とNGO（非政府組織）が一堂に会し，持続可能な開発（将来世代のニーズを損なわない範囲で，現役世代のニーズを満たすこと）**というスローガンを掲げました。

　この意味は発展途上国の「**開発の権利**」を認めながら環境保全を目指すというものです。ここで考えてみましょう。先進国はある程度の発展をとげています。しかし，発展途上国はまだまだ発展をとげていません。そんな中で先進国が一方的に「もうこれ以上の経済発展はやめましょう」というのは，発展途上国に対して無責任です。だから発展途上国の「開発の権利」を認めたうえで，環境保全に取り組もう，ということになったのです。

● 国連の環境会議

1972年　**国連人間環境会議**（開催地はスウェーデン・**ストックホルム**）
　　　　スローガン　**かけがえのない地球**（only one earth）
　成果**1**　**国連環境計画**（UNEP）設置
　　　2　人間環境宣言採択
1992年　**国連環境開発会議**（国連環境開発会議［**地球サミット**］（開催地はブラジル・**リオデジャネイロ**））
　　　　スローガン　**持続可能な開発**
　成果**1**　リオ宣言採択⇒環境保全のあり方27項目
　　　　　各国の資源開発権，各国に環境法の制定など
　　　　　日本は1993年に**環境基本法**制定
　　　2　**アジェンダ21**　国際機関，国，自治体，事業者が取るべき環境計画
　　　3　**気候変動枠組み条約**（地球温暖化防止条約）　大気中の温室効果ガスの削減を目指すも，**この段階での具体的数値目標なし**
　　　4　**生物多様性条約**　多様な生物をその環境とともに保全し，生物資源を持続的に利用する
　　　　　また，遺伝資源からの利益を公平に配分することを内容とした条約
　　　※特に，気候変動枠組み条約（地球温暖化防止条約）は重要‼

最後に「**環境開発サミット**」についてです。2002年に南アフリカの「**ヨハネスブルグ**」で開かれたこの会議では、2001年9.11の同時多発テロ直後ということもあり、**貧困問題**について議論が交わされました。この会議では、「**ヨハネスブルグ実施計画**」（拘束力なし）が採択されました。これには2000年の「**国連ミレニアム・サミット**」で設定された、「**ミレニアム開発目標（MDGs）**」の中に盛り込まれていた、「**2015年までに1日1ドル以下で暮らす人口の割合を半減する**」目標を再確認する内容も含まれていました。しかし、その目標は達成できず、そこで国連は2015年に「**持続可能な開発サミット**」を開催しました。そして2016年からの2030年までの取り組みとして、「**貧困対策**」や「**持続可能な開発**」など、**17項目のスローガン**を盛り込んだ「**持続可能な開発目標（SDGs）**」を採択しました。ただし、「MDGs」、「SDGs」ともに**法的な拘束力はありません**。

京都会議で気候変動枠組み条約の数値目標決定へ

さて、先ほど触れた**気候変動枠組み条約**（地球温暖化防止条約）には、**具体的数値目標がありませんでした**よね。これを受け、1997年に**京都**で開かれた**気候変動枠組み条約第3回締約国会議**（COP3、京都会議）において、数値目標を盛り込んだ**京都議定書**が採択されたのです。

具体的には、**1990年比で2008年～2012年の間で、先進国全体5％、日本6％、アメリカ7％、EU8％の温室効果ガスを削減する**というものです（**途上国には温室効果ガスの削減義務はない**）。

ただし、世界で一番二酸化炭素を出している**アメリカ（当時のブッシュ政権）が2001年に条約を脱退**し、発効が危ぶまれました。なぜなら条約の発効には、55カ国以上の批准と、批准した先進国で、先進国の総排出量の55％に達しなければなりません。実はアメリカが22.0％の排出となっているため、アメリカの脱退は条約の発効を脅かしていたのです。ところが、**2004年にロシアが批准したことで、2005年に条約は発効**しました。

さて、この京都議定書には先進国が温室効果ガスを削減しやすいように、さまざまな仕掛けがしてあります。これを**京都メカニズム**といいますが、ちょっと確認しておきましょう。

鋭い人はわかると思いますが、**排出量取り引きはお金で排出枠を買えてしまうのです**。するとお金のある国は削減努力をせずに、そのまま経済発展ができるのです。

● 京都メカニズム

1 ネット方式の採用 森林の CO_2 吸収分も計上する方式。

2 共同実施 先進国間の共同プロジェクトの削減分を自国の削減として計上

3 排出量取り引きの容認 先進国間での排出量の取引の容認。

4 クリーン開発メカニズム 先進国が行った発展途上国でのクリーン事業での削減分を，その先進国の削減として計上。

京都議定書に盛り込まれた温暖化防止の仕組み

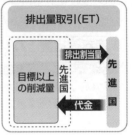

また，くり返しになりますが「**途上国**」**には削減義務がない**ので，注意しておきましょう。

ここで下の円グラフを見てください。世界の二酸化炭素の国別排出量割合です。ちょっとびっくりだけど，**上位5カ国で60％近い**のです。確認すると，**1位中国**，**2位アメリカ**，**3位インド**，**4位ロシア**，**5位日本**です。

ちなみにこの5カ国の中で京都議定書の削減義務を負っているのは，「**日本とロシア**」だけです。アメリカが脱退してしまい批准していないし，**中国とインドは途上国だから削減義務がない**のです。

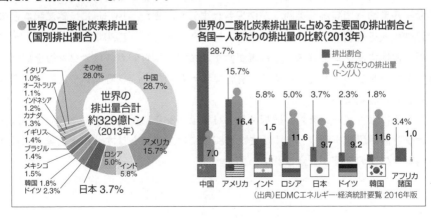

●世界の二酸化炭素排出量（国別排出割合）

●世界の二酸化炭素排出量に占める主要国の排出割合と各国一人あたりの排出量の比較（2013年）

（出典）EDMCエネルギー・経済統計要覧 2016年版

京都議定書は2012年に期限を迎え，**日本は京都メカニズムの効果もあって何とか目標を達成しました**。さらに2015年12月，フランスのパリ近郊で行われた**COP21**（第21回気候変動枠組み条約締約国会議）で「**パリ協定**」が採択されました。

　内容は，「**産業革命前からの気温上昇を2度未満に抑える**」とする目標を掲げました。また，対象国を**途上国も含めた196の国と地域**とし，世界で取り組むこととなりました。ここは京都議定書と明らかに違います。ただし，**罰則規定がないなど京都議定書よりも後退した部分もあります**。**パリ協定は2016年に発効**しています。具体的な各国の温暖化対策については，5年に一度，進捗状況を報告することになっています（2017年にアメリカが脱退表明）。

● 京都議定書とパリ協定

名称	目的	対象国	義務	途上国支援
パリ協定	産業革命前からの気温上昇を2度未満に抑える	196の国と地域（**途上国も含む**）	**なし**	2020年以降，1000億ドルを下限に行うことで合意。ただし協定には金額は明記されず
京都議定書	**先進国**全体で，温室効果ガスを1990年比で，5.2%削減（2008〜2012年で）	38の国と地域	あり **罰則あり**	なし 先進国のみが対象国であるため

💡 その他の取り組み　➡「生物の減少への対策」と「オゾン層対策」

　これらの他にも，生物の絶滅への対策として，1971年に**水鳥と湿地を保護するラムサール条約**（国際湿地条約）が採択されました。また，1973年には**絶滅種などの密漁や輸入を規制するワシントン条約**も採択されました。1980年代に入ると，オゾン層を破壊するフロンガスへの対策が始まります。フロンガスはオゾン層を破壊し**オゾンホール**をつくります。すると有害な紫外線のため，皮膚ガンや白内障を引き起こすといわれています。

　1985年には**ウィーン条約**が採択され，日本は1988年に批准しました。同年，国内で**オゾン層保護法**を制定します。また1987年には，**モントリオール議定書**が採択され**特定フロンの全廃**が合意されています。

💡 盲点ポイント

💡 SDGs って何？ ➡ 2015年国連で決まった，2030年までの取り組み目標

　ここからは新課程で大きく扱われているテーマです。しっかりと学習しましょう。

　今まで学習したように，環境問題は様々な国や人々が連携して課題を解決していく必要性があります。こうした国境を超えた人類の取り組みは，何も環境問題に限ったことではありません。貧困や格差，質の高い教育の普及，女性の社会進出の促進など，21世紀は全人類の課題として取り組まなければならない課題が山積しています。

　こうした問題に国や地方，企業や個人をあげて全人類で取り組む目標が「**SDGs（持続可能な開発目標）**」です。**2015年**に「**国連持続可能な開発サミット**」が開催され，**2016～2030年までの取り組みである「SDGs（持続可能な開発目標）」が採択されました。具体的には17のゴール（目標）と**169のターゲット（具体的な取り組み）が掲げられています。「**持続可能な開発**」とは，**将来世代のニーズを損なうことなく，現役世代のニーズを満たすこと**です。この考え方は1987年に『**我ら共有の未来**』の中で提唱されたものです。

目標1（貧困）
あらゆる場所で，あらゆる形態の貧困に終止符を打つ

目標2（飢餓）
飢餓に終止符を打ち，食料の安定確保と栄養状態の改善を達成するとともに，持続可能な農業を推進する

目標3（保健）
あらゆる年齢のすべての人々の健康的な生活を確保し，福祉を推進する

目標4（教育）
すべての人々に包摂的かつ公平で質の高い教育を提供し，生涯学習の機会を促進する

目標5（ジェンダー）
ジェンダーの平等を達成し，すべての女性と女児のエンパワーメントを図る

目標6（水・衛生）
すべての人々に水と衛生へのアクセスと持続可能な管理を確保する

目標7（エネルギー）
すべての人々に手ごろで信頼でき，持続可能かつ近代的なエネルギーへのアクセスを確保する

目標8（経済成長と雇用）
すべての人々のための持続的，包摂的かつ持続可能な経済成長，生産的な完全雇用およびディーセント・ワークを推進する

目標9（産業化，イノベーション）
レジリエントなインフラを整備し，包摂的で持続可能な産業化を推進するとともに，イノベーションの拡大を図る

目標10（不平等）
国内および国家間の不平等を是正する

目標11（持続可能な都市）
都市と人間の居住地を包摂的，安全，レジリエントかつ持続可能にする

目標12（生産と消費）
持続可能な生産と消費のパターンを確保する

目標13（気候変動）
気候変動とその影響に立ち向かうため，緊急対策をとる

目標14（海洋資源）
海洋と海洋資源を持続可能な開発に向けて保全し，持続可能な形で利用する

目標15（陸上資源）

陸上生態系の保護，回復および持続可能な利用の推進，森林の持続可能な管理，砂漠化への対処，土地劣化の阻止および逆転，ならびに生物多様性損失の阻止を図る

目標16（平和）

持続可能な開発に向けて平和で包摂的な社会を推進し，すべての人々に司法へのアクセスを提供するとともに，あらゆるレベルにおいて効果的で責任ある包摂的な制度を構築する

目標17（実施手段）

持続可能な開発に向けて実施手段を強化し，グローバル・パートナーシップを活性化する

（出典）国連広報センター

💡 途上国の目標では無く，全世界の目標としての「SDGs」

　実は，これに先立つこと2000年に「**国連ミレニアムサミット**」が開催され，**これまでの国連の目標を統合した2015年までの達成目標「MDGs（ミレニアム開発目標）」を掲げました。**主として開発途上国の貧困や教育，健康など8つの目標に対して，世界で取り組みました。しかし，これらの問題は**途上国だけのものではなく，先進国の中にも潜んでいる**ことに人々は気づきはじめたのです。例えば日本やアメリカでの相対的貧困率の高さや，所得格差などもその一つです。「SDGs」のゴール1〜6は「MDGs」の内容を引き継ぐものですが，ゴール7以降は先進国にも関わりの深い内容となっています。例えばゴール8の「**人間らしい雇用（ディーセント・ワーク）**」は，僕らの身の回りでも「ブラック労働」や「非正規と正規社員の

■MDGsとの比較

2001〜2015年 **MDGs** **ミレニアム開発目標** Millennium Deveoopment Goals	2016〜2030年 **SDGs** **持続可能な開発目標** Sustainable Development Goals
● 8ゴール・21ターゲット （シンプルで明快）	●17ゴール・169ターゲット （包括的で、互いに関連）
●途上国の目標	●全ての国の目標 （＝ユニバーサリティ）
●国連の専門家主導	●国連全加盟国で交渉 実施手段（資金・技術）

（出典）外務省Webページ

待遇格差」など日々直面している課題です。またゴール12の「**持続可能な生産と消費**」は，**僕らの世代だけの「拡大型」の経済では無く，将来世代にも配慮した「成長型」の生産・消費が必要**になります。

　こうして，全ての国や人（**ユニバーサリティ**）の目標として，2016年から2030年にかけて「SDGs」の取り組みが始まっています。「**SDGs**」には（「**MDGs**」にも）**法的拘束力（罰則）があるわけではありません**。しかし，身近なところから1〜17のゴールの中で何かに取り組むことは可能なはずです。

倫政の出題内容・一発表示！　▶▶▶ SDGs

１ 必ず以前にあった「**MDGs**」と対比すること。

２ **罰則がない**こと。

３ すべての国の目標であること。

４ 2016年から2030年までの努力目標であること。

５ 2015年の「**国連持続可能な開発サミット**」で採択されたこと。

（参考）国連広報センター「SDGsとは」，日本ユニセフ協会「持続可能な開発目標」，農林水産省「SDGsとは」など

　お疲れ様でした。そして本当にここまで読んでくれてありがとう。必ず完成問題集とともに，知識を定着させてください。

　『倫理，政治・経済』は確かに膨大な知識量がありましたね。しかしこれを読み終えた君は，それだけ多くのことを知り，考えた，ということです。そして人間がより良き生活を創り上げるためには，多くを知り，考えることが必要です。また気がついたでしょう。この『倫理，政治・経済』という科目は，社会と人間そのものを映し出し，一生涯関わっていくものだということを。

　実は，大学受験勉強は，「大学に入るため」だけではなく，「大学に入った後」にこそ光り輝くものです。どうか君の合格が，数多くの人の幸せを創る原石であることを，心から信じています。

　「君にはできないと世間がいうことをやってのけること，それが栄光だ。」　W. バジョット

★は重要条文
下線部分は重要事実事項（正誤判定など），出題ポイントは試験での留意事項。
赤字部分が多い条文ほど頻出。条数が赤字の場合は，条文だけでなく，条数も覚えよう！

日本国憲法

朕は，日本国民の総意に基いて，新日本建設の礎が，定まるに至つたことを，深くよろこび，枢密顧問の諮詢及び帝国憲法第七十三条による帝国議会の議決を経た帝国憲法の改正を裁可し，ここにこれを公布せしめる。

御名御璽

昭和二十一年十一月三日

内閣総理大臣兼

外務大臣 　吉田茂

国務大臣 　男爵　幣原喜重郎

司法大臣 　木村篤太郎

内務大臣 　大村清一

文部大臣 　田中耕太郎

農林大臣 　和田博雄

国務大臣 　斎藤隆夫

逓信大臣 　一松定吉

商工大臣 　星島二郎

厚生大臣 　河合良成

国務大臣 　植原悦二郎

運輸大臣 　平塚常次郎

大蔵大臣 　石橋湛山

国務大臣 　金森徳次郎

国務大臣 　膳桂之助

前文

日本国民は，**正当に選挙された国会における代表者**を通じて行動し，われらとわれらの子孫のために，諸国民との協和による成果と，わが国全土にわたつて**自由のもたらす恵沢**を確保し，**政府の行為**によつて再び**戦争の惨禍**が起ることのないやうにすることを決意し，

ここに**主権が国民に存する**ことを宣言し，この憲法を確定する。そもそも国政は，国民の厳粛な**信託**によるものであつて，その**権威は国民に由来**し，その**権力は国民の代表者がこれを行使**し，その**福利は国民がこれを享受**する。これは人類普遍の原理であり，この憲法は，かかる原理に基くものである。われらは，これに反する一切の**憲法，法令及び詔勅**を排除する。

日本国民は，**恒久の平和**を念願し，人間相互の関係を支配する崇高な理想を深く自覚するのであつて，平和を愛する諸国民の公正と信義に信頼して，われらの安全と生存を保持しようと決意した。われらは，**平和**を維持し，**専制と隷従，圧迫と偏狭**を地上から永遠に除去しようと努めてゐる**国際社会**において，名誉ある地位を占めたいと思ふ。われらは，全世界の国民が，ひとしく**恐怖と欠乏から免かれ，平和のうちに生存する権利**を有することを確認する。

われらは，いづれの国家も，**自国のことのみに専念して他国を無視**してはならないのであつて，政治道徳の法則は，普遍的なものであり，この法則に従ふことは，自国の**主権**を維持し，**他国と対等関係**に立たうとする各国の責務であると信ずる。

日本国民は，国家の名誉にかけ，全力をあげてこの崇高な理想と目的を達成することを誓ふ。

第1章　天皇

★第1条〔天皇の地位と主権在民〕

　天皇は，**日本国の象徴**であり**日本国民統合の象徴**であつて，この地位は，**主権**の存する**日本国民の総意**に基く。

●**出題ポイント　「象徴天皇制」と「国民主権」に関する条文である。国民主権に関する規定はこの第1条に明文化されていることをおさえる。**

第2条〔皇位の世襲〕

皇位は，**世襲**のものであつて，国会の議決した**皇室典範**の定めるところにより，これを継承する。

第3条〔内閣の助言と承認及び責任〕

天皇の**国事**に関するすべての行為には，**内閣の助言と承認**を必要とし，**内閣**が，その責任を負ふ。

第4条〔天皇の権能と権能行使の委任〕

天皇は，この憲法の定める**国事に関する行為**のみを行ひ，**国政に関する権能**を有しない。

2　天皇は，法律の定めるところにより，その国事に関する行為を委任することができる。

第5条〔摂政〕

皇室典範の定めるところにより**摂政**を置くときは，摂政は，天皇の名でその国事に関する行為を行ふ。この場合には，前条第一項の規定を準用する。

★第6条〔天皇の任命行為〕

天皇は，**国会の指名**に基いて，**内閣総理大臣**を任命する。

2　**天皇**は，**内閣の指名**に基いて，**最高裁判所の長たる裁判官**を任命する。

★第 7 条〔天皇の国事行為〕

天皇は，**内閣の助言と承認**により，国民のために，左の**国事に関する行為**を行ふ。

- 一　**憲法改正**，**法律**，**政令及び条約**を**公布**すること。
- 二　**国会**を**召集**すること。
- 三　**衆議院を解散**すること。
- 四　国会議員の総選挙の施行を公示すること。
- 五　国務大臣及び法律の定めるその他の官吏の任免並びに全権委任状及び大使及び公使の信任状を**認証**すること。
- 六　大赦，特赦，減刑，刑の執行の免除及び復権を**認証**すること。
- 七　栄典を授与すること。
- 八　批准書及び法律の定めるその他の外交文書を認証すること。
- 九　外国の大使及び公使を**接受**すること。
- 十　**儀式**を行ふこと。

第 8 条〔財産授受の制限〕

皇室に財産を譲り渡し，又は皇室が，財産を譲り受け，若しくは賜与することは，国会の議決に基かなければならない。

第 2 章　戦争の放棄

★第 9 条〔戦争の放棄と戦力及び交戦権の否認〕

日本国民は，**正義と秩序を基調とする国際平和**を誠実に希求し，**国権の発動たる戦争**と，**武力による威嚇又は武力の行使**は，**国際紛争**を解決する手段としては，**永久にこれを放棄**する。

2　前項の目的を達するため，**陸海空軍**その他の**戦力**は，これを保持しない。国の**交戦権**は，これを認めない。

第 3 章　国民の権利及び義務

第10条〔国民たる要件〕

日本国民たる要件は，**法律**でこれを定める。

> ●出題ポイント　ここでいう法律とは「国籍法」のこと。

第11条〔基本的人権〕

国民は，すべての**基本的人権**の享有を妨げられない。この憲法が国民に保障する**基本的人権**は，**侵すことのできない永久の権利**として，**現在及び将来の国民**に与へられる。

第12条〔自由及び権利の保持義務と公共福祉性〕

この憲法が国民に保障する自由及び権利は，国民の**不断の努力**によつて，これを保持しなければならない。又，国民は，これを**濫用**してはならないのであつて，常に**公共の福祉**のためにこれを利用する責任を負ふ。

★第13条〔個人の尊重と公共の福祉〕

すべて国民は，**個人**として尊重される。**生命**，**自由**及び**幸福追求**に対する国民の権利については，**公共の福祉**に反しない限り，**立法**その他の**国政**の上で，最大の尊重を必要とする。

★第14条〔**平等原則，貴族制度の否認及び栄典の限界**〕

すべて国民は，**法の下に平等**であつて，**人種**，**信条**，**性別**，**社会的身分**又は**門地**により，**政治的**，**経済的**又は**社会**的関係において，**差別**されない。

2　**華族**その他の貴族の制度は，これを認めない。

3　栄誉，勲章その他の**栄典**の授与は，いかなる**特権**も伴はない。栄典の授与は，現にこれを有し，又は将来これを受ける者の一代に限り，その効力を有する。

★第15条〔**公務員の選定罷免権，公務員の本質，普通選挙の保障及び投票秘密の保障**〕

公務員を**選定**し，及びこれを**罷免**することは，国民固有の権利である。

2　すべて**公務員**は，**全体の奉仕者**であつて，一部の奉仕者ではない。

3　公務員の選挙については，成年者による**普通選挙**を保障する。

4　すべて選挙における**投票の秘密**は，これを侵してはならない。選挙人は，その選択に関し公的にも私的にも責任を問はれない。

第16条〔**請願権**〕

何人も，損害の救済，公務員の罷免，法律，命令又は規則の制定，廃止又は改正その他の事項に関し，平穏に**請願**する権利を有し，何人も，かかる**請願**をしたためにいかなる差別待遇も受けない。

★第17条〔**公務員の不法行為による損害の賠償**〕

何人も，公務員の不法行為により，損害を受けたときは，法律の定めるところにより，**国**又は**公共団体**に，その賠償を求めることができる。

★第18条〔**奴隷的拘束及び苦役の禁止**〕

何人も，いかなる**奴隷的拘束**も受けない。又，犯罪に因る処罰の場合を除いては，その意に反する**苦役**に服させられない。

★第19条〔**思想及び良心の自由**〕

思想及び**良心**の自由は，これを侵してはならない。

★第20条〔**信教の自由**〕

信教の自由は，何人に対してもこれを保障する。いかなる**宗教団体**も，国から**特権**を受け，又は政治上の権力を行使してはならない。

2　何人も，宗教上の行為，祝典，儀式又は行事に参加することを強制されない。

3　**国及びその機関**は，**宗教教育**その他いかなる**宗教的活動**もしてはならない。

★第21条〔**集会，結社及び表現の自由と通信秘密の保護**〕

集会，結社及び**言論**，**出版**その他一切の**表現の自由**は，これを保障する。

2　**検閲**は，これをしてはならない。**通信の秘密**は，これを侵してはならない。

★第22条〔**居住，移転，職業選択，外国移住及び国籍離脱の自由**〕

何人も，**公共の福祉**に反しない限り，**居住**，**移転**及び**職業選択**の自由を有する。

2　何人も，外国に移住し，又は**国籍**を離脱する自由を侵されない。

第23条〔学問の自由〕

学問の自由は，これを保障する。

第24条〔家族関係における個人の尊厳と両性の平等〕

婚姻は，**両性の合意**のみに基いて成立し，夫婦が同等の権利を有することを基本として，相互の協力により，維持されなければならない。

2　配偶者の選択，財産権，相続，住居の選定，離婚並びに婚姻及び家族に関するその他の事項に関しては，法律は，**個人の尊厳**と**両性の本質的平等**に立脚して，制定されなければならない。

★第25条〔生存権及び国民生活の社会的進歩向上に努める国の義務〕

すべて国民は，**健康で文化的な最低限度の生活**を営む権利を有する。

2　国は，すべての生活部面について，**社会福祉**，**社会保障**及び**公衆衛生**の向上及び増進に努めなければならない。

第26条〔教育を受ける権利と受けさせる義務〕

すべて国民は，法律の定めるところにより，その**能力**に応じて，ひとしく**教育を受ける権利**を有する。

2　すべて国民は，法律の定めるところにより，その保護する子女に**普通教育を受けさせる義務**を負ふ。**義務教育**は，これを無償とする。

第27条〔勤労の権利と義務，勤労条件の基準及び児童酷使の禁止〕

すべて国民は，**勤労の権利**を有し，**義務**を負ふ。

2　賃金，就業時間，休息その他の勤労条件に関する基準は，法律でこれを定める。

3　**児童**は，これを酷使してはならない。

★第28条〔勤労者の団結権及び団体行動権〕

勤労者の**団結**する権利及び**団体交渉**その他の**団体行動**をする権利は，これを保障する。

●出題ポイント　**労働三権の規定。**

★第29条〔財産権〕

財産権は，これを侵してはならない。

2　財産権の内容は，**公共の福祉**に適合するやうに，法律でこれを定める。

3　私有財産は，**正当な補償**の下に，これを**公共のために**用ひることができる。

第30条〔納税の義務〕

国民は，法律の定めるところにより，**納税の義務**を負ふ。

★第31条〔生命及び自由の保障と科刑の制約〕

何人も，**法律の定める手続**によらなければ，その**生命**若しくは**自由**を奪はれ，又はその他の**刑罰**を科せられない。

第32条〔裁判を受ける権利〕

何人も，**裁判所**において**裁判**を受ける権利を奪はれない。

★第33条〔逮捕の制約〕

何人も，**現行犯**として逮捕される場合を除いては，権限を有する**司法官憲**が発し，且つ理由となつてゐる犯罪を明示する**令状**によらなければ，逮捕されない。

第34条〔抑留及び拘禁の制約〕

何人も，理由を直ちに告げられ，且つ，直ちに**弁護人**に依頼する権利を与へられなければ，抑留又は拘禁されない。又，何人も，正当な理由がなければ，拘禁されず，要求があれば，その理由は，直ちに本人及びその**弁護人**の出席する公開の法廷で示されなければならない。

第35条〔侵入，捜索及び押収の制約〕

何人も，その住居，書類及び所持品について，侵入，捜索及び押収を受けることのない権利は，第三十三条の場合を除いては，正当な理由に基いて発せられ，且つ捜索する場所及び押収する物を明示する**令状**がなければ，侵されない。

2　捜索又は押収は，権限を有する**司法官憲**が発する各別の**令状**により，これを行ふ。

★第36条〔拷問及び残虐な刑罰の禁止〕

公務員による**拷問**及び**残虐な刑罰**は，絶対にこれを禁ずる。

第37条〔刑事被告人の権利〕

すべて**刑事事件**においては，被告人は，**公平**な裁判所の**迅速**な**公開**裁判を受ける権利を有する。

2　刑事被告人は，すべての証人に対して**審問**する機会を充分に与へられ，又，公費で自己のために強制的手続により証人を求める権利を有する。

3　刑事被告人は，いかなる場合にも，資格を有する**弁護人**を依頼することができる。被告人が自らこれを依頼することができないときは，**国**でこれを附する。

★第38条〔自白強要の禁止と自白の証拠能力の限界〕

何人も，自己に不利益な供述を**強要**されない。

2　強制，拷問若しくは**脅迫**による**自白**又は不当に長く抑留若しくは拘禁された後の自白は，これを証拠とすることができない。

3　何人も，自己に不利益な唯一の証拠が本人の**自白**である場合には，**有罪**とされ，又は**刑罰**を科せられない。

★第39条〔遡及処罰，二重処罰等の禁止〕

何人も，**実行**の時に**適法**であつた行為又は既に**無罪**とされた行為については，刑事上の責任を問はれない。又，同一の犯罪について，重ねて刑事上の責任を問はれない。

★第40条〔刑事補償〕

何人も，抑留又は拘禁された後，**無罪**の裁判を受けたときは，法律の定めるところにより，**国**にその**補償**を求めることができる。

●出題ポイント　人身の自由の「刑事補償請求権」。旧憲法には規定がなかった。

第4章　国会

★第41条〔国会の地位〕

国会は，**国権の最高機関**であつて，**国の唯一の立法機関**である。

第42条〔二院制〕

国会は，衆議院及び参議院の両議院でこれを構成する。

第43条〔両議院の組織〕

両議院は，**全国民**を代表する**選挙**された議員でこれを組織する。

2　両議院の議員の定数は，法律でこれを定める。

第44条〔議員及び選挙人の資格〕

両議院の議員及びその選挙人の資格は，法律でこれを定める。但し，人種，信条，性別，社会的身分，門地，教育，財産又は収入によつて差別してはならない。

●出題ポイント　一票の格差に関連する条文「選挙人資格の平等」。

第45条〔衆議院議員の任期〕

衆議院議員の任期は，**四年**とする。但し，衆議院解散の場合には，その期間満了前に終了する。

第46条〔参議院議員の任期〕

参議院議員の任期は，**六年**とし，**三年**ごとに議員の半数を改選する。

第47条〔議員の選挙〕

選挙区，投票の方法その他両議院の議員の選挙に関する事項は，法律でこれを定める。

第48条〔両議院議員相互**兼職の禁止**〕

何人も，同時に両議院の議員たることはできない。

第49条〔議員の歳費〕

両議院の議員は，法律の定めるところにより，国庫から相当額の**歳費**を受ける。

★第50条〔議員の**不逮捕特権**〕

両議院の議員は，法律の定める場合を除いては，国会の**会期中**逮捕されず，会期前に逮捕された議員は，その**議院の要求**があれば，**会期中**これを**釈放**しなければならない。

第51条〔議員の発言表決の無答責〕

両議院の議員は，議院で行つた演説，討論又は表決について，**院外**で責任を問はれない。

第52条〔常会〕

国会の常会は，毎年一回これを召集する。

第53条〔臨時会〕

内閣は，国会の臨時会の召集を決定することができる。いづれかの議院の総議員の**四分の一**以上の要求があれば，**内閣**は，その召集を決定しなければならない。

★第54条〔総選挙，特別会及び緊急集会〕

衆議院が解散されたときは，解散の日から**四十日**以内に，衆議院議員の**総選挙**を行ひ，その選挙の日から**三十日**以内に，**国会**を召集しなければならない。

2　衆議院が解散されたときは，参議院は，同時に**閉会**となる。但し，**内閣**は，国に緊急の必要があるときは，**参議院の緊急集会**を求めることができる。

3　前項但書の緊急集会において採られた措置は，臨時のものであつて，次の国会開会の後**十日**以内に，衆議院の同意がない場合には，その効力を失ふ。

第55条〔資格争訟〕

両議院は，各々その議員の資格に関する争訟を裁判する。但し，議員の議席を失はせるには，**出席**議員の**三分の二**以上の多数による議決を必要とする。

●出題ポイント　「議員の資格争訟裁判権」。

第56条〔議事の定足数と過半数議決〕

両議院は，各々その総議員の**三分の一**以上の出席がなければ，議事を開き議決することができない。

2　両議院の議事は，この憲法に特別の定のある場合を除いては，**出席議員**の**過半数**でこれを決し，可否同数のときは，議長の決するところによる。

第57条〔会議の公開と会議録〕

両議院の会議は，**公開**とする。但し，**出席議員**の**三分の二**以上の多数で議決したときは，**秘密会**を開くことができる。

2　両議院は，各々その会議の記録を保存し，秘密会の記録の中で特に秘密を要すると認められるもの以外は，これを公表し，且つ一般に頒布しなければならない。

3　**出席議員**の**五分の一**以上の要求があれば，各議員の表決は，これを会議録に記載しなければならない。

第58条〔役員の選任及び議院の自律権〕

両議院は，各々その議長その他の役員を選任する。

2　両議院は，各々その会議その他の手続及び内部の規律に関する**規則**を定め，又，院内の秩序をみだした議員を**懲罰**することができる。但し，議員を除名するには，**出席**議員の**三分の二**以上の多数による議決を必要とする。

●出題ポイント　「議院の規則制定権」。

★第59条〔法律の成立〕

法律案は，この憲法に特別の定のある場合を除いては，両議院で可決したとき法律となる。

2　衆議院で可決し，参議院でこれと異なつた議決をした法律案は，**衆議院**で**出席**議員の**三分の二**以上の多数で再び可決したときは，法律となる。

3　前項の規定は，法律の定めるところにより，衆議院が，両議院の協議会を開くことを求めることを妨げない。

4　参議院が，衆議院の可決した法律案を受け取つた後，国会休会中の期間を除いて**六十日**以内に，議決しないときは，衆議院は，参議院がその法律案を否決したものとみなすことができる。

●出題ポイント　憲法の条文では，「両議院の協議会」となっているが，受験用語としては「両院協議会」。

★第60条〔衆議院の**予算先議権**及び予算の議決〕

予算は，さきに**衆議院**に提出しなければならない。

2　予算について，参議院で衆議院と異なつた議決をした場合に，法律の定めるところにより，両議院の協議会を開いても意見が一致しないとき，又は参議院が，衆議院の可決した予算を受け取つた後，国会休会中の期間を除いて**三十日**以内に，議決しないときは，衆議院の議決を国会の議決とする。

第61条〔条約締結の承認〕

条約の締結に必要な国会の承認については，前条第二項の規定を準用する。

★第62条〔議院の**国政調査権**〕

両議院は，各々**国政**に関する調査を行ひ，これに関して，**証人**の出頭及び**証言**並びに**記録**の提出を要求することができる。

第63条〔国務大臣の出席〕

内閣総理大臣その他の国務大臣は，両議院の一に議席を有すると有しないとにかかはらず，何時でも議案について発言するため議院に出席することができる。又，答弁又は説明のため出席を求められたときは，出席しなければならない。

第64条〔弾劾裁判所〕

国会は，罷免の**訴追**を受けた**裁判官**を裁判するため，両議院の議員で組織する**弾劾裁判所**を設ける。

2　弾劾に関する事項は，法律でこれを定める。

> ●出題ポイント　国会の権限は「弾劾裁判所の設置権」であり，弾劾裁判を行う権限は弾劾裁判所にある。これまでに罷免例あり。

第5章　内閣

★第65条〔行政権の帰属〕

行政権は，**内閣**に属する。

★第66条〔内閣の組織と責任〕

内閣は，法律の定めるところにより，その**首長**たる**内閣総理大臣**及びその他の**国務大臣**でこれを組織する。

2　内閣総理大臣その他の国務大臣は，**文民**でなければならない。

> ●出題ポイント　**「文民統制」，「シビリアン・コントロール」。**

3　内閣は，行政権の行使について，国会に対し**連帯して責任**を負ふ。

> ●出題ポイント　**議院内閣制に関する規定。**

第67条〔内閣総理大臣の指名〕

内閣総理大臣は，**国会議員**の中から**国会**の議決で，これを**指名**する。この指名は，他のすべての案件に先だつて，これを行ふ。

2　衆議院と参議院とが異なつた指名の議決をした場合に，法律の定めるところにより，両議院の協議会を開いても意見が一致しないとき，又は衆議院が指名の議決をした後，国会休会中の期間を除いて**十日**以内に，参議院が，指名の議決をしないときは，衆議院の議決を国会の議決とする。

第68条〔国務大臣の任免〕

内閣総理大臣は，国務大臣を**任命**する。但し，その**過半数**は，**国会議員**の中から選ばれなければならない。

2　**内閣総理大臣**は，任意に**国務大臣**を**罷免**することができる。

> ●出題ポイント　**任命権と罷免権を「任免権」という。**

★第69条〔不信任決議と解散又は総辞職〕

内閣は，**衆議院**で**不信任**の決議案を**可決**し，又は信任の決議案を**否決**したときは，**十日**以内に**衆議院**が解散されない限り，**総辞職**をしなければならない。

第70条〔内閣総理大臣の欠缺又は総選挙施行による総辞職〕
内閣総理大臣が欠けたとき，又は衆議院議員総選挙の後に初めて国会の召集があつたときは，内閣は，**総辞職**をしなければならない。

第71条〔総辞職後の職務続行〕
前二条の場合には，内閣は，あらたに内閣総理大臣が任命されるまで引き続きその**職務を**行ふ。

●出題ポイント　一般に「職務遂行内閣」という。

第72条〔内閣総理大臣の職務権限〕
内閣総理大臣は，内閣を代表して議案を国会に提出し，一般国務及び外交関係について国会に報告し，並びに行政各部を**指揮監督**する。

★第73条〔内閣の職務権限〕
内閣は，他の一般行政事務の外，左の事務を行ふ。
　一　法律を誠実に執行し，国務を**総理**すること。
　二　外交関係を処理すること。
　三　条約を**締結**すること。但し，**事前**に，時宜によつては事後に，**国会の承認**を経ることを必要とする。
　四　法律の定める基準に従ひ，官吏に関する事務を掌理すること。
　五　**予算**を作成して国会に**提出**すること。
　六　この憲法及び法律の規定を実施するために，**政令**を制定すること。但し，**政令**には，特にその法律の委任がある場合を除いては，**罰則**を設けることができない。
　七　大赦，特赦，減刑，刑の執行の免除及び復権を決定すること。

●出題ポイント　一般に「大赦，特赦，減刑，刑の執行の免除及び復権」を「恩赦」といい，決定は内閣が行うが，認証は天皇が国事行為として行う。

第74条〔法律及び政令への署名と連署〕
法律及び政令には，すべて主任の国務大臣が署名し，内閣総理大臣が連署することを必要とする。

第75条〔国務大臣訴追の制約〕
国務大臣は，その在任中，内閣総理大臣の同意がなければ，訴追されない。但し，これがため，訴追の権利は，害されない。

第6章　司法

★第76条〔司法権の機関と裁判官の職務上の独立〕
すべて**司法権**は，**最高裁判所**及び**法律**の定めるところにより設置する**下級裁判所**に属する。
2　**特別裁判所**は，これを設置することができない。**行政機関**は，**終審**として裁判を行ふことができない。
3　すべて**裁判官**は，その**良心**に従ひ**独立**してその**職権**を行ひ，この**憲法及び法律**にのみ拘束される。

第77条〔最高裁判所の規則制定権〕

最高裁判所は，訴訟に関する手続，弁護士，裁判所の内部規律及び司法事務処理に関する事項について，**規則**を定める権限を有する。

2　検察官は，最高裁判所の定める**規則**に従はなければならない。

3　最高裁判所は，下級裁判所に関する**規則**を定める権限を，下級裁判所に委任することができる。

第78条〔裁判官の身分の保障〕

裁判官は，**裁判**により，**心身の故障**のために職務を執ることができないと決定された場合を除いては，**公の弾劾**によらなければ罷免されない。裁判官の懲戒処分は，**行政機関**がこれを行ふことはできない。

第79条〔最高裁判所の構成及び裁判官任命の国民審査〕

最高裁判所は，その長たる裁判官及び法律の定める員数のその他の裁判官でこれを構成し，その長たる裁判官以外の裁判官は，**内閣**でこれを**任命**する。

2　最高裁判所の裁判官の任命は，その任命後初めて行はれる**衆議院議員総選挙の際国民の審査**に付し，その後**十年**を経過した後初めて行はれる**衆議院議員総選挙**の際更に審査に付し，その後も同様とする。

3　前項の場合において，投票者の多数が裁判官の**罷免**を可とするときは，その裁判官は，罷免される。

4　審査に関する事項は，法律でこれを定める。

> ●出題ポイント　ここでいう法律とは「最高裁判所裁判官国民審査法」。

5　最高裁判所の裁判官は，法律の定める年齢に達した時に退官する。

6　最高裁判所の裁判官は，すべて定期に相当額の報酬を受ける。この**報酬**は，在任中，これを減額することができない。

第80条〔下級裁判所の裁判官〕

下級裁判所の裁判官は，**最高裁判所**の**指名**した者の**名簿**によつて，**内閣**でこれを**任命**する。その裁判官は，任期を**十年**とし，再任されることができる。但し，法律の定める年齢に達した時には退官する。

2　下級裁判所の裁判官は，すべて定期に相当額の報酬を受ける。この報酬は，在任中，これを減額することができない。

★第81条〔最高裁判所の法令審査権〕

最高裁判所は，一切の**法律**，**命令**，**規則**又は**処分**が憲法に適合するかしないかを決定する権限を有する**終審裁判所**である。

> ●出題ポイント　すべての裁判所が，法令審査権を行使できる。旧憲法には規定はなかった。

第82条〔対審及び判決の公開〕

裁判の対審及び判決は，**公開法廷**でこれを行ふ。

2　裁判所が，裁判官の**全員一致**で，公の秩序又は善良の風俗を害する虞があると決した場合には，**対審**は，公開しないでこれを行ふことができる。但し，**政治犯罪**，**出版**に関す

る犯罪又はこの**憲法第三章で保障する国民の権利**が問題となつてゐる事件の対審は，常に
これを公開しなければならない。

第7章　財政

第83条〔財政処理の要件〕
国の財政を処理する権限は，国会の**議決**に基いて，これを行使しなければならない。

第84条〔課税の要件〕
あらたに租税を課し，又は現行の租税を変更するには，法律又は法律の定める条件による
ことを必要とする。

第85条〔国費支出及び債務負担の要件〕
国費を支出し，又は国が債務を負担するには，国会の議決に基くことを必要とする。

第86条〔予算の作成〕
内閣は，毎会計年度の**予算**を作成し，**国会**に提出して，その審議を受け議決を経なけれ
ばならない。

第87条〔予備費〕
予見し難い予算の不足に充てるため，国会の議決に基いて予備費を設け，内閣の責任でこ
れを支出することができる。
2　すべて予備費の支出については，内閣は，事後に国会の承諾を得なければならない。

第88条〔皇室財産及び皇室費用〕
すべて皇室財産は，国に属する。すべて皇室の費用は，予算に計上して国会の議決を経な
ければならない。

★第89条〔公の財産の用途制限〕
公金その他の公の財産は，**宗教**上の組織若しくは団体の使用，便益若しくは維持のため，
又は公の支配に属しない慈善，教育若しくは博愛の事業に対し，これを支出し，又はその
利用に供してはならない。

第90条〔会計検査〕
国の収入支出の**決算**は，すべて毎年**会計検査院**がこれを検査し，内閣は，次の年度に，そ
の検査報告とともに，これを国会に提出しなければならない。
2　会計検査院の組織及び権限は，法律でこれを定める。

第91条〔財政状況の報告〕
内閣は，国会及び国民に対し，定期に，少くとも毎年一回，国の財政状況について報告し
なければならない。

第8章　地方自治

★第92条〔地方自治の本旨の確保〕

地方公共団体の組織及び運営に関する事項は，**地方自治の本旨**に基いて，法律でこれを定める。

> **●出題ポイント　ここでいう法律とは「地方自治法」のこと。**

第93条〔地方公共団体の機関〕

地方公共団体には，法律の定めるところにより，その議事機関として**議会**を設置する。

2　地方公共団体の長，その議会の議員及び法律の定めるその他の吏員は，その地方公共団体の**住民**が，**直接**これを**選挙**する。

第94条〔地方公共団体の権能〕

地方公共団体は，その財産を管理し，事務を処理し，及び行政を執行する権能を有し，<u>法律</u>の範囲内で**条例**を制定することができる。

★第95条〔一の地方公共団体のみに適用される特別法〕

一の地方公共団体のみに適用される**特別法**は，法律の定めるところにより，その**地方公共団体の住民**の**投票**においてその**過半数**の同意を得なければ，**国会**は，これを制定することができない。

第9章　改正

第96条〔憲法改正の発議，国民投票及び公布〕

この憲法の改正は，**各議院**の**総議員**の**三分の二**以上の賛成で，**国会**が，これを**発議**し，**国民**に提案してその承認を経なければならない。この承認には，特別の**国民投票**又は国会の定める選挙の際行はれる**投票**において，その**過半数**の賛成を必要とする。

2　憲法改正について前項の承認を経たときは，**天皇**は，**国民の名**で，この憲法と一体を成すものとして，直ちにこれを**公布**する。

第10章　最高法規

★第97条〔基本的人権の由来特質〕

この憲法が日本国民に保障する基本的人権は，人類の多年にわたる**自由獲得**の努力の成果であつて，これらの権利は，過去幾多の試錬に堪へ，**現在及び将来の国民**に対し，**侵すことのできない永久の権利**として**信託**されたものである。

★第98条〔憲法の最高性と条約及び国際法規の遵守〕

この憲法は，国の**最高法規**であつて，その条規に反する**法律**，**命令**，詔勅及び国務に関するその他の**行為**の全部又は一部は，その効力を有しない。

2　日本国が締結した**条約及び確立された国際法規**は，これを**誠実に遵守**することを必要とする。

> **●出題ポイント　第1項は「憲法の最高法規性」について。第2項は「国際協調主義」に関する条文である。**

★第99条〔憲法尊重擁護の義務〕

天皇又は摂政及び国務大臣，国会議員，裁判官その他の公務員は，**この憲法を尊重し擁護する義務を負ふ。**

第11章　補則

第100条〔施行期日と施行前の準備行為〕

この憲法は，公布の日から起算して六箇月を経過した日から，これを施行する。

2　この憲法を施行するために必要な法律の制定，参議院議員の選挙及び国会召集の手続並びにこの憲法を施行するために必要な準備手続は，前項の期日よりも前に，これを行ふことができる。

第101条〔参議院成立前の国会〕

この憲法施行の際，参議院がまだ成立してゐないときは，その成立するまでの間，衆議院は，国会としての権限を行ふ。

第102条〔参議院議員の任期の経過的特例〕

この憲法による第一期の参議院議員のうち，その半数の者の任期は，これを三年とする。その議員は，法律の定めるところにより，これを定める。

第103条〔公務員の地位に関する経過規定〕

この憲法施行の際現に在職する国務大臣，衆議院議員及び裁判官並びにその他の公務員で，その地位に相応する地位がこの憲法で認められてゐる者は，法律で特別の定をした場合を除いては，この憲法施行のため，当然にはその地位を失ふことはない。但し，この憲法によつて，後任者が選挙又は任命されたときは，当然その地位を失ふ。

おわりに

もう一度繰り返し言う。ここまで本当によく頑張った。そして読んでくれてありがとう。あとは『完成問題集』と『過去問』で知識を定着させてほしい。

最後に君に一つの問いかけをしてみたい。
必ず終わりの来るこの人生の中で，

『「かけがえのない」今日という日に，一体何ができたのか？』

今はおそらく明確には答えられないだろう。そしてそんな自分に歯がゆさを感じるかもしれない。僕自身も明確に答えられるわけではない。

ただ，真剣に学ぶ君たちに向き合い，教壇に立つ身としてひとつの確信がある。人間は教育を受けなければ「人間」にはならない。さらに言えば夢は教育がなければ叶えられず，それ以前に見つけることさえできない。

努力を伴う知的営みの上に経験的知識は花開く。少なくともこの本を手にした君たちは，その「努力を伴う知的営み」を選択した勇敢な人である。青春時代に自分と厳しく向き合った人間は，必ずどこかで素敵に活躍する。青春時代に自分から逃げた人間は，なぜか活躍の場を失う。

僕の講義を受けた君たちが，満面の笑顔で大学合格の報告をしてくれた時，そしてその後の活躍を見るたびに，僕は君たちに与えた以上のものを君たちからもらっていることを実感する。

『「かけがえのない」今日という日に，一体何ができたのか？』

僕はその答えの一つを，君たちの大学入学・卒業後の活躍の中に見出させていただいている。そう，君の合格や卒業後の本当の意味での活躍は，君一人の幸せをつくるだけではない。君以外の誰かの幸せもつくっていることをどうか忘れないでほしい。

受験生諸君，他人の決めた人生を静かに歩むよりも，「努力を伴う知的営み」の上に自分で決めた人生を伸びやかに歩んだ方が，きっと素敵な人生になることだろう。

真面目は格好悪いことではない。君は真面目でいい。不真面目さは「逃げた自

分」への後悔と妬みを残すだけである。

　確かに今は大変だろう。受験生よ。大変なのは当り前だ。今「大きく変わる時」なのだから。ゆっくり歩きだそう。もうすぐ夜が明ける。そしていつかこの問いに自信を持って答えられるような人生を送ってほしい。

　最後に，出版に当たっては代々木ライブラリーの関係各位に大変お世話になった。受験生のためにご尽力頂いたことに心から感謝を申し上げたい。

2020年4月　朝焼け間近の自宅書斎にて

【主な参考文献】
『倫理用語集』（山川出版），『倫理思想辞典』（山川出版），『哲学・思想事典』（岩波書店），『倫理資料集』（山川出版），『政治・経済用語集』（山川出版），『政治学事典』（弘文堂），『現代政治学小辞典』（有斐閣），『経済辞典』（有斐閣），『現代経済学事典』（岩波書店），『2019／2020日本国勢図会』（矢野恒太記念会），『2019／2020世界国勢図会』（矢野恒太記念会），「各種検定教科書」など

○ 出題頻度が高い用語は赤字で示してあります。
○ アルファベットと日本語が合成された用語については，日本語として分類してあります。
　　例）「iPS 細胞」⇒「あ」として分類。
○ 書名については，『　　』で示してあります。
○ 同一用語で異なる項目は，用語の後ろに〈　〉で項目を示しています。
　　例）エロース〈プラトン〉，エロース〈フロイト〉
○ □はチェックボックスとして利用してください。

580　倫理編

政経編 索 引

○ 出題頻度が高い用語は赤字で示してあります。
○ アルファベットと日本語が合成された用語については，日本語として分類してあります。
　　例）「BIS 規制」⇒「ひ」として分類。
○ 書名については，『　　』で示してあります。
○ 同一用語で異なる項目は，用語の後ろに〈　〉で項目を示しています。
　　例）拒否権〈アメリカ大統領〉，拒否権〈国際連合〉
○ □はチェックボックスとして利用してください。

〈著者紹介〉畠山　創

　北海道稚内生まれ。早稲田大学教育学部社会科社会科学専修卒業。高校時代にプリンストン大学に短期留学。アメリカ合衆国ヴァージニア州フェアファクス市名誉市民。専門は「政治哲学（正義論の変遷）」。

　現在，代々木ゼミナール（本部・札幌・名古屋）公民科講師（倫理，政治・経済，現代社会）。唯一政治・経済のオリジナル単科ゼミ「畠山創の政治・経済」を担当し，毎年締め切り講座となっている。名実ともに公民科のトップ講師である。また，高校の教員セミナー（代ゼミ教育総合研究所）も担当し，これら授業はサテラインで全国に映像授業として放映されている。

　とにかくわかりやすい講義と，入試での抜群の的中率は，学生から大絶賛を受けている。

　著書には本書の完全連動版である『大学入学共通テスト　畠山のスッキリ解ける倫理，政治・経済完成問題集』（代々木ライブラリー）や，28万部以上のベストセラーとなっている『畠山のスパッとわかる政治・経済爽快講義』（栄光），一般書『哲学バトル』，『考える力が身につく哲学入門』（共にKADOKAWA）などがあり，数ヶ国語に翻訳され，国内外の人々に愛読されている。予備校の講義以外にも，学生の要請による大学での講演や，医師会での講演活動など幅広く活動し，哲学することの大切さを訴えかけている。

大学入学共通テスト

畠山のスッキリわかる倫理，政治・経済完成講義

著　者　畠山　創

発行者　高宮英郎

発行所　株式会社日本入試センター　代々木ライブラリー
　　　　〒151-0053　東京都渋谷区代々木1-27-1

本文組版　株式会社新後閑

印刷・製本　上毛印刷株式会社　Ⓟ3

●この書籍の編集内容および落丁・乱丁についてのお問い合わせは下記までお願いいたします
　〒151-0053　東京都渋谷区代々木1-38-9
　☎03(3370)7409（平日9:00～17:00）
　代々木ライブラリー営業部
　無断複製を禁ず　ISBN978-4-86346-750-7　　　　　Printed in Japan